21世纪高等学校规划教材 | 电子商务

电子商务系统分析与设计

张 凯 主编

清华大学出版社
北京

内 容 简 介

本书是电子商务信息系统分析与设计课程的教材，主要面向技术方向的学生和老师，内容包括信息系统的基本概念，信息系统规划，电子商务系统开发管理，需求分析，系统设计，实现、测试与维护，电子商务系统采购与评价，电子商务软件开发技术，电子商务相关系统，电子商务工程案例，综合实验，练习题和参考答案。本书可作为高等院校计算机专业电子商务方向软件工程课程的教材或教学参考书，也可作为电子商务软件开发工具的学者和爱好者的参考书。

图书在版编目(CIP)数据

电子商务系统分析与设计/张凯主编. —北京：清华大学出版社，2014(2022.8重印)
(21世纪高等学校规划教材·电子商务)
ISBN 978-7-302-36827-4

Ⅰ. ①电… Ⅱ. ①张… Ⅲ. ①电子商务－系统分析－高等学校－教材 ②电子商务－系统设计－高等学校－教材 Ⅳ. ①F713.36

中国版本图书馆 CIP 数据核字(2014)第123510号

责任编辑：闫红梅 薛 阳
封面设计：傅瑞学
责任校对：梁 毅
责任印制：杨 艳

出版发行：清华大学出版社
网　　址：http://www.tup.com.cn，http://www.wqbook.com
地　　址：北京清华大学学研大厦A座　　**邮　　编**：100084
社 总 机：010-83470000　　**邮　　购**：010-62786544
投稿与读者服务：010-62776969，c-service@tup.tsinghua.edu.cn
质量反馈：010-62772015，zhiliang@tup.tsinghua.edu.cn
课件下载：http://www.tup.com.cn，010-83470236
印 装 者：北京国马印刷厂
经　　销：全国新华书店
开　　本：185mm×260mm　　**印　　张**：27　　**字　　数**：671千字
版　　次：2014年9月第1版　　**印　　次**：2022年8月第6次印刷
印　　数：6501～7000
定　　价：69.00元

产品编号：059651-02

出版说明

随着我国改革开放的进一步深化，高等教育也得到了快速发展，各地高校紧密结合地方经济建设发展需要，科学运用市场调节机制，加大了使用信息科学等现代科学技术提升、改造传统学科专业的投入力度，通过教育改革合理调整和配置了教育资源，优化了传统学科专业，积极为地方经济建设输送人才，为我国经济社会的快速、健康和可持续发展以及高等教育自身的改革发展做出了巨大贡献。但是，高等教育质量还需要进一步提高以适应经济社会发展的需要，不少高校的专业设置和结构不尽合理，教师队伍整体素质亟待提高，人才培养模式、教学内容和方法需要进一步转变，学生的实践能力和创新精神亟待加强。

教育部一直十分重视高等教育质量工作。2007 年 1 月，教育部下发了《关于实施高等学校本科教学质量与教学改革工程的意见》，计划实施"高等学校本科教学质量与教学改革工程(简称'质量工程')"，通过专业结构调整、课程教材建设、实践教学改革、教学团队建设等多项内容，进一步深化高等学校教学改革，提高人才培养的能力和水平，更好地满足经济社会发展对高素质人才的需要。在贯彻和落实教育部"质量工程"的过程中，各地高校发挥师资力量强、办学经验丰富、教学资源充裕等优势，对其特色专业及特色课程(群)加以规划、整理和总结，更新教学内容、改革课程体系，建设了一大批内容新、体系新、方法新、手段新的特色课程。在此基础上，经教育部相关教学指导委员会专家的指导和建议，清华大学出版社在多个领域精选各高校的特色课程，分别规划出版系列教材，以配合"质量工程"的实施，满足各高校教学质量和教学改革的需要。

为了深入贯彻落实教育部《关于加强高等学校本科教学工作，提高教学质量的若干意见》精神，紧密配合教育部已经启动的"高等学校教学质量与教学改革工程精品课程建设工作"，在有关专家、教授的倡议和有关部门的大力支持下，我们组织并成立了"清华大学出版社教材编审委员会"(以下简称"编委会")，旨在配合教育部制定精品课程教材的出版规划，讨论并实施精品课程教材的编写与出版工作。"编委会"成员皆来自全国各类高等学校教学与科研第一线的骨干教师，其中许多教师为各校相关院、系主管教学的院长或系主任。

按照教育部的要求，"编委会"一致认为，精品课程的建设工作从开始就要坚持高标准、严要求，处于一个比较高的起点上；精品课程教材应该能够反映各高校教学改革与课程建设的需要，要有特色风格、有创新性(新体系、新内容、新手段、新思路，教材的内容体系有较高的科学创新、技术创新和理念创新的含量)、先进性(对原有的学科体系有实质性的改革和发展，顺应并符合 21 世纪教学发展的规律，代表并引领课程发展的趋势和方向)、示范性(教材所体现的课程体系具有较广泛的辐射性和示范性)和一定的前瞻性。教材由个人申报或各校推荐(通过所在高校的"编委会"成员推荐)，经"编委会"认真评审，最后由清华大学出版社审定出版。

目前，针对计算机类和电子信息类相关专业成立了两个“编委会”，即“清华大学出版社计算机教材编审委员会”和“清华大学出版社电子信息教材编审委员会”。推出的特色精品教材包括：

(1) 21 世纪高等学校规划教材·计算机应用——高等学校各类专业，特别是非计算机专业的计算机应用类教材。

(2) 21 世纪高等学校规划教材·计算机科学与技术——高等学校计算机相关专业的教材。

(3) 21 世纪高等学校规划教材·电子信息——高等学校电子信息相关专业的教材。

(4) 21 世纪高等学校规划教材·软件工程——高等学校软件工程相关专业的教材。

(5) 21 世纪高等学校规划教材·信息管理与信息系统。

(6) 21 世纪高等学校规划教材·财经管理与应用。

(7) 21 世纪高等学校规划教材·电子商务。

(8) 21 世纪高等学校规划教材·物联网。

清华大学出版社经过三十多年的努力，在教材尤其是计算机和电子信息类专业教材出版方面树立了权威品牌，为我国的高等教育事业做出了重要贡献。清华版教材形成了技术准确、内容严谨的独特风格，这种风格将延续并反映在特色精品教材的建设中。

清华大学出版社教材编审委员会

联系人：魏江江

E-mail：weijj@tup.tsinghua.edu.cn

电子商务信息系统分析与设计课程是电子商务专业本科的一门专业课。本书在编写时有三方面考虑：第一，本书的编写面向技术方向的学生和老师，非技术方向的学生和老师在教学中可能会有一定的难度；第二，将系统分析与设计的理论体系与应用实例结合起来进行讲授；第三，安排了实验环节和练习(课后习题和模拟期末考试试卷)。

本书共分为11章。第1章，信息系统的基本概念；第2章，信息系统规划；第3章，电子商务系统开发管理；第4章，需求分析；第5章，系统设计；第6章，实现、测试与维护；第7章，电子商务系统采购与评价；第8章，电子商务软件开发技术；第9章，电子商务相关系统；第10章，电子商务工程案例；第11章，综合实验。

本书由张凯教授策划、主编、审核、修改和定稿。张雯婷参与编写了第11章、全书的习题及参考答案，王林对全书进行了文字核对。在此对所有参加本书工作的人员和关心本书的学者表示衷心的感谢。

本书是在中南财经政法大学电子商务本科专业十多年教学经验的基础上编写的。初稿完成后有两届学生进行了试读和难度试验教学。

本书在编写过程中，参考和引用了大量国内外的著作、论文、研究报告和网站文献。由于篇幅有限，本书中仅列举了主要参考文献。作者向所有被参考和引用论著的作者表示由衷的感谢，他们的辛勤劳动成果为本书提供了丰富的资料。

本书是对“电子商务信息系统分析与设计”课程和教材的一种探索，包括教学内容和教学方法。尽管作者做出了巨大努力，因能力有限，书中难免存在一些疏漏，望读者对此提出宝贵意见。

本书的课件已放在清华大学出版社的数字化教学平台上，读者可以自行下载。另外，如果其他院校授课教师有什么具体或特殊要求，包括期末考试题电子稿、实验大纲、背景资料等，请直接与作者联系，我们将尽量满足您的愿望。

电子邮件：zhangkai@znufe.edu.cn(联系人：张凯)。

编　者

2014年3月1日

前言

目 录

第1章 信息系统的基本概念

1.1 信息与信息处理

1.1.1 信息概述

当今时代是信息时代,每天报纸、电视、电台、因特网的信息形形色色。那么,什么是信息呢?

1. 信息的定义

在当今的一切社会活动中,人们首先想到的是如何利用信息。生活中需要信息,科学研究中需要信息,一切金融和工商业活动中更离不开信息。信息起着关键性、决定性的作用。信息、物质与能源成为人类社会的三大资源,是推进人类社会发展的三大要素。其中,物质为社会提供所需的物质基础;能源为社会提供能量和动力;而信息则为社会提供思维、知识和决策。三者的有机结合和相辅相成,才使人类社会若江河奔腾,不断地向前发展。然而,目前学术界对信息仍无统一的定义。

1928年,哈特莱(L. R. V. Hartley)在《贝尔系统电话》杂志上发表一篇题为"信息传输"(Transmission of Information)的论文,区分了消息和信息。他认为"信息是指有新内容、新知识的消息",将信息理解为选择通信符号的方式,并用选择的自由度来计算这种信息的大小。

1975年,意大利学者郎高(G. Longo)出版了专著《信息论:新的趋势与未决问题》,并在序言中指出"信息是反映事物的形成、关系和差别的东西,它包含在事物的差异之中,而不是在事物本身"。

1996年,中国学者钟义信在《信息科学原理》中详尽阐述了信息的概念。他指出,在信息概念的诸多层次中,最重要的两个层次:一个是没有任何约束条件的本体论层次;另一个是受主体约束的认识论层次。从本体论的层次上考察,信息可被定义为"事物运动的状态以及它的状态改变的方式"。在此,"事物"泛指一切可能的研究对象,包括外部世界的物质客体和主观世界的精神现象;"运动"泛指一切意义上的变化,包括机械运动、物理运动、化学运动、生物运动、思维运动和社会运动等;"运动方式"是指事物运动在时间上所呈现的过程和规律;"运动状态"则是事物运动在空间上所展示的性状与态势。由于宇宙间一切事物都在运动,都有一定的运动状态和状态改变的方式,因而一切事物都在产生信息。从认识论的角度考察，信息是主体所感知或者主体所描述的事物运动状态及其状态变化的方式。认识论层次的信息概念内涵有三个方面：

① 语法信息。由于主体具有观察力，能够感知事物运动状态及其变化方式的外在形式，由此获得的信息可称为语法信息。

② 语义信息。出于主体只有理解力，能够领悟事物运动状态及其变化方式的逻辑含义，由此获得的信息可称为语义信息。

③ 语用信息。由于主体具有明确的目的性，能够判断事物运动状态及其变化的信息可称为语用信息。

语法信息、语义信息、语用信息三者综合在一起构成认识论层次上的全部信息，即全信息。钟义信的信息定义与概念体系为信息研究和信息科学的发展提供了一个新的基点。

国际标准化组织 ISO 对信息的定义：信息是对人有用的数据，这些数据将可能影响到人们的行为与决策。

2. 信息的特性

信息的特性，是指信息区别于其他事物的本质属性。信息的基本特性主要有普遍性、时效性、相对性、与物质不可分割性、可传递和干扰性、可加工性和可共享性等。

1) 普遍性

信息是事物运动的状态和方式。只要有事物存在，就会有其运动的状态和方式，就存在着信息。因此，信息是普遍存在着的。

2) 时效性

客观事物本身都在不停地运动变化，信息是事物运动的状态和方式，因此，信息也在不断发展更新。因此，信息的存在有一定的时效性，在获取与利用信息时必须树立时效观念。

3) 相对性

客观上信息是无限的，但相对于认知主体来说，人们实际获得的信息总是有限的。由于不同认知主体有着不同的感知能力，对同一事物获得的信息是因人而异的。

4) 与物质不可分割性

信息本身是看不见、摸不着的，它必须依附于一定的物质形式(如纸张、声波、电磁波、化学材料、磁性材料等)之上，不可能脱离物质单独存在。这些以承载信息为主要任务的物质形式称为信息的载体。信息没有语言、文字、图形图像、符号等记录手段便不能表述，没有物质载体便不能存储和传播，但其内容并不因记录手段或物质载体的改变而发生变化。

5) 可传递和干扰性

信息能够通过多种渠道、采用多种方式进行传递。信息从时间或空间上的某一点向其他点移动的过程称为信息传递。信息传递要借助于一定的物质载体。一个完整的信息传递过程必须具备信源(信息发送方)、信宿(信息接收方)、信道(信息媒介，实现信息传递功能的载体)和信息 4 个基本要素。信道对信息传递有干扰和阻碍作用。任何不属于信源原意而加之与其信号上的附加物都称为信息干扰。例如，噪声就是一种典型的干扰。产生噪声的因素很多，有传输设备发热引起的热噪声、不同频率的信号相干扰产生的调制间噪声等。

6) 可加工性

信息可以被分析或综合，扩充或浓缩，也就是说人们可以对信息进行加工处理。所谓信息加工,是把信息从一种形式变换成另一种形式。如果在信息加工过程中没有任何信息量的增加或损失,并且信息内容保持不变,那么意味着这个信息加工过程是可逆的,反之则是不可逆的。实际上信息加工由于人的因素鲜有信息内容保持不变的,因此都是不可逆的过程。

7）可共享性

信息区别于物质、能源的一个重要特征是它可以被共同占有,共同享用,也就是说信息在传递过程中不但可以被信源和信宿共同拥有,而且还可以被众多的信宿同时接收利用。根据物能转化定理和物与物交换原则：得到一物或一种形式的能源,必失去另一物或另一种形式的能源；信息交换的双方不仅不会失去原有信息,而且还会增加新的信息；信息还可以广泛地传播扩散,供全体接收者共享。

3. 信息的类型

信息存在的范围极其广泛,内容非常丰富。为了科学研究活动的需要,不同科学领域的研究人员往往依据不同的分类标准,对信息进行不同的划分。

1）按照产生和作用机制分类

按照信息的产生和作用机制分类,可将信息分为自然信息和社会信息。自然信息指自然界中的各种信息以及人类所生产的物质所产生的信息,包括生命信息、非生命物质存在与运动信息、生命物质和非生命物质之间的作用信息等。社会信息是指人类各种活动所产生、传递与利用的信息,包括一切人类运动变化状态的描述。按照人类活动领域的不同,社会信息又可分科技信息、经济信息、政治信息、军事信息、文化艺术信息和生活信息等。社会信息是人类社会活动的重要资源,是社会中构成要素和演化动力的重要部分。

2）按照表现形式分类

按照信息的表现形式,可将信息划分为消息、资料和知识。消息是关于客观事物发展变化情况的最新报道。因此,强调的是事物当前的动态信息,有较强的时间性,主要用于了解情况。资料是客观事物的静态描述与社会现象的原始记录。因此,强调的是客观现实的真实记载,有较强的累积性,主要用作论证的依据。知识是人类社会实践经验的总结,是人类发现、发明与创造的成果。因此,强调的是人类对客观事物的普遍认识和科学评价。

3）按照主体的认识层次分类

按照主体的认识层次,可将信息划分为语法信息、语义信息和语用信息。

前面已经介绍,全信息是语法信息、语义信息和语用信息三位一体的总和,它们共同构成认识论层次上的全部信息。

4）按信息的加工处理程度分类

按信息的加工处理程度将信息划分为一次信息、二次信息、三次信息。一次信息是指未经加工或略微加工的原始信息,如会议记录、论文、专著、统计报表等。二次信息是指在原始信息的基础上加工整理而成的供检索用的信息,如文摘、书目、索引等。三次信息是指根据二次信息提供的线索,查找和使用一次信息以及其他材料,进行浓缩、整合后产生的信息,如研究报告、综述、述评等。

5）按事物的发展过程分类

按事物从产生、成长直至结束的发展过程进行划分,可将信息分为预测性信息、动态性信息、反馈信息。预测性信息是指事物的酝酿、萌芽等阶段产生的信息,它对管理人员把握事物的发展、及时采取有效决策至关重要。动态性信息一般是指在事物的发展、成长阶段产生的信息,为决策者及时掌握决策实施情况起到及时修正决策的作用。反馈信息是在事物结束阶段或者某一阶段完成后产生的信息。

6) 按动静状态分类

按动静状态划分,将信息分为动态信息和静态信息。动态信息是指时间性较强、瞬息万变的新闻和情报(如军事情报、新闻信息、市场信息、股票信息、金融信息等)等信息。静态信息是指历史文献、档案资料等相对稳定、固化的信息。

7) 按传递的范围分类

信息按传递的范围划分为公开信息、内部信息、机密信息。公开信息是指传递和使用的范围没有限制、可在国内外公开发表的信息。以各种形式公开发表的一次信息、二次信息、三次信息都属于公开信息。内部信息是指不能公开传播、只供内部掌握和使用的信息。机密信息是指必须严格限定使用范围的信息。

8) 按信息反映的事物状态分类

按信息反映的事物状态划分,则可将信息分为常规性信息和偶然性信息。常规性信息是指反映在正常条件下的常规事件的信息,如统计月报信息、天气预报信息等都属于常规性信息。偶然性信息是指反映偶然的非常规事件的信息,如某地发生地震、飞机失事、火车出轨、大面积森林火灾等都属于偶然性信息。

9) 按信息的稳定程度分类

按信息的稳定程度划分,信息分为固定信息和流动信息。固定信息是指通过对不断变化的大量信息进行长期观察和分析,揭示客观事物发展过程的内在联系和必然趋势所形成的各项原则、制度、标准、定额、系数等内容。流动信息是指反映事物发展过程中每一时间变化的信息,如市场价格信息、商品供求信息等都属于流动信息。

10) 按信息发布的渠道分类

按信息发布的渠道划分,信息分为正式渠道信息和非正式渠道信息。正式渠道信息是指由正式组织发布并通过正式组织向外传播的各类信息,如官方新闻发布会、正式报告、国家统计部门发布的统计信息等属于正式渠道的信息。非正式渠道信息是指从正式渠道以外获取的各类信息。

11) 按信息的范围分类

按信息的范围划分,信息分为内部信息和外部信息。内部信息是指反映事物内部状态的信息。外部信息是指与特定系统有关联的信息。正如对其他事物的认识一样,对信息的认识从不同角度、以不同标准、按不同方式来进行分类,是符合辩证法原理的。在不同研究领域,人们可以对信息做出更恰当、更具体、更详细的分类。

4. 信息的功能

根据信息在社会中利用过程和发挥作用的特点,可以把其主要功能归纳如下。

1) 经济功能

信息作为重要的经济资源,本身就具有经济功能。信息的经济功能表现在多个方面,其中最重要的是它对社会生产力的作用功能。

现代理论认为，除了劳动者、劳动工具和劳动对象这三要素外，信息也是社会生产力的重要构成要素。信息的生产力功能是在信息要素和信息技术要素有机结合的条件下实现的。在信息技术支持下，信息可以有效改善其对生产力各个要素施加影响的条件。因此，信息资源开发利用的程度是衡量现代国家信息化和社会生产力水平高低的重要标志。一般来说，一个国家信息资源开发和利用的水平越高，生产力水平就越高；反之亦然。

信息还具有直接创造财富、实现经济效益放大的功能。信息不但本身就是财富的象征，而且可以通过流通和利用直接创造财富。其主要途径可以归纳为：运用信息可以使非资源转化为资源创造财富；使用信息取代劳动力、资金、材料等资源创造财富，实现经济效益倍增；直接让信息作为商品在市场流通中创造财富；通过信息进行科学决策，减少失误，创造财富。

2）管理与协调功能

在人类社会中，物质和能源不断从生产者"流"向消费者，这种客观存在的物质流和能源流的运动表现为相应的信息的运动，即信息流的运动。信息流反映物质和能源的运动，社会正是借助信息流来控制和管理物质能源流的运动，左右其运动方向，进行合理配置，发挥其最大效益。

具体到一个企业，信息的管理与协调功能主要表现为协调和控制企业的5种基本资源以实现企业的目标。这5种资源包括人、财、物、设备和管理方法（即所谓的"5M"），它们都是通过有关这些资源的信息（如记录在图纸、账单、订货单、统计表等上的数据）来协调和控制的。例如，在企业活动中，伴随着物质和能源的输入，反映上述"5M"资源的信息流就会以相互联系的方式扩散和活动，并最终作用于物质流和能源流的协调并控制其活动，从而导致优质、高产的产品或服务输出。由此可见，信息的管理与协调功能在企业活动中的作用主要体现在：传递整个企业系统的运行目的，有效管理"5M"资源；调节和控制物质流和能源流的数量、方向和速度；传递外界对系统的作用，保持企业系统的内部环境稳定。

3）选择与决策功能

选择与决策是人类最基本、最普遍的活动。信息的这种功能广泛作用于人类选择与决策活动的各个环节，并优化其选择与决策行为，实现预期目标。信息的选择与决策功能体现在两个方面：没有信息就无任何选择和决策可言；没有信息的反馈，选择和决策就无优化可言。一个典型的选择（或决策）遵循这样的程序：针对某一目标，考虑所受的条件限制和其他约束，从几种可能的方案中选择一种。选择单元中的目标、限制条件、多种方案都必须依赖信息的支持。而当一次选择成功之后，还必须依赖反馈信息不断修正，才能达到选择和决策结果的优化。

4）研究与开发功能

信息的这种功能实际上是信息的科学功能的具体体现，即在人类科学研究和技术创新活动中，信息具有激活知识、生产知识的功能。

科学研究和技术开发是在前人已经取得的成果的基础上进行的，因此，在人类从事科学研究和技术开发的各个阶段，都需要获取和利用相关信息，掌握方向，开阔视野，启迪思维，生产出新知识、新技术和新产品。发挥这一功能的信息基本上是科学技术信息。

以上只是在一般意义上讨论了信息的基本功能。在不同的场合，这些功能有不同的表现形式和实现方式，并发挥不同的作用，因此信息给人的印象是其功能千差万别、变化无常。

其实，它们都是信息的基本功能在不同情况下的具体表现形式，致使人们从不同角度采用了不同的提法而已。

1.1.2 知识工程

1. 知识工程的概念

1977 年，美国斯坦福大学计算机科学家费根鲍姆教授（E. A. Feigenbaum）在第五届国际人工智能会议中提出知识工程的概念。他认为，“知识工程是用人工智能的原理和方法，对那些需要专家知识才能解决的应用难题提供求解的手段。恰当运用专家知识的获取、表达和推理过程的构成与解释，是设计基于知识的系统的重要技术问题。”这类以知识为基础的系统，就是以智能软件为基础的专家系统。由于在建立专家系统时所要处理的主要是专家的或书本上的知识，正像在数据处理中数据是处理对象一样，所以它又称为知识处理学。其研究内容主要包括知识的获取、知识的表示以及知识的运用和处理三大方面。

知识工程是一门以知识为研究对象的新兴学科，它将具体智能系统研究中那些共同的基本问题抽出来，作为知识工程的核心内容，使之成为指导具体研制各类智能系统的一般方法和基本工具，成为一门具有方法论意义的科学。

费根鲍姆及其研究小组在 20 世纪 70 年代中期研究了人类专家们解决其专门领域问题时的方式和方法，找到了专家解题的 4 个特点。

（1）为了解决特定领域的一个具体问题，除了需要一些公共的知识，例如哲学思想、思维方法和一般的数学知识等之外，更需要应用大量与所解问题领域密切相关的知识，即所谓领域知识。

（2）采用启发式的解题方法或称试探性的解题方法。为了解一个问题，特别是一些问题本身就很难用严格的数学方法描述的问题，往往不可能借助一种预先设计好的固定程式或算法来解决它们，而必须采用一种不确定的试探性解题方法。

（3）解题中除了运用演绎方法外，必须求助于归纳的方法和抽象的方法。因为只有运用归纳和抽象才能创立新概念，推出新知识，并使知识逐步深化。

（4）必须处理问题的模糊性、不确定性和不完全性。因为现实世界就是充满模糊性、不确定性和不完全性的，所以决定解决这些问题的方式和方法也必须是模糊的和不确定的，并应能处理不完全的知识。

总之，人们在解题的过程中，首先运用已有的知识开始进行启发式的解题，并在解题中不断修正旧知识，获取新知识，从而丰富和深化已有的知识，然后再在一个更高的层次上运用这些知识求解问题，如此循环往复，螺旋式上升，直到把问题解决为止。由上面的分析可见，在这种解题的过程中，人们所运用和操作的对象主要是各种知识，因此也就是一个知识处理的过程。

2. 知识工程三要素

人工智能与计算机技术的结合产生了所谓“知识处理”的新课题。即要用计算机来模拟人脑的部分功能，或解决各种问题，或回答各种询问，或从已有的知识推出新知识等。为了进行知识处理，当然首先必须获取知识，并能把知识表示在计算机中，能运用它们来解题。

因此，知识的获取、知识的表示和知识的运用也就成了知识工程的三大要素或主要研究内容。

1）知识的获取

在建立一个具体的专家系统时，人们往往要花很多人力和财力在知识获取上。知识获取要研究的主要问题包括对专家或书本知识的理解、认识、选择、抽取、汇集、分类和组织的方法；从已有的知识和实例中产生新知识，包括从外界学习新知识的机理和方法；检查或保持已获取知识集合的一致性和完全性约束的方法；尽量保证已获取的知识集合无冗余的方法。

2）知识的表示

要将知识告诉计算机或在其间进行传递，必须将知识以某种形式逻辑地表示出来，并最终编码到计算机中去，这就是所谓的知识的表示问题。不同的知识需要用不同的形式和方法来表示。它既应能表示事物间结构关系的静态知识，又应能表示如何对事物进行各种处理的动态知识；它既要能表示各种各样的客观存在着事实，又要能表示各种客观规律和处理规则；它既要能表示各种精确的、确定的和完全的知识，还应能表示更加复杂的、模糊的、不确定的和不完全的知识。因此一个问题能否有合适的知识表示方法往往成为知识处理成败的关键。而且知识表示的好坏对知识处理的效率和应用范围影响很大，对知识获取和学习机制的研究也有直接的影响。

3）知识的运用和处理

为了让已有的知识产生各种效益（包括社会、经济、政治、军事和科学等方面的效益），使它对外部世界产生影响和作用，必须研究如何运用知识的问题。运用知识来设计机器、建造水坝、推断未来、探索未知、管理社会，乃至运用知识来作曲、绘画或写文章等都是用知识来解决问题和改造世界的活动。

3. 工程方法

工程方法就是把工程中的技巧和思维方法加以总结和归纳，把成功与失败的经验性理性化，使工程人员遵循某一方式，从而减少一些人为因素所带来的失误，提高开发的质量和效率。工程化方法的主要体现有以下几点。

(1) 规范的工艺流程。在定义、开发和维护的每一个阶段都采用经过验证是行之有效的方法。一个重要因素是，寻找和遵循一些被规范的工艺流程，对开发人员进行指导和约束，使他们遵照规定的方法来理解和处理问题。利用信息化工具提高工程实施的速度和生产效率。

(2) 标准化的工作过程和产品。每一阶段都必须根据工业标准产生相应的文档、规范、合同，保证工程技术人员之间的交流和以后的维护工作的顺利进行。在工程实施的每一阶段，都必须以标准为准绳进行审查，尽量减少工作中的失误，确保工程的质量。从原始产品概念到最终产品制造的过程是可追溯的。

1.1.3　信息处理过程

信息处理过程包括信息采集、信息组织加工、信息存储与检索和信息服务等。

1. 信息采集

信息不仅呈爆炸式增长,而且种类繁多,分布复杂,给信息的利用带来了极大困难。信息采集正是根据用户的特定需求或管理工作规划的需要,用科学方法收集、检索和获取特定信息的活动过程。信息采集是信息资源管理的首要环节,是开展信息服务的物质基础和保障。

信息采集的任务是根据信息服务的需要,有计划地广泛搜集一定数量的相关信息。信息采集是一项耗费人力、物力、财力和时间的工作。为了提高信息采集的效率,在采集信息时,必须注意掌握以下几个原则: 针对性、系统性、预见性、科学性、计划性和及时性。

在实行信息收集和加工之前,要先弄清楚收集的对象——信息源。人们在科研活动、生产经营活动、文化活动和其他一切活动中所产生的成果和各种原始记录,以及对这些成果和原始记录加工整理所得的成品都是信息源。信息源种类繁多、形式复杂,可以从不同的角度进行分类。这里主要从便于对信息进行收集的角度将信息源划分为记录型、智力型、实物型和零次型。

信息采集的过程一般可以分为以下几个步骤: 需求分析、确定采集途径和策略、采集实施、结果评价、整理数据和编写报告等。这几个步骤不是一成不变的,在实际生活中,根据实际情况可以有所取舍。

2. 信息组织加工

由于现代信息技术的发展,特别是因特网的迅速发展,信息的生产和传输空前便捷,出现信息量巨大、信息更新快、信息严重冗余、信息质量参差不齐等特点。这一现象给人们提出了相当尖锐的问题: 一是信息的海量性、无限性和人的精力、时间的有限性形成了尖锐的矛盾; 二是信息的无序性、严重污染性与人类使用的选择性形成尖锐的对立。解决这些矛盾的根本途径是对信息进行组织加工。从各种渠道收集到的信息需要经过筛选、描述揭示、加工、序化、存储,才能够形成信息供人们使用。

所谓信息加工,是指将采集来的大量原始信息进行筛选和判别、分类和排序、计算和研究、著录和标引、编目和组织而使之成为二次信息的活动。

3. 信息存储

1) 存储的意义与作用

信息存储是指将经过科学加工处理后的信息资源(包括文件、图像、数据、报表、档案等),按照一定的规定记录在相应的信息载体上,并将这些载体按照一定特征和内容性质组织成系统化的检索体系。

信息资源存储对以后信息的开发和利用有着重要意义。其重要意义主要体现在以下几个方面: 有利于增大信息资源的拥有量; 有利于集中管理信息资源; 有利于开发高层次的信息资源; 有利于充分利用信息资源,提高管理工作效率。

此外,信息资源存储的作用也很重要,主要表现在以下 4 个方面。

(1) 方便检索。将加工处理后的信息资源存储起来,形成信息资源库,就为用户从中检索所需信息提供了极大的方便。

(2) 利于共享。将信息资源集中存储到信息资源库中,为用户共享使用其中的信息内容提供了便利，人们还可以反复使用，提高了信息资源的利用率。

(3) 延长寿命。信息资源存储还可以有效地延长信息资源的使用寿命，提高信息资源的使用效益。

(4) 方便管理。将信息资源集中存储到信息资源库中，就可以采用先进的数据库管理技术定期对其中的信息内容进行更新和删除，剔除其中已经失效老化的信息内容。

2) 信息存储的类型

为研究的需要，科学研究人员将信息存储根据不同的角度分成不同的类型。

信息存储按载体的形式划分为以下 7 种类型。

(1) 人脑载体存储。在文字产生之前，人类只能依靠人脑的记忆功能来存储信息，所以说人脑是一种初始的载体存储形式，但人的记忆力毕竟有限，时间一长就会忘记。

(2) 语言载体存储。语言是人们交流思想的工具，也是人类最早的信息资源存储形式之一，人们将自己的思想加载到语言中，并通过语言的方式表达出来，传递给对方，以实现信息交流、沟通思想的预期目的。

(3) 文字载体存储。文字既是一种信息表现方式，也起着存储信息资源的作用，记录文字信息的材料由最初的石头、甲骨发展到后来的简牍、丝帛、纸张等。

(4) 书刊载体存储。书刊的出现要晚于文字，但它是一种更有效的信息资源存储方式，其特点是信息存储容量大，且高度集中。

(5) 电磁波载体存储。电磁波是一种通信的手段，也是一种信息的载体，其形式包括电报、电话、电传等。

(6) 计算机载体存储。计算机载体存储的特点是：传递速度快，存储容量大，联网后处理信息的范围极大。

(7) 新材料载体存储。随着科学技术的发展，人类发明了许多可以用作信息字眼载体的新兴材料载体，包括磁性载体(如磁带、磁盘等)、晶体载体(如集成电路等)、光电载体(如光盘等)、生物载体(如蛋白质等)。这些新兴材料载体的共同特点是：体积小、容量大、效率高，可以更有效地用来存储各种信息资源。

3) 信息存储原则与存储技术

信息资源的存储形式多种多样，而信息资源的存储是待以后信息利用的，选择合适的存储形式很重要。因此，信息资源的存储形式应该在全国甚至全世界范围内保持一致；以方便用户检索为前提；尽量采用计算机以及其他新兴材料作为信息资源存储的载体；且信息资源存储时要按一定规律进行排列，以方便用户检索。

传统的信息资源存储技术主要是纸张印刷存储技术，现代信息资源存储技术主要包括缩微存储技术、声像存储技术、计算机存储技术以及光盘存储技术，它们具有存储容量大、密度高、成本低、存取迅速等优点，所以获得广泛应用。

4. 信息检索

信息检索是指信息按一定的方式组织起来，并根据信息用户需要找出有关信息的过程和技术。

1) 信息筛选

信息筛选是指对原始信息有无作用的检查和挑选。信息筛选的基本程序包括信息整理、浏览审阅、再次审核 3 个步骤。

（1）信息整理。信息整理是信息筛选的前提，信息整理要求将杂乱的信息进行有规则的整治，以方便今后进一步开展工作。

（2）浏览审阅。浏览审阅的目的是将错误明显或者无用的信息清除掉，而保留真正有用的信息，对一时无法确定其去留的信息则暂时放置一边，留待进一步处理。

（3）再次审核。对于一时拿不准的信息必须采取会诊或者其他科学方法，再一次对其分析研究，以便确定其取舍，提高信息筛选的准确性。

信息筛选时，如何判断信息的可信度，并最终筛选出有用的信息呢？人们主要通过一些基本方法来进行信息筛选，如感官判断法、分析比较法、现场核实法等，这里简单介绍几种信息筛选的基本方法。

（1）感官判断法。感官判断法是指信息加工人员在浏览审阅原始信息过程中依靠自己的学识和经验，凭直觉判断信息的真伪和可信度。该方法的优点是：简单可行，费用低廉，节约时间。其缺点是对某些信息难以做出准确判断，而且与信息加工人员的素质有着较密切的联系。

（2）分析比较法。分析比较法是指信息加工人员在筛选信息过程中，采用前后信息、左右信息、不同渠道收集的同一信息进行对比分析，以便确定信息的真伪和可信度。该方法准确性较高，但较费时费力。

（3）集体讨论法。集体讨论法是指对某些个人无法下结论的信息采用集体会诊方法来确定其取舍。该方法充分发挥了集体的智慧，获得的信息准确性较高。

（4）专家裁决法。专家裁决法是指对一时无法确定取舍的信息交由专家裁决的方法。该方法的科学性取决于专家的个人素质。

（5）数学核算法。数学核算法是指对原始信息有疑虑而由信息加工人员重新予以核算的方法。该方法可以及时纠正那些因信息采集、计算错误、笔误或者传递错误等造成的信息失真现象。

（6）现场核实法。现场核实法是指对有疑虑的信息，再责成信息采集人员或加工人员深入现场核实真伪，该方法准确性较高，但较费时费力。

2）信息分类

信息分类是指根据选定的分类表，对杂乱无章的原始信息进行分门别类。信息分类有助于对信息的科学研究。

信息分类的基本程序和方法如下。

（1）确定分类方法。确定信息分类方法是实施信息分拣的基础或者前提。信息分类的主要方法有地区分类法、时间分类法、内容分类法、主题分类法以及综合分类法等。其中，地区分类法是指依据地区的不同而进行的信息划分方法；时间分类法是指依据时间顺序对信息进行划分的方法；内容分类法是指依据信息内容划分信息类别的一种方法；主题分类法是指以主题作为划分信息的一种方法；综合分类法是指以时间、地区、内容、主题为依据综合划分信息的一种方法，也就是对上述 4 种分类法的综合应用。综合分类法还可以进一步细分为时间地区分类法、内容地区分类法等。

（2）实施信息分拣。根据确定信息分类方法的要求对信息资料进行分拣。

（3）进行信息排序。通过信息排序可以使之成为井然有序的信息体系。

5. 信息服务

信息服务是信息机构向用户按一定方式提供信息的过程。信息服务以用户为中心,与信息需求和信息提问有密切的关系。

1) 信息服务原则

由于用户的信息需求千差万别,并且随时间的变化而动态变化,因而要向用户提供满意的信息服务是一件很不容易的事。为此,在信息服务活动中需要遵循以下原则。

(1) 针对性原则。满足特定用户在特定时间的特定需求是信息服务的基本出发点。信息服务机构要认真研究用户的信息需求和需求的变化,掌握用户利用信息的习惯和特征,选择符合用户需求的信息内容、信息载体、信息渠道,向用户提供针对性很强的信息服务。

(2) 及时性原则。信息具有时效性,即在特定的时间范围内才能发挥其效用。这个时间一般是在用户做出决策和选择需求信息之前。信息提供过早,用户没有需求,信息效用不能实现;提供过晚,信息毫无价值。

(3) 易用性原则。实践表明,用户利用信息受到可获得性和易用性的影响。在决定是否选择和利用信息时,可获得性和易用性往往超过信息本身的价值。因此,信息服务机构应为用户获取利用信息提供最大的便利条件。

(4) 成本/效益原则。信息服务既要讲究社会效益,又要讲究经济效益。虽然信息服务的效益具有潜在性和延迟性,很难做出确定的评价,但不论是对信息服务机构还是用户都需要花费一定的成本(时间成本和资金成本),应当确保以最小的花费来获得信息服务的最大效益。

2) 信息服务类型

从信息用户和社会信息源与信息流的综合利用角度看,社会化信息服务包括以下内容:信息资源开发服务;信息传递与交流服务;信息加工与发布服务;信息提供与利用服务;用户信息活动组织与信息保障服务等。

信息服务是一种基本的社会服务。为了更好地实现信息服务,对信息服务按多种方式进行分类。

(1) 按信息服务传递、处理和提供信息客体类型分为实物信息服务(包括材料、样品、样机信息服务),交往信息服务(包括信息发布服务等),文献信息服务(包括传统文献服务和电子文献服务)以及数据服务。

(2) 按信息加工深度,信息服务分为:一次服务,提供具体的一次信息,传统的信息是书、刊类出版物和收录原始信息的文本全文、数值信息和全文-数值混合信息的源数据库;二次服务,提供获取信息的线索,如题录、索引和文摘服务等;三次服务,在原始信息基础上的研究、综述与评价服务等,提供软件开发和系统技术服务。

(3) 按信息的内容和所属领域,信息服务分为科技信息服务、经济信息服务、技术经济信息服务、法律信息服务、流通信息服务和军事信息服务等。

(4) 按信息服务的业务形式,信息服务分为信息传输服务(通信服务)、宣传报道服务、信息发布服务、新闻出版服务、信息提供服务、信息检索服务、信息资源开发服务、信息分析与预测服务、信息咨询服务、信息系统开发服务和信息代理服务等。

(5) 按服务手段,信息服务分为传统信息服务和电子信息服务等。

(6) 按信息服务的指向范围,信息服务分为单向信息服务(指向单一用户的服务)和多向信息服务(指向众多用户的服务)。

(7) 按信息服务对象的范围,信息服务分为内部服务(面向内部用户的服务)和外部服务(面向外部用户的服务)。

(8) 按服务的主动性,信息服务有被动信息服务(由用户先提出服务要求,然后按需组织的信息服务)和主动信息服务(主动面向用户的信息服务)。

(9) 按信息服务是否收费,信息服务分为有偿信息服务和无偿信息服务。

对于信息服务,还有着其他一些划分方法。

3) 信息服务对象

信息服务是以提供信息为内容的服务业务,其服务对象是对服务具有客观需求的社会主体(包括社会组织和社会成员)。在服务中,这些主体称为用户,也称信息用户。

信息用户是指在科研、生产、管理、商业、贸易、军事、外交以及日常生活中需要利用信息的个人或团体,前者称为个人用户,后者称为团体用户。

4) 信息服务质量

信息服务质量是指信息服务能够满足信息用户明确和隐含需求的能力的特性的总和。评价信息服务质量优劣的标准也必须建立在读者认知的基础上,它依据可以观察到的或用户可以感受到的要求做出定量的或定性的规定。在对某一信息服务机构进行综合评价时,可以从用户满意度、吸引用户率、信息利用率、主观努力度4个方面综合考虑,考虑到4个方面不一定是等值的,建议根据实际情况给出一定比重权数。

1.2 管理决策与复杂系统

1.2.1 管理与决策

1. 管理

从词义上来讲,管理通常被解释为主持或负责某项工作。人们在日常生活中对管理的理解是这样,平常人们也是在这个意义上去使用管理这个术语的。但自从管理进入人类的观念形态以来,几乎每一个从人类的共同劳动中思考管理问题的人,都会对管理现象做出一番描述和概括,并且顽固地维护这种描述和概括的正确性甚至唯一性,人类从来就不曾取得对于管理定义的一致理解。

由于管理概念本身具有多义性,它不仅有广义和狭义之分,而且还因时代、社会制度和专业的不同,产生不同的解释和理解。随着生产方式社会化程度的提高和人类认识领域的拓展,人们对管理现象的认识和理解的差别还会更为明显。

长期以来,许多中外学者从不同的研究角度出发,对管理做出了不同的解释,然而,不同学者在研究管理时出发点不同,因此,他们对管理一词所下的定义也就不同。直到目前为止,管理还没有一个统一的定义。特别是21世纪以来,各种不同的管理学派,由于理论观点不同,对管理概念的解释更是众说纷纭。这里挑选几位学者观点以供参考。

美国学者泰勒认为：管理是确切知道要别人去干什么，并注意他们用最好最经济的方法去干。法国学者约尔认为：管理是所有的人类组织（不论是家庭、企业或政府）都有的一种活动，这种活动由5项要素组成：计划、组织、指挥、协调和控制。管理就是实行计划、组织、指挥、协调和控制。孔茨认为：管理就是设计和保持一种良好环境，使人在群体里高效率地完成既定目标。小詹姆斯·唐纳利认为：管理就是由一个或更多的人来协调他人活动，以便收到个人单独活动所不能收到的效果而进行的各种活动。彼得·德鲁克认为：归根到底，管理是一种实践，其本质不在于"知"而在于"行"，其验证不在于逻辑，而在于成果；其唯一权威就是成就。

管理定义可以列举很多，以上几种具有一定的代表性，综合分析上述各种不同观点，总的来说，它们各有真知灼见，也各有不足之处，但这些定义都着重从管理的现象来描述管理本身，而未揭示出管理的本质。那么，如何对管理这一复杂的概念进行比较全面和一般的概括呢？

管理是一种行为，作为行为，首先应当有行为的发出者和承受者，即谁对谁做；其次，还应有行为的目的，为什么做。因此，形成一种管理活动，首先要有管理主体，即说明由谁来进行管理；其次要有管理客体，即说明管理的对象或是管理什么的；再次要有管理目的，即说明为何而进行管理。

有了以上三个要素，就具备了形成管理活动的基本条件。同时还应想到，任何管理活动都不是孤立的活动，它必须要在一定的组织、环境和条件下进行。

管理的基本原则是"用力少，见功多"，以较少的资源投入、耗费，取得较大的业绩、效果。细分为4种情况：产出不变，支出减少；支出不变，产出增多；支出减少，产出增多；支出增多，产出增加更多。这里的支出包括资金、人力、时间、物料、能源等的消耗。

2. 决策

时至今日，对决策概念的界定不下上百种，决策的复杂性决定了不可能有统一的看法，诸多界定归纳起来，基本有以下三种理解：一是把决策看作是一个包括提出问题、确立目标、设计和选择方案的过程，这是广义的理解；二是把决策看作是从几种备选的行动方案中做出最终抉择，是决策者的拍板定案，这是狭义的理解；三是认为决策是对不确定条件下发生的偶发事件所做的处理决定。这类事件既无先例，又没有可遵循的规律，做出选择要冒一定的风险，也就是说，只有冒一定风险的选择才是决策，这是对决策概念最狭义的理解。以上对决策概念的解释是从不同的角度做出的，要科学地理解决策概念，有必要考察决策专家西蒙在决策理论中对决策内涵的看法。

决策是指组织或个人为了实现某种目标而对未来一定时期内有关活动的方向、内容及方式的选择或调整过程。主体可以是组织也可以是个人。

由于企业活动非常复杂，因而，管理者的决策也多种多样。不同的分类方法，具有不同的决策类型。

1）按决策的作用分类

(1) 战略决策。是指有关企业的发展方向的重大全局决策，由高层管理人员做出。

(2) 管理决策。为保证企业总体目标的实现而解决局部问题的决策，由中层管理人员做出。

(3) 业务决策。是指基层管理人员为解决日常工作和作业任务中的问题所做的决策。

2) 按决策的性质分类

(1) 程序化决策。即有关常规的、反复发生的问题的决策。

(2) 非程序化决策。是指偶然发生的或首次出现而又较为重要的非重复性决策。

3) 按决策的问题的条件分类

(1) 确定性决策。是指可供选择的方案中只有一种自然状态时的决策。即决策的条件是确定的。

(2) 风险型决策。是指可供选择的方案中,存在两种或两种以上的自然状态,但每种自然状态所发生概率的大小是可以估计的。

(3) 不确定型决策。指在可供选择的方案中存在两种或两种以上的自然状态,而且,这些自然状态所发生的概率是无法估计的。

4) 决策按其性质分类

(1) 结构化决策,是指对某一决策过程的环境及规则,能用确定的模型或语言描述,以适当的算法产生决策方案,并能从多种方案中选择最优解的决策。

(2) 非结构化决策,是指决策过程复杂,不可能用确定的模型和语言来描述其决策过程,更无所谓最优解的决策。

(3) 半结构化决策,是介于以上二者之间的决策,这类决策可以建立适当的算法产生决策方案,使决策方案中得到较优的解。

3. 决策的过程

决策是管理的核心,它贯穿整个管理活动。决策是决定管理工作成败的关键。决策是任何有目的的活动发生之前必不可少的一步。不同层次的决策有大小不同的影响。科学决策的过程一般包括以下几步。

1) 发现问题,确定目标

提出问题,确定目标是整个决策过程的基础,是科学决策的前提条件。决策是为了解决问题而准备采取的行动,做出的决定。问题是决策的逻辑起点。在问题中已经包含决策过程中各种因素的萌芽。只有找准了问题和问题发生的原因,才能有针对性地确定决策目标,提出解决问题、实现决策目标的措施或办法。

2) 拟定方案,充分论证

制定决策方案就是寻找实现决策目标的手段,因此,制定可供选择的各种方案,是决策的关键步骤。决策中十分强调拟定多种备选方案,备选方案越多,可供选择的余地就越大,决策就越科学。

3) 分析评估,方案择优

方案的分析评估和方案择优是决策全过程的关键。方案评估是方案择优的前提,方案择优是方案评估的结果。分析评估即采用一定的方式、方法,对已经拟定的可行方案进行效益、危害、敏感度及风险度等方面的分析评估,以进一步认识各方案的利弊及其可行性。方案择优的过程就是决策者“拍板定案”的过程,方案的选优必须由决策者亲自完成。在方案择优的过程中,决策者应坚持以下标准:目标总体最优,代价小收益大,风险小,副作用小。

4）慎重实施，反馈调节

实施是对决策方案正确与否的检验。实施是目标实现的关键阶段，一般注意以下几个环节：第一步是试验证实。当方案选定后，先进行局部试验，以验证其可靠性。同时，通过局部试验，也可以发现事先没有估计到的新问题、新情况，及时地在规模实施方案之前，对原定的决策方案进行修正；第二步是制订实施计划。制订计划的总要求是把决策具体化，做到周密、细致、具体、灵活。第三步是反馈调节。决策是一个动态过程，由于问题的复杂性和决策者的局限性，其决策不一定符合客观实际的情况，这就要求决策者根据反馈的情况对决策不断地进行调节。

1.2.2　复杂系统

1. 系统

系统的概念最早可以追溯到20世纪30年代，不过，直到第二次世界大战前不久，一般系统概念和一般系统理论才被提出，并逐渐被人们接受和认同，1957年，"系统工程"的概念被提出。如今，系统工程的概念方法在航天、水利、电力、交通、通信等方面得到了广泛的应用。目前，系统工程的方法已渗入到各个领域，甚至包括人们的生活。系统的概念是管理信息系统三大基础概念之一，因此，有必要对此做一些介绍。

什么是系统？系统是由一些部件组成的，这些部件间存在着密切的联系，通过这些联系达到某种目的。从数学的角度来讲，系统也可以说是为了达到某种目的相互联系的事物的集合。从生物的角度讲，系统又是一些部件为了某种目标而有机地结合的一个整体。从机电的角度讲，系统可以看成是设备单元有规律地连接在一起的整体。从软件的角度讲，系统也可以看成是计算机软件硬件各个子系统有机组合的整体。

1）特点

根据系统的定义，它应该有以下特点：系统是由较小的部件组成的，且各部件处于不断变化和运动状态中；系统中的部件是按照一定规则进行组合的，即只要系统一定，结构就确定；各个部件之间存在着有机和密切的联系；系统输出是系统目标的必然结果，系统各组成部分组合后的能力大于各组成部分能力之和；系统的状态是可以变化的。由于外界条件不同，或输入不同，其输出结果也可能不同。换句话说，系统的状态是可以控制的。

2）如何理解

为了对系统的定义和概念有更深的了解，应首先理解以下5个基本观点。

(1) 系统必须实现某一特定的目标。因为系统各个部分是为了某个或某些目标而集中起来的，否则系统构建将失去任何意义。比如，建立工厂的目的是生产市场上需要的产品；创办学校的目的是培养学生等，这就是它们创建时最初的目的。管理信息系统也一样，其目的就是为了企业、政府等单位的信息管理，见图1-1。

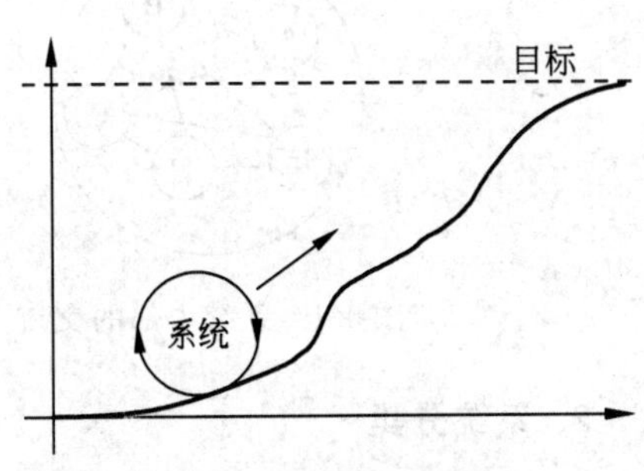

图1-1　实现目标

(2) 系统有明确的边界,并通过边界与外界进行物质或信息的交流。比如一个工厂企业,它会有一个明确的内外之分。而且,这个企业为了生存,它必须与外界交流,购买原材料,生产出成品卖出。系统正是通过这种不断的输入、输出来实现它的完善发展。也可以把它称为"新陈代谢,吐故纳新",见图 1-2。

(3) 系统可划分成若干相互联系的部分,且这些部分可以分层。系统是可分解的,即使是最简单的系统。比如太阳系,由九大行星组成。再如最小的分子,它也是由原子组成的,原子又由更小的粒子组成。例如,一个大学由若干二级学院组成,二级学院又由若干系组成,见图 1-3。

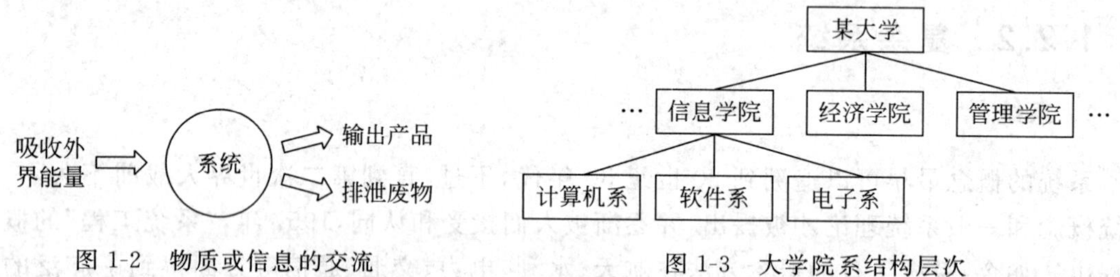

图 1-2 物质或信息的交流

图 1-3 大学院系结构层次

(4) 系统内部的各个部分之间存在着物质流或信息流。这种物质流或信息流称为系统的"血液"。系统通过"血液"将能量带到系统的各个组成部分,然后将废弃物带走,实现各种物质或信息的交换。正是通过这些流,各个组成部分的功能才能充分发挥,并与其他部分互相配合,共同完成整个系统的功能。物质或信息流的状况反映了系统的运行情况。如果这些流的运转发生问题,那么即使各个部分自运转正常,整个系统也可能处于非正常状态。例如,二级学院的若干系之间会进行必要的交流,即使是一个大学的若干二级学院,它们之间也会有交流,比如不同课程的配合,见图 1-4。

(5) 系统是动态的、变化的和发展的。系统与外界环境进行物质或信息交换时,它的状态会随时发生变化,从一种状态变到另一种状态。不过,这种变化有两种可能,一是系统可能向好的方向发展,最后实现自己既定的目标,二是向不利的方向发展,最后可能无法实现既定的目标,这时就需要通过外部干扰,使系统调整到正常的轨道上来。系统的目标是驱动该系统变化发展的内部动力。世界上的任何一个事物在不同的时刻呈现的状态是不同的。从图 1-5 中可以看出,尽管状态 1 与状态 2 几乎是差不多的,但是,仔细观察后可以发现,两个状态有很多的差异。

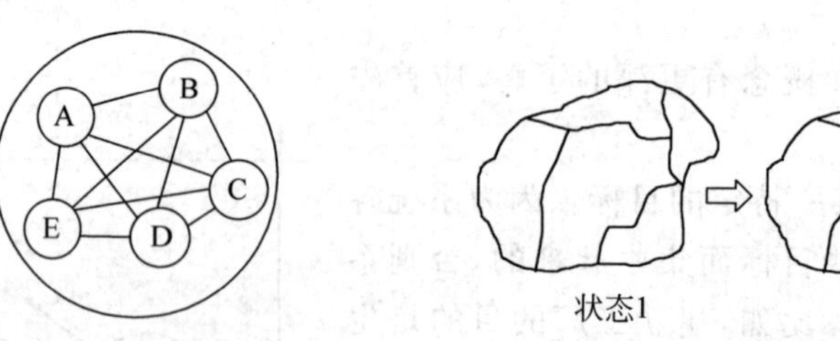

图 1-4 系统内部的交流

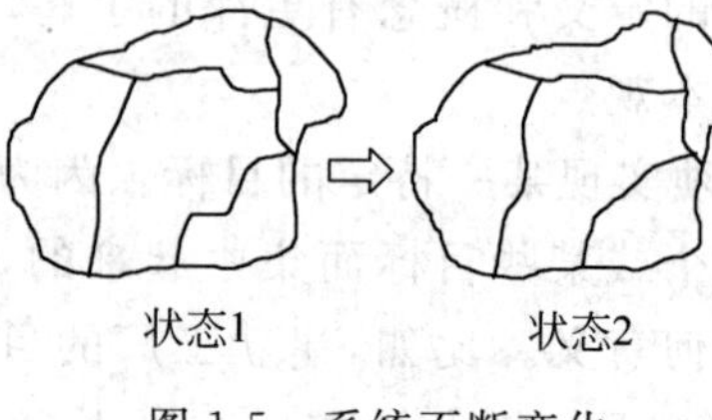

图 1-5 系统不断变化

2. 系统分类

系统分类方法很多,从不同的角度看问题,就可能产生很多分类方法。

1）按复杂程度分类

按系统复杂程度可把系统分成物理系统、生物系统和人类社会。物理系统属最低层，中间是生物系统，人类社会属于最高一层。当然还可以细分。信息系统是社会技术系统，属于最复杂的人类社会范畴，见图1-6。

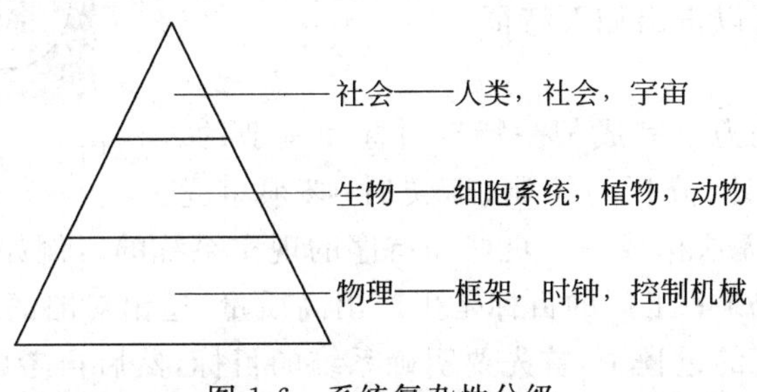

图1-6 系统复杂性分级

2）按产生的方式分类

按系统的产生方式不同，可把系统分为自然系统与人造系统。自然系统也叫天然系统，是大自然在其发展进化的过程中靠自然力量形成的，是宇宙巨系统中亿万年来天然形成的各种自循环系统。比如生物系统、生态系统、大气系统、天体系统、地球系统、海洋系统等都是自然系统，它的组成部分是自然物质，其特点是自然形成的。人造系统也称人工系统，或人为系统，它是为达到人类的某种目的，由人所建立起来的系统，通常指存在于自然系统中通过人类劳动人为地设计制造出来的系统，包括生产系统、交通系统、人造卫星系统、机械设备系统、运输系统等。管理信息系统是人造系统。

3）按抽象程度分类

按系统的抽象程度分类，可以把系统分成实体系统、抽象系统和逻辑系统，见图1-7。实体系统又称物理系统，是最具体的系统，其组成部分是完全确定的存在物，如矿物、生物、能量、机械、人类等实体。实体系统是已经存在或完全能实现的，所以又称为实在系统。抽象系统是最抽象的系统，它是人们根据系统目标和以往的知识构思出来的系统雏形。虽然不很完善，也有可能不能实现，但它表述了系统的主要特征，描绘了系统的大致轮廓。逻辑系统介于实体系统与抽象系统之间。

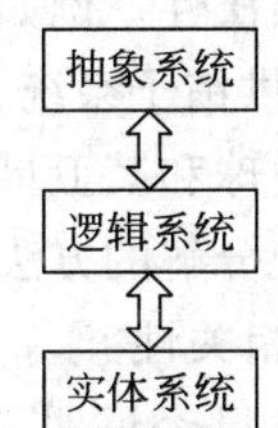

图1-7 抽象分类层次

4）按环境的关系分类

按系统与环境间的相互关系，可将系统分为开放系统与封闭系统两类。开放系统是指与其环境之间有物质、能量或信息交换的系统。比如，一个工厂是一个开放系统，从外界吸收能量，生产产品。封闭系统是与环境没有物质、能量和信息交换的系统。实际上，绝对封闭的系统是不存在的，它只是在某一段时间内，与周围的环境暂时没有物质、能量或信息交换。开放系统与封闭系统是一个相对的概念，因此，对系统的开放性和封闭性理解不能绝对化。一般来说，人们在谈论开放与封闭时，似乎比较注意系统的边界，比如，封闭系统具有不可贯穿的边界，而开放系统的边界具有可渗透性。人们有时习惯性地称没有围墙的大学为开放式的大学，当然，大学的开放程度不能仅用是否有围墙来判断，还要取决其办学理念的开放程度。如果一个大学或一个企业，思想僵化，闭门造车，不太爱与外界交往，有时也称它是一个自我封闭的系统。开放系统与封闭系统见图 1-8。封闭系统的概念来源于克劳修斯的热学第二定律，开放系统的概念来源于普利高津的耗散结构理论。

3. 系统的特征

根据系统的含义可以得出如下特征。

1）目的性

任何一个系统都是为了完成某一特定目标而构造的。在进行系统的构思、设计、分析与控制、运转时，必须事先弄清其目的性，否则是无法构成一个良好和有序的现实系统的。例如，学校的目标是培养经济建设人才和出科研成果；工厂的目标是生产出高质量、适销对路的产品，提高企业的经济效益。因此在建设系统的过程中，首先要明确系统的目标，然后再考虑运用什么功能来达到这个目标。而功能是通过组织机构来实现的。

图 1-8 封闭系统与开放系统

2）整体性

系统应由两个以上的要素或部分组成，各要素或部分之间存在着联系，从而构成一个有机的整体，以实现其目的和功能。从系统的含义中可以看出，系统内部的各个部分是为实现某一特定目标而联系在一起的。因此，组成系统的各个组成部分不是简单地组合在一起，而是有机地组成一个整体，每个部分都要服从整体，追求整体最优，而不是局部最优，这就是所谓全局的观点。一个系统中即使每个部分并非最完善，但通过综合、协调，仍然可使整个系统具有较好的功能；反之，如果每个部分都追求最好的结果而不考虑整体利益，也会使整个系统成为最差的系统。系统科学家贝塔朗菲指出：系统整体能力大于其各部分能力之和。

3）层次性

一个系统可以分解成若干个组成部分，如果将这些组成部分看成是一个个子系统，那么，还可以进一步将这些子系统划分成更小的部分，以此类推，可以将一个系统逐层分解，体现出系统的层次性。例如，可以把一个企业看成是一个系统，它可以分解为财务子系统、生产管理子系统、供销子系统、库存管理子系统、厂长办公管理子系统等；太阳系统由九大行星组成，地球又由地球和其卫星月亮组成。正是由于系统的层次性，才使得人们在实现一个系统时可以采用系统分解的方法，先将系统分解成若干个功能相对独立的子系统，然后给予分别实施。

4）相关性

科学已经证明了现实世界普遍联系的观点。系统中相互关联的要素或部件形成了整体，各部件或要素的特性和行为相互制约与相互影响，正是这种相关性确定了系统特有的整体形态与功能。由于系统是由内部各个互相依存的组成部分按照某种规则组合在一起的，因此，各个组成部分尽管在功能上相对独立，但彼此之间是有联系的，即具有相关性。例如，教育系统中的学生与老师之间，有联系也有相互作用。系统的相关性告诉人们，在实现一个系统的过程中不仅要考虑如何将系统分解成若干个子系统，而且要考虑这些子系统之间的相互制约关系。

5）适应性

任何一个系统都不是孤立存在于社会环境之中的，它与社会环境有着千丝万缕的联系。无论是学校还是工厂，不仅要受到国家计划、政策法规的制约，而且还要受到地方和有关单位（系统）的影响，这就是环境影响的问题。如果它要生存，就必须适应环境，否则就要被淘汰。这就是达尔文的适者生存的理论。谁能够快速适应千变万化的社会环境，谁就能在社会中求得生存。其道理非常简单，系统与周围环境之间通常都有物质、能量和信息交换，即从环境中获取资源，吐故纳新。环境的变化要求系统特性随之改变，系统内部各要素或部分之间的相互关系与功能也发生变化。因此，一般结构良好的系统必须具有反馈系统、自适应和自学习系统，以保持对客观环境的适应能力。

6）复杂性

现代系统一般是多结构、多目标、多功能、多参数、多层次、多输入、多变化的系统。系统通常处在一个多变的环境约束之中，其输入具有多个参数，且表现在时间空间或数值上的随机性和不确定性，系统本身往往具有多结构层次演变，只有进行一系列运算分析和比较，才能权衡出较优的方案。

7）动态性

系统的动态性是指其状态与时间的关系。由于物质与运动的不可分离性。各种物质的特性、结构、形态、功能及其规律都是通过运动表现出来的，要认识系统必须要研究系统的运动。开放系统因与外界的物质能量和信息交换，而系统内部结构也可随时变化，系统的发展是一个有方向性、周期性的动态反馈过程。

4. 系统复杂性

周光召指出：对处于一种非稳定的、非平衡的状态，进行快速演化或者不断调整的复杂系统的研究，成为21世纪科学研究的重点。对非线性作用下的复杂系统的研究，是这20年左右的事情。有很多科学家对此做出了贡献。简单和复杂，必然性和偶然性，有序和无序，稳定和发展，量变和突变，竞争和协同，适应和淘汰，遗传和进化这些相互矛盾概念的对立和统一，在复杂性的研究中都得到了进一步的发展。

复杂科学已被一些科学家誉为“21世纪的科学”，目前它还处于萌芽状态。它包括控制论、信息论、系统论（简称“老三论”）和耗散结构论、突变论、协同论（简称“新三论”），以及相变论、混沌论、超循环论等其他新的科学理论。这些理论主要是研究和揭示复杂系统的有关特性，如非线性、混沌、突现、自组织、非还原性等。复杂科学的特点是：研究对象是复杂系统，如植物、动物、人体、生命、生态、企业、市场、经济、社会、政治等系统；研究方法是定性判断与定量计算相结合、微观分析与宏观综合相结合、还原论与整体论相结合、科学推理与哲学思辨相结合，其所用的工具包括数学、计算机模拟、形式逻辑、后现代主义分析、语义学、符号学等；研究深度不限于对客观事物的简单描述，而更着重于揭示客观事物构成的原因及其演化的历程，并力图尽可能准确地预测其未来发展。虽然至今人们还没有对复杂性概念有一个统一的界定，复杂科学理论的构建也尚未完成。复杂科学的出现，不仅重新构建了现代科学的研究体系，而且改变了人们的思维方式，为现代科学技术的发展提供了新思路、新方法，对各类学科包括教育科学在内具有普遍的方法论意义。

5. 软件系统复杂性分类

简单性研究的问题，其形式是单一的，但复杂性面对的却是多种类型。目前，复杂性面对的类型大致有三类：多体系统（Many Body System），有机系统（Organic System）和人脑神经控制系统（Cybernetic Systems）。

多体系统，这个名称来自于物理学。它是由少数几类彼此之间仅由几种关系耦合在一起的大量组分组成的系统。一个多体系统不是一堆沙子，其组分之间存在相互的关系，这样就有足够的整体性使之成为一个更大系统中的个体，就如一根铁架成为建筑物的一部分。多体系统很有意义，因为它们无处不在，而且易于进行理论上的处理。多体理论可能是复杂系统和大尺度结构形成的最高深的理论。

有机系统是由许多高度特化的、相互联系紧密的、不同种类的组分组成的系统。有机系统易于进行功能描述，在这里，组分的定义和刻画是通过在维持系统处于所想状态中的功能作用来进行的。这样，这些组分从整体上就从属于这个系统了。有机系统的范式是生物体，生物体主要被当作进化中的物种的组分来处理，这样，它们是高度简化了的，它们各部分的功能仅在最优化模型中予以表述。本书不讨论有机系统。

控制系统是把多体系统和有机系统的复杂性结合起来。人就是这样一个系统，他是如此复杂和统一，因此，许多人都不愿意称它为组合系统。对于这样一个高度复杂的系统，也不在本书讨论的范围。

尽管本书不讨论有机系统和人脑神经控制系统，但是，在进行多体系统的讨论时，也将用到研究有机系统和人脑神经控制系统的方法。比如，进化论、克隆、基因、生物、生态、人脑神经控制系统、心理学等概念和方法。

6. 软件系统复杂性

1）多体系统的复杂性

实际上，多体系统的组分本身是复杂的，两组分之间的基本关系可以是紊乱的。在大多数理论中，组分及其基本关系都是高度理想化的，这样，就使得组合问题变得容易处理。

假设组分及其基本关系非常简化，以至于人们能很好地理解组分数量少的系统的行为。在一个多体系统中，每一组分很可能与许多组分耦合，这种多边的相互关系会形成一个关系网，使系统变得高度复杂。

在同一层次上的实体，与不同层次上的实体相比，它们更容易相互作用，在某一层次内部因果规则性也很明显。因此，许多科学理论就将注意力放在单个层次中的实体和现象的描述上，而不考虑与其他层次的相关性。

多体理论在考虑并关联两个不同尺度上的实体方面有其特点，因为巨大数量的组分把多体系统推向了一个不同的层次。它们在单个模型中既包含“宏观”个体，又包含“微观”个体。通过清晰地处理组分及其相互作用，多体理论与将组合系统看成多个单位而不考虑其组分特性的理论是不同的。包含两种尺度上实体的理论具有一个特殊的困难。在不同尺度上刻画实体所使用的概念往往不一致。多体理论对同一个大组合系统，可以在几个不同的层次上，进行概念化和刻画。

多体理论综合分析的宽泛框架构架了这些理论的概念统一性。由于组合呈现指数增长，一个多体系统有许多侧面特征，在不同时空尺度上掩盖。用一个“统一”理论将它们大包大揽是不可能的。为了研究多体系统，科学家们构造了简化的模型，从不同视角来捕捉一个大场景的各个重要方面。

2）软件复杂特性

进入 20 世纪，随着生物进化、热寂说、耗散结构、自组织结构、协同学、突变论、超循环理论，混沌分形理论等非线性科学的发展，经典科学受到很大冲击。人们认识到，非线性是一切动力学复杂性之源，自然界和现实生活中所有系统都是非线性的。正是由于非线性作用，人们所面临的是一个复杂的、不可逆的、随机性的、千变万化的现实世界。

软件复杂性问题的讨论很自然提上了桌面。软件系统的复杂性，软件过程的复杂性，开发管理的复杂性，软件缺陷系统的复杂性，等等，都是人们关注的内容。

本书讨论的基础是多体系统，关注的内容是组分组成的系统内部的耦合关系。比如，由软件消费者和软件生产者形成的组织链；由多人组成的开发团队；由模块或子系统组成的软件系统，等等。

多体理论在经济学、进化生物学和统计物理学方面已经得到了广泛的应用，现在，人们把它用于软件领域，特别是软件质量方面，希望在这个领域内找到多体系统，并对它们进行研究。比如一个开发团队，如果把每个成员作为个体看待，那么，它就形成一个多体系统；再如，一个软件系统，如果把每个模块或子系统作为个体看待，那么，它也形成一个多体系统。

将相同类型的组分通过相同类型关系耦合在一起的多体系统，并不意味着所有的组分都是一样的，相互关系也是一样的。正如同样都是人，但每一个人都是独特的，以独特的方式与其他人发生关联。组分有其个体特征和关系，这些特征和关系可以很强烈地变化。进化取决于某一软件开发团队中个体的变异，用户需要软件的繁荣与多样化，个体的偏差和变异是满足用户多样化的源泉。组分的变异对系统构形的多样性有很大的贡献，更多的多样性来自于个体关系中的变异。

1.3　信息系统

1.3.1　信息系统概述

1. 信息系统

信息系统(Information System，IS)定义是：它是一个利用计算机硬件和软件，利用各类分析计划、控制和决策的模型，以及数据库的机器系统。它能提供信息支持企业或组织的运行、管理和决策功能，是一个能进行信息的收集、传递、储存、加工、维护和使用的计算机系统。它能实测企业的各种运行情况；利用过去的数据预测未来，从企业全局出发辅助企业进行决策；利用信息控制企业的行为；帮助企业实现其规划目标。

从技术角度来看，信息系统是收集、处理、储存和传递来自组织环境和内部经营信息，通过输入、处理、输出、反馈等基本活动以支持组织决策和管理的相互关联的组成部分。从更广的角度看，信息系统不只是一个技术系统，而且还是一个管理系统，一个社会技术系统。计算机知识只是信息系统知识中一个非常重要的组成部分，但不是全部。信息系统是一门综合了管理科学、系统科学、运筹学、统计学、计算机科学和现代通信技术研究成果而形成的一门综合性、系统性、边缘性的学科。它是这些学科思想、方法和技术的综合应用。信息系统是一套有组织的程序，其特点在于输出信息，是为决策所需要的信息而建立起来的系统。简单地说，输入是资料，经过处理，输出的是信息的系统，就是信息系统。信息系统必须建立在管理系统之中，它是以企业各种管理的功能（计划、生产、财会、供应、销售、人事工资、技术、设备等）为基础而建立起来的系统。信息系统的主要部分是为了生产决策信息所制定的一套有组织的应用程序。

综合以上观点，可以看出，信息系统就是从系统的观点出发，以计算机和通信技术为手段，运用数学的方法，为管理决策提供服务的计算机系统。

2. 信息系统结构

信息系统结构是指信息系统内部的各个组成部分所构成的框架结构。

信息系统从概念上来看是由信息源、信息处理器、信息渊几大部分组成，它们之间的关系如图 1-9 所示。

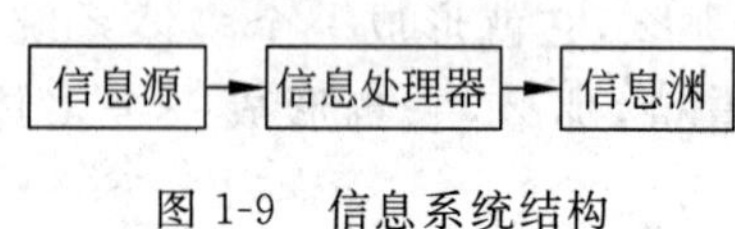

图 1-9 信息系统结构

在组织内部和外界环境中对信息进行识别和收集产生信息源，通过信息处理器的传输、加工、存储，为各类管理人员即信息用户提供信息服务。信息系统可以分为信息流通系统和信息处理系统。信息流通系统指系统在运行过程中，不改变信息本身的结构和形态，系统的功能是不变的，它随时间变换而变换，只是把信息从一处传到另一处。信息处理系统是将原始数据进行处理，使它获得新的结构与形态，也可以产生新的数据及资料，虽然它们和输入的原始数据一样，但输出的信息就与输入数据不同。因此，可以说，信息是对数据的解释。数据被处理后尽管仍是数据，但是，它们更便于解释及理解，数据被解释后才能成为信息。

信息系统是输入的数据，经过处理，然后信息输出。管理信息由信息的采集、信息的传递、信息的储存、信息的加工、信息的维护和信息的使用 5 个方面组成。信息在系统内管理的结构分为横向和纵向的，见图 1-10。

1）纵向的信息管理遵循 Anthony（安东尼）模型

各管理层的活动内容不同，其相应的工作特性也不同。在 Anthony 模型中，组织管理活动分为三个层次：战略层、管理层和作业层，见图 1-11。

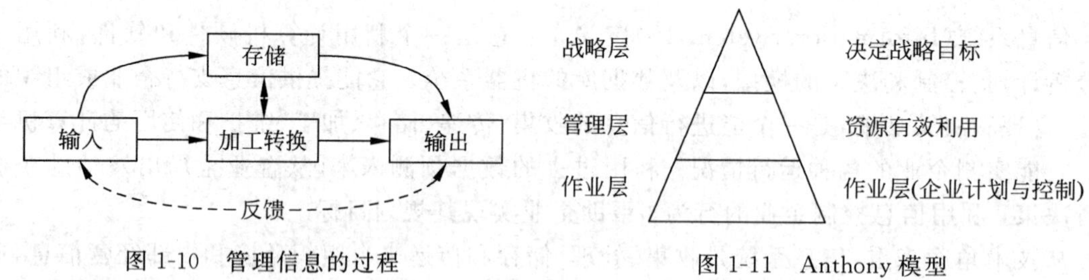

图 1-10 管理信息的过程

图 1-11 Anthony 模型

战略层由组织的高层领导者和资深管理者构成，他们主要负责组织目标、长远发展政策的制定。管理层由组织的中层领导构成，他们主要负责实施组织目标的具体实现，对组织内部各种资源进行有效调度和利用，对组织的活动进行计划和控制，制定组织的预算并对工作进度进行检查和评估。作业层由底层的普通员工构成，他们需在一定的条件下有效地完成预定的工作。三个层次的活动相互关联。

由于信息系统是为管理决策服务的，每个子系统要支持从作业处理到高层战略计划的不同层次的管理需求，一般来说，作业处理层所处理的数据量很大、加工方法固定，而高层的战略计划处理量较小、加工方法灵活，但比较复杂，因此，信息系统实际上是一个金字塔结构。

2）横向的信息管理遵循树状模型

管理是可以分层的，因此信息系统也可以分解为若干个子系统，如销售市场子系统(S1)、生产子系统(S2)、财务子系统(S3)、其他子系统(S4)等，见图1-12。

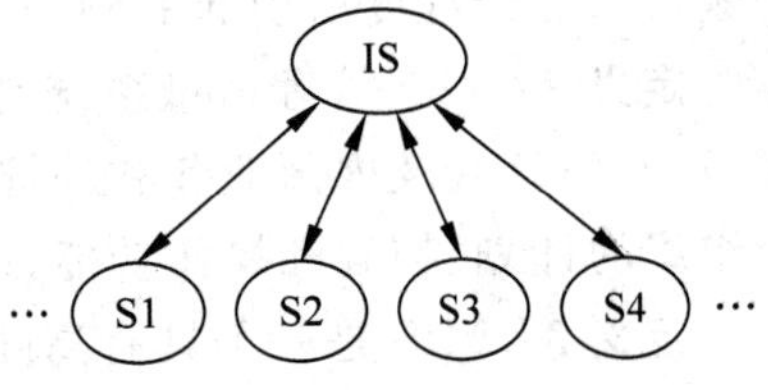

图1-12 横向树状图

在企业的信息系统中，信息系统和“物流”是相互结合的，信息系统驱动物流合理科学流动。在信息系统中，信息的流动主要在系统内部进行，它是系统的“血液”，没有“血液”的信息系统是不可思议的。信息系统中的“血液”传送交换主要是通过物理介质和电子方式来进行的。“血液”将信息系统中的各个部分有机地联系在一起。战略层的指令，通过信息系统下传到管理层和作业层；作业层的信息经过加工处理提炼，通过管理层上传，供战略层决策。

3）信息系统将纵横结构融为一体

将信息系统的纵横结构模型结合起来，融为一体，可以使其同时具有纵横结构模型的结构和功能特点，见图1-13。

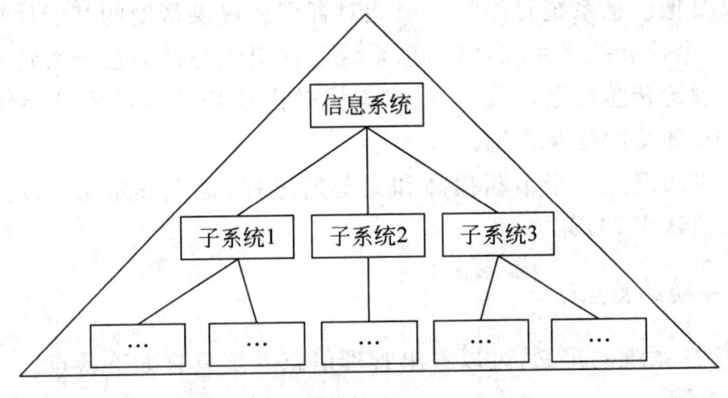

图1-13 纵横结构一体化管理图

1.3.2 管理信息系统的概念

1. 管理信息系统定义

管理信息系统同其他任何学科一样，都有一个不断发展和不断完善的过程。20世纪60年代，美国经营管理协会及其事业部第一次提出了建立管理信息系统的设想，即建立一个有效的MIS，使各级管理部门都能了解本单位的一切有关的经营活动，为各级决策人员提供所需要的信息。但由于当时硬、软件水平的限制和开发方法的落后，效果并不明显。进入20世纪80年代以后，随着各种技术特别是信息技术的迅速发展，MIS也得到了进一步的发展，MIS的概念逐步充实和完善。

管理信息系统是20世纪80年代才逐渐形成的一门新学科，至今尚无统一的定义。这也反映了MIS作为一个新学科的特点，就是其理论基础尚不完善，其概念及方法尚未明确统一。但从国内外学者给MIS所下的定义来看，人们对MIS的认识在逐步加深，MIS的定义也在逐渐发展和成熟。MIS 定义有很多种，研究者们从各自的角度出发给出了不同的定义，最具代表性的几种定义如下。

定义 1：就其功能来说，管理信息系统是组织理论、会计学、统计学、数学模型及经济学的混合物，这许多方面都同时展示在先进的计算机硬件和软件系统中。这个领域的中心问题是扩展视野，综合政府部门和民间组织的决策，这些组织必须控制其内部活动和由该组织的规模与复杂程度所引起的种种功能要求。

定义 2：一个管理信息系统是能够提供过去、现在和将来预期信息的一种有条理的方法，这些信息涉及内部业务和外部情报。它按适当的时间间隔供给格式相同的信息，支持一个组织的计划、控制和操作功能，以便辅助决策制定过程。

定义 3：MIS 是一个具有高度复杂性、多元性和综合性的人机系统，它全面使用现代计算机技术、网络通信技术、数据库技术以及管理科学、运筹学、统计学、模型论和各种最优化技术，为经营管理和决策服务。

定义 4：管理信息系统是一个由人、计算机等组成的能进行管理信息收集、传递、储存、加工、维护和使用的系统。管理信息系统能实测企业的各种运行情况，利用过去的数据预测未来，从全局出发辅助企业进行决策，利用信息控制企业的行为，帮助企业实现其规划目标。

定义 5：MIS 是为决策科学化提供应用技术和基本工具，为管理决策服务的信息系统。

定义 6：不仅要把信息系统看作是一个能对管理者提供帮助的基于计算机的人机系统，而且要把它看作一个社会技术系统，将信息系统放在组织与社会这个大背景去考察，并把考察的重点，从科学理论转向社会实践，从技术方法转向使用这些技术的组织与人，从系统本身转向系统与组织、环境的交互作用。

人们对 MIS 的认识是一个不断提高和完善的过程，把上述定义 4、定义 6 两条结合起来，可以比较全面地认识 MIS。

2. 管理信息系统的特点

由上述管理信息系统的定义，可以看出管理信息系统具有如下特点。

1）面向管理决策

管理信息系统是继管理学的思想方法、管理与决策的行为理论之后的一个重要发展，它是一个为管理决策服务的信息系统，它必须能够根据管理的需要，及时提供所需要的信息，帮助决策者做出决策。

2）综合性

从广义上来说，管理信息系统是一个对组织进行全面管理的综合系统。一个组织在建设管理信息系统时，可根据需要逐步应用个别领域的子系统，然后进行综合，最终达到应用管理信息系统进行综合管理的目标，管理信息系统综合的意义在于产生更高层次的管理信息，为管理决策服务。

3）人机系统

管理信息系统的目的在于辅助决策，而决策只能由人来做，因而管理信息系统必然是一个人机结合的系统。在管理信息系统中，各级管理人员既是系统的使用者，又是系统的组成部分，因而，在管理信息系统开发过程中，要根据这一特点，正确界定人和计算机在系统中的地位和作用，充分发挥人和计算机各自的长处，使系统整体性能达到最优。

4）现代管理方法和手段相结合的系统

人们在管理信息系统应用的实践中发现，只简单地采用计算机技术提高处理速度，而不采用先进的管理方法，管理信息系统的应用仅仅是用计算机系统仿真原手工管理系统，充其量只是减轻了管理人员的劳动，其作用的发挥十分有限。管理信息系统要发挥其在管理中的作用，就必须与先进的管理手段和方法结合起来，在开发管理信息系统时，融进现代化的管理思想和方法。

5）多学科交叉的边缘科学

管理信息系统作为一门新的学科，产生较晚，其理论体系尚处于发展和完善的过程中。早期的研究者从计算机科学与技术、应用数学、管理理论、决策理论、运筹学等相关学科中抽取相应的理论，构成管理信息系统的理论基础，从而形成一个有着鲜明特色的边缘科学。

1.3.3 信息系统的结构和功能

目前，对管理信息系统的结构描述尚无统一的模式。管理信息系统并不是与一个组织的其他信息系统相分离的特殊实体，它是企业信息系统的核心，贯穿于企业管理的全过程，同时又覆盖了管理业务的各个层面，因而其结构也必然是一个包含各种子系统的广泛结构。下面着重从广义概念上阐述管理信息系统的结构。

图 1-14 是管理信息系统的结构矩阵。纵向概括了基于管理任务的系统层次结构，横向从管理的组织和职能上概括了管理信息系统的组成。下面分别进行阐述。

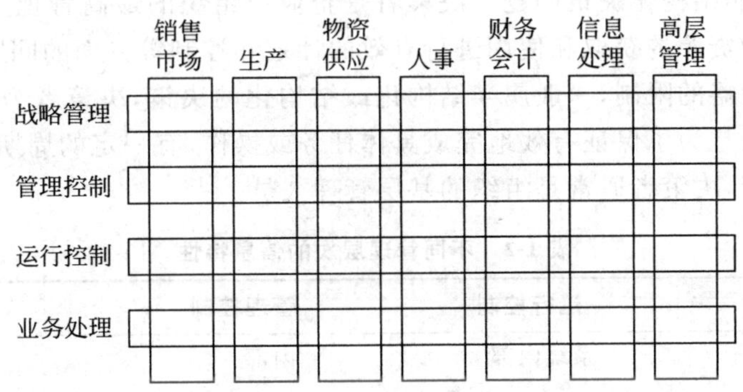

图 1-14 功能子系统和管理活动矩阵

1. 基于管理任务的系统层次结构

管理信息系统的任务在于支持管理业务，因而管理信息系统可以按照管理任务的层次进行分层。管理任务的层次见表 1-1。

表 1-1 管理任务的层次

层 次	内 容
战略管理	规定企业的目标、政策和总方针；企业的组织层次；决定企业的任务
管理控制(战术管理)	资源的获得与组织，人员的招聘与训练，资金的监控等
运行控制	有效地利用现有设备和资源，在预算限制内活动
业务处理	涉及企业的每一项生产经营和管理活动

战略管理是企业的长远计划，处理中、长期事件，如制定市场战略、确定产品品种等；管理控制（或战术管理）属于中期计划范围，包括资源的获取与组织、人员的招聘与训练、资金监控等方面；运行控制涉及作业的控制（如作业计划和调度等）；业务处理是企业的最基本活动，它涉及企业的每一项生产经营和管理活动。其他组织的管理与企业管理一样，存在类似的层次关系。

在实际的工作中，有时同一问题可以属于不同的管理层次，只是每个层次考虑问题的角度不同而已。如库存控制问题，在运行控制层最关心的是日常业务处理的准确无误；在管理控制层考虑的是如何根据运行控制数据，确定安全库存量和订货次数；而在战略管理层关心的是如何根据运行控制和管理控制的结果及战略目标、竞争者行为等因素，做出正确的库存战略决策。

由此可见，不同的管理层次对信息的需求是不同的。在战略管理与运行控制层所需信息的特性有很大差别，而管理控制所需信息则介于二者之间。表 1-2 描述了不同管理层次之间信息特性的差别。由这些差别可以看出，管理信息系统的不同层次具有不同的信息处理方法。

从管理决策问题的性质来看，在运行控制层上的决策大多数是属于结构化的问题，而在战略管理层，大多数决策属于非结构化决策问题，管理控制层决策问题的性质，介于结构化和非结构化之间。

战略管理层的决策内容，如确定和调整组织目标，以及制定关于获取、使用各种资源的政策等，一般属于非结构化决策问题。决策者是企业或组织的最高管理层。管理控制层所做决策是针对各种资源的获取和使用进行有效的计划和控制等方面的问题。它受战略管理层所做的目标和策略的限制，一般属半结构化或结构化的决策，决策者为组织的中层领导。运行控制层的决策是为了保证有效地完成具体任务或操作，有一定的周期性，问题的性质一般属于结构化决策，决策者通常是组织的基层管理人员。

表 1-2　不同管理层次的信息特性

信息特性	运行控制	管理控制	战略管理
来源	系统内部	内部	外部
范围	确定	有一定确定性	很宽
概括性	详细	较概括	概括
时间性	历史	综合	未来
流通性	经常变化	定期变化	相对稳定
精确性要求	高	较高	低
使用频率	高	较高	低

从信息处理的工作量来看，信息处理所需资源的数量随管理任务的层次而变化。一般业务处理的信息处理量较大，层次越高，信息量越小，形成如图 1-15 所示的金字塔形系统结构，塔的底部表示结构明确的管理过程和决策，而顶部则为非结构化的处理工作和决策。

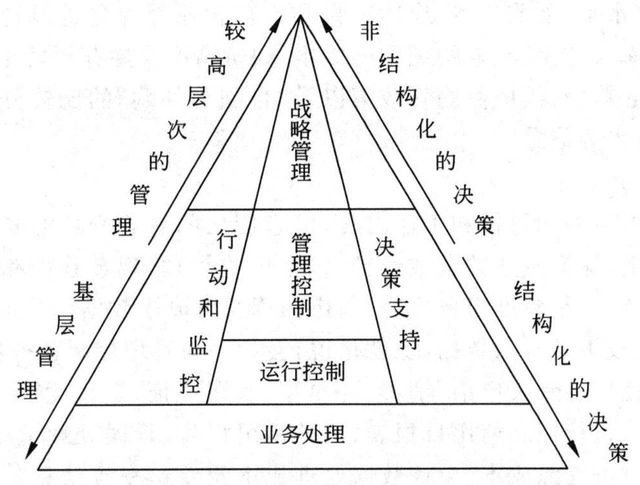

图 1-15　管理信息系统的金字塔形结构

2. 基于管理职能的系统结构

管理信息系统的结构，也可以按照使用信息的组织职能加以描述。系统所涉及的各职能部门都有着自己特殊的信息需求，需要专门设计相应的功能子系统，以支持其管理决策活动，同时各职能部门之间存在着各种信息联系，从而使各个功能子系统构成一个有机结合的整体，管理信息系统正是完成信息处理的各功能子系统的综合。

例如，对于制造企业，典型的功能组成包括生产、销售和市场、财务和会计、后勤、人事等。顶层管理也可以看作是分离出来的功能。每一个功能子系统用来完成有关功能的全部信息处理，包括业务处理、运行控制、管理控制和战略管理，因而，按管理职能划分，管理信息系统可由下列子系统构成。

1）销售与市场子系统

销售与市场功能通常包括产品的销售和推销以及售后服务的全部活动。其中，业务处理有销售订单、推销订单的处理。运行控制活动包括雇用和培训销售人员、编制销售计划和推销工作的各项目，以及按区域、产品、顾客的销售量定期分析。管理控制涉及总的成果与市场计划的比较，它要用到有关客户、竞争者、竞争产品和销售力量等方面的数据。在战略管理方面包括新市场的开拓和新市场的战略，它使用的信息有顾客分析、竞争者分析、顾客调查信息、收入预测和技术预测等。

2）生产子系统

生产子系统的功能包括产品的设计与制造、生产设备计划、作业的调度与运行、生产工人的录用与培训、质量的控制与检验等。生产子系统中，典型的业务处理是生产指令、装配单、成品单、废品单和工时单等的处理。运行控制要求把实际进度和计划进行比较，找出瓶颈环节。管理控制需要概括性报告，反映进度计划、单位成本、所用工时等项目在整个计划中的绩效变动情况；战略管理包括制造方法及各种自动化方案的选择。

3）物资供应子系统

物资供应子系统包括采购、收货、库存控制、发放等管理活动。业务处理数据为购货、申请、购货订单、加工单、收货报告、库存票、提货单等；运行控制要求把物资供应情况与计划进行比较，产生库存水平、采购成本、出库项目和库存营业额等分析报告。管理控制信息包括计划库存与实际库存的比较、外购项目的成本、缺货情况及库存周转率等。战略管理主要涉及新的物资供应战略、对供应商的新政策以及“自制与外购”的比较分析等，此外，可能还有新供应方案、新技术等信息。

4）财务和会计子系统

财务和会计有着不同的目标和工作内容，但它们之间有着密切的联系。财务的职责是在尽可能低的成本下，保证企业的资金运转，包括托收管理、现金管理和资金筹措等。会计则是把财务工作分类、汇制标准财务报表、制定预算及对成本数据的分类与分析。对管理控制报告来说，预算和成本是输入数据，也就是说，会计是为管理控制各种功能提供输入信息。与财务有关的业务处理有赊欠申请、销售、开单据、收账凭证、支付凭证、支票、转账传票、分类账和股份转让等。运行控制使用日报表、例外情况报告、延误处理记录、未处理事项报告等。管理控制利用财务资源成本、会计数据处理成本及差错率等信息。战略管理包括保证足够资金的长期战略计划、为减少税收冲击的长期税收会计政策以及对成本会计和预算系统的计划等。

5）人事子系统

人事子系统包括人员的录用、培训、考核记录、工资和终止聘用等。其业务处理要产生有关聘用条件、培训说明、人员的基本情况数据、工资变化、工时、福利及终止聘用通知等内容。运行控制层要完成聘用、培训、终止聘用、改变工资和发放福利等；管理控制主要进行实际情况与计划比较，产生各种报告和分析结果，用以说明在岗工人的数量、招工费用、技术专长的构成、应付工资、工资率分配及是否符合政府就业政策等。人事战略计划包括对招工、工资、培训、福利以及等各种策略方案的评价，这些策略将确保企业能获得完成战略目标所需的人力资源。战略管理还包括对就业制度、教育情况、地区工资率的变化及对聘用和留用人员的分析。

6）高层管理子系统

每个组织都有一个最高领导层，如公司总经理和各职能领域的副总经理组成的委员会。高层管理子系统为高层领导服务，它的业务处理活动主要是信息的查询和决策的支持，处理的文件常常是信函和备忘录以及高层领导向各职能部门发送的指示等。运行控制层主要是会议安排、信函管理和会晤记录文档。管理控制层要求各功能子系统执行计划的当前综合报告情况。最高层的战略管理活动包括组织的经营方针和必要的资源计划等，它要求综合外部和内部的信息。这里的外部信息可能包括竞争者信息、区域经济指数、顾客偏好、提供服务的质量等。

7）信息处理子系统

信息处理子系统的作用是保证各职能部门获得必要的信息资源和信息处理服务。该子系统典型的业务处理有工作请求、采集数据、改变数据的请求，软硬件情况的报告以及设计方面的建议。信息处理的运行控制包括日常任务的调度、差错率和设备故障信息等。对于新项目的开发，还需要程序员的工作进展情况和调试时间的安排。管理控制层对计划情况和实际情况进行比较，如设备费用、程序员的能力、项目开发的实施计划等情况的比较。战略管理层则主要关心功能的组织，如采用集中式还是分散式，信息系统的总体规划，硬件和软件的总体结构等。

管理信息系统的应用离不开办公自动化技术，其主要作用是支持知识工作和文书工作，如字符处理、电子信件、电子文件等。办公自动化可以看作是与信息处理系统合一的子系统，也可以作为一个独立的子系统。

3. 管理信息系统结构的综合

以上从管理任务和组织职能两方面对管理信息系统的结构进行了描述。由上述系统的组成和决策支持的要求，可以综合出管理信息系统的概念结构。综合的原则有以下几个。

1）横向综合

横向综合就是把同一管理层次的各种职能综合在一起，如运行控制层的人事、工资等子系统可以综合在一起，使基层的业务处理一体化。横向综合正向着资源综合的方向发展，如按人把人员的信息综合到一个系统，按物料把采购、进货、库存控制综合到一体。

2）纵向综合

纵向综合即把不同层次的管理业务按职能综合起来。这种综合沟通了上下级之间的关系，便于决策者掌握情况，进行正确分析。如各部门和总公司的各级财务系统可以综合起来，构成综合财务子系统。

3）纵横综合

纵横综合或者叫总的综合，这可形成一种完全一体化的系统结构，能够做到信息集中统一，程序模块共享，各子系统功能无缝集成。

对管理信息系统进行综合，管理信息系统是由各功能子系统组成的，每一个子系统又可以分为 4 个主要信息处理部分，即业务处理、运行控制、管理控制(战术管理)和战略管理。信息系统的每个功能子系统都有自己的文件，还有为各子系统公用的数据组成的数据库，由数据库系统进行管理。在系统中，除了为每个子系统专门设计的应用程序外，也有为多个职能部门服务的公用程序，有关的子系统都与这些公用程序连接。此外，还有为多个应用程序共用的分析与决策模型，这些公用软件构成了信息系统的模型库。

图 1-16 表示综合形成的管理信息系统概念结构。这种结构实质上是一个概念上的框架，人们可以用它来描述有关现有的或进化中的管理信息系统。

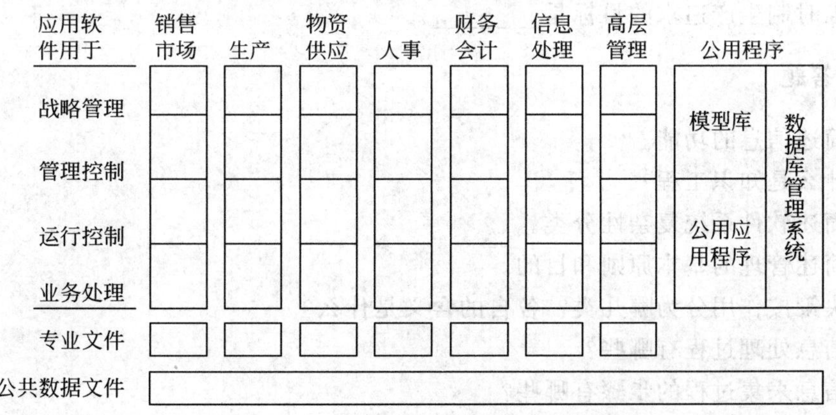

图 1-16 管理信息系统概念结构框架

习题

1. 名称解释

(1) 信息；(2) 知识工程；(3) 系统；(4) 决策；(5) 信息存储；(6) 信息系统；(7) 管理信息系统。

2. 判断改错题

(1) 信息的特性有普遍性、时效性、绝对性、与物质不可分性、可传递和干扰性、可加工性、可共享性。 ( )

(2) 系统是由较小的部件组成的，且各部件处于不断变化和运动状态中。 ( )

(3) 系统按产生方式可分为：实体系统、概念系统和逻辑系统。 ( )

(4) 三次信息是指在原始信息的基础上加工整理而成的供检索用的信息，如文摘、书目、索引等。 ( )

(5) 信息系统是一门综合了管理科学、系统科学、运筹学、统计学、计算机科学和现代通信技术研究成果而形成的一门综合性、系统性、边缘性的学科。 ( )

3. 填空题

(1) 管理信息系统的结构中，基于管理任务的系统层次结构可分为________、________、________、________4层次结构。

(2) 工业企业按其劳动对象来分可分为________、________和________三大类。

(3) 根据我国管理信息系统应用的实际情况和管理信息系统服务对象的不同，可将管理信息系统分为________、________、________、________和________5种。

(4) MRPII 是指________；ERP 指________；JIT 指________；OPT 指________；AGILE 指________。

(5) 准时制生产追求的目标是________。

4. 简答题

(1) 简述信息的功能。

(2) 什么是知识工程？

(3) 简述软件系统复杂性分类。

(4) 简述管理的基本原则和目的。

(5) 决策按作用分为哪几类？各自的含义是什么？

(6) 信息处理过程有哪些？

(7) 信息采集过程的步骤有哪些？

(8) 简述信息存储的意义与作用。

(9) 请简述综合形成的管理信息系统概念结构。

(10) 管理信息系统的层次结构是什么？

(11) 管理信息系统的学科特点是什么?

(12) 简述管理信息系统的分类。

(13) 请指出管理信息系统和信息系统的区别。

5. 论述题

(1) 试述软件系统复杂性的特性。

(2) 试述管理信息系统的特点。

第2章 信息系统规划

2.1 信息系统的发展历史

2.1.1 信息系统发展阶段

计算机在管理中应用的发展与计算机技术、通信技术和管理科学的发展紧密相关。虽然,信息系统和信息处理在人类文明开始就已存在,但直到电子计算机问世、信息技术的飞跃以及现代社会对信息需求的增长,才迅速发展起来。第一台电子计算机创始于1946年,六十多年来,信息系统经历了由单机到网络,由低级到高级,由电子数据处理到管理信息系统、再到决策支持系统,由数据处理到智能处理的过程。这个发展过程大致经历了以下几个阶段。

1. 电子数据处理系统

电子数据处理系统(Electronic Data Processing Systems,EDPS)的特点是数据处理的计算机化,目的是提高数据处理的效率。从发展阶段来看,它可分为单项数据处理和综合数据处理两个阶段。

1) 单项数据处理阶段(20世纪50年代中期到20世纪60年代中期)

这一阶段是电子数据处理的初级阶段。主要是用计算机部分地代替手工劳动,进行一些简单的单项数据处理工作,如工资计算、统计产量等。

2) 综合数据处理阶段(20世纪60年代中期到20世纪70年代初期)

这一时期的计算机技术有了很大发展,出现了大容量直接存取的外存储器。此外,一台计算机能够带动若干终端,可以对多个过程的有关业务数据进行综合处理。这时各类信息报告系统应运而生。

信息报告系统是管理信息系统的雏形,其特点是按事先规定要求提供各类状态报告。

(1) 生产状态报告:如IBM公司生产计算机时,由状态报告系统监视每一个元件生产的进度,它大大加快了计划调度的速度,减少了库存。

(2) 服务状态报告:如能反映库存数量的库存状态报告。

(3) 研究状态报告:如美国的国家技术信息服务系统(National Technical Information Service,NTIS)能提供技术问题简介、有关研究人员和著作出版等情况。

2. 管理信息系统

20世纪70年代初,随着数据库技术、网络技术和科学管理方法的发展,计算机在管理上的应用日益广泛，管理信息系统逐渐成熟起来。

管理信息系统最大的特点是高度集中，能将组织中的数据和信息集中起来，进行快速处理，统一使用。有一个中心数据库和计算机网络系统是MIS的重要标志。MIS的处理方式是在数据库和网络基础上的分布式处理。随着计算机网络和通信技术的发展，不仅能把组织内部的各级管理联结起来，而且能够克服地理界限，把分散在不同地区的计算机网互联，形成跨地区的各种业务信息系统和管理信息系统。

管理信息系统的另一特点是利用定量化的科学管理方法，通过预测、计划优化、管理、调节和控制等手段来支持决策。

3. 决策支持系统

20世纪70年代，国际上展开了MIS为什么失败的讨论。人们认为，早期MIS的失败并非由于系统不能提供信息。实际上，MIS能够提供大量报告，但经理很少去看，大部分被丢进废纸堆，原因是这些信息并非经理决策所需。当时，美国的Michael S. ScottMarton在《管理决策系统》一书中首次提出了"决策支持系统"的概念。决策支持系统不同于传统的管理信息系统。早期的MIS主要为管理者提供预定的报告，而DSS则是在人和计算机交互的过程中帮助决策者探索可能的方案，为管理者提供决策所需的信息。

由于支持决策是MIS的一项重要内容，DSS无疑是MIS重要组成部分；同时，DSS以MIS管理的信息为基础，是MIS功能上的延伸。从这个意义上说，可以认为DSS是MIS发展的新阶段，而DSS是把数据库处理与经济管理数学模型的优化计算结合起来，具有管理、辅助决策和预测功能的管理信息系统。

综上所述，EDPS、MIS和DSS各自代表了信息系统发展过程中的某一阶段，但至今它们仍各自不断地发展着，而且是相互交叉的关系。EDPS是面向业务的信息系统，MIS是面向管理的信息系统，DSS则是面向决策的信息系统。DSS在组织中可能是一个独立的系统，也可能作为MIS的一个高层子系统而存在。

管理信息系统是一个不断发展的概念。20世纪90年代以来，DSS与人工智能、计算机网络技术等结合形成了智能决策支持系统（Intelligent Decision Support Systems，IDSS）和群体决策支持系统（Group Decision Support Systems，GDSS）。又如，EDPS、MIS和OA技术在商贸中的应用已发展成为电子商贸系统（Electronic Business Processing System，EBPS）。这种系统以通信网络上的电子数据交换（Electronic Data Interchange，EDI）标准为基础，实现了集订货、发货、运输、报关、保险、商检和银行结算为一体的商贸业务，大大方便了商贸业务和进出口贸易。此外还出现了不少新的概念，诸如总裁信息系统、战略信息系统、计算机集成制造系统和其他基于知识的信息系统等。

2.1.2 信息系统的发展趋势

近半个世纪以来，随着管理理念的不断创新和以计算机、通信技术为代表的信息技术的飞速发展，管理信息系统的概念在不断发展，管理信息系统的内容与作用在深度与广度上都有了很大的发展，出现了许多新的概念。20世纪50年代，当计算机应用刚开始时，管理信息系统主要用于会计领域，继而在生产方面向上发展为MRPII、ERP和供应链信息系统；在商务方面发展为ATM、网络订票和电子商务，目前信息系统正在进一步向家庭、教育和娱乐方面渗透。这一过程说明,信息技术在管理中的应用正由下层走向上层,由内部走向外部,正在对管理、对组织、对社会产生深刻的影响,引发管理制度与管理模式的重大变革。与此相适应,管理信息系统发展的总趋势是:系统发展的网络化、开发方法的理性统一化以及决策辅助的智能化。

1. 信息系统网络化趋势

管理信息系统发展的网络化,一方面是管理系统本身发展的需要,在客观上,管理系统要求信息实现有机集成;另一方面是计算机和通信技术的发展,特别是,Internet 的发展为网络化与管理应用的结合创造了前所未有的条件。

1）管理信息系统网络化趋势及其重要性是十分明显的

今天成功的企业都依赖于其全球运作的能力,网络的应用和发展,使企业的经济活动有可能突破国界而成为全球活动。依靠管理信息系统的网络化的企业有可能建立世界性销售网点、跨国公司,可以跟踪订货、运货、结算,参与世界市场的竞争。以海尔集团为例,它的一万多种产品的市场涉及几百个国家,几万个经销商,每天有 5 万台产品出库,每天平均结算资金达 2.76 亿元之多。对于这样一个十分复杂的系统,如果不进行网络化的管理,只要有千分之一的环节出错,就可能使企业破产。

2）网络化与应用相结合必然产生巨大产业

从历史上看,网络化与它相关的个人应用会产生巨大的产业。例如,交通网与交通工具相结合产生了轿车工业,电力网与家电相结合产生了家电工业,通信网与个人通信相结合产生了电信业。现在,管理信息系统依托互联网向外部发展,已经出现了电子商务、电子政务、供应链信息系统、虚拟企业、网上交易谈判支持系统等许多新的概念。

3）管理信息系统的网络化为企业营销方式的发展提供了新的机遇

这表现在:企业对目标市场的确定将更加注重对网上信息的分析和利用;可以依靠网络发布商品信息,树立企业形象;可以运用网络和传统相结合的方法开展市场调研,为正确决策创造有利条件;可以打破时空界限搜索货源,利用网络公开招标等采购方法创造更多的贸易机会。

4）管理信息系统的网络化转变了面向整个供应链的管理方式

管理信息系统的网络化密切了上、下游企业之间、企业和客户之间的关系,为企业与企业、企业与消费者之间提供了更广泛的商业交流机会,促使企业管理由面向内部资源的管理转变为面向整个供应链的管理。供应链管理覆盖了从供应商到供应商、客户到客户的全部过程的管理,包括外购、制造、分销、库存、运输、仓储、客户服务等。这是实现全球范围内的多工厂、多地点跨国经营运作的重要条件。

5）管理信息系统的网络化大大增加了企业与企业之间信息资源共享的可能性

这就为上、中、下游企业建立虚拟企业创造了条件。为了快速响应客户个性化需求的发展,企业可以通过 Internet,借助分布在世界各地的其他企业的资源来实现一体化的管理。例如,美国福特汽车公司对某些产品就采取了在美国本土设计,在日本生产发动机,在韩国生产零配件和装配,然后向全世界销售的办法。

6）信息系统网络化使电子商务占有重要的地位

电子商务在信息系统网络化中占有重要的地位,它打破了对市场的时空限制,使整个社会商业体系结构、消费者的消费观念和行为发生变化，作为一种全新的商业模式，正在将对社会和企业变革带来深远的影响。在我国，目前电子商务尚处于起步阶段，据 2001 年国家经贸委调查数据，我国重点企业和地方骨干企业基本实现电子商务的企业只有 1.2%，虽然有 68.2%的企业建立了网络，但只有 18.3%的企业做到每周更新一次信息；只有 21.6%的企业开展了初步电子商务。虽然这样，从开展电子商务企业的情况已经可以看出其明显的经济效益。以我国能源一号电子商务应用系统为例，系统运行之初，通过三项网上谈判业务，就节约了 1.2 亿元成本，而整个系统的硬件投资约为 4000 万元。

2. 开发方法一体化趋势

管理信息系统开发是一项高收益和高风险并存的工程。一体化方向的提出正是由管理信息系统开发成功率一直很低引起的。据估计，20 世纪 80 年代中国企业信息化的成功率仅 20%左右，这意味着大量资金的浪费和损失。问题的解决涉及管理思想、管理制度、管理方法、权力结构、习惯势力的阻碍和开发方法等许多相关因素。长期以来，人们从各个方面着手解决这些问题，主要是从完善管理制度、加强数据管理、实施一把手原则、加强人员培训以及提高开发方法的科学性等方面去努力。

1）结构化方法

传统开发方法，如结构化方法、原型法等存在的最大问题是难以弄清和表达需求，用户、系统分析人员、系统设计人员和编程人员之间交流十分困难。当需求发生变化或增加新的需求时，常常要对系统做大量修改，结果往往是一再返工，不断追加投资，拖延时间，用户意见一大堆，甚至推倒重来。

系统开发方法一体化有一个过程。人们总结认为，系统开发之所以产生上述问题，是由于管理信息系统这个对象系统的复杂性超过了开发人员的有限的理性能力范围，开发者难以对整个开发过程加以强有力的控制。因而解决的关键是如何在开发的系统分析、系统设计和系统实施各阶段处理好以下问题：弄清需求，正确描述需求；加快程序设计，并允许快速修改；系统开发各个阶段应能顺利衔接。为了解决这些问题，多年来，一方面，不断完善系统分析和系统设计方法；另一方面则在系统实施阶段的程序设计方法上做重大的改革，也就是从结构化程序设计方法转向了面向对象的程序设计方法。

结构化程序设计方法的特点是采用顺序结构、循环结构和选择结构等三种基本逻辑结构来编写程序。这时，系统是过程化的，也就是说，整个运行过程是由程序规定了的。用户除了可以运用多层菜单和在 Do While、Do Case 和 If-then 等语句下选择路径外，无法控制程序的运行路径。而面向对象的程序设计方法则允许用户通过事件来控制对象的运行，用这种方法编制的软件其可重用性好、易于维护、适应性强，系统在内外环境变化的过程中，易于保持较长的生命周期。

2）面向对象方法

对象(Object)作为一个封闭体，是由一组数据和施加于这些数据上的一组操作构成的。对象的本质是数据与操作的封装，对象中数据的属性决定了对象的状态，而对象的操作则是对象的行为(方法)。外部消息作为触发事件，通过对象的接口(事件过程)进行输入，进而启动操作实现状态的转变。

面向对象的程序设计方法极大地提高了系统开发的效率，但是，困难仍然是如何弄清和描述需求的问题。到 1995 年为止，各种基于面向对象的系统分析和设计方法所采用的建模语言竟发展到五十多种，它们各自具有不同的建模符号体系，同一符号可能代表不同的意义，给应用带来了极大的混乱。另外，传统的系统分析方法和系统设计方法又难以和面向对象的程序设计方法相对接。于是，系统开发方法的统一化问题被提上了日程，人们在各种面向对象方法的基础上，发展了统一建模语言。统一建模语言(Unified Modeling Language，UML)是为面向对象开发方法设计的一种通用的可视化建模语言。由于 UML 的图不必手工绘制，可直接利用可视化建模工具(如 Rational Rose、Prosa 等)在计算机上生成，并将 UML 模型转换为多种程序设计语言代码(C++、Visual C++、Visual Basic、CORBA、Java 等)，因而可以大大提高系统开发的效率。

更突出的是理性统一化开发方法不仅可以运用前向工程从模型生成程序源代码和关系数据库中的表，而且可以使用反向生成器工具实现反向工程，将程序源代码转换为 UML 模型的图。这就为反复修改、采用迭代式系统开发过程和实现业务流程优化创造了条件，可以明显地提高系统的适应性和可维护性。

3. 系统智能化趋势

20 世纪后期，计算机在管理中应用的重点逐渐由事务性处理转向企业管理的高层决策方面，出现了决策支持系统，以后，随着决策支持系统与人工智能相结合，又出现了智能化决策支持系统。

智能决策支持系统是将人工智能技术引入决策支持系统而形成的一种信息系统，它最初由专家系统和决策支持系统结合而成，在结构上比原来的决策支持系统增加了知识库与推理机。在管理方面已应用于产品选择、定价、信贷风险顾问、作业计划、仓库管理、成品发运路线的确定等方面。

过去，机器减轻了人的体力劳动，使人的体力放大，而现在，智能决策支持系统则正在为满足系统运行智能化的要求而实现智力放大。管理信息系统的这种发展过程充分体现了人们对系统运行智能化的要求。

1) 模型基础的决策支持系统

随着信息技术的发展，智能决策支持系统的功能正在向以下方向发展：提供模型建造知识、模型操纵知识和领域知识；具有智能的模型管理功能。模型管理是智能决策支持系统的核心部分也是近年来系统智能化研究中十分活跃的领域。如模型自动选择、模型自动生成、模型复合以及模型的重用等；系统自学习能力的提高；人机接口具有自然语言理解能力，系统能够理解问题，并解释运行结果。

在这些方向中，模型选择是个具有一定普遍性的问题，许多不同的学科都在进行这方面的研究。在管理中模型选择是决策问题求解中的重要问题。模型选择是指在模型库中确定能与决策目标匹配的模型。

模型选择的标准可以根据执行费用、输入要求、过去求解经验的满意程度、决策者的偏好等多种因素综合评定。理想的模型选择仍应采取人工模型选择与自动模型选择相结合的方式。当系统经验不足或知识较少时，应用人工选模可充分体现决策者的智慧与风格。当系统积累一定的经验或知识较多时，自动选模式可以减轻决策者的负担。模型自动选择的实现需要一个探索的过程，目前正在使用的方法有规则推理方法、人工神经网络方法、机器学习方法和遗传算法等。

2）知识基础的决策支持系统

另外一种基于知识的智能技术是数据挖掘。数据挖掘作为数据库技术与人工智能技术相结合的产物，是提高管理决策支持能力的一种重要工具和手段，目的是从大量数据中提取事前未知的、对任务有用的信息，从中发现隐含在数据中对决策有帮助的规律和知识[8]。知识是对信息进行深加工，经过逻辑或非逻辑性思维，认识事物的本质而形成的经验和理论。人们获得知识，会形成或改变他对事物的认识，这要比仅获得信息更加深刻。在管理领域，由于信息的不完全性和数据个体的不确定性，使得数据集之中只有部分数据具有比较明显的规律性，还有一些数据体现出比较弱的规律性或根本不存在规律，这就决定了隐藏在这些数据中的是一些具有一定置信度级别的不确定性知识。近十多年来，在工业、商业等领域的关系数据库中积累和管理着大量的数据。数据库中数据量之多，已经远远超过了人类通过现有技术所能分析和管理的范围。这就产生了一个新的需求，即从海量的数据库中提取有用的信息的技术。许多人公司已经开始在某些领域采用一些数据挖掘的工具，从数据仓库的历史数据中挖掘出隐含的、未知的、对决策有潜在价值的知识，用以支持管理决策和营销计划。

3）智能体基础的决策支持系统

近年来，决策过程智能化的重要发展是智能体概念的出现。智能体是一种在特定环境下能在感知环境后自治地工作去实现预定目标的程序，在管理中，它能对问题进行查询、决策、与其他智能体协作或控制其他智能体的行为。

智能体技术是在人工智能技术上发展而来的，但它又与人工智能技术有所不同。人工智能中主要运用了推理功能，而智能体则能根据环境因素决定下一步要执行的动作，也就是说它能与环境进行互活动。

智能体与面向对象技术的区别在于后者仅实现了对象内部状态的封装，但并没有封装自己的行而智能体则具有完全自治的能力，它不仅封装了内部状态，而且还封装了行为，也就是说智能体对自己的行为具有控制权。

智能体可以具有学习功能，也可以不具有学习功能，它的特点之一，往往是通过与其他系统的协同来求解。新一代的生产力是智能生产力，新一代的生产力系统是人机智能系统。管理信息系统和决策支持统运行的智能化正是符合新时代对系统发展的迫切要求。

知识经济的出现使管理信息系统迅速成为企业的关键的战略资源。可以说，人们正是把大量知识凝聚到管理信息系统和决策支持系统中去了。在上述三个发展趋向上，取得成功的关键是系统在全社会的广泛应用。企业管理的革命性变革要依赖管理信息系统，业务流程重组、管理由集中领导向分散领导发展，客户关系管理、供应链管理、电子商务等无一不与管理信息系统的应用和发展有着密不可分的联系。应当看到信息技术的应用，实质上是使信息这个信息社会的主导资源得到充分的发挥。所以说，推广信息技术是手段，真正利用信息是目的。

2.1.3 信息系统发展阶段模型

信息化是一个不断发展和深化的过程，信息系统的发展过程存在着阶段性特征，阶段分析是企业信息系统发展过程研究中的一种强有力的工具。信息系统发展阶段模型描述了信息系统发展的规律和特点，是信息系统规划需要遵循的基本原则。诺兰模型和米歇模型是经典的信息系统发展阶段模型。

1. 诺兰阶段模型

美国管理信息系统专家诺兰(Richard L. Nolan)在20世纪80年代，通过对两百多家公司、部门发展信息系统的实践和经验的总结，提出了著名的信息系统进化的阶段模型，即诺兰模型。诺兰认为，任何组织由手工信息系统向以计算机为基础的信息系统发展时，都存在着一条客观的发展道路和规律。当时，他认为信息系统发展阶段可以分为4个阶段：起步阶段、蔓延阶段、控制阶段和集成阶段。在1979年，诺兰在论文 *Managing the Crises in data Process* 中修正了诺兰模型，认为诺兰模型包括6个阶段：初装阶段、蔓延阶段、控制阶段、集成阶段、数据管理阶段和成熟阶段，如图2-1所示。6阶段模型反映了企业计算机应用发展的规律性，前3个阶段具有计算机时代的特征，后3个阶段具有信息时代的特征，其转折点处是进行信息资源规划的时机。诺兰强调，任何组织在实现以计算机为基础的信息系统时都必须从一个阶段发展到下一个阶段，模型中的各阶段都是不能跳跃的。诺兰模型的预见性，被其后国际上许多企业的计算机应用发展情况所证实。

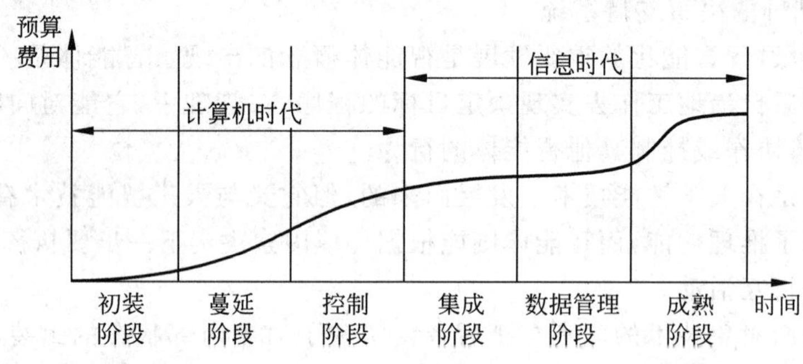

图2-1 诺兰阶段模型

1) 诺兰模型的6个阶段

(1) 初装阶段。组织购置了第一台计算机并初步开发或购买了管理应用程序。通过初步应用开始认识到计算机在管理中的作用，组织中的个别人或个别组织具有了初步使用计算机的能力，初装阶段大多发生在单位的财务、人事等数据处理量大的部门。在初装阶段，组织对计算机的计划和控制能力非常薄弱，各应用系统之间、各部门之间基本没有联系，组织缺乏信息系统规划。

(2) 蔓延阶段。随着计算机在组织中的应用初见成效，管理信息系统从少数部门扩散到多数部门，在组织中开发了大量的应用程序，使组织的事务处理效率有了提高。在这个阶段，出现了许多亟待解决的问题，例如数据的冗余、数据的不一致性以及难以共享等问题。管理阶层致力于在各个可能的场合引入信息技术，信息系统的应用呈现快速增长，但只有一部分计算机的应用收到了实际的效益。

(3) 控制阶段。由于蔓延阶段计算机信息系统迅速扩展，组织中的信息系统预算每年以30%～40%或更高的比例增长，但投资的回报不理想。随着应用系统项目不断积累，客观上要求加强组织协调和控制。因此，出现了由组织的领导和职能部门负责人参加的领导小组，对整个组织的系统建设进行统筹规划，特别是利用数据库技术解决数据共享问题。该阶段是实现从以计算机管理为主到以数据管理为主转换的关键，管理层对计算机在组织管理中的应用进行深层次思考，这意味着计算机管理时代的结束。

(4) 集成阶段。经过前几个阶段，企业已经初步形成各个业务子系统，由于在建立各个业务子系统时，缺乏系统性的规划，从而给这一阶段的各个子系统集成带来困难。因而，为了使各个子系统集成得以顺利实现，建立集中式的数据库及能够充分利用和管理各种信息的系统，组织要做好集成计划，准备大量资金，重新装备设备，组织有经验的信息技术人员来做好这项工作，预算费用又一次迅速增长。

(5) 数据管理阶段。在系统集成基本完成后，信息管理提高到一个新的、以计算机为主要技术手段的水平上。计算机成为日常管理工作中不可缺少的工具。信息系统开始从支持单项应用发展到在逻辑数据库支持下的综合应用。组织开始全面考察和评估信息系统建设的各种成本和效益，全面分析和解决信息系统投资中各个领域的平衡与协调问题。

(6) 成熟阶段。组织各个业务部门都充分利用信息技术设备及软件系统来提高本部门的效益，各个业务部门之间的业务也主要通过信息化设备和软件系统来完成。信息资源成为企业的一个核心竞争要素。

2) 诺兰阶段模型的 6 种增长要素

诺兰阶段模型指明了信息系统发展过程中的 6 种增长要素。

(1) 计算机硬软资源：从早期的磁带向分布式计算机发展。

(2) 应用方式：从批处理方式到联机方式。

(3) 计划控制：从短期的、随机的计划到长期的、战略的计划。

(4) MIS 在组织中的地位：从附属于别的部门发展为独立的部门。

(5) 领导模式：开始时技术领导是主要的，随着用户和高层管理人员越来越了解管理信息系统，高层管理部门开始与信息系统部门一起决定信息系统发展战略和规划。

(6) 用户意识：从作业管理级的用户向中高层管理级用户的管理决策方向发展。

3) 诺兰阶段模型的作用

诺兰阶段模型总结了管理信息系统发展的经验和规律，其基本思想对于管理信息系统的建设具有指导意义。诺兰阶段模型的意义在于它在一定程度上较为简明地描述了信息技术作为组织的一种变革力量的发展路线以及企业在信息技术环境中的演变过程。对于企业的信息化管理人员来说，无论是确定开发管理信息系统的策略，还是制定管理信息系统的规划，都应该首先正确地理解和辨识信息技术的发展状况以及本企业在信息技术潮流中所达到的阶段，进而根据该阶段特征来指导管理信息系统的建设。

2. 米歇模型

在诺兰模型的基础上，20 世纪 90 年代初，美国的信息化专家米歇对诺兰阶段模型做了进一步修正。他认为信息系统集成与数据管理密不可分，系统集成期的重要特征就是搞好数据组织。米歇模型认为，信息系统发展阶段论研究成果可以概括为具有四阶段、五特征的企业综合信息技术应用连续发展的模型。米歇将综合信息技术应用的连续发展划分为 4 个阶段，即起步阶段、增长阶段、成熟阶段和更新阶段。决定这些阶段的特征有 5 个方面，包括：技术(技术状况)、应用(代表性应用和集成程度)、数据(数据整体规划和存取能力)、IT文化(信息技术组织和文化)、全员素质(全员文化素质、态度和信息技术视野)，如图2-2所示。

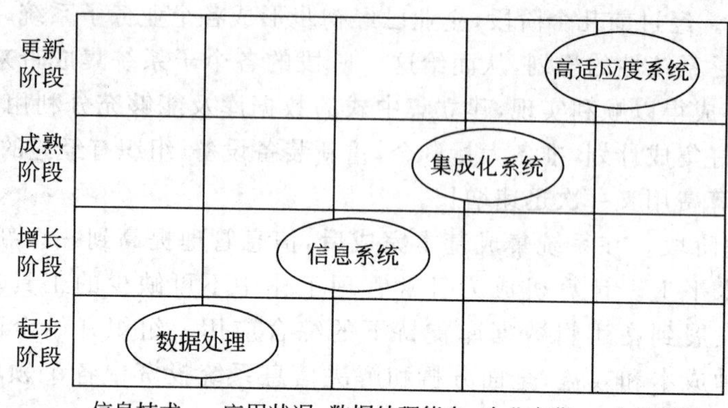

图 2-2 米歇模型

米歇模型对诺兰模型的修正，使得诺兰模型中的集成阶段与数据管理阶段形成统一，即实现数据的集中和应用系统的整合。同时，信息系统建设是一项复杂的社会过程。信息系统建设除了要考虑理论、技术和方法等因素外，更多要考虑文化、社会、环境、管理和经济等人文社会因素。根据米歇模型，企业信息系统建设与信息技术、应用状况、数据处理能力、企业文化和企业员工素质等因素相关。在信息系统建设过程中，必须改革和调整所有阻碍和影响企业发展和信息系统建设的不合理的管理体制和管理制度，制定有利于企业发展和信息系统建设的规章制度。

米歇模型可以帮助企业和开发机构把握自身当前的发展水平，了解自己的IT综合应用在现代信息系统的发展阶段中所处的位置，是研究一个企业的信息体系结构和制定变革途径的认识基础，由此就能找准这个企业建设现代信息网络的发展目标。调查表明，目前许多企业运行的MIS，由于在开发时没有经过科学有效的构思和详细规划，以及深入研究如何将信息技术与业务工作结合起来；而在考虑系统整合或集成时，一般都偏重于计算机系统和通信网络方面，这似乎是花大钱而立竿见影的解决方案，而实际上却根本达不到企业信息系统整合集成的目的。参照米歇模型，可以发现在综合信息技术应用连续发展方面的差距，并能找到改进的方向。从而做到在不同阶段采取不同的措施，对症下药。

2.2 信息系统规划概述

随着管理信息系统应用的深入，组织对系统的依赖性越来越强，信息系统与组织内在的增值过程紧密相连。管理信息系统的规划是管理信息系统建设与应用的长远发展计划，是一个以组织的目标、战略、处理过程以及信息需求为基础，识别并选择所需要的信息系统并确立系统建设和实施方案的过程，是组织战略规划的重要组成部分。由于管理信息系统的建设是一项投资大、周期长、技术复杂的项目，它的成败将对组织的经营管理产生重大影响。

因此，如何根据具体情况，选择合适的战略规划非常关键。目前许多企业对管理信息系统的规划不够重视，在信息系统的建设中往往存在"重硬轻软"的片面思想。有效的战略规划可以使信息系统有明确的战略目标和科学的开发计划，能够支持组织长期战略计划目标的实现，对信息资源与信息系统进行合理开发和利用，使系统具有整体性、适应性、可靠性。因此，制定能够支持战略发展的信息系统规划是管理信息系统成功开发的保障。信息系统规划作为组织战略规划的重要部分，是一种典型的业务规划，与市场战略、人力资源战略类似，它服务于组织的长期规划，是开展组织和业务流程规划的依据、是信息系统开发和实施的纲领和方向、是信息系统建设成功的管理保障、是评价和验收信息系统的标准和原则。

2.2.1 信息系统规划的概念

1. 信息系统的演义过程

信息系统采纳的过程通常是一个演进的过程，在组织中的应用存在着不同的阶段，如图2-3所示。信息系统在组织中的应用存在着事务处理、分析处理和商务智能三个层次。每个层次所要求的组织转变和带来的潜在收益也不尽相同。三个层次的应用目标分别为提高效率和降低成本、加强管理和控制风险、形成竞争优势。随着应用层次的提升，信息系统对组织也具有更高的价值，同时，信息系统管理的复杂度也越来越高。

2. 信息系统的处理能力

在事务处理层次，组织应用信息系统的目标主要是提高效率、降低成本，即利用信息系统可以节约人力和资金。此时组织的条件与任务是计算机广泛使用、企业内外部联网、可靠的数据采集与存储管理，以及对业务流程的微小调整。在这个层次上，管理信息系统的战略规划的要求较低，主要是对具体应用项目的方案部署，以契合组织的运行特点。

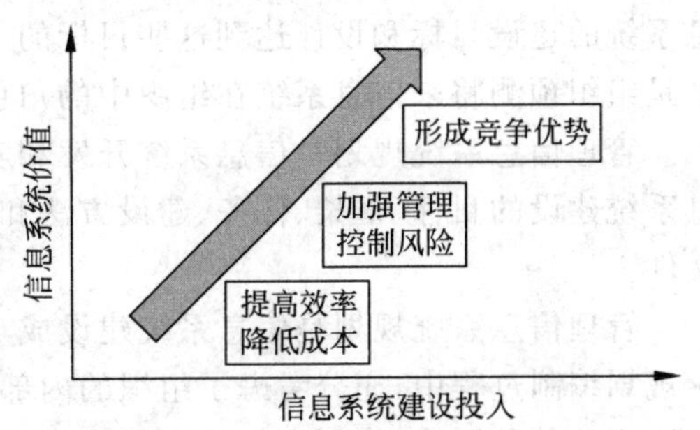

图 2-3 信息系统的应用层次与规划

在分析处理层次上，组织应用信息系统的目标主要定位在加强管理、控制风险，即利用信息系统改善管理机制、加强管理力度和辅助决策。此时在第一个层次所具备条件的基础上，还需要对业务流程进行优化与重组，规范核心业务运作，并采用一定的决策分析工具。在这个层次上，信息系统的建设应当有助于支持并推进组织战略指导下的管理变革。

在商务智能层次上，组织应用信息系统的目标是形成核心能力，在竞争中获得优势。在第二个层次所具备的条件上，信息技术融合到组织的核心战略之中。在这种条件下，信息系统战略在一定意义上具有与组织战略同等的重要性，因为组织对信息技术和信息系统的认知与定位将直接对组织的根本战略产生影响。

处在不同应用层次上的管理信息系统对管理的挑战是不同的，层次越高，潜在收益越大，但是所引发的组织变革的程度也越深，其风险也越大，从而加大企业经营风险。因此，在管理信息系统开发之前，应当结合组织的总体战略，切实做好管理信息系统的规划。

3. 组织战略与信息系统战略

组织战略是对组织长期发展的全局谋划，它是组织为实现其宗旨和目标而确定的组织行动方案和所有资源配置的纲要，是组织制定各种业务规划的基础。组织战略是组织的使命和长期目标，它受到组织所在环境的约束，是组织当前的计划和计划指标的集合。信息系统规划包括信息系统的目标、战略、实现策略和实施方案等内容。信息系统规划阶段的主要目标是制定管理信息系统的长期发展方案，决定管理信息系统在整个生命周期内的发展方向、规模以及发展进程。

管理信息系统的规划与组织的战略规划密切相关。一方面，管理信息系统规划是组织战略的一部分，应当服务于组织战略，即根据组织战略规划中的宗旨、目标来进行管理信息系统的规划。所以，管理信息系统的规划是以组织规划为前提条件和约束。另一方面，管理信息系统战略已经渗透到组织战略中，通过信息技术、信息系统和信息资源的有效开发、应用与管理支持组织战略的实现。

4. 信息系统规划

信息系统规划(Information System Planning，ISP)就是从全局角度出发、合理地确定信息系统的建设目标和设计达到这些目标的一系列措施、方法和步骤。也可以说，信息系统规划是组织预测将来信息系统在组织中的角色和应用目标的描述。

管理信息系统规划是信息系统开发和实施的纲领和方向。管理信息系统规划描述了信息系统建设的目标、框架、任务、建设方法和阶段等方面，是信息系统开发需要遵循的纲领性文件。

管理信息系统规划是信息系统建设成功的管理保障。从管理角度来看，在管理信息系统规划编制过程中，充分考虑了组织的内部和外部环境因素，详细分析了信息系统建设过程中遇到的各种风险，规划工作的开展可以大大降低信息系统建设的风险，确保信息系统项目的顺利进行。

管理信息系统规划主要解决 4 个问题：

① 如何保证管理信息系统规划同组织的总体战略保持一致？

② 怎样为组织设计出一个信息系统的总体结构，并在此基础上设置、开发应用系统？

③ 对相互竞争的应用系统，应当如何拟定优先开发计划和运营资源的分配计划？

④ 面对前三个阶段的工作，应选择并应用哪些行之有效的方法论？

2.2.2 信息系统规划的特点和内容

1. 信息系统规划的特点

管理信息系统规划是信息系统建设框架的描述，是面向组织高层管理人员，高层次的系统分析。它具有较强的不确定性，结构化程度低，具有以下三个特点。

1）宏观性

信息系统规划是站在组织高度，确定整个系统的发展战略、总体结构和资源计划。它是面向全局的，立足于信息系统的长远建设，关系到组织的各个职能部门和业务流程。

2）动态性

组织存在的内外部环境是变化的，组织的目标也相应会动态调整。因此，组织发展总体规划具有动态性。系统规划是组织总体发展规划的一部分，要求服从组织总体发展规划，信息系统也必须随组织目标的变化而变化。

3）管理与技术结合

系统规划是管理与技术相结合的过程，它要应用现代信息技术有效地支持管理决策的总体方案。规划人员对管理和技术发展的见识、开创精神、务实态度，也是系统规划成功的关键因素。

2. 信息系统规划的内容

信息系统规划是管理信息系统开发的第一个阶段，是管理信息系统的概念形成时期。管理信息系统规划主要包括以下5个方面的内容。

1）信息系统的总目标、发展战略与总体结构的确定

根据企业的战略目标、外部环境、内部环境、内外约束条件，确定信息系统的总目标和总体结构，使管理信息系统的战略与整个企业的战略目标协调一致。信息系统的总目标规定信息系统的发展方向，发展战略规划提出衡量具体工作完成的标准，总体结构则规定了信息的主要类型、子系统及其功能信息系统的组织、人员、管理和运行。

2）企业现有的信息系统状况分析

包括对计算机软件、硬件、当前信息系统的功能、应用环境和应用现状等情况，进行充分的了解和评价。

3）可行性研究

在现状分析的基础上，从技术、经济和管理等方面研究并且论证系统开发的可行性。可行性研究的目的是用最小的代价，在最短的时间内确定问题是否得到解决，即所给定问题是否现实，目标系统是否有可行的解决方案，目标系统的建立所带来的收益是否超过建立系统的费用。这些问题的回答要通过客观准确的分析才能得到解决。

4）重组

对业务流程现状、存在的问题和不足进行分析，使流程在新的技术条件下重组。企业流程重组是根据信息技术的特点，对手工方式下形成的业务流程进行根本性的重新考虑和重新设计。

5）对影响规划的信息技术发展方向的预测

技术的不断更新将给管理信息系统的开发带来深刻的影响，决定着管理信息系统的优劣。因此，应对规划中涉及的软、硬件技术，网络技术，数据处理技术的发展变化及其对信息系统的影响做出预测。在规划过程中需要吸收相关技术的最新发展，从而使所开发的管理信息系统具有更强大的生命力。

3. 信息系统规划过程

进行管理信息系统的规划一般应包括以下一些步骤。

(1) 确定规划性质：检查企业的战略规划，确定信息系统战略规划的年限和规划方法。

(2) 收集相关信息：收集来自企业内部和环境中的与战略规划有关的各种信息。

(3) 进行战略分析：对信息系统的战略目标、开发方法、功能结构、计划活动、信息部门情况、财务状况、所担的风险程度和政策等多方面进行分析。

(4) 定义约束条件：根据财务资源、人力资源、信息设备资源等方面的限制，定义信息系统的约束条件和政策。

(5) 明确信息系统规划的目标：根据分析结果与约束条件，确定信息系统规划的目标，即信息系统应具有怎样的能力，包括服务的范围、质量等多方面。

(6) 提出信息系统框架：选择信息系统发展的蓝图，勾画出信息系统的框图，产生子系统划分表等。

(7) 选择开发方案：对信息系统进行分析，根据资源的限制，选择一些适宜的项目优先开发，制定出总体开发顺序。

(8) 提出实施进度：在确定每个项目的优先权后，估计项目成本、人员要求等，然后估计项目的成本费用，编制项目的实施进度计划表。

(9) 通过战略规划：将战略规划书写成文，书写过程中不断征求用户、信息系统工作者的意见。战略规划经企业领导批准后生效，并将它合并到组织战略规划中。

2.2.3 系统规划的方法与策略

用于管理信息系统规划的方法很多，主要有关键成功因素法(Critical Success Factors，CSF)、战略目标集转化法(Strategy Set Transformation，SST)和企业系统规划法(Business System Planning，BSP)。其他还有企业信息分析与集成技术(BIAIT)、产出/方法分析(E/MA)、投资回收法(ROI)、征费法(Chargeout)等。

1. 关键成功因素法

1970 年，哈佛大学教授 William Zani 在管理信息系统模型中用了关键成功变量，这些变量是确定管理信息系统成败的因素。1980 年，麻省理工学院教授 Jone Rockart 将关键成功因素法提高成为管理信息系统战略规划的方法。

1) 关键成功因素的基本概念

关键成功因素是指在一个组织中的若干能决定组织在竞争中能否获胜的因素，它们是企业最需要得到的决策信息，是值得管理者重点关注的活动因素。关键成功因素的重要性置于企业其他所有目标、策略之上，寻求管理决策阶层所需的信息层级。企业管理者如果能掌握少数几项重要因素，便能确保相当的竞争力，它是一组能力的组合。如果企业想要持续成长，就必须对这些少数的关键领域加以管理，否则将无法达到预期的目标。

通常，不同企业、不同的业务活动中的关键成功因素是各不相同的，即使同一个产业中的个别企业会存在不同的关键成功因素。关键成功因素主要有 4 个来源：产业结构；竞争因素；环境因素；暂时因素。

例如，如果想在汽车工业中获得成功，品牌影响力、产品质量、技术水平及生产控制手段等是至关重要的因素；而对一个超级市场来说，则比较看重促销手段、商品价格、地理位置、库存管理等因素。

当管理者按照关键成功因素所指明的方向实施管理时，还需要有一个相应的评价指标体系以衡量行为的效果，即关键性能指标（Key Performance Indicators，KPI）。关键成功因素法是一个由组织目标、关键成功因素和关键性能指标组成的复合概念体系。关键成功因素法的意义在于为组织的高层管理者成功履行管理职责，为实现组织目标提供一个清晰的思路和有效的方法，即管理者可以根据组织目标确定关键成功因素，制定描述相应关键成功因素的关键性能指标，围绕关键成功因素开展企业各项工作并使用关键性能指标评价管理工作成效，形成一个以组织战略目标为设定值，以 CSF 为分析方法的，以信息系统为支持手段的反馈控制系统，见图 2-4。关键性能指标用来确定信息系统的需求，建立了需求以后，可以通过分析现有的信息系统以确定提供所需信息是否能够由现有数据库生成。

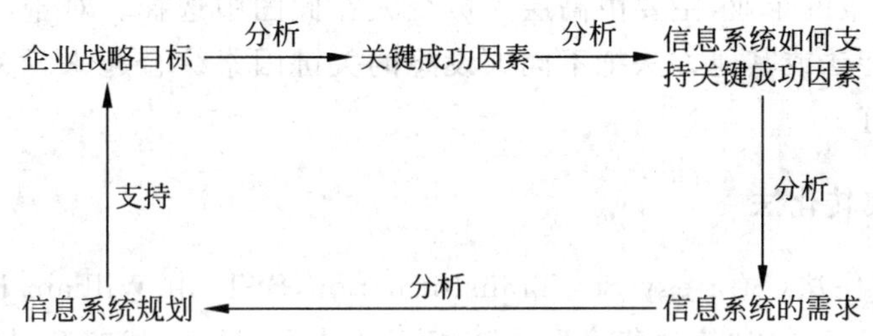

图 2-4 关键成功因素法中的反馈、控制关系

2）关键成功因素的应用步骤

关键成功因素的实施包括 4 个步骤，这 4 个步骤可以用图 2-5 表示。

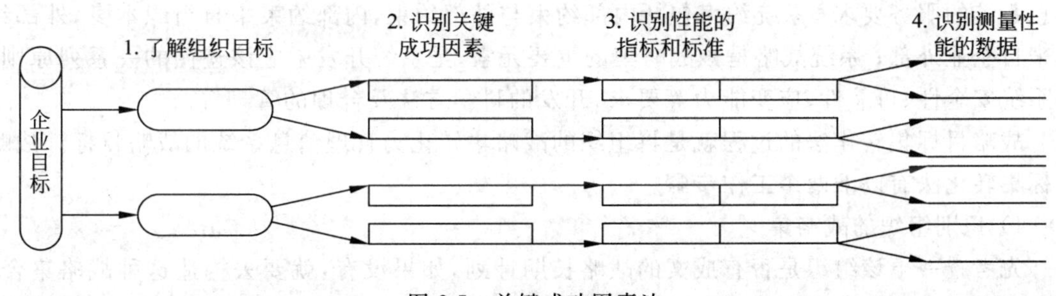

图 2-5 关键成功因素法

（1）了解组织目标。每个组织都会有自己的目标，在不同时期又会有不同的重点。组织的目标应根据组织内外的客观环境条件制定。

（2）识别关键成功因素。了解组织的发展战略后，再识别达成该战略的所有成功因素。可以采用逐层分解的方法找出影响战略目标的各种因素。

（3）识别性能的指标和标准。

（4）识别测量性能的数据。

关键成功因素法通过目标分解和识别、关键成功因素识别、性能指标识别，产生数据字典。关键成功因素就是要识别联系于系统目标的主要数据类及其关系，识别关键成功因素所用的工具是树枝因果图,见图 2-6。某企业有一个目标,是提高产品竞争力,可以用树枝图画出影响它的各种因素,以及影响这些因素的子因素。

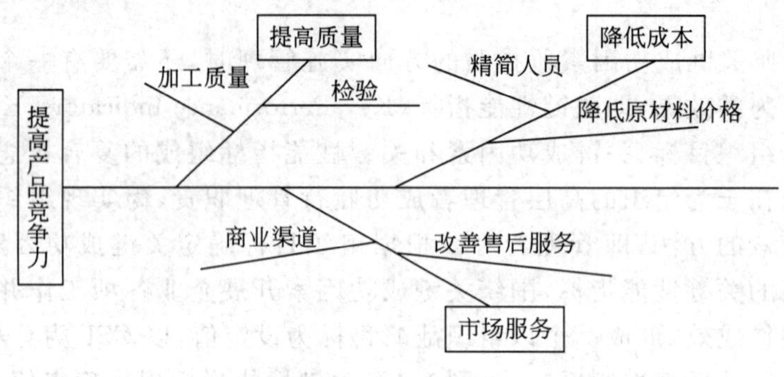

图 2-6 树枝因果图

如何评价这些因素中哪些因素是关键成功因素,不同的企业是不同的。对于一个习惯于高层人员个人决策的企业,主要由高层人员个人在此图中选择。对于习惯于群体决策的企业,可以用德尔斐法或其他方法把不同人设想的关键因素综合起来。关键成功因素法在高层应用,效果较好。

2. 战略目标集转化法

战略目标集转化法(Strategy Set Transformation,SST)由 William King 于 1978 年提出,他把整个战略目标看成"信息集合",由该组织的使命、目标、战略和其他战略变量(例如管理的复杂性、组织发展趋势、变革习惯及重要的环境约束因素等)组成,MIS 的战略规划过程是把组织的战略目标转变为 MIS 战略目标的过程。

管理信息系统战略集由系统目标、系统约束和系统战略构成。系统目标主要定义管理信息系统的服务要求;系统约束包括内部约束与外部约束,内部约束来自组织本身,外部约束来自企业外部;系统战略是该战略集的重要元素,是系统开发中应该遵循的一系列原则,如系统安全性、可靠性、应变能力等要求,开发的科学方法及合理的管理等。

战略目标集转化法的过程就是将组织的战略集转化为管理信息系统的战略目标。战略目标集转化法有以下两个工作步骤。

1) 识别组织的战略集

先考查一下该组织是否有成文的战略长期计划,如果没有,就要去构造这种战略集合。可以采用以下步骤。

(1) 描绘出组织关联集团,如供应商、顾客、股东、政府代理人、地区社团及竞争者等。

(2) 识别关联集团的要求。组织的使命、目标和战略反映出每一关联集团的要求,要对每个关联集团要求的特性做定性描述,对这些要求被满足程度的直接和间接度量进行说明。

(3) 定义组织相对于每一个关联集团的任务和战略。

(4) 解释和验证组织的战略集。

2) 将组织战略集转化成 MIS 战略

MIS 战略应包括系统目标、约束以及设计原则等。这个转化的过程包括对应组织战略集的每个元素识别对应的 MIS 战略约束，然后提出整个 MIS 的结构。最后，选出一个方案送组织领导。

3. 企业系统规划法

企业系统规划法(Business System Planning，BSP)是由 IBM 公司在 20 世纪 70 年代初发展起来的一种对管理信息系统进行规划和设计的结构化方法。它是 IBM 公司用于内部系统开发的一种方法，旨在通过规范化的方法指导 MIS 的开发。后来，BSP 方法成为一种通用的系统规划方法流行开来。

1) BSP 方法的基本思想

企业系统规划法的基本思想：信息支持企业运行。通过自上而下地识别系统目标、企业过程和数据，然后对数据进行分析，自下而上地设计管理信息系统。该管理信息系统支持企业目标的实现，表达所有管理层次的要求，向企业提供一致性信息，对组织机构的变动具有适应性，见图 2-7。

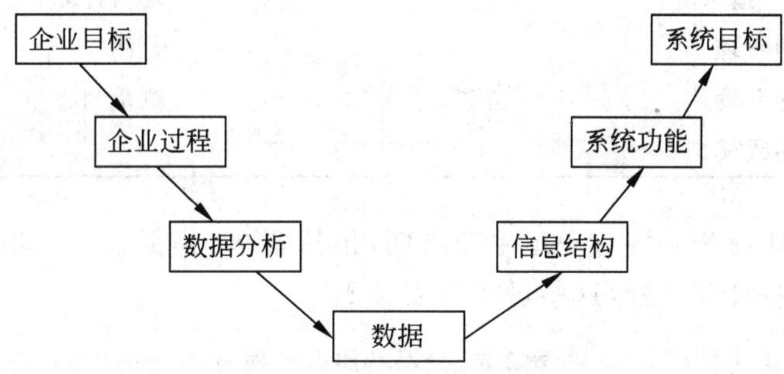

图 2-7　BSP 方法的基本思想

实施 BSP 方法的前提是，在企业内部有改善计算机信息系统的要求，并且有为建立信息系统而形成总体战略的需要。因而，BSP 的基本概念与组织的信息系统的长期目标有关，表现在这几方面：首先，信息系统的战略必须要支持企业各个层次的需求。企业的层次分别是战略层、管理控制层、操作控制层。不同层次的管理活动有不同的信息需求，信息系统战略应当能满足各层次的信息管理需要。其次，信息系统战略规划，应该由总体信息系统结构中的子系统开始实现。BSP 对于大型信息系统而言是“自上而下”的系统规划，“自下而上”地分步实施。最后，信息系统应该适应组织机构和管理体制的变化。BSP 法采用组织过程的概念，组织过程同组织体系和具体的管理职责无关。

2) BSP 方法的工作步骤

BSP 方法工作是一项系统工程。BSP 方法是把企业目标转化为信息系统战略的全过程，它的工作步骤如下。

(1) 描述企业的战略目标。首先要对企业的高层管理人员进行深入调查，要了解他们是如何使用信息的，从哪获取信息，企业的现状，企业的目标是什么，高层管理人员需要什么支持信息来进行决策等情况。

(2) 定义企业过程。定义企业过程是 BSP 方法的核心。只有熟知企业过程，才能识别信息系统的需求。企业过程是逻辑上相关的一组决策和活动的集合，这些决策和活动是管理企业资源所需要的。整个企业的管理活动由许多企业过程组成。识别企业过程的目的是了解信息系统的工作环境，对企业如何完成其目标有深刻的了解。

① 定义企业过程的方法。企业过程是构成信息系统的基础，按照企业过程所建造的信息系统，在企业组织结构变化时可以不必改变，或者说信息系统相对独立于组织结构。识别企业的业务处理过程可以通过以下三个方面来实现。

战略计划和控制。战略计划通常是指企业的长期总体计划、投资计划、资源开发计划等，例如紧急预测、生产分析、企业发展目标、市场产品预测、组织规划、生产线模式等，可以把企业战略规划和管理控制方面的过程列于表 2-1。

表 2-1 计划和控制过程

战略规划	管理控制
经济预测	市场/产品预测
组织计划	工作资金计划
政策开发	雇员水平计划
放弃/追求分析	运营计划
预测管理	预测
目标开发	测量与评价
产品线模型	

产品和服务。任何产品均有一定生命周期，包括要求、获得、服务、退出 4 个阶段，对于每一个阶段对应一些管理过程，这些过程见表 2-2。

表 2-2 产品和服务过程

要　求	获　得	服　务	退　出
市场计划	工程设计开发	库存控制	销 售
市场研究	产品说明	接受	订货服务
预测	工程记录	质量控制	运输
定价	生产调度	包装储存	运输管理
材料需求	生产运行		
能力计划	购买		

支持资源。支持资源是企业必需的一部分，包括资金、人才、材料和设备等。管理人员通过各种资源支持他们的目标，只有研究他们管理资源的各种活动和决策过程才能总结出企业各组织的管理功能。通过支持资源识别企业过程，其方法类似于产品和服务，由资源的生命周期出发列举企业过程，见表 2-3。

识别过程是 BSP 方法成功的关键，输出应有以下文件：一个过程组及过程表；每一过程的简单说明；一个关键过程的表，即识别满足目标的关键过程；产品/服务过程的流程图；系统组成员能很好地了解整个企业的运营是如何管理和控制的。

② 建立组织过程和组织关系。用组织过程矩阵将组织机构与组合过程构成联系起来，以明确各个组织机构与过程的联系，见表 2-4。该矩阵中 M 表示主要参与部门，S 表示部分参与部门。

表 2-3 支持资源过程

资源	生命周期			
	要求	获得	服务	退出
资金	财务计划 成本控制	资金获得 接收	公文管理 银行账 会计总账	会计支付
人事	人事计划 工资管理	招聘 转业	补充和收益 职业发展	终止合同 退休
材料	需求生产	采购 接收	库存控制	订货控制 运输
设备	主设备计划	设备购买 建设管理	机器维修 家具、附属物	设备报损

表 2-4 过程/部门矩阵

过程 部门	销售	购买材料	财务报表处理	成本核算	市场计划
市场部	M				M
财务部	S	S	M	M	S
生产部		M			

(3) 定义数据类。在定义了企业过程后，下一步的工作是对由过程所产生、控制和使用的数据，按照逻辑上的相关性进行分析和归并，以减少数据冗余。识别企业数据的方法有两种：企业实体法和企业过程法。

企业实体法：实体有顾客、产品、材料以及人员等客观存在的东西。企业实体法以矩阵形式列出企业实体与数据类的关系，见表 2-5。

表 2-5 数据/企业实体矩阵

企业实体 数据类	产品	顾客	设备	材料	卖主	现金	人员
计划/模型	产品 计划	销售领域 市场计划	能力计划 设备计划	材料需求 生产调度		预算	人员计划
统计/汇总	产品 需求	销售历史	运行 设备利用	开列需求	卖主行为	财务统计	生产率 盈利历史
库存	产品 成本 零件	顾客	设备 机器负荷	原材料 成本 材料单	卖主	财务 会计总账	雇用工资 技术
业务	订货	运输		采购 订货	材料 接收	接收 支付	

企业过程法：对每一个过程进行分析，包括过程的输入数据、输出数据是什么，采用输入—处理—输出图来表达过程的输入、处理、输出的关系，见图 2-8。

(4) 建立过程与数据类的关系。过程和数据类定义好之后，可以用过程/数据矩阵来表示过程和数据之间的联系。过程/数据矩阵又称为 U/C 矩阵。

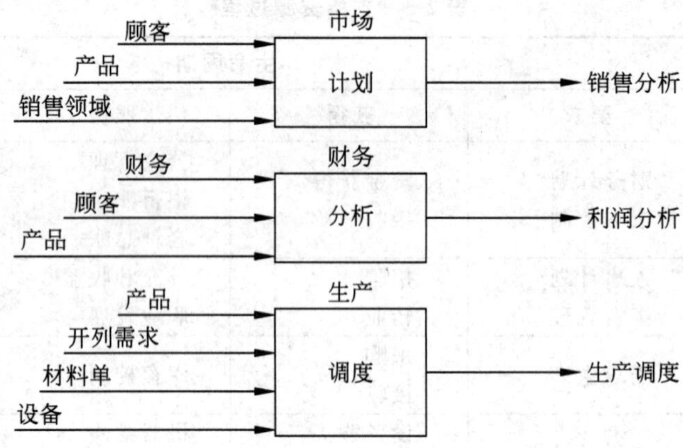

图 2-8 过程的输入—处理—输出

① 建立 U/C 矩阵。在 U/C 矩阵中，将过程作为行，数据类作为列，如果某个业务过程产生某个数据类，就在该列对应的矩阵中填 C(Create)；如果某个业务过程使用某个数据类，就在该列对应的矩阵中填 U(Use)，如图 2-9 所示。例如，经营计划功能要使用有关成本和财务的数据，则在这些数据下面的“经营计划”行上标记符号 U；若产生的是计划数据，在“计划”下“经营计划”行上标记符号 C。

数据类 功能	客户	订货	产品	加工路线	材料表	成本	零件规格	原材料库存	成品库存	职工	销售区域	财务	计划	设备负荷	材料供应	工作令
经营计划						U						U	C			
财务规划						U				U		U	U			
产品预测	U		U								U		U			
产品设计开发	U		C		U		C									
产品工艺			U		C		U	U								
库存控制								C	C						U	U
调度			U											U		C
生产能力计划				U										C	U	
材料需求			U		U										C	
作业流程				C										U	U	U
销售区域管理	C	U	U													
销售	U	U	U								C					
订货服务	U	C	U													
发运		U	U						U							
会计	U		U							U						
成本会计		U				C										
人员会计										C						
人员招聘考核										U						

图 2-9 U/C 矩阵的建立

② 定义信息系统结构。采用 U/C 矩阵来分析和识别将要开发的信息系统和各个子系统及子系统之间的数据流。具体步骤如下。

调整 U/C 矩阵。首先，将过程按照过程组排列，每一过程按发生的先后顺序排列。其次，调整数据类的横向位置，使矩阵中的 C 最靠近从左上到右下的主对角线。

系统逻辑功能的划分。把 U 和 C 最密集的区域用线条框起来，每一个小方块就构成了子系统。划分子系统时应注意：沿对角线一个接一个地画，既不能重叠，又不能漏掉任何一个数据和功能，如图 2-10 所示。

功能 \ 数据类		计划	财务	产品	零件规格	材料表	原材料库存	成品库存	工作令	设备负荷	材料供应	加工路线	客户	销售区域	订货	成本	职工
经营计划	经营计划	C	U													U	
	财务规划	U	U													U	U
技术准备	产品预测	U		U									U	U			
	产品设计开发			C	C	U							U				
	产品工艺			U	U	C	U										
生产制造	库存控制						C	C	U		U						
	调度			U					C	U							
	生产能力计划									C	U	U					
	材料需求			U		U					C						
	作业流程								U	U	U	C					
销售	销售区域管理			U									C		U		
	销售			U									U	C	U		
	订货服务			U									U		C		
	发运			U				U							U		
财会	会计			U									U				U
	成本会计														U	C	
人事	人员计划																C
	人员招聘考核																U

图 2-10 使用 U/C 矩阵划分子系统

BSP 方法是根据信息的产生和使用来划分子系统的，它尽量把信息产生的企业过程和使用的企业过程划分在一个子系统中，从而减少了子系统之间的信息交换。

4. 系统规划的策略

信息系统规划的策略是指信息系统规划的总体指导思想。目前，常用的信息系统规划策略有自顶向下策略和自底向上策略。

1）自顶向下策略

在自顶向下的信息系统规划策略中，组织的高层管理者认为当前组织中的所有业务和系统都是可以改进的，在这种思想指导下，从企业的经营管理战略导出信息系统的战略规划，设置信息系统的建设目标，并不断分解细化，制定和采取一系列达到这些目标的措施。采用自顶向下策略，管理人员按照组织分工、部门设置、业务流程等把设置的目标分解成多个小目标，即从整体上协调和规划，把大问题分解为小问题、把长期问题分解成短期问题、把复杂问题分解成简单问题。这种方法的优点是：信息系统建设的需求明确，规划更有针对性。由于这种开发策略要求很强的逻辑性，因而难度较大，但这是一种更重要的策略，是信息系统走向集成和成熟的要求。

2）自底向上策略

在自底向上的信息系统规划策略中，组织中的某个业务单元出现了问题，管理人员才采取措施解决这些问题，这种规划方法源自于组织底层的业务人员。在这种策略中，经常把若干个职能目标集成到一个目标中，与自顶向下策略相比，这种方法并不要求对组织的整体进行规划，通常是由中层管理人员或底层业务人员驱动的。自底向上规划方法的优点是可以避免出现系统大规模运行不协调的风险，缺点是由于缺乏从整个系统出发考虑问题，随着信息系统的发展，往往要做出许多重大修改，甚至重新规划和设计。

3）混合策略

为了充分发挥上述两种策略的优点，在实际中往往可以综合起来应用。自顶向下策略适用于一个组织的总体规划方案的设计，而自底向上策略又适用于具体业务信息系统的规划设计。因此，在用自顶向下策略确定了一个信息系统的总体规划方案以后，再采用自底向上策略，对一个个业务系统进行具体功能和数据的分析和分解，并逐层归纳到决策层。

2.3 系统调查

新系统是在现行系统基础上经过改建或重建而得到的，因此，要建立一个信息系统，需要对现行系统进行调查，对现行系统的运行方式进行全面的了解。系统调查的目的是弄清楚现行系统运行状况，发现其薄弱环节，找出要解决的问题的实质，在调查研究基础上的可行性研究，对新系统能否进行开发进行定性及定量分析，确保新系统比原系统更有效。

2.3.1 系统调查的原则与内容

1. 系统调查的原则

1）规范性

要循序渐进、逐层深入地进行调查。合理安排调查顺序，可以提高调查效率和调查效果。一般来说，对系统先进行自上而下的初步调查，在了解总体和全局的基础上，再对系统进行由下而上的具体调查。

2）用户参与的原则

系统调查将涉及组织内部管理工作的各个方面，调查者应主动与被调查者在业务上进行沟通。系统调查的工作人员由使用部门的业务人员、主管人员和设计部门的系统分析人员、系统设计人员共同构成，两者结合，就能互补不足，更深入地发现对象系统存在的问题，共同研讨解决的方案。

3）调查前要做好计划

根据系统开发的需要明确调查任务的划分，制订调查计划，以便于事先安排时间、地点和内容，并通知有关部门人员做好准备。通过事先计划，主导调查顺序和调查内容，可以提高调查效率和调查效果。

4）工程化的工作方式

对于一个大型系统的调查一般都是由多个系统分析人员共同完成的，为了提高调查的工作效率，需要按分工和协作相结合的工程化的方法组织调查。工程化就是将工作事先计划，对多个人的工作方法和调查所用的表格、图例做到统一规划，以便能相互沟通，分工协作。

2. 系统调查的内容

1）系统界限和运行状态

根据现行系统的发展历史、目前规模、经营效果、业务范围及与外界联系等，确定系统界限、外部环境和接口，以及衡量现有的管理水平等。

2）组织机构调查

组织机构调查的内容包括现行系统的组织机构设置、人员分工和岗位职责情况等。了解现有系统的构成和业务范围，而且可以进一步了解人力资源，发现组织和人事等方面的不合理现象。

3）管理功能的调查

为了实现系统的目标，系统必须具有各种功能。管理功能要以组织机构为背景识别和分析，因为每个组织都是一个功能机构，都具有各自不同的功能。

4）业务流程调查

不同系统进行不同的业务处理，系统分析员要尽快熟悉业务，全面细致地了解整个系统的业务流程，以及物流和信息流的情况。除此之外，对各种输入、输出、处理和处理量等都要了解清楚。

5）数据流程的调查

在业务流程调查的基础上舍去具体的物质形式，对收集的数据和数据处理过程进行分析和整理，绘制数据流程图。例如，根据收集的单据和报表，了解信息的载体，进一步落实现行系统的数据收集、整理、输入、存储、处理、输出等各个环节，从而得到完整的数据流程。

6）约束条件与薄弱环节

现行系统在人员、资金、设备、处理时间和方式等各方面的限制条件和规定。现行系统中的各个薄弱环节是新系统中要解决和改进的主要问题，往往也是新系统目标的重要组成部分。因此，在调查中要注意收集用户的各种要求，善于发现问题并找到问题的前因后果。

2.3.2　系统调查的方法

在做出开发新系统的决策之后，就应当组织力量成立调查小组，采用多种方法对现有系统进行调查分析,这个阶段为新系统开发进行原始资料的准备,并使得系统开发人员对现行系统取得感性和理性的认识。详细调查应当遵循用户参与的原则。调查组应由使用单位的业务人员、领导和设计单位的系统分析员、系统设计员共同组成。详细调查的方法有多种多样,主要有以下这些。

1. 发调查表

调查表通过问答形式把系统调查人员和用户联系起来。利用调查表进行调查,可以方便系统调查人员,缩短调查时间,降低调查成本费用。用调查表进行调查,要把问题提得全面、易懂、明确,这是设计调查表应遵守的基本原则。被调查人员选择答案的方式主要有以下三种。

(1) 列出问题若干可能的答案。用户选择最适合于被调查单位的答案即可。这种问题一般是比较具体明确的问题,例如,采用何种方法计算机器设备的折旧。

(2) 向用户了解一个不确定的因素。可能的答案比较广泛,用户必须根据本单位的具体情况做出明确的答复。例如,账户月发生额最大值为多少?随着不同单位的生产规模、业务量的不同,账户月最大发生额显然是不会相同的。

(3) 要求用户提供某些资料。例如,要求用户提供现行系统中各种账、证、表的格式,要求用户给出成本核算流程图。

2. 用户访问调查

用户访问调查就是由系统调查人员直接走访被调查者,获取有关现行系统的详尽资料。直接访问有关人员,可以了解到一些调查表所不能得到的信息。为了保证每次访问都能得到足够多的信息,系统调查者应做到如下 4 点。

(1) 必须明确每次访问的任务,做到有的放矢。应当列出访问计划,以防止访问过程中提不出问题。

(2) 访问对象必须选得准确。应选那些对访问任务最了解、对建立新系统最有信心的人员作为被访问的对象。

(3) 要注意访问的方式。要友善和善于引导,不要让被访问者觉得他是在被审问,而应让他感到是在和你共同探讨。

(4) 要及时做好访问记录,并在访问完毕后加以归纳整理,使之文档化,最终形成一整套系统调查资料。

3. 开调查会

管理中的有些问题常牵涉众多的人员,通过开征询会、讨论会的方式往往能有利于尽快地弄清这些问题的来龙去脉,把握住问题的本质。为了开好调查会,应先写好调查提纲,发给每个被调查对象,让其有一定的准备时间,便于把问题讲清楚。开调查会是一种集中调查的方法,在深度调查和征询有关人员对建立系统的看法时,开会讨论的调查方法更能发挥作用。

4. 参加业务实践

开发人员如果欠缺对业务环节的知识，往往会使调查的广度和深度受到限制，使系统分析和系统设计不能建立在正确的基础上，导致建立的新系统不能适应实际需要。因此，为了充分了解现行系统的特性，开发人员去参加业务实践，不仅可以获得第一手资料，而且便于开发人员和业务人员的交流，使系统的开发工作接近用户；用户参加系统开发工作的实践，也便于用户更加深入地了解新系统。

以上所述不同的调查方法各有不同的侧重点和适用面，实际工作中系统调查人员应当根据系统调查的实际需要确定调查方法，有些情况下可以将上面提到的几种方法混合起来使用，完成调查任务。

2.3.3 组织机构与业务功能调查

1. 组织机构调查

现行系统中的信息流动是以组织机构为基础的。各部门之间存在信息和物资交换，因此需要通过分析把握当前组织的组织机构与业务流程之间的关系。组织机构指的是一个组织（部门、企业、车间、科室等）以及这些组成部分之间的隶属关系或管理与被管理的关系，通常可用组织机构图来表示。

组织机构状况表明了各部门的划分及其相互关系、人员配备、业务分工、信息流和物流的关系等。组织机构图就是把组织分成若干部分，同时标明行政隶属关系、信息流动关系和其他关系。例如，图 2-11 是某企业的行政组织机构图，从这种组织机构图中可以观察出各部门之间的隶属关系。

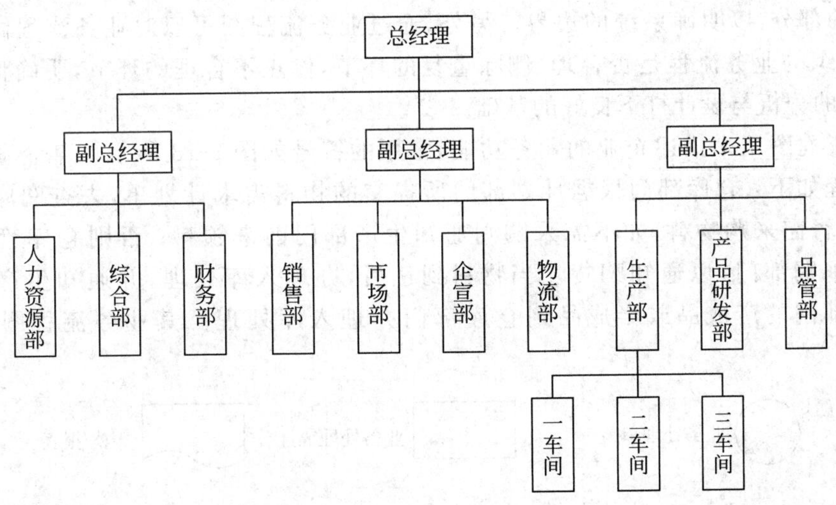

图 2-11 行政组织机构图

2. 业务功能调查

为了达到战略发展目标，管理部门设置了不同的管理职能。系统功能结构的调查就是要了解或确定系统的目标、系统功能结构以及它们之间的关系，归纳出企业的部门和业务层次的功能，用树状图的形式描述出来，即功能结构图。以组织机构图为背景分析清楚各个部门的功能后，分层次将其归纳与整理，形成各个层次的功能结构图；然后自上而下逐层归纳与整理，形成以系统目标为核心的整个系统的功能层次图。功能层次图描述了从系统目标到各项功能的层次关系，图 2-12 为某企业管理系统的功能结构图。

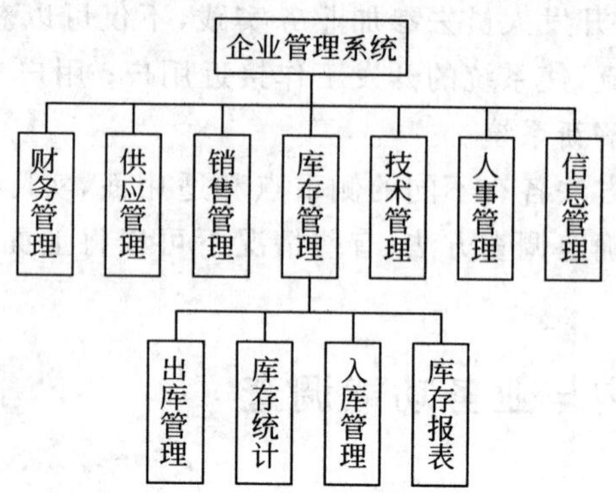

图 2-12 某企业管理系统的功能结构图

2.3.4 业务流程调查

业务流程调查的任务是调查系统中各环节的业务活动，了解业务内容、信息的输入、输出、处理以及数据存储等。业务流程图是分析业务流程的重要工具。它是一种描述系统内各单位、人员之间业务关系、作业顺序和信息流向的图表。

业务流程图反映了实际的业务活动。制作业务流程图的过程也是全面了解系统业务处理的过程。业务流程图是现行系统中各项活动的处理过程。在业务流程图上能够拟出由计算机实现的部分，以明确系统的边界。另外，通过业务流程图可以对业务流程做进一步分析，分析组织的业务流程是否合理，删除重复的环节，修正不合理的环节，明确整个业务流程，为以后的分析与设计打下良好的基础。

业务流程图用来描述企业的业务功能，常用的符号如图 2-13 所示。某企业的库存管理业务流程如下：仓库部门根据计划部门所提交的物料需求计划单，去查阅库存账的情况，决定是否需采购物料，如不需采购则通知生产部门前来领料；否则仓库管理员递交采购单给采购部门，以通知购货。当物料到达后，办理入库处理，并通知生产部门来领料。生产部门的产成品或半成品到仓库部门办理入库处理。其业务流程图如图 2-14 所示。

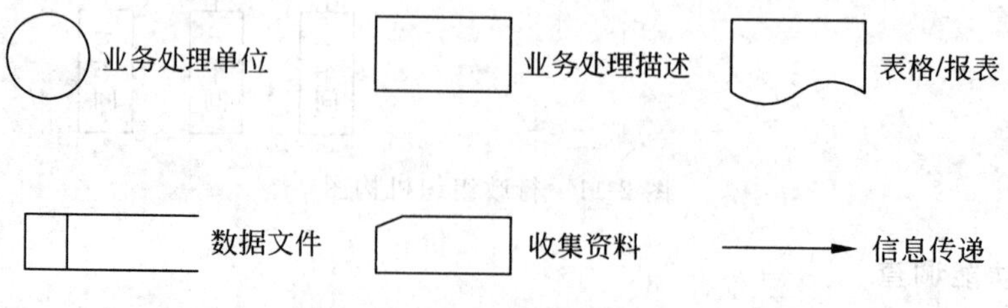

图 2-13 业务流程图常用符号

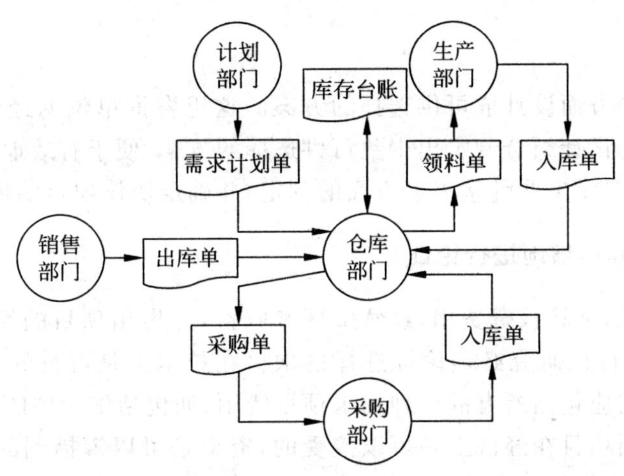

图 2-14 某企业库存管理业务流程图

2.4 可行性研究

可行性研究必须从系统总体出发，对技术、经济、财务、商业以至环境保护、法律等多个方面进行分析和论证，以确定建设项目是否可行，为正确进行投资决策提供科学依据。项目的可行性研究是对多因素、多目标系统进行的不断的分析研究、评价和决策的过程。它需要有各方面知识的专业人才通力合作才能完成。中国从 1982 年开始，已将可行性研究列为基本建设中的一项重要程序。

可行性研究是对管理信息开发方案的经济可行性、技术可行性、管理可行性进行分析和判断。可行性研究是在当前情况下，分析与论证开发新信息系统是否有必要、是否具备必要的条件。可行性研究的工作需要建立在系统调查的基础上。信息系统开发的必要性来自于开发任务的迫切性，而信息系统开发的可行性取决于实现信息系统的资源和条件。

2.4.1 可行性研究的工作程序

国际上典型的可行性研究报告的工作程序分为 6 个步骤。在整个程序中，雇主和咨询单位必须紧密合作。

1. 开始阶段

要讨论研究的范围，细心限定研究的界限及明确雇主的目标。

2. 进行实地调查和技术经济研究

每项研究要包括项目的主要方面，需要量、价格、工业结构和竞争决定市场机会，同时，原材料、能源、工艺需求、运输、人力和外部工程又影响适当的工艺技术选择。所有这些方面都是相互关联的，但是每个方面都要分别评价。

3. 优选阶段

将项目的各不同方面设计成可供选择的方案。这里咨询单位的经验是很重要的，它能用较多的有代表性的设计组合制定出少数可供选择的方案，便于有效地取得最优方案，随后进行详细讨论，雇主要做出非计量因素方面的判定，并确定协议项目的最后形式。

4. 对选出的方案详细地进行论证

确定具体的范围，估算投资费用、经营费用和收益，并做出项目的经济分析和评价。为了达到预定目标，可行性研究必须论证选择的项目在技术上是可行的，建设进度是能达到的。估计的投资费用应包括所有的合理的未预见费用(如包括施工中的涨价预备费)。经济和财务分析必须说明项目在经济上是可以接受的，资金是可以筹措到的。敏感性分析则用来论证成本、价格或进度等发生时，可能给项目的经济效果带来的影响。

5. 编制可行性研究报告

其结构和内容常常有特定的要求(如各种国际贷款机构的规定)。这些要求和涉及的步骤，在项目的编制和实施中能有助于雇主。

6. 编制资金筹措计划

项目的资金筹措在比较方案时，已进行了详细考查，其中一些潜在的项目资金会在贷款者讨论可行性研究时冒出来。实施中的期限和条件的改变也会导致资金的改变，这些都可以根据可行性研究的财务分析做相应的调整。最后，要做出一个明确的结论，以供决策者做出最终判断。

2.4.2 可行性研究的内容

1. 管理上的可行性

(1) 法律法规的因素：管理信息系统的实施是否与法规冲突？管理信息系统导致的管理制度改革是否可行？规章制度是否齐全有利于管理信息系统的实施？一句话，管理信息系统的实施不能与法律法规发生冲突。

(2) 用户使用可行性：管理信息系统的建立，必然导致某些管理制度、管理体制的变动，组织的承受能力影响着系统的生存，由于管理方式、操作方式都发生了较大的变动，往往给组织带来很大的影响。要调查管理人员的态度。高层领导对新系统的态度是开发新系统的重要前提条件，由于信息系统是为管理服务的，信息系统的开发是一项复杂的管理工程，涉及组织结构的调整和变化等一系列问题，只有得到高层领导的支持才能确保信息系统的各项工作顺利进行，因此开发信息系统首先是“一把手”工程。此外，组织中的中低层管理人员对开发信息系统的态度、支持程度也要考虑，来自中低层的消极因素也是信息系统失败的重要原因之一。

(3) 项目实施管理上的可行性：开发应用项目管理方面的条件。项目开发或部署时，开发方能否搞好其管理工作，使新系统开发完成，安装到位，进入正常运行阶段。

(4) 外部环境方面的条件：要了解外部环境的情况，以确定管理信息系统的实施是否有条件。比如，对外部来往单位是否有影响，上级领导单位是不是支持等因素。

2. 技术上的可行性

技术可行性是指根据现有的技术条件，系统的功能目标能否实现，开发管理信息系统所需要的物理资源是否具备，能否得到，在规定的期限内，本系统的开发能否完成。进行技术可行性分析时，要注意以下几方面的问题：

(1) 开发中涉及的所有技术问题，包括管理信息系统开发采用的硬件、系统软件、应用软件等方面，客观分析这些技术在满足新系统功能方面的支持性和可靠性。

(2) 技术风险问题，在信息系统中尽可能采用已经普遍采用、确实可行的技术手段，而不是正在研究中没有把握的新技术。

(3) 开发人员技术，主要指对系统开发与维护工作的技术力量能否满足要求。信息系统在系统开发、使用、维护各阶段需要系统分析员、系统设计员、程序员、操作员、录入员及软硬件维护员等各类专门人员。技术可行性包括以下5个方面内容：①对系统的简要描述；②处理流程和数据流程；③与现有系统比较的优越性；④采用建议系统可能带来的影响；⑤技术可行性评价。

3. 经济可行性

经济可行性是指从经济角度研究信息系统开发的可行性，它也被称为投资/收益分析，是信息系统项目所需要的总成本和项目带来的总收益相互比较的结果，当总收益大于总成本时，信息系统项目值得开发。信息系统项目的总成本是指建立信息系统所需的经费，包括软、硬件设备购置费用，系统开发、运行和维护的费用，培训费用等。信息系统项目的总收益是指使用新系统后所带来的直接或间接经济效益。直接经济效益是可以折合成货币形式的效益，如，加快流动资金周转，节省人力，减少资金积压，增加产量等对利润的直接影响；间接经济效益难以用货币形式来表示，例如，提供更多的更高质量的信息，提高管理效能，增强市场竞争力，改进企业社会形象等带来的企业整体效益。经济可行性包括以下5个方面。

(1) 支出：管理信息系统总的投资。

(2) 效益：信息系统项目的总收益是指使用新系统后所带来的直接或间接经济效益。

(3) 收益/投资比：就是当年的投资收益在当年的总利润中的比例。

(4) 投资回收周期：投资回收的时间长短。

(5) 敏感性分析：敏感性分析是投资项目的经济评价中常用的一种研究不确定性的方法。它在确定性分析的基础上，进一步分析不确定性因素对投资项目的最终经济效果指标的影响及影响程度。敏感性因素一般可选择主要参数(如销售收入、经营成本、生产能力、初始投资、寿命期、建设期、达产期等)进行分析。

2.4.3 可行性研究报告

《计算机软件产品开发文件编制指南》国家标准 GB 8567—1988，《计算机软件需求说明编制指南》国家标准 GB 9385—1988，《计算机软件测试文件编制规范》国家标准 GB 9386—

1988，对软件开发过程中的14套文档进行了规定。可行性研究报告就是其中之一。

可行性研究报告是可行性研究的最终成果，它以书面形式列出可行性分析的结果。一般而言，可行性研究报告包括以下内容。

1. 引言

(1) 编写目的。
(2) 背景。
(3) 定义。
(4) 参考资料。

2. 可行性研究的前提

(1) 要求。
(2) 目标。
(3) 条件、假定和限制。
(4) 进行可行性研究的方法。
(5) 评价尺度。

3. 对现有系统的分析

(1) 处理流程和数据流程。
(2) 工作负荷。
(3) 费用开支。
(4) 人员。
(5) 设备。
(6) 局限性。

4. 所建议的系统(方案1)

(1) 对所建议系统的说明。
(2) 处理流程和数据流程。
(3) 改进之处。
(4) 影响：包括对设备的影响、对软件的影响、对用户单位机构的影响、对系统运行过程的影响、对开发的影响、对地点和设施的影响、对经费开支的影响。
(5) 局限性。
(6) 技术条件方面的可行性。

5. 可选择的其他系统方案

(1) 方案2。
(2) 方案3。

6. 投资及效益分析

(1) 支出。
(2) 收益。
(3) 收益/投资比。
(4) 投资回收周期。

7. 结论

结论应当明确指出以下内容之一。
(1) 可以立即开始进行。
(2) 需要推迟到某些条件(例如资金、人力、设备等)落实之后才能开始进行。
(3) 需要对开发目标进行某些修改之后才能开始进行。
(4) 不能进行或不必进行(例如因技术不成熟、经济上不合算等)。

习题

1. 名词解释

(1) 可行性研究;(2) 信息系统规划。

2. 简答题

(1) 什么是管理信息系统的规划?管理信息系统规划的内容是什么?
(2) 管理信息系统规划的过程是什么?
(3) 系统调查的内容是什么?
(4) 可行性研究包括哪些内容?
(5) 什么是关键成功因素?应用关键成功因素的步骤是什么?
(6) U/C 矩阵有何作用?
(7) 诺兰阶段模型有何实用意义?它把信息系统的成长过程划分为哪几个阶段?

第3章 电子商务系统开发管理

本章重点介绍电子商务系统开发团队,项目进度控制,项目成本估算与控制,软件质量管理。要求学生了解电子商务系统开发的过程和项目进度控制,成本控制,质量管理的相关内容。

3.1 电子商务开发团队

本节重点介绍个人软件过程,团队软件过程,以及项目组构建。

3.1.1 个人软件过程

1. 概述

软件工程师都知道,要开发高质量的软件,必须改进软件生产的过程。软件能力成熟度模型 SW-CMM 是当前最好的软件过程,并且 CMM 已经成为软件过程工业标准。但是,CMM 仅提供了一个有力的软件过程改进框架,只告诉人们"应该做什么",而没有告诉人们"应该怎样做",并未提供有关实现关键过程域所需要的具体知识和技能。为了弥补这个欠缺,Humphrey 主持开发了个人软件过程(Personal Software Process,PSP)。

个人软件过程是一种可用于控制、管理和改进个人工作方式的自我持续改进过程,是一个包括软件开发表格、指南和规程的结构化框架。PSP 与具体的技术(程序设计语言、工具或者设计方法)相对独立,其原则能够应用到软件工程任务之中。PSP 说明了个人软件过程的原则;帮助软件工程师做出准确的计划;确定软件工程师为改善产品质量要采取的步骤;建立度量个人软件过程改善的基准;确定过程的改变对软件工程师能力的影响。

在 CMM 1.1 版本的 18 个关键过程域中有 12 个与 PSP 有关,据统计,软件项目开发成本的 70%取决于软件开发人员个人的技能、经验和工作习惯。因此,软件开发人员如能接受 PSP 培训,对软件能力成熟度的升级是一个有力的保证。CMM 侧重于软件企业中有关软件过程的宏观管理,面向软件开发单位,PSP 则侧重于企业中有关软件过程的微观优化,面向软件开发人员。二者互相支持,互相补充,缺一不可。

按照 PSP 规程,改进软件过程的步骤首先需要明确质量目标,也就是软件将要在功能和性能上满足的要求和用户潜在的需求。接着就是度量产品质量,有了目标还不行,目标只是一个原则性的东西,还不便于实际操作和判断,因此,必须对目标进行分解和度量,使软件质量能够"测量"。然后就是理解当前过程,查找问题,并对过程进行调整。最后应用调整后的过程，度量实践结果，将结果与目标做比较，找出差距，分析原因，对软件过程进行持续改进。

2. PSP 等级

就像 CMM 为软件企业的能力提供一个阶梯式的进化框架一样，PSP 为个人的能力也提供了一个阶梯式的进化框架，以循序渐进的方法介绍过程的概念，每一级别都包含更低一级别中的所有元素，并增加了新的元素。这个进化框架是学习 PSP 过程基本概念的好方法，它赋予软件人员度量和分析工具，使其清楚地认识到自己的表现和潜力，从而可以提高自己的技能和水平。PSP 过程改进模型见图 3-1。

1）个人度量过程 PSP0 和 PSP0.1

PSP0 的目的是建立个人过程基线，通过这一步，让软件工程师学会使用 PSP 的各种表格采集过程的有关数据，此时执行的是该软件开发单位的当前过程，通常包括计划、开发（包括设计、编码、编译和测试）以及后置处理三个阶段，并要做一些必要的试题，如测定软件开发时间，按照选定的缺陷类型标准、度量引入的缺陷个数和排除的缺陷个数等，作为测量在 PSP 的过程中进步的基准。

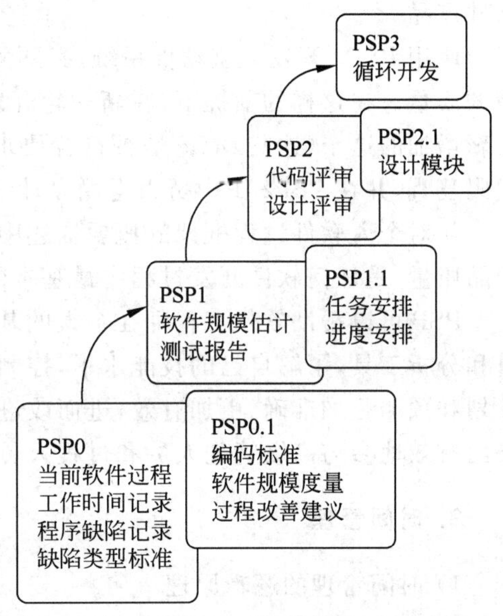

图 3-1　PSP 过程改进模型

PSP0.1 增加了编码标准、程序规模度量和过程改善建议三个关键过程域，其中过程改善建议表格用于随时记录过程中存在的问题、解决问题的措施以及改进过程的方法，以提高软件开发人员的质量意识和过程意识。

应该强调指出，在 PSP0 阶段必须理解和学会使用表格进行规划和度量的技术和经验，以准确地满足期望的需求，其中最重要的是要保持数据的一致性、有用性和简洁性。

2）个人规划过程 PSP1 和 PSP1.1

PSP1 的重点是个人计划，引入了基于估计的计划方法，用自己的历史数据来预测新程序的大小和需要的开发时间，并使用线性回归方法计算估计参数，确定置信区间以评价预测的可信程度。PSP1.1 增加了对任务和进度的规划。

在 PSP1 阶段软件工程师应该学会编制项目开发计划，这不仅对承担大型软件的开发十分重要，即使是开发小型软件也必不可少。因为，只有对自己的能力有客观的评价，才能做出更加准确的计划，才能实事求是地接受和完成客户（顾客）委托的任务。

3）个人质量管理过程 PSP2 和 PSP2.1

PSP2 的重点是个人质量管理，根据程序的缺陷建立检测表，按照检测表进行设计复查和代码复查（有时也称“代码走查”），以便及早发现缺陷，使修复缺陷的代价最小。随着个人经验和技术的积累，还应学会怎样改进检测表以适应自己的要求。PSP2.1 则论述设计过程和设计模板，介绍设计方法，并提供了设计模板，但 PSP 并不强调选用什么设计方法，而强调设计完备性准则和设计验证技术。

实施 PSP 的一个重要目标就是学会在开发软件的早期实际地、客观地处理由于人们的疏忽所造成的程序缺陷问题。人们都期盼获得高质量的软件，但是只有高素质的软件开发人员并遵循合适的软件过程，才能开发出高质量的软件，因此，PSP2 引入并着重强调设计复查和代码复查技术，一个合格的软件开发人员必须掌握这两项基本技术。

4）个人循环过程 PSP3

PSP3 的目标是把个人开发小程序所能达到的生产效率和生产质量，延伸到大型程序；其方法是采用螺旋式上升过程，即迭代增量式开发方法，首先把大型程序分解成小的模块，然后对每个模块按照 PSP2.1 所描述的过程进行开发，最后把这些模块逐步集成为完整的软件产品。

应用 PSP3 开发大型软件系统，必须采用增量式开发方法，并要求每一个增量都具有很高的质量。在这样的前提下，在新一轮开发循环中，可以采用回归测试的方法，集中力量考察新增加的这个(这些)增量是否符合要求。因此，要求在 PSP2 中进行严格的设计复查和代码复查，并在 PSP2.1 中努力遵循设计结束准则。

从对个人软件过程框架的概要描述中，可以清楚地看到，如何做好项目规划和如何保证产品质量，是任何软件开发过程中最基本的问题。

PSP 可以帮助软件工程师在个人的基础上运用过程的原则，借助于 PSP 提供的一些度量和分析工具，了解自己的技能水平，控制和管理自己的工作方式，使自己日常工作的评估、计划和预测更加准确、更加有效，进而改进个人的工作表现，提高个人的工作质量和产量，积极而有效地参与高级管理人员和过程人员推动的组织范围的软件工程过程改进。

3. 时间管理

1）时间管理的逻辑原理

为了制订切实可行的计划，必须对所用的时间进行跟踪。要搞清楚时间都用在什么地方，必须对时间进行跟踪，保留一份准确的记录。为了检查时间估计和计划的准确性，必须把它们写成文档并在今后与实际情况进行比较。做计划是一种技能，学习制订好的计划，第一步就是要先做计划，然后把该计划写下来，以便今后与实际数据相比较。为了管理好时间，首先制订时间分配计划，然后按照计划去做。制作计划容易，但真正实施计划是困难的。

2）了解时间的使用情况

了解时间的使用情况的方法是：记录每项主要活动所花费的时间；用标准的方法记录时间；以分钟为测量单位；处理中断时间；时间数据保存的方法是用工程记事本来记录；周活动总结表；记录时间的提示。

4. 制订计划

这里介绍两种计划：阶段计划和产品计划。阶段计划是关于这段时间内对时间的安排，产品计划是关于制作产品活动期间的时间安排。

1）如何制订阶段计划

为了制订阶段计划，必须清楚时间的使用情况。根据上周事物活动总结表，制订下一周的计划。一种较为精确的方法就是首先考虑下周将要做的工作内容，然后根据以前的最长和最短时间来估计出一个合适的时间。

2）如何制订产品计划

收集历史项目数据。产品计划只包括对任务或作业所需时间的估计。通过收集以前不同任务所用时间的数据，就能够估计将来类似的任务大概所需要的时间。

估算程序规模。产品计划的第一步是要估计产品的规模。对于程序来说，可以使用代码行测量方法估计新程序的规模。查看新程序的需求，估计各类代码有多少行，然后与以前统计的数字进行比较，可以得出开发新程序需要多少时间完成。

3）管理好时间

关于如何管好时间，有以下建议值得参考：复查时间使用的分类情况；做出时间安排；找出更多可用的时间；制定基本行为规则；设定时间分配的优先级；制定执行时间安排表；收集时间数据；时间管理的目标。

可以按照如下步骤管理时间：

① 分析自己使用时间的历史记录；

② 制定时间安排表，决定如何使用时间；

③ 对照制定的安排表跟踪使用时间的方式；

④ 决定应该改变什么以使自己的行动达到所做安排的要求。

5. 缺陷管理

1）缺陷查找技术

研究证明，开发过程每前进一步，发现和修复缺陷的平均代价要增长10倍。因此，要尽早发现和修复缺陷。缺陷查找技术有多种，比如编译器能够表示出大部分语法缺陷；测试可以发现程序的错误；复查源程序清单，是发现程序缺陷最有效的方法。发现程序缺陷的步骤是：搜寻缺陷征兆；从征兆中推断出缺陷的位置；确定程序中的错误；决定如何修复缺陷；修复缺陷；验证这个修复是否已经解决了这个问题。

2）代码复查

代码复查就是从头到尾阅读源代码，并从中发现错误。代码复查的第一步是了解自己引入的缺陷的种类，因为在下一个程序中引入的缺陷种类一般会与前面的基本类似，只要采用同样的软件开发方法，情况会一直如此。第二步是建立标准编码实践集，以预防缺陷。第三步，建立个人代码复查检查表，并遵照其规程进行。

3）缺陷预测

开发一个新的程序时，可能会觉得很难估计引入了多少缺陷，首先是经验问题。随着个人技能的不断提高，缺陷预测的准确性将会提高。试验证明，如果在代码复查方面花了足够的时间，对缺陷预测的准确性会稳定下来。一旦稳定，缺陷将容易预测。

3.1.2 团队软件过程

1. 概述

团队软件过程(Team Software Process，TSP)是为开发软件产品的开发团队提供指导，TSP的早期实践侧重于帮助开发团队改善其质量和生产率，以使其更好地满足成本及进度的目标。加上 PSP 帮助高绩效的工程师在一个团队中工作，来开发有质量保证的软件产品，生产安全的软件产品，改进组织中的过程管理。

团队软件过程是为开发软件产品的开发团队提供指导，TSP 的早期实践侧重于帮助开发团队改善其质量和生产率，以使其更好地满足成本及进度的目标。TSP 被设计为满足 2～20 人规模的开发团队，大型的多团队过程的 TSP 被设计为最多为 150 人左右的规模。团队软件过程（TSP）加上 PSP 帮助高绩效的工程师在一个团队中工作，来开发有质量保证的软件产品，生产安全的软件产品，改进组织中的过程管理。通过 TSP，一个组织能够建立起自我管理的团队来计划追踪他们的工作、建立目标，并拥有自己的过程和计划。这些团队可以是纯粹的软件开发团队，也可以是集成产品的团队，规模可以从 3～20 个工程师不等。TSP 使具备 PSP 的工程人员组成的团队能够学习并取得成功。如果你的组织运用 TSP，它会帮助组织建立一套成熟规范的工程实践，确保安全可靠的软件。

2. TSP 团队软件过程

软件过程控制是软件企业成功的关键，但过去一直缺乏一套可操作的规范来具体指导和规范项目组的开发。PSP 和 TSP 为企业提供了规范软件过程的一整套方案，从而解决了长期困扰软件开发的一系列问题，有助于企业更好地应对挑战。PSP 主要指导软件工程师个人如何更好地进行软件设计与编码，关注个人软件工程师能力的提高，从而保证个人承担的软件模块的质量，对于大型项目中的项目组如何协同工作、共同保证项目组的整体产品质量则没有给出任何指导性的原则。个人能力的提高同时需要一个有效地工作在一个团体（小组）环境，并知晓如何一致创造高质量的产品。为了提高团队的质量及生产能力，更加精确地达到费用、时间要求，结合 PSP 的原则提出了 TSP 以提高小组的性能，从而提供工程质量。TSP 能够指导项目组中的成员如何有效地规划和管理所面临的项目开发任务并且告诉管理人员如何指导软件开发队伍始终以最佳状态来完成工作。

1）TSP 的 4 条基本原理

（1）应该遵循一个确定的、可重复的过程并迅速获得反馈，这样才能使学习和改革最有成效；

（2）一个群组是否有效，是由明确的目标、有效的工作环境、有能力的教练和积极的领导这 4 方面因素的综合作用所确定的，因此应在这 4 个方面同时努力，而不能偏废其中任何一个方面；

（3）应注意及时总结经验教训，当学员在项目中面临各种各样的实际问题并寻求有效的解决问题方案时，就会更深刻地体会到 TSP 的威力；

（4）应注意借鉴前人和他人的经验，在可知利用的工程、科学和教学法经验的基础上来规定过程改进的指令。

2）TSP 设计的 7 条原则

在软件开发（或维护）过程中，首先需要按照团队软件过程框架定义一个过程。在设计 TSP 时，需要遵循以下 7 条原则。

（1）循序渐进的原则，首先在 PSP 的基础上提出一个简单的过程框架，然后逐步完善；

（2）迭代开发的原则，选用增量式迭代开发方法，通过几个循环开发一个产品；

（3）质量优先的原则，对按 TSP 开发的软件产品，建立质量和性能的度量标准；

(4) 目标明确的原则,对实施 TSP 的群组及其成员的工作效果提供准确的度量;

(5) 定期评审的原则,在 TSP 的实施过程中,对角色和群组进行定期的评价;

(6) 过程规范的原则,对每一个项目的 TSP 规定明确的过程规范;

(7) 指令明确的原则,对实施 TSP 中可能遇到的问题提供解决问题的指南。

3) TSP 管理的 6 条原则

在实施 TSP 的过程中,应该自始至终贯彻集体管理与自我管理相结合的原则。具体地说,应该实施以下 6 项原则。

(1) 计划工作的原则,在每一阶段开始时要制订工作计划,规定明确的目标;

(2) 实事求是的原则,目标不应过高也不应过低,而应实事求是,在检查计划时如果发现未能完成或者已经超越规定的目标,应分析原因,并根据实际情况对原有计划做必要的修改;

(3) 动态监控的原则,一方面应定期追踪项目进展状态并向有关人员汇报,另一方面应经常评审自己是否按 PSP 原理进行工作;

(4) 自我管理的原则,开发小组成员如发现过程不合适,应主动、及时地进行改进,以保证始终用高质量的过程来生产高质量的软件,任何消极埋怨或坐视等待的态度都是不对的;

(5) 集体管理的原则,项目开发小组的全体成员都要积极参加和关心小组的工作规划、进展追踪和决策制定等项工作;

(6) 独立负责的原则,按 TSP 原理进行管理,每个成员都要担任一个角色。

在 TSP 的实践过程中,TSP 的创始人 Humphrey 建议在一个软件开发小组内把管理的角色分成客户界面、设计方案、实现技术、工作规划、软件过程、产品质量、工程支持以及产品测试 8 类。如果小组成员的数目较少,则可将其中的某些角色合并;如果小组成员的数目较多,则可将其中的某些角色拆分。总之,每个成员都要独立相当一个角色。

4) 开发小组素质的基本度量元

软件开发小组按 TSP 进行生产、维护软件或提供服务,其质量可用两组元素来表达;一组元素用以度量开发小组的素质,称为开发小组素质度量元;另一组用以度量软件过程的质量,称为软件过程质量度量元。

(1) 开发小组素质的基本度量元有以下 5 项:①所编文档的页数;②所编代码的行数;③花费在各个开发阶段或花费在各个开发任务上的时间(以分钟为度量单位);④在各个开发阶段中注入和改正的缺陷数目;⑤在各个阶段对最终产品增加的价值。应该指出,这 5 个度量元是针对软件产品的开发来陈述的,对软件产品的维护或提供其他服务,可以参照这些条款给出类似的陈述。

(2) 软件过程质量的基本度量元有以下 5 项:①设计工作量应大于编码工作量;②设计评审工作量应占一半以上的设计工作量;③代码评审工作量应占一半以上的代码编制的工作量;④每千行源程序在编译阶段发现的差错不应超过 10 个;⑤每千行源程序在测试阶段发现的差错不应超过 5 个。无论是开发小组的素质,还是软件过程的质量,都可用一个等五边形来表示,其中每一个基本度量元是该等五边形的一个顶。基本度量元的实际度量结果,落在其顶点与等五边形中心的连线上,其取值可以根据事先给出的定义来确定。在应用 TSP 时,通过对必要数据的收集,项目组在进入集成和系统测试之前能够初步确定模块的质量。如果发现某些模块的质量较差,就应对该模块进行精心的复测,有时甚至有必要对质量特别差的模块重新进行开发，以保证生产出高质量的产品，且能节省大量的测试和维护时间。

3. TSP 的具体操作

TSP 由一系列阶段和活动组成。各阶段均由计划会议发起。在首次计划中，TSP 组将制定项目整体规划和下阶段详细计划。TSP 组员在详细计划的指导下跟踪计划中各种活动的执行情况。首次计划后，原定的下阶段计划会在周期性的计划制订中不断得到更新。通常无法制订超过三四个月的详细计划。所以，TSP 根据项目情况，每三四个月为一阶段，并在各阶段进行重建。无论何时，只要计划不再适应工作，就进行更新。当工作中发生重大变故或成员关系调整时，计划也将得到更新。在计划的制订和修正中，小组将定义项目的生命周期和开发策略，这有助于更好地把握整个项目开发的阶段、活动及产品情况。每项活动都用一系列明确的步骤、精确的测量方法及开始、结束标志加以定义。在设计时将制订完成活动所需的计划、估计产品的规模、各项活动的耗时、可能的缺陷率及去除率，并通过活动的完成情况重新修正进度数据。开发策略用于确保 TSP 的规则得到自始至终的维护。

3.1.3 项目组的组建

1. 概述

项目组织机构是指那些一切工作都围绕项目进行、通过项目创造价值并达成自身战略目标的组织。

项目组指为了完成某个特定的任务而把一群不同背景、不同技能和来自不同部门的人组织在一起的组织形式。其特点是根据任务的需要，将各种人才集合在一起进行联合攻关，任务完成后，小组基本就可以解散了，项目组人员不固定。其优点是适应性强，机动灵活，容易接受新观念、新方法。其缺点是缺乏稳定性；在规模上有很大的局限性。

项目组织是保证工程项目正常实施的组织保证体系，就项目这种一次性任务而言，项目组织建设包括从组织设计、组织运行、组织更新到组织终结这样一个生命周期。项目管理要在有限的时间、空间和预算范围内将大量物资、设备和人力组织在一起，按计划实施项目目标，必须建立合理的项目组织。

项目组织特征：组织目标单一，工作内容庞杂；项目组织是一个临时性机构；项目组织应精干高效；项目经理是项目组织的关键。

项目组织设置原则：有效幅度管理；权责对等；才职相称；命令统一；效果与效率；适时重组。

2. 项目组织机构的类型

(1) 垂直团队组织。垂直团队(见图 3-2)由多面手组成。用例分配给了个人或小组，然后由他们从头至尾地实现用例。垂直团队的优点是：以单个用例为基础实现平滑的端到端开发；开发人员能够掌握更广泛的技能。其缺点是：多面手通常是一些要价很高并且很难找到的顾问；多面手通常不具备快速解决具体问题所需的特定技术专长；主题专家可能不

得不和若干开发人员小组一起工作,从而增加了他们的负担;所有多面手水平各不相同。成功因素:每个成员都按照一套共同的标准与准则工作;开发人员之间需要进行良好的沟通,以避免公共功能由不同的组来实现;公共和达成共识的体系结构需要尽早在项目中确立。

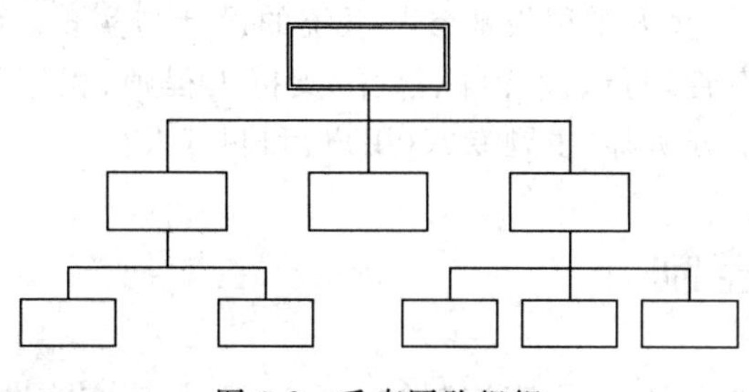

图 3-2 垂直团队组织

(2) 水平团队组织。水平团队(见图 3-3)由专家组成。此类团队同时处理多个用例,每个成员都从事用例中有关其自身的方面。其优点是能高质量地完成项目各个方面(需求、设计等)的工作;一些外部小组,如用户或操作人员,只需要与了解他们确切要求的一小部分专家进行交互。其缺点是:专家们通常无法意识到其他专业的重要性,导致项目的各方面之间缺乏联系;“后端”人员所需的信息可能无法由“前端”人员来收集;由于专家们的优先权、看法和需求互不相同,所以项目管理更为困难。成功因素:团队成员之间需要有良好的沟通,这样他们才能彼此了解各自的职责;需要制定专家们必须遵循的工作流程和质量标准,从而提高移交给其他专家的效率。

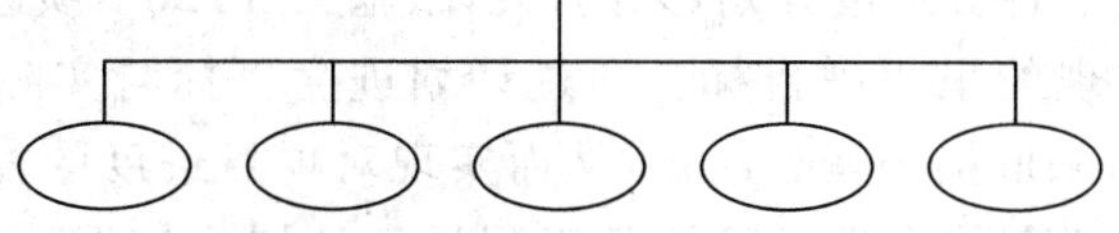

图 3-3 水平团队组织

(3) 混合团队组织。混合团队由专家和多面手共同组成。多面手继续操作一个用例的整个开发过程,支持并处理多个用例中各部分的专家们一起工作。其优点是:拥有前两种方案的优点;外部小组只需要与一小部分专家进行交互;专家们可集中精力从事他们所擅长的工作;各个用例的实现都保持一致。其缺点是:拥有前两种方案的缺点;多面手仍然很难找到;专家们仍然不能认识到其他专家的工作并且无法很好地协作,尽管这应该由多面手来调节;项目管理仍然很困难。成功因素:项目团队成员需要良好的沟通;需要确定公共体系结构;必须适当地定义公共流程、标准和准则。

如何组织项目团队?是采用垂直方案、水平方案还是混合方案?以垂直方案组织的团队由多面手组成,每个成员都充当多重角色。以水平方案组织的团队由专家组成,每个成员充当一或两个角色。以混合方案组织的团队既包括多面手,又包括专家。一个重要的考虑因素是可供选择的人员的性质。如果大多数人员是多面手,则往往需要采用垂直方案,同样,如果大多数人员是专家,则采用水平方案。

3. 如何组织软件开发团队

如何构建软件开发团队取决于可供选择的人员、项目的需求以及组织的需求。有效的软件项目团队由担当各种角色的人员所组成。每位成员扮演一个或多个角色；可能一个人专门负责项目管理，而另一些人则积极地参与系统的设计与实现。常见的一些项目角色包括分析师、策划师、数据库管理员、设计师、操作/支持工程师、程序员、项目经理、项目赞助者、质量保证工程师、需求分析师、主题专家(用户)和测试人员。

3.2 项目进度控制

本节重点介绍项目进度概述，进度控制的4个过程，如何实施进度控制。

3.2.1 项目进度概述

1. 概念

项目进度计划(Plan)是指对一个工程项目按一定的方式进行分解，并对分解后的工作单元(Activity)规定相互之间的顺序关系以及工期。

进度(Schedule)是指作业在时间上的排列，强调的是作业进展(Progress)以及对作业的协调和控制(Coordination & Control)，在规定工期(Duration)内完成规定任务的情况。

工期是由从开始到竣工的一系列施工活动所需的时间构成的。工期目标包括：总进度计划实现的总工期目标；各分进度计划(采购、设计、施工等)或子项进度计划实现的工期目标；各阶段进度计划实现的里程碑目标。通过计划进度目标与实际进度完成目标值的比较，找出偏差及其原因，采取措施调整纠正，从而实现对项目进度的控制。进度控制是指在限定的工期内，以事先拟定的合理且经济的工程进度计划为依据，对整个建设过程进行监督、检查、指导和纠正的行为过程。进度控制是反复循环的过程，体现运用进度控制系统控制工程建设进展的动态过程。进度控制在某一界限范围内对(最低费用相对应的最优工期)加快施工进度能达到使费用降低的目的。而超越这一界限，施工进度的加快反而将会导致投入费用的增大。因此，对建设项目进行三大目标(质量、投资、进度)控制的实施过程中应互相兼顾，单纯地追求某一目标的实现，均会适得其反。因而对建设项目进度计划目标实施的全面控制，是投资目标和质量目标实施的根本保证，也是履行工程承包合同的重要工作内容。

2. 进度控制全过程

工程项目进度计划的实施中，控制循环过程如下。

(1) 执行计划的事前进度控制，体现对计划、规划和执行进行预测的作用；

(2) 执行计划的过程进度控制，体现对进度计划执行的控制作用，以及在执行中及时采取措施纠正偏差的能力；

(3) 执行计划的事后进度控制，体现对进度控制每一循环过程总结整理的作用和调整计划的能力。

建设项目实施全过程的三项控制各有各的实用环境、控制工作内容和时间。能实现对施工进度事先进行全面控制最好，但是，工程进度计划的编制者很难事先对项目的实施过程可能出现的问题进行全面估计。因此，进度控制工作大量的是在过程控制和事后控制中完成。

3. 进度控制的措施

进度控制是一项全面的、复杂的、综合性的工作。原因是工程实施的各个环节都影响工程进度计划。因此要从各方面采取措施，促进进度控制工作。采用系统工程管理方法，编制网络计划只是第一道工序，最关键的是如何按时间主线进行控制，保证计划的实现。为此，采取进度控制的措施包括以下4个。

(1) 加强组织管理。网络计划在时间安排上是紧凑的，要求参加施工的不同管理部门及管理人员协调配合努力工作。因此，应从全局出发合理组织，统一安排劳力、材料、设备等，在组织上使网络计划成为人人必须遵守的技术文件，为网络计划的实施创造条件。

(2) 为保证总体目标实现，对工期应着重强调工程项目各分级网络计划控制。严格界定责任，依照管理责任层层制定总体目标、阶段目标、节点目标的综合控制措施，全方位寻找技术与组织、目标与资源、时间与效果的最佳结合点。

(3) 网络计划的实施效果应与经济责任制挂钩。把网络计划内容、节点时间要求的具体落实，实行逐级负责制，使对实际网络计划目标的执行有责任感和积极性。同时规定网络计划实施效果的考核评定指标，使各分部、分项工程完成日期、形象进度要求、质量、安全、文明施工均达到规定要求。

(4) 网络计划的编制修改和调整应充分利用计算机，以利于网络计划在执行过程中的动态管理。

3.2.2 进度控制的4个过程

1. 进度控制过程的4个阶段

进度控制的4个步骤(PDCA)：计划(Plan)、执行(Do)、检查(Check)、行动(Action)。进度控制过程是一个周期性的循环过程。进度控制过程的4个阶段(见图3-4)分别如下。

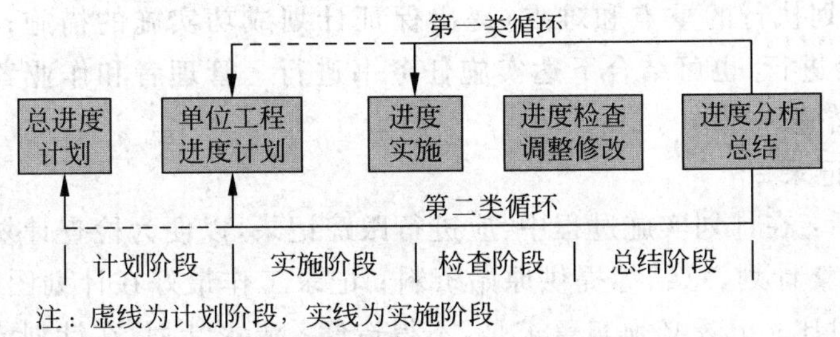

图3-4 进度控制过程的4个阶段

(1) 编制进度计划;
(2) 实施进度计划;
(3) 检查与调整进度计划;
(4) 分析与总结进度计划。

2. 进度计划的编制

进度计划是表示各项工程的实施顺序、开始和结束时间以及相互衔接关系的计划。进度计划是现场实施管理的核心指导文件,是进度控制的依据和工具。进度计划是按工程对象编制,重点是安排工程实施的连续性。

1) 进度计划编制的目的

具体目的包括保证按时获利以补偿已经发生的费用支出,协调资源,使资源需要时可以利用,预测在不同时间上所需资金和资源的级别以便赋予项目不同的优先级,保证项目正常完成。

2) 进度计划编制的要求

具体要求包括:保证项目在合同规定的时间内完成,实现项目目标要求;实施进度安排必须满足连续性和均衡性要求;实施顺序的安排应进行优化,以便提高经济效益;应选择适当的计划图形,满足使用进度计划的要求;讲究编制程序,提高进度计划的编制质量。

3) 进度计划编制的原则

具体原则包括:应对所有大事及其期限要求进行说明;确切的工作程序能够通过工作网络得以说明;进度应该与工作分解结构(Work Breakdown Structure,WBS)有直接关系。采用 WBS 中的系统数字来说明工作进度,应该表明项目开始和结束时间;全部进度必须体现时间的紧迫性。可能的话应详细说明每件大事需要配置的资源;项目越复杂、专业分工就越细,就更需要综合管理,需要一个主体的、协调的工作进度计划。

4) 进度计划的内容

具体内容包括项目综合进度计划、设备(材料)采购工作进度计划、项目实施(开发)进度计划、项目验收和投入使用进度计划。

3. 进度计划的实施

1) 做好准备工作

具体工作包括:将进度计划具体化为实施作业计划和实施任务书;分析计划执行中可能遇到的阻力,计划执行的重点和难点,提出保证计划成功实施的措施;将计划交给执行者;交底可以开会进行,也可结合下达实施任务书进行。管理者和作业者均应提出计划实现的技术和组织措施。

2) 做好实施记录

具体实施包括:在计划实施过程中,应进行跟踪记录,以便为检查计划、分析实施状况、计划执行状况、调整计划、总结等提供原始资料;记录工作最好在计划图表上进行,以便检查计划时分析和对比;记录必须实事求是,不得造假;流水计划,在计划流水之下绘制实际进度线条;网络计划,记录实际持续时间;在计划图上用彩色标明已完成部分;用切割线记录;等等。

3）做好调度工作

具体工作包括：调度工作的任务是掌握计划实施情况，协调关系，排除矛盾，克服薄弱环节，保证作业计划和进度控制目标的实现；调度工作的内容包括检查计划执行中的问题，找出原因，提出解决措施；督促供应商按进度计划要求供应资源；控制施工现场临时设施正常使用，搞好平面管理，发布调度令，检查决议执行情况；调度工作应以作业计划和现场实际需要为依据，加强预测，信息灵通，准确、灵活、果断，确保工作效率；在接受监理的工程中，调度工作应与监理单位的协调工作密切结合，调度会应请监理人员参与，监理协调会应视为调度会的一种形式。

4. 进度计划的检查与调整

1）进度计划的检查

(1) 检查时间分类：日常检查、定期检查。

(2) 检查内容：进度计划中的开始时间、完成时间、持续时间、逻辑关系、实物工程量和工作量、关键线路、总工期，时差利用等。

(3) 检查方法：对比法，即计划内容和记录的实际状况进行对比。

(4) 检查的结果应写入进度报告，承建单位的进度报告应提交给监理工作师，作为其进度控制、核发进度款的依据。

2）进度计划的调整

具体方法包括：通过检查分析，若进度偏离计划不严重，可以通过协调矛盾、解决障碍来继续执行原进度计划；当项目确实不能按原计划实现时，则应对计划进行必要的调整，适当延长工期或改进实施速度；新的“调整计划”应作为进度控制的新依据。

5. 进度计划的分析与总结

1）进度计划的分析与总结

其目的是为了发现问题、总结经验、寻找更好的控制措施，进一步提高控制水平；通过定量分析和定性分析，归纳出卓有成效的控制及原因，为以后的进度控制提供借鉴。

2）项目进度控制的数据收集

(1) 实际数据。采集内容包括活动的开始和结束的实际时间、实际投入的人力、使用或投入的实际成本、影响进度的重要原因及分析、进度管理情况。

(2) 有关项目范围、进度计划和预算变更的信息。变更可能由建设单位或承建单位引起，也可能是某种不可预见的事情发生引起；一旦变更被列入计划并取得建设单位同意，就必须建立一个新的基准计划，整个计划的范围、进度和预算可能与最初的基准计划不同。

3.2.3 如何实施进度控制

1. 进度控制的目标与范围

1）进度控制的意义

有利于尽快发挥投资效益，有利于维护良好的管理秩序，有利于提高企业经济效益，有利于降低信息系统工程的投资风险。

2）进度控制的目标

总目标：通过各种有效措施保障工程项目在规定的时间内完成，即信息系统达到竣工验收、试运行及投入使用的计划时间。

总目标分解：按单项工程分解；按专业分解；按工程阶段分解；按年、季、月分解。

3）进度控制的范围

纵向：在工程建设的各个阶段，对项目建设的全过程控制。

横向：在工程建设的各个组成部分，对分项目、子系统的控制。

4）影响进度控制的因素

影响进度控制的因素包括工程质量的影响、设计变更的影响、资源投入的影响、资金的影响、相关单位的影响、可见或不可见的风险因素的影响和承建单位管理水平的影响。

2. 进度控制的任务、程序与方法措施

各阶段主要任务如下。

(1) 准备阶段。项目经理应该参与招标前的准备工作，编制本项目的工作计划，内容包括项目主要内容、组织管理、实施阶段计划、实施进程等；分析项目的内容及项目周期，提出安排工程进度的合理建议；对建设合同中所涉及的产品和服务的供应周期做出详细说明，并建议建设单位做出合理安排；对工程实施计划及其保障措施提出建议，并在招标书中明确；在评标时，应对项目进度安排及进度控制措施进行审查，提出审核意见。

(2) 设计阶段。根据工程总工期要求，确定合理的设计时限要求；根据设计阶段性输出，由粗而细地制定项目进度计划；协调各方进行整体性设计；提供设计所需的基础资料和数据；协调有关部门，保证设计工作顺利进行。

(3) 实施阶段。根据工程招标和施工准备阶段的工程信息，进一步完善项目进度计划，并据此进行实施阶段进度控制；审查施工进度计划，确认其可行性并满足项目控制进度计划要求；审查进度控制报告，对施工进度进行跟踪，掌握施工动态；在施工过程中，做好对人力、物力、资金的投入控制工作及转换工作，做好信息反馈、对比和纠正工作，使进度控制定期连续进行；开好进度协调会，及时协调各方关系，使工程施工顺利进行；及时处理工程延期问题。

(4) 验收阶段。项目验收，并提交验收报告。

3. 进度控制方法

1）甘特图

甘特图(Gantt Chart)又叫横道图、条状图(Bar Chart)，见图 3-5。甘特图思想比较简单，即以图示的方式通过活动列表和时间刻度形象地表示出任何特定项目的活动顺序与持续时间。基本是一条线条图，横轴表示时间，纵轴表示活动(项目)，线条表示在整个期间上计划和实际的活动完成情况。它直观地表明任务计划在什么时候进行，及实际进展与计划要求的对比。管理者由此可便利地弄清一项任务(项目)还剩下哪些工作要做，并可评估工作进度。

2）工程进度曲线(“香蕉”曲线图)

“香蕉”形曲线是两条S形曲线组合成的闭合曲线，从S形曲线比较法中得知，按某一时

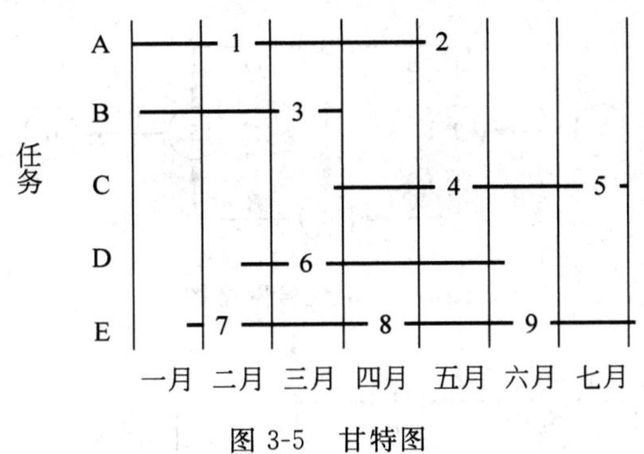

图 3-5 甘特图

间开始的施工项目的进度计划，其计划实施过程中进行时间与累计完成任务量的关系都可以用一条 S 形曲线表示。对于一个施工项目的网络计划，在理论上总是分为最早和最迟两种开始与完成时间的。因此，一般情况下，任何一个施工项目的网络计划，都可以绘制出两条曲线：其一是计划以各项工作的最早开始时间安排进度而绘制的 S 形曲线，称为 ES 曲线；其二是计划以各项工作的最迟开始时间安排进度而绘制的 S 形曲线，称为 LS 曲线。两条 S 形曲线都是从计划的开始时刻开始和完成时刻结束，因此两条曲线是闭合的。一般情况下，其余时刻 ES 曲线上的各点均落在 LS 曲线相应点的左侧，形成一个形如“香蕉”的曲线，故此称为“香蕉”形曲线。在项目的实施中进度控制的理想状况是任一时刻按实际进度描绘的点，应落在该“香蕉”形曲线的区域内，见图 3-6。

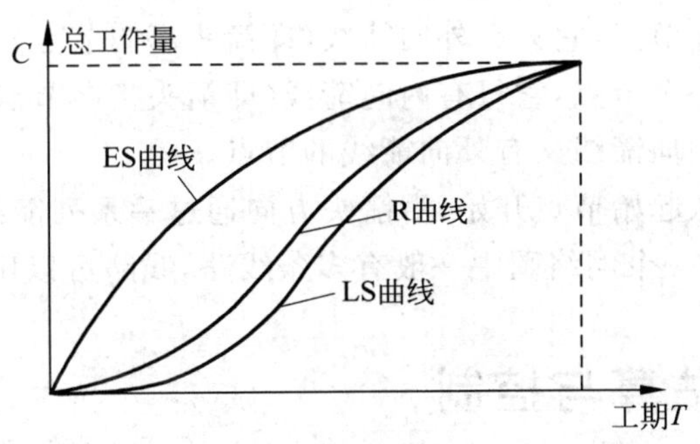

图 3-6 “香蕉”曲线图

“香蕉”形曲线比较法的作用：利用“香蕉”形曲线进行进度的合理安排；进行施工实际进度与计划进度比较；确定在检查状态下，后期工程的 ES 曲线和 LS 曲线的发展趋势。

3）网络图计划法

（1）单代号网络图。

用一个圆圈代表一项活动，并将活动名称写在圆圈中。箭线符号仅用来表示相关活动之间的顺序，因其活动只用一个符号就可代表，故称为单代号网络图，见图 3-7。

（2）双代号网络图。

双代号网络图是应用较为广泛的一种网络计划形式。它是以箭线及其两端节点的编号表示工作的网络图。双代号网络图中，每一条箭线应表示一项工作。箭线的箭尾节点表示该工作的开始，箭线的箭头节点表示该工作的结束，见图 3-8。

箭线：在双代号网络中，工作一般使用箭线表示，任意一条箭线都需要占用时间，消耗

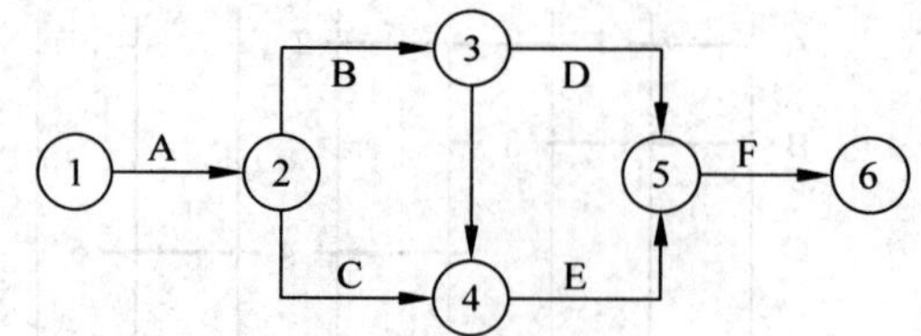

图 3-7 单代号网络图

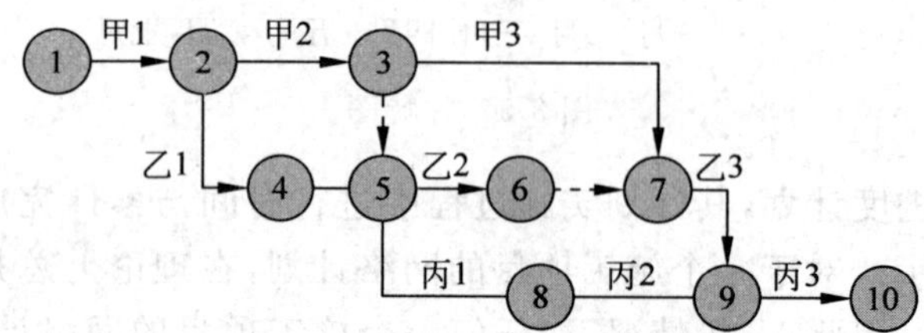

图 3-8 双代号网络图

资源，工作名称写在箭线的上方，而消耗的时间则写在箭线的下方。

虚箭线：是实际工作中不存在的一项虚设工作，因此一般不占用资源，消耗时间，虚箭线一般用于正确表达工作之间的逻辑关系。

节点：反映的是前后工作的交接点，接点中的编号可以任意编写，但应保证后续工作的节点比前面节点的编号大，且不得有重复。

起始节点：即第一个节点，它只有外向箭线(即箭头离向节点)。

终点节点：即最后一个节点，它只有内向箭线(即箭头指向节点)。

中间节点：即既有内向箭线又有外向箭线的节点。

线路：即网络图中从起始节点开始，沿箭头方向通过一系列箭线与节点，最后达到终点节点的通路，称为线路。一个网络图中一般有多条线路，线路可以用节点的代号来表示。

3.3 项目成本估算与控制

本节重点介绍成本估算，工作量估算，成本控制。

3.3.1 成本估算

1. 成本估算的基本概念

成本估算是项目成本管理的核心，通过成本估算，分析并确定项目的估算成本，并以此为基础进行项目成本预算，开展项目成本控制等管理活动。

软件项目的成本估算是成本管理的核心，是预测开发一个软件系统所需要的总工作量的过程。成本估算贯穿于软件的生存周期。

2. 软件项目成本估算的编制方法

软件开发项目中常用的成本估算方法有：自上向下估算法，自下而上估算法，混合估算法，参数估算法，混合估算法，组合估算法。

1）自上向下估算方法

自上向下估算，又称为类比估算法，是一种自上向下的估算形式。它使用以前的、相似项目的实际成本作为目前项目成本估算的根据，这是一种专家判断法。项目经理利用以前类似的项目实际成本作为基本依据，通过经验做出判断项目整体成本和各个子任务的成本预算，此方法通常在项目的初期或信息不足时进行。该方法较其他方法更节省，但不是很精确，需要项目经理的水平和经验较高。

2）自下而上估算方法

自下而上估算包括估算个人工作项和汇总单个工作项成整体项目，单个工作项的大小和估算人员的经验决定估算的精度。如果一个项目有详细工作分解结构，项目经理能够让每个人负责一个工作包，并让他们为那个工作包建立自己的成本估算。然后将所有的估算加起来，产生更高一级的估算，并且最终完成整个项目的估算。

3）混合估算

混合估算就是将上述两种估算方法综合使用。在科学计算的基础上，结合项目管理者的经验，做出既科学又符合实际情况的预算。并且可以在科学计算过程中加进参数模型，通过数据的积累，根据同类项目的管理状况和成本数据，建立模型，在遇到同类项目时可直接套用。

4）参数方法

参数估算法是一种使用项目特性参数建立数据模型来估算成本的方法，是一种统计技术，如回归分析和学习曲线。数学模型可以简单也可以复杂。有的是简单的线性关系模型，有的模型就比较复杂。一般参考历史信息，重要参数必须量化处理，根据实际情况，对参数模型按适当比例调整。每个任务必须至少有一个统一的规模单位。

5）组合模型

组合模型是目前企业软件开发过程中常用的软件成本估算方式，它是一种自下而上和参数法的结合模型，步骤如下。

(1) 对任务进行分解。

(2) 计算每个任务的估算值 E_i。

(3) 计算直接成本 $=E_1+E_2+\cdots+E_i+\cdots+E_n$。

(4) 计算估算成本＝直接成本＋间接成本。间接成本是指直接成本以外的成本。如安装、培训、预防性维护、备份与恢复的费用，以及运行系统相关的劳务和材料费、管理费、相关补助费用及其他等。资源外包的项目，这些资源包括人员和设备的外包等。

(5) 计算总成本＝估算成本＋风险基金＋税收。其中：风险基金＝估算成本×a%（一般情况下 a 为 10～20 左右），税收＝估算成本×b%（一般情况下 b 为 5 左右）。

3.3.2 工作量估算

1. 代码行估算法

1）概念和计算方法

代码行(Line Of Code，LOC)。分析方法是对软件产品的源代码的行数进行测量。但是也有一些问题需要思考：是计算物理行数，还是程序的命令数量？空行是否计算？注释是否计算？预定义文件是否计算？不同版本如何计算？开发过程中的配置脚本，编译脚本是否计算？共享文件(例如共享的开发库文件中的头部文件)如何计算？

一般来说是计算物理行数，不计算空行，不计算注释。对于其他选项，一般为计算源文件根目录下的所有文件。所以代码行指的是所有的可执行的源代码行数，包括可交付的工作控制语言(Job Control Language)语句、数据定义、数据类型声明、等价声明、输入输出格式声明等。常使用的单位有：SLOC(Single Line Of Code)、KLOC(Thousand Lines Of Code)、LLOC(Logical Line Of Code)、PLOC(Physical Line Of Code)、NCLOC (Non-Commented Line Of Code)、DSI(Delivered Source Instruction)。其中，SLOC 和 KLOC 比较常用。

2) 其他注意点

代码行分析方法从某种程序上反映了软件的规模，并且是物理上可测量的。但是，在需求、计划、设计阶段因为本身没有代码行，需要其他方法解决。

近来可视化编程工具的大量采用，以及模板库、类库的广泛采用，在程序的结果中有大量自动生成的代码或者复杂的自动配置脚本或资源文件设置，在采用这些工具的项目中，用代码行分析方法得到数值的意义已经大大降低。

尽管代码行分析方法有很多缺点，但由于它容易使用，操作成本低，还是值得推荐的一种参考和补充手段。

2. 功能点分析法

1) 概述

功能点分析法(Function Point Analysis，FPA)是一种相对抽象的方法，是一种“人为设计”出的度量方式，主要解决如何客观、公正、可重复地对软件规模进行度量。FPA 于 20 世纪 70 年代由 IBM 的工程师艾伦·艾尔布策(Allan Albrech)提出，随后被国际功能点用户协会(The International Function Point Users' Group，IFPUG)提出的 IFPUG 方法采用，从系统的复杂性和系统的特性这两个角度来度量系统的规模。功能点可以用于“需求文档”、“设计文档”、“源代码”、“测试用例”度量，根据具体方法和编程语言的不同，功能点可以转换为代码行。ISO 组织已经把多种功能点估算方法作为国际标准，如加拿大人艾伦·艾布恩(Alain Abran)等人提出的全面功能点法(Full Function Points)；英国软件度量协会(United Kingdom Software Metrics Association，UKSMA)提出的 IFPUG 功能点法(IFPUG Function Points)；英国软件度量协会提出的 Mark II FPA 功能点法(Mark II Function Points)；荷兰功能点用户协会(Netherlands Function Point Users Group，NEFPUG)提出的 NESMA 功能点法，以及软件度量共同协会(the Common Software Metrics Consortium，COSMIC)提出的 COSMIC-FFP 方法，这些方法都属于艾尔布策功能点方法的发展和细化。

功能点分析方法有一些相对完整的，自成体系的概念，主要包括基础功能部件(Base Function Component，BFC)、BFC 类型、边界、用户、本地化、功能领域、功能规模、功能点规模测量的范围、功能点规模测量过程、功能点规模测量方法、功能性需求、质量需求、技术性需求、数值调整以及调整因子 15 个关键概念。

2）功能点计算

项目的功能点数是几个测量参数(用户输入数、用户输出数、用户查询数、文件数、外部接口数)的功能点之和。

用户输入数：计算每个用户输入，它们向软件提供面向应用的数据。输入应该与查询区分开来，分别计算。

用户输出数：计算每个用户输出，它们向软件提供面向应用的信息。这里，输出是指报表、屏幕、出错信息，等等。一个报表中的单个数据项不单独计算。

用户查询数：一个查询被定义为一次联机输入，它导致软件以联机输出的方式产生实时的响应。每一个不同的查询都要计算。

文件数：计算每个逻辑的主文件(如数据的一个逻辑组合，它可能是某个大型数据库的一部分或是一个独立的文件)。

外部接口数：计算所有机器可读的接口(如磁带或磁盘上的数据文件)，利用这些接口可以将信息从一个系统传送到另一个系统。

3）成本估算公式

(1) 每个测量参数的估算 FP 计数＝估算值×加权因子

(2) 项目估算 FP＝各参数 FP 计数之和×复杂度调整因子

(3) 估算工作量＝项目估算 FP÷估算的生产率

(4) 估算总成本＝日薪×估算工作量

(5) 单个 FP 估算成本＝估算总成本÷估算 FP

其中，估算的生产率可以由经验获得。

3. 任务分解法 WBS

1）任务分解的目的

较好的工作分解可以：防止遗漏项目的可交付成果；帮助项目经理关注项目目标和澄清职责；建立可视化的项目可交付成果，以便估算工作量和分配工作；帮助改进时间、成本和资源估计的准确度；帮助项目团队的建立和获得项目人员的承诺；为绩效测量和项目控制定义一个基准；辅助沟通清晰的工作责任；为其他项目计划的制定建立框架；帮助分析项目的最初风险。

2）分解的原则

(1) 横向分解：指任务分解不能出现漏项，也不能包含不在项目范围之内的任何产品或活动。也就是覆盖所有的需要，也不做多余的工作。

(2) 纵向分解：指任务分解要足够细，以满足任务分配、检测及控制的目的，也就是细化到不能再细的程度。

3）分解的方法

第一步，自上而下与自下而上的充分沟通；第二步，一对一个别交流；第三步，小组讨论。

4）分解的标准

分解时应注意：分解后的活动结构清晰；逻辑上形成一个大的活动；集成了所有的关键因素；包含临时的里程碑和监控点；所有活动全部定义清楚；学会分解任务，只有将任务分解得足够细，才能心里有数，才能有条不紊地工作，才能统筹安排时间表。

5）工作分解结构

以可交付成果为导向对项目要素进行的分组，它归纳和定义了项目的整个工作范围每下降一层代表对项目工作的更详细定义。在项目管理实践中，工作分解是最重要的内容，计划过程的中心，也是制定进度计划、资源需求、成本预算、风险管理计划和采购计划等的重要基础。同时也是控制项目变更的重要基础。

6）WBS 的功能

（1）WBS 是一个描述思路的规划和设计工具。它帮助项目经理和项目团队确定和有效地管理项目的工作。

（2）WBS 是一个清晰地表示各项目工作之间的相互联系的结构设计工具。

（3）WBS 是一个展现项目全貌，详细说明为完成项目所必须完成的各项工作的计划工具。

（4）WBS 定义了里程碑事件，可以向高级管理层和客户报告项目完成情况，作为项目状况的报告工具。

4. 类比估算法

类比估算法是最简单的成本估算技术，实质上是一种专家判断法。"类比估算"，顾名思义是通过同以往类似项目相类比得出估算，为了使这种方法更为可靠和实用，进行类比的以往项目不仅在形式上要和新项目相似，而且在实质上也要非常相同。

这种方法简单易行，花费较少，尤其当项目的资料难以取得时，此方法是估算项目总成本的一种行之有效的方法。但是，它也有一定的局限性，进行成本估算的上层管理者根据他们对以往类似项目的经验对当前项目总成本进行估算，但是又有项目的一次性、独特性等特点，在实际生产中，根本不可能存在完全相同的两个项目，因此这种估算的准确性较差。

用这种方法进行整体估算时比较准确，可以避免过分重视一些任务而忽视另外一些任务。但是可能出现下层人员认为分到的估算不足以完成任务，却保持沉默。

类比估算法（Analogous Estimates）的操作步骤是：首先，项目的上层管理人员收集以往类似项目的有关历史资料，依据自己的经验和判断，估算当前项目的总成本和各分项目的成本；然后，将估算结果传递给下一层管理人员，并责成他们对组成项目和子项目的任务和子任务的成本进行估算，并继续向下传送其结果，直到项目组的最基层人员。

5. PERT 时间估计法

PERT 网络图起源于其活动时间不确定的项目。解决这一问题要求对每个活动做出三种时间估计。

（1）最可能的活动时间：正常情况下，完成某项工作的时间（Tm）。

（2）乐观的活动时间：也就是要进行这个活动所需的最短时间（To）。

（3）悲观的活动时间：也就是要进行这个活动所需的最长时间（Tp）。

活动期望时间（Te）的计算公式：$Te=\frac{To+4\times Tm+Tp}{6}$

例 3-1 完成某项工作最可能的活动时间 Tm=16 天，乐观的活动时间 To=10 天，悲观的活动时间 Tp=40 天，那么，活动的期望时间为：$Te=\frac{10+4\times16+40}{6}=19$(天)。

例 3-2 表 3-1 列出了一个包含三个活动的某种路径的三种时间估计。

表 3-1 三个活动的三种时间估计

	第一段	第二段	第三段
To	4	1	2
Tm	7	7	11
Tp	16	25	26

$$Te=\frac{4+4\times7+16}{6}+\frac{1+4\times7+25}{6}+\frac{2+4\times11+26}{6}=8+9+12=29$$

$$\delta=\left[\left(\frac{16-4}{6}\right)^2+\left(\frac{25-1}{6}\right)^2+\left(\frac{26-2}{6}\right)^2\right]^{1/2}=(36)^{1/2}=6$$

这个案例计算结果显示的期望时间为 29 天，标准差为 6 天，因此项目将在第 23 天和第 35 天之间完成。

任务的领导者、项目经理以及另外 1～3 名团队成员应该对任务时间估计进行讨论。请任务领导者参加的原因是其决定权。项目经理的参与是为了在其他项目时间估计之间进行权衡。其他人则能够带来专业经验与知识。

6. Putnam 模型

1978 年提出的 Putnam 模型是一种动态多变量模型。它假定在软件开发的整个生存期中工作量有特定的分布。这种模型是依据在一些大型项目(总工作量达到或超过 30 个人年)中收集到的工作量分布情况而推导出来的，但也可以应用在一些较小的软件项目中。

$$L=\mathrm{Ck}\times K^{1/3}\times \mathrm{td}^{4/3} \tag{3-1}$$

其中，L 为源代码行数(以 LOC 计)，K 为整个开发过程所花费的工作量(以人年计)，td 为开发持续时间(以年计)，Ck 为技术状态常数，它反映"妨碍开发进展的限制"，取值因开发环境而异，见表 3-2。

表 3-2 不同开发环境下 Ck 的取值

2000	差	没有系统的开发方法，缺乏文档和复审
8000	好	有合适的系统的开发方法，有充分的文档和复审
11 000	优	有自动的开发工具和技术

7. COCOMO 模型

1）概述

COCOMO 模型是一种精确、易于使用的成本估算方法。1981 年由勃姆(Boehm)提出，是一种参数化的项目估算方法，参数建模是把项目的某些特征作为参数，通过建立一个数字模型预测项目成本。

在 COCOMO 模型中，工作量调整因子(Effort Adjustment Factor，EAF)代表多个参数的综合效果，这些参数使得项目可以特征化和根据 COCOMO 数据库中的项目规格化。每个参数可以定为很低，低，正常，高，很高。每个参数都作为乘数，其值通常在 0.5～1.5 之间，这些参数的乘积作为成本方程中的系数。

COCOMO 模型具有估算精确、易于使用的特点。在该模型中使用的基本量有以下几个。

(1) DSI(源指令条数)，定义为代码行数，包括除注释行以外的全部代码。若一行有两个语句，则算作一条指令。

(2) MM(度量单位为人月)表示开发工作量。

(3) TDEV(度量单位为月)表示开发进度，由工作量决定。

(4) COCOMO 模型重点考虑 15 种影响软件工作量的因素，并通过定义乘法因子，从而准确、合理地估算软件的工作量。

2) 三种模型

COCOMO 模型用三个不同层次的模型来反映不同程度的复杂性，分别如下。

(1) 基本模型(Basic Model)，是一个静态单变量模型，它用一个以已估算出来的源代码行数(LOC)为自变量的函数来计算软件开发工作量。

(2) 中间模型(Intermediate Model)，则在用 LOC 为自变量的函数计算软件开发工作量的基础上，再用涉及产品、硬件、人员、项目等方面属性的影响因素来调整工作量的估算。

(3) 详细模型(Detailed Model)，包括中间 COCOMO 模型的所有特性，但用上述各种影响因素调整工作量估算时，还要考虑对软件工程过程中分析、设计等各步骤的影响。

3) 三种模式

同时根据不同应用软件的不同应用领域，COCOMO 模型划分为如下三种软件应用开发模式。

(1) 组织模式(Organic Mode)，这种应用开发模式的主要特点是在一个熟悉稳定的环境中进行项目开发，该项目与最近开发的其他项目有很多相似点，项目相对较小，而且并不需要许多创新。

(2) 嵌入式应用开发模式(Embedded Mode)，在这种应用开发模式中，项目受到接口要求的限制，接口对整个应用的开发要求非常高，而且要求项目有很大的创新，例如开发一种全新的游戏。

(3) 中间应用开发模式(Semidetached Mode)，这是介于组织模式和嵌入式应用开发模式之间的类型。

但是 COCOMO 模型也存在一些很严重的缺陷，例如分析时的输入是优先的，不能处理意外的环境变换，得到的数据往往不能直接使用，需要校准，只能得到过去的情况总结，对于将来的情况无法进行校准等。

3.3.3 成本控制

1. 成本管理

1) 成本管理概述

成本管理是在项目具体实施过程中，为了确保完成项目所花费的实际成本不超过预算成本而展开的项目成本估算、项目预算、项目成本控制等方面的管理活动。

成本管理主要包括资源计划编制，成本估算，成本预算和成本控制等过程。其中，资源计划编制是确定项目需要的物资资源的种类和数量；成本估算是编制一个为完成项目各活动所需要的资源成本的近似估算；成本预算是将总成本估算分配到各单项工作活动上；成本控制是控制项目预算的变更。资源规划是成本估算的基础和前提，有了成本估算，才可以进行成本预算，将成本分配到各个单项任务中。然后在项目实施过程中通过成本控制保证项目的成本不超预算。所以，软件的成本估算是成本管理的中心环节。

2）成本管理的基本原则

（1）合理化原则。成本管理的根本目的，在于通过成本管理的各种手段，促进不断降低项目成本，以达到可能实现最低目标成本的要求。但是，项目的成本并非越低越好，应研究成本降低的可能性和合理的成本最低化。一方面应挖掘各种成本降低的潜力，使可能性变为现实；另一方面应从实际出发，制定通过主观努力可能达到的合理的费用水平。

（2）全面管理的原则。成本管理应是全面、全过程、全员参加的管理，而不仅是局部的、某些阶段、某些人员参加的管理。

（3）责任制原则。为实行全面成本管理应对成本费用进行层层分解，层层落实，明确各相关者的责任。

（4）管理有效原则。应对成本费用进行层层分解。成本管理的有效化，就是促使项目以最小的投入，获取最大的产出；以最少的人力和财力，完成较多的管理工作，提高管理效率。

（5）管理科学化原则。成本管理是一种科学管理，应按信息化项目的客观规律，采用科学的方法合理确定项目的成本目标、动态管理费用发生的过程，有效降低成本的支出，最优实现项目的成本目标。

（6）管理动态性原则。信息化项目成本管理具有动态特性，所以项目的成本管理应考虑动态性原则。即项目在进行过程中，成本可能会发生变更。无论是项目供方还是需方都应充分考虑项目成本的可变性。

2. 成本控制

项目成本控制是指项目组织为保证在变化的条件下实现其预算成本，按照事先拟订的计划和标准，通过采用各种方法，对项目实施过程中发生的各种实际成本与计划成本进行对比、检查、监督、引导和纠正，尽量使项目的实际成本控制在计划和预算范围内的管理过程。随着项目的进展，根据项目实际发生的成本项，不断修正原先的成本估算和预算安排，并对项目的最终成本进行预测的工作也属于项目成本控制的范畴。项目成本控制工作的主要内容包括以下几个方面。

（1）识别可能引起项目成本基准计划发生变动的因素，并对这些因素施加影响，以保证该变化朝着有利的方向发展。

（2）以工作包为单位，监督成本的实施情况，发现实际成本与预算成本之间的偏差，查找出产生偏差的原因，做好实际成本的分析评估工作。

（3）对发生成本偏差的工作包实施管理，有针对性地采取纠正措施，必要时可以根据实际情况对项目成本基准计划进行适当的调整和修改，同时要确保所有的有关变更都准确地记录在成本基准计划中。

(4) 将核准的成本变更和调整后的成本基准计划通知项目的相关人员。

(5) 防止不正确的、不合适的或未授权的项目变动所发生的费用被列入项目成本预算。

(6) 在进行成本控制的同时,应该与项目范围变更、进度计划变更、质量控制等紧密结合,防止因单纯控制成本而引起项目范围、进度和质量方面的问题,甚至出现无法接受的风险。

有效成本控制的关键是经常及时地分析成本绩效,尽早发现成本差异和成本执行的无效率,以便在情况变坏之前能够及时采取纠正措施。一旦项目成本失控,在预算内完成项目是非常困难的,如果项目没有额外的资金支持,那么成本超支的后果就是要么推迟项目工期,要么降低项目的质量标准,要么缩小项目的工作范围,这三种情况是各方都不愿意看到的。

3. 项目成本控制的依据

1) 项目各项工作或活动的成本预算

项目各项工作或活动的成本预算是根据项目的工作分解结构图,为每个工作包进行的预算成本分配,在项目的实施过程中,通常以此为标准对各项工作的实际成本发生额进行监控,是进行成本控制的基础性文件。

2) 成本基准计划

成本基准计划是按时间分段的费用预算计划,可用来测量和监督项目成本的实际发生情况,并能够将支出与工期进度联系起来,时间是对项目支出进行控制的重要依据。

3) 成本绩效报告

成本绩效报告是记载项目预算的实际执行情况的资料,它的主要内容包括项目各个阶段或各项工作的成本完成情况,是否超出了预先分配的预算,存在一些问题等。通常用以下6个基本指标来分析项目的成本绩效。

(1) 项目计划作业的预算成本,是按预算价格和预算工作量分配给每项作业活动的预算成本。

(2) 累积预算成本,将每一个工作包的总预算成本分摊到项目工期的各个区间,这样计算出截止到某期的每期预算成本汇总的合计数,成为该时点的累积预算成本。

(3) 累积实际成本,已完工作的实际成本,截止到某一时点的每期发生的实际成本额的合计数。

(4) 累积盈余量,已完工作的预算成本,由每一个工作包的总预算成本乘以该工作包的完工比率得到。

(5) 成本绩效指数,衡量成本效率的指标,是累积盈余同累积实际成本的比值,反映了用多少实际成本才完成了一单位预算成本的工作量。

(6) 成本差异,累积盈余同累积实际成本之间的差异。

4) 变更申请

变更申请是项目的相关利益者以口头或者书面的方式提出的有关更改项目工作内容和成本的请求,其结果是增加或减少项目成本,有关项目的任何变动都必须经过项目业主、客户的同意,以获得他们的资金支持。项目管理者要根据变更后的项目工作范围或成本预算来对项目成本实施控制。

5）项目成本管理计划

项目成本管理计划对在项目的实施过程中可能会引起项目成本变化的各种潜在因素进行识别和分析，提出解决和控制方案，为确保在预算范围内完成项目提供一个指导性的文件。

4. 项目成本控制的方法

有效的成本控制的关键是经常及时地分析费用绩效，以便在情况变坏之前能够采取纠正措施积极解决它，从而减缓对项目范围和进度的冲击。成本控制的常用工具和技术有如下几种。

1）成本变更控制系统

这是一种项目成本控制的程序性方法，主要通过建立项目成本变更控制体系，对项目成本进行控制。该系统主要包括三个部分：成本变更申请、标准成本变更申请和变更项目成本预算。提出成本变更申请的人可以是项目业主、客户、项目管理者、项目经理等项目的一切利益相关者。所提出的项目成本变更申请呈交到项目经理或项目其他成本管理人员，然后这些成本管理者根据严格的项目成本变更控制流程，对这些变更申请进行一系列的评估，以确定该项变更所导致的成本代价和时间代价，再将变更申请的分析结果报告给项目业主、客户，由他们最终判断是否接受这些代价，核准变更申请。变更申请被批准后，需要对相关工作的成本预算进行调整，同时对成本基准计划进行相应的修改。最后，注意成本变更控制系统应该与其他变更控制系统相协调，成本变更的结果应该与其他变更结果相协调。

2）绩效测量

绩效测量主要用于估算实际发生的变化的方法，如挣值分析法等。在费用控制过程中，要把精力放在那些费用绩效指数小于1或费用差异小的工作包上，而且费用绩效指数和费用差异越小越要优先考虑，以减少费用或提高项目进行的效率。在采取措施时主要应针对近期的工程活动和具有较大估计费用的活动上，因为越晚采取行动则造成的损失就可能越大，纠正的可能性也就越小，而费用估算较大的活动，减少其成本的机会也就越多。

具体而言，降低项目费用的方法有很多种，如改用满足要求但成本较低的资源，提高项目团队的水平以促使他们更加有效地工作，或者减少工作包和特定活动的作业范围和要求。

另外，即使功用差异为正值，也不可掉以轻心，而要想办法控制项目费用，让其保持下去，因为一旦费用绩效出现了麻烦，再要使它回到正轨上来往往是很不容易的。

3）挣值法

挣值法是用以分析目标实施与目标期望之间差异的一种方法。挣值法又称为赢得值法或偏差分析法。

挣值法通过测量和计算已完成工作的预算费用与已完成工作的实际费用，将其与计划工作的预算费用相比较得到项目的费用偏差和进度偏差，从而达到判断项目费用和进度计划执行状况的目的。

3.4 信息系统质量管理

本节重点介绍质量概述，软件质量的概念，软件质量的相关概念，软件质量度量，软件过程，质量保证。

3.4.1 产品与服务的质量

1. 质量定义

在不同的时期，国际标准 ISO 对质量的定义也不同。

ISO 8402—1986 中将质量定义为：“反映产品和服务满足明确和隐含需要的能力的特性和特征综合”。

ISO 840—1994 对质量的定义是：“反映实体满足明确和隐含需要的能力的特性的总和”。而这里的“实体”是指“可单独描述和研究的事物”。

ISO 8402—2000 为：“一组固有特性满足要求的程度”。其中，“要求”是指“明示的、通常隐含的或必须履行的需求或期望”。“通常隐含”是指组织、顾客和其他相关方的惯例或一般习惯，所考虑的要求或期望是不言而喻的。

显然 ISO 8402—2000 的质量不仅包含产品和服务都要满足客户的需求，还应该包括不断增加其竞争力以及有别于竞争对手的特性。现在消费者的质量观有了新的发展，要求得到的不仅是产品的功能质量，更多的包括与产品有关的系统服务。“满足顾客的需要”不仅包含产品和服务都要满足顾客的需要，而且还应包括增加其竞争力和有别于竞争性产品和服务的特性。除了基本功能之外，产品质量还应包括品牌、款式、包装、服务、付款方式、超值等内容。

2. 质量的历史

质量管理理论始于 20 世纪初期，质量管理从出现到现在，大体经历了以下 5 个阶段。

(1) 产品质量检验阶段。其特征是对产品的质量进行检验。产品质量的检验只能是一种事后的检查，因此不能预防不合格品的产生。

(2) 以产品为中心的统计质量管理阶段。1924 年，美国贝尔实验室的 W. A. Shewhart，运用概率论和数理统计的原理，首先提出了控制生产过程，预防不合格品产生的思想和方法。即通过小部分样品测试，推测和控制全体产品或工艺过程的质量状况。二次大战以后，逐步形成了统计质量控制(Statistical Quality Control，SQC)的方法，用控制图表对生产过程中取得的数据进行统计分析，分析不合格产生的原因，采取措施，使生产过程保持在不出废品的稳定状态。

(3) 以顾客为中心的质量保证阶段。企业为了保护原有市场并开拓新市场，必然会特别重视顾客的各种需求。为此，企业将花费很大的精力用于调查与搜集顾客对质量的各项要求，进一步将单独顾客的各项需求汇总形成若干个指标组，每项指标都规定了应达到的质量标准，它是企业进行生产需达到的最低要求。

(4) 强调持续改进的质量管理阶段。为了适应企业连续生产与经营要求，针对软件产品持久改进的特点，质量管理工作在上述关注顾客需求的基础上，需要有新的突破。企业在重视用户当前需求的同时，需要考虑用户的未来需求以及生产者的长远利益和企业长期维护成本之和。

(5) 全面质量管理阶段。20世纪50年代末，质量管理专家W. Ewards Deming(埃华茨丹明)，Joseph Juran(约瑟夫佐兰)等人提出了全面质量管理(Total Quality Control, TQC)的概念。Deming被誉为现优质量思想之父。

3. 顾客满意度

1) 顾客满意的定义

在2000年新版的9000族标准中，进一步强调了顾客满意，顾客满意成为评价质量的标准。有些组织简单地认为"顾客满意"只是在售后服务阶段，通过优质服务就可以做到顾客满意。而实际上，让顾客满意的第一步是从市场调查了解顾客的需求开始，然后，在设计、加工、销售、服务的全过程中，努力去满足顾客的需求，以顾客为中心的思想贯穿于产品和/或服务质量形成的全过程。组织要努力实现顾客满意，而且不能停留在顾客满意的水平上，还要继续努力，从顾客满意提高到顾客忠诚。"顾客忠诚"是指在顾客满意的基础上，对某品牌或组织做出长期购买的承诺，是顾客一种意识与行为的结合。"顾客满意"一般是指一次性的；顾客对某品牌或组织由满意发展到忠诚后，他会再次购买同一品牌的产品和/或服务。

2) 顾客满意度指数模型

"顾客满意度指数模型"中的6大要素分别是：顾客期望、顾客对质量的感知、顾客对价值的感知、顾客满意度、顾客抱怨、顾客忠诚，见图3-9。

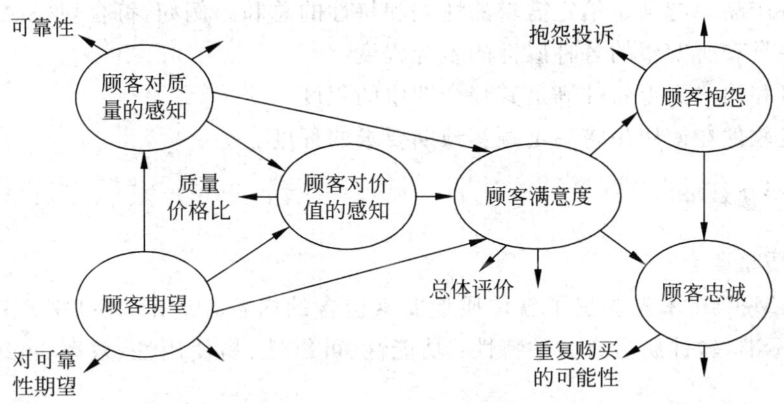

图3-9 顾客满意度指数模型

其中，顾客期望、顾客对质量的感知、顾客对价值的感知决定着顾客满意程度，是系统的输入变量；顾客满意度、顾客抱怨、顾客忠诚是结果变量。

顾客满意是软件开发项目的主要目的之一，而顾客满意目标要得以实现，需要建立顾客满意度度量体系和指标对顾客满意度进行度量。顾客满意度指标(Customer Satisfaction Index, CSI)以顾客满意研究为基础，对顾客满意度加以界定和描述。项目顾客满意度量的要点在于：确定各类信息、数据、资料来源的准确性、客观性、合理性、有效性，并以此建立产品、服务质量的衡量指标和标准。企业顾客满意度度量的标准会因为各企业的经营理念、经营战略、经营重点、价值取向、顾客满意度调查结果等因素而有所不同。比如，NEC 于 2002 年 12 月开始实施的 CSMP 活动的度量尺度包括共感性、诚实性、革新性、确实性和迅速性，其中，将共感性和诚实性作为 CS 活动的核心姿态，而将革新性、确实性和迅速性作为提供商品和服务中不可或缺的尺度。每个尺度包括两个要素，各要素包括两个项目，共计 5 大尺度、10 个要素和 20 个项目。例如，共感性这一尺度包括"了解顾客的期待"、"从顾客的立场考虑问题"这两个要素；"了解顾客的期待"这一要素又包括"不仅能胜任目前的工作还能意识到为顾客提供价值而专心投入"、"对顾客的期望不是囫囵吞枣而是根据顾客的立场和状况来思考'顾客到底需要什么'并加以应对"这两个项目。

3.4.2 软件质量的概念

1. 软件质量定义

在中华人民共和国国家标准 GB/T 11457—1989 中，软件质量 Software Quality 的条目为 2.434，它的定义如下。

(1) 软件产品中能满足给定需求的性质和特性的总和。例如，符合规格说明。

(2) 软件具有所期望的各种属性的组合程度。

(3) 顾客和用户觉得软件满足其综合期望的程度。

(4) 软件的合成特性。它确定软件在使用中将满足顾客预期要求的程度。

在中华人民共和国国家标准 GB/T 11457—1995 中，软件质量 Software Quality 的条目为 2.454，它的定义如下。

(1) 软件产品中能满足给定需求的性质和特性的总和。例如，符合规格说明。

(2) 软件具有所期望的各种属性的组合程度。

(3) 顾客和用户觉得软件满足其综合期望的程度。

(4) 确定软件在使用中将满足顾客预期要求的程度。

2. 软件质量特性

1) 软件质量要素

1977 年，McCall 率先提出了软件质量要素包含的内容。后来，ISO 将其转为 ISO/IEC 9126—1991 标准，软件质量有 6 个特性：功能性、可靠性、易使用性、效率、可维护性和可移植性。

2) 软件质量的二级特性指标

McCall 认为，软件的质量由以下 11 个要素构成：正确性、可靠性、效率、完整性、可使用性、可维护性、可测试性、灵活性、可移植性、重复使用性和连接性。

而 ISO/IEC 9126—1991 则将软件质量做了进一步刻画细分，并且有助于描述各个软件特性之间的关系。软件质量特性由下列 21 个二级质量特性所决定：合适性、精确性、互操作性、依从性、安全性、成熟性、容错性、易恢复性、易理解性、易学性、易操作性、时间特性、资源特性、易分析性、易改变性、稳定性、易测试性、适应性、易安装性、遵循性和易替换性。

3) McCall 三层次质量度量模型

McCall 认为，软件质量要素是软件的质量特征，软件质量属性是软件质量的评价准则，评价准则还需要定量的度量。质量要素、评价准则和度量构成了 McCall 的三层次质量度量模型。在这个层次模型中,度量处于模型的最低层,它是由质量保证人员根据开发过程的特征,用评分的方式对质量准则做出的定量评价。

3. 软件用户满意度

美国专家斯蒂芬(Stephen H. Kan)在《软件质量工程的度量与模型》(Metrics and Models in Software Quality Engineering)中认为,企业的顾客满意度要素如表 3-3 所示。

表 3-3 顾客满意度要素

顾客满意度要素	顾客满意度要素的内容
技术解决方案	质量、可靠性、有效性、易用性、价格、安装、新技术
支持与维护	灵活性、易达性、产品知识
市场营销	解决方案、接触点、信息
管理	购买流程、请求手续、保证期限、注意事项
交付	准时、准确、交付后过程
企业形象	技术领导、财务稳定性、执行印象

作为企业的顾客满意度的基本构成单位,项目的顾客满意度会受到项目要素的影响,主要包括:开发的软件产品、开发文档、项目进度以及交期、技术水平、沟通能力、运用维护等。具体而言,可以细分为如表 3-4 所示的度量要素,并根据这些要素进行度量。

表 3-4 顾客满意度要素细分

顾客满意度项目	顾客满意度度量要素
软件产品	功能性、可靠性、易用性、效率性、可维护性、可移植性
开发文档	文档的构成、质量、外观、图表以及索引、用语
项目进度以及交期	交期的根据、进度迟延情况下的应对、进展报告
技术水平	项目组的技术水平、项目组的提案能力、项目组的问题解决能力
沟通能力	事件记录、式样确认、Q&A
运用维护	支持、问题发生时的应对速度、问题解决能力

3.4.3 软件过程

20 世纪 50 年代,关于软件质量,人们考虑更多的是机器码的对错和汇编语言正确与否;20 世纪 60 年代,软件危机出现,软件失败率高,错误率高,程序员最关心的是如何减少失败,减少错误,降低成本;20 世纪 70 年代,软件工程中的生命周期方法被广泛应用,人们更注意时间、费用和质量协调问题;20 世纪 80 年代,软件的复杂性增加,CMM 方法出现,人们的注意力转向软件过程控制;20 世纪 90 年代后,工业化的软件过程技术和质量保障技术,已经成为发展软件产业的重要支柱。软件过程随着软件组织的特点不同和商业目标不同,特别是在网络环境下,经常处于动态的调整和定义与重定义状态。所以过程技术必须支持过程的动态定义和过程流的动态重组。软件过程流本质上由工作流组成。过程改善的关键:可以明确标识当前状态,并明确改进的方向。

国际上软件过程方面代表性技术有：CMU-SEI 提出的 CMM、PSP、TSP、CMMI、ISO 9000、ISO 15504、Bootstrap、SPICE、TickIT 等。预计 21 世纪初，软件过程技术将得到进一步的重视和发展。软件度量学的最终目的是服务于软件质量控制与评价。首先，它必须“确定”度量评价标准，为软件质量保证和管理奠定“定量”的基础。

1. CMM(软件生产能力成熟度模型)

SW-CMM(软件生产能力成熟度模型)1987 年由 SEI 提出，它是目前国际上最流行也是最实用的软件生产过程标准，它为软件企业的过程能力提供了一个阶梯式的进化框架，共有 5 级——初始级，可重级，定义级，管理级和优化级。关键过程域(Key Process Area, KPA)包含 5 类目标：实施保证，实施能力，执行活动，度量分析和实施验证。

2. CMMI(能力成熟度集成模型)

CMMI 是能力成熟度集成模型，它是 CMM 模型的最新版本。早期的能力成熟度模型是一种单一的模型，较多地用于软件工程。随着应用的推广与模型本身的发展，该方法演绎成为一种被广泛应用的综合性模型，因此改名为 CMMI 模型。早期的 CMM 是美国国防部出资，委托美国卡内基梅隆大学软件工程研究院开发出来的工程实施与管理方法。CMMI 在世界各地得到了广泛的推广与接受。

3. 软件企业 ISO 9000 质量管理体系标准

ISO 9001 是 ISO 9000 标准族中的一个很重要的质量保证标准，也是软件机构推行质量认证工作的一个基础标准。该标准于 1994 年由国际标准化组织公布，我国已及时地将其转化为国家推荐标准，并给予编号：GB/T 19001—1994。

这一标准明确规定了质量体系的要求，如果产品开发、生产者或称供方达到了这些要求，表明他具备了质量保证能力。制定这一标准的主要目的在于，通过防止从产品设计到售后服务的所有阶段中出现不合格，使得用户满意。

ISO 9001 标准在 20 个方面规定了质量体系要素，它们是管理职责，质量体系，合同评审，设计控制，文件和资料的控制，采购，顾客提供产品的控制，产品标识和可追溯性，过程控制，检验和试验，检验、测量和试验设备的控制，检验和试验状态，不合格品的控制，纠正和预防措施，搬动、储存、包装、防护和交付，质量记录控制，内部质量审核，培训，服务，统计技术。

4. ISO/IEC 12207

ISO 生存周期分为 5 个阶段，即需求、设计、实现、测试和维护。1991 年 9 月，IEEE 标准化委员会制定的《软件生存周期过程开展标准》就这一点做了说明。接着 ISO/IEC 于 1994 年制定出《软件生存在过程》标准草案，我国根据该草案制定了 GB/T 8566—1995《信息技术、软件生存周期过程》国家标准，ISO/IEC 组织于 1995 年 8 月 1 日又发布了 ISO/IEC 12207 第一版“信息技术——软件生存周期过程”国际标准。该标准正文对 MIS 生存周期过程进行了全面的描述。

标准中的过程被分成三大类：主要过程，支持过程和组织过程。主要过程是生命周期中的原动力，它们是：获取、供应、开发、运行和维护。支持过程包括：文档、配置管理、质量保证、验证、确认、联合评审、审计和问题解决。在其他过程中可以使用支持过程。组织过程有：管理、基础设施、改进和培训。一个组织可以使用组织过程来建立、控制和改进生命周期过程。

5. ISO/IEC TR 15504

1991年6月，国际标准化组织ISO/IEC JTC1的SC7分技术委员会通过一项研究计划，旨在调查制定软件过程评估的国际标准的需求。1993年7月，该国际评估标准的制定工作正式开始，国际标准项目代号为ISO/IEC 15504，并由SC7的一个工作组具体负责。随后在1995年6月经过投票表决后，该标准的工作草案发布。世界各地的用户相继进行试用并提供了试用反馈报告。在1996年9月又颁布了工作草案最终版。

ISO/IEC TR 15504过程评估标准，鼓励软件组织使用一致的、可靠的、可证明的方法评估他们的过程状态，并用评估结果来持续地改进软件过程，以提高产品质量。

ISO/IEC TR 15504为软件过程评估提供了一个框架，并为实施评估以确保各种级别的一致性和可重复性提出了一个最小需求。该需求有助于保持评估结果前后一致，并提供证据证明其级别、验证与需求相符。

ISO/IEC TR 15504标准是一个两维的结构：一个是过程维，包括客户-供应者过程，工程过程，支持过程，管理过程，组织过程；另一个是能力维，从低到高有6个级别，第0级不完全级，第1级可实施级，第2级有管理级，第3级可创建级，第4级可预测级，第5级优化级。

6. Bootstrap

软件过程评估和改进方法Bootstrap是由欧共体的Esprit项目下的多国工业和研究联合团体的Bootstrap Institute开发的。建立在CMU的SEI的工作，ISO 9000和欧洲空间署的软件工程标准的基础上发展的。1992年年底发表第一版的评估指导(问卷、支持材料、获取数据和评分工具)。欧洲质量管理基金会的整体质量模型(Total Quality Model)的一些思想也纳入到1995年公布的BootstrapV 2.3中。目前已经积累了大量的经验。

Bootstrap评估的主要目标是生成一个改进行动计划。Bootstrap问卷中把软件生产单位/项目的过程质量属性分成三大组：组织、方法和技术。Bootstrap对每个级别和每个质量属性评分(0—无，1—及格，2—中，3—良，4—优)，试图真实地标志一个组织或一个项目的行为。

7. SPICE

SPICE的全名是软件过程改进和能力确定(Software Process Improvement Capability dEtermination)，它和软件过程评估SPA一同起着类似于CMM的作用。由于存在众多的软件过程改进方法和标准，1991年，英国建议ISO/IEC为软件过程管理建立了一套国际标准，建立软件过程评估标准，以调和现存各种标准。1992年，ISO/IEC批准成立工作组WG10开发软件过程评估的国际标准，并创建SPICE项目。SPICE的目标是建立一种过程能力的度量方法。选用的方法是为度量特定过程的实现和使之制度化，作为一种过程度量，而不是组织度量。1994年第一次完成实践指南基线(Baseli Practices Guide，BPG)，1995年批准多部分标准 ISO/IEC 15504 第一版。

3.4.4 质量保证

1. 质量保证概述

软件质量保证(Software Quality Assurance,SQA)是建立一套有计划,有系统的方法,来向管理层保证拟定出的标准、步骤、实践和方法能够正确地被所有项目所采用。软件质量保证的目的是使软件过程对于管理人员来说是可见的。它通过对软件产品和活动进行评审和审计来验证软件是合乎标准的。软件质量保证组在项目开始时就一起参与建立计划、标准和过程。这些将使软件项目满足机构方针的要求。

软件质量保证的目标:使工作有计划进行;客观地验证软件项目产品和工作是否遵循恰当的标准、步骤和需求;将软件质量保证工作及结果通知给相关组别和个人;高级管理层接触到在项目内部不能解决的不符合类问题。

2. SQA 的工作内容和工作方法

1)计划

针对具体项目制定 SQA 计划,确保项目组正确执行过程。制定 SQA 计划应当注意如下几点。

(1) 有重点:依据企业目标以及项目情况确定审计的重点。

(2) 明确审计内容:明确审计哪些活动,哪些产品。

(3) 明确审计方式:确定怎样进行审计。

(4) 明确审计结果报告的规则:审计的结果报告给谁。

2)审计/证实

依据 SQA 计划进行 SQA 审计工作,按照规则发布审计结果报告。

注意审计一定要有项目组人员陪同,不能搞突然袭击。双方要开诚布公,坦诚相对。

审计的内容是否按照过程要求执行了相应活动,是否按照过程要求产生了相应产品。

3)问题跟踪

对审计中发现的问题,要求项目组改进,并跟进直到解决。

3. SQA 的素质

(1) 过程为中心:应当站在过程的角度来考虑问题,只要保证了过程,QA 就尽到了责任。

(2) 服务精神:为项目组服务,帮助项目组确保正确执行过程。

(3) 了解过程:深刻了解企业的工程,并具有一定的过程管理理论知识。

(4) 了解开发:对开发工作的基本情况了解,能够理解项目的活动。

(5) 沟通技巧:善于沟通,能够营造良好的气氛,避免审计活动成为一种找茬活动。

4. SQA 活动

软件质量保证(SQA)是一种应用于整个软件过程的活动,它包含:一种质量管理方法;

有效的软件工程技术(方法和工具);在整个软件过程中采用的正式技术评审;一种多层次的测试策略;对软件文档及其修改的控制;保证软件遵从软件开发标准;度量和报告机制。

SQA与两种不同的参与者相关——做技术工作的软件工程师和负责质量保证的计划、监督、记录、分析及报告工作的SQA小组。

软件工程师通过采用可靠的技术方法和措施,进行正式的技术评审,执行计划周密的软件测试来考虑质量问题,并完成软件质量保证和质量控制活动。

SQA小组的职责是辅助软件工程小组得到高质量的最终产品。SQA小组完成以下任务。

(1) 为项目准备SQA计划。该计划在制定项目规定项目计划时确定,由所有感兴趣的相关部门评审,包括:需要进行的审计和评审;项目可采用的标准;错误报告和跟踪的规程;由SQA小组产生的文档;向软件项目组提供的反馈数量;等等。

(2) 参与开发项目的软件过程描述。评审过程描述以保证该过程与组织政策、内部软件标准、外界标准以及项目计划的其他部分相符。

(3) 评审各项软件工程活动,对其是否符合定义好的软件过程进行核实。记录、跟踪与过程的偏差。

(4) 审计指定的软件工作产品,对其是否符合事先定义好的需求进行核实。对产品进行评审,识别、记录和跟踪出现的偏差;对是否已经改正进行核实;定期将工作结果向项目管理者报告。

(5) 确保软件工作及产品中的偏差已记录在案,并根据预定的规程进行处理。

(6) 记录所有不符合的部分并报告给高级领导者。

5. 正式技术评审

正式技术评审(FTR)是一种由软件工程师和其他人进行的软件质量保障活动。

1) 目标

(1) 发现功能、逻辑或实现的错误;

(2) 证实经过评审的软件的确满足需求;

(3) 保证软件的表示符合预定义的标准;

(4) 得到一种一致的方式开发的软件;

(5) 使项目更易管理。

2) 评审会议

3～5人参加,不超过两小时,由评审主席、评审者和生产者参加,必须做出下列决定中的一个:工作产品可不可以不经修改而被接受;由于严重错误而否决工作产品;暂时接受工作产品。

3) 评审总结报告、回答

评审什么?由谁评审?结论是什么?

评审总结报告是项目历史记录的一部分,标识产品中存在问题的区域,作为行政条目检查表以指导生产者进行改正。

4) 评审指导原则

(1) 评审产品,而不是评审生产者。注意客气地指出错误,气氛轻松。

(2) 不要离题,限制争论。有异议的问题不要争论但要记录在案。

(3) 对各个问题都发表见解。问题解决应该放到评审会议之后进行。

(4) 为每个要评审的工作产品建立一个检查表。应为分析、设计、编码、测试文档都建立检查表。

(5) 分配资源和时间。应该将评审作为软件工程任务加以调度。

(6) 评审以前所做的评审

6. 检验项目内容

1) 需求分析

需求分析→功能设计→实施计划

检查：开发目的；目标值；开发量；所需资源；各阶段的产品作业内容及开发体制的合理性。

2) 设计

结构设计→数据设计→过程设计

检查：产品的计划量与实际量；评审量；差错数；评审方法，出错导因及处理情况，阶段结束的判断标准。

3) 实现

程序编制→单元测试→集成测试→确认测试

检查内容除上述外，加测试环境及测试用例设计方法。

4) 验收

说明书检查；程序检查。

3.5 信息系统开发方法

本节重点介绍生命周期法，结构化方法，面向对象方法，以及软件复用和构件技术。

3.5.1 生命周期法

1. 定义

同任何事物一样，一个软件产品或软件系统也要经历孕育、诞生、成长、成熟、衰亡等阶段，一般称为软件生存周期(软件生命周期)。把整个软件生存周期划分为若干阶段，使得每个阶段有明确的任务，使规模大，结构复杂和管理复杂的软件开发变得容易控制和管理。通常，软件生存周期包括可行性分析与开发项计划、需求分析、设计(概要设计和详细设计)、编码、测试、维护等活动，可以将这些活动以适当的方式分配到不同的阶段去完成。

软件生命周期(Systems Development Life Cycle，SDLC)是软件的产生直到报废的生命周期，周期内有问题定义、可行性分析、总体描述、系统设计、编码、调试和测试、验收与运行、维护升级到废弃等阶段，这种按时间分层的思想方法是软件工程中的一种思想原则，即按部就班、逐步推进，每个阶段都要有定义、工作、审查、形成文档以供交流或备查，以提高软件的质量。但随着新的面向对象的设计方法和技术的成熟，软件生命周期设计方法的指导意义正在逐步减少。

2. 软件生命周期的几个阶段

1）问题的定义及规划

此阶段是软件开发方与需求方共同讨论，主要确定软件的开发目标及其可行性。

2）需求分析

在确定软件开发可行的情况下，对软件需要实现的各个功能进行详细分析。需求分析阶段是一个很重要的阶段，这一阶段做得好，将为整个软件开发项目的成功打下良好的基础。“唯一不变的是变化本身”。同样，需求也是在整个软件开发过程中不断变化和深入的，因此必须制定需求变更计划来应付这种变化，以保护整个项目的顺利进行。

3）软件设计

此阶段主要根据需求分析的结果，对整个软件系统进行设计，如系统框架设计、数据库设计等。软件设计一般分为总体设计和详细设计。好的软件设计将为软件程序编写打下良好的基础。

4）程序编码

此阶段是将软件设计的结果转换成计算机可运行的程序代码。在程序编码中必须要制定统一、符合标准的编写规范，以保证程序的可读性、易维护性、提高程序的运行效率。

5）软件测试

在软件设计完成后要经过严密的测试，以发现软件在整个设计过程中存在的问题并加以纠正。整个测试过程分为单元测试、组装测试以及系统测试三个阶段进行。测试的方法主要有白盒测试和黑盒测试两种。在测试过程中需要建立详细的测试计划并严格按照测试计划进行测试，以减少测试的随意性。

6）运行维护

软件维护是软件生命周期中持续时间最长的阶段。在软件开发完成并投入使用后，由于多方面的原因，软件不能继续适应用户的要求。要延续软件的使用寿命，就必须对软件进行维护。软件的维护包括纠错性维护和改进性维护两个方面。

7）软件升级

软件升级是指软件开发者在编写软件的时候，由于设计人员考虑不全面或程序功能不完善，在软件发行后，通过对程序的修改或加入新的功能后，以补丁的形式发布的方式。用户把这些补丁更新，即升级完成。软件升级是为了更好地满足用户的需求和防止病毒的入侵。

8）软件报废

软件因不能继续使用或功能不能满足现在的需求而作废。

3. 软件开发流程

软件开发流程（Software Development Process）即软件设计思路和方法的一般过程，包括设计软件的功能和实现的算法和方法、软件的总体结构设计和模块设计、编程和调试、程序联调和测试以及编写、提交程序。

第一步：需求调研分析

系统分析员向用户初步了解需求，然后列出要开发的系统的大功能模块，每个大功能模块有哪些小功能模块,对于有些需求比较明确相关的界面时,在这一步里面可以初步定义好少量的界面。

系统分析员深入了解和分析需求,根据自己的经验和需求用相关的工具再做出一份文档系统的功能需求文档。这次的文档会清楚利用系统大致的大功能模块,大功能模块有哪些小功能模块,并且还列出相关的界面和界面功能。

系统分析员向用户再次确认需求。

第二步:概要设计

开发者需要对软件系统进行概要设计,即系统设计。概要设计需要对软件系统的设计进行考虑,包括系统的基本处理流程、系统的组织结构、模块划分、功能分配、接口设计、运行设计、数据结构设计和出错处理设计等,为软件的详细设计提供基础。

第三步:详细设计

在概要设计的基础上,开发者需要进行软件系统的详细设计。在详细设计中,描述实现具体模块所涉及的主要算法、数据结构、类的层次结构及调用关系,需要说明软件系统各个层次中的每一个程序(每个模块或子程序)的设计考虑,以便进行编码和测试。应当保证软件的需求完全分配给整个软件。详细设计应当足够详细,能够根据详细设计报告进行编码。

第四步:编码

在软件编码阶段,开发者根据《软件系统详细设计报告》中对数据结构、算法分析和模块实现等方面的设计要求,开始具体的编写程序工作,分别实现各模块的功能,从而实现对目标系统的功能、性能、接口、界面等方面的要求。

第五步:测试

测试编写好的系统。交给用户使用,用户使用后一个一个地确认每个功能。

第六步:软件交付准备

在软件测试证明软件达到要求后,软件开发者应向用户提交开发的目标安装程序、数据库的数据字典、《用户安装手册》、《用户使用指南》、需求报告、设计报告、测试报告等双方合同约定的产物。

第七步:验收

对软件进行功能项测试,业务流测试,容错测试,安全性测试,性能测试,易用性测试,适应性测试,文档测试等。

3.5.2 结构化方法

1. 结构化方法的定义

结构化方法是一种传统的软件开发方法,它是由结构化分析、结构化设计和结构化程序设计三部分有机组合而成的。它的基本思想:把一个复杂问题的求解过程分阶段进行,而且这种分解是自顶向下,逐层分解,使得每个阶段处理的问题都控制在人们容易理解和处理的范围内。

结构化方法的基本要点是:自顶向下、逐步求精、模块化设计。结构化分析方法是以自顶向下,逐步求精为基点,以一系列经过实践的考验被认为是正确的原理和技术为支撑,以数据流图、数据字典、结构化语言、判定表、判定树等图形表达为主要手段，强调开发方法的结构合理性和系统的结构合理性的软件分析方法。

结构化方法按软件生命周期划分，有结构化分析（SA）、结构化设计（SD）、结构化实现（SP）。其中要强调的是，结构化方法学是一个思想准则的体系，虽然有明确的阶段和步骤，但是也集成了很多原则性的东西，所以学会结构化方法，不是单从理论知识上去了解就足够的，更多的还是要在实践中慢慢理解各准则，慢慢将其变成自己的方法学。

2. 结构化分析

结构化分析是20世纪70年代末，由Demarco等人提出的，旨在减少分析活动中的错误，建立满足用户需求的系统逻辑模型。该方法的要点是：面对数据流的分解和抽象；把复杂问题自顶向下逐层分解，经过一系列分解和抽象，到最底层的就都是很容易描述并实现的问题了。SA方法的分析结果由数据流图、数据词典和加工逻辑说明。

结构化分析就是使用数据流程图、数据字典、结构化语言、判定表和判定树等工具，来建立一种新的、称为结构化说明书的目标文档，也就是需求规格说明书。

结构化分析的步骤：①分析当前的情况，做出反映当前物理模型的DFD；②推导出等价的逻辑模型的DFD；③设计新的逻辑系统，生成数据字典和基元描述；④建立人机接口，提出可供选择的目标系统物理模型的DFD；⑤确定各种方案的成本和风险等级，据此对各种方案进行分析；⑥选择一种方案；⑦建立完整的需求规约。

3. 结构化设计

结构化设计方法给出一组帮助设计人员在模块层次上区分设计质量的原理与技术。它通常与结构化分析方法衔接起来使用，以数据流图为基础得到软件的模块结构。SD方法尤其适用于变换型结构和事务型结构的目标系统。在设计过程中，它从整个程序的结构出发，利用模块结构图表述程序模块之间的关系。结构化设计的结果是概要设计说明书和详细设计说明书。

结构化设计方法的设计原则：使每个模块尽量只执行一个功能（坚持功能性内聚）；每个模块用过程语句（或函数方式等）调用其他模块；模块间传送的参数作数据用；模块间共用的信息（如参数等）尽量少。

结构化设计的步骤：①评审和细化数据流图；②确定数据流图的类型；③把数据流图映射到软件模块结构，设计出模块结构的上层；④基于数据流图逐步分解高层模块，设计中下层模块；⑤对模块结构进行优化，得到更为合理的软件结构；⑥描述模块接口。

4. 结构化系统实现

结构化系统实现是系统开发工作的最后一个阶段。它是将结构化系统设计的成果变成可实际运行的系统的过程。系统实现的主要工作包括：数据库的建立，应用程序设计与编码，程序测试与系统调试，试运行，现场布局调整与系统移入，组织机构调整，系统切换、文档整理与验收（鉴定）。实现阶段形成的文档主要有：数据库源模式清单，程序流程图及源程序清单，系统调试书，使用说明书，维护手册，系统验收（鉴定、评审）书等。

3.5.3 面向对象方法

1. 面向对象方法概述

面向对象方法(Object-Oriented Method)是一种把面向对象的思想应用于软件开发过程中,指导开发活动的系统方法,简称OO(Object-Oriented)方法,是建立在"对象"概念基础上的方法学。对象是由数据和容许的操作组成的封装体,与客观实体有直接对应关系,一个对象类定义了具有相似性质的一组对象。而继承性是对具有层次关系的类的属性和操作进行共享的一种方式。所谓面向对象就是基于对象概念,以对象为中心,以类和继承为构造机制,来认识、理解、刻画客观世界和设计、构建相应的软件系统。

用计算机解决问题需要用程序设计语言对问题求解加以描述(即编程),实质上,软件是问题求解的一种表述形式。显然,假如软件能直接表现人求解问题的思维路径(即求解问题的方法),那么软件不仅容易被人理解,而且易于维护和修改,从而会保证软件的可靠性和可维护性,并能提高公共问题域中的软件模块和模块重用的可靠性。面向对象的机能和机制恰好可以使得人们按照通常的思维方式来建立问题域的模型,设计出尽可能自然地表现求解方法的软件。

面向对象方法作为一种新型的独具优越性的新方法正引起全世界越来越广泛的关注和高度的重视,它被誉为"研究高技术的好方法",更是当前计算机界关心的重点。十多年来,在对OO方法如火如荼的研究热潮中,许多专家和学者预言:正像20世纪70年代结构化方法对计算机技术应用所产生的巨大影响和促进那样,20世纪90年代OO方法会强烈地影响、推动和促进一系列高技术的发展和多学科的综合。

2. 由来与发展

OO方法起源于面向对象的编程语言(Object-Oriented Programming Language,OOPL)。20世纪50年代后期,在用FORTRAN语言编写大型程序时,常出现变量名在程序不同部分发生冲突的问题。鉴于此,ALGOL语言的设计者在ALGOL60中采用了以"Begin…End"为标识的程序块,使块内变量名是局部的,以避免它们与程序中块外的同名变量相冲突。这是编程语言中首次提供封装(保护)的尝试。此后程序块结构广泛用于高级语言如Pascal、Ada、C语言之中。

20世纪60年代中后期,Simula语言在ALGOL基础上研制开发,它将ALGOL的块结构概念向前发展一步,提出了对象的概念,并使用了类,也支持类继承。20世纪70年代,Smalltalk语言诞生,它取Simula的类为核心概念,它的很多内容借鉴于Lisp语言。由Xerox公司经过对Smalltalk72、76持续不断的研究和改进之后,于1980年推出商品化,它在系统设计中强调对象概念的统一,引入对象、对象类、方法、实例等概念和术语,采用动态联编和单继承机制。从20世纪80年代起,人们基于以往已提出的有关信息隐蔽和抽象数据类型等概念,以及由Modula2、Ada和Smalltalk等语言所奠定的基础,再加上客观需求的推动,进行了大量的理论研究和实践探索。由此,不同类型的面向对象语言(如Object-C、Eiffel、C++、Java、Object-Pascal等)逐步地发展和建立起较完整的和如雨后春笋般研制开发出来,包括OO方法的概念理论体系和实用的软件系统。

面向对象源出于 Simula，真正的 OOP 由 Smalltalk 奠基。Smalltalk 现在被认为是最纯的 OOPL。正是通过 Smalltalk80 的研制与推广应用，人们注意到 OO 方法所具有的模块化、信息封装与隐蔽、抽象性、继承性、多样性等独特之处，这些优异特性为研制大型软件、提高软件可靠性、可重用性、可扩充性和可维护性提供了有效的手段和途径。20 世纪 80 年代以来，人们将面向对象的基本概念和运行机制运用到其他领域，获得了一系列相应领域的面向对象的技术。面向对象方法在许多领域的应用都得到了很大的发展，已被广泛应用于程序设计语言、形式定义、设计方法学、操作系统、分布式系统、人工智能、实时系统、数据库、人机接口、计算机体系结构以及并发工程、综合集成工程等。1986 年，在美国举行了首届"面向对象编程、系统、语言和应用(OOPSLA'86)"国际会议，使面向对象受到世人瞩目，其后每年都举行一次，这进一步标志 OO 方法的研究已遍及全世界。

3. 面向对象的基本概念

(1) 对象，是要研究的任何事物。从一辆车到一个车库，从一条信息到一个数据库，甚至航天飞机或空间站都可看作对象，它不仅能表示有形的实体，也能表示无形的(抽象的)规则、计划或事件。对象由数据(描述事物的属性)和作用于数据的操作(体现事物的行为)构成一独立整体。从程序设计者来看，对象是一个程序模块，从用户来看，对象为他们提供所希望的行为。对内的操作通常称为方法。一个对象请求另一对象为其服务的方式是通过发送消息。

(2) 类，是对象的模板。即类是对一组有相同数据和相同操作的对象的定义，一个类所包含的方法和数据描述一组对象的共同属性和行为。类是在对象之上的抽象，对象则是类的具体化，是类的实例。类可有其他类，也可有其他类，形成类层次结构。

(3) 消息，是对象之间进行通信的一种规格说明。一般它由三部分组成：接收消息的对象、消息名及实际变元。

(4) 封装，是一种信息隐蔽技术，它体现于类的说明，是对象的重要特性。封装使数据和加工该数据的方法(函数)封装为一个整体，以实现独立性很强的模块，使得用户只能见到对象的外特性(对象能接收哪些消息，具有哪些处理能力)，而对象的内特性(保存内部状态的私有数据和实现加工能力的算法)对用户是隐蔽的。封装的目的在于把对象的设计者和对象的使用者分开，使用者不必知晓行为实现的细节，只须用设计者提供的消息来访问该对象。

(5) 继承性，是子类自动共享父类之间数据和方法的机制。它由类的派生功能体现。一个类直接继承其他类的全部描述，同时可修改和扩充。继承具有传递性。继承分为单继承(一个子类只有一个父类)和多重继承(一个类有多个父类)。类的对象是各自封闭的，如果没有继承性机制，则类对象中数据、方法就会出现大量重复。继承不仅支持系统的可重用性，而且还促进系统的可扩充性。

(6) 多态性。对象根据所接收的消息而做出动作。同一消息为不同的对象接收时可产生完全不同的行动，这种现象称为多态性。利用多态性用户可发送一个通用的信息，而将所有的实现细节都留给接收消息的对象自行决定，如此，同一消息即可调用不同的方法。例如，Print 消息被发送给一图或表时调用的打印方法与将同样的 Print 消息发送给一正文文件而调用的打印方法会完全不同。多态性的实现受到继承性的支持，利用类继承的层次关系，把具有通用功能的协议存放在类层次中尽可能高的地方，而将实现这一功能的不同方法置于较低层次，这样，在这些低层次上生成的对象就能给通用消息以不同的响应。在OOPL中可通过在派生类中重定义基类函数(定义为重载函数或虚函数)来实现多态性。

4. 面向对象技术

OO方法是程序设计新范型、系统开发的新方法学。作为一门新技术，OO方法可支持种类不同的系统开发，已经或正在许多方面得以应用。

近十多年来，除了面向对象的程序设计以外，OO方法已发展应用到整个信息系统领域和一些新兴的工业领域，包括：用户界面、应用集成平台、面向对象数据库(OODB)、分布式系统、网络管理结构、人工智能领域以及并发工程、综合集成工程等。人工智能是和计算机密切相关的新领域，在很多方面已经采用面向对象技术，如知识的表示、专家系统的建造、用户界面等。人工智能的软件通常规模较大，用面向对象技术有可能更好地设计并维护这类程序。

20世纪80年代后期形成的并发工程，其概念要点是在产品开发初期(即方案设计阶段)就把结构、工艺、加工、装配、测试、使用、市场等问题同期并行地启动运行，其实现必须有两个基本条件：一是专家群体，二是共享并管理产品信息(将CAD、CAE、CIN紧密结合在一起)。显然，这需要面向对象技术的支持。目前，一些公司采用并发工程组织产品的开发，已取得显著效益：波音公司用以开发巨型777运输机，比开发767节省了一年半时间；日本把并发工程用于新型号的汽车生产，和美国相比只用一半的时间。产业界认为它们以后的生存要依靠并发工程，而面向对象技术是促进并发工程发展的重要支持。

综合集成工程是开发大型开放式复杂系统的新的工程概念。与并发工程相似，专家群体的组织和共享信息，是支持这一新工程概念的两大支柱。由于开放式大系统包含人的智能活动，建立数学模型非常困难，而OO方法能够比较自然地刻画现实世界，容易达到问题空间和程序空间的一致，能够在多种层次上支持复杂系统层次模型的建立，是研究综合集成工程的重要工具。面向对象技术对于并发工程和综合集成工程的作用，一方面说明了这一新技术应用范围的宽广，同时也说明了它的重要影响，更证明了面向对象技术是一门新兴的值得广泛重视的技术。

5. 面向对象方法的基本步骤

(1) 分析确定在问题空间和解空间出现的全部对象及其属性；

(2) 确定应施加于每个对象的操作，即对象固有的处理能力；

(3) 分析对象间的联系，确定对象彼此间传递的消息；

(4) 设计对象的消息模式，消息模式和处理能力共同构成对象的外部特性；

(5) 分析各个对象的外部特性，将具有相同外部特性的对象归为一类，从而确定所需要的类；

(6) 确定类间的继承关系，将各对象的公共性质放在较上层的类中描述，通过继承来共享对公共性质的描述；

(7) 设计每个类关于对象外部特性的描述；

(8) 设计每个类的内部实现(数据结构和方法)；

(9) 创建所需的对象(类的实例),实现对象间应有的联系(发消息)。

6. OOA 方法

面向对象的分析方法(Object-Oriented Analysis,OOA)是在一个系统的开发过程中进行了系统业务调查以后,按照面向对象的思想来分析问题。OOA 与结构化分析有较大的区别。OOA 所强调的是在系统调查资料的基础上,针对 OO 方法所需要的素材进行的归类分析和整理,而不是对管理业务现状和方法的分析。

1) 处理复杂问题的原则

用 OOA 方法对所调查结果进行分析处理时,一般依据以下几项原则:

(1) 抽象(Abstraction)是指为了某一分析目的而集中精力研究对象的某一性质,它可以忽略其他与此目的无关的部分。在使用这一概念时,要承认客观世界的复杂性,也知道事物包括多个细节,但此时并不打算去完整地考虑它。抽象是科学地研究和处理复杂问题的重要方法。抽象机制被用在数据分析方面,称为数据抽象。数据抽象是 OOA 的核心。数据抽象把一组数据对象以及作用其上的操作组成一个程序实体。使得外部只知道它是如何做和如何表示的。在应用数据抽象原理时,系统分析人员必须确定对象的属性以及处理这些属性的方法,并借助于方法获得属性。在 OOA 中属性和方法被认为是不可分割的整体。抽象机制有时也被用在对过程的分解方面,被称为过程抽象。恰当的过程抽象可以对复杂过程的分解和确定以及描述对象发挥积极的作用。

(2) 封装(Encapsulation),即信息隐蔽,指在确定系统的某一部分内容时,应考虑到其他部分的信息及联系都在这一部分的内部进行,外部各部分之间的信息联系应尽可能的少。继承(Inheritance)是指能直接获得已有的性质和特征而不必重复定义它们。OOA 可以一次性地指定对象的公共属性和方法,然后再特化和扩展这些属性及方法为特殊情况,这样可大大地减轻在系统实现过程中的重复劳动。在共有属性的基础之上,继承者也可以定义自己独有的特性。

(3) 相关(Association),指把某一时刻或相同环境下发生的事物联系在一起。

(4) 消息通信是指在对象之间互相传递信息的通信方式。

(5) 组织方法。在分析和认识世界时,可综合采用如下三种组织方法(Method of Organization):①特定对象与其属性之间的区别;②整体对象与相应组成部分对象之间的区别;③不同对象类的构成及其区别等。

(6) 比例(Scale)是一种运用整体与部分原则,辅助处理复杂问题的方法。

(7) 行为范畴(Categories of Behavior)是针对被分析对象而言的,它们主要包括:①基于直接原因的行为;②变性行为;③功能查询性行为。

2) OOA 方法的基本步骤

在用 OOA 具体地分析一个事物时,大致上遵循如下 5 个基本步骤。

第一步,确定对象和类。这里所说的对象是对数据及其处理方式的抽象,它反映了系统保存和处理现实世界中某些事物的信息的能力。类是多个对象的共同属性和方法集合的描述,包括如何在一个类中建立一个新对象的描述。

第二步,确定结构(Structure)。结构是指问题域的复杂性和连接关系。类成员结构反映了泛化-特化关系,整体-部分结构反映整体和局部之间的关系。

第三步，确定主题(Subject)。主题是指事物的总体概貌和总体分析模型。

第四步，确定属性(Attribute)。属性就是数据元素，可用来描述对象或分类结构的实例，可在图中给出，并在对象的存储中指定。

第五步，确定方法(Method)。方法是在收到消息后必须进行的一些处理方法。方法要在图中定义，并在对象的存储中指定。对于每个对象和结构来说，那些用来增加、修改、删除和选择一个方法本身都是隐含的(虽然它们是要在对象的存储中定义的，但并不在图上给出)，而有些则是显式的。

7. OOD 方法

面向对象的设计方法(Object-Oriented Design，OOD)是 OO 方法中一个中间过渡环节。其主要作用是对 OOA 分析的结果做进一步的规范化整理，以便能够被 OOP 直接接受。在 OOD 的设计过程中，要展开的主要有如下几项工作。

(1) 对象定义规格的求精过程。对于 OOA 所抽象出来的对象和类以及汇集的分析文档，OOD 需要有一个根据设计要求整理和求精的过程，使之更能符合面向对象编程(OOP)的需要。这个整理和求精过程主要有两个方面：一是要根据面向对象的概念模型整理分析所确定的对象结构、属性、方法等内容，改正错误的内容，删去不必要和重复的内容等。二是进行分类整理，以便于下一步数据库设计和程序处理模块设计的需要。整理的方法主要是进行归类，对类和对象、属性、方法和结构、主题进行归类。

(2) 数据模型和数据库设计。数据模型的设计需要确定类和对象属性的内容、消息连接的方式、系统访问、数据模型的方法等。最后每个对象实例的数据都必须落实到面向对象的库结构模型中。

8. OOP 方法

面向对象编程(Object-Oriented Programming，OOP)是一种计算机编程架构。OOP 的基本原则是程序由单个能够起到子程序作用的单元或对象组合而成。OOP 的基本思想是把组件的实现和接口分开，使组件具有多态性。OOP 具有重用性、灵活性和扩展性。为了实现整体运算，每个对象都能够接收信息、处理数据和向其他对象发送信息。OOP 的关键是组件。它是数据和功能一起在运行着的计算机程序中形成的单元，组件在 OOP 计算机程序中是模块和结构化的基础。

9. OOT 方法

OOT 是面向对象的测试(Object-Oriented Test)。OOA Test 和 OOD Test 是对分析结果和设计结果的测试，主要是对分析设计产生的文本进行，是软件开发前期的关键性测试。OOP Test 主要针对编程风格和程序代码实现进行测试，其主要的测试内容在面向对象单元测试和面向对象集成测试中体现。面向对象单元测试是对程序内部具体单一的功能模块的测试，如果程序是用 C++语言实现，主要就是对类成员函数的测试。面向对象单元测试是进行面向对象集成测试的基础。面向对象集成测试主要对系统内部的相互服务进行测试，如成员函数间的相互作用，类间的消息传递等。面向对象集成测试不但要基于面向对象单元测试，更要参见 OOD 或 OOD Test 结果(详见后面叙述)。面向对象系统测试是基于面向对象集成测试的最后阶段的测试，主要以用户需求为测试标准，需要借鉴 OOA 或 OOA Test 结果。

3.5.4 软件复用和构件技术

1. 软件复用

1）复用定义

软件复用(Software Reuse)就是将已有的软件成分用于构造新的软件系统，以缩减软件开发和维护的花费。无论对可复用构件原封不动地使用还是做适当的修改后再使用，只要是用来构造新软件，则都可称作复用。被复用的软件成分一般称作可复用构件。软件复用是提高软件生产力和质量的一种重要技术。早期的软件复用主要是代码级复用，后来扩大到包括领域知识、开发经验、项目计划、可行性报告、体系结构、需求、设计、测试用例和文档等一切有关方面。对 个软件进行修改，使它运行于新的软硬件平台不称为复用，而称为软件移植。

软件复用的主要思想是，将软件看成是由不同功能部分的“组件”所组成的有机体，每一个组件在设计编写时可以被设计成完成同类工作的通用工具，这样，如果完成各种工作的组件被建立起来以后，编写一特定软件的工作就变成了将各种不同组件组织连接起来的简单问题，这对于软件产品的最终质量和维护工作都有本质性的改变。

2）复用级别

(1) 代码的复用。包括目标代码和源代码的复用。其中目标代码的复用级别最低，历史也最久，当前大部分编程语言的运行支持系统都提供了链接(Link)、绑定(Binding)等功能来支持这种复用。源代码的复用级别略高于目标代码的复用，程序员在编程时把一些想复用的代码段复制到自己的程序中，但这样往往会产生一些新旧代码不匹配的错误。想大规模地实现源程序的复用只有依靠含有大量可复用构件的构件库。如“对象链接及嵌入”技术，既支持在源程序级定义构件并用以构造新的系统，又使这些构件在目标代码的级别上仍然是一些独立的可复用构件，能够在运行时被灵活地更新组合为各种不同的应用。

(2) 设计的复用。设计结果比源程序的抽象级别更高，因此它的复用受实现环境的影响较少，从而使可复用构件被复用的机会更多，并且所需的修改更少。这种复用有三种途径，第一种途径是从现有系统的设计结果中提取一些可复用的设计构件，并把这些构件应用于新系统的设计；第二种途径是把一个现有系统的全部设计文档在新的软硬件平台上重新实现，也就是把一个设计运用于多个具体的实现；第三种途径是独立于任何具体的应用，有计划地开发一些可复用的设计构件。

(3) 分析的复用。这是比设计结果更高级别的复用，可复用的分析构件是针对问题域的某些事物或某些问题的抽象程度更高的解法，受设计技术及实现条件的影响很少，所以可复用的机会更大。复用的途径也有三种，即从现有系统的分析结果中提取可复用构件用于新系统的分析；用一份完整的分析文档作输入产生针对不同软硬件平台和其他实现条件的多项设计；独立于具体应用，专门开发一些可复用的分析构件。

(4) 测试信息的复用。主要包括测试用例的复用和测试过程信息的复用。前者是把一个软件的测试用例在新的软件测试中使用，或者在软件做出修改时在新的一轮测试中使用。

后者是在测试过程中通过软件工具自动地记录测试的过程信息，包括测试员的每一个操作、输入参数、测试用例及运行环境等一切信息。这种复用的级别，不便和分析、设计、编程的复用级别做准确的比较，因为被复用的不是同一事物的不同抽象层次，而是另一种信息，但从这些信息的形态看，大体处于与程序代码相当的级别。

3）OO 方法对软件复用的支持

支持软件复用是人们对面向对象方法寄托的主要希望之一，也是这种方法受到广泛重视的主要原因之一。面向对象方法之所以特别有利于软件复用，是由于它的主要概念及原则与软件复用的要求十分吻合。

面向对象方法从面向对象的编程发展到面向对象的分析与设计，使这种方法支持软件复用的固有特征能够从软件生命周期的前期阶段开始发挥作用，从而使 OO 方法对软件复用的支持达到了较高的级别。与其他软件工程方法相比，面向对象方法的一个重要优点是，它可以在整个软件生命周期达到概念、原则、术语及表示法的高度一致。这种一致性使得各个系统成分尽管在不同的开发与演化阶段有不同的形态，但可具有贯穿整个软件生命周期的良好映射。这一优点使 OO 方法不但能在各个级别支持软件复用，而且能对各个级别的复用形成统一的、高效的支持，达到良好的全局效果。做到这一点的必要条件是，从面向对象软件开发的前期阶段——OOA 就把支持软件复用作为一个重点问题来考虑。运用 OOA 方法所定义的对象类具有适合作为可复用构件的许多特征，OOA 结果对问题域的良好映射，使同类系统的开发者容易从问题出发，在已有的 OOA 结果中发现不同粒度的可复用构件。

2. 构件技术

1）定义

构件(Component)是系统中实际存在的可更换部分，它实现特定的功能，符合一套接口标准并实现一组接口。构件代表系统中的一部分物理实施，包括软件代码(源代码、二进制代码或可执行代码)或其等价物(如脚本或命令文件)。

构件是面向软件体系架构的可复用软件模块。构件是可复用的软件组成成分，可被用来构造其他软件。它可以是被封装的对象类、类树、一些功能模块、软件框架、软件构架(或体系结构)、文档、分析件、设计模式等。

1995 年，Ian. oraham 给出的构件定义如下：构件是指一个对象(接口规范、或二进制代码)，它被用于复用，接口被明确定义。构件是作为一个逻辑紧密的程序代码包的形式出现的，有着良好的接口。像 Ada 的 Package、Smalltalk80 和 C++的 Class 和数据类型都可属于构件范畴。但是，操作集合、过程、函数即使可以复用也不能成为一个构件。开发者可以通过组装已有的构件来开发新的应用系统，从而达到软件复用的目的。软件构件技术是软件复用的关键因素，也是软件复用技术研究的重点。

采用构件软件不需要重新编译，也不需要源代码并且不局限于某一种编程语言。该过程叫做二进制复用(Binary Reuse)，因为它是建立在接口而不是源代码级别的复用之上的。虽然软件构件必须遵守一致的接口，但是它们的内部实现是完全自动的。因此，可以用过程语言和面向对象语言创建构件。由于构件技术是由基于面向对象技术而发展起来的，与面向对象的设计中的对象相类似，它们都是针对软件复用，都是被封装的代码，但它们之间仍存在很大差异。

2）软件构件的属性

(1) 有用性(Usefulness)：构件必须提供有用的功能。

(2) 可用性(Usability)：构件必须易于理解和使用。

(3) 质量(Quality)：构件及其变形必须能正确工作。

(4) 适应性(Adaptability)：构件应该易于通过参数化等方式在不同语境中进行配置。

(5) 可移植性(Portability)：构件应能在不同的硬件运行平台和软件环境中工作。

3）构件的特点

(1) 自描述。构件必须能够识别其属性、存取方法和事件，这些信息可以使开发环境将第三方软件构件无缝地结合起来。

(2) 可定制。允许提供一个典型的图形方式环境，软件构件的属性只能通过控制面板来设置。

(3) 可集成。构件必须可以被编程语言直接控制。构件也可以和脚本语言或者与从代码级访问构件的环境连接，这个特点使得软件构件可以在非可视化开发项目中使用。

(4) 连接机制。构件必须能产生事件或者具有让程序员从语义上实现相互连接的其他机制。

3.6 信息系统开发模型

本节重点介绍瀑布模型，快速原型模型，增量开发模型，螺旋模型和喷泉模型。

3.6.1 瀑布模型

瀑布模型(Waterfall Model)是一个项目开发架构，开发过程是通过设计一系列阶段顺序展开的，从系统需求分析开始直到产品发布和维护，每个阶段都会产生循环反馈，因此，如果有信息未被覆盖或者发现了问题，那么最好“返回”上一个阶段并进行适当的修改，项目开发进程从一个阶段“流动”到下一个阶段，这也是瀑布模型名称的由来，见图3-10。其主要包括软件工程开发、企业项目开发、产品生产以及市场销售等构造瀑布模型。

1970年，温斯顿·罗伊斯(Winston Royce)提出了著名的“瀑布模型”，直到20世纪80年代早期，它一直是唯一被广泛采用的软件开发模型。

瀑布模型核心思想：瀑布模型核心思想是按工序将问题化简，将功能的实现与设计分开，便于分工协作，即采用结构化的分析与设计方法将逻辑实现与物理实现分开。将软件生命周期划分为制定计划、需求分析、软件设计、程序编写、软件测试和运行维护6个基本活动，并且规定了它们自上而下、相互衔接的固定次序，如同瀑布流水，逐级下落。

瀑布模型的优缺点：瀑布模型的优点是为项目提供了按阶段划分的检查点；当前一阶段完成后，只需要去关注后续阶段；可在迭代模型中应用瀑布模型。瀑布模型的缺点是在项目各个阶段之间极少有反馈；只有在项目生命周期的后期才能看到结果；通过过多地强制完成日期和里程碑来跟踪各个项目阶段；瀑布模型的突出缺点是不适应用户需求的变化。

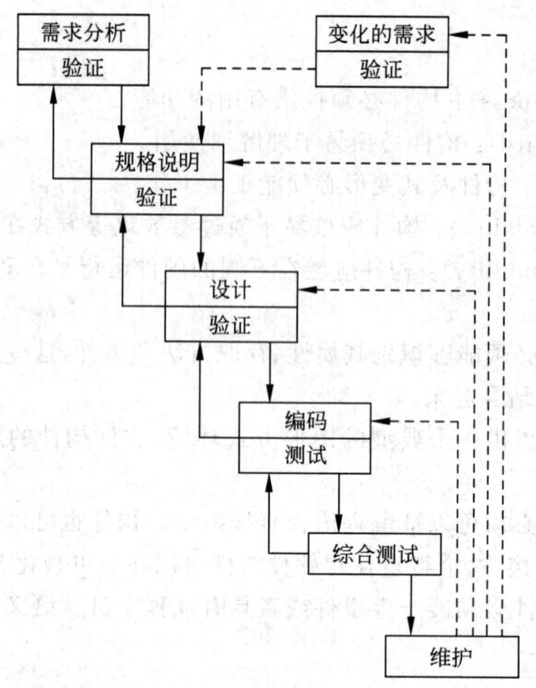

图 3-10 瀑布模型图

3.6.2 快速原型模型

1. 模型概述

快速原型法就是在系统开发之初，尽快给用户构造一个新系统的模型(原型)，反复演示原型并征求用户意见，开发人员根据用户意见不断修改完善原型，直到基本满足用户的要求进而实现系统，这种软件开发方法就是快速原型法，见图 3-11。原型就是模型，而原型系统就是应用系统的模型。它是待构筑的实际系统的缩小比例模型，但是保留了实际系统的大部分性能。这个模型可在运行中被检查、测试、修改，直到它的性能达到用户需求为止。因而这个工作模型很快就能转换成原样的目标系统。

2. 原型法的三个层次

第一层包括联机的屏幕活动，这一层的目的是确定屏幕及报表的版式和内容、屏幕活动的顺序及屏幕排版的方法。

第二层是第一层的扩展，引用了数据库的交互作用及数据操作，这一层的主要目的是论证系统关键区域的操作，用户可以输入成组的事务数据，执行这些数据的模拟过程，包括出错处理。

第三层是系统的工作模型，它是系统的一个子集，其中应用的逻辑事务及数据库的交互作用可以用实际数据来操作，这一层的目的是开发一个模型，使其发展成为最终的系统规模。

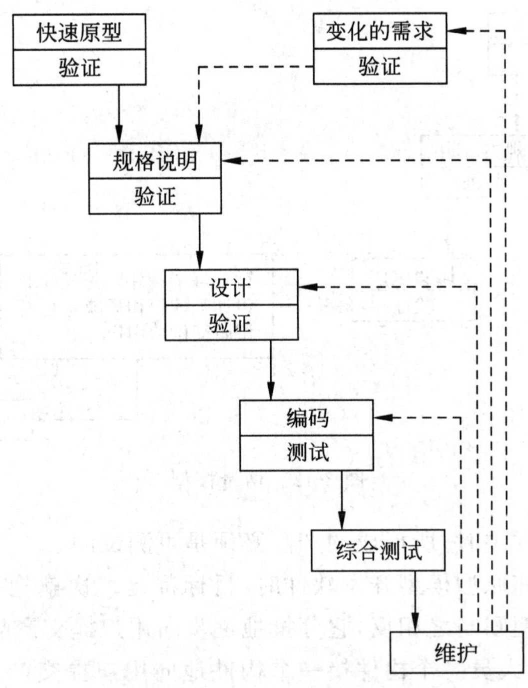

图 3-11　快速原型法模型

3. 模型优缺点

原型法的主要优点在于它是一种支持用户的方法，使得用户在系统生存周期的设计阶段起到积极的作用；它能减少系统开发的风险，特别是在大型项目的开发中，由于对项目需求的分析难以一次完成，应用原型法效果更为明显。原型法的概念既适用于系统的重新开发，也适用于对系统的修改；原型法不局限于仅对开发项目中的计算机方面进行设计，第三层原型法是用于制作系统的工作模型的。快速原型法要取得成功，要求有像第 4 代语言(4GL)这样的良好开发环境/工具的支持。原型法可以与传统的生命周期方法相结合使用，这样会扩大用户参与需求分析、初步设计及详细设计等阶段的活动，加深对系统的理解。近年来，快速原型法的思想也被应用于产品的开发活动中。

原型法的主要缺点是所选用的开发技术和工具不一定符合主流的发展；快速建立起来的系统结构加上连续的修改可能会导致产品质量低下。

3.6.3　增量开发模型

增量模型也称为渐增模型，如图 3-12 所示。使用增量模型开发软件时，把软件产品作为一系列的增量构件来设计、编码、集成和测试。每个构件由多个相互作用的模块构成，并且能够完成特定的功能。使用增量模型时，第一个增量构件往往实现软件的基本需求，提供最核心的功能；第二个增量构件提供更完善的编辑和文档生成功能；第三个增量构件实现拼写和语法检查功能；第四个增量构件完成高级的页面排版功能。

把软件产品分解成增量构件时，应该使构件的规模适中，规模过大或过小都不好。最佳分解方法因软件产品特点和开发人员的习惯而异。分解时唯一必须遵守的约束条件是，当

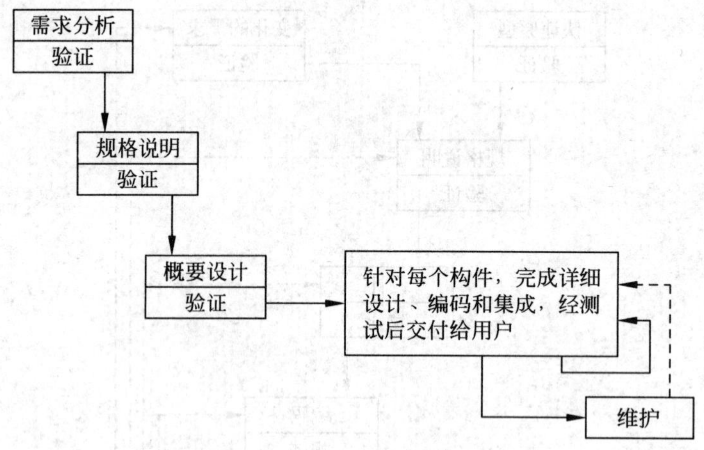

图 3-12 增量模型

把新构件集成到现有软件中时，所形成的产品必须是可测试的。

采用瀑布模型或快速原型模型开发软件时，目标都是一次就把一个满足所有需求的产品提交给用户。增量模型则与之相反，它分批地逐步向用户提交产品，整个软件产品被分解成许多个增量构件，开发人员一个构件接一个构件地向用户提交产品。从第一个构件交付之日起，用户就能做一些有用的工作。显然，能在较短时间内向用户提交可完成部分工作的产品，是增量模型的一个优点。

增量模型的另一个优点是，逐步增加产品功能可以使用户有较充裕的时间学习和适应新产品，从而减少一个全新的软件可能给客户组织带来的冲击。

使用增量模型的困难是，在把每个新的增量构件集成到现有软件体系结构中时，必须不破坏原来已经开发出的产品。此外，必须把软件的体系结构设计得便于按这种方式进行扩充，向现有产品中加入新构件的过程必须简单、方便，也就是说，软件体系结构必须是开放的。但是，从长远观点看，具有开放结构的软件拥有真正的优势，这样的软件的可维护性明显好于封闭结构的软件。

因此，尽管采用增量模型比采用瀑布模型和快速原型模型需要更精心的设计，但在设计阶段多付出的劳动将在维护阶段获得回报。如果一个设计非常灵活而且足够开放，足以支持增量模型，那么，这样的设计将允许在不破坏产品的情况下进行维护。事实上，使用增量模型时开发软件和扩充软件功能(完善性维护)并没有本质区别，都是向现有产品中加入新构件的过程。

从某种意义上说，增量模型本身是自相矛盾的。它一方面要求开发人员把软件看作一个整体，另一方面又要求开发人员把软件看作构件序列，每个构件本质上都独立于另一个构件。除非开发人员有足够的技术能力协调好这一明显的矛盾，否则用增量模型开发出的产品可能并不令人满意。

如图 3-12 所示的增量模型表明，必须在开始实现各个构件之前就全部完成需求分析、规格说明和概要设计的工作。由于在开始构建第一个构件之前已经有了总体设计，因此风险较小。图 3-13 描绘了一种风险更大的增量模型：一旦确定了用户需求之后，就着手拟定第一个构件的规格说明文档，完成后规格说明组将转向第二个构件的规格说明，与此同时设计组开始设计第一个构件……用这种方式开发软件，不同的构件将并行地构建，因此有可能加快工程进度。但是，使用这种方法将冒构件无法集成到一起的风险，除非密切地监控整个开发过程，否则整个工程可能毁于一旦。

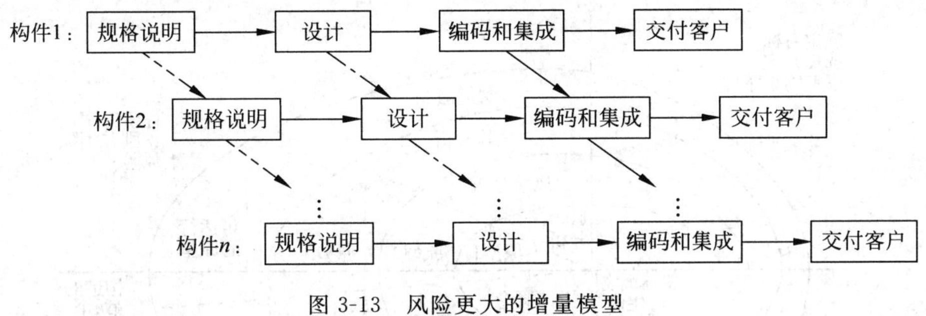

图 3-13 风险更大的增量模型

3.6.4 螺旋模型

1. 模型概述

1988 年，巴利·玻姆(Barry Boehm)提出了软件系统开发的"螺旋模型"，它将瀑布模型和快速原型模型结合起来，强调了其他模型所忽视的风险分析，特别适合于大型复杂的系统。

螺旋模型采用一种周期性的方法来进行系统开发。这会导致开发出众多的中间版本。使用它，项目经理在早期就能够为客户实证某些概念。该模型是快速原型法，以进化的开发方式为中心，在每个项目阶段使用瀑布模型法。这种模型的每一个周期都包括需求定义、风险分析、工程实现和评审 4 个阶段，由这 4 个阶段进行迭代。软件开发过程每迭代一次，软件开发又前进一个层次，见图 3-14。

2. 采用螺旋模型的软件过程

螺旋模型的基本做法是在"瀑布模型"的每一个开发阶段前引入一个非常严格的风险识别、风险分析和风险控制，它把软件项目分解成一个个小项目。每个小项目都标识一个或多个主要风险，直到所有的主要风险因素都被确定。螺旋模型强调风险分析，使得开发人员和用户对每个演化层出现的风险有所了解，继而做出应有的反应，因此特别适用于庞大、复杂并具有高风险的系统。对于这些系统，风险是软件开发不可忽视且潜在的不利因素，它可能在不同程度上损害软件开发过程，影响软件产品的质量。减小软件风险的目标是在造成危害之前，及时对风险进行识别及分析，决定采取何种对策，进而消除或减少风险的损害。

螺旋模型沿着螺线进行若干次迭代，图 3-14 中的 4 个象限代表了以下活动：①制定计划，确定软件目标，选定实施方案，弄清项目开发的限制条件；②风险分析，分析评估所选方案，考虑如何识别和消除风险；③实施工程，实施软件开发和验证；④客户评估，评价开发工作，提出修正建议，制定下一步计划。

螺旋模型由风险驱动，强调可选方案和约束条件从而支持软件的重用，有助于将软件质量作为特殊目标融入产品开发之中。

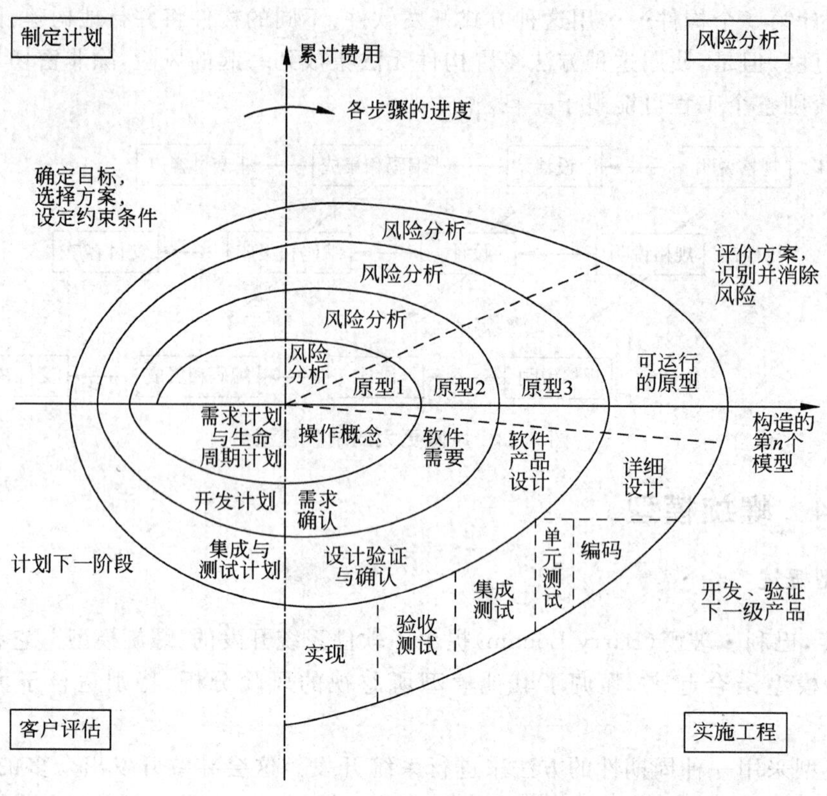

图 3-14 螺旋模型

3.6.5 喷泉模型

1. 模型概述

喷泉模型(Fountain Model)是一种以用户需求为动力，以对象为驱动的模型，主要用于描述面向对象的软件开发过程。

该模型认为软件开发过程自下而上周期的各阶段是相互迭代和无间隙的。软件的某个部分常常被重复工作多次，相关对象在每次迭代中随之加入渐进的软件成分。无间隙指在各项活动之间无明显边界，如分析和设计活动之间没有明显的界限。由于对象概念的引入，表达分析、设计、实现等活动只用对象类和关系，从而可以较为容易地实现活动的迭代和无间隙，使其开发自然地包括复用。

喷泉模型不像瀑布模型那样，需要分析活动结束后才开始设计活动，设计活动结束后才开始编码活动。该模型的各个阶段没有明显的界限，开发人员可以同步进行开发。其优点是可以提高软件项目开发效率，节省开发时间，适应于面向对象的软件开发过程。由于喷泉模型在各个开发阶段是重叠的，因此在开发过程中需要大量的开发人员，不利于项目的管理。此外，这种模型要求严格管理文档，使得审核的难度加大，尤其是面对可能随时加入各种信息、需求与资料的情况。

2. 模型应用解释

迭代是软件开发过程中普遍存在的一种内在属性。经验表明，软件过程各个阶段之间的迭代或一个阶段内各个工作步骤之间的迭代，在面向对象范型中比在结构化范型中更常见。如图 3-15 所示的喷泉模型是典型的面向对象生命周期模型。

“喷泉”这个词体现了面向对象软件开发过程迭代和无缝的特性。图中代表不同阶段的圆圈相互重叠，这明确表示两个活动之间存在交迭；而面向对象方法在概念和表示方法上的一致性，保证了在各项开发活动之间的无缝过渡。事实上，用面向对象方法开发软件时，在分析、设计和编码等各项开发活动之间并不存在明显的边界。图 3-15 中在一个阶段内的向下箭头代表该阶段内的迭代(或求精)。图 3-15 中较小的圆圈代表维护，圆圈较小象征着采用了面向对象范型之后维护时间缩短了。

为避免使用喷泉模型开发软件时开发过程过分无序，应该把一个线性过程(例如，快速原型模型或图 3-15 中的中心垂线)作为总目标。但是，同时也应该记住，面向对象范型本身要求经常对开发活动进行迭代或求精。

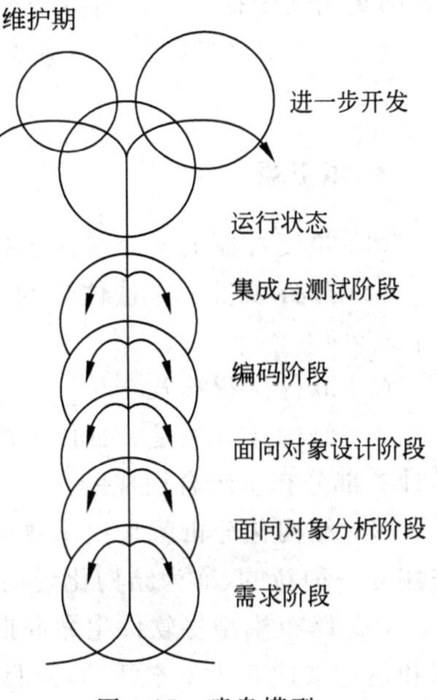

图 3-15　喷泉模型

习题

1. 名词解释

(1) PSP；(2)甘特图；(3) 成本管理；(4) TSP；(5) SQA；(6) FPA；(7) OO 方法；(8) OOA 方法；(9) 软件复用；(10) 喷泉模型。

2. 判断题

(1) 代码复查就是从头到尾阅读源代码，并从中发现错误。　(　　)

(2) 项目组织机构是指那些一切工作都围绕项目进行、通过项目创造价值并达成自身战略目标的组织。　(　　)

(3) 进度计划是表示各项工程的实施方式、成本核算以及调度安排的计划。　(　　)

(4) 甘特图是由两条 S 形曲线组合成的闭合曲线，其计划实施过程中进行时间与累计完成任务量的关系都可以用一条 S 形曲线表示。　(　　)

(5) 成本估算是项目成本管理的核心，通过成本估算，分析并确定项目的估算成本，并以此为基础进行项目成本预算，开展项目成本控制等管理活动。　(　　)

(6) ISO 生存周期分为 4 个阶段，即需求、设计、实现和测试。　(　　)

(7) 软件过程为一个为建造高质量软件所需完成的任务的框架，即形成软件产品的一系列步骤，包括中间产品、资源、角色及过程中采取的方法、工具等范畴。 ( )

(8) 构件代表系统中的一部分物理实施，包括软件构件框架或其等价物。 ( )

(9) 瀑布模型核心思想是按工序将问题化简，将功能的实现与设计分开，便于分工协作，即采用结构化的分析与设计方法将逻辑实现与物理实现分开。 ( )

(10) 使用增量模型开发软件时，把软件产品作为一个整体来设计、编码、集成和测试。 ( )

3. 填空题

(1) 进度控制的4个步骤包括：________、________、________、________。

(2) 软件项目工作量估算的方法包括：________，________，________，________。(填4个即可)

(3) 软件工程涉及________，________，________，系统平台，标准，设计模式等方面。

(4) 结构化方法是一种传统的软件开发方法，它是由________、________和结构化程序设计三部分有机组合而成的。

(5) 结构化分析就是使用数据流程图、________、________、________和判定树等工具，来建立一种新的、称为结构化说明书的目标文档，也就是需求规格说明书。

(6) 瀑布模型将软件生命周期划分为制定计划、________、________、________、软件测试和运行维护6个基本活动，并且规定了它们自上而下、相互衔接的固定次序，如同瀑布流水，逐级下落。

4. 选择题(多选)

(1) 软件过程质量的基本度量元有哪些？( )

A. 设计工作量应大于编码工作量

B. 设计评审工作量在设计工作量当中要少于1/4

C. 代码评审工作量应占一半以上的代码编制的工作量

D. 每万行源程序在编译阶段发现的差错不应超过10个

(2) 项目组织机构的类型包括以下几种？( )

A. 集成团队组织　　B. 垂直团队组织

C. 水平团队组织　　D. 混合团队组织

(3) 成本管理的基本原则有哪些？( )

A. 合理化原则　　B. 全面管理的原则

C. 责任制原则　　D. 管理有效原则

(4) 工程项目进度计划的实施中，控制循环过程包括几项？( )

A. 事前进度控制　　B. 项目进度控制

C. 过程进度控制　　D. 事后进度控制

(5) 软件开发流程(Software Development Process)即软件设计思路和方法的一般过程，包括以下哪几项？( )

A. 设计软件的功能和实现的算法和方法　　B. 软件的总体结构设计和模块设计

C. 成本预算和效益分析　　D. 编程和调试

E. 程序联调和测试以及编写

(6) 结构化设计方法的设计原则遵循哪几条？(　　)

A. 以类和继承为构造机制　　B. 使每个模块尽量只执行一个功能

C. 每个模块用过程语句调用其他模块　　D. 模块间传送的参数作数据用

(7) 在 OOD 的设计过程中，要展开的主要有如下哪几项工作？(　　)

A. 对象定义规格的求精过程　　B. 需求分析和详细设计

C. 数据模型和数据库设计　　D. 成本核算

(8) 软件构件的属性有哪些？(　　)

A. 有用性　　B. 可用性　　C. 质量　　D. 适应性

E. 可移植性

(9) 软件构件的特点有哪些？(　　)

A. 自描述　　B. 可继承　　C. 可集成　　D. 连接机制

5. 简答题

(1) 进度控制的目标和范围是什么？

(2) 简单介绍 COCOMO 模型。

(3) 软件生命周期有哪几个阶段？

(4) 简述结构化分析的步骤。

(5) 简述面向对象程序设计基本步骤。

(6) 简述 OOA 方法的基本步骤。

(7) 简述软件复用的几个级别。

(8) 简述快速原型模型原型法的三个层次。

6. 论述题

(1) 进度控制的图形方法有哪几种？请简单介绍一下。

(2) 请介绍一下软件开发项目中常用的几种成本估算方法。

(3) 软件开发流程的步骤。

(4) 解释面向对象方法里的对象、类、消息、封装、继承性、多态性这些基本概念。

(5) 画出螺旋模型图，并给出意义解释。

第4章 需求分析

本章重点介绍需求获取与分析，结构化分析建模，面向对象建模方法。要求学生了解物联网软件开发需求分析的内容和特点，掌握结构化分析建模与面向对象建模的方法。

4.1 需求获取与分析

本节重点介绍需求分析概述，需求分析的原则，业务需求，用户需求，功能需求，需求说明书编写。

4.1.1 需求分析概述

1. 需求分析定义

所谓“需求分析”，是指对要解决的问题进行详细的分析，弄清楚问题的要求，包括需要输入什么数据，要得到什么结果，最后应输出什么。在软件工程当中的“需求分析”就是确定要计算机“做什么”。需求分析是软件定义阶段中的最后一步，是确定系统必须完成哪些工作，也就是对目标系统提出完整、准确、清晰、具体的要求。软件规格说明也要为评价软件质量提供依据。

在软件工程中，需求分析指在建立一个新的或改变一个现存的计算机系统时描写新系统的目的、范围、定义和功能时所要做的所有工作。需求分析是软件工程中的一个关键过程。在这个过程中，系统分析员和软件工程师确定顾客的需要。只有在确定了这些需要后他们才能够分析和寻求新系统的解决方法。需求分析阶段的任务是确定软件系统功能。如果需求分析未能正确地认识到顾客的需要，那么最后的软件就不可能达到顾客的需要，或者由此开发出的软件对用户是没有用的。

软件需求分析所要做的工作是深入描述软件的功能和性能，确定软件设计的限制和软件同其他系统元素的接口细节，定义软件的其他有效性需求。进行需求分析时，应站在用户的角度上。尽量避免分析员的主观想象，并尽量将分析进度提交给用户。在不进行直接指导的前提下，让用户进行检查与评价。从而达到需求分析的准确性。分析员通过需求分析，逐步细化对软件的要求，描述软件要处理的数据域，并给软件开发提供一种可转化为数据设计、结构设计和过程设计的数据和功能表示。

2. 需求分析的任务

深入描述软件的功能和性能，确定软件设计的约束和软件同其他系统元素的接口细节，定义软件的其他有效性需求，借助于当前系统的逻辑模型导出目标系统逻辑模型，解决目标系统“做什么”的问题。需求分析可分为需求提出、需求描述及需求评审三个阶段。

1）需求提出

主要集中于描述系统目的。需求提出和分析仅集中在使用者对系统的观点上。用户、开发人员和用户确定一个问题领域，并定义一个描述该问题的系统。这样的定义称作系统规格说明，并且它在用户和开发人员之间充当合同。

2）需求描述

对用户的需求进行鉴别、综合和建模，清除用户需求的模糊性、歧义性和不一致性，分析系统的数据要求，为原始问题及目标软件建立逻辑模型。分析人员要将对原始问题的理解与软件开发经验结合起来，以便发现哪些要求是由于用户的片面性或短期行为所导致的不合理要求，哪些是用户尚未提出但具有真正价值的潜在需求。

3）需求评审

在需求评审阶段，分析人员要在用户和软件设计人员的配合下对自己生成的需求规格说明和初步的用户手册进行复核，以确保软件需求的完整、准确、清晰、具体，并使用户和软件设计人员对需求规格说明和初步的用户手册的理解达成一致。一旦发现遗漏或模糊点，必须尽快更正，再行检查。

3. 需求的层次

软件需求包括三个不同的层次，即业务需求、用户需求和功能需求。除此之外，需求说明书中，还包括其他内容（见图 4-1）。

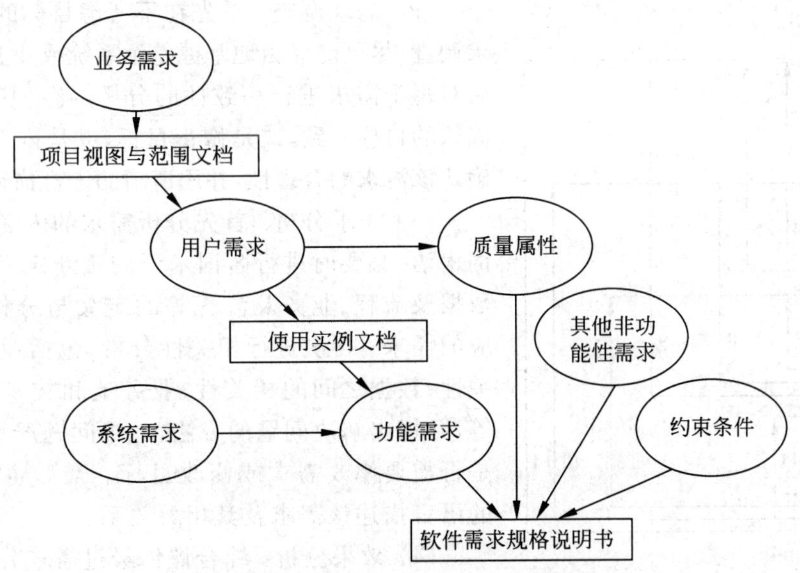

图 4-1 需求的层次

(1) 业务需求反映了组织机构或客户对系统、产品高层次的目标要求，它们在项目视图与范围文档中予以说明。

(2) 用户需求文档描述了用户使用产品必须要完成的任务，这在使用实例(Use Case)文档或方案脚本说明中予以说明。

(3) 功能需求定义了开发人员必须实现的软件功能，使得用户能完成他们的任务，从而满足了业务需求。

(4) 系统需求用于描述包含多个子系统的产品(即系统)的顶级需求。系统可以只包含软件系统，也可以既包含软件又包含硬件子系统。人也可以是系统的一部分，因此某些系统功能可能要由人来承担。

(5) 质量属性对产品的功能描述做了补充，它从不同方面描述了产品的各种特性。这些特性包括可用性、可移植性、完整性、效率和健壮性。

(6) 非功能性需求是指软件产品为满足用户业务需求而必须具有且除功能需求以外的特性。软件产品的非功能性需求包括系统的性能、可靠性、可维护性、可扩充性和对技术和对业务的适应性等。

(7) 约束条件限制了开发人员设计和构建系统时的选择范围。约束，在产品的架构设计中，是需要被首先考虑的问题。

4. 需求分析的过程

需求分析的全过程主要包括：目标确认、需求调查、需求分析、效果分析等几个循环往复的过程，见图 4-2。

(1) 目标确认：必须清楚地定义建设一个系统或做一个业务的目标，如它包含的主要功能，它不包含的功能系统之间或业务之间的界面。在进行目标确认时，必须用清晰的语言描述目标。

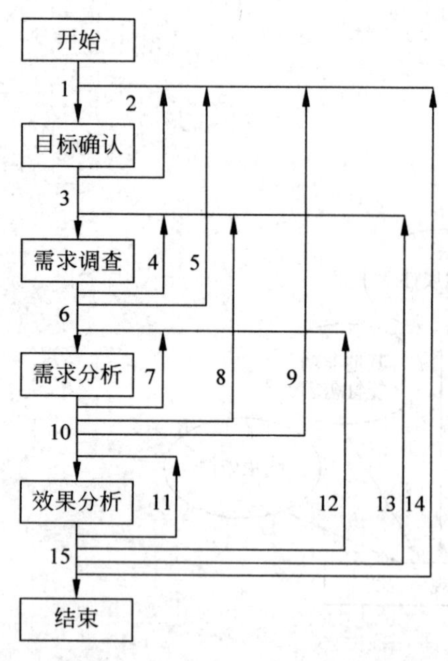

图 4-2 有效需求分析的过程

(2) 需求调查：首先在不考虑目标的情况下做需求调查，尽可能详尽地掌握整个系统或业务的需求；然后对每个需求进行一致性的分析，确定其是否与已经确认的目标一致，或是修正目标，或是修正需求；最后确认该需求的合理性，并用清晰的语言描述该需求。

(3) 需求分析：首先分析需求的内涵和相关的名词术语，必要时进行名词术语的重新定义；然后进行数据及流程、业务及流程等的定义与分析，以细化相应的需求；再次进行相关性分析，包括业务之间的相关性、数据之间的相关性、业务上和技术上的可行性等，并提出解决问题的方法，如果问题严重，还要考虑是否需要修改需求或修改目标。最后也是要用清晰的语言描述该需求及其相关关系。

(4) 效果分析：综合评估经过需求分析后的需求的效果，是否满足预定目标，是否需要重新定义需求或目标等。

5. 需求调查方法

需求调查有下面几个方法，系统分析员可以有选择地使用，也可以结合起来用。

(1) 跟班作业：通过亲身参加业务工作来了解业务活动的情况。这种方法可以比较准确地理解用户的需求，但比较耗费时间。

(2) 开调查会：通过与用户座谈来了解业务活动情况及用户需求。座谈时，参加者可以是不同部门的人。

(3) 专人介绍：可以与关键人物、业务骨干、相关部门领导等人员约谈，请他们介绍单位业务和功能需求。

(4) 个别询问：当进行需求整理时，可能会遇到一些疑问，这时，可以就这些疑问，找专人进行询问。

(5) 填报调查：可以设计调查表，请用户填写。好的调查表可以了解很多客户需求，这种方法很有效，也很容易被用户接受。

(6) 查阅记录：即查阅与原系统有关的数据记录，包括原始单据、账簿、报表等。

(7) 收集资料：分析人员可以尽可能地向客户索取与项目有关的资料，以便需求分析时备用。

4.1.2 需求分析的原则

1. 需求分析的原则

1) 表达问题的信息域

信息域反映的是用户业务系统中数据的流向和对数据进行加工的处理过程，因此信息域是解决“做什么”的关键因素。根据信息域描述的信息流、信息内容和信息结构，可以较全面地(完整地)了解系统的功能。

2) 建立描述系统信息、功能和行为的模型

建立模型的过程是“由粗到精”的综合分析的过程。通过对模型的不断深化认识，来达到对实际问题的深刻认识。

3) 分解所建模型

分解是为了降低问题的复杂性，增加问题的可解性和可描述性。分解可以在同一个层次上进行(横向分解)，也可以在多层次上进行(纵向分解)。

4) 分清系统的逻辑视图和物理视图

软件需求的逻辑视图描述的是系统要达到的功能和要处理的信息之间的关系，这与实现细节无关，而物理视图描述的是处理功能和信息结构的实际表现形式，这与实现细节是有关的。需求分析只研究软件系统“做什么”，而不考虑“怎样做”。

2. 做好需求分析的建议

软件工程专家网有一篇文章，就如何做好需求分析提出了20条具体建议，下面介绍给读者。

1) 要使用符合客户语言习惯的表达

需求讨论集中于业务需求和任务，因此要使用术语。客户应将业务术语教给分析人员，而客户不一定要懂得计算机行业的术语。

2）了解客户的业务及目标

分析人员要更好地了解客户的业务，才能使产品更好地满足需要。这将有助于开发人员设计出真正满足客户需要并达到期望的优秀软件。为帮助开发和分析人员，客户可以考虑邀请分析人员观察自己的工作流程。如果是切换新系统，那么开发和分析人员应使用一下目前的旧系统，有利于他们明白目前系统是怎样工作的，其流程情况以及可供改进之处。

3）编写软件需求报告

分析人员应将从客户那里获得的所有信息进行整理，以区分业务需求及规范、功能需求、质量目标、解决方法和其他信息。通过分析，向客户提供一份“需求分析报告”。报告应易于客户理解。客户要评审报告，以确保报告内容准确完整地表达其需求。一份高质量的“需求分析报告”有助于开发人员开发出真正需要的产品。

4）用图表解释说明需求

分析人员可采用多种图表作为文字的补充，因为图表能很清晰地描述出系统的某些行为，但是，分析人员应该解释说明每个图表的作用、符号的意义和需求开发工作的结果。

5）要尊重客户的意见

如果用户与开发人员之间不能相互理解，需求将会有障碍。参与需求开发过程的客户有权要求开发人员尊重他们并珍惜他们为项目成功所付出的时间，同样，客户也应对开发人员为项目成功这一共同目标所做出的努力表示尊重。

6）对需求及产品实施提出建议和解决方案

通常客户所说的“需求”已经是一种实际可行的实施方案，分析人员应尽力从这些解决方法中了解真正的业务需求，同时还应找出已有系统与当前业务不符之处，以确保产品不会无效或低效；在彻底弄清业务领域内的事情后，分析人员就能提出相当好的改进方法，有经验且有创造力的分析人员还能提出增加一些用户没有发现的很有价值的系统特性。

7）描述产品使用特性

客户可以要求分析人员在实现功能需求的同时还注意软件的易用性，因为这些易用特性或质量属性能使客户更准确、高效地完成任务。例如，客户有时要求产品要“界面友好”或“健壮”或“高效率”。正确的做法是，分析人员可通过询问和调查了解客户所要的“友好、健壮、高效”所包含的具体特性，具体分析哪些特性对哪些特性有负面影响，在性能代价和所提出解决方案的预期利益之间做出权衡，以确保做出合理的取舍。

8）允许软件需求重用

需求通常有一定灵活性，分析人员可能发现已有的某个软件组件与客户描述的需求很相符，在这种情况下，分析人员应提供一些修改需求的选择以便开发人员能够降低新系统的开发成本和节省时间，而不必严格按原有的需求说明开发。所以说，如果想在产品中使用一些已有的商业常用组件，而它们并不完全适合所需的特性，这时一定程度上的需求灵活性就显得极为重要了。

9）对变更代价的评估

对需求变更的影响进行评估对业务决策是十分必要的。开发人员通过分析给出一个真实可信的评估，包括影响、成本和得失等。开发人员不能由于不想实施变更而随意夸大评估成本。

10）获得满足客户功能和质量要求的系统

每个人都希望项目成功，但这不仅要求客户要清晰地告知开发人员系统“做什么”所需的所有信息，而且还要求开发人员能通过交流了解清楚取舍与限制，一定要明确用户潜在的期望，否则，开发出的产品很可能劳而无功。

11）分析人员应该了解客户

分析人员要依靠客户讲解业务概念及术语，但客户不能指望分析人员会成为该领域的专家，而只能让他们明白用户的问题和目标；不要期望分析人员能把握客户业务的细微潜在之处，他们可能不知道那些对于客户来说理所当然的“常识”。

12）要求客户抽出时间说明并完善需求

客户很忙，但客户必须抽出时间参与讨论，接受采访或其他获取需求的活动。有些分析人员可能先明白了客户的观点，而过后发现还需要客户的讲解，这时要耐心对待一些需求和需求的精化工作过程中的反复。

13）准确而详细地说明需求

编写一份清晰、准确的需求文档是很困难的。由于处理细节问题不但烦人而且耗时，因此很容易留下模糊不清的需求。但是在开发过程中，必须解决这种模糊性和不准确性，而客户恰恰是为解决这些问题做出决定的最佳人选，否则，就只好靠开发人员去正确猜测了。在需求分析中暂时加上“待定”标志是个方法。用该标志可指明哪些是需要进一步讨论、分析或增加信息的地方，有时也可能因为某个特殊需求难以解决或没有人愿意处理它而标注上“待定”。客户要尽量将每项需求的内容都阐述清楚，以便分析人员能准确地将它们写进“软件需求报告”中去。

14）及时做出决定

分析人员会要求客户做出一些选择和决定，这些决定包括来自多个用户提出的处理方法或在质量特性冲突和信息准确度中选择折中方案等。有权做出决定的客户必须积极地对待这一切，尽快做处理，做决定，这样开发人员才能行动。

15）尊重开发人员的需求可行性及成本评估

所有的软件功能都有其成本。客户所希望的某些产品特性可能在技术上行不通，或者实现它要付出极高的代价，而某些需求试图达到在操作环境中不可能达到的性能，或试图得到一些根本得不到的数据。开发人员会对此做出负面的评价，客户应该尊重他们的意见。

16）划分需求的优先级

绝大多数项目没有足够的时间或资源实现功能性的每个细节。决定哪些特性是必要的，哪些是重要的，是需求开发的主要部分，这只能由客户负责设定需求优先级，因为开发者不可能按照客户的观点决定需求优先级。

17）评审需求文档和原型

客户评审需求文档，是给分析人员反馈信息。如果客户认为“需求分析报告”不够准确，要尽早告知分析人员并为改进提供建议。更好的办法是先为产品开发一个原型。这样客户就能提供更有价值的反馈信息给开发人员，使他们更好地理解客户的需求。

18）需求变更要立即通报

不断的需求变更，会给在预定计划内完成的产品质量带来严重的不利影响。变更是不可避免的，但在开发周期中，变更越在晚期出现，其影响越大；变更不仅会导致代价极高的返工，而且工期将被延误，特别是在大体结构已完成后又需要增加新特性时。所以，一旦客户发现需要变更需求时，要立即通知分析人员。

19）遵照开发小组处理需求变更的过程

为将变更带来的负面影响减少到最低限度，所有参与者必须遵照项目变更控制过程。这要求不放弃所有提出的变更，对每项要求的变更进行分析、综合考虑，最后做出合适的决策，以确定应将哪些变更引入项目中。

20）尊重开发人员采用的需求分析过程

软件开发中的挑战是收集需求并确定其正确性，分析人员采用的方法有其合理性。也许客户认为收集需求的过程太长，但花在需求开发上的时间是非常值的；如果客户理解并支持分析人员为收集、编写需求文档和确保其质量所采用的技术，那么整个过程将会更为顺利。

4.1.3 业务需求

业务需求表示组织或客户高层次的目标。业务需求通常来自项目投资人、购买产品的客户、实际用户的管理者、市场营销部门或产品策划部门。业务需求描述了组织为什么要开发一个系统，即组织希望达到的目标。使用前景和范围文档来记录业务需求，这份文档有时也被称作项目轮廓图或市场需求文档。业务规则包括企业方针、政府条例、工业标准、会计准则和计算方法等。业务规划本身并非软件需求，因为它们不属于任何特定软件系统的范围。然而，业务规则常常会限制谁能够执行某些特定用例，或者规定系统为符合相关规则必须实现某些特定功能。有时，功能中特定的质量属性（通过功能实现）也源于业务规则。所以，对某些功能需求进行追溯时，会发现其来源正是一条特定的业务规则。业务需求是要完成组织的使命，达成组织的愿景的各个业务流程和业务单元具有的需求。业务需求服从于组织需求。

1. 业务定义

在现实中，时常可以发现，一方面，随着业务支撑系统性能的不断提高，系统的使用人员对系统的抱怨反而越来越大，使用不方便、使用效率低、系统缺陷严重等；另一方面，系统的造价也呈指数增长，从最初的几十万元到几百万元到现在的上千万元。开发方说需求方的业务太复杂、变动太频繁、业务与流程不规范；用户方说开发方的开发能力差，开发代价高，系统缺陷和错误多。在对现行系统及应用情况的分析后得出的结论是：需求方与开发商之间对业务的理解和定义的混乱是造成这种状况的根本原因。由于在业务管理的过程中同时也在业务系统的建设过程中，都没有对业务进行定义或定义不够清晰准确，业务本身在执行过程中就出现概念不清和流程不畅等情况，那么作为以机器支撑的业务系统当然就天生具有很大的缺陷。因此必须给出一个清晰的合理的业务定义。

所谓需求分析就是以市场运作中的业务定义为基础，重新定义一个业务在业务系统中的概念、业务流程、数据流程、业务间关系、数据间关系等，以便于计算机高效地实现这个业务。需求分析既可以用于一个业务的具体分析，也可以用于一类业务的分析和整个业务支撑系统的分析。图 4-3 所示了需求分析方法的应用层次。

2. 业务需求案例

下面的实例是某电视台公布在互联网上的业务需求，具体如下。

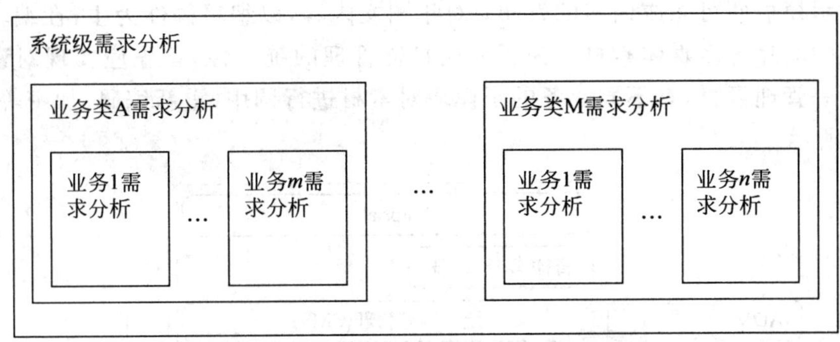

图 4-3 需求分析方法的应用层次

1）业务概述

本系统建设目标是构建××电视台门户网站的整体框架，为今后发展提供系统管理、升级、扩充平台，重点突出音频直播、点播设备和手机 WAP 网站、博客、播客等互动平台的建设。本期系统建设首要完成并实现以下内容。

(1) 进行网站整体策划、设计、包装和推广宣传。

(2) 构建集团门户网站的基本框架，建立网站基础软、硬件系统，并为今后发展提供系统升级平台。

(3) 服务器、存储器等软、硬件配置和租用的网络出口带宽能够满足：Web 服务器，设计同时访问人数 10 000 人；流媒体服务器，设计并发数 2000；社区服务器，在线人数 1000 人；流媒体存储库 20TB，设计按 500Kb/s 存储两万小时；出口带宽 200M。

(4) 可以在 WAP 网站上发布视频内容，吸引日益壮大的贴身受众人群。

(5) 以集团现有电视频道为主题。提供郑州本地及各频道栏目特色的图文视音频等方面的信息资讯，且内容每日实时更新。

(6) 提供全面的视听服务。实现 6 个电视频道的在线直播；实现各频道自办栏目的点播；实现所有频道各条节目的点播；实现晚会、活动、会议的直播。

(7) 建立网上调查、论坛、博客、播客等互动平台。

(8) 建设 IPTV 系统，通过 IP 网络传输视频内容到电视界面播放。

2）业务分类

该网站内容承载形式以视频为主辅以图文的富媒体表现形式，业务形态上围绕视频内容及播出形式进行不断的创新和开拓，下面简单对目前及未来可能开展的几项业务进行描述，以期更清晰地阐述对统一媒资管理的业务需求。业务总体分类：多媒体新闻网站，互动发布，网络电视，IPTV，手机电视。

3）业务整合需求

信息形态的多样化与关联性是新媒体的重要特征，××电视台网站要发布的各类视音频、文字、图片内容应该是相互关联的，因此在内容的制作流程上应该是一体化的系统平台。业务整合需求包括：内容采集，内容制作和内容发布。

需要对产品/业务的内容管理进行统一，以实现整个媒资管理的统一性，以实现快速地满足业务需求的系统部署。内容生产加工管理以图文编辑为主和视频编辑为主的两种不同方式；对于网络电视以视频为主导，编辑需要首先完成对视频内容的编辑和 EPG 的维护，然后调用显示模板便可完成内容的发布；对于图文内容，以编辑稿件为主，在编辑过程中选择稿件所需的图片等多媒体素材。为了完成媒资管理的统一性，首先应实现对素材管理的统一性。统一管理素材，有不同业务的子模块对素材进行调用(重新编码、加密等)。系统流程如图 4-4 所示。

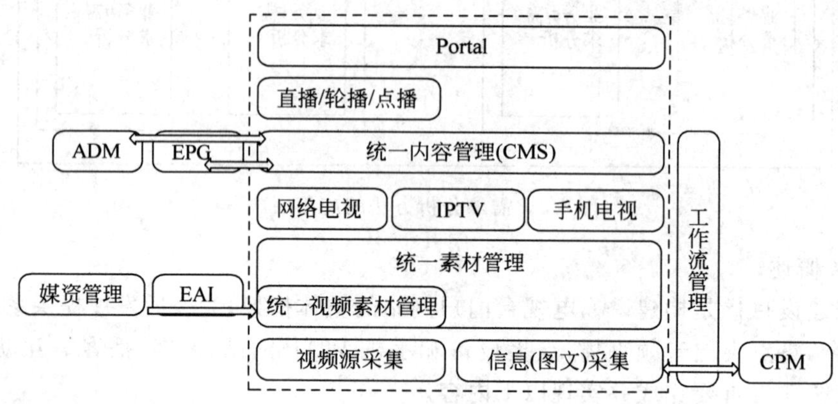

图 4-4 系统流图

4）业务互通性及开放性需求

业务的互通、开放性主要包括如下几方面。

(1) 所见即所得：在线的可视化编辑界面，以提供对文字、图片、视频的所见即所得编辑能力；可视化的模板定义过程，编辑可灵活地进行模板组件设计。

(2) 智能化：分布式多站点管理，智能化建站(通过模板和向导可快速完成新站点建设需要)；多级栏目建设，支持不同站点不同栏目可有多类型模板支持；强有力的安全管理保障，内外数据安全，对内可做到不同人员不同操作权限和数据权限的管理，对外有优秀的安全保障策略。

(3) 协同性：工作流引擎和协作管理，以满足不同时期业务流程需要，并有良好的协同工作沟通工具支撑，如邮件、短信等。

(4) 兼容性：国际化支持，对相同内容提供多语言编辑和发布环境；多浏览器支持，页面规格应符合 W3C 标准，支持 IE、Firefox、Netscape、Opera 等；良好的平台可移植性。

(5) 接口标准化：支持国内外标准协议，采用标准的通信协议、音视频编解码方式以及管理控制方式等，并能与现行主流业界标准对接；组件化，面向对象的组件化标准化 API 开放接口，可很好地支持二次开发；企业应用集成，良好的第三方产品集成支撑。

(6) 平台标准化：遵循相关的国内外技术标准和规范，并遵守 CCSA 制定的网络视音频相关规范；支持不同厂家设备的互操作性，支持不同厂家的业务可互通、互控；平台提供开放的技术规范和接口，便于不同设备厂家生产设备；提供开放的内容制作规范，便于内容提供商制作符合网络视音频平台要求的内容；提供开放的数字版权管理技术规范和接口，便于设备厂家和内容提供商集成数字版权管理。

4.1.4 用户需求

用户需求描述的是用户的目标，或用户要求系统必须能完成的任务。响应表都是表达用户需求的有效途径。也就是说用户需求描述了用户能使用系统来做些什么。用户级的需求,是在业务级的需求下,各个岗位协作完成业务而具有的需求。在软件需求规格说明书中表述的需求其实主要是这一部分需求。用户需要在应用系统中实现什么东西,为实现这个目标,需要用户提供的全部的详细的业务说明、业务流程、表格样式等。

1. 需求调查

需求来自于用户,不论是用什么方法,首先应是找到需要访问的对象,然后对对象进行分类,再逐步对对象进行访问。具体访问过程中可以针对不同的访问对象采用不同的方法,根据访问的内容进行确定。对开发项目,有两种情况,第一种情况是可能对这个系统有一定的背景,有一定的开发经验,有不少相关的成功案例,但面对的用户实际上却是一个全新的用户,该用户的要求可能是全新的,尽管从管理上讲,该系统的管理实质是一致的,但却有许多细微的区别,让我们不能照搬以前的需求与设计,这就要重新访问用户;第二种情况是根本对所需开发的系统的行业知识一点也不了解,需要从头认识与理解。无论是哪种情况,都要按照以下步骤来慢慢地完成用户需求分析工作。

(1) 找出真正的用户。通过与用户开发任务的提出者进行初步确认,由用户任务提出者指出所要开发的系统的最直接用户,或者说是系统的职能管理者,该用户也是未来的系统推进者。只有得到该用户的认可,才能得到他们的积极支持。

(2) 把握系统的整体流程。通过对系统用户的访问,了解系统的总体,整个系统经过了多少步骤,每个步骤都由谁来完成,应做哪些操作,形成哪些报表,通过整理,形成初步的系统模型。

(3) 掌握一手资料。在经过与管理者的交流,建立初步印象以后,再与各个用户进行交流,记录与整理用户所说的内容或意思,以及他们对系统的期望。要尽可能地访问到每一个用户。

(4) 正确理解需求列表。通过需求分析,形成需求文档,给出需求列表,即系统应该实现的功能列表。

2. 需求的层次

一般来说,用户的需求分成三个层次:核心需求,附属需求和潜在需求。比如,在古代马车时代,用户的需要只会是一辆跑得更快的马车,而不会要一辆汽车。这时,快跑的马车是核心需求。至于某个人喜欢什么颜色,则是附属需求。而汽车则是潜在需求,用户无法说出这个需求。如果提供一辆汽车,则超出其预期。

核心需求是第一位的,应该首先满足用户,甚至比竞争对手满足得更好。如果满足不了客户的核心需求,客户就会转向其他竞争对手。而附属需求,则是为用户提供一种个性满足的服务。至于潜在需求,则是预测和引领用户的超前服务。

4.1.5 功能与非功能需求

1. 功能需求

功能需求规定开发人员必须在产品中实现的软件功能,用户利用这些功能来完成任务,满足业务需求。功能需求有时也被称作行为需求。功能需求描述是开发人员需要实现什么。产品特性,是指一组逻辑上相关的功能需求,它们为用户提供某项功能,使业务目标得以满足。对商业软件而言,特性则是一组能被客户识别,并帮助他决定是否购买的需求,也就是产品说明书中用着重号标明的部分。客户希望得到的产品特性和用户的任务相关的需求不完全是一回事。一项特性可以包括多个用例,每个用例又要求实现多项功能需求,以便用户能够执行某项任务。

功能需求代表着产品或者软件需求具备的能力。一般是管理人员或者产品的市场部门人员负责定义软件的业务需求,以提高公司的运营效率(对信息系统而言)或产品的市场竞争力(对商业软件而言)。所有的用户需求都必须符合业务需求。需求分析员从用户需求中推导出产品应具备哪些对用户有帮助的功能。开发人员则根据功能需求和非功能需求设计解决方案,在约束条件的限制范围内实现必需的功能,并达到规定的质量和性能指标。当一项新的特性、用例或功能需求被提出时,需求分析员必须思考一个问题:"它在范围内吗?"如果答案是肯定的,则该需求属于需求规格说明,反之则不属于。但答案也许是"不在,但应该在",这时必须由业务需求的负责人或投资管理人来决定:是否扩大项目范围以容纳新的需求。这是一个可能影响项目进度和预算的商业决策。功能需求要将用户需求归类分解为计算机可以实现的子系统和功能模块,用设计语言描述和解释用户的需求,以达到可以指导程序设计的目的。

2. 非功能需求

软件产品的需求可以分为功能性需求和非功能性需求,其中非功能性需求是常常被轻视,甚至被忽视的一个重要方面。其实,软件产品非功能性定义不仅决定产品的质量,还在很大程度上影响产品的功能需求定义。如果事先缺乏很好的非功能性需求定义,结果往往是使产品在非功能性需求面前捉襟见肘,甚至淹没功能性需求给用户带来的价值。

下面对软件产品的非功能性需求的某些指标加以说明。

1) 系统的完整性

系统的完整性指为完成业务需求和系统正常运行本身要求而必须具有的功能,这些功能往往是用户不能提出的,典型的功能包括联机帮助、数据管理、用户管理、软件发布管理和在线升级等。

2) 系统的可扩充性与可维护性

指系统对技术和业务需求变化的支持能力。当技术变化或业务变化时,不可避免将带来系统的改变。不仅要进行设计实现的修改,甚至要进行产品定义的修改。好的软件设计应在系统架构上考虑能以尽量少的代价适应这种变化,常用的技术有面向对象的分析与设计及设计模式。

3) 技术适应性与应用适应性

系统的适应性与系统的可扩充性和可维护性的概念相似,也表现产品的一种应变能力,但适应性强调的是在不进行系统设计修改的前提下对技术与应用需求的适应能力,软件产品的适应性通常表现为产品的可配置能力。好的产品设计可能要考虑到运行条件的变化,包括技术条件(网络条件、硬件条件和软件系统平台条件等)的变化和应用方式的变化,如在具体应用中界面的变化、功能的剪裁、不同用户的职责分配和组合等。

对以上重要的非功能性需求进行逐一分析后,即可开始进行产品功能设计。实际上,非功能性需求定义将反映到系统的功能设计中,表现为系统的架构。

4.1.6 需求说明书编写

1. 需求说明书的编写

软件需求说明书是软件开发中的重要文档资料，是软件设计的依据，是工程的起点，应是用户需求的真实反映，必须得到用户赞同。掌握了高质量的需求说明书的叙述和说明特征，就会编写出高质量的需求说明，生产出更好的软件产品。

在软件需求规格说明书(SRS)中说明的功能需求充分描述了软件系统所应具有的外部行为。软件需求规格说明在开发、测试、质量保证、项目管理以及相关项目功能中都起了重要的作用。对一个大型系统来说，软件功能需求也许只是系统需求的一个子集，因为另外一些可能属于子系统(或软件部件)。

作为功能需求的补充，软件需求规格说明还应包括非功能需求，它描述了系统展现给用户的行为和执行的操作等。它包括产品必须遵从的标准、规范和合约；外部界面的具体细节；性能要求；设计或实现的约束条件及质量属性。所谓约束是指对开发人员在软件产品设计和构造上的限制。质量属性是通过多种角度对产品的特点进行描述，从而反映产品功能。多角度描述产品对用户和开发人员都极为重要。

2. 编写高质量需求的原则

编写优秀的需求没有公式化的方法，需要大量的经验，要从过去的文档中发现的问题吸取经验。在组织软件需求文档时，应遵从下列原则。

(1) 句子和段落要短，采用主动语气。要使用正确的语法、拼写、标点，使用术语要保持一致，并在术语表或数据字典中定义它们。

(2) 有效定义需求。可以站在开发人员的立场阅读审查 SRS，看看是否需要 SRS 编写者的额外解释来理解需求，以便于设计和实现。如果是，在继续工作前需求还需要细化。

(3) 正确地把握细化程度。要避免包含多个需求的长叙述段落。如果认为一小部分测试可以验证一个需求的正确，说明它已经正确地细化了。如果预想到要经过多种不同的测试，几个需求可能已挤到了一起，需要拆分开。

(4) 多个需求合成单个需求。如果一个需求中有连接词“和”、“或”，建议几个需求合并。不要在一个需求中使用“和”、“或”。

(5) 细节上要保持一致。说明书不能出现需求前后不一致现象，如果以前定义的概念，在后面所有的需求描述中，都不能再定义而应直接引用该定义。

(6) 避免在 SRS 中多处叙述同一需求。在多处叙述相同的需求可以使文档更易于阅读，但也会给文档的维护增加困难。因为一个需求需要更新时，所有对它的描述都必须更新。文档的多份文本也要在同一时间内全部更新，避免不一致性。

如果在编写软件需求说明书时遵从了这些方针，就能够尽早地通过审查。这些需求对于产品的构造、系统测试以及最后的客户满意，都会成为好的基础。

3. 高质量需求说明书的特征

一个完整的 SRS 不仅要包括长长的功能性需求列表，还应包括外部接口描述和一些诸如质量属性、期望性等非功能性的需求。

(1) 完整性。完整性的要求是需求信息的收集不应该遗漏。可以从不同角度检查需求模型,及时发现需求的不完整性。如果已经知道缺少一些信息,可使用标志标识,在构建产品的相关部分时,就可以集中解决所有的缺陷。

(2) 正确性。正确性是需求说明书的最基本要求。如果需求说明书出现了错误,最后的软件就会出错,也自然不会满足用户的要求。

(3) 一致性。一致性指需求说明书的前后没有冲突,与用户的需求一致。需求中的不一致必须在开发开始前得到解决。只有经过调研,才能确定哪些是正确的。修改需求时一定要谨慎,如果只审定修改的部分,没有审定于修改相关的部分,就会导致不一致性。

(4) 可修改性。当每个需求的要求修改了或维护其历史更改时,必须能够审定需求说明书。也就是说每个需求必须相对于其他需求有其单独的标示和公开的说明,以便于清晰查阅。通过良好的组织可以使需求易于修改,如将相关的需求分组、建立目录表、索引以及前后参考或参照。

(5) 可追踪性。应能将一个软件与其原始材料相对应,如高级系统需求、用户的提议等。也能够将软件需求与设计元素、源代码、用于构造实现和验证需求的测试相对应。可追踪的需求应该具有独立标示,细密和结构化的编写不应过大,不应是叙述性的文字和公告式的列表。

4. 需求说明书国家标准

《计算机软件产品开发文件编制指南(GB 8567—1988)》国家标准是一份指导性文件。有 14 种文件,"软件需求说明书"和"数据要求说明书"被包括在其中。其内容见表 4-1。

表 4-1 需求说明书

软件需求说明书	数据要求说明书
1. 引言	1. 引言
1.1 编写目的	1.1 编写目的
1.2 背景	1.2 背景
1.3 定义	1.3 定义
1.4 参考资料	1.4 参考资料
2. 任务概述	2. 数据的逻辑描述
2.1 目标	2.1 静态数据
2.2 用户的特点	2.2 动态输入数据
2.3 假定的约束	2.3 动态输出数据
3. 需求规定	2.4 内部生成数据
3.1 对功能的规定	2.5 数据约定
3.2 对性能的规定	3. 数据的采集
3.2.1 精度	3.1 要求和范围
3.2.2 时间特性要求	3.2 输入的承担者
3.2.3 灵活性	3.3 处理
3.3 输入输出要求	3.4 影响
3.4 数据管理能力要求	
3.5 故障处理要求	
3.6 其他专门要求	
4. 运行环境规定	
4.1 设备	
4.2 支撑软件	
4.3 接口	
4.4 控制	
5. 需求的审核	

4.2 结构化分析与建模

本节重点介绍结构化方法，数据流图，数据字典，加工逻辑工具，E-R 图。

4.2.1 结构化方法

1. 结构化的概念

这是一种传统的软件开发方法。结构化方法是软件工程产生后首先提出来的软件开发方法，也是一种较为实用的方法。结构化方法按软件生命周期划分，它由结构化分析(Structured Analysis，SA)、结构化设计(Structured Design，SD)和结构化程序设计(Structured Programming，SP)三部分组成，即分析、设计到实现都采用结构化思想。它的基本思想是：把一个复杂问题的求解过程分阶段进行，而且这种分解是自顶向下，逐层分解，使得每个阶段处理的问题都控制在人们容易理解和处理的范围内。结构化方法的基本要点是：自顶向下、逐步求精、模块化设计、结构化编码。

结构化方法具有以下特点：最早的开发方法，发展较为成熟，成功率较高，应用最广；该方法简单、实用、易掌握，适应于瀑布模型，适合数据处理领域中的应用。缺点是重用性不好，不适应需求变化大的项目，也不适应大项目和复杂应用。

结构化分析是 20 世纪 70 年代末，由 Demarco 等人提出的，旨在减少分析活动中的错误，建立满足用户需求的系统逻辑模型。该方法的要点是：面对数据流的分解和抽象；把复杂问题自顶向下逐层分解，经过一系列分解和抽象，到最底层的就都是很容易描述并实现的问题了。SA 方法的分析结果有数据流图、数据词典和加工逻辑说明。结构化体现在将软件系统抽象为一系列的逻辑加工单元，各单元之间以数据流发生关联。结构化分析过程中，一般认为首先应该考虑的问题应该是进行环境分析。结构化分析使用数据流程图、数据字典、结构化语言、判定表和判定树等工具，来建立一种新的、称为结构化说明书的目标文档——需求规格说明书。

2. 描述工具

结构化分析方法利用图形等半形式化的描述方法表达需求，简单易懂，用它们来形成需求说明书中的主要部分。这些描述工具有如下 3 种。

(1) 数据流图(Data Flow Diagram，DFD)。数据流图用于描述系统的分解，即描述系统由哪些部分组成，各部分间有什么联系等。

(2) 数据词典(Data Dictionary，DD)。数据词典用于定义数据流图中的数据和加工。它是数据流条目、数据存储条目、数据项条目和基本加工条目的集合。

(3) 加工逻辑描述工具。包括结构化语言、判定树、判定表。它们可以描述数据流图中不能被再分解的每一个基本加工的处理逻辑。

3. 分析步骤

结构化分析的具体步骤如下。

(1) 建立当前系统的物理模型。在可行性研究的基础上,进一步研究当前使用的系统(可能是人工系统),用一个模型来反映自己对当前系统的理解,如通过画系统流程图来反映现行系统的实际情况。

(2) 抽象出当前系统的逻辑模型。物理模型反映了系统"怎么做"的具体实现,去掉物理模型中非本质的因素,抽取出本质的因素。本质的因素是指系统固有的、不依赖运行环境变化而变化的因素,任何实现都这样做。而非本质的因素不是系统固有的,随环境不同而不同,随实现不同而不同。对物理模型进行分析,去掉非本质的因素,就形成了当前系统的逻辑模型,反映当前系统"做什么"的功能。

(3) 建立目标系统的逻辑模型。分析比较目标系统与当前系统逻辑上的差别,在当前系统的基础上找出要改变的部分,将变化的部分抽象为一个加工,这个加工的外部环境及输入、输出就确定了。然后对变化的部分重新进行分解,根据分析人员自己的经验,采用自顶向下逐步求精的分析策略,逐步确定变化部分的内部细节,从而建立目标系统的逻辑模型。

(4) 做进一步补充和优化。为完整地描述目标系统。还要做一些补充,如至今尚未详细考虑的细节,出错处理,输入、输出格式,存储容量等性能要求与限制等。

(5) 确定系统的成本和风险等级。首先要计算完成系统所需的工作量,然后制定规避风险的预案,并分析和选择一种优化方案。

(6) 建立完整的需求规约,完成需求说明书。需求获取完成后,是需求分析。通过需求分析,要确定完整的需求规约,在此基础上,根据国家标准,撰写需求说明书。接着是小组内部组织的需求说明书审查。小组审查通过后要提交甲方审查。然后组织(包括甲方乙方专家等)多方参加的审查。最后根据各方提出的意见进行修改。

4.2.2 数据流图

1. 数据流图的概念

数据流图(Data Flow Diagram,DFD)从数据传递和加工角度,以图形方式来表达系统的逻辑功能、数据在系统内部的逻辑流向和逻辑变换过程,是结构化系统分析方法的主要表达工具及用于表示软件模型的一种图示方法。数据流图描绘信息流和数据从输入移动到输出的过程中所经受的变换。数据流图以图形的方式描绘数据在系统中流动和处理的过程,由于它只反映系统必须完成的逻辑功能,所以它是一种功能模型。

数据流图的基本图形元素有:①数据流;②加工处理;③数据存储;④数据起点或终点。数据流程图包括:指明数据存在的数据符号,这些数据符号也可指明该数据所使用的媒体;指明对数据执行的处理符号,这些符号也可指明该处理所用到的机器功能;指明几个处理和(或)数据媒体之间的数据流的流线符号;便于读、写数据流程图的特殊符号。在处理符号的前后都应是数据符号。数据流程图以数据符号开始和结束。

数据流图有两种典型结构,一种是变换型结构,它所描述的工作可表示为输入、处理和输出,呈线性状态;另一种是事务型结构,这种数据流图呈束状,即一束数据流平行流入或流出,可能同时有几个事务要求处理,见图 4-5。

2. 组成元素

数据流程图中有以下 4 种主要元素。元素的符号表示见图 4-6。

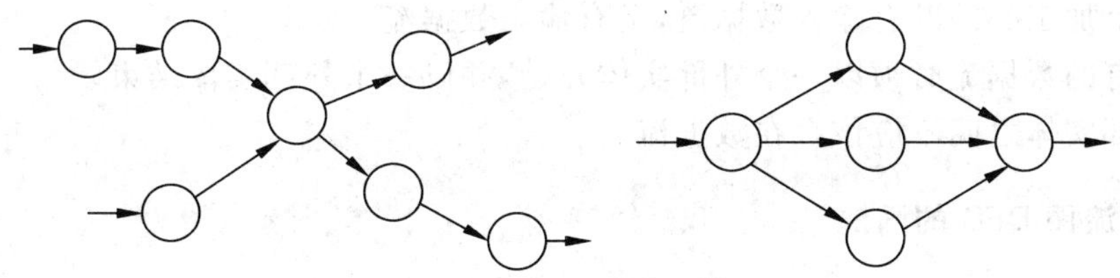

图 4-5 变换型结构(左)和事务型结构(右)

→:表示数据流。数据流是一组数据。在数据流图中数据流用带箭头的线表示,在其线旁标注数据流名。在数据流图中应该描绘所有可能的数据流向,而不应该描绘出现某个数据流的条件。数据流是数据在系统内传播的路径,因此由一组成分固定的数据组成。如订票单由旅客姓名、年龄、单位、身份证号、日期、目的地等数据项组成。由于数据流是流动中的数据,所以必须有流向,除了与数据存储之间的数据流不用命名外,数据流应该用名词或名词短语命名。

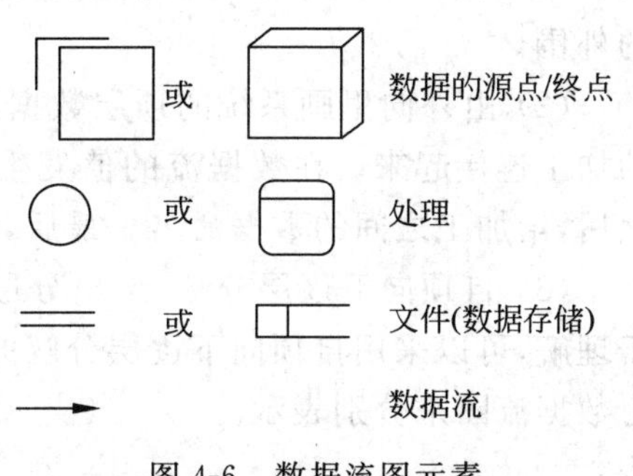

图 4-6 数据流图元素

□:表示数据起点或终点。代表系统之外的实体,可以是人、物或其他软件系统。在数据流图中数据起点或终点用矩形表示,在矩形内要写它的名称。

○:表示加工处理。是对数据进行处理的单元,它接收一定的数据输入,对其进行处理,并产生输出。在数据流图中加工用圆圈表示,在圆圈内写上加工名。一个处理框可以代表一系列程序、单个程序或者程序的一个模块。

=:表示数据存储。表示信息的静态存储,可以代表文件、文件的一部分、数据库的元素等。

3. 分层数据流图

根据层级数据流图分为顶层数据流图、中层数据流图和底层数据流图。除顶层数据流图外,其他数据流图从零开始编号。

(1) 顶层数据流图只含有一个加工表示整个系统;输出数据流和输入数据流为系统的输入数据和输出数据,表明系统的范围,以及与外部环境的数据交换关系。

(2) 中层数据流图是对父层数据流图中某个加工进行细化,而它的某个加工也可以再次细化,形成子图;中间层次的多少,一般视系统的复杂程度而定。

(3) 底层数据流图是指其加工不能再分解的数据流图,其加工成为“底层加工”。

4. 绘制数据流图的原则

在绘制数据流图时,必须注意以下原则。

(1) 一个加工的输出数据流不应与输入数据流同名,即使它们的组成成分相同。

(2) 保持数据守恒。也就是说,一个加工所有输出数据流中的数据必须能从该加工的输入数据流中直接获得,或者说是通过该加工能产生的数据。

(3) 每个加工必须既有输入数据流,又有输出数据流。

(4) 所有的数据流必须以一个外部实体开始,并以一个外部实体结束。

(5) 外部实体之间不应该存在数据流。

5. 数据流图 DFD 的画法

(1) 确定系统的输入输出。开始,系统包括哪些功能可能一时难于弄清楚,可以将范围尽量扩大一些,把可能有的内容全部包括进去。此时,应该向用户了解“系统从外界接收什么数据”、“系统向外界送出什么数据”等信息,然后,根据用户的答复画出数据流图的外围。

(2) 由外向里画系统的顶层数据流图。首先,将系统的输入数据和输出数据用一连串的加工连接起来。在数据流的值发生变化的地方就是一个加工。接着,给各个加工命名。然后,给加工之间的数据命名。最后,给文件命名。

(3) 自顶向下逐层分解,绘出分层数据流图。对于大型的系统,为了控制其复杂性,便于理解,可以采用自顶向下逐层分解的方法进行,即用分层的方法将一个数据流图分解成几个数据流图来分别表示。

6. 分层数据流图的步骤

(1) 画子系统的输入输出。把整个系统视为一个大的加工,然后根据数据系统从哪些外部实体接收数据流,以及系统发送数据流到哪些外部实体,就可以画出输入输出图。这张图称为顶层图。

(2) 画子系统的内部。把顶层图的加工分解成若干个加工,并用数据流将这些加工连接起来,使得顶层图的输入数据经过若干加工处理后,变成顶层图的输出数据流。从一个加工画出一张数据流图的过程就是对加工的分解。具体画法是：①可以用下述方法来确定加工：在数据流的组成或值发生变化的地方应该画出一个加工,这个加工的功能就是实现这一变化,也可以根据系统的功能决定加工。②确定数据流的方法：用户把若干数据当作一个单位来处理(这些数据一起到达、一起处理)时,可以把这些数据看成一个数据流。③关于数据存储：对于一些以后某个时间要使用的数据,可以组织成为一个数据存储来表示。

(3) 画加工的内部。把每个加工看作一个小系统,把加工的输入输出数据流看成小系统的输入输出流。于是可以像画 0 层图一样画出每个小系统的加工的 DFD 图。

(4) 画子加工的分解图。对第三步分解出来的 DFD 图中的每个加工,重复第三步的分解过程,直到图中尚未分解的加工都是足够简单的(即不可再分解)。至此,得到了一套分层数据流图。

(5) 对数据流图和加工编号。对于一个软件系统,其数据流图可能有许多层,每一层又有许多张图。为了区分不同的加工和不同的 DFD 子图,应该对每张图进行编号,以便于管理。①顶层图只有一张,图中的加工也只有一个,所以不必为其编号。②0 层图只有一张,图中的加工号分别是 0.1,0.2,…,或者是 1,2…。③子图就是父图中被分解的加工号。④子图中的加工号是由图号、圆点和序号组成,如 1.1,1.2 等。

7. 系统分解

(1) 顶层的 X 为要开发的系统。可把它规定为第 0 层。如果很复杂,可以把它进行分解。比如分解为 1、2、3 三个子系统,这就是第 1 层。若第 1 层的子系统仍很复杂,可再进一步分解。如果再分孙系统,如 1.1、1.2、1.3 和 3.1 等,就有了第 2 层。一直可以这样分解下去,直到子系统都能被清楚地理解为止。顶层是一个系统抽象或整体,而底层则具体画出了系统的每一个细节,中间层是从抽象到具体的逐步过渡,这种层次分解方法使分析员在分析实际问题时,可以由抽象到具体,由整体到细节,逐步了解更多细节。依照这个策略,对于任何复杂的系统,分析工作都可以有计划、有步骤地进行。系统分解过程见图 4-7。

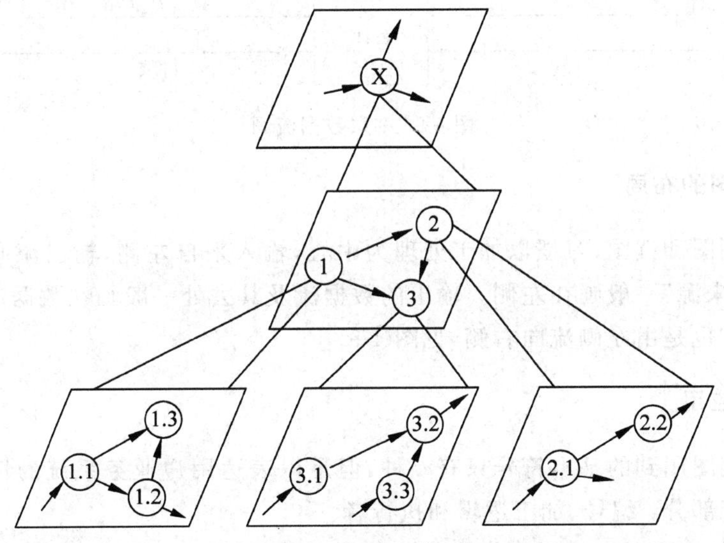

图 4-7 系统分解过程

(2) 绘制系统的顶层数据流图。顶层流图只包含一个加工,用以表示被开发的系统,然后考虑该系统有哪些输入数据、输出数据流。顶层图的作用在于表明被开发系统的范围以及它和周围环境的数据交换关系。图 4-8 为某一个销售系统的顶层图。

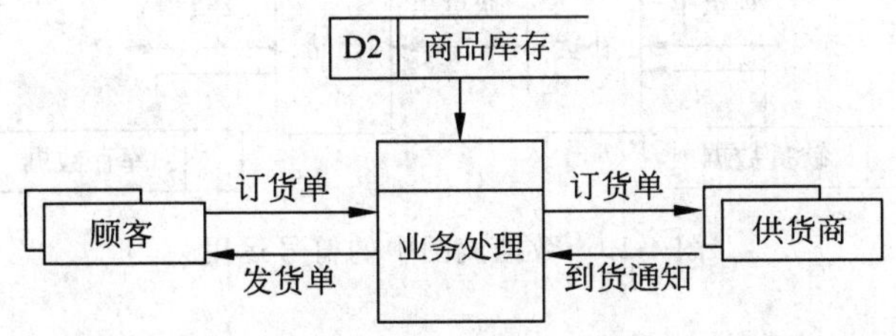

图 4-8 顶层数据流图

(3) 画系统内部,即画下层数据流图。不能再进行分解的加工称为基本加工。一般将层号从 0 开始编号,采用自顶向下,由外向内的原则。画 0 层数据流图时,分解顶层流图的系统为若干子系统,决定每个子系统间的数据接口和活动关系。例如,上面的销售系统按功能可分成三部分,第一部分为销售,第二部分为采购,第三部分为会计。数据分为两个部分存储起来。0 层数据流图见图 4-9。

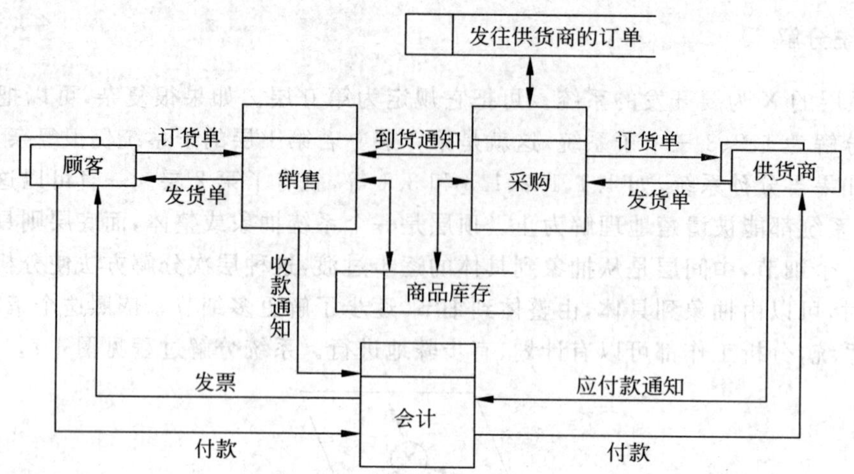

图 4-9 0 层数据流图

8. 数据流图的布局

为了便于制图和读图，习惯以加工处理为中心，输入来自左侧，输出流向右侧。输入的“数据流”及其“来源”一般画在左侧。输出的数据流及其去处一般画在数据流图的右侧。从全局看“数据流”也是由左侧流向右侧，见图 4-9。

9. 符号的应用

绘制数据流图用到的基本符号只有 4 种，但足以表达用户业务系统的情况。完整的加工符号应包括三部分：编号、加工逻辑和执行者。

（1）数据流：数据流的名称标在数据流线的一侧，箭头表示数据流的流向。

（2）数据的读出、写入：图 4-10 中左侧表示从存储中读出缺货数据。右侧表示写入修改后的新的库存数据。

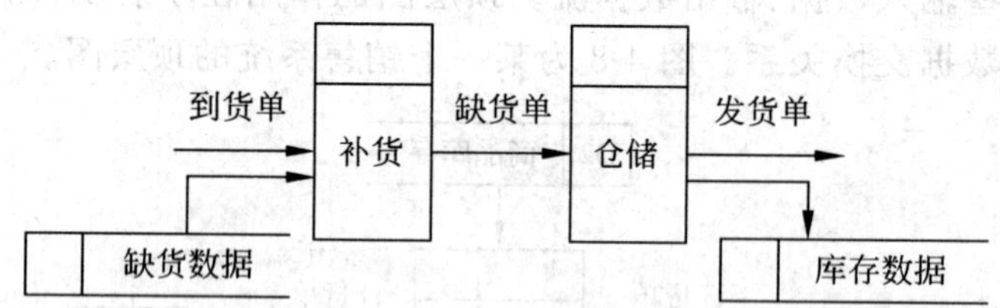

图 4-10 数据流图中的符号运用

10. 重复项表示

在画数据流图时，有的数据流线到源点或去处的距离很远，会造成线条很长或线条交叉。解决的办法是，可以让一些要素重复出现，这时就需要在图中表示出重复出现的符号。如图 4-11 中，“顾客”重复出现时，可在符号右下角打上斜线标记，表示多个“顾客”是同一个内容。

11. 数据流抽象

为了把图画得简单明了，对于过于复杂的多个输入的数据流可以设法概括为一个抽象的数据流，如图 4-12 所示。

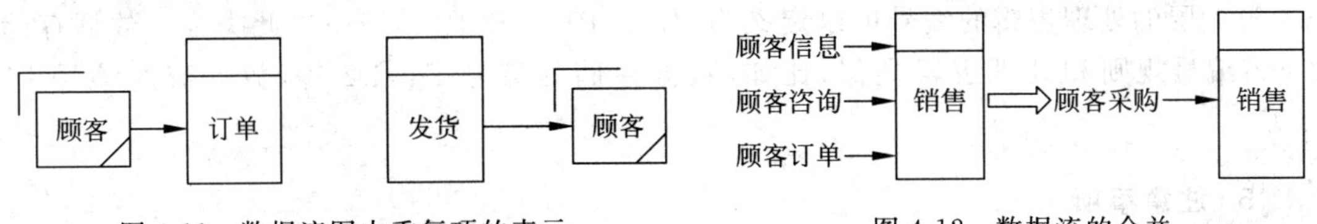

图 4-11 数据流图中重复项的表示　　图 4-12 数据流的合并

12. 数据流分解

对于过于复杂的多个输出数据流，应考查一下加工功能是否分解得不合理。如果可能，可进一步进行分解，使多个输出的数据流分别直接进入不同的加工逻辑，以使图的布局合理，如图 4-13 所示。

13. 命名规则

对数据流、处理(逻辑)功能、数据存储及外部项的命名是否恰当，直接影响数据流图的可理解性。下面是在命名时，应该注意的地方。

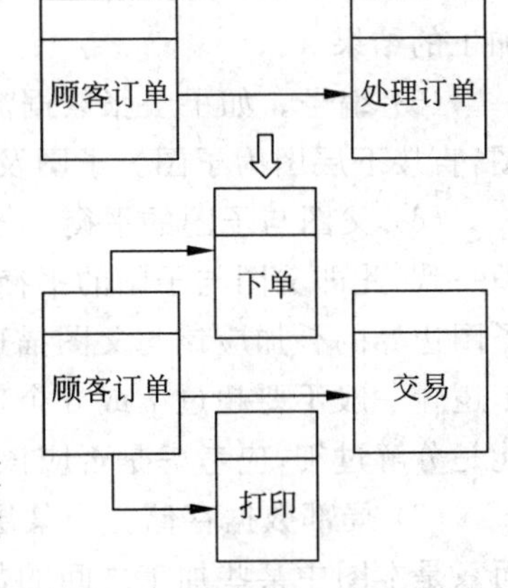

图 4-13 数据流的分解处理

(1) 对数据流(或数据存储)的命名：一般使用名词，当单个名词尚不能说明特指数据流或数据存储时，前面可以加定语限定。

(2) 命名要代表整个数据流或数据存储。因为一个数据流或数据存储往往是由一组数据元素组成的数据结构，不要仅使用反映其中某些元素的名字。

(3) 不要使用泛指的名字，如“数据”、“信息”、“单据”等。要具体一点，比如“出库单统计”。

(4) 如果在为某个数据流或数据存储命名时感到相对困难，有可能是因为对数据流或数据存储分解得不恰当造成的，试着重新分解，也许问题就解决了。

(5) 对处理逻辑的命名：除了子系统级的逻辑功能可以使用名词以外，原则上，其他功能逻辑习惯使用动宾结构的短语命名，如记销售账、处理订货业务等。

(6) 通常是先为数据流命名，然后再为与之相关联的处理功能命名。这样命名比较容易。因为大多数功能都是针对输入的数据流的。

(7) 如果某处命名有困难，可能是对处理功能分解不当造成的，试着重新分解，也许问题就解决了。

14. 数据流图编号

在绘制数据流图的过程中，外部项、处理逻辑、数据流和数据存储都应加以命名和编号，以便直观地理解其功能或组成，尤其对于更细节的内容，可以放在数据字典中详细描述，以便查阅。当数据流图分解到足够具体时，对处理逻辑、数据存储、数据流应加以编码，以便在数据字典中对其进行注解。数据流图是按分层分解的形式描述的，所以对于处理逻辑、数据流和数据存储最适用的编号方法是用"层序号"。一般地，处理逻辑编号用"P"开头，数据流编号用"F"开头，数据存储用"D"开头。比如，第0层的处理逻辑有三个，其编号为P1,P2和P3。第1层的处理逻辑的编号可以定义为P1.1,P1.2和P1.3……以此类推。数据存储、数据流编号规则和处理逻辑类似，比如，数据存储的编号D1,D2等，数据流的编号F1,F2等。

15. 注意事项

(1) 命名。不论数据流、数据存储还是加工，合适的命名使人们易于理解其含义。

(2) 画数据流而不是控制流。数据流反映系统"做什么"，不反映"如何做"，因此箭头上的数据流名称只能是名词或名词短语，整个图中不反映加工的执行顺序。

(3) 一般不画物质流。数据流反映能用计算机处理的数据，并不是实物，因此对目标系统的数据流图一般不要画物质流。

(4) 每个加工至少有一个输入数据流和一个输出数据流，反映出此加工数据的来源与加工的结果。

(5) 编号。如果一张数据流图中的某个加工分解成另一张数据流图时，则上层图为父图，直接下层图为子图。子图及其所有的加工都应编号。

(6) 父图与子图的平衡。子图的输入输出数据流同父图相应加工的输入输出数据流必须一致，此即父图与子图的平衡。对数据流图的扩充应注意父图与子图边界的吻合，即所有子图边界的叠加应该与父图描述的系统范围一样大。按经验数据，每张子图分解出来的加工逻辑一般不要超过7或8个，这样可以保持整个数据流图清晰，容易理解。如果过多，可能是分解过细，应考虑是否应该再分解一层。

(7) 局部数据存储。当某层数据流图中的数据存储不是父图中相应加工的外部接口，而只是本图中某些加工之间的数据接口，则称这些数据存储为局部数据存储。

(8) 提高数据流图的易懂性。注意合理分解，要把一个加工分解成几个功能相对独立的子加工，这样可以减少加工之间输入、输出数据流的数目，增加数据流图的可理解性。

16. 数据流程图的实例

以下是某销售管理信息系统的数据流图。图4-14为顶层数据流图。

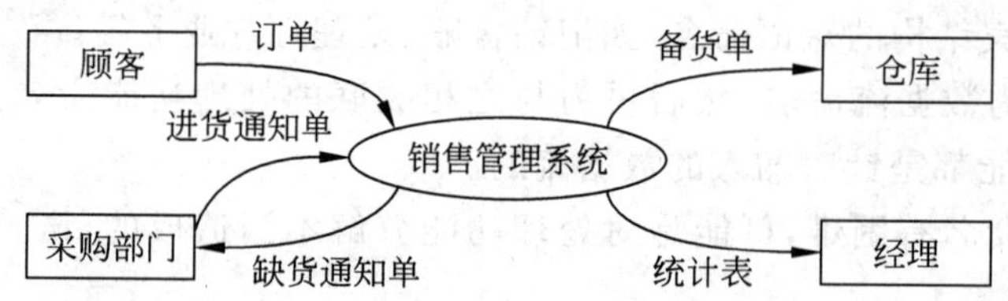

图4-14 顶层图

将该销售管理信息系统需求分析后得到第0层数据流图，见图4-15。功能需求分解后得到5个处理单元，它们是"处理订单"，"供货处理"，"处理进货单"，"缺货统计"和"销售统计”。存储分解后得到三个存储单元。它们是“缺货记录”,“库存记录”和“订单记录”。“订单”数据流来自顾客外部实体,“缺货通知单”数据流流向采购部门外部实体,“统计表”数据流流向经理外部实体,“备货单”数据流流向仓库外部实体。

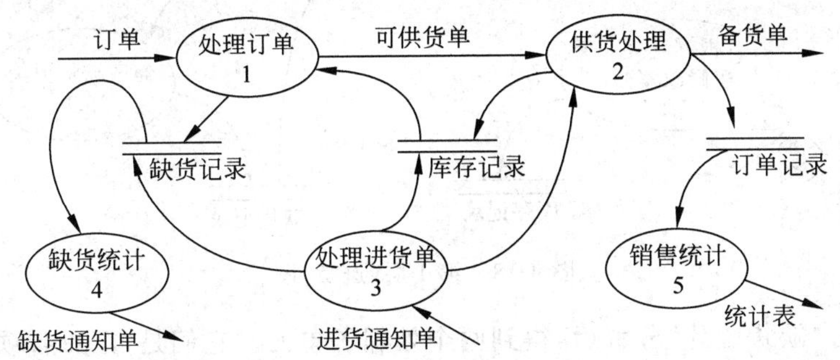

图 4-15　第 0 层总图

将第一个部分“处理订单”分解后,得到三个处理子单元。它们是“检验订单”,“查阅库存”和“确定能否供货”。第 1 层(订货)数据流图见图 4-16。存储单元“缺货记录”与“查阅库存”处理子单元交换数据,存储单元“库存记录”与“确定能否供货”处理子单元交换数据。“订单”数据流来自顾客外部实体,“可供货订单”数据流流向“供货处理”处理子单元。

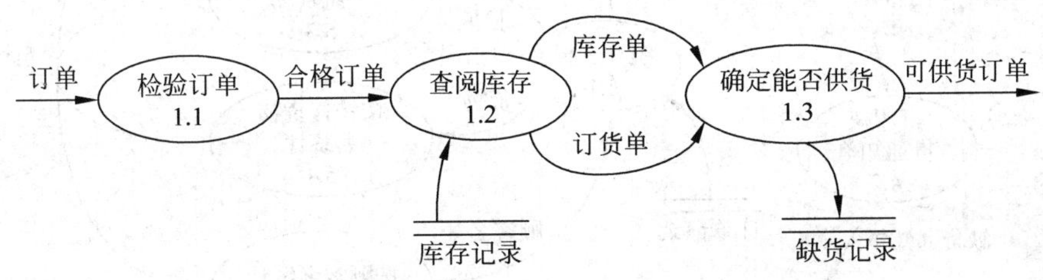

图 4-16　第 1 层(订货)图

将第二个部分“供货处理”分解后,得到两个处理子单元。它们是“根据供货单修改库存”和“开备货单”。第 1 层(供货)数据流图见图 4-17。存储单元“缺货记录”和“库存记录”与“根据供货单修改库存”处理子单元交换数据。“备货单”数据流流向来仓库外部实体。

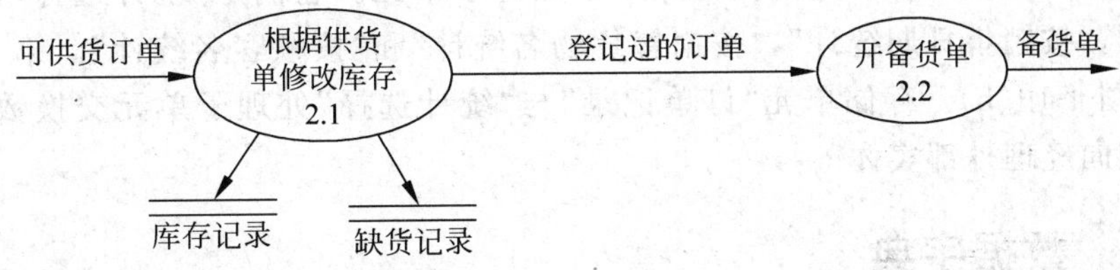

图 4-17　第 1 层(供货)图

将第三部分“处理进货单”分解后,得到三个子处理单元。它们是“根据进货单修改库存”,“处理缺货订单”和“修改缺货记录”。第 1 层(进货)数据流图见图 4-18。存储单元“库存记录”与“根据进货单修改库存”处理子单元交换数据。存储单元“缺货记录”与“处理缺货订单”和“修改缺货记录”两个处理子单元交换数据。“进货通知单”数据流来自采购部门外部实体。“可供货订单”数据流流向供货子处理。

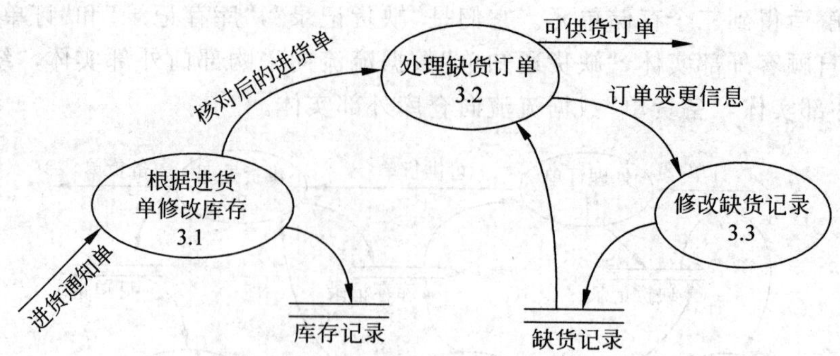

图 4-18 第 1 层(进货)图

将第四部分“缺货统计”分解后,得到两个处理子单元。它们是“汇总各项缺货量”和“打印缺货通知单”。第 1 层(缺货)数据流图见图 4-19(a)。存储单元“缺货记录”与“汇总各项缺货量”处理子单元交换数据。“打印缺货通知单”数据流流向采购部门外部实体。

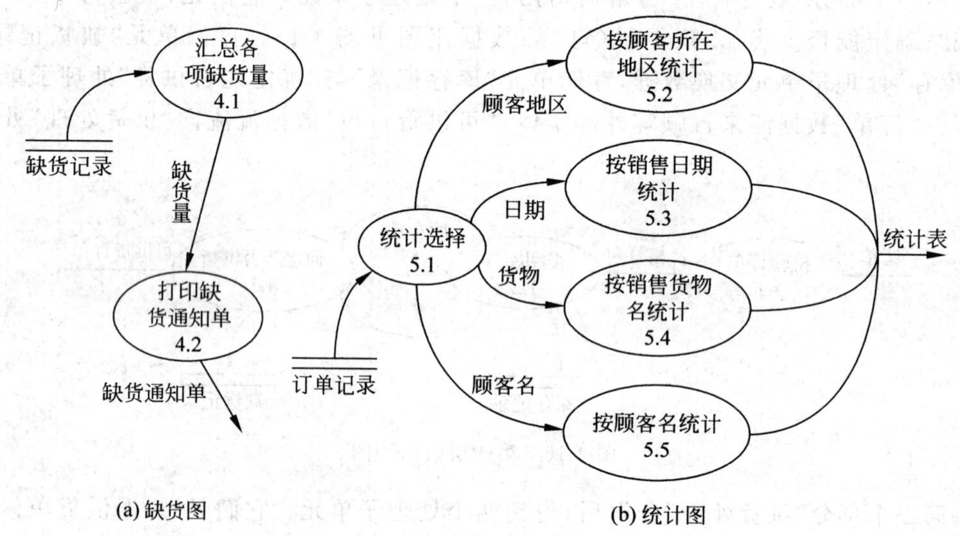

图 4-19 第 1 层图

将第五部分“销售统计”分解后,得到 5 个处理子单元。它们是“统计选择”,“按顾客所在地区统计”,“按销售日期统计”,“按销售货物名统计”和“按顾客名统计”。第 1 层(进货)数据流图见图 4-19(b)。存储单元“订单记录”与“统计选择”处理子单元交换数据。“统计表”数据流流向经理外部实体。

4.2.3 数据字典

1. 数据字典概述

数据字典(Data Dictionary)是数据流图中包含所有元素定义的集合,是对数据的数据项、数据结构、数据流、数据存储、处理逻辑、外部实体等进行定义和描述,其目的是对数据流程图中的各个元素做出详细的说明。其中,数据项是数据的最小组成单位,若干个数据项可以组成一个数据结构。数据字典通过对数据项和数据结构的定义来描述数据流、数据存储的逻辑内容。数据字典则是系统中各类数据描述的集合,是进行详细的数据收集和数据分析所获得的主要成果。它是需求分析阶段的工具。任何字典最重要的用途是供人查询对不了解的条目的解释。在结构化分析中,数据字典的作用是给数据流图上每个成分加以定义和说明。换句话说,数据流图上所有的成分的定义和解释的文字集合就是数据字典,而且在数据字典中建立的一组严密一致的定义很有助于改进分析员和用户的通信。

数据字典也是数据库设计时要用到的一种工具,用来描述数据库中基本表的设计,主要包括字段名、数据类型、主键、外键等描述表的属性的内容。它是一种用户可以访问的记录数据库和应用程序源数据的目录。数据字典是一个预留空间,一个数据库用来储存信息数据库本身。数据字典可能包含的信息,例如:数据库设计资料;储存的 SQL 程序;用户权限;用户统计;数据库处理过程中的信息;数据库增长统计;数据库性能统计。主动数据字典是指在对数据库或应用程序结构进行修改时,其内容可以由 DBMS 自动更新的数据字典。被动数据字典是指修改时必须手工更新其内容的数据字典。

2. 数据字典组成

(1) 数据项:是最基本的数据元素,是有意义的最小数据单元。在数据字典中,定义数据项特性包括:数据项的名称、编号、别名和简述;数据项的长度;数据项的取值范围。

(2) 数据结构:数据项是不能分解的数据,而数据结构是可以进一步分解的数据包。数据结构由两个或两个以上相互关联的数据元素或者其他数据结构组成。一个数据结构可以由若干个数据元素组成,也可以由若干个数据结构组成,还可以由若干个数据元素和数据结构组成。

(3) 数据流:由一个或一组固定的数据项组成。定义数据流时,不仅说明数据流的名称、组成等,还应指明它的来源、去向和数据流量等。

(4) 数据存储:数据存储在数据字典中只描述数据的逻辑存储结构,而不涉及它的物理组织。

(5) 处理过程:处理逻辑的定义仅对数据流程图中最底层逻辑加以说明。

3. 数据字典中的基本符号及其含义

数据字典中可以使用的基本符号及其含义,如表 4-2 所示。

表 4-2 数据词典定义式中的符号

数据构造	记 号	意 义
	=	由……构成
顺序	+	和
选择	[|]	或
重复	$\{\}^n$	n 次重复
	( )	可选的数据
	…	限定的注释

4. 数据条目

通常,数据字典中的每一数据条目包含以下内容。

(1) 数据流图中标识数据流、数据源或外部实体的名称与别名。

(2) 数据类型。

(3) 所有以它作为输入流或输出流的转换的列表。

(4) 如何使用该数据条目的简要说明。

(5) 数据条目的解释性说明。

(6) 其他补充说明，例如取值范围与默认值，有关的设计约束等。

数据条目的定义必须遵循以下原则：精确、简洁，并且能为用户方和软件开发方共同理解。例如，可以使用形式语言中的语法定义机制描述数据条目的内容。原子语法成分则用简单明了的自然语言予以描述。比如某个单位的“电话号码”数据条目，可以定义如下：

＜电话号码＞＝＜分机号＞|＜外线号码＞

＜分机号＞＝1001|1002|…|1999

＜外线号码＞＝9＋(＜市话号码＞|＜长话号码＞)

＜长话号码＞＝0＋(＜区号＞＋＜代市话号码＞)

＜区号＞＝＊任何长度为 3 的数字串＊

＜市话号码＞＝＜局号＞＋＜分局号＞

＜局号＞＝828|827|826|838|848|878

＜分局号＞＝＊任何长度为 4 的数字串＊

综上所述，利用数据字典可以对数据流图中的数据流、数据源以及外部实体进行描述、组织和管理。同时，对于转换，也需要一种比图形记号更为详尽的表示机制，这就是结构化的文字描述。分析人员可以在数据流图的任一转换上附加一段文字，用以说明转换的功能、性能要求及设计约束等，这种说明应尽可能简洁、清晰、易于理解。

5. 数据字典工具

对于软件项目来说，数据字典的条目非常多，人工管理非常困难。因此，需要数据流分析的 CASE 工具来管理。这样的工具应该具有以下功能。

(1) 一般性检查。当分析人员要求创建新的数据条目并输入名称或别名时，将自动进行重名检查，这就避免了数据流图中不一致的数据定义。

(2) CASE 工具可根据已有的数据流图生成相关转换的列表。并且，随着数据流图的进化，CASE 工具可自动修改该列表，以便数据字典和数据流图在任何时刻都保持一致。

(3) CASE 工具将自动完成有关数据条目的各种查询，例如：该数据条目在何处。使用修改某一部分数据流图将会影响哪些数据条目？修改某数据条目又会造成哪些影响？显然，对这些问题的正确回答将有助于分析人员在需求模型的进化过程中维持模型的一致性。

6. 举例

1) 数据项条目

数据项条目是不可再分解的数据单位。

例：

名称：配件编号

别名：配件号

简述：本公司的所有配件编号

类型：字符型

长度：10 位

取值范围及含义：第 1 位：进口/国产；第 2～4 位：类别；第 5～7 位：规格；第 8～10 位：编号。

2）数据流条目

数据流条目给出数据流图的数据流的定义，通常列出组成该数据流的数据项。

例：

名称：订单

别名：无

简述：顾客订货时填写的项目

来源：顾客

去向：加工“编辑检查订单”

数据流量：1000 份/每周

组成：编号＋订货日期＋顾客编号＋地址＋电话＋银行账号＋配件名称＋数量

其中，数据流指单位时间内（每小时或每天）传输的次数。

3）数据存储条目

数据存储条目是对数据存储的定义。

例：

名称：库存记录

别名：无

简述：存放配件库存信息

组成：配件编号＋配件名称＋供应商编号＋单价＋库存

组织方式：索引文件，以配件编号为关键字

查询要求：要求能立即查询

4）加工条目

加工条目用来说明数据流图中基本加工的处理逻辑。由于下层的加工是由上层的基本加工分解而来的，只要有了基本加工的说明，就可理解上层的加工。因此，只有把加工分解到足够具体以后，才对基本加工进行描述。

例：

名称：确定能否供货

编号：1.3

激发条件：收到合格订单

优先级：普通

输入：合格订单

输出：可供货订单、缺货订单

加工逻辑：根据库存记录

IF 订单项目的数量＜该配件库存量的临界值

THEN 可供货处理
ELSE 此订单缺货，登记缺货情况，待进货后再办理补充订货
END IF

4.2.4 加工逻辑工具

加工逻辑也称为“小说明”，描述加工逻辑一般用以下三种工具：结构化语言、判定表、判定树。

1. 结构化语言

结构化语言是介于自然语言和形式语言之间的一种半形式语言。结构化语言是在自然语言基础上加了一些限定，使用有限的词汇和有限的语句来描述加工逻辑，它的结构可分成外层和内层两层。①外层：用来描述控制结构，采用顺序、选择、循环三种基本结构。②内层：一般是采用祈使语句的自然语言短语，使用数据字典中的名词和有限的自定义词，其动词含义要具体，尽量不用形容词和副词来修饰。

(1) 顺序结构。顺序结构表示程序中的各操作是按照它们出现的先后顺序执行的。先执行 A 模块，再执行 B 模块，见图 4-20(a)。

(2) 选择结构。选择结构表示程序的处理步骤出现了分支，它需要根据某一特定的条件选择其中的一个分支执行。选择结构有单选择、双选择和多选择三种形式。当条件 P 的值为真时执行 A 模块，否则执行 B 模块，见图 4-20(b)。

(3) 循环结构。循环结构表示程序反复执行某个或某些操作，直到某条件为假(或为真)时才可终止循环。在循环结构中最主要的是：什么情况下执行循环？哪些操作需要循环执行？当型循环结构：当条件 P 的值为真时，就执行 A 模块，然后再次判断条件 P 的值是否为真，直到条件 P 的值为假时才向下执行，见图 4-20(c)。直到型循环结构：先执行 A 模块，然后判断条件 P 的值是否为真，若 P 为真，再次执行 A 模块，直到条件 P 的值为假时才向下执行，见图 4-20(d)。

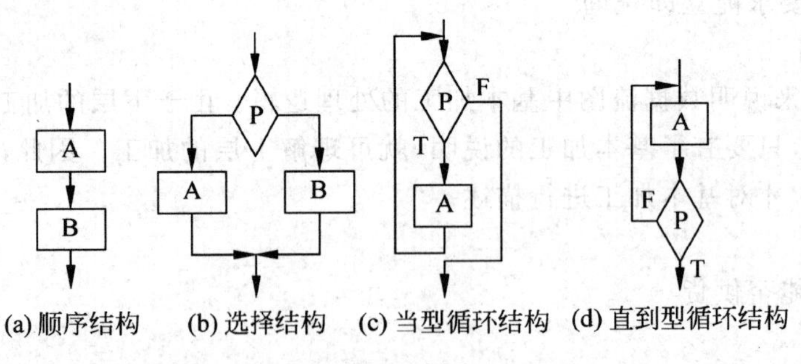

图 4-20　程序的三种基本结构

2. 判定表

在某些情况下，数据流图中的某些加工的一组动作依赖多个逻辑条件的取值。用自然语言或结构化语言都不易清楚地描述出来。而用判定表就能够清楚地表示复杂的条件组合与应做的动作之间的对应关系。判定表是分析和表达多逻辑条件下执行不同操作的情况的

工具。判定表分为 4 个部分，其左部是条件或数组元素的名称，右上部是所有条件的组合，左下部是处理中活动的名称，右下部标明条件组合和相应的活动的对应关系。

(1) 条件桩：判定标的左上部称为基本条件项，列出各种可能的条件。列出了问题的所有条件。通常认为列出的条件的次序无关紧要。

(2) 动作桩：判定标的左下部称为基本动作项，它列出了所有的操作。列出了问题规定可能采取的操作。这些操作的排列顺序没有约束。

(3) 条件项：判定标的右上部称为条件项，它列出了各种可能的条件组合。列出针对它左列条件的取值，在所有可能情况下的真假值。

(4) 动作项：判定标的右下部称为动作项，它列出在对条件组合下所选的操作。列出在条件项的各种取值情况下应该采取的动作。

例 4-1 “检查订购单”的加工逻辑是：“如果金额超过 500 元，又未过期，则发出批准单和提货单；如果金额超过 500 元，但过期了，则不发批准单；如果金额低于 500 元，则不论是否过期都发出批准单和提货单，在过期的情况下还需发出通知单”，见表 4-3。

表 4-3 判定表

金额 状态	>500 未过期	>500 已过期	≤500 未过期	≤500 已过期	条件桩	条件项
发出批准单	X		X	X		
发出提货单	X		X	X	动作桩	动作项
发出通知单				X		

由表 4-3 可见，判定表将比较复杂的决策问题简洁、明确、一目了然地描述出来，它是描述条件比较多的决策问题的有效工具。判定表或判定树都是以图形形式描述数据流的加工逻辑，它结构简单，易懂易读。尤其遇到组合条件的判定，利用判定表或判定树可以使问题的描述清晰，而且便于直接映射到程序代码。在表达一个加工逻辑时，判定树、判定表都是好的描述工具，根据需要可以交叉使用。

在一些数据处理问题当中，某些操作的实施依赖于多个逻辑条件的组合，即针对不同逻辑条件的组合值，分别执行不同的操作。判定表很适合于处理这类问题。能够将复杂的问题按照各种可能的情况全部列举出来，简明并避免遗漏。

构造一张判定表，可采用以下步骤：①提取问题中的条件；②标出条件的取值；③计算所有条件的组合数 N；④提取可能采用的动作或措施；⑤制作判定表；⑥完善判定表。

3. 判定树

判定树是判定表的变形，一般情况下，它比判定表更直观，且易于理解和使用。这三种描述加工逻辑的工具各有优缺点，对于顺序执行和循环执行的动作，用结构语言描述。对于存在多个条件复杂组合的判断问题，用判定表和判定树。判定树较判定表直观易读，判定表进行逻辑验证较严格，能把所有的可能性全部都考虑到。可将两种工具结合起来，先用判定表底稿，在其基础上产生判定树。

例 4-2 某工厂对工人的超产奖励政策为：该厂生产两种产品 A 和 B。凡工人每月的实际生产量超过计划指标者均有奖励。奖励政策为：对于产品 A 的生产者，超产数 N 小于或等于 100 件时，每超产 1 件奖励 2 元；N 大于 100 件小于等于 150 件时，大于 100 件的部分每件奖励 2.5 元，其余的每件奖励金额不变；N 大于 150 件时，超过 150 件的部分每件奖励 3 元，其余按超产 150 件以内的方案处理。对于产品 B 的生产者，超产数 N 小于或等于 50 件时，每超产 1 件奖励 3 元；N 大于 50 件小于等于 100 件时，大于 50 件的部分每件奖励 4 元，其余的每件奖励金额不变；N 大于 100 件时，超过 100 件的部分每件奖励 5 元，其余按超产 100 件以内的方案处理。

上述处理功能用判定树描述，如图 4-21 所示。

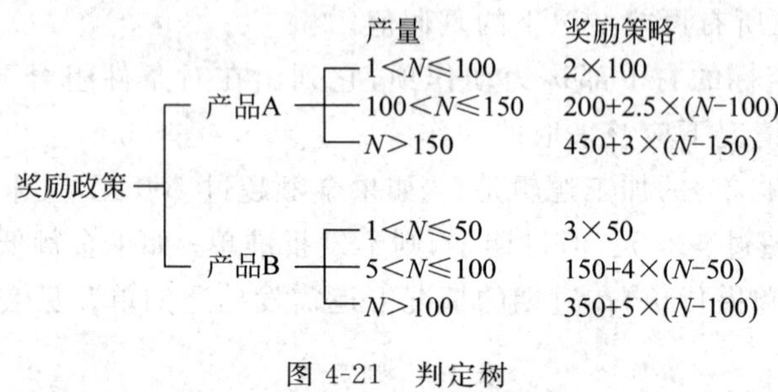

图 4-21 判定树

比起文字叙述，判定树使人一目了然，清晰地表达了在什么情况下采取什么策略，不易产生逻辑上的混乱。因而判定树是描述基本处理逻辑功能的有效工具。

4. 三者比较

这三种描述加工逻辑的工具各有优缺点，对于顺序执行和循环执行的动作，用结构语言描述。对于存在多个条件复杂组合的判断问题，用判定表和判定树。判定树比判定表直观易读，判定表进行逻辑验证较严格，能把所有的可能性全部都考虑到。可将两种工具结合起来，先用判定表底稿，在此基础上产生判定树。判定树是判定表的变形，也是用来表达加工逻辑的一种工具。它比判定表更直观，用它来描述加工，很容易为用户接受。没有一种统一的方法来构造判定树，也不可能有统一的方法。因为客观存在是用结构语言，甚至是自然语言写成的叙述文作为构造树的原始依据的，但可以从中找些规律。首先，应从文字资料中分清哪些是判定条件，哪些是判定做出的结论。在表达一个基本加工逻辑时，结构语言、判定表和判定树常常交叉使用，互相补充。因为这三种手段各有优缺点。总之，加工逻辑说明是结构化分析方法的一个组成部分，对每个加工都要加以说明。使用的手段，应当以结构语言为主，对存在判断问题的加工逻辑，可辅之以判定表和判定树。

4.2.5 E-R 图

在数据密集型应用问题中，对复杂数据及数据之间复杂关系的分析和建模将成为需求分析的重要任务。很显然，这项任务是简单的数据字典机制无法胜任的。所以，有必要在数据流分析方法中引进适合于复杂数据建模的工具：实体-关系图。

1. E-R 图的概念

实体-联系图(Entity-Relation Diagram)用来建立数据模型，在数据库系统概论中属于概念设计阶段，形成一个独立于机器，独立于 DBMS 的 E-R 图模型。通常将它简称为 E-R

图，相应地可把用E-R图描绘的数据模型称为E-R模型。E-R图提供了表示实体（即数据对象）、属性和联系的方法，用来描述现实世界的概念模型。

1）要素

构成E-R图的基本要素是实体、属性和联系。

实体：具有相同属性的实体具有相同的特征和性质，用实体名及其属性名集合来抽象和刻画同类实体；在E-R图中用矩形表示，矩形框内写明实体名；比如学生张三、学生李四都是实体。如果是弱实体，在矩形外面再套实线矩形。客观存在并且可以相互区分的事物称为实体。实体既可以是具体的对象，也可以是抽象的对象。

属性：实体的特性称为属性，是实体所具有的某一特性，一个实体可由若干个属性来刻画。在E-R图中用椭圆形表示，并用无向边将其与相应的实体连接起来；比如学生的姓名、学号、性别都是属性。如果是多值属性，在椭圆形外面再套实线椭圆。如果是派生属性则用虚线椭圆表示。主属性则是能唯一标识实体的属性。

联系：实体之间的相互关系称为联系。联系可分为“一对一联系”、“一对多联系”、“多对多联系”三种类型。联系也称关系，信息世界中反映实体内部或实体之间的联系。实体内部的联系通常是指组成实体的各属性之间的联系；实体之间的联系通常是指不同实体集之间的联系。在E-R图中用菱形表示，菱形框内写明联系名，并用无向边分别与有关实体连接起来，同时在无向边旁标上联系的类型（1∶1，1∶n或m∶n）。比如老师给学生授课存在授课关系，学生选课存在选课关系。如果是弱实体的联系，则在菱形外面再套菱形。

2）成分

在E-R图中有如下4个成分。

□ 矩形框：表示实体，在框中记入实体名。

◇ 菱形框：表示联系，在框中记入联系名。

○ 椭圆形框：表示实体或联系的属性，将属性名记入框中。对于主属性名，则在其名称下画一下划线。

—连线：实体与属性之间；实体与联系之间；联系与属性之间用直线相连，并在直线上标注联系的类型。

2. 数据对象、属性与关系

1）数据对象

数据对象是现实世界中实体的数据表现，或者说，数据对象是现实世界中省略了功能和行为的实体。在数据流分析方法中，数据对象包括数据源、外部实体的数据部分以及数据流的内容。数据对象由其属性刻画。通常属性包括以下几种。

（1）命名性属性：对数据对象的实例命名，其中必含有一个或一组关键属性，以便唯一地标识数据对象的实例。

（2）描述性属性：对数据对象实例的性质进行刻画。

（3）引用性属性：将自身与其他数据对象的实例关联起来。

2）属性

一般而言，现实世界中任何给定实体都具有许多属性，分析人员应当并且只能考虑与应用问题有关的属性。例如，在汽车销售管理问题中，汽车的属性可能有：制造商、型号、标识码、车体类型、颜色和买主等。

3）关系

应用问题中的任何数据对象都不是孤立的，它们与其他数据对象一定存在各种形式的关联。例如，在汽车销售管理问题中，“制造商”与“汽车”之间存在“生产”关系，“购车者”与“汽车”之间存在“购买”关系。当然，关系的命名及内涵因具体问题而异。分析人员必须善于剔除与应用问题无关的关系。

基于数据对象、属性与关系，分析人员可以为应用问题建立数据模型。为了达到一致性并消除数据冗余，分析人员要掌握以下规范化规则。

(1) 数据对象的任何实例对每个属性必须有且仅有一个属性值。

(2) 属性是原子数据项，不能包含内部数据结构。

(3) 如果数据对象的关键属性多于一个，那么其他的非关键属性必须表示整个数据对象而不是部分关键属性的特征。例如，如果在“汽车”数据对象中增加“经销商”属性并将其与标识码一起作为关键属性，那么，再添加“经销商地址”属性就违背了上述规则，因“经销商地址”仅仅是“经销商”的特征，它与汽车的“标识码”无关。

(4) 所有的非关键属性必须表示整个对象而不是部分属性的特征。例如，在“汽车”数据对象中，增加“油漆名称”属性就违背了上述原则仅与“颜色”有关，而不是整个“汽车”的特征。

3. 实体-关系图

实体-关系(Entity-Relation)图是表示数据对象及其之间关系的图形语言机制。数据对象(实体)用长方形表示，关系用菱形表示，属性用椭圆表示。数据对象之间数量上的对应关系用标识在属性与实体的连线上的数字来表示，如图 4-22 所示。

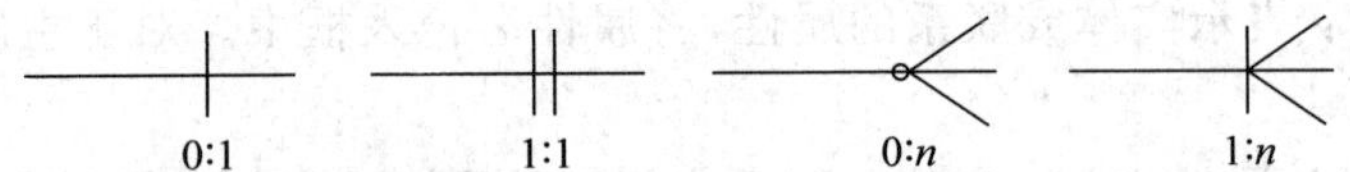

图 4-22　实体-关系图中数量对应关系的表示

为了便于区分，E-R 模型中的实体、关系和属性都应在对应的框中写上各自的名字。例如，在图 4-23 中，一个制造商生产一辆或多辆汽车，它可以与多个经销商签订经销合同，车辆可以通过一个或多个经销商和厂家销售。图 4-23 中省略了部分实体或关系的属性。

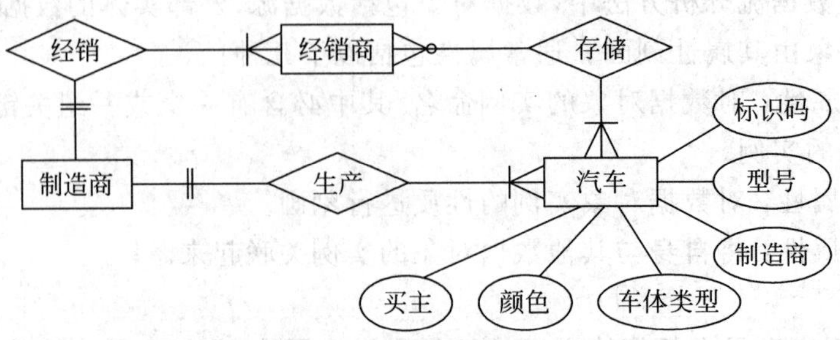

图 4-23　实体-关系图实例

4.3 面向对象建模方法

本节重点介绍面向对象方法，面向对象分析方法，面向对象分析方法，UML 建模，UML 面向对象分析应用。

4.3.1 面向对象方法

1. 人的思维方式

1）传统开发方法存在的问题

结构化设计方法采用的设计思路不是将客体作为一个整体，而是将依附于客体之上的行为抽取出来，以功能为目标来设计构造应用系统。这种方法导致在进行程序设计的时候，会将客体所构成的现实世界映射到由功能模块组成的解空间中，这种变换过程，不仅增加了程序设计的复杂程度，也背离了人们观察和解决问题的基本思路。结构化设计方法将看问题的视角定位于操作上，将描述客体的属性和行为分开，使程序日后的维护和扩展相当困难，即使一个微小的变动，都会波及整个系统。面对日趋复杂的应用系统，这种开发思路在下面几个方面有些弱点。

（1）重用性差。结构化方法是围绕实现处理功能的"过程"来构造系统的。而用户需求的变化大部分是针对功能的，用户需求的变化往往造成系统结构的较大变化，从而需要花费很大代价才能实现这种变化。因此，这种变化对于基于过程的设计来说是灾难性的。因为开始设计的结果后面重复使用很难。

（2）维护性差。软件工程强调软件的可维护性，强调文档资料的重要性，规定最终的软件产品应该由完整、一致的配置成分组成。在软件开发过程中，始终强调软件的可读性、可修改性和可测试性是软件的重要的质量指标。实践证明，用传统方法开发出来的软件，维护时其费用和成本仍然很高，其原因是可修改性差，维护困难，导致可维护性差。

（3）复杂应用差。大型软件系统结构复杂，涉及各种不同领域的知识，结构化方法在需求建模时，采用的是机械功能分解，这样的分解显然不适合复杂系统的分析，因此，结构化方法对大型复杂系统分析设计，显得"力不从心"。

2）对象的视角

现实世界中的客体是问题域中的主角，所谓客体是指客观存在的对象实体和主观抽象的概念，是人类观察问题和解决问题的主要目标。通常人类观察问题的视角是这些客体，客体的属性反映客体在某一时刻的状态，客体的行为反映客体所能从事的操作。这些操作附在客体之上并能用来设置、改变和获取客体的状态。任何问题域都有一系列的客体，因此解决问题的基本方式是让这些客体之间相互驱动、相互，最终使每个客体按照设计者的意愿改变其属性状态。面对问题规模的日趋扩大、环境的日趋复杂、需求变化的日趋加快，利用计算机解决问题的方法应该尊重人类解决问题的习惯，改变结构化方法与人类解决问题的思维模式的冲突。

（1）抽象方法。抽象是人类解决问题的基本方法。一个好的抽象策略可以控制问题的复杂程度，增强系统的通用性和可扩展性。抽象主要包括过程抽象和数据抽象。结构化设计方法应用的是过程抽象。所谓过程抽象是将问题域中具有明确功能定义的操作抽取出来,并将其作为一个实体看待。这种抽象不利于软件开发。一旦某个客体属性的表示方式发生了变化,有可能牵扯到系统的其他部分。而数据抽象是较过程抽象更高级别的抽象方式,将描述客体的属性和行为绑定在一起,实现统一的抽象,从而达到对现实世界客体的真正模拟。

(2) 封装体。封装是指将现实世界中存在的某个客体的属性与行为绑定在一起,并放置在一个逻辑单元内。该逻辑单元负责将所描述的属性隐藏起来,外界对客体内部属性的所有访问只能通过提供的用户接口实现。这样做既可以实现对客体属性的保护,又可以提高软件系统的可维护性。只要用户接口不改变,任何封装体内部的改变都不会对软件系统的其他部分造成影响。结构化设计方法没有做到客体的整体封装,只是封装了各个功能模块,而每个功能模块可以随意地对没有保护能力的客体属性实施操作,并且由于描述属性的数据与行为被分割开来,所以一旦某个客体属性的表达方式发生了变化,或某个行为效果发生了改变,就有可能对整个系统产生影响。

(3) 重用性。可重用性标识软件产品的可复用能力,是衡量一个软件产品好坏的重要指标。当今的软件开发行业,人们追求开发更多更通用的可重用构件。将过去的语句编写改为现在的构件组装,提高软件开发效率,推动应用领域迅速发展。然而,结构化程序设计方法的基本单位是模块,每个模块只是实现特定功能的过程描述,因此,它的可重用单位只能是模块。因此,渴望更大力度的可重用构件是如今应用领域对软件开发提出的新需求。

2. 面向对象

面向对象是一种对现实世界理解和抽象的方法,是软件开发的一种方法。随着计算机技术的不断提高,计算机被用于解决越来越复杂的问题。通过面向对象的方式,将现实世界的物抽象成对象,现实世界中的关系抽象成类、继承,帮助人们实现对现实世界的抽象与数字建模。通过面向对象的方法,以更利于人理解的方式对于复杂系统进行分析、设计与编程。同时,面向对象能有效提高编程的效率,通过封装技术,消息机制可以像搭积木一样快速开发出一个新的系统。

对于面向对象的概念具体要求的确定,各自有各自的理解。目前,没有对象的明确定义。起初,"面向对象"是专指在程序设计中采用封装、继承、抽象等设计方法。可是,这个定义显然不能再适合现在的情况。面向对象的思想已经涉及软件开发的各个方面。例如,面向对象的分析,面向对象的设计,以及面向对象的编程实现。

面向对象是当前计算机界的主流,是20世纪90年代的软件开发方法。面向对象的概念已经应用于数据库系统、交互式界面、应用结构、应用平台、分布式系统、网络管理结构、CAD技术、人工智能等领域。

面向对象方法的步骤:首先根据客户需求抽象出业务对象;接着对需求进行合理分层,构建相对独立的业务模块;然后设计业务逻辑,利用多态、继承、封装、抽象的编程思想,实现业务需求;最后通过整合各模块,达到高内聚、低耦合的效果,从而满足客户要求。

3. 面向对象的基本概念

1）对象

对象是人们要进行研究的任何事物，从最简单的整数到复杂的飞机等均可看作对象，它不仅能表示具体的事物，还能表示抽象的规则、计划或事件。

对象具有状态，一个对象用数据值来描述它的状态。对象还有操作，用于改变对象的状态，对象及其操作就是对象的行为。对象实现了数据和操作的结合，使数据和操作封装于对象的统一体中。

2）类

具有相同或相似性质的对象的抽象就是类。因此，对象的抽象是类，类的具体化就是对象，也可以说类的实例是对象。类具有属性，它是对象的状态的抽象，用数据结构来描述类的属性。类具有操作，它是对象的行为的抽象，用操作名和实现该操作的方法来描述。

在客观世界中有若干类，这些类之间有一定的结构关系。通常有两种主要的结构关系，即一般与具体的结构关系，整体与部分的结构关系。一般与具体的结构称为分类结构，也可以说是“或”关系。整体与部分的结构称为组装结构，它们之间的关系是一种“与”关系。

3）消息和方法

对象之间进行通信的结构叫作消息。在对象的操作中，当一个消息发送给某个对象时，消息包含接收对象去执行某种操作的信息。发送一条消息至少要包括说明接收消息的对象名、发送给该对象的消息名（即对象名、方法名）。一般还要对参数加以说明，参数可以是认识该消息的对象所知道的变量名，或者是所有对象都知道的全局变量名。类中操作的实现过程叫作方法，一个方法有方法名、参数、方法体。

4. 面向对象的特征

1）抽象性

抽象指为了某一分析目的而集中精力研究对象的某一性质，它忽略其他与此目的无关的部分。抽象是实体的本质、内在的属性。在使用这一概念时，要承认客观世界的复杂性，也知道事物包括多个细节，但此时并不打算去完整地考虑它。抽象是科学研究和处理复杂问题的重要方法。在系统开发中，抽象指的是在决定如何实现对象之前的对象的意义和行为。使用抽象可以尽可能避免过早考虑一些细节。类实现了对象的数据（即状态）和行为的抽象。分类性是指将具有一致的数据结构（属性）和行为（操作）的对象抽象成类。一个类就是这样一种抽象，它反映了与应用有关的重要性质，而忽略其他一些无关内容。任何类的划分都是主观的，但必须与具体的应用有关。抽象机制被用在数据分析方面，称为数据抽象。数据抽象是 OOA 的核心。数据抽象把一组数据对象以及作用其上的操作组成一个程序实体。在 OOA 中，属性和方法被认为是不可分割的整体。

2）封装性

封装性也称信息隐藏。封装性是保证软件部件具有优良的模块性的基础。面向对象的类是封装良好的模块，类定义将其说明（用户可见的外部接口）与实现（用户不可见的内部实现）显式地分开，其内部实现按其具体定义的作用域提供保护。对象是封装的最基本单位。

封装防止了程序相互依赖性而带来的变动影响。面向对象的封装比传统语言的封装更为清晰、更为有力。每个对象都有自身唯一的标识，通过这种标识，可找到相应的对象。在对象的整个生命期中，它的标识都不改变，不同的对象不能有相同的标识。

封装是一种信息隐蔽技术，它体现于类的说明，是对象的重要特性。封装使数据和加工该数据的方法(函数)封装为一个整体，以实现独立性很强的模块，使得用户只能见到对象的外特性(对象能接收哪些消息，具有哪些处理能力)，而对象的内特性(保存内部状态的私有数据和实现加工能力的算法)对用户是隐蔽的。封装的目的在于把对象的设计者和对象者的使用分开，使用者不必知晓行为实现的细节，只须用设计者提供的消息来访问该对象。

3) 继承性

继承性是子类自动共享父类数据结构和方法的机制，它由类的派生功能体现，这是类之间的一种关系。在定义和实现一个类的时候，可以在一个已经存在的类的基础上进行，把这个已经存在的类所定义的内容作为自己的内容，并加入若干新的内容。继承性是面向对象程序设计语言不同于其他语言的最重要的特点，是其他语言所没有的。一个类直接继承其他类的全部描述，同时可修改和扩充。继承具有传递性。继承分为单继承(一个子类只有一父类)和多重继承(一个类有多个父类)。在类层次中，子类只继承一个父类的数据结构和方法，则称为单重继承。在类层次中，子类继承了多个父类的数据结构和方法，则称为多重继承。在软件开发中，类的继承性使所建立的软件具有开放性、可扩充性，这是信息组织与分类的行之有效的方法，它简化了对象、类的创建工作量，增加了代码的可重性。采用继承性，提供了类的规范的等级结构。通过类的继承关系，使公共的特性能够共享，提高了软件的重用性。类的对象是各自封闭的，如果没有继承性机制，则类对象中数据、方法就会出现大量重复。继承不仅支持系统的可重用性，而且还促进系统的可扩充性。

4) 多态性

多态性也叫多形性。多态性指相同的操作或函数、过程可作用于多种类型的对象上并获得不同的结果。不同的对象，收到同一消息可以产生不同的结果，这种现象称为多态性。多态性允许每个对象以适合自身的方式去响应共同的消息。多态性增强了软件的灵活性和重用性。

对象根据所接收的消息而做出动作。利用多态性用户可发送一个通用的信息，而将所有的实现细节都留给接收消息的对象自行决定，如是，同一消息即可调用不同的方法。多态性的实现受到继承性的支持，利用类继承的层次关系，把具有通用功能的协议存放在类层次中尽可能高的地方，而将实现这一功能的不同方法置于较低层次，这样，在这些低层次上生成的对象就能给通用消息以不同的响应。在 OOPL 中可通过在派生类中重定义基类函数(定义为重载函数或虚函数)来实现多态性。

5) 共享性

面向对象技术在不同级别上促进了共享。

(1) 同一类中的共享。同一类中的对象有着相同的数据结构。这些对象之间是结构、行为特征的共享关系。

(2) 在同一应用中共享。在同一应用的类层次结构中，存在继承关系的各相似子类中，存在数据结构和行为的继承，使各相似子类共享共同的结构和行为。使用继承来实现代码的共享，这也是面向对象的主要优点之一。

(3) 在不同应用中共享。面向对象不仅允许在同一应用中共享信息，而且为未来目标的可重用设计准备了条件。通过类库这种机制和结构来实现不同应用中的信息共享。

4.3.2 面向对象分析方法

1. 面向对象的开发方法

目前，面向对象开发方法的研究已日趋成熟，国际上已有不少面向对象产品出现。面向对象开发方法有 Booch 方法、Coad 方法和 OMT 方法等。

1) Booch 方法

1980 年，Grady Booch 最先描述了面向对象的软件开发方法的基础问题，指出面向对象开发是一种根本不同于传统的功能分解的设计方法。面向对象的软件分解更接近人对客观事务的理解，而功能分解只通过问题空间的转换来获得。他是统一模型语言(UML)的最初开发者之一。Booch 方法所采用的对象模型要素是：封装、模块化、层次类型、并发。重要的概念模型是类和对象、类和对象的特征、类和对象之间的关系。使用的图形文档包括 6 种：类图、对象图、状态转换图、交互图、模块图和进程图。

2) Coad 方法

1989 年，Coad 和 Yourdon 提出 Coad 面向对象开发方法。该方法严格区分了面向对象分析 OOA 和面向对象设计 OOD。

(1) 在面向对象分析阶段，有 5 个层次的活动：①发现类及对象。描述如何发现类及对象。从应用领域开始识别类及对象，形成整个应用的基础，然后，据此分析系统的责任。②识别结构。该阶段分为两个步骤。第一，识别一般-特殊结构，该结构捕获了识别出的类的层次结构；第二，识别整体-部分结构，该结构用来表示一个对象如何成为另一个对象的一部分，以及多个对象如何组装成更大的对象。③定义主题。主题由一组类及对象组成，用于将类及对象模型划分为更大的单位，便于理解。④定义属性。其中包括定义类的实例(对象)之间的实例连接。⑤定义服务。其中包括定义对象之间的消息连接。

(2) 面向对象设计模型需要 4 个部分：①问题域部分(PDC)。面向对象分析的结果直接放入该部分。②人机交互部分(HIC)。这部分的活动包括对用户分类，描述人机交互的脚本，设计命令层次结构，设计详细的交互，生成用户界面的原型，定义 HIC 类。③任务管理部分(TMC)。这部分的活动包括识别任务(进程)、任务所提供的服务、任务的优先级、进程是事件驱动还是时钟驱动，以及任务与其他进程和外界如何通信。④数据管理部分(DMC)。这一部分依赖于存储技术，是文件系统，还是关系数据库管理系统，还是面向对象数据库管理系统。

3) OMT 方法

1991 年，James Rumbaugh 等 5 人在《面向对象的建模与设计》一书中提出 OMT 方法。OMT 是 Object Modeling Technology 的缩写，意为对象建模技术。OMT 法是目前最为成熟和实用的方法之一。OMT 方法的 OOA 模型包括对象模型，动态模型和功能模型。

(1) 对象模型表示静态的，结构化的“数据”性质，它是对模拟客观世界实体的对象及对象间的关系映射，描述了系统的静态及结构，通常用类图表示。对象模型描述系统中对象的静态结构、对象之间的关系、对象的属性、对象的操作。对象模型表示静态的、结构上的、系统的“数据”特征。对象模型为动态模型和功能模型提供了基本的框架。对象模型用包含对象和类的对象图来表示。动态模型表示瞬间的,行为化的系统控制性质,它规定了对象模型中的对象合法化变化序列。通常用状态图表示。

(2) 动态模型描述与时间和操作顺序有关的系统特征与激发事件、事件序列、确定事件先后关系的状态以及事件和状态的组织。动态模型表示瞬间的、行为上的、系统的“控制”特征。动态模型用状态图来表示,每张状态图显示了系统中一个类的所有对象所允许的状态和事件的顺序。

(3) 功能模型表示变化的系统的功能性质,它指明了系统应该做什么,因此直接地反映了用户对目标系统的需求,通常用数据流图表示。功能模型描述与值变换有关的系统特征——功能、映射、约束和函数依赖。

4) OOSE 方法

OOSE 方法全称是面向对象软件工程(Object Oriented Software Engineering),是1992年由 Jacobson 提出的一种用例驱动的面向对象开发方法。用例模型充当整个分析模型的核心,OOSE 过程可分为分析阶段、构造阶段和测试阶段。

第一阶段:分析。分析阶段产生两个模型:需求模型和分析模型。需求模型从用户的角度描述所有的功能需求和系统被最终用户使用的方式。需求模型为系统确定了边界,定义了系统的功能,由三部分构成:用例模型、问题域对象模型、接口描述(包括用户界面的描述和与其他系统的接口描述)。问题分析的主要任务是收集并确认用户的需求信息,对实际问题进行功能分析和过程分析,从中抽象出问题中的基本概念、属性和操作,然后用泛化、组成和关联结构描述概念实体间的静态关系。最后,将概念实体标识为问题域中的对象类,以及定义对象类之间的静态结构关系和信息连接关系。最终建立关于对象的分析模型。

第二阶段:构造阶段。构造阶段可分为两步:设计和实现。第一步设计由三个阶段组成:首先,确定实现环境;其次,建立设计模型,将分析对象转变为实现环境的设计对象;最后,描述每个用例中对象间的交互作用,产生对象接口。设计模型细化分析模型,使模型适合于实现环境。该阶段要定义对象的接口和操作的语义,决定采用何种数据库管理系统和编程语言等。设计模型由时序图、协作图、状态图组成。第二步实现,用编程语言实现每个对象,可以在设计模型部分完成的情况下就开始实现系统。

第三阶段:测试。主要是验证系统的正确性,测试步骤包括:制定测试计划;制定测试规范;测试与报告;失败原因分析。

2. 面向对象的模型

1) 对象模型

对象模型表示了静态的、结构化的系统数据性质,描述了系统的静态结构,它是从客观世界实体的对象关系角度来描述,表现了对象的相互关系。该模型主要关心系统中对象的结构、属性和操作,它是分析阶段三个模型的核心,是其他两个模型的框架。

(1) 对象和类。对象建模的目的就是描述对象。通过将对象抽象成类,可以使问题抽象化,抽象增强了模型的归纳能力。属性指的是类中对象所具有的性质(数据值)。操作是类中对象所使用的一种功能或变换。类中的各对象可以共享操作,每个操作都有一个目标对象作为其隐含参数。方法是类的操作的实现步骤。

(2) 关联和链。关联是建立类之间关系的一种手段,而链则是建立对象之间关系的一种手段。链表示对象间的物理与概念连接,关联表示类之间的一种关系,链是关联的实例,关联是链的抽象。角色说明类在关联中的作用,它位于关联的端点。受限关联由两个类及一个限定词组成,限定词是一种特定的属性,用来有效地减少关联的重数,限定词在关联的终端对象集中说明。限定提高了语义的精确性,增强了查询能力,在现实世界中,常常出现限定词。关联的多重性是指类中有多少个对象与关联的类的一个对象相关。重数常描述为"一"或"多"。

(3) 类的层次结构。聚集是一种"整体-部分"关系。在这种关系中,有整体类和部分类之分。聚集最重要的性质是传递性,也具有逆对称性。聚集可以有不同层次,可以把不同分类聚集起来得到一棵简单的聚集树,聚集树是一种简单表示,比画很多线来将部分类联系起来简单得多,对象模型应该容易地反映各级层次。一般化关系是在保留对象差异的同时共享对象相似性的一种高度抽象方式。它是"一般与具体"的关系。一般化类称为父类,具体类又称为子类,各子类继承了父类的性质,而各子类的一些共同性质和操作又归纳到父类中。因此,一般化关系和继承是同时存在的。一般化关系的符号表示是在类关联的连线上加一个小三角形。

(4) 对象模型。模板是类、关联、一般化结构的逻辑组成。对象模型是由一个或若干个模板组成。模板将模型分为若干个便于管理的子块,在整个对象模型和类及关联的构造块之间,模板提供了一种集成的中间单元,模板中的类名及关联名是唯一的。

2) 动态模型

动态模型是与时间和变化有关的系统性质。该模型描述了系统的控制结构,它表示了瞬间的、行为化的系统控制性质,它关心的是系统的控制,操作的执行顺序,它表示从对象的事件和状态的角度出发,表现了对象的相互行为。该模型描述的系统属性是触发事件、事件序列、状态、事件与状态的组织。使用状态图作为描述工具。它涉及事件、状态、操作等重要概念。事件是指定时刻发生的某件事。状态是对象属性值的抽象。对象的属性值按照影响对象显著行为的性质将其归并到一个状态中去。状态指明了对象对输入事件的响应。状态图是一个标准的计算机概念,它是有限自动机的图形表示,这里把状态图作为建立动态模型的图形工具。状态图反映了状态与事件的关系。当接收一事件时,下一状态就取决于当前状态和所接收的该事件,由该事件引起的状态变化称为转换。状态图是一种图,用节点表示状态,节点用圆圈表示;圆圈内有状态名,用箭头连线表示状态的转换,上面标记事件名,箭头方向表示转换的方向。

3) 功能模型

功能模型描述了系统的所有计算。功能模型指出发生了什么,动态模型确定什么时候发生,而对象模型确定发生的客体。功能模型表明一个计算如何从输入值得到输出值,它不考虑计算的次序。功能模型由多张数据流图组成。数据流图用来表示从源对象到目标对象的数据值的流向,它不包含控制信息,控制信息在动态模型中表示,同时数据流图也不表示对象中值的组织,值的组织在对象模型中表示。数据流图中包含处理、数据流、动作对象和数据存储对象。数据流图中的处理用来改变数据值。最低层处理是纯粹的函数,一张完整的数据流图是一个高层处理。数据流图中的数据流将对象的输出与处理、处理与对象的输入、处理与处理联系起来。在一个计算机中，用数据流来表示一中间数据值，数据流不能改变数据值。动作对象是一种主动对象，它通过生成或者使用数据值来驱动数据流图。数据流图中的数据存储是被动对象，它用来存储数据。它与动作对象不一样，数据存储本身不产生任何操作，它只响应存储和访问的要求。

3. 面向对象的分析基本步骤

1）面向对象分析的基本过程

面向对象分析，就是抽取和整理用户需求并建立问题域精确模型的过程。面向对象分析过程是：首先，用户、开发者和管理者通过需求分析提出问题陈述；接着，建模活动利用用户知识、领域知识和现实世界经验，将问题陈述转化为对象模型、动态模型和功能模型。虚线上侧为需求分析过程，虚线下侧为系统设计过程，见图 4-24。

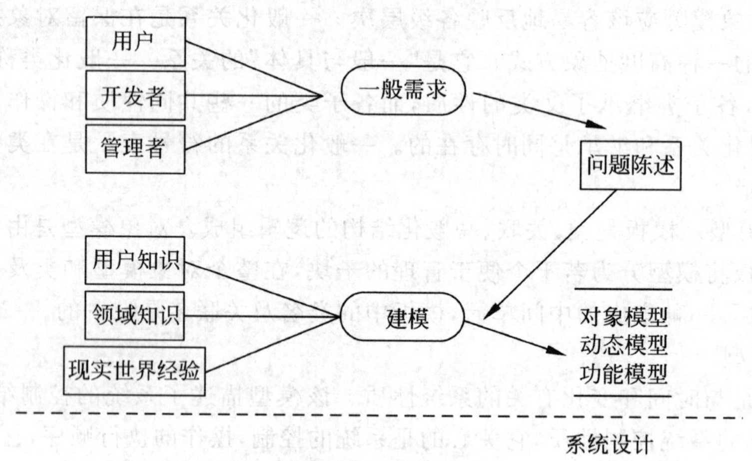

图 4-24 面向对象分析过程

用户陈述需求，可以由系统分析员配合用户，共同完成需求分析。需求陈述通常是不完整、不准确的，而且往往是非正式的。通过分析，可以发现和改正原始陈述中的二义性和不一致性，补充遗漏的内容，从而使需求陈述更完整、更准确。因此，不应该认为需求陈述是一成不变的，而应该把它作为细化和完善实际需求的基础。在分析需求陈述的过程中，系统分析员需要反复多次地与用户协商、讨论、交流信息，还应该通过调研了解现有的类似系统。正如以前多次讲过的，快速建立起一个可在计算机上运行的原型系统，非常有助于分析员和用户之间的交流和理解，从而能更正确地提炼出用户的需求。

系统分析员应该深入理解用户需求，抽象出目标系统的本质属性，并用模型准确地表示出来。用自然语言书写的需求陈述通常是有二义性的，内容往往不完整、不一致。分析模型应该成为对问题的精确而又简洁的表示。后继的设计阶段将以分析模型为基础。更重要的是，通过建立分析模型能够纠正在开发早期对问题域的误解。

在面向对象建模的过程中，系统分析员必须认真向领域专家学习。尤其是建模过程中的分类工作往往有很大难度。继承关系的建立实质上是知识抽取过程，它必须反映出一定深度的领域知识，这不是系统分析员单方面努力所能做到，必须有领域专家的密切配合才能完成。在面向对象建模的过程中，还应该仔细研究以前针对相同的或类似的问题域进行面向对象分析所得到的结果。由于面向对象分析结果的稳定性和可重用性，这些结果在当前项目中往往有许多是可以重用的。

面向对象建模得到的模型包含系统的三个要素，即静态结构（对象模型）、交互次序（动态模型）和数据变换（功能模型）。解决的问题不同，这三个子模型的重要程度也不同：几乎解决任何一个问题，都需要从客观世界实体及实体间相互关系抽象出极有价值的对象模型；当问题涉及交互作用和时序时（例如，用户界面及过程控制等），动态模型是重要的；解决运算量很大的问题（例如，高级语言编译、科学与工程计算等），则涉及重要的功能模型。动态模型和功能模型中都包含对象模型中的操作（即服务或方法）。

复杂问题（大型系统）的对象模型通常由下述 5 个层次组成：主题层、类与对象层、结构层、属性层和服务层。这 5 项工作完全没有必要顺序完成，也无须彻底完成一项工作以后再开始另外一项工作。虽然这 5 项活动的抽象层次不同，但是在进行面向对象分析时并不需要严格遵守自顶向下的原则。人们往往喜欢先在一个较高的抽象层次上工作，如果在思考过程中突然想到 个具体事物，就会把注意力转移到深入分析发掘这个具体领域，然后又返回到原先所在的较高的抽象层次。例如，分析员找出一个类与对象，想到在这个类中应该包含的一个服务，于是把这个服务的名字写在服务层，然后又返回到类与对象层，继续寻找问题域中的另一个类与对象。

通常在完整地定义每个类中的服务之前，需要先建立起动态模型和功能模型，通过对这两种模型的研究，能够更正确更合理地确定每个类应该提供哪些服务。

分析也不是一个机械的过程。大多数需求陈述都缺乏必要的信息，所缺少的信息主要从用户和领域专家那里获取，同时也需要从分析员对问题域的背景知识中提取。在分析过程中，系统分析员必须与领域专家及用户反复交流，以便澄清二义性，改正错误的概念，补足缺少的信息。面向对象建立的系统模型，尽管在最终完成之前还是不准确、不完整的，但对做到准确、无歧义的交流仍然是大有益处的。

综上所述，在概念上可以认为，面向对象分析大体上按照下列顺序进行：寻找类与对象，识别结构，识别主题，定义属性，建立动态模型，建立功能模型，定义服务。但是，正如前面已经多次强调指出过的，分析不可能严格地按照预定顺序进行，大型、复杂系统的模型需要反复构造多遍才能建成。通常，先构造出模型的子集，然后再逐渐扩充，直到完全、充分地理解了整个问题，才能最终把模型建立起来。

2) OOA 的 5 个基本步骤

第一步，确定对象和类。这里所说的对象是对数据及其处理方式的抽象，它反映了系统保存和处理现实世界中某些事物的信息的能力。类是多个对象的共同属性和方法集合的描述，它包括如何在一个类中建立一个新对象的描述。

第二步，确定结构。结构是指问题域的复杂性和连接关系。类成员结构反映了泛化-特化关系，整体-部分结构反映整体和局部之间的关系。

第三步，确定主题。主题是指事物的总体概貌和总体分析模型。

第四步，确定属性。属性就是数据元素，可用来描述对象或分类结构的实例，可在图中给出，并在对象的存储中指定。

第五步，确定服务。服务是在收到消息后必须进行的一些处理方法。它可以在图中定义。

4.3.3 面向对象的分析应用

1. 问题陈述

这里所举的例子是一个医院门诊管理系统。对该问题域的陈述如下：病人到医院看病，首先是挂号，然后找医生看病，医生开处方后病人缴费，取药。系统所需的信息如下。

(1) 医院信息，包括名称、负责人、地址、电话等。还有医生和工作人员信息，包括姓名、科室等。

(2) 病人信息，包括姓名、住址、联系电话等。

(3) 挂号信息，包括流水号、挂号科室等。

(4) 病历信息，包括日期、病情、用药等。

(5) 药品信息，包括药名、出厂日期、供货商、药效、价格等。

2. 系统分析

这一阶段主要是根据已有的问题空间的描述，采用面向对象分析方法，为现实应用领域建立相应模型。分析过程得到的模型能明确地刻画出系统的需求，为参与系统开发的人员提供交流基础，同时也为后续的设计和实现提供基本框架。

1) 标识对象

标识对象就是将现实应用中的实体与目标系统中的技术概念更加紧密地联系在一起，并构造一个稳定的框架作为应用领域模型的基础。开发人员定义对象应首先从已得到的问题陈述入手，在此基础上反复对用户业务流程进行调查，研究用户提供的有关系统需求的形式不一的文字资料，查阅与应用领域紧密相关的专业文献，加强同用户进行及时的面对面的交流，研究所有尽可能得到的图示资料，包括系统组成图、高层数据流程图，从而获得对问题空间的深度的较完整的理解，并在此基础上尽量捕捉到与系统潜在对象相关的信息。下面是有关准则。

(1) 寻找准则。挖掘系统潜在对象时，要依次考虑以下几类事物：①结构。主要考虑分类和组装两种结构，这不仅能发现对象，还可以明确系统层次关系。②其他系统。是指与本系统相互作用的系统或“外部边界”。这种相互作用包括硬件连接，信息互传或实体相互作用。③设备。指与系统作用的有关设施，有些可能与系统进行数据或控制信息的转换。④需要存储的事件。指问题域中发生的需要保存相关信息的事件，包括时间、地点、人物、原因等因素在内都需系统维护。⑤人员。系统中人员通常分为两种：一是系统直接使用者，即用户；二是系统处理信息的源主，在本例中指“病人”。⑥地点。指系统需考虑的物理地点、办公室或场所。⑦组织单元。指与系统有关的人所属的地域、部门或机构。按寻找准则对要开发的系统进行查找，一旦发现候选对象，就参照判别准则来取舍，并利用检验准则做最终的审查。

(2) 判别准则。当决定模型中是否包含某一个对象时，至少要考虑以下 4 点：①系统是否有必要保存该对象信息，为该对象提供服务。②对象的属性至少有一个。利用这条准则过滤掉低层次上的一些对象。③公共属性及服务的确认。若确实是公共属性和服务，则抽象出来用以产生实例；否则需用分类结构进行说明。④基本要求。即在不考虑具体实现系统的计算机技术时，系统必须有的需求。

(3) 检验准则。在经历了对问题空间的找到对象过程，并对这些对象进行判别后，可得到一些使用自然语言描述的候选对象，究竟这些候选对象是否符合要求，还要经过严格的检验。①冗余的属性和服务。若系统在时间、进度、能力三方面的制约下，不必存储某些属性数据或提供某类服务，那么就删除这些属性数据及服务对应的对象。②单个实例对象。这条准则主要针对有属性的对象，分为三种情况考虑：若单个实例对象确实反映问题空间中的实体，那么其存在是合理的；若系统中还存在另一个有相同属性和服务的对象，并且它也正确刻画问题域，则将二者合并；若系统中存在另一个有相似属性和服务的对象，且它也能正确刻画问题域，则考虑使用分类结构。比如本例中"挂号"和"看病"两个事件对象就属于第三种情况，需要构造一个"合法事件"类。③派生结果。模型中不能有派生结果，但模型中需要保存能够得到派生结果的对象。在确定对象后，需要为对象命名，即将非形式化的描述转化为形式化的描述。一个对象名应该能够描述对象的单个实例，它通常是单个名词，或是形容词+名词，并且是能够反映对象主题的标准词汇，还要具有较强的可读性。对应本例的问题陈述，可以得到本系统的6个对象(如图4-25所示)。

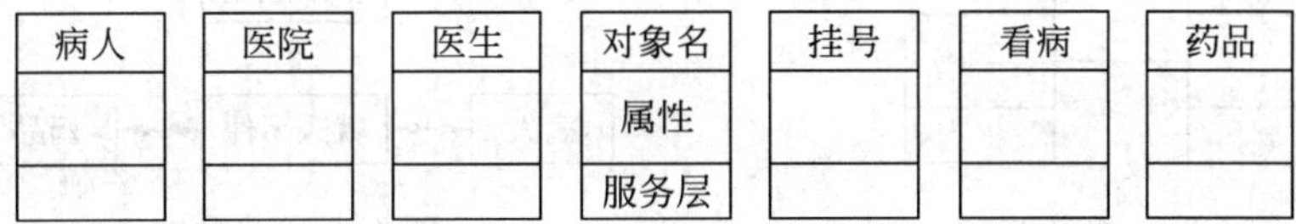

图4-25 系统对象层模型

2) 标识结构

结构表示问题空间的复杂度，标识结构的目的是便于管理问题域模型的复杂性。在系统分析中需要考虑的结构有两种：分类结构和组装结构。

(1) 分类结构。它能够帮助我们得到成员组织层次，通过搜集问题域中的公共特性并把这种特性扩充到特例之中来，显示现实世界实体的通用性及专用性。分类结构还提供了对问题空间的重要划分：一种划分是把属性和服务分成互斥的几组，另一种划分是利用结构抽象出比对象和结构都要高的数据层次，即"主题"。如图4-26所示是本例中的一个分类结构。定义分类结构需先将一个对象考虑成通用的，并考察它在应用领域各种可能的专用特性。例如，本例中的对象"药品"可按不同的专用性分为：处方药和非处方药。接下来要考虑各专用性之间是否存在差异，明确某专用性的确存在于现实世界。此外，还要考虑这种专用性是否存在于问题空间，例如，要考虑是否把"药品"分为按照功能与用途分。如划分为：抗生素类药品、心脑血管用药、消化系统用药等19个类。这时，要把对象作为专用的来考察，考虑系统是否有其他对象通用，这种通用性是否反映现实世界，是否在系统范围内。在本例中，分别看到处方药和非处方药等对象，就可以将它们综合成对象"药品"。图4-23是本例子的两个分类结构："药品"和"就医事件"。

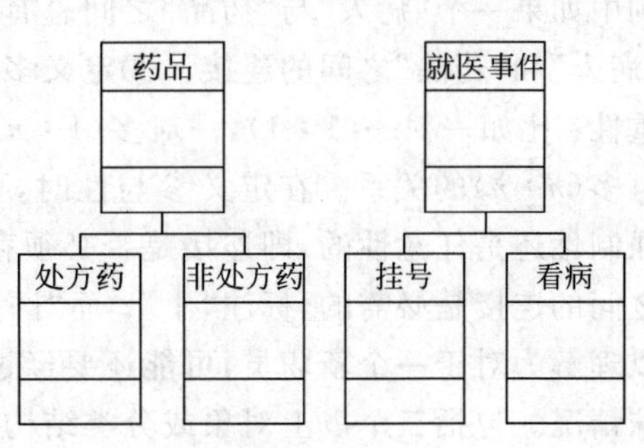

图4-26 分类结构

(2) 组装结构。组装结构展示了一个整体及组成部分结构，也表达了一种基本组织方式，即部分聚合成整体的方式。然后，将每一个对象作为一个整体，考虑该对象是否适用于组装，它与哪些对象在一起形成一个组装，以及该组装是否反映现实世界的实体，是否属于问题空间。本例的组装结构见图 4-27，组装结构的增加是通过从整体到部分，从顶到底的描绘而成的。

3) 标识主题

主题(Subject)提供给开发人员一种控制机制，以把握在某个时间内所能考虑并理解的模型规模，并便于了解模型的概貌。采用主题机制还可获得方便的通信能力，避免参与开发人员之间的信息过载，弥补对象、结构机制不能反映系统模型整体构成、动态变化以及功能信息的不足。定义主题分为两步。

(1) 选择主题。需要先给每个结构标志一个相应主题，给每个对象标志一个相应主题，再考虑主题数目。如果主题的个数超过 7 个，则需进一步提炼主题。

(2) 构造主题层。列出主题及主题层上各主题间的消息连接(用箭头表示)，对主题进行编号，画一个简单的矩形框并配以合适的名字来表示一个主题，见图 4-28。

图 4-27 组装结构　　图 4-28 主题图

4) 定义属性

定义属性要经过以下 4 个步骤。

(1) 标识、定位属性。标识属性首先要明确某个属性究竟在描述哪个对象，要保证最大稳定性和模型一致性；其次要在原子概念的层次上标识属性。至于消除数据冗余的规范化问题，则要到设计阶段再做相应考虑。属性标识完成后，要利用继承机制给属性定位：将通用属性放在结构的高层，将特殊的属性放在结构低层；若一个属性适用于大多数的特殊分类，可将其放在通用的地方，然后在不需要的地方把它覆盖；如果发现某个属性的值有时有意义，有时却不适用，则应考虑分类结构。

(2) 标识实例连接。标识实例连接分三步完成：①添加实例连接线。将系统中必须维持的实例间的对应关系用连线表示，每一条实例连线都意味着有一条相对应的消息连接线。当每个隐含连接标识被修改时，一端实例就需要向另一端的实例发送一条消息。比如，在本例中如果一个“病人”与“药品”之间总有一个“就医事件”的实例发生，那么模型中就隐含了“病人”和“药品”之间的连接。②定义多重性和参与性。先对实例连接的每个方向考察其多重性：比如一对一(1：1)，一对多(1：n)，多对多(n：n)。本例中“病人”与“就医事件”是多对多(n：n)的关系。在定义参与性时，要明确在连接的两个方向上，对象间的实例连接是强制性还是任意性的，即连接是否必须存在。如图 4-29 所示“病人”、“就医事件”及“药品”之间的连接是必需的，标注“|”；而“医生”与“就医事件”的连接具有任意性，标注“O”，可以理解为对于一个新职员，可能还要经过一段时间才允许处理正式的法定事件。③检查特殊情况。包括三个以上对象或分类结构之间的连接，多对多的实例连接，相同对象或分类结构之间的实例连接，及两个对象或分类结构之间的多重实例连接等几种情况。检验多对多

的实例连接,实质是检验对象间的连接中是否存在描述对象的属性。图4-29为本例中的一个多对多的实例连接及相应措施(扩充标识)。

(3) 修订对象。随着属性的增加,需要重新修订对象或分类结构,主要检验点:①带有"非法"值的属性。主要指只适合某些特定的实例的属性,可引入附加的分类结构予以解决。②单个属性。单个属性作为对象易引发模型膨胀。若某个对象只有一个属性,则修订模型,将单个属性直接放入相关对象,并删除多余的对象。③属性值冗余。若存在重复的属性值,则考虑新增对象。但该新增对象必须符合对象标识准则,而且要检查对象属性个数是否大于1。④适应性参数。属性值由操作决定,在一定范围内选取,处理方法是将每个属性的范围或限制本身作为一个属性。这种方法的局限在于增加模型和对象中的属性个数。

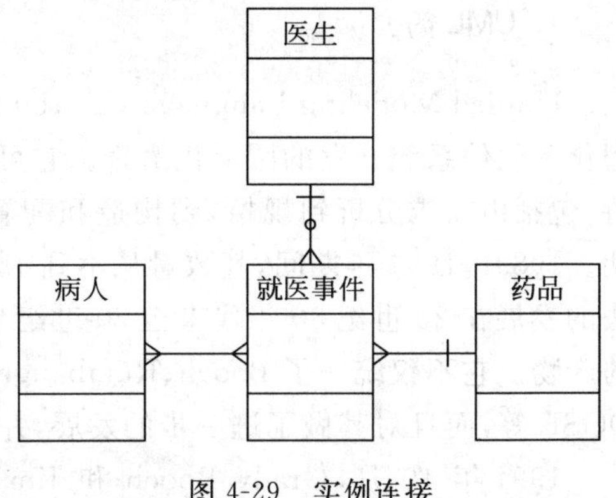

图4-29　实例连接

(4) 说明属性和实例连接约束。用名字和描述性语言说明属性,同时还可以增加一定的属性约束(取值范围、限制、计量单位和精度),并且要将属性划分成以下几类:①描述性的,其值在实例增加、修改、删除和选择时建立及维护;②定义性的,其值可能适用于某个对象或分类结构的多个实例;③可推导的,其值在任何时候都由其他数据推出;④偶尔可推导的,其值偶尔可推导(必须保存)。接下来要对实例连接约束进行说明,主要通过观察实例间的映射限制得到说明,其中对组装连接的关系约束的说明也包括在内。

5) 定义服务

对象收到消息后执行的操作称为对象提供的服务,它描述了系统需要执行的处理和功能。定义服务的目的在于定义对象的行为和对象之间的通信。其具体步骤包括标识对象状态、标识必要的服务、标识消息连接和对服务的描述,见图4-30。

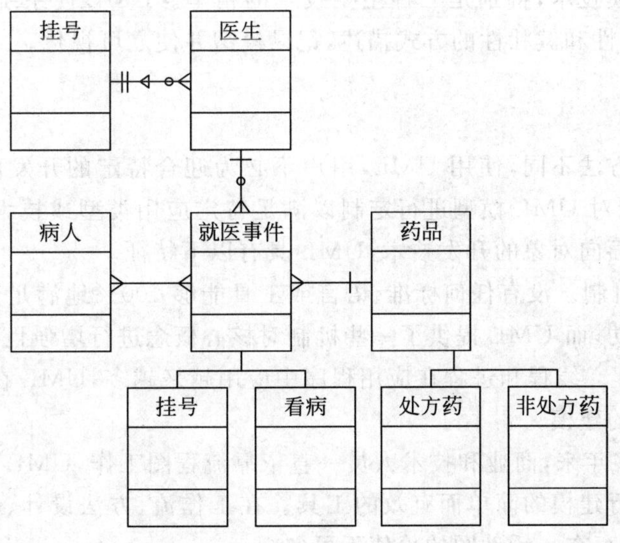

图4-30　对象服务与消息连接

4.3.4 UML 建模

1. UML 简介

Unified Modeling Language (UML)又称统一建模语言或标准建模语言,是一种支持模型化和软件系统开发的图形化语言。它可以为软件开发的所有阶段提供模型化和可视化支持,包括由需求分析到规格,到构造和配置。面向对象建模语言出现于20世纪70年代中期。1989—1994年期间,其数量从不到十种增加到了五十多种。面向对象的分析与设计方法的发展在20世纪80年代末至20世纪90年代中出现了一次高潮,UML就是这个高潮期的产物。它不仅统一了Booch、Rumbaugh和Jacobson的表示方法Booch 1993、OMT-2和OOSE等,而且对其做了进一步的发展,并最终统一为大众所接受的标准建模语言UML。

1994年10月,Grady Booch和Jim Rumbaugh开始致力于这一工作,他们首先将Booch 1993和OMT-2统一起来,并于1995年10月发布了第一个版本,称为统一方法UM 0.8(Unitied Method)。1995年秋,OOSE的创始人Ivar Jacobson加盟这一工作。经过三人的共同努力,1996年6月和10月分别发布了两个新的版本,即UML 0.9和UML 0.91,并将UM重新命名为UML(Unified Modeling Language)。1996年,一些机构将UML作为商业策略考虑。UML的开发者得到了公众的正面反应,并倡议成立UML成员协会,以完善、加强和促进UML的定义工作。当时的成员有DEC、HP、I-Logix、Itellicorp、IBM、ICON Computing、MCI Systemhouse、Microsoft、Oracle、Rational Software、TI以及Unisys。这一机构对UML 1.0(1997年1月)及UML 1.1(1997年11月17日)的定义和发布起了重要的促进作用。

UML是一种定义良好、易于表达、功能强大且普遍适用的建模语言。它融入了软件工程领域的新思想、新方法和新技术。它的作用域不限于支持面向对象的分析与设计,还支持从需求分析开始的软件开发的全过程。1996年10月,UML获得了工业界、科技界和应用界的广泛支持,很多公司采用UML作为建模语言,并使之成为工业标准。UML汇集了近二十多年来各种建模技术,特别是三种主要技术的精华。UML使系统开发者能够以一种支持可伸缩性、安全性和健壮性的方式描述,记录模型并使之可视化。

2. UML 的特征

与以往的建模方法不同,使用UML,用户不必为迎合特定的开发商而改变工作方式。UML使用扩展机制对UML模型进行定制以满足特定应用类型或技术领域的需求。作为一种当前最流行的面向对象的开发技术,UML具有以下特征。

(1) 可扩展性机制。没有任何标准、语言或工具能够100%地满足用户的需要,这样的努力注定是劳而无功,而UML提供了一些机制对核心概念进行增强且不损坏其完整性。

(2) 线程和进程。线程和进程在应用程序中应用越来越多,UML在所有的动作模型里都支持线程和进程的建模。

(3) 活动图。多年来,商业和技术人员一直依靠流程图工作,UML将之更名为活动图,活动图是对逻辑进行建模的简单而有效的工具。在工作流、方法设计、屏幕导航、计算等发展过程中,逻辑始终存在。活动图的价值不可忽视。

(4) 精华。许多概念,如类元和关系,贯穿系统开发的各个层次,无论是应用于商业环境还是科技环境,它们的语义保持不变,但不同的抽象层次会对原始的概念进行一些添加、定制或精化。这种方法支持并在某种程度上促进了概念在新的抽象层次的不同应用,它的结果是促进了用于系统开发的模型集的日益发展,所有这些模型都建立在相同的概念基础之上,但每个模型都被加以剪裁以适应特定的情况。

(5) 构件和接口。建模的优势之一就是能够在不同的抽象层次上工作,而不仅局限于代码层次上。接口和构件使建模者在解决问题时能够将注意力集中在那些有助于解决问题的连通性和通信问题上,在比较重要的对策、协议、接口和通信需求没有确定的时候,可以暂时忽略构件的实现甚至是内部设计。在这样一个比较高的抽象层次上创建的模型可以并总是可以在不同的环境中实现。

(6) 约束语言。对象约束语言提供了语法以定义保证模型完整性的规则。在这种编程方式中,建模元素之间的关系被定义为支配交互的规则。当契约的双方准备签约的时候,契约对客户和供应商同时赋予了义务,被称为前置条件的约束规定客户为得到产品和服务必须要尽的义务,同时,约束也规定了当客户履行了其义务时,供应商必须要做的事情,这些约束被称作后置条件或保证。

(7) 动作语义。UML 的目标历来都是尽可能精确地对软件建模,对软件建模意味着要对行为建模。动作语义扩展可以用动作表达离散的行为,动作能够转换信息和/或改变系统。此外,UML 在建模中将动作当作单独的对象,这样就使得动作可以并发执行。

3. UML 内容

1) 建模语言

作为一种建模语言,UML 的定义包括 UML 语义和 UML 表示法两个部分。

(1) UML 语义,描述基于 UML 的精确元模型定义。元模型为 UML 的所有元素在语法和语义上提供了简单、一致、通用的定义性说明,使开发者能在语义上取得一致,消除了因人而异的最佳表达方法所造成的影响。此外,UML 还支持对元模型的扩展定义。

(2) UML 表示法,定义 UML 符号的表示法,为开发者或开发工具使用这些图形符号和文本语法为系统建模提供了标准。这些图形符号和文字所表达的是应用级的模型,在语义上它是 UML 元模型的实例。

2) 5 类图

标准建模语言 UML 的重要内容可以由下列 5 类图(共 9 种图形)来定义。

第一类是用例图(Use Case Diagram),从用户角度描述系统功能,并指出各功能的操作者。

第二类是静态图(Static Diagram),包括类图、对象图和包图。其中,类图描述系统中类的静态结构。不仅定义系统中的类,表示类之间的联系如关联、依赖、聚合等,也包括类的内部结构(类的属性和操作)。类图描述的是一种静态关系,在系统的整个生命周期都是有效的。对象图是类图的实例,几乎使用与类图完全相同的标识。它们的不同点在于对象图显示类的多个对象实例,而不是实际的类。一个对象图是类图的一个实例。由于对象存在生命周期,因此对象图只能在系统某一时间段存在。包由包或类组成,表示包与包之间的关系。包图用于描述系统的分层结构。

第三类是行为图(Behavior Diagram),描述系统的动态模型和组成对象间的交互关系。行为图包括：状态图、活动图、顺序图和协作图。其中,状态图描述类的对象所有可能的状态以及事件发生时状态的转移条件。通常,状态图是对类图的补充。在实用上并不需要为所有的类画状态图,仅为那些有多个状态其行为受外界环境的影响并且发生改变的类画状态图。而活动图描述满足用例要求所要进行的活动以及活动间的约束关系,有利于识别并行活动。活动图是一种特殊的状态图,它对于系统的功能建模特别重要,强调对象间的控制流程。顺序图展现了一组对象和由这组对象收发的消息,用于按时间顺序对控制流建模。用顺序图说明系统的动态视图。协作图展现了一组对象,这组对象间的连接以及这组对象收发的消息。它强调收发消息的对象的结构组织,按组织结构对控制流建模。顺序图和协作图都是交互图,顺序图和协作图可以相互转换。

第四类是交互图(Interactive Diagram),描述对象间的交互关系。其中顺序图显示对象之间的动态合作关系,它强调对象之间消息发送的顺序,同时显示对象之间的交互；合作图描述对象间的协作关系,合作图与顺序图相似,显示对象间的动态合作关系。除显示信息交换外,合作图还显示对象以及它们之间的关系。如果强调时间和顺序,则使用顺序图；如果强调上下级关系,则选择合作图。这两种图合称为交互图。

第五类是实现图(Implementation Diagram)。其中,构件图描述代码部件的物理结构及各部件之间的依赖关系。一个代码部件可能是一个资源代码部件、一个二进制部件或一个可执行部件。它包含逻辑类或实现类的有关信息。代码部件图有助于分析和理解部件之间的相互影响程度。配置图定义系统中软硬件的物理体系结构。它可以显示实际的计算机和设备(用节点表示)以及它们之间的连接关系,也可显示连接的类型及部件之间的依赖性。在节点内部,放置可执行部件和对象以显示节点与可执行软件单元的对应关系。

从应用的角度看,当采用面向对象技术设计系统时,第一步是描述需求；第二步根据需求建立系统的静态模型,以构造系统的结构；第三步是描述系统的行为。其中在第一步与第二步中所建立的模型都是静态的,包括用例图、类图(包含包)、对象图、组件图和配置图等5个图形,是标准建模语言UML的静态建模机制。其中第三步中所建立的模型或者可以执行,或者表示执行时的时序状态或交互关系。它包括状态图、活动图、顺序图和合作图等4个图形,是标准建模语言UML的动态建模机制。因此,标准建模语言UML的主要内容也可以归纳为静态建模机制和动态建模机制两大类。

4. UML建模机制及步骤

1) UML的建模过程主要步骤

(1) 建立需求模型,即从功能需求出发建立用例模型,得到系统的功能。

(2) 建立对象模型,包括静态模型和动态模型。

(3) 建立系统实现模型,使用配置图定义系统的软硬件结构及通信机制,表示软硬件系统之间的合作关系；使用构件图描述系统由哪些构件组成。

(4) 检查模型之间的一致性,通常这个过程需要反复多次才能完整地描述系统。

(5) 在构件图的基础上生成开发语言的代码框架。

2) UML软件工具

UML建模工具Rational Rose、PowerDesigner和Vision的比较如下。

(1) Rational Rose 是 IBM 的产品，是一种基于 UML 的建模工具。Rational Rose 自推出以来就受到了业界的瞩目，并一直引领可视化建模工具的发展。很多软件公司和开发团队都使用 Rational Rose 进行大型项目的分析、建模与设计等。Rational Rose 易于使用，支持使用多种构件和多种语言的复杂系统建模；利用双向工程技术可以实现迭代式开发；团队管理特性支持大型、复杂的项目和大型而且通常队员分散在各个不同地方的开发团队。同时，Rational Rose 与微软 Visual Studio 系列工具中 GUI 的完美结合所带来的方便性，使得它成为绝大多数开发人员的首选建模工具；Rational Rose 还是市场上第一个提供对基于 UML 的数据建模和 Web 建模支持的工具。此外，Rational Rose 还为其他一些领域提供支持，如用户定制和产品性能改进。Rational Rose 主要是对开发过程中的各种语义、模块、对象以及流程、状态等描述比较好，主要体现在能够从各个方面和角度来分析和设计，使软件的开发蓝图和内部结构更清晰，对系统的代码框架生成有很好的支持。Rational Rose 开始没有对数据库端建模的支持，现在的版本中已经加入数据库建模的功能。对数据库的开发管理和数据库端的迭代不是很好。

(2) PowerDesigner 原来是对数据库建模而发展起来的一种数据库建模工具。直到 7.0 版才开始支持对面向对象的开发，后来又引入了对 UML 的支持。但是由于 PowerDesigner 侧重不一样，所以它对数据库建模的支持很好，支持了能够看到的 90%左右的数据库，而对 UML 建模使用到的各种图的支持比较滞后。但是在最近得到加强。所以使用它来进行 UML 开发的并不多，很多人都是用它来作为数据库的建模。如果使用 UML 分析，它的优点是生成代码时对 Sybase 的产品 PowerBuilder 的支持很好(其他 UML 建模工具则没有或者需要一定的插件)，其他面向对象语言如 C++，Java，VB，C# 等支持也不错。但是它好像继承了 Sybase 公司的一贯传统，对中国的市场不是很看好，所以对中文的支持总是有这样或那样的问题。

(3) UML 建模工具 Visio 原来仅仅是 Microsoft 的一种画图工具，能够用来描述各种图形(从电路图到房屋结构图)，也是到 Visio 2000 才开始引进软件分析设计功能到代码生成的全部功能，它可以说是目前最能够用图形方式来表达各种商业图形用途的工具(对软件开发中的 UML 支持仅是其中很少的一部分)。它与微软的 Office 产品的能够很好地兼容。能够把图形直接复制或者内嵌到 Word 的文档中。但是对于代码的生成更多是支持微软的产品如 VB，VC++，MS SQL Server 等，所以它可以说用于图形语义的描述比较方便，但是用于软件开发过程的迭代开发则有点牵强。

4.3.5 UML 面向对象分析应用

1. 系统需求分析

学生信息管理系统包括学籍、成绩、选课、毕业管理等子系统。它的用户是学校的学生、教师和教务管理人员。学生登录该系统在网上查询自己的基本情况、学期成绩、选课信息、上课时间地点、课程成绩等信息；教师可以查看选课的学生信息、录入学生成绩；教务处人员可以查看学生信息、排课、分析成绩、奖惩管理、学籍的异动管理等。

2. 建立需求模型

建立需求模型，即从功能需求出发建立用例模型，建立用例模型首先要指明系统的边界和各功能的行为者，行为者是按照角色来划分的。

1）用例图的设计

在教务综合管理系统中涉及的角色是教务处、学生和教师，为了对系统的需求加以描述，从用户的角度出发设计用例图，图 4-31 是教务处用例图，图 4-32 是学生用例图，图 4-33 是教师用例图。

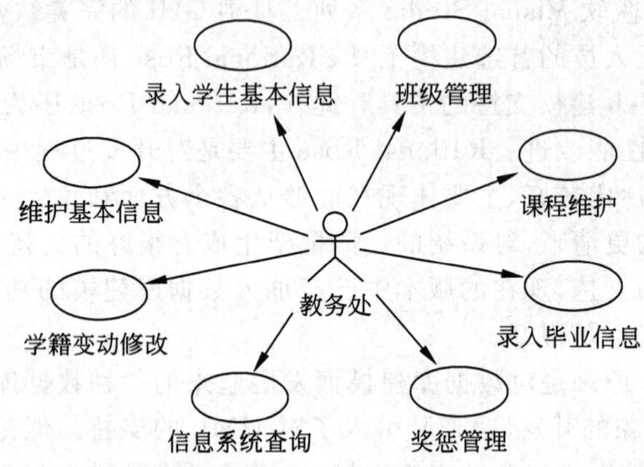

图 4-31 教务处用例图

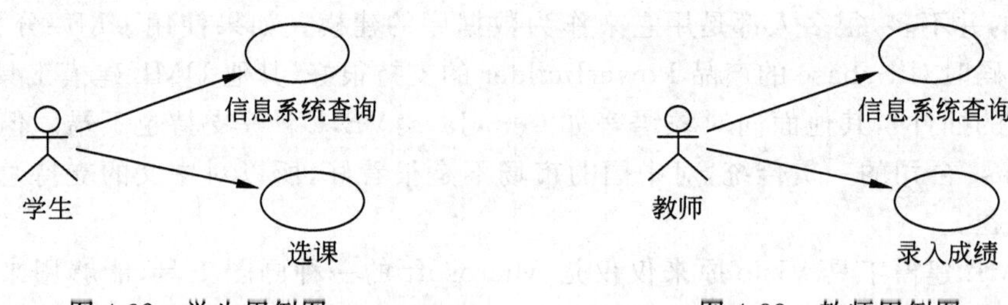

图 4-32 学生用例图　　　　图 4-33 教师用例图

2）静态结构模型(定义对象类)设计

系统的静态结构模型主要由对象类图和对象图表达。它是从 Use Case 中发现对象类，确定类的属性和主要操作。本系统的部分类及其属性、操作见图 4-34。

(1)“学生”类：负责活动者“学生”的信息处理，属性有“学号”、“姓名”、“所在班级”、“出生年月”、“身份证号”、“籍贯”等，对这些信息的服务操作有查询、添加、修改、删除等。学生通过“课程选择”生成课程表，储存在“成绩管理”中。

(2)“教师”类：负责活动者“教师”的信息处理，教师通过“成绩录入”把学生成绩储存到“成绩管理”中。

(3)“教务处”类：可以对课程进行添加、删除、修改、查询操作。通过分析成绩，对学生进行奖惩管理，存储到“奖惩信息”中。

(4)“课程管理”类：教务处对课程进行各种操作，属性有“课号”，“课程号”，“课序号”，“课程名”，“上课时间”，“上课地点”，“任课教师”，“学分”。

(5)“成绩管理”类：学生选课后的课程信息和教师录入成绩后的信息都在“成绩管理”中，属性有“学号”，“课号”，“成绩”。

(6)“奖惩信息”类：教务处根据学生成绩，进行分析后，对学生进行奖惩管理，存储到

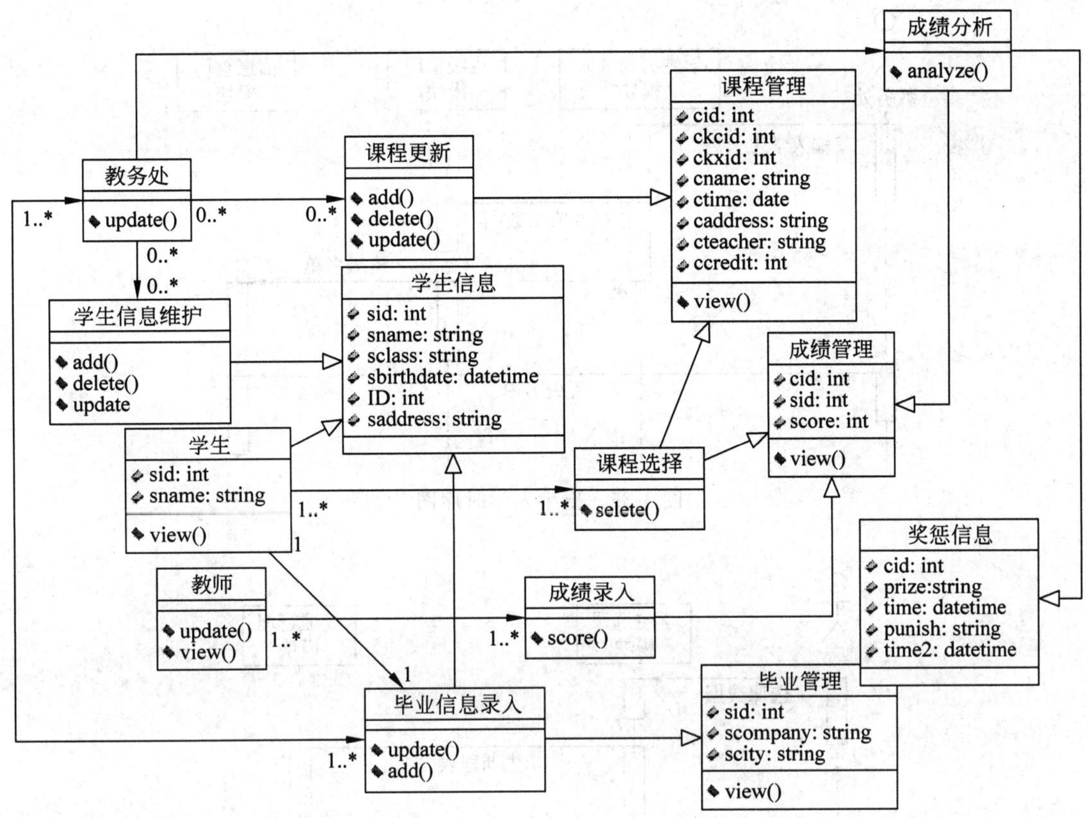

图 4-34 系统静态图

“奖惩信息”中，属性有：“学号”，“所获奖项”，“获奖时间”，“所受惩罚”，“受罚时间”。

(7)“毕业管理”类：教务处对符合毕业条件的学生进行管理，学生录入毕业信息后，存到“毕业管理”中，属性有：“学号”，“就业单位”，“单位所在地”。

以上是部分主要类及其属性和操作，其他类及其属性和操作类似，不再赘述。

3) 交互图(时序图和协同图)设计

它描述 Use Case 如何实现对象之间的交互，用于建立系统的动态行为模型。每个用例可以建立一个时序图，现对几个重要的时序图进行介绍。

(1) 新生入学时序图

教务处人员通过学生信息管理模块输入学生信息，再通过学生管理模块对高考成绩数据进行分析，对学生进行分班管理，得到班级名单，存储到学生信息中，可对信息进行查询，如图 4-35 所示。

(2) 学生选课时序图

学生进入选课管理系统，输入选课数据后，生成学生课程表，存储到成绩管理数据库中，可对其进行查询，如图 4-36 所示。

(3) 教师录入成绩时序图

教师把成绩数据录入到系统中，通过教师录入成绩模块，成绩数据会存储到成绩管理数据库中，并且生成学生成绩单，可对其进行查询，如图 4-37 所示。

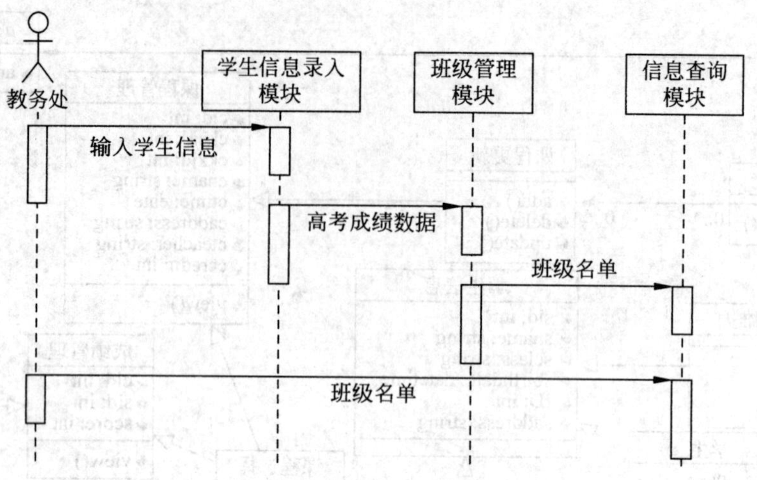

图 4-35 新生入学时序图

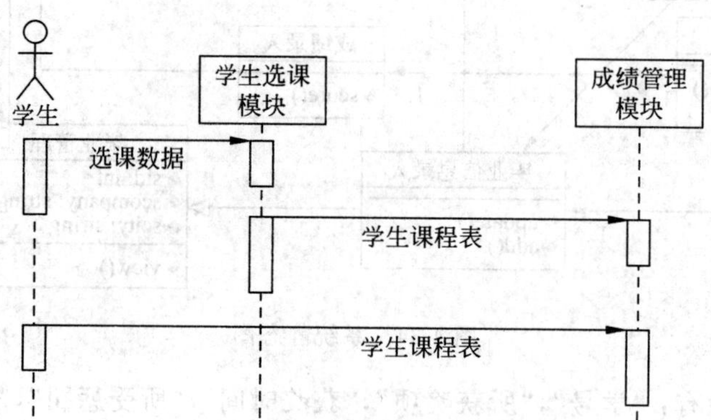

图 4-36 学生选课时序图

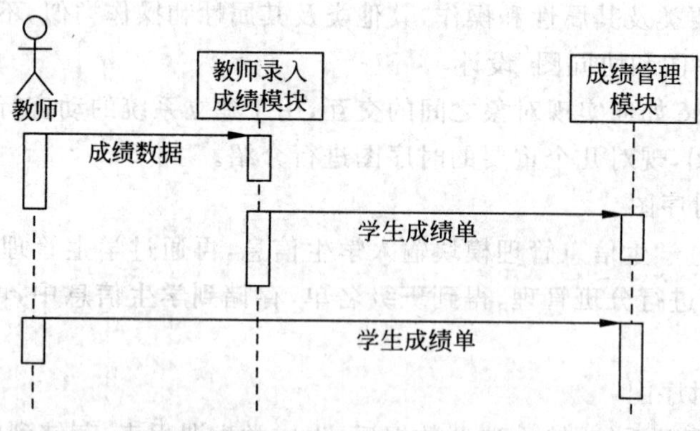

图 4-37 教师录入成绩时序图

(4) 学生毕业时序图

教务处通过分析学生的所有成绩数据和奖惩记录，分析得出允许毕业的学生名单，学生可对这些信息进行查询，如图 4-38 所示。

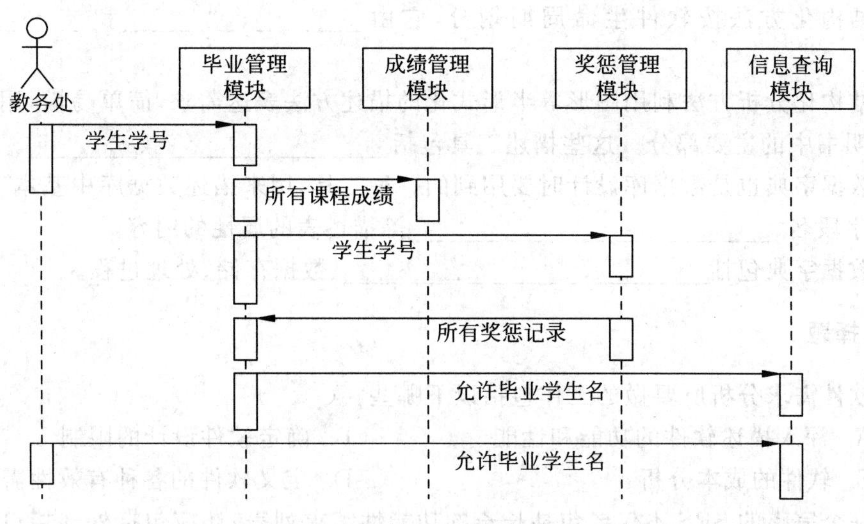

图 4-38 学生毕业时序图

4）配置图的设计

对系统进行物理建模时需要用到组件图和配置图，配置图描述运行软件的系统中的硬件和软件的物理结构，即系统执行过程中系统资源元素的配置情况以及软件到这些资源元素的映射。本系统主要是针对学校的学生、教师和教务处人员，因此，在设计系统时，采用B/S结构，后台数据库和应用服务器设置在教务处，它们通过路由器连接到校园网的服务器上，这样，学生、教师都通过互联网在任何地方登录该系统。它的配置图如图 4-39 所示。

图 4-39 系统配置图

习题

1. 名词解释

（1）需求分析；（2）DFD；（3）数据字典；（4）E-R 图；（5）UML。

2. 判断题

（1）数据流图有两种典型结构，一种是变换型结构，另一种是顺序型结构。 （ ）

（2）描述加工逻辑一般用以下三种工具：结构化语言、判定表、判定树。 （ ）

（3）构成 E-R 图的基本要素是实体、属性和结构。 （ ）

（4）用户需求描述的是用户的目标，或用户要求系统必须能完成的任务。 （ ）

3. 填空题

（1）需求分析可分为________、________及________三个阶段。

(2) 结构化方法按软件生命周期划分,它由________、________和________三部分组成。

(3) 结构化分析方法利用图形等半形式化的描述方法表达需求,简单易懂,用它们来形成需求说明书中的主要部分。这些描述工具包括________、________、________。

(4) 数据字典也是数据库设计时要用到的一种工具,用来描述数据库中基本表的设计,主要包括字段名、________、________、________等描述表的属性的内容。

(5) 数据字典包括________、________、________、数据存储、处理过程。

4. 选择题

(1) 软件需求分析所要做的工作包括以下哪些?( )

A. 深入描述软件的功能和性能　　B. 确定软件设计的限制

C. 软件的成本分析　　D. 定义软件的各种有效性需求

(2) 一个完整的SRS不仅要包括长长的功能性需求列表,还应包括外部接口描述和一些诸如质量属性、期望性等非功能性的需求。其特征包括以下哪些?( )

A. 结构性　　B. 完整性　　C. 正确性　　D. 一致性

E. 可修改性

(3) 数据流图的基本图形元素有哪些?( )

A. 数据流　　B. 数据属性　　C. 加工处理　　D. 数据存储

(4) 面向对象方法的步骤是以下哪项?( )

① 通过整合各模块,达到高内聚、低耦合的效果,从而满足客户要求

② 对需求进行合理分层,构建相对独立的业务模块

③ 根据客户需求抽象出业务对象

④ 设计业务逻辑,利用多态、继承、封装、抽象的编程思想,实现业务需求

A. ②①④③　　B. ③②④①　　C. ①②④③　　D. ③①②④

(5) 面向对象的特征有哪些?( )

A. 抽象性　　B. 封装性　　C. 继承性　　D. 多态性

E. 独特性

5. 简答题

(1) 简述需求分析的过程。

(2) 需求调查的步骤是怎样的?

(3) UML的基本特征有哪些?

(4) 标准建模语言UML的重要内容可以由哪几类图来定义?

6. 论述题

(1) 结构化分析的具体步骤是怎样的?

(2) UML建模工具Rational Rose、PowerDesigner和Vision的比较。

第5章 系统设计

本章重点介绍电子商务系统构架、软件结构化设计、面向对象设计方法、用户界面设计，要求学生了解电子商务系统设计的构架和特点，掌握软件系统设计的结构设计、模块设计、面向对象设计以及界面设计的方法。

5.1 信息系统构架

本节重点介绍硬件与网络系统设计，软件体系结构，软件体系风格。

5.1.1 硬件与网络系统设计

电子商务系统架构见图 5-1。其逻辑架构包含 Web 层、应用层和数据层三个层。Web 层提供统一的展现服务，包含统一 Web 服务和统一接口服务；应用层提供统一应用处理服务，包含认证服务，管理服务，业务服务等；数据层提供统一数据服务。

以下是电子商务系统服务器的功能说明。

Web 服务器主要是提供统一的用户展现服务，根据用户类型的不同，分为会员门户网站 Member Portal、管理门户网站 Admin Portal。

接口服务器负责与周边系统的数据交换(接口服务器是逻辑服务器，在具体的物理配置时，可以与其他服务器部署在一起)。

认证服务器提供统一的认证服务，包含会员认证、操作员认证、管理员认证、代理认证。

管理服务器提供统一后台管理服务，主要包含安全管理、监控管理、流程管理服务等。

业务服务器负责所有的业务逻辑处理功能(应用服务器是逻辑服务器，在具体的物理配置时，可以与 Web 服务器部署在一起)，包含资源和服务提供、订单、计费、对账、结算等。

数据库服务器包括管理数据和业务数据的存储。

5.1.2 软件体系结构及风格

1. 软件体系结构

软件体系结构是具有一定形式的结构化元素，即构件的集合，包括处理构件、数据构件和连接构件。处理构件负责对数据进行加工，数据构件是被加工的信息，连接构件把体系结构的不同部分组合连接起来。软件体系结构已经在软件工程领域中有着广泛的应用。

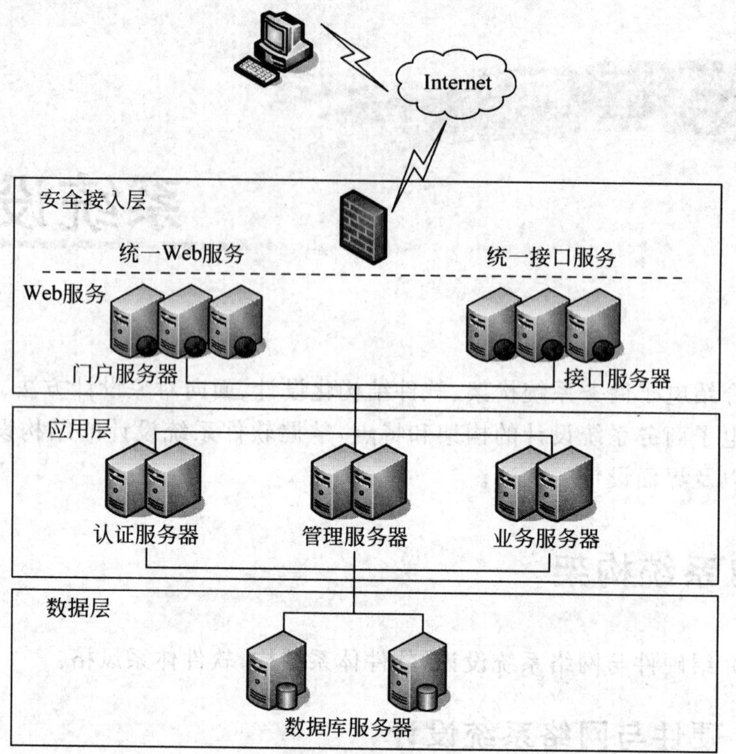

图 5-1 电子商务系统架构

早期的结构化程序就是以语句组成模块，模块的聚集和嵌套形成层层调用的程序结构，也就是体系结构。结构化程序的程序(表达)结构和(计算的)逻辑结构的一致性及自顶向下开发方法自然而然地形成了体系结构。由于结构化程序设计时代程序规模不大，通过强调结构化程序设计方法学，自顶向下、逐步求精，并注意模块的耦合性就可以得到相对良好的结构，所以，并未特别研究软件体系结构。软件从传统的软件工程进入到现代面向对象的软件工程，研究整个软件系统的体系结构，寻求建构最快、成本最低、质量最好的构造过程。随着软件系统规模越来越大、越来越复杂，整个系统的结构和规格说明显得越来越重要。

Internet 的发展给传统应用软件的开发带来了深刻的影响。基于 Internet 和 Web 的软件和应用系统无疑需要更为开放和灵活的体系结构。随着越来越多的商业系统被搬上 Internet，一种新的、更具生命力的体系结构被广泛采用，这就是“三层/多层计算”。其特点是：客户层用户接口和用户请求的发出地，典型应用是网络浏览器和胖客户；服务器层典型应用是 Web 服务器和运行业务代码的应用程序服务器；数据层典型应用是关系型数据库和其他后端(Back-end)数据资源，如 Oracle 和 SAP、R/3 等。

三层体系结构中，客户(请求信息)、程序(处理请求)和数据(被操作)被物理地隔离。三层结构是个更灵活的体系结构，它把显示逻辑从业务逻辑中分离出来，这就意味着业务代码是独立的，可以不关心怎样显示和在哪里显示。业务逻辑层现在处于中间层，不需要关心由哪种类型的客户来显示数据，也可以与后端系统保持相对独立性，有利于系统扩展。三层结构具有更好的移植性，可以跨不同类型的平台工作，允许用户请求在多个服务器间进行负载平衡。三层结构中安全性也更易于实现，因为应用程序已经同客户隔离。应用程序服务器是三层/多层体系结构的组成部分,应用程序服务器位于中间层。

对软件体系结构风格的研究和实践促进了对软件设计的复用,一些经过实践证实的解决方案可以用于解决新的问题。体系结构风格的不变部分使不同的系统可以共享同一个实现代码。只要系统是使用常用的、规范的方法来组织,就可使别的设计者很容易地理解系统的体系结构。

2. 软件体系风格

1) 管道/过滤器风格

在管道/过滤器风格的软件体系结构(见图 5-2)中,每个构件都有一组输入和输出,构件读输入的数据流,经过内部处理,然后产生输出数据流。这个过程通常通过对输入流的变换及增量计算来完成,所以在输入被完全消费之前,输出便产生了。因此,这里的构件被称为过滤器,这种风格的连接件就像是数据流传输的管道,将一个过滤器的输出传到另一过滤器的输入。此风格特别重要的过滤器必须是独立的实体,它不能与其他的过滤器共享数据,而且一个过滤器不知道它上游和下游的标识。一个管道/过滤器网络输出的正确性并不依赖于过滤器进行增量计算过程的顺序。

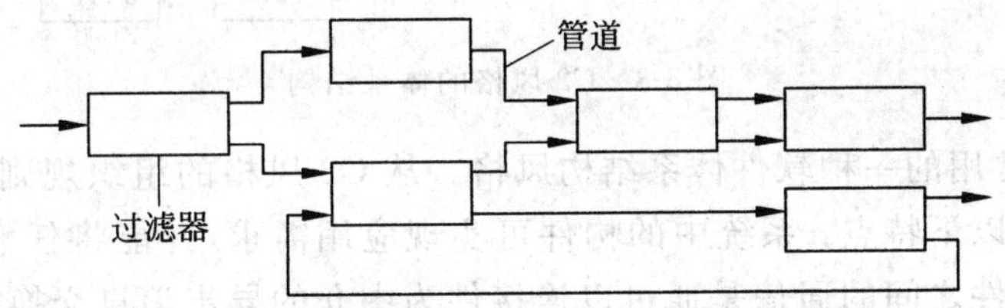

图 5-2 管道/过滤器风格的体系结构

一个典型的管道/过滤器体系结构的例子是以 UNIX Shell 编写的程序。UNIX 既提供一种符号,以连接各组成部分(UNIX 的进程),又提供某种进程运行时机制以实现管道。另一个著名的例子是传统的编译器。传统的编译器一直被认为是一种管道系统,在该系统中,一个阶段(包括词法分析、语法分析、语义分析和代码生成)的输出是另一个阶段的输入。

管道/过滤器风格的软件体系结构有许多优点:使得软构件具有良好的隐蔽性和高内聚、低耦合的特点;允许设计者将整个系统的输入/输出行为看成是多个过滤器的行为的简单合成;支持软件重用。只要提供适合在两个过滤器之间传送的数据,任何两个过滤器都可被连接起来;系统维护和增强系统性能简单。新的过滤器可以添加到现有系统中来;旧的可以被改进的过滤器替换掉;允许对一些如吞吐量、死锁等属性的分析;支持并行执行。每个过滤器是作为一个单独的任务完成,因此可与其他任务并行执行。但是,这样的系统也存在一些缺点:通常导致进程成为批处理的结构。这是因为虽然过滤器可增量式地处理数据,但它们是独立的,所以设计者必须将每个过滤器看成一个完整的从输入到输出的转换;不适合处理交互的应用。当需要增量地显示改变时,这个问题尤为严重;因为在数据传输上没有通用的标准,每个过滤器都增加了解析和合成数据的工作,这样就导致了系统性能下降,并增加了编写过滤器的复杂性。

2) C2 风格

C2 体系结构风格可以概括为:通过连接件绑定在一起的按照一组规则运作的并行构

件网络。C2风格中的系统组织规则如下：系统中的构件和连接件都有一个顶部和一个底部；构件的顶部应连接到某连接件的底部，构件的底部则应连接到某连接件的顶部，而构件与构件之间的直接连接是不允许的；层次系统风格的体系结构；一个连接件可以和任意数目的其他构件和连接件连接；当两个连接件进行直接连接时，必须由其中一个的底部到另一个的顶部。图5-3是C2风格的示意图。图中构件与连接件之间的连接体现了C2风格中构建系统的规则。

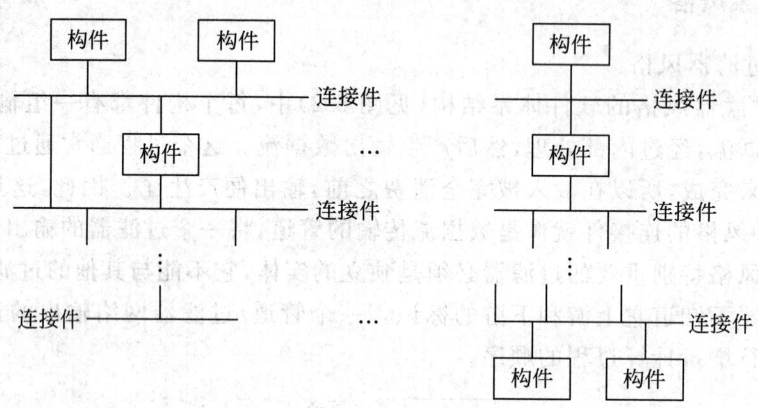

图 5-3　C2风格的体系结构

C2风格是最常用的一种软件体系结构风格。从C2风格的组织规则和结构图中，可以得出，C2风格具有以下特点：系统中的构件可实现应用需求，并能将任意复杂度的功能封装在一起；所有构件之间的通信是通过以连接件为中介的异步消息交换机制来实现的；构件相对独立，构件之间依赖性较少。系统中不存在某些构件将在同一地址空间内执行，或某些构件共享特定控制线程之类的相关性假设。

3）数据抽象和面向对象

抽象数据类型概念对软件系统有着重要作用，目前软件界已普遍转向使用面向对象系统。这种风格建立在数据抽象和面向对象的基础上，数据的表示方法和它们的相应操作封装在一个抽象数据类型或对象中。这种风格的构件是对象，或者说是抽象数据类型的实例。对象是一种被称作管理者的构件，因为它负责保持资源的完整性。对象是通过函数和过程的调用来交互的。图5-4是数据抽象和面向对象风格的示意图。

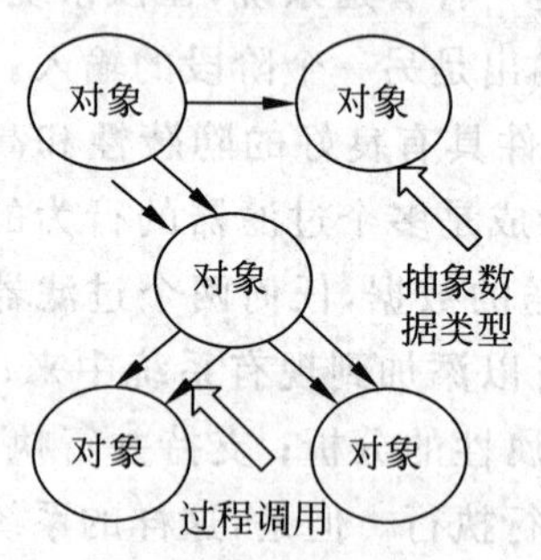

图 5-4　数据抽象和面向对象风格的体系结构

面向对象的系统有许多的优点：因为对象对其他对象隐藏它的表示，所以可以改变一个对象的表示，而不影响其他的对象；设计者可将一些数据存取操作的问题分解成一些交互的代理程序的集合。但是，面向对象的系统也存在着某些缺点：为了使一个对象和另一个对象通过过程调用等进行交互，必须知道对象的标识。只要一个对象的标识改变了，就必须修改所有其他明确调用它的对象；必须修改所有显式调用它的其他对象，并消除由此带来的一些副作用。例如，如果A使用了对象B，C也使用了对象B，那么，C对B的使用所造成的对A的影响可能是料想不到的。

4）基于事件的隐式调用

基于事件的隐式调用风格的思想是构件不直接调用一个过程，而是触发或广播一个或多个事件。系统中的其他构件中的过程在一个或多个事件中注册，当一个事件被触发，系统自动调用在这个事件中注册的所有过程，这样，一个事件的触发就导致了另一模块中的过程的调用。从体系结构上说，这种风格的构件是一些模块，这些模块既可以是一些过程，又可以是一些事件的集合。过程可以用通用的方式调用，也可以在系统事件中注册一些过程，当发生这些事件时，过程被调用，见图 5-5。事件组件被触发的同时，页面跳转到下面的一页。

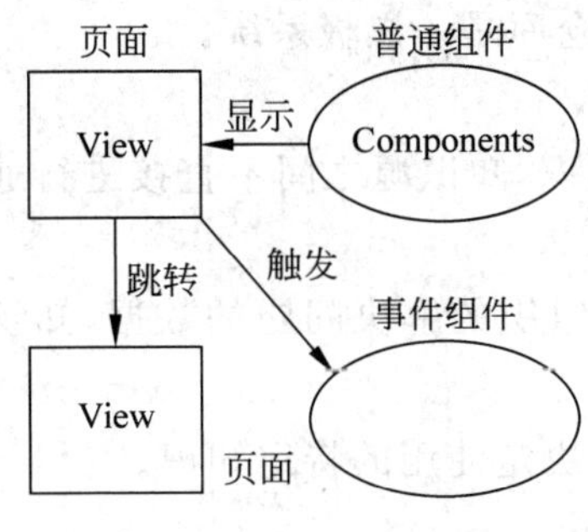

图 5-5 隐式调用

基于事件的隐式调用风格的主要特点是事件的触发者并不知道哪些构件会被这些事件影响。这样不能假定构件的处理顺序，甚至不知道哪些过程会被调用，因此，许多隐式调用的系统也包含显式调用作为构件交互的补充形式。

隐式调用系统的主要优点有：为软件重用提供了强大的支持。当需要将一个构件加入现存系统中时，只需将它注册到系统的事件中；为改进系统带来了方便。当用一个构件代替另一个构件时，不会影响到其他构件的接口。但是，隐式调用系统也有缺点：构件放弃了对系统计算的控制。一个构件触发一个事件时，不能确定其他构件是否会响应它。而且即使它知道事件注册了哪些构件的构成，它也不能保证这些过程被调用的顺序；数据交换的问题。有时数据可被一个事件传递，但另一些情况下，基于事件的系统必须依靠一个共享的仓库进行交互。在这些情况下，全局性能和资源管理便成了问题；既然过程的语义必须依赖于被触发事件的上下文约束，关于正确性的推理存在问题。

5）层次系统风格

层次系统组织成一个层次结构，每一层为上层服务，并作为下层客户。在一些层次系统中，除了一些精心挑选的输出函数外，内部的层只对相邻的层可见。这样的系统中构件在一些层实现了虚拟机（在另一些层次系统中层是部分不透明的）。连接件通过决定层间如何交互的协议来定义，拓扑约束包括对相邻层间交互的约束。这种风格支持基于可增加抽象层的设计。这样，允许将一个复杂问题分解成一个增量步骤序列的实现。由于每一层最多只影响两层，同时只要给相邻层提供相同的接口，允许每层用不同的方法实现，同样为软件重用提供了强大的支持。

图 5-6 是层次系统风格的示意图。层次系统最典型的应用是操作系统结构。每一层提供一个抽象的功能。外层为用户系统，中间层为基本工具，最低层为与硬件物理的管理。

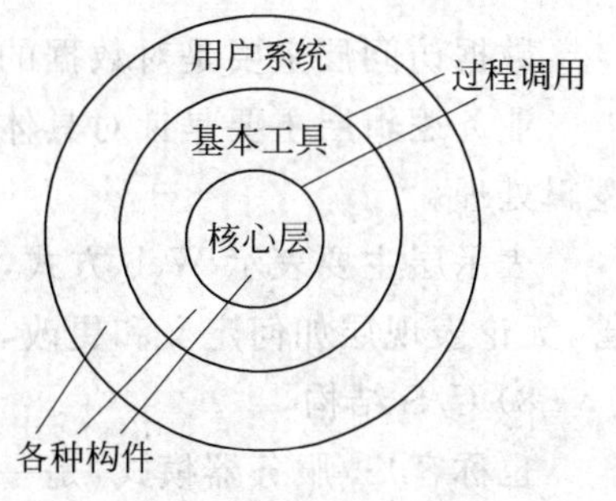

图 5-6 层次系统风格的体系结构

层次系统有许多优点：支持基于抽象程度递增的系统设计，使设计者可以把一个复杂系统按递增的步骤进行分解；支持功能增强，因为每一层至多和相邻的上下层交互，因此功能的改变最多影响相邻的上下层；支持重用。只要提供的服务接口定义不变，同一层的不同实现可以交换使用。这样，就可以定义一组标准的接口，而允许各种不同的实现方法。但是，层次系统也有其不足：并不是每个系统都可以很容易地划分为分层的模式，甚至即使一个系统的逻辑结构是层次化的，出于对系统性能的考虑，系统设计师不得不把一些低级或高级的功能综合起来；很难找到一个合适的、正确的层次抽象方法。

6）仓库风格

在仓库风格中，有两种不同的构件：中央数据结构说明当前状态，独立构件在中央数据存储上执行，仓库与外构件间的相互作用在系统中会有大的变化。控制原则的选取产生两个主要的子类。若输入流中某类时间触发进程执行的选择，则仓库是一传统型数据库；另一方面，若中央数据结构的当前状态触发进程执行的选择，则仓库是一黑板系统。

从图 5-7 中可以看出，黑板系统主要由三部分组成：

(1) 知识源。知识源中包含独立的、与应用程序相关的知识，知识源之间不直接进行通信，它们之间的交互只通过黑板来完成。

(2) 黑板共享数据。它是按照与应用程序相关的层次来组织的解决问题的数据，知识源通过不断地改变黑板数据来解决问题。

(3) 控制。控制完全由黑板的状态驱动，黑板状态的改变决定使用的特定知识。

7）三层结构

在软件体系架构设计中，分层结构很常见，也是最重要的一种结构。分层式结构一般分为三层，从下至上分别为：数据访问层、业务逻辑层、表示层。所谓三层体系结构，是在客户端与数据库之间加入了一个“中间层”，也叫组件层。三层体系的应用程序将业务规则、数据访问、合法性校验等工作放到了中间层进行处理。通常情况下，客户端不直接与数据库进行交互，而是通过中间层建立连接，再经由中间层与数据库进行交互，见图 5-8。其中 MS SQL 是 Microsoft SQL Server 的简称。

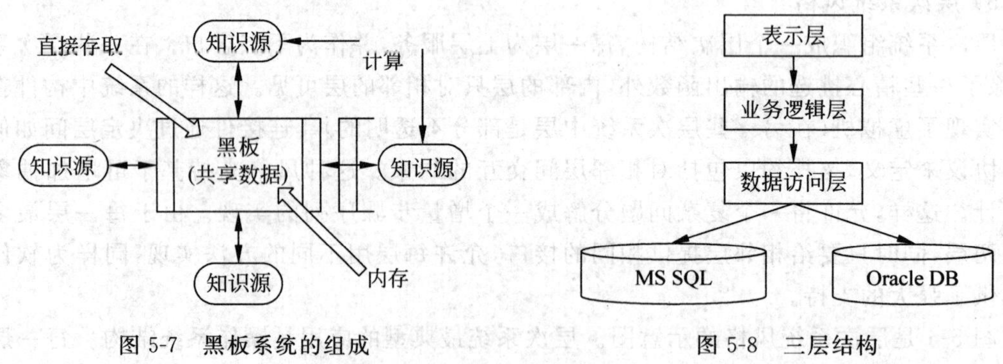

图 5-7　黑板系统的组成　　　图 5-8　三层结构

数据访问层主要是对数据的操作，具体为业务逻辑层或表示层提供数据服务。

业务逻辑层主要是针对具体的问题的操作，也可以理解成对数据层的操作，对数据业务逻辑处理。

表示层主要表示 Web 方式，也可以表示成 WinForm 方式。如果逻辑层相当强大和完善，无论表现层如何定义和更改，逻辑层都能完善地提供服务。

8）C/S 结构

也称客户/服务器模式，是一类按新的应用模式运行的分布式计算机系统。在 C/S 系统中，能为应用提供服务（如文件服务，打印服务，拷贝服务，图像服务，通信管理服务等）的计算机或处理器,当其被请求服务时就成为服务器。一台计算机可能提供多种服务,一个服务也可能要由多台计算机组合完成。与服务器相对,提出服务请求的计算机或处理器在当时就是客户机。从客户应用角度看,这个应用的一部分工作在客户机上完成,其他部分的工作则在(一个或多个)服务器上完成。

C/S 系统的特征是 C/S 系统中各计算机在不同的场合既可能是客户机,也可能是服务器,进入 20 世纪 90 年代,C/S 系统迅速流行,在于它有很多优点:用户使用简单,直观;编程,调试和维护费用低;系统内部负荷可以做到比较均衡,资源利用率较高;允许在一个客户机上运行不同计算机平台上的多种应用;系统易于扩展,可用性较好,对用户需求变化的适应性好。

9) B/S 结构

B/S 结构即浏览/服务器结构。它是随着 Internet 技术的兴起,对 C/S 结构的一种变化或者改进的结构。在这种结构下,用户工作界面是通过 WWW 浏览器来实现的,极少部分事务逻辑在前端(Browser)实现,但是主要事务逻辑在服务器端(Server)实现,形成所谓三层结构。

B/S 结构(Browser/Server,浏览/服务器模式),是 Web 兴起后的一种网络结构模式,Web 浏览器是客户端最主要的应用软件。这种模式统一了客户端,将系统功能实现的核心部分集中到服务器上,简化了系统的开发、维护和使用。客户机上只要安装一个浏览器,服务器安装 Oracle、Sybase、Informix 或 SQL Server 等数据库。浏览器通过 Web Server 同数据库进行数据交互。这样就大大简化了客户端计算机的载荷,减轻了系统维护与升级的成本和工作量,降低了用户的总体成本。

B/S 结构最大的优点就是只要计算机能上网就能使用,系统扩展性好。B/S 架构的缺点是图形的表现能力上以及运行的速度上弱于 C/S 架构,受程序运行环境限制。

5.2 软件结构化设计

本节重点介绍软件模块,软件结构化设计,软件概要设计,软件详细设计。

5.2.1 模块的结构化设计

1. 模块的概念

模块,是在程序设计中为完成某一功能所需的一段程序或子程序;或指能由编译程序、装配程序等处理的独立程序单位;或指大型软件系统的一部分。它也称构件,是能够单独命名并独立地完成一定功能的程序语句的集合(即程序代码和数据结构的集合体)。在系统的结构中,模块是可组合、分解和更换的单元。它具有两个基本的特征:外部特征和内部特征。外部特征是指模块与外部环境联系的接口(即其他模块或程序调用该模块的方式,包括输入输出参数、引用的全局变量)和模块的功能;内部特征是指模块的内部环境具有的特点(即该模块的局部数据和程序代码)。模块具有以下几种基本属性:接口、功能、逻辑、状态。功能、状态与接口反映模块的外部特性,逻辑反映它的内部特性。

模块是模块化设计和制造的功能单元,具有三大特征:一是相对独立性,可以对模块单独进行设计、制造、调试、修改和存储，这便于由不同的专业化企业分别进行生产；二是互换性，模块接口部位的结构、尺寸和参数标准化，容易实现模块间的互换，从而使模块满足更大数量的不同产品的需要；三是通用性，有利于实现横系列、纵系列产品间的模块的通用，实现跨系列产品间的模块的通用。

2. 模块独立性

模块独立性指每个模块只完成系统要求的独立的子功能，并且与其他模块的联系最少且接口简单。模块独立性是指模块内部各部分及模块间的关系的一种衡量标准，由内聚和耦合来度量。模块独立性的重要性具有独立的模块的软件比较容易开发出来。这是由于能够分割而且接口可以简化，当许多人分工合作开发同一个软件时，这个优点尤其重要。

独立的模块比较容易测试和维护。这是因为相对来说，修改设计和程序需要的工作量比较小，错误传播范围小，需要扩充功能时能够"插入"模块。总之，模块独立是优秀设计的关键，而设计又是决定软件质量的关键环节。度量标准模块的独立程度可以由两个定性标准度量，这两个标准分别称为内聚和耦合。耦合衡量不同模块彼此间互相依赖(连接)的紧密程度；内聚衡量一个模块内部各个元素彼此结合的紧密程度。

1) 耦合

简单地说，软件工程中对象之间的耦合度就是对象之间的依赖性。指导使用和维护对象的主要问题是对象之间的多重依赖性。对象之间的耦合越高，维护成本越高。因此对象的设计应使类和构件之间的耦合最小。耦合是对一个软件结构内各个模块之间互连程度的度量。耦合强弱取决于模块间接口的复杂程度，调用模块的方式，以及通过接口的信息。耦合性是程序结构中各个模块之间相互关联的度量。它取决于各个模块之间的接口的复杂程度、调用模块的方式以及哪些信息通过接口。具体区分模块间耦合程度的强弱的标准如下。

(1) 非直接耦合。模块间没有信息传递时，属于非直接耦合。两个模块之间没有直接关系，它们之间的联系完全是通过主模块的控制和调用来实现的。

(2) 数据耦合。数据耦合指两个模块之间有调用关系，传递的是简单的数据值，相当于高级语言的值传递。一个模块访问另一个模块时，彼此之间是通过简单数据参数(不是控制参数、公共数据结构或外部变量)来交换输入、输出信息的。

(3) 标记耦合。若一个模块A通过接口向两个模块B和C传递一个公共参数，那么称模块B和C之间存在一个标记耦合。模块间通过参数传递复杂的内部数据结构，称为标记耦合。此数据结构的变化将使相关的模块发生变化。

(4) 控制耦合。模块间传递的信息不但有数据，还包括控制信息，这种块间联系方式称为控制耦合。例如，一个模块通过传递开关、标志对某一模块的多种功能进行选择，则这两个模块之间的耦合方式是控制耦合。控制耦合的缺点：控制耦合增加了模块之间的复杂性。去除模块间控制耦合的方法：将被调用模块内的判定上移到调用模块中进行；被调用模块分解成若干单一功能模块。

(5) 外部耦合。一组模块都访问同一全局简单变量而不是同一全局数据结构，而且不是通过参数表传递该全局变量的信息，则称为外部耦合。

(6) 公共环境耦合。两个以上的模块共同引用一个全局数据项就称为公共耦合。若一组模块都访问同一个公共数据环境，则它们之间的耦合就称为公共耦合。公共的数据环境可以是全局数据结构、共享的通信区、内存的公共覆盖区等。

(7) 内容耦合。当一个模块直接修改或操作另一个模块的数据,或者直接转入另一个模块时,就发生了内容耦合。此时,被修改的模块完全依赖于修改它的模块。如果发生下列情形,两个模块之间就发生了内容耦合。若一组模块都访问同一个公共数据环境,则它们之间的耦合就称为公共耦合。公共的数据环境可以是全局数据结构、共享的通信区、内存的公共覆盖区等。这种可能性有:一个模块直接访问另一个模块的内部数据;一个模块不通过正常入口转到另一模块内部;两个模块有一部分程序代码重叠(只可能出现在汇编语言中);一个模块有多个入口。

总之,耦合是影响软件复杂程度的一个重要因素。应该采取的原则是:尽量使用数据耦合,少用控制耦合,限制公共环境耦合的范围,完全不用内容耦合。模块的耦合度由高到低排列如下:内容耦合,公共耦合,外部耦合,控制耦合,标记耦合,数据耦合,非直接耦合。

2) 内聚

内聚是指内部各元素之间联系的紧密程度,内聚度越低模块的独立性越差。这个概念是由 Constantine、Yourdon、Stevens 等人提出的。按他们的观点,把内聚按紧密程度从低到高排列为偶然内聚、逻辑内聚、时间内聚、通信内聚、顺序内聚、信息内聚、功能内聚。但是紧密程度的增长是非线性的。偶然内聚和逻辑内聚的模块联系松散,后面几种内聚相差不多,功能内聚一个功能、独立性强、内部结构紧密,是最理想的内聚。

(1) 偶然内聚。如果一个模块的各成分之间毫无关系,则称为偶然内聚,也就是说模块完成一组任务,这些任务之间的关系松散,实际上没有什么联系。

(2) 逻辑内聚。几个逻辑上相关的功能被放在同一模块中,则称为逻辑内聚。如一个模块读取各种不同类型外设的输入。尽管逻辑内聚比偶然内聚合理一些,但逻辑内聚的模块各成分在功能上并无关系,即使局部功能的修改有时也会影响全局,因此这类模块的修改也比较困难。

(3) 时间内聚。如果一个模块完成的功能必须在同一时间内执行(如系统初始化),但这些功能只是因为时间因素关联在一起,则称为时间内聚。

(4) 通信内聚。如果一个模块的所有成分都操作同一数据集或生成同一数据集,则称为通信内聚。

(5) 顺序内聚。如果一个模块的各个成分和同一个功能密切相关,而且一个成分的输出作为另一个成分的输入,则称为顺序内聚。

(6) 信息内聚。模块完成多个功能,各个功能都在同一数据结构上操作,每一项功能有一个唯一的入口点。这个模块将根据不同的要求,确定该模块执行哪一个功能。由于这个模块的所有功能都是基于同一个数据结构(符号表),因此,它是一个信息内聚的模块。

(7) 功能内聚。模块的所有成分对于完成单一的功能都是必需的,则称为功能内聚。

3. 模块化设计

模块化是一种处理复杂系统分解成为更好的可管理模块的方式。它可以通过在不同组件设定不同的功能,把一个问题分解成多个小的独立、互相作用的组件,来处理复杂、大型的软件。模块化用来分割、组织和打包软件。每个模块完成一个特定的子功能,所有的模块按某种方法组装起来,成为一个整体,完成整个系统所要求的功能。

简单地说，程序的编写不是开始就逐条录入计算机语句和指令，而是首先用主程序、子程序、子过程等框架把软件的主要结构和流程描述出来，并定义和调试好各个框架之间的输入、输出链接关系。逐步求精的结果是得到一系列以功能块为单位的算法描述。以功能块为单位进行程序设计，实现其求解算法的方法称为模块化。模块化的目的是为了降低程序复杂度，使程序设计、调试和维护等操作简单化。模块化设计是对一定范围内的不同功能或相同功能不同性能、不同规格的产品进行功能分析的基础上，划分并设计出一系列功能模块，通过模块的选择和组合构成不同的顾客定制的产品，以满足市场的不同需求。

1）模块化设计的概念

所谓的模块化设计，简单地说就是将产品的某些要素组合在一起，构成一个具有特定功能的子系统，将这个子系统作为通用性的模块与其他产品要素进行多种组合，构成新的系统，产生多种不同功能或相同功能、不同性能的系列产品。模块化设计是绿色设计方法之一，它已经从理念转变为较成熟的设计方法。将绿色设计思想与模块化设计方法结合起来，可以同时满足产品的功能属性和环境属性，一方面，可以缩短产品研发与制造周期，增加产品系列，提高产品质量，快速应对市场变化；另一方面，可以减少或消除对环境的不利影响，方便重用、升级、维修和产品废弃后的拆卸、回收和处理。

2）模块化设计原理

模块化产品是实现以大批量的效益进行单件生产目标的一种有效方法。产品模块化也是支持用户自行设计产品的一种有效方法。产品模块是具有独立功能和输入、输出的标准部件。这里的部件，一般包括分部件、组合件和零件等。模块化产品设计方法的原理是，在对一定范围内的不同功能或相同功能、不同性能、不同规格的产品进行功能分析的基础上，划分并设计出一系列功能模块，通过模块的选择和组合构成不同的顾客定制的产品，以满足市场的不同需求。这是相似性原理在产品功能和结构上的应用，是一种实现标准化与多样化的有机结合及多品种、小批量与效率的有效统一的标准化方法。

3）模块化与系列化

系列产品中的模块是一种通用件，模块化与系列化已成为现今产品发展的一个趋势。

(1) 模块化与系列化、组合化、通用化、标准化的关系。模块化设计技术是由产品系列化、组合化、通用化和标准化的需求而孕育的。系列化的目的在于用有限品种和规格的产品来最大限度且较经济合理地满足需求方对产品的要求。组合化是采用一些通用系列部件与较少数量的专用部件、零件组合而成的专用产品。通用化是借用原有产品的成熟零部件，不但能缩短设计周期，降低成本，而且还增加了产品的质量可靠性。标准化零部件实际上是跨品种、跨厂家甚至跨行业的更大范围零部件通用化。由于这种高度的通用化，使得这种零部件可以由工厂的单独部门或专门的工厂去单独进行专业化制造。

(2) 产品模块化、系列化设计分类与库管理。产品模块要求通用程度高，相对于产品的非模块部分生产批量大，对降低成本和减少各种投入较为有利。但在另一方面又要求模块适应产品的不同功能、性能、形态等多变的因素，因此对模块的柔性化要求就大大提高了。对于生产来说，尽可能减少模块的种类，达到一物多用的目的。对于产品的使用来说，往往又希望扩大模块的种类，以更多地增加品种。针对这一矛盾，设计时必须从产品系统的整体出发，对产品功能、性能、成本诸方面的问题进行全面综合分析，合理确定模块的划分。产品模块化设计按照自顶向下研究分类，包括系统级模块、产品级模块、部件级模块、零件级模块；再按照功能及加工和组合要求研究分类，包括基本模块、通用模块、专用模块；然后按照接口组合要求研究分类，包括内部接口模块、外部接口模块。以产品级模块化为例，就是在需求调查的基础上，对装备产品的构成进行分析，考察其中的功能互换性与几何互换性的关系，并划分基本模块、通用模块或专用模块，以模块为基础进行内部接口、外部接口设计，通过加、减、换、改相应模块以构成新的产品，并满足装备产品的功能指标的要求。

4）模块化产品设计理念

（1）模块化设计的目的。模块化产品设计的目的是以少变应多变，以尽可能少的投入生产尽可能多的产品，以最为经济的方法满足各种要求。由于模块具有不同的组合可以配置生成多样化的满足用户需求的产品的特点，同时模块又具有标准的几何连接接口和一致的输入输出接口，如果模块的划分和接口定义符合企业批量化生产中采购、物流、生产和服务的实际情况，这就意味着按照模块化模式配置出来的产品是符合批量化生产的实际情况的，从而使定制化生产和批量化生产这对矛盾得到解决。

（2）模块化的应用。模块化不仅加快了产品生产的速度，也改变了企业工作方式。模块化的产品结构确立了其设计和生产原则，企业为用户提供模块化的服务。在制造行业，模块化的应用已非常普遍，一些公司正在把模块化理念扩展到产品生产和服务上来，模块化不仅改变了企业的生产方式，也提高了自身工作方式。

5.2.2 软件结构化设计

1. 软件设计

软件需求要解决“做什么”，而软件设计要解决“怎么做”的问题。

1）软件设计的概念

软件设计是把软件需求（定义阶段）转换为软件的具体设计方案，即划分模块结构的过程，是软件开发阶段最重要的步骤。从软件需求规格说明书出发，形成软件的具体设计方案。软件设计是一个迭代过程，先进行高层次结构设计；再进行低层次过程设计；穿插数据设计和接口设计。软件设计的方法包括结构化设计方法和面向对象的设计方法。

2）软件设计目标

设计必须实现分析模型中描述的所有显式需求，必须满足用户希望的所有隐式需求；设计必须是可读、可理解的，使得将来易于编程、易于测试、易于维护；设计应从实现角度出发，给出数据、功能、行为相关的软件全貌。

3）软件设计过程

软件设计过程是对程序结构、数据结构、过程细节和接口细节逐步细化、评审和编写文档的过程。从技术角度上讲，软件设计分成体系结构设计、数据设计、过程设计、接口设计4个方面的工作。从管理角度上讲，软件设计分为概要设计和详细设计两个阶段。

2. 软件结构化设计

1）软件结构化设计概述

（1）历史。结构化程序设计由迪克斯特拉（E. W. Dijkstra）在1969年提出，是以模块化设计为中心，将待开发的软件系统划分为若干个相互独立的模块，这样使完成每一个模块的工作变得单纯而明确，为设计一些较大的软件打下了良好的基础。结构化设计是由美国

IBM公司的Constantine等人花了十几年时间研究出来的用于概要设计的一套方法，与结构化分析方法结合使用。结构化设计方法是基于模块化、自顶向下细化、结构化程序设计等程序设计技术基础发展起来的。

(2) 定义。结构化设计是运用一组标准的准则和工具帮助系统设计员确定软件系统是由哪些模块组成的，这些模块用什么方法连接在一起，才能构成一个最优的软件系统结构。结构化设计方法给出一组帮助设计人员在模块层次上区分设计质量的原理与技术。它把系统作为一系列数据流的转换，输入数据被转换为期望的输出值，通过模块化来完成自顶而下实现的文档化，并作为一种评价标准在软件设计中起指导性作用，通常与结构化分析方法衔接起来使用，以数据流图为基础得到软件的模块结构。结构化设计所使用的工具有结构图和伪代码。结构图是一种通过使用矩形框和连接线来表示系统中的不同模块以及其活动和子活动的工具。该方法适用于变换型结构和事务型结构的目标系统。结构化设计是数据模型和过程模型的结合。在设计过程中，它从整个程序的结构出发，利用模块结构图表述程序模块之间的关系。

(3) 基本思想。将软件设计成由相对独立且具有单一功能的模块组成的结构，分为概要设计和详细设计两个阶段。概要设计也称为结构设计或总体设计，主要任务是把系统的功能需求分配给软件结构，形成软件的模块结构图。结构化设计过程的概要设计阶段的描述工具是：结构图(Structure Chart，SC)。

(4) 概要设计的基本任务。设计软件系统结构是划分功能模块，确定模块间调用关系；数据结构及数据库设计是实现需求定义和规格说明过程中提出的数据对象的逻辑表示；编写概要设计文档包括概要设计说明书、数据库设计说明书，集成测试计划等；概要设计文档评审是对设计方案是否完整实现需求分析中规定的功能、性能的要求，设计方案的可行性等进行评审。总之，结构化设计的目的是使程序的结构尽可能反映要解决的问题的结构。结构化设计的任务是把需求分析得到的数据流图DFD等变换为系统结构图。

(5) 结构化设计的步骤。

① 评审和细化数据流图；

② 确定数据流图的类型；

③ 把数据流图映射到软件模块结构，设计出模块结构的上层；

④ 基于数据流图逐步分解高层模块，设计中下层模块；

⑤ 对模块结构进行优化，得到更为合理的软件结构；

⑥ 描述模块接口。

(6) 优缺点。

① 优点：由于模块相互独立，因此在设计其中一个模块时，不会受到其他模块的牵连，因而可将原来较为复杂的问题化简为一系列简单模块的设计。模块的独立性还为扩充已有的系统、建立新系统带来了不少的方便，因为可以充分利用现有的模块做积木式的扩展。它整体思路清楚，目标明确。设计工作中阶段性非常强，有利于系统开发的总体管理和控制。在系统分析时可以诊断出原系统中存在的问题和结构上的缺陷。

② 缺点：用户要求难以在系统分析阶段准确定义，致使系统在交付使用时产生许多问题；用系统开发每个阶段的成果来进行控制，不能适应事物变化的要求；系统的开发周期长。

2) 软件设计原则

为了开发出高质量低成本的软件，在软件开发过程中必须遵循下列软件工程原则。

(1) 抽象。抽取事物最基本的特性和行为,忽略非基本的细节。采用分层次抽象的办法可以控制软件开发过程的复杂性,有利于软件的可理解性和开发过程的管理。常用的抽象化手段有过程抽象、数据抽象和控制抽象。

① 过程抽象:任何一个完成明确动能的操作都可被使用者当作单位的实体看待,尽管这个操作实际上可能由一系列更低级的操作来完成。

② 数据抽象:与过程抽象一样,允许设计人员在不同层次上描述数据对象的细节。

③ 控制抽象:可以包含一个程序控制机制而无须规定其内部细节。

(2) 信息隐藏。采用封装技术,将程序模块的实现细节(过程或数据)隐藏起来,对于不需要这些信息的其他模块来说是不能访问的,使模块接口尽量简单。按照信息隐藏的原则,系统中的模块应设计成"黑箱",模块外部只能使用模块接口说明中给出的信息,如操作、数据类型等。将每个程序的成分隐蔽或封装在一个单一的设计模块中,定义每一个模块时尽可能少地显露其内部的处理,可以提高软件的可修改性、可测试性和可移植性。

(3) 模块化。将一个待开发的软件分解成若干个小的简单的模块,每个模块可独立地开发、测试,最后组装成完整的程序。这是一种复杂问题的"分而治之"的原则。模块化的目的是使程序结构清晰,容易阅读,容易理解,容易测试,容易修改。使程序由许多个逻辑上相对独立的模块组成。模块是程序中逻辑上相对独立的单元;模块的大小要适中;高内聚、低耦合。每个模块完成一个相对特定独立的子功能,并且与其他模块之间的联系简单。衡量度量标准有两个:模块间的耦合和模块的内聚。模块独立性强必须做到高内聚低耦合。模块之间耦合度越高,模块的独立性越差。

(4) 一致性。整个软件系统(包括文档和程序)的各个模块均应使用一致的概念、符号和术语;程序内部接口应保持一致;软件与硬件接口应保持一致;系统规格说明与系统行为应保持一致;实现一致性需要良好的软件设计工具(如数据字典、数据库、文档自动生成与一致性检查工具等)、设计方法和编码风格的支持。

(5) 控制层次:表明了程序构件(模块)的组织情况。控制层次往往用程序的层次结构(树状或网状)来表示。

① 深度:程序结构的层次数,可以反映程序结构的规模和复杂程度,模块结构的层次数(控制的层数)。一般3~5层,太深了不好。

② 宽度:同一层模块的最大模块个数。一般3~7个,最多9个。

③ 模块的扇出:一个模块调用(或控制)的其他模块数。个数一般3~7,最多9个。

④ 模块的扇入:调用(或控制)一个给定模块的模块个数。好的软件结构应该是顶层扇出比较多,中层扇出较少,底层扇入多。与上对应,3~7个合适,最多不过9个。

注意设计时,深度、宽度、扇出和扇入之间要相对均衡,适度。其数量的多少主要是人的舒适度。1~3个太少,4~5个最舒服,6~7个也行,8~9个相对多了。超过9个时,操作难度加大。这是心理学实验得到的结论。

3) 方法要点

(1) 自顶向下,逐步细化。将软件的体系结构按自顶向下方式,对各个层次的过程细节和数据细节逐层细化,直到用程序设计语言的语句能够实现为止,从而最后确立整个体系结构。对复杂问题,应设计一些子目标作为过渡,逐步细化。程序设计时,应先考虑总体,后考虑细节;先考虑全局目标,后考虑局部目标。不要一开始就过多追求众多的细节,先从最上层总目标开始设计,逐步使问题具体化。

(2) 模块化。把程序要解决的总目标分解为子目标,再进一步分解为具体的小目标,把每一个小目标称为一个模块。

(3) 软件结构化准则。包括模块独立性;模块内聚性高,模块间的耦合性低。

(4) 结构化描述。用软件结构图来描述软件结构,这步的工作是将数据流图转化为软件层次结构图。

5.2.3 软件概要设计

1. 软件概要设计概述

概要设计的主要任务是把需求分析得到的数据流图 DFD 转换为软件结构和数据结构。设计软件结构的具体任务是:将一个复杂系统按功能进行模块划分、建立模块的层次结构及调用关系、确定模块间的接口及人机界面等。数据结构设计包括数据特征的描述、确定数据的结构特性,以及数据库的设计。显然,概要设计建立的是目标系统的逻辑模型,与计算机无关。概要设计任务的关键是把数据流图转化为结构图。在软件工程的需求分析阶段,信息流是一个关键考虑,通常用数据流图描绘信息在系统中加工和流动的情况,面向数据流的设计方法把信息流映射成为软件结构,信息流的类型决定了映射的方法。

在需求分析阶段,用 SA 方法产生了数据流图。结构化的设计能方便地将 DFD 转换成软件结构图。DFD 中从系统的输入数据流到系统的输出数据流的一连串连续变换形成了一条信息流。根据数据流类型不同,可分为变换型和事务型两类,事务型和变换型数据流的设计步骤基本是大同小异,它们之间的主要差别就是从数据流图到软件结构的映射方法不同。因此,在进行软件结构设计时,首先对数据流图进行分析,然后判断属于哪一种类型,根据不同的数据流类型,通过一系列映射,把数据流程图转换为软件结构图。基本流程见图 5-9。

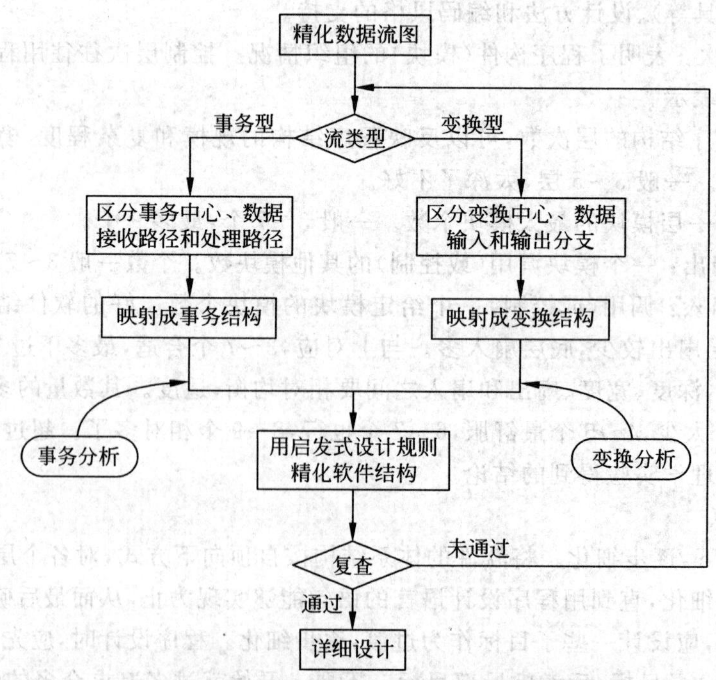

图 5-9 数据流程图转换为软件结构图基本流程

(1) 变换型。信息沿输入通路进入系统，同时由外部形式变换成内部形式，进入系统的信息通过变换中心，经加工处理以后再沿输出通路变换成外部形式离开软件系统，当数据流具有这些特征时，这种信息流就叫变换流。

信息沿着输入通路进入系统，同时由外部形式变换成内部形式进入系统的信息，通过变换中心经加工处理，以后再沿着输出通路变换成外部形式离开系统。当数据流具有了信息流的这种特征时，这种信息流就叫作变换型数据流。变换型数据流的DFD可明显地分为三大部分：逻辑输入、变换中心(主加工)、逻辑输出。变换型数据流结构见图5-10。

图5-10 变换型数据流结构

逻辑输入：可以从数据流图上的物理输入开始，一步一步向系统中间移动，一直到数据流不再被看作是系统的输入为止，则其前一个数据流就是系统的逻辑输入。可以认为逻辑输入就是离物理输入端最远的，且仍被看作是系统输入的数据流。

变换中心：多股数据流汇集的地方往往是系统的中心变换部分。

逻辑输出：从物理输出端开始，一步一步地向系统中间移动，就可以找到离物理输出端最远，且仍被看作是系统输出的数据流。

(2) 事务型。数据沿输入通路到达一个处理，这个处理根据输入数据的类型在若干个动作序列中选出一个来执行，当数据流图具有这些特征时，这种信息流称为事务流。它被用于识别一个系统的事务类型并把这些事务类型用作设计的组成部分。分析事务流是设计事务处理程序的一种策略，采用这种策略通常有一个上层事务中心，其下将有多个事务模块，每个模块只负责一个事务类型，转换分析将会分别设计每个事务。

信息再沿着输入通路进入系统，由外部形成内部形式后到达事务中心。通常事务中心位于几条处理路径的起点，从数据流程图上很容易标识出来，因为事务处理中心一般会有“发射中心”的特征。因为事务流有明显的事务中心，所以各式各样的活动流都以事务中心为起点呈辐射状流出。事务型数据流结构见图5-11。

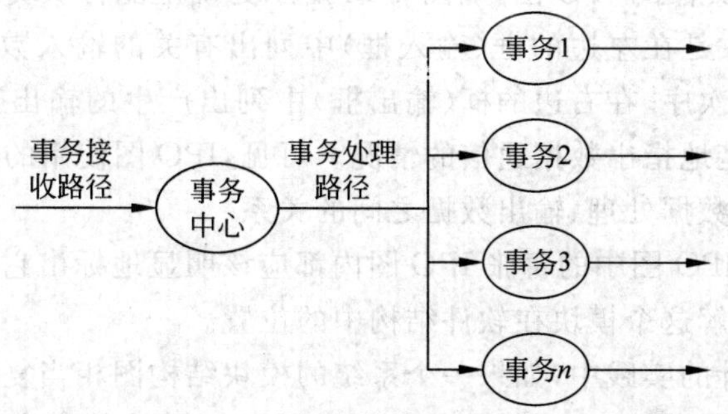

图5-11 事务型数据流结构

事务中心主要完成下述任务：接收输入数据(输入数据又称为事务)；分析每个事务以确定它的类型；根据事务类型选取一条活动通路。通常，事务中心前面的部分叫作接收路径，发射中心后面各条发散路径叫作事务处理路径。对于每条处理路径来讲，还应该确定它们自己的流特征。

2. HIPO 图

HIPO 图(Hierarchy Plus Input-Process-Output)是 IBM 公司于 20 世纪 70 年代中期在层次结构图(Structure Chart)的基础上推出的一种描述系统结构和模块内部处理功能的工具(技术)。HIPO 图由层次结构图和 IPO 图两部分构成,前者描述了整个系统的设计结构以及各类模块之间的关系,后者描述了某个特定模块内部的处理过程和输入输出关系。

HIPO 图是表示软件结构的另一种图形工具,它既可以描述软件总的模块层次结构,又可以描述每个模块输入/输出数据、处理功能及模块调用的详细情况。HIPO 图是以模块分解的层次性以及模块内部输入、处理、输出三大基本部分为基础建立的。

(1) HIPO 图的 H 图。用于描述软件的层次结构,矩形框表示一个模块,矩形框之间的直线表示模块之间的调用关系,同结构图一样未指明调用顺序。如图 5-12 所示为销售管理系统的层次图。

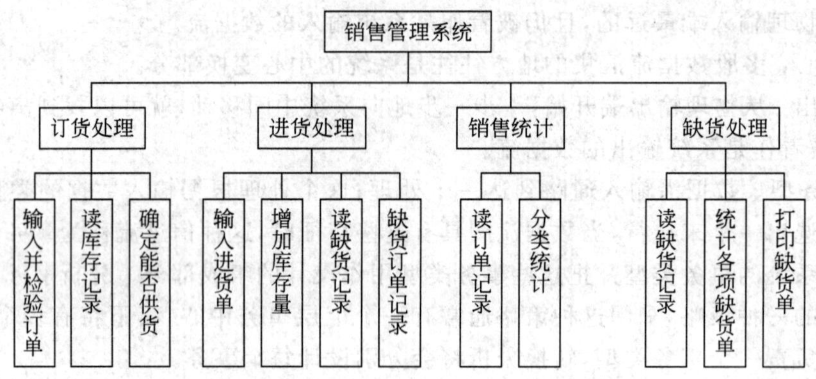

图 5-12 销售管理系统的层次图

(2) HIPO 图的 IPO 图。它只说明了软件系统由哪些模块组成及其控制层次结构,并未说明模块间的信息传递及模块内部的处理。因此对一些重要模块还必须根据数据流图、数据字典及 H 图绘制具体的 IPO 图,如图 5-13 所示为确定能否供货模块的 IPO 图。

IPO 图的基本形式是在左边的框(输入框)中列出有关的输入数据,在中间的框(处理框)中列出主要的处理次序,在右边的框(输出框)中列出产生的输出数据。另外,还用类似向量符号(箭头线)清楚地指出数据通信的情况。可见,IPO 图使用的符号既少又简单,能够方便地描述输入数据、数据处理、输出数据之间的关系。

值得强调的是,HIPO 图中的每张 IPO 图内都应该明显地标出它所描绘的模块在 H 图中的编号,以便跟踪了解这个模块在软件结构中的位置。

在进行结构化设计的实践中,如果一个系统的模块结构图相当复杂,可以采用层次图对其进行进一步的抽象;如果为了对模块结构图中的每一模块给出进一步描述,可以配一相应的 IPO 图。

3. 结构图

结构图是软件概要设计阶段的工具,它描述软件的模块结构,表示一个系统的层次分解关系；反映模块间的联系以及块内联系、模块间的信息传递，是系统的总体结构。结构图基本组成成分包括：模块、数据和调用。结构图基本图符号见图 5-14。

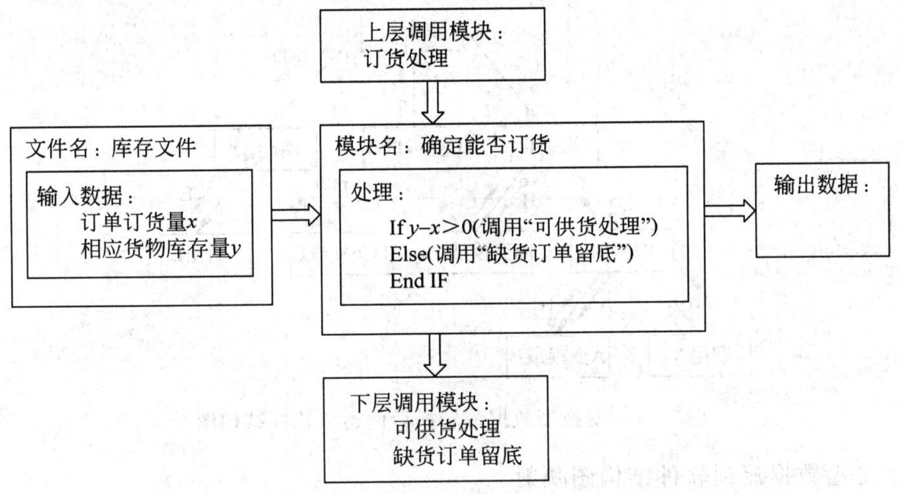

图 5-13　确定能否供货模块的 IPO 图

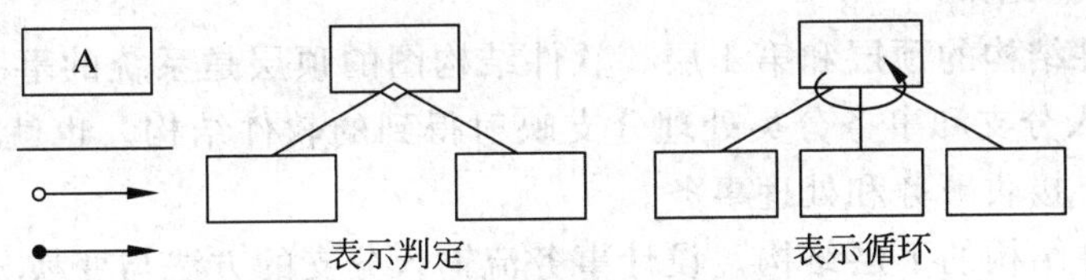

图 5-14　结构图基本图符号

其中，方框，内有名称，表示模块；直线，表示上层模块对下层模块的调用；尾部带空心圆的箭头，表示按方向传递的数据信息；尾部带实心圆的箭头，表示按方向传递的控制信息；菱形表示判定；弧形箭头表示循环。

4. 映射过程

任何一个设计过程都不是统一、固定不变的。设计要求越高，对设计者的创造能力要求也越高。下面根据不同类型，分析其映射过程。

1）变换型数据流到软件结构图映射

（1）设计软件结构的顶层和第 1 层。设计一个主模块，并用系统的名字为它命名，作为系统的顶层。第 1 层为每个逻辑输入设计一个输入模块，它的功能是为主模块提供数据；为每一个逻辑输出设计一个输出模块，它的功能是将主模块提供的数据输出；为中心变换设计一个变换模块，它的功能是将逻辑输入转换成逻辑输出。主模块控制和协调第 1 层的输入模块、变换模块和输出模块的工作。

（2）设计软件结构的下层结构。输入模块有两个下属模块：一个负责接收数据；另一个负责把数据变换成上级模块所需要的数据格式。同样，输出模块有两个下属模块：一个负责将上级模块提供的数据变换成输出的形式；另一个负责结果输出。设计中心变换模块的下层模块没有通用的方法，一般应参照数据流程图的中心变换部分和功能分解的原则来考虑如何对中心变换模块进行分解。

变换型数据流转换后的初始软件结构图见图 5-15。

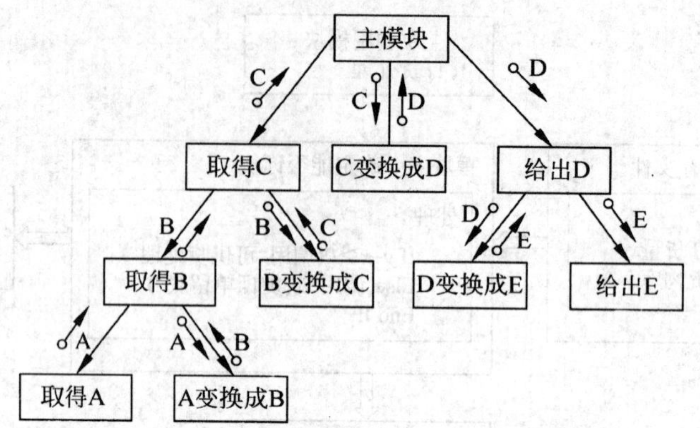

图 5-15　变换型数据流转换后的初始软件结构图

2）事务型数据流到软件结构图映射

事务型数据处理问题的工作机理是根据事务处理的特点和性质，选择分派一个适当的处理单元，然后给出结果。

（1）设计软件结构的顶层和第 1 层。软件结构图的顶层是系统的事务控制模块。第 1 层是由事务流输入分支和事务分类处理分支映射得到的软件结构。也就是说，第 1 层通常是由两部分组成：接收事务和处理事务。

（2）设计软件结构的下层结构。设计事务流输入分支的方法与变换分析中输入流的设计方法类似，从事务中心变换开始，沿输入路径向物理输入端移动。每个接收数据模块的功能是向调用它的上级模块提供数据，它需要有两个下属模块：一个接收数据；另一个把这些数据变换成它的上级模块所需要的数据格式。接收数据模块又是输入模块。

事务处理分支结构映射成一个分类控制模块，它控制下层的处理模块。对每个事务建立一个事务处理模块。如果发现在系统中有类似的事务，就可以把这些类似的事务组织成一个公共事务处理模块。但是，如果组合后的模块是低内聚的，则应该重新考虑组合问题。

事务中心模块按所接收的事务的类型，选择某一个事务处理模块执行。每个事务处理模块可能要调用若干个操作模块，而操作模块又可能调用若干个细节模块。不同的事务处理模块可以共享一些操作模块。不同的操作模块又可以共享一些细节模块。事务型数据流转换后的初始软件结构图见图 5-16。

3）变换-事务混合型的系统结构图

一般来讲，一个大型项目不可能是单一的数据变换型，也不可能是单一的事务型，通常是变换型数据流和事务型数据流的混合体。在具体的应用中一般以变换型为主、事务型为辅的方式进行软件结构设计。变换-事务混合型的系统结构图见图 5-17。

4）软件结构设计优化

数据流程图转换为初始软件结构图后，按照高内聚低耦合、模块化、信息隐藏的原则，应该对初始软件结构图进行优化。设计人员应该致力于开发能够满足所有功能和性能要求，导出不同的软件结构，对它们进行评价和比较，力求得到“最佳”的设计结果。通常采用下面的方法对初始化软件结构进行优化。

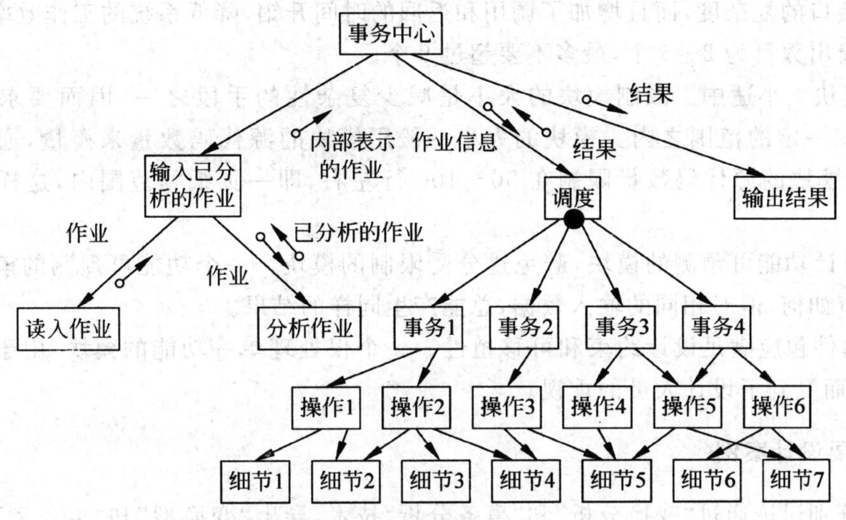

图 5-16 事务型数据流转换后的初始软件结构图

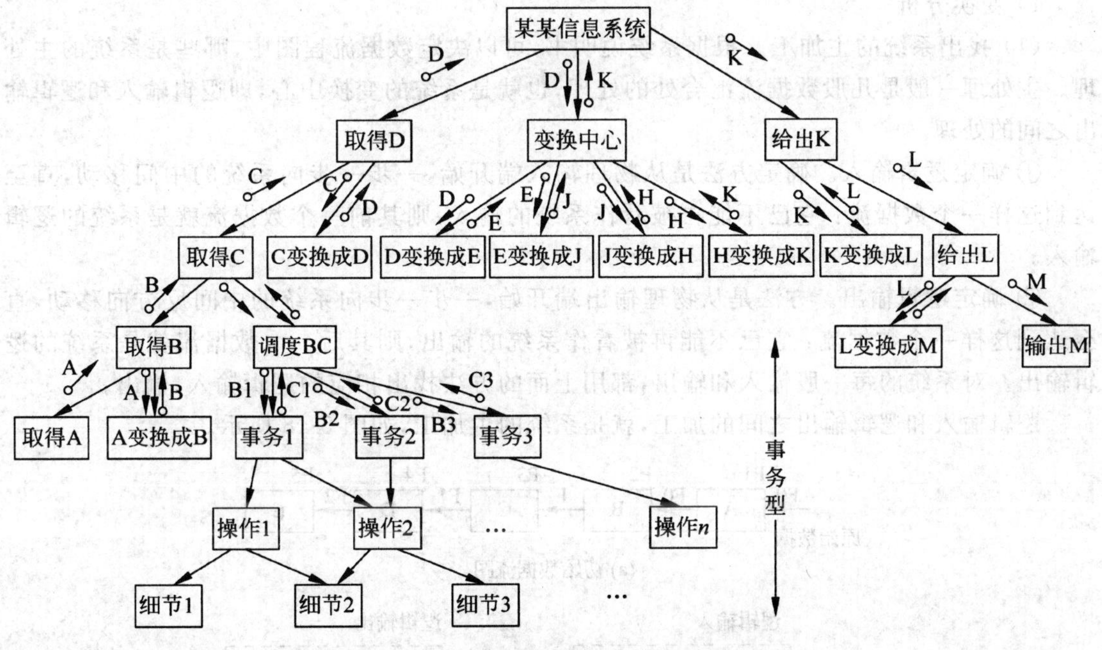

图 5-17 变换-事务混合型的系统结构图

(1) 优化软件结构。在得到初始的功能结构图后,如果发现有几个模块有相似之处,可消除重复功能,改善软件结构;完善模块功能。一个完整的功能模块,不仅应能完成指定的功能,而且还应当能够告诉使用者完成任务的状态,以及不能完成的原因。

(2) 模块作用控制在一个范围之内。模块的控制范围包括它本身及其所有的从属模块。模块的作用范围是指模块内一个判定的作用范围,凡是受这个判定影响的所有模块都属于这个判定的作用范围。

(3) 扇出合适。模块的扇出过大,将使得系统的模块结构图的宽度变大,宽度越大结构图越复杂。模块的扇出过小也不好,这样将使得系统的功能结构图的深度大大增加,不但增加了模块接口的复杂度，而且增加了调用和返回的时间开销，降低系统的工作效率。比较适当的模块扇出数目为2～5个，最多不要超过9个。

(4) 模块大小适中。限制模块的大小是减少复杂性的手段之一，因而要求把模块的大小限制在一定的范围之内。模块的大小一般用模块的源代码数量来衡量，通常在设计过程中，将模块的源代码数量限制在50～100行左右，即一页纸的范围内，这样阅读比较方便。

(5) 设计功能可预测的模块，避免过分受限制的模块。一个功能可预测的模块不论内部处理细节如何，但对相同的输入数据，总能产生同样的结果。

(6) 软件包应满足设计约束和可移植性。一个仅处理单一功能的模块，由于具有高度的内聚性，而受到了设计人员的重视。

5. 概要设计案例

下面分别讨论通过"变换分析"和"事务分析"技术，导出"变换型"和"事务型"初始结构图的技术。

1) 变换分析

(1) 找出系统的主加工。根据系统说明书，可以决定数据流程图中，哪些是系统的主处理。主处理一般是几股数据流汇合处的处理，也就是系统的变换中心，即逻辑输入和逻辑输出之间的处理。

① 确定逻辑输入。确定方法是从物理输入端开始，一步一步向系统的中间移动，直至达到这样一个数据流：它已不能再被看作系统的输入，则其前一个数据流就是系统的逻辑输入。

② 确定逻辑输出。方法是从物理输出端开始，一步一步向系统的中间反方向移动，直至达到这样一个数据流：它已不能再被看作系统的输出，则其后一个数据流就是系统的逻辑输出。对系统的每一股输入和输出，都用上面的方法找出相应的逻辑输入、输出。

逻辑输入和逻辑输出之间的加工，就是系统的主加工，如图5-18所示。

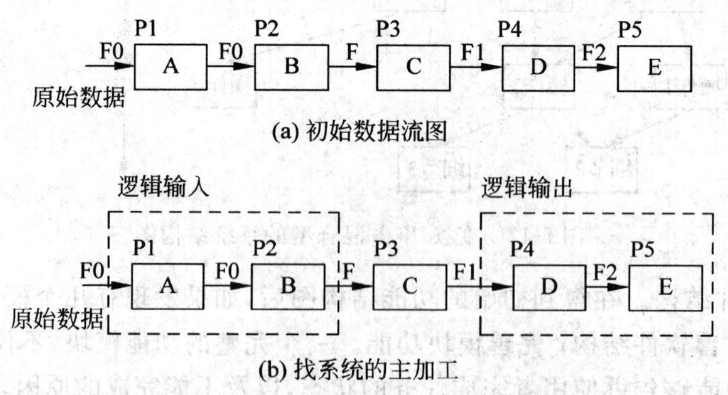

图5-18 在初始数据流中找系统的主加工

(2) 设计模块的顶层和第一层。"顶层模块"也叫主控模块，其功能是完成整个程序要做的工作。在与主加工对应的位置上画出主模块。系统结构的"顶层"设计后，下层的结构就按输入、变换、输出等分支来分解。

设计模块结构的第一层：为逻辑输入设计一个输入模块，它的功能是向主模块提供数据；为逻辑输出设计一个输出模块，它的功能是输出主模块提供的数据；为主加工设计一个变换模块，它的功能是将逻辑输入变换成逻辑输出。

第一层模块同顶层主模块之间传送的数据应与数据流程图相对应。这里主模块控制并协调第一层的输入、变换、输出模块的工作。

(3) 设计中、下层模块。由自顶向下、逐步细化的过程，为每一个上层模块设计下属模块。

输入模块的功能是向它的调用模块提供数据，由两部分组成：一部分是接收输入数据；另一部分是将这些数据变换成其调用模块所需要的数据。在有多个输入模块的情况下，可为每一个输入模块设计两个下层模块，其中一个是输入，另一个是变换。

输出模块的功能是将其调用模块提供的数据变换成输出的形式。也就是说，要为每一个输出模块设计两个下层模块，其中一个是变换，另一个是输出。

该过程自顶向下递归进行，直到系统的物理输入端或物理输出端为止，如图 5-19 所示。

为变换模块设计下层模块则没有通用的规则可以遵循，可以根据数据流程图中主处理的复杂与否来决定是否分为子处理。每设计出一个新模块，应同时给它起一个能反映模块功能的名字。运用上述方法，就可获得与数据流程图相对应的初始结构图。

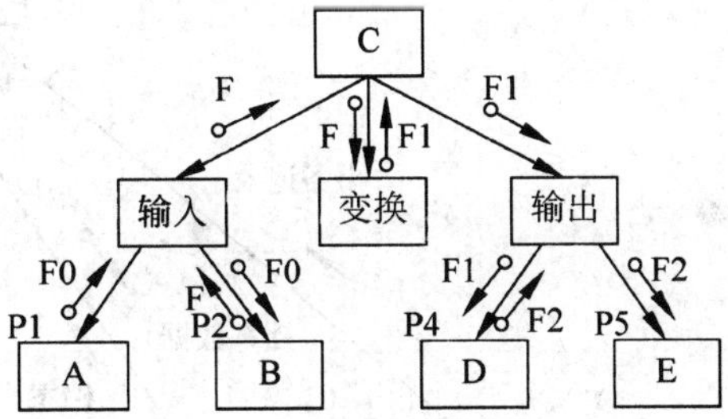

图 5-19 由变换型数据流程图导出初始模块结构图

2) 事务分析

当数据流程图呈现“束状”结构时，应采用事务分析的设计方法。就步骤而言，该方法与变换分析方法大部分类似，主要差别在于由数据流图到模块结构的映射方式不同。

进行事务分析时，通常采用以下 4 步。

(1) 确定以事务为中心的结构，包括找出事务中心和事务来源。

(2) 按功能划分事务，将具备相同功能的事务分为同一类，建立事务模块。

(3) 为每个事务处理模块建立全部的操作层模块。其建立方法与变换分析方法类似，但事务处理模块可以共享某些操作模块。

(4) 若有必要，则为操作层模块定义相应的细节模块，并尽可能使细节模块被多个操作模块共享。

图 5-20 是一个以事务为中心的数据流程图。加工“确定事务类型”是它的事务中心，由该数据流程图经事务分析所得到的模块结构图，如图 5-21 所示。

实际问题也许不完全属于变换型或事务型的，很可能是两者的结合，因此常常需要变换分析技术和事务分析技术联合使用，从而导出符合系统逻辑模型的系统初始结构图。

3) 从数据流程图导出初始结构图

在系统分析阶段，采用结构化分析方法得到了由数据流程图、数据字典和加工说明等组成的系统的逻辑模型。现在，可根据一些规则从数据流程图导出系统初始的模块结构图。

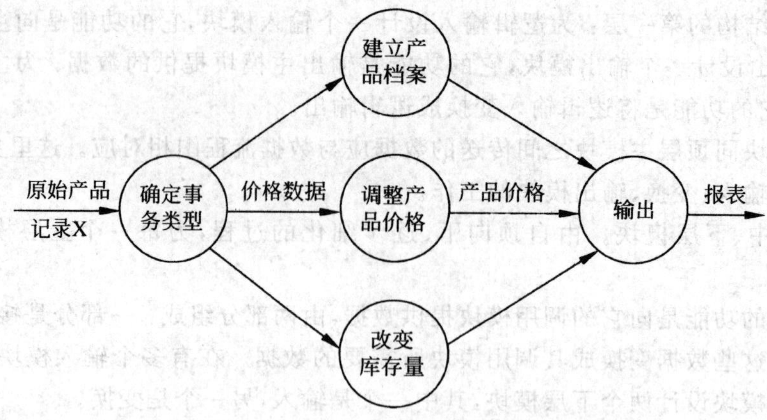

图 5-20 事务型中心数据流程图实例

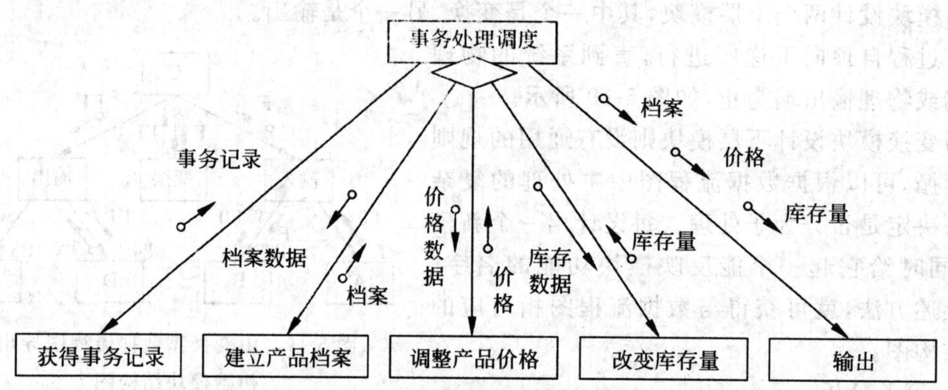

图 5-21 事务型模块结构图实例

变换型结构的数据流程图呈一种线性状态，如图 5-22 所示。它所描述的工作可表示为：输入、主处理、输出。事务型结构的数据流程图呈束状，如图 5-23 所示，即一束数据流平行流入或流出，可能同时有几个事务要求处理。

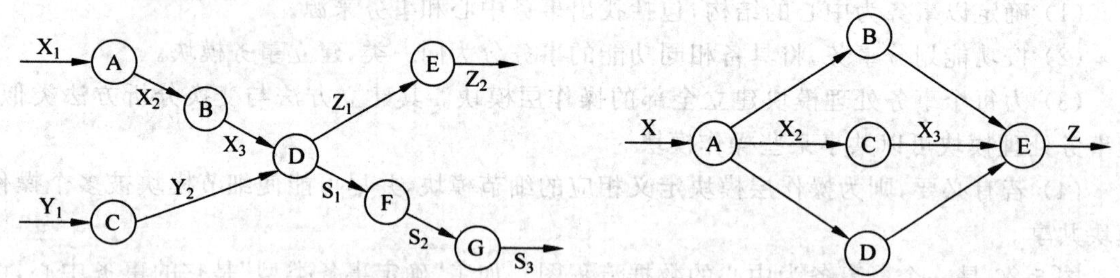

图 5-22 变换型结构的数据流程图　　图 5-23 事务型结构的数据流程图

这两种典型的结构分别可通过“变换分析”和“事务分析”技术，导出“变换型”和“事务型”初始的模块结构图。这两种方法的思想是首先设计顶层模块，然后自顶向下，逐步细化，最后得到一个满足数据流程图所表示的用户要求的系统的模块结构图，即系统的物理模型。

根据已知的汇款处理系统的数据流程图(图 5-24)，绘制出初始结构图。

图 5-25 是从汇款处理系统的数据流程图(变换型)导出的初始结构图。

根据已知的销售分析系统的数据流程图(图 5-26)，绘制出初始结构图。

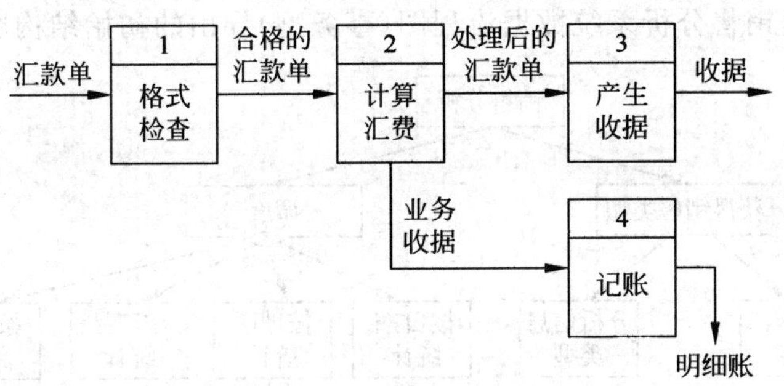

图 5-24 汇款处理系统的数据流程图

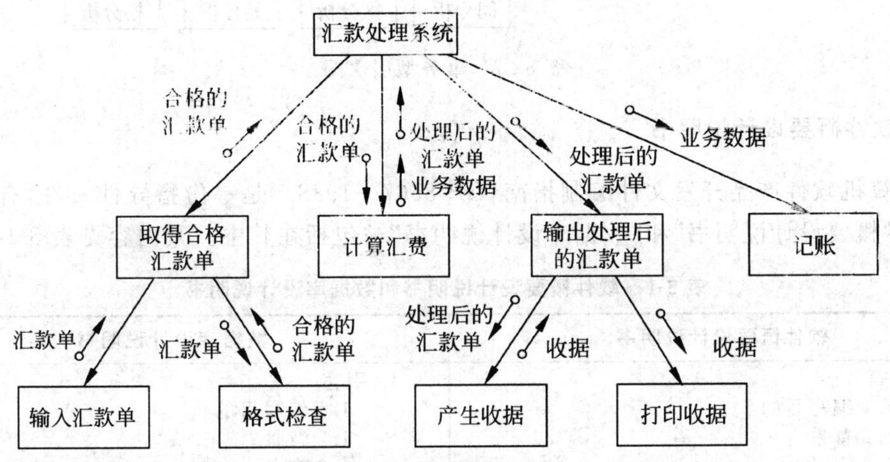

图 5-25 变换型层次图

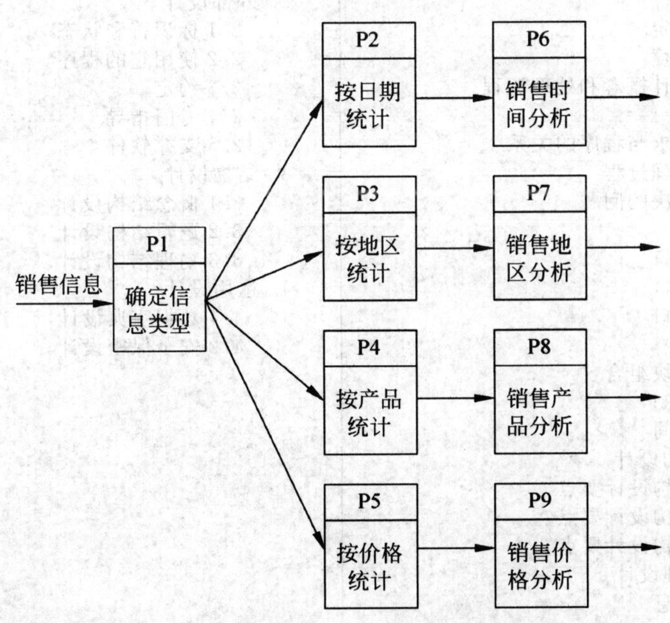

图 5-26 销售分析系统的数据流程图

图 5-27 是根据销售分析系统数据流程图(事务型)导出的初始结构图。

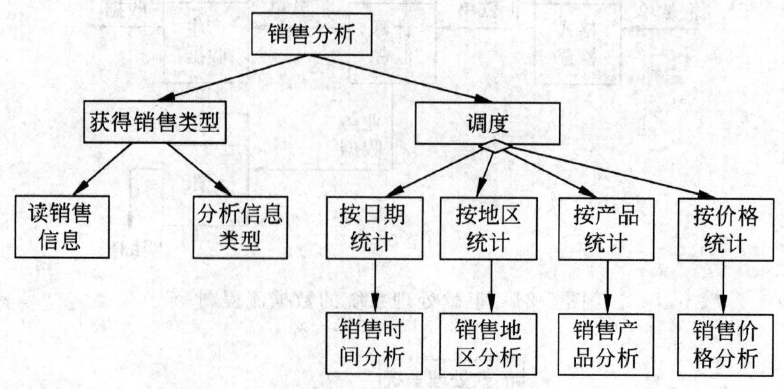

图 5-27 事务型层次图

6. 软件概要设计说明书

《计算机软件产品开发文件编制指南(GB 8567—1988)》是一份指导性文件,有 14 种文件,"软件概要设计说明书"和"数据库设计说明书"被包括在其中。其内容见表 5-1。

表 5-1 软件概要设计说明书和数据库设计说明书

软件概要设计说明书	数据库设计说明书
1. 引言 1.1 编写目的 1.2 背景 1.3 定义 1.4 参考资料 2. 总体设计 2.1 需求规定 2.2 运行环境 2.3 基本设计概念和处理流程 2.4 结构 2.5 功能需求与程序的关系 2.6 人工处理过程 2.7 尚未解决的问题 3. 接口设计 3.1 用户接口 3.2 外部接口 3.3 内部接口 4. 运行设计 4.1 运行模块组合 4.2 运行控制 4.3 运行时间 5. 系统数据结构设计 5.1 逻辑结构设计要点 5.2 物理结构设计要点 5.3 数据结构设计要点 6. 系统出错处理设计 6.1 出错信息 6.2 补救措施 6.3 系统维护设计 7. 设计审核	1. 引言 1.1 编写目的 1.2 背景 1.3 定义 1.4 参考资料 2. 外部设计 2.1 标识符和状态 2.2 使用它的程序 2.3 约定 2.4 专门指导 2.5 支撑软件 3. 结构设计 3.1 概念结构设计 3.2 逻辑结构设计 3.3 物理结构设计 4. 运用设计 4.1 数据字典设计 4.2 安全保密设计

5.2.4 软件详细设计

1. 详细设计的概念

详细设计是软件开发的一个步骤，是对概要设计的细化。详细设计的主要任务是设计每个模块的实现算法、所需的局部数据结构。详细设计的目标有两个：实现模块功能的算法要逻辑上正确，算法描述要简明易懂。

传统软件开发方法的详细设计主要是用结构化程序设计法。详细设计工具有表格工具、图形工具和语言工具。图形工具有业务流图、程序流程图、PAD、N-S图。语言工具有伪码和PDL等。

根据工作性质和内容的不同，软件设计分为概要设计和详细设计。概要设计实现软件的总体设计、模块划分、用户界面设计、数据库设计等；详细设计则根据概要设计所做的模块划分，实现各模块的算法设计，实现用户界面设计、数据结构设计的细化，等等。

概要设计是详细设计的基础，必须在详细设计之前完成，概要设计经复查确认后才可以开始详细设计。概要设计，必须完成概要设计文档，包括系统的总体设计文档，以及各个模块的概要设计文档。每个模块的设计文档都应该独立成册。

详细设计必须遵循概要设计说明书的蓝本。详细设计方案的更改，不得影响到概要设计方案；如果需要更改概要设计，必须经过项目经理的同意。详细设计，应该完成详细设计文档，主要是模块的详细设计方案说明。和概要设计一样，每个模块的详细设计文档都应该独立成册。

概要设计里面的数据库设计应该重点在描述数据关系上。详细设计里的数据库设计就应该是一份完善的数据结构文档，就是一个包括类型、命名、精度、字段说明、表说明等内容的数据字典。

概要设计里的功能应该是重点在功能描述，对需求的解释和整合，整体划分功能模块，并对各功能模块进行详细的图文描述，应该让读者大致了解系统完成后大体的结构和操作模式。详细设计则是重点在描述系统的实现方式，各模块详细说明实现功能所需的类及具体的方法函数，包括涉及的SQL语句等。

2. 结构化程序设计

1）结构化程序设计的要求

采用自顶向下、逐步求精的程序设计方法；程序模块化；每个模块只有一个入口和一个出口；每个模块都应能单独执行，且无死循环；使用三种基本程序控制结构构造程序。

2）结构化设计的原则

(1) 使每个模块执行一个功能(坚持功能性内聚)；

(2) 每个模块用过程语句(或函数方式等)调用其他模块；

(3) 模块间传送的参数作数据用；

(4) 模块间共用的信息(如参数等)尽量少。

3）详细设计的基本任务

(1) 设计每个模块的详细算法。用某种图形、表格、语言等工具将每个模块处理过程的详细算法描述出来。

(2) 设计模块内部数据结构。对于需求分析、概要设计确定的概念性的数据类型进行确切的定义。

(3) 进行数据结构物理设计。即确定数据库的物理结构。物理结构主要指数据库的存储记录格式、存储记录安排和存储方法,这些都依赖于具体所使用的数据库系统。

(4) 其他设计。根据软件系统的类型,还可能要进行以下设计:①代码设计,为了提高数据的输入、分类、存储、检索等操作,节约内存空间,对数据库中的某些数据项的值要进行代码设计;②输入输出格式设计;③人机对话设计,对于一个实时系统,用户与计算机频繁对话,因此要进行对话方式、内容、格式的具体设计。

(5) 编写详细设计说明书。

(6) 评审。对处理过程的算法和数据库的物理结构都要进行评审。

4) 结构化程序设计步骤

完成一个程序设计任务,一般可以分为以下几个步骤进行。

(1) 提出和分析问题,即弄清楚提出任务的性质和具体要求。例如,提供什么数据,得到什么结构,打印什么格式,允许多大误差,都要确定。若没有详细而确切的了解,匆忙动手编程序,就会出现许多错误,造成无谓的返工或损失。

(2) 构造模型,即把工程中或工作中实际的物理过程,经过简化,构成物理模型,然后用数学语言来描述它,这称为建立数学模型。

(3) 选择计算方法,即选择用计算机求解该数学模型的近似方法。不同的数学模型,往往要进行一定的近似处理。对于非数值计算,则要考虑数据结构等问题。

(4) 算法设计,即制定出计算机运算的全部步骤。它影响运算结果的正确性和运行效率的高低。

(5) 画流程图,即用结构化流程图把算法形象地表示出来。

(6) 编写程序,即根据流程图用一种高级语言把算法的步骤写出来,就构成了高级语言源程序。

(7) 输入程序,即将编好的源程序,通过计算机的输入设备送入计算机的内存储器中。

(8) 调试,即用简单的、容易验证结果正确性的所谓"试验数据"输入到计算机中,经过执行、修改错误、再执行的反复过程,直到得出正确的结果为止。

(9) 正式运行,即输入正式的数据,以得到预期的输出结果。

(10) 整理资料,即写出一份技术报告或程序说明书,以便作为资料交流或保存。

3. 详细设计的工具

详细设计的描述工具有三种:图形工具,表格工具和语言工具。图形工具是利用图形工具把过程的细节用图形描述出来。图形工具包括:程序流程图,PAD,N-S 图等。表格工具就是用一张表来描述过程的细节,在这张表中列出了各种可能的操作和相应的条件。语言工具就是用某种高级语言(称为伪码)来描述过程的细节。比如 PDL(Procedure Design Language,过程设计语言)。

1) 程序流程图

程序流程图是方法研究改进工作方法的有用工具。不论作业研究过程中运用何种技术，流程程序图总是必经的一步，它是应用最广泛的一种工具。流程图采用的符号有：箭头，表示控制流；矩形，表示加工步骤；菱形，表示逻辑条件，见图 5-28。

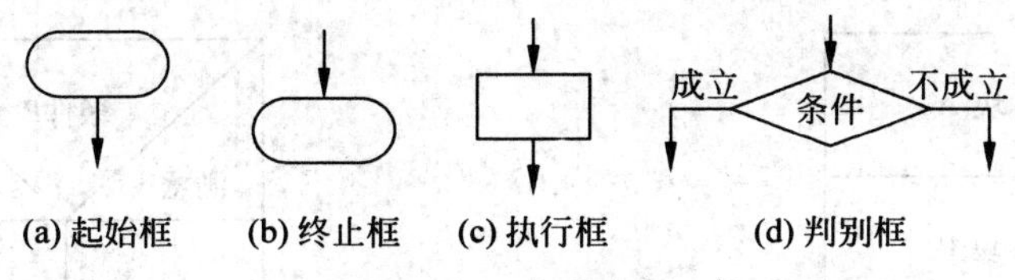

图 5-28　程序流程图符号

2）PAD

PAD(Problem Analysis Diagram，问题分析图)自 1974 年由日本日立公司发明以来，已经得到一定程度的推广。它用二维树状结构的图表示程序的控制流，将这种图转换为程序代码比较容易。由于每种控制语句都有一个图形符号与之对应，显然将 PAD 转换成与之对应的高级语言程序比较容易。PAD 是一种可见性好、易于编制、易于检查和易于修改的详细设计方法，见图 5-29。

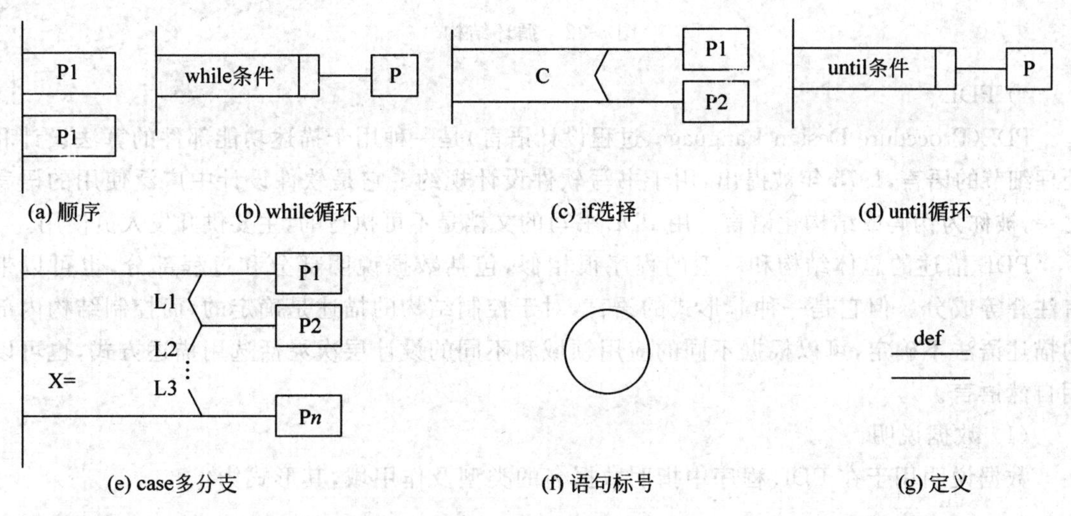

图 5-29　PAD 基本符号

3）N-S 图

为避免流程图在描述程序逻辑时的随意性与灵活性，1973 年，I. 纳斯(I. Nassi)和 B. 施内德曼(B. Schneiderman)提出用方框代替传统的程序流程图，简称 N-S 图。N-S 图有三种基本结构框。它的特点是过程的作用域明确；盒图没有箭头，不能随意转移控制；容易表示嵌套关系和层次关系；强烈的结构化特征。

(1) 顺序结构。它由若干个前后衔接的矩形块顺序组成。一个顺序结构，如图 5-30 所示，先执行块 A，然后执行块 B。各块中的内容表示一条或若干条需要顺序执行的操作。

(2) 选择结构。见图 5-31。在此结构内有两个分支，它表示当给定的条件 P 满足时执行 A 块的操作，条件 P 不满足时，执行 B 块的操作。

(3) 循环结构。当型(while)循环结构，见图 5-32(a)。先判断条件是否满足，若满足就执行 A 块(循环体)，然后再返回判断条件是否满足，如满足再执行 A 块，如此循环下去，直到条件不满足为止。直到型(until 型)循环结构,见图 5-32(b)。它先执行 A 块(循环体),然后判断条件是否满足,如不满足则返回再执行 A 块,若满足则不再继续执行循环体了。

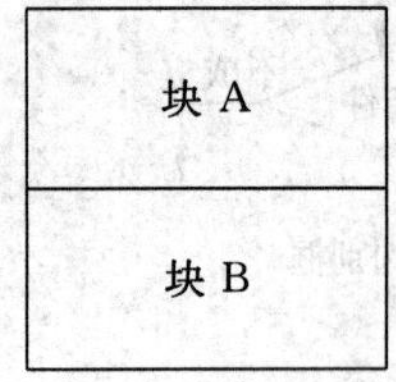

图 5-30 顺序结构流程图

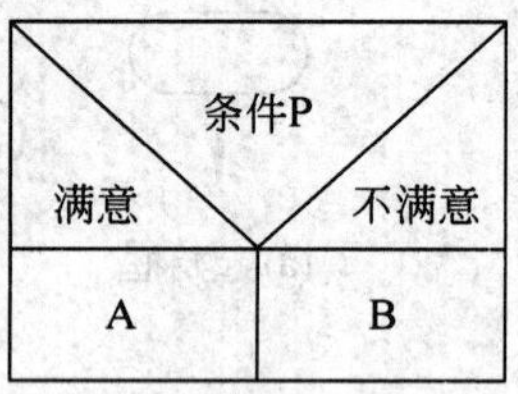

图 5-31 选择结构流程图

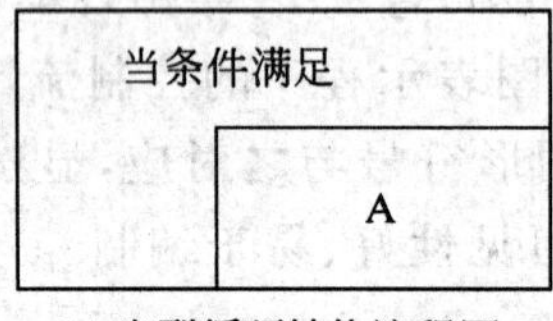

(a) 当型循环结构流程图

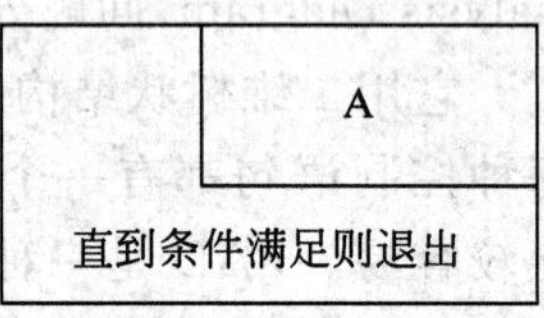

(b) 直到型循环结构流程图

图 5-32 循环结构

4) PDL

PDL(Procedure Design Language,过程设计语言)是一种用于描述功能部件的算法设计和处理细节的语言,1975 年被提出,用于书写软件设计规约。它是软件设计中广泛使用的语言之一,被称为伪码或结构化语言。用 PDL 书写的文档是不可执行的,主要供开发人员使用。

PDL 描述的总体结构和一般的程序很相似,包括数据说明部分和过程部分,也可以带有注释等成分。但它是一种非形式的语言,对于控制结构的描述是确定的,而控制结构内部的描述语法不确定,可以根据不同的应用领域和不同的设计层次灵活选用描述方式,也可以用自然语言。

(1) 数据说明

数据说明用于在 PDL 程序中指明数据名的类型及作用域,其形式为:

```
declare <数据名> as <限定词>
```

<限定词>具体的数据结构:

```
scalar <纯量>
array <数组>
list <列表>
char <字符>
structure <结构>
```

(2) 子程序结构

```
procedure <子程序名>
interface <参数表>
<分程序 PDL 语句>
return
end <子程序名> <PDL 语句>
```

(3) 分程序结构

```
begin<分程序名><PDL语句>
end<分程序名>
```

(4) 顺序结构

① 选择型:

```
if <条件> then
  <PDL语句>
else
  <PDL语句>
end if
```

② while 循环:

```
loop while <条件>
  <PDL语句>
end loop
```

③ until 型循环:

```
loop until <条件>
  <PDL语句>
end loop
```

④ case 型:

```
Case <选择句子> of
<标号>{,<标号}: ><PDL语句>
[default] : [<PDL语句>]
end case
```

(5) 输入输出结构

```
print
read
display
```

4. 详细设计说明书

《计算机软件产品开发文件编制指南(GB 8567—1988)》是一份指导性文件,有14种文件,"详细设计说明书"被包括在其中,其内容见表5-2。

表 5-2 详细设计说明书

详细设计说明书
1. 引言
1.1 编写目的
1.2 背景
1.3 定义
1.4 参考资料
2. 程序系统的组织结构

续表

3. 程序1(标识符)设计说明 3.1 程序描述 3.2 功能 3.3 性能 3.4 输入项 3.5 输出项 3.6 算法 3.7 流程逻辑 3.8 接口 3.9 存储分配 3.10 注释设计 3.11 限制条件 3.12 测试计划 3.13 尚未解决的问题 4. 程序2(标识符)设计说明 ……

5.3 面向对象设计方法

本节重点介绍面向对象设计,面向对象设计过程,软件架构设计,类设计,数据库设计。

5.3.1 面向对象设计

1. 面向对象设计概述

面向对象的雏形,早在1960年的Simula语言中即可发现,当时的程序设计领域正面临着一种危机:在软硬件环境逐渐复杂的情况下,软件如何得到良好的维护?面向对象程序设计在某种程度上通过强调可重复性解决了这一问题。20世纪70年代的Smalltalk语言在面向对象方面堪称经典。20世纪70年代初,Xerox公司推出了Smalltalk语言,奠定了面向对象程序设计的基础。1980年出现的Smalltalk-80标志着面向对象程序设计进入了实用阶段。自20世纪80年代中期起,人们注重于面向对象分析和设计的研究,逐步形成了面向对象方法学。典型的方法有P. Coad和E. Yourdon的面向对象分析(OOA)和面向对象设计(OOD),G. Booch的面向对象开发方法,J. Rumbaugh等人提出的对象建模技术(OMT),Jacobson的面向对象软件工程(OOSE)等。20世纪90年代中期,由G. Booch,J. Rumbaugh,Jacobson等人发起,在Booch方法、OMT方法和OOSE方法的基础上推出了UML,1997年被国际对象管理组织(Object Management Group,OMG)确定作为标准的建模语言。

Peter Coad和Edward Yourdon提出用下列等式认识面向对象方法:

面向对象=对象(Object)
+分类(Classification)
+继承(Inheritance)
+通过消息的通信(Communication With Messages)

可以说，采用这 4 个概念开发的软件系统是面向对象的。

2. 几种典型的设计方法

与面向对象分析方法一样，面向对象设计方法自 20 世纪 70 年代发展至今已有近五十年历史，并已发展成多种不同方法，它与面向对象分析方法一样，常用的方法有以下 5 种。

1) Booch 设计方法

Booch 方法的 OOD 过程的简单描述如下。

(1) 体系结构设计：把相似对象聚集在单独的体系结构部分；由抽象级别对对象分层；标识相关情景；建立设计原型。

(2) 策略设计：定义域独立政策；为内存管理，错误处理和其他基础功能定义特定域政策；开发描述策略语义的情景；为每个策略建立原型；装备和细化原型；审核每个策略以保证它广泛适用于它的结构范围。

(3) 发布设计：优先组织在 OOA 期间开发的情景；把相应结构发布分配给情景；逐渐地设计和构造每个结构发布；随需要不断调整发布的目标和进度。

2) Coad/Yourdon 设计方法

Coad 和 Yourdon 方法的 OOD 过程的简单描述如下。

(1) 问题域部件：对确定类的所有域分组；为应用类设计一个适当的类层次；适当的工作以简化继承；细化设计以提高性能；与数据管理部件一起开发接口；细化和增加所需的低级别对象；审查设计并提出分析面向外部的其他问题。

(2) 人员活动部件：定义人员参与者；开发任务情景；定义用户命令层次；细化用户活动顺序；设计相关类和类层次；适当集成 GUI 类。

(3) 任务管理部件：标识任务类型；建立优先级别；标识作为其他任务协调者的任务为每个任务设计适当的对象。

(4) 数据管理部件：设计数据结构和分布；设计管理数据结构所需的服务；标识可辅助实现数据管理的工具；设计适当的类和类层次。

3) Jacobson 设计方法

Jacobson 方法的 OOD 过程的简单轮廓如下。

(1) 考虑适当的配合以使理想的分析模型适合现实世界环境。

(2) 建立块作为主要设计对象；定义块以实现相关分析对象；标识接口块、实体块和控制块；描述在执行时块如何进行通信；标识在块之间传送的消息和通信顺序。

(3) 建立显示消息如何在块之间传送的交互作用图。

(4) 把块组织成子系统。

(5) 审核设计工作。

4) Rambaugh 设计方法

Rambaugh 方法的 OOD 过程的简单描述如下。

(1) 进行系统设计：把分析模型分成子系统；标识由问题指示的并发，把子系统分配给处理器和任务；选择一个基本策略以实现数据管理；标识全局资源和存取它们所需的控制机制；为系统设计一个适当的控制机制；考虑边界条件如何处理；审核并考虑折中方案。

(2) 进行对象设计：从分析模型中选择操作；为每个操作定义算法；选择算法的适当

数据结构；定义内部类；审核类组织以优化数据存取，提高计算效率；数据类属性的定义。

(3) 实现在系统设计中定义的控制机制。

(4) 调整类结构以加强继承。

(5) 设计消息机制以实现对象联系。

(6) 把类和联系打包成模块。

5) Wirfs-Brock 设计

Wirfs-Brock 方法的 OOD 简单描述如下。

(1) 为每个类构造协议：把对象之间的约定细化成明确的协议；定义每个操作和协议。

(2) 为每个类建立一个设计说明：详细描述每个约定；定义私有职责；为每个操作说明算法；注意特殊考虑和约束、平台、环境。而在面向对象设计方法中必须将系统的有关平台、环境作为统一的内容予以考虑。

3. 设计方法与步骤

在 Coad/Yourdon 设计方法的基础上扩充与深化，可得到面向对象的设计方法。

(1) 对问题域的分析结果做进一步深化，称为问题域部分。

(2) 扩充分析模型至人机接口部分，称为人机接口部分。

(3) 将模型置于特定外部环境、网络与操作系统中做进一步考虑，称为环境管理部分。

(4) 将模型置于特定数据管理环境中做进一步考虑，称为数据管理部分。

5.3.2 面向对象设计过程

面向对象设计是将 OOA 所创建的分析模型转化为设计模型。与传统的开发方法不同，OOD 和 OOA 采用相同的符号表示，OOD 和 OOA 没有明显的分界线，它们往往反复迭代地进行。在 OOA 时，主要考虑系统做什么，而不关心系统如何实现。在 OOD 时，主要解决系统如何做，因此需要在 OOA 的模型中为系统的实现补充一些新的类，或在原有类中补充一些属性和操作。OOD 时应能从类中导出对象，以及这些对象如何互相关联，还要描述对象间的关系、行为以及对象间的通信如何实现。OOD 应遵循抽象、信息隐蔽、功能独立、模块化等设计准则。面向对象设计的步骤包括系统设计、对象设计和复审设计模型并在需要时迭代。

1. 面向对象设计的准则

1) 模块的弱耦合

(1) 交互耦合。如果对象之间的耦合通过消息连接来实现，则这种耦合就是交互耦合。为使交互耦合尽可能松散，应该遵守下述准则：尽量降低消息连接的复杂程度；应该尽量减少消息中包含的参数个数，降低参数的复杂程度；减少对象发送(或接收)的消息数。

(2) 继承耦合。与交互耦合相反，应该提高继承耦合程度。继承是一般化类与特殊类之间耦合的一种形式。从本质上看，通过继承关系结合起来的基类和派生类，构成了系统中粒度更大的模块。因此，它们彼此之间应该结合得越紧密越好。

为获得紧密的继承耦合，特殊类应该确实是对它的一般化类的一种具体化，也就是说，它们之间在逻辑上应该存在“ISA”的关系。因此，如果一个派生类摒弃了它基类的许多属性,则它们之间是松耦合的。在设计时应该使特殊类尽量多继承并使用其一般化类的属性和服务,从而更紧密地耦合到其一般化类。

2) 模块的强内聚

(1) 服务内聚。一个服务应该完成一个且仅完成一个功能。

(2) 类内聚。设计类的原则是,一个类应该只有一个用途,它的属性和服务应该是高内聚的。类的属性和服务应该全都是完成该类对象的任务所必需的,其中不包含无用的属性或服务。如果某个类有多个用途,通常应该把它分解成多个专用的类。

(3) 一般-特殊内聚。设计出的一般-特殊结构,应该符合多数人的概念,更准确地说,这种结构应该是对相应的领域知识的正确抽取。

3) 模块可重用性

软件重用是提高软件开发生产率和目标系统质量的重要途径。重用基本上从设计阶段开始。重用有两方面的含义:一是尽量使用已有的类(包括开发环境提供的类库,及以往开发类似系统时创建的类);二是如果确实需要创建新类,则在设计这些新类的协议时,应该考虑将来的可重复使用性。

2. 系统分解

大多数系统的面向对象设计模型,在逻辑上都由 4 大部分组成。这 4 大部分对应于组成目标系统的 4 个子系统,它们分别是问题域子系统,人-机交互子系统,任务管理子系统和数据管理子系统。OOD 的 4 个活动构成了系统的横向活动,它们与面向对象分析方法的 5 个纵向层次相结合构成了如图 5-33 所示的系统总体模型图。

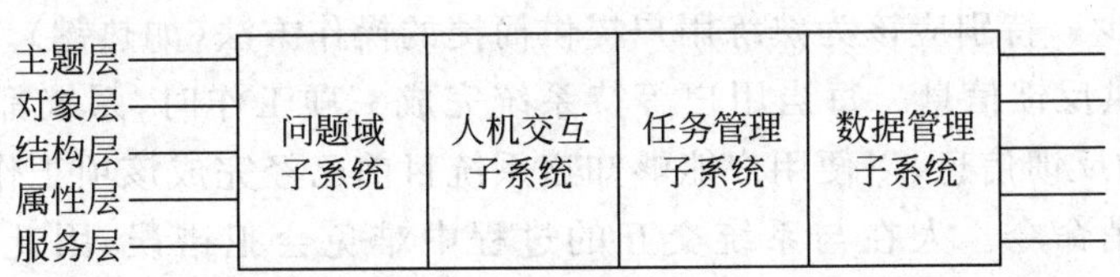

图 5-33 5 层与 4 部分的总体模型图

1) 子系统之间的两种交互方式

在软件系统中,子系统之间的交互有两种可能的方式,分别是客户/供应商关系和平等伙伴关系。一般地,单向交互比双向交互更容易理解,也更容易设计和修改,因此应该尽量使用客户/供应商关系。

2) 组织系统的两种方案

把子系统组织成完整的系统时,有水平层次组织和垂直块组织两种方案可供选择。

(1) 层次组织。这种组织方案把软件系统组织成一个层次系统,每层是一个子系统。上层在下层的基础上建立,下层为实现上层功能而提供必要的服务。每一层内所包含的对象,彼此间相互独立,而处于不同层次上的对象,彼此间往往有关联。实际上,在上、下层之间存在客户-供应商关系。低层子系统提供服务,相当于供应商,上层子系统使用下层提供的服务,相当于客户。

(2) 块状组织。这种组织方案把软件系统垂直地分解成若干个相对独立的、弱耦合的子系统,一个子系统相当于一块,每块提供一种类型的服务。

3）设计系统的拓扑结构

由子系统组成完整的系统时，典型的拓扑结构有管道状、树状、星状等，设计者应该采用与问题结构相适应的，尽可能简单的拓扑结构，以减少子系统之间的交互数量。

3. 设计问题域子系统

通过面向对象分析所得出的问题域精确模型，为设计问题域子系统奠定了良好的基础，建立了完整的框架。只要可能，就应该保持面向对象分析所建立的问题域结构。通常，面向对象设计仅需从实现角度对问题域模型做一些补充或修改，主要是增添、合并或分解类和对象、属性及服务，调整继承关系等。当问题域子系统过分复杂庞大时，应该把它进一步分解成若干个更小的子系统。

在面向对象设计过程中，可能对面向对象分析所得出的问题域模型做补充或修改，比如调整需求，重用已有的类，把问题域类组合在一起。在面向对象设计过程中，设计者往往通过引入一个根类而把问题域类组合在一起，增添一般化类以建立协议。

4. 设计人-机交互子系统

1）设计人-机交互界面的准则

遵循下列准则有助于设计出让用户满意的人-机交互界面。

(1) 一致性。使用一致的术语，一致的步骤，一致的动作。

(2) 减少步骤。应使用户为做某件事情而需敲击键盘的次数，单击鼠标的次数，或者下拉菜单的距离，都减至最少。还应使得技术水平不同的用户，为获得有意义的结果所需使用的时间都减至最少。特别应该为熟练用户提供简捷的操作方法(如热键)。

(3) 及时提供反馈信息。每当用户等待系统完成一项工作时，系统都应该向用户提供有意义的、及时的反馈信息，以便用户能够知道系统目前已经完成该项工作的多大比例。

(4) 提供撤销命令。人在与系统交互的过程中难免会犯错误，因此，应该提供“撤销(Undo)”命令，以便用户及时撤销错误动作，消除错误动作造成的后果。

(5) 无须记忆。不应该要求用户记住在某个窗口中显示的信息，然后再用到另一个窗口中，这是软件系统的责任而不是用户的任务。此外，在设计人-机交互部分时应该力求达到下述目标：用户在使用该系统时用于思考人-机交互方法所花费的时间减至最少，而用于做他实际想做的工作所用的时间达到最大值。更理想的情况是，人-机交互界面能够增强用户的能力。

(6) 易学。人-机交互界面应该易学易用，应该提供联机参考资料，以便用户在遇到困难时可随时参阅。

(7) 富有吸引力。人-机交互界面不仅应该方便、高效，还应该使人在使用时感到心情愉快，能够从中获得乐趣，从而吸引人去使用它。

2）设计人-机交互子系统的策略

(1) 分类用户。为了更好地了解用户的需要与爱好，以便设计出符合用户需要的界面，设计者首先应该把将来可能与系统交互的用户分类。

(2) 描述用户。应该仔细了解将来使用系统的每类用户的情况，把获得的各项信息记录下来。比如，用户类型，使用系统欲达到的目的，特征(年龄，性别，受教育程度，限制因素等)，关键的成功因素(需求，爱好，习惯等)，技能水平，完成本职工作的脚本。

(3) 设计命令层次。设计命令层次的工作通常包含以下几项内容：①研究现有的人-机交互含义和准则。②确定初始的命令层次。所谓命令层次，实质上是用过程抽象机制组织起来的，可供选用的服务的表示形式。设计命令层次时，通常先从对服务的过程抽象着手，然后再进一步修改它们，以适合具体应用环境的需要。③精化命令层次。为进一步修改完善初始的命令层次，应该考虑下列一些因素。包括：次序，仔细选择每个服务的名字，并在命令层的每一部分内把服务排好次序，排序时或者把最常用的服务放在最前面，或者按照用户习惯的工作步骤排序。整体-部分关系，寻找在这些服务中存在的整体-部分模式，这样做有助于在命令层中分组组织服务。宽度和深度，由于人的短期记忆能力有限，命令层次的宽度和深度都不应该过大。操作步骤，应该用尽量少的单击，拖动和按键组合来表达命令，而且应该为高级用户提供简捷的操作方法。

(4) 设计人-机交互类。人-机交互类与所使用的操作系统及编程语言密切相关。

5. 设计任务管理子系统

1) 分析并发性

通过面向对象分析建立起来的动态模型，是分析并发性的主要依据。如果两个对象彼此间不存在交互，或者它们同时接收事件，则这两个对象在本质上是并发的。

2) 设计任务管理子系统

常见的任务有事件驱动型任务、时钟驱动型任务、优先任务、关键任务和协调任务等。设计任务管理子系统，包括确定各类任务并把任务分配给适当的硬件或软件去执行。

(1) 确定事件驱动型任务。某些任务是由事件驱动的，这类任务可完成通信工作。

(2) 确定时钟驱动型任务。某些任务每隔一定时间间隔就被触发以执行某些处理，例如，某些设备需要周期性地获得数据；某些人-机接口、子系统、任务、处理器或其他系统也可能需要周期性地通信。在这些场合往往需要使用时钟驱动型任务。

(3) 确定优先任务。优先任务可以满足高优先级或低优先级的处理需求。高优先级：某些服务具有很高的优先级，为了在严格限定的时间内完成这种服务，可能需要把这类服务分离成独立的任务。低优先级：与高优先级相反，有些服务是低优先级的，属于低优先级处理(通常指那些背景处理)。设计时可能用额外的任务把这样的处理分离出来。

(4) 确定关键任务。关键任务是有关系统成功或失败的关键处理，这类处理通常都有严格的可靠性要求。在设计过程中可能用额外的任务把这样的关键处理分离出来，以满足高可靠性处理的要求。对高可靠性处理应该精心设计和编码，并且应该严格测试。

(5) 确定协调任务。当系统中存在三个以上任务时，就应该增加一个任务，用它作为协调任务。

(6) 尽量减少任务数。必须仔细分析和选择每个确实需要的任务，应该使系统中包含的任务数尽量少。

(7) 确定资源需求。使用多处理器或固件，主要是为了满足高性能的需求。设计者必须通过计算系统载荷(即每秒处理的业务数及处理一个业务所花费的时间)，来估算所需要的 CPU(或其他固件)的处理能力。

6. 设计数据管理子系统

数据管理子系统是系统存储或检索对象的基本设施，它建立在某种数据存储管理系统之上，并且隔离了数据存储管理模式（文件、关系数据库或面向对象数据库）的影响。

1）选择数据存储管理模式

不同的数据存储管理模式有不同的特点，适用范围也不相同，设计者应该根据应用系统的特点选择适用的模式，如文件管理系统、关系数据库管理系统、面向对象数据库管理系统。

2）设计数据管理子系统

设计数据管理子系统，既需要设计数据格式又需要设计相应的服务。

(1) 设计数据格式。设计数据格式的方法与所使用的数据存储管理模式密切相关。

(2) 设计相应的服务。如果某个类的对象需要存储起来，则在这个类中增加一个属性和服务，用于完成存储对象自身的工作。

7. 设计类中的服务

1）确定类中应有的服务

需要综合考虑对象模型、动态模型和功能模型，才能正确确定类中应有的服务。对象模型是进行对象设计的基本框架。但是，面向对象分析得出的对象模型，通常只在每个类中列出很少几个最核心的服务。设计者必须把动态模型中对象的行为以及功能模型中的数据处理，转换成由适当的类所提供的服务。

2）设计实现服务的方法

在面向对象设计过程中，还应该进一步设计实现服务的方法，主要工作如下。

(1) 设计实现服务的算法。设计实现服务的算法时，应该考虑算法复杂度；容易理解与容易实现；易修改。

(2) 选择数据结构。

(3) 定义内部类和内部操作。

8. 设计关联

在对象模型中，关联是连接不同对象的纽带，它指定了对象相互间的访问路径。在面向对象设计过程中，设计人员必须确定实现关联的具体策略。

1）关联的遍历

在应用系统中，使用关联有两种可能的方式：单向遍历和双向遍历。

2）实现单向关联

用指针可以方便地实现单向关联。如果关联的阶是一元的，则实现关联的指针是一个简单指针；如果阶是多元的，则需要用一个指针集合实现关联。

3）实现双向关联

许多关联都需要双向遍历，当然，两个方向遍历的频度往往并不相同。实现双向关联有下列三种方法：①只用属性实现一个方向的关联，当需要反向遍历时就执行一次正向查找；②两个方向的关联都用属性实现；③用独立的关联对象实现双向关联。

4）链属性的实现

如果某个关联具有链属性，则实现它的方法取决于关联的阶数。对于一对一关联来说，链属性可作为其中一个对象的属性而存储在该对象中；对于一对多关联来说，链属性可作为“多”端对象的一个属性；如果是多对多关联，则链属性不可能只与一个关联对象有关，通常使用一个独立的类来实现链属性，这个类的每个实例表示一条链及该链的属性。

9. 设计优化

1）确定优先级

系统的各项质量指标并不是同等重要的，设计人员必须确定各项质量指标的相对重要性（即确定优先级），以便在优化设计时制定折中方案。

2）提高效率的几项技术

(1) 增加冗余关联以提高访问效率。

(2) 调整查询次序。

(3) 保留派生属性。

3）调整继承关系

在面向对象设计过程中，建立良好的继承关系是优化设计的一项重要内容。下面讨论与建立类继承有关的问题。

(1) 抽象与具体。在设计类继承时，很少使用纯粹自顶向下的方法，通常的做法是：首先创建一些满足具体用途的类，然后对它们进行归纳，一旦归纳出一些通用的类以后，往往可以根据需要再派生出具体类。在进行了一些具体化（即专门化）的工作之后，也许就应该再次归纳了。对于某些类继承来说，这是一个持续不断的演化过程。

(2) 为提高继承程度而修改类定义。如果在一组相似的类中存在公共的属性和公共的行为，则可以把这些公共的属性和行为抽取出来放在一个共同的祖先类中，供其子类继承。在对现有类进行归纳的时候，要注意下述两点：①不能违背领域知识和常识；②应该确保现有类的协议（即同外部世界的接口）不变。

(3) 利用委托实现行为共享。仅当存在真实的一般-特殊关系（即子类确实是父类的一种特殊形式）时，利用继承机制实现行为共享才是合理的。如果只想把继承作为实现操作共享的一种手段，则利用委托（即把一类对象作为另一类对象的属性，从而在两类对象间建立组合关系）也可以达到同样的目的，而且这种方法更安全。使用委托机制时，只有有意义的操作才委托另一类对象实现，因此，不会发生不慎继承了无意义（甚至有害）操作的问题。

5.3.3 软件架构设计

系统设计的第一步就是确定软件的架构，它决定了各子系统如何组织以及如何协调工作。架构设计的好坏影响到软件的好坏，系统越大越是这样。进行架构设计时，有两个重要的原则可以遵循：分层和各层之间通信。软件架构通常采用典型的三层结构：表示层，业务层和数据层。与传统的两层结构相比，其最大的特征是将业务层独立出来，提高了业务层的可复用性。在两层结构中，用户界面和业务处理流程放在一起，因此无法直接复用业务处理的相关功能，也无法将业务处理功能进行灵活的部署。在三层结构中，表示层只处理用户界面相关的功能，业务层专心处理业务流程，可以对业务层进行灵活的部署，开发时也便于业务处理的开发和用户界面的开发同时进行。当然也可以分为更多的层，关键是尽量提高层内各功能的内聚，降低各层之间的耦合。各层之间进行通信。设计规范要求高层只能调用它的下一层提供的接口，因此设计接口时应该尽量遵守这样的约束。

下面根据架构设计原则建立一个软件系统的架构设计模型。将对象分为三层：用户界面层、业务层、数据访问层，再把各层中的一些公共部分提出来：权限管理、异常处理，这样得到包图，见图 5-34。

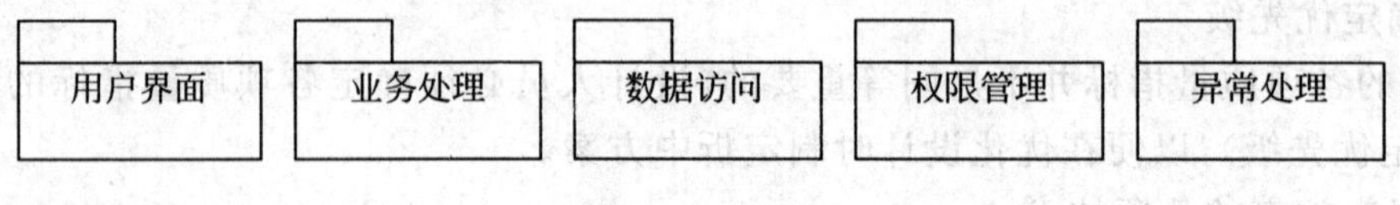

图 5-34 包图

1. 用户界面包

用户界面层的职责是(图 5-35)：与用户的交互，接收用户的各种输入以及输出各种提示信息或处理结果；对于输入的数据进行数据校验，过滤非法数据；向业务处理对象发送处理请求。用户界面类见图 5-36。

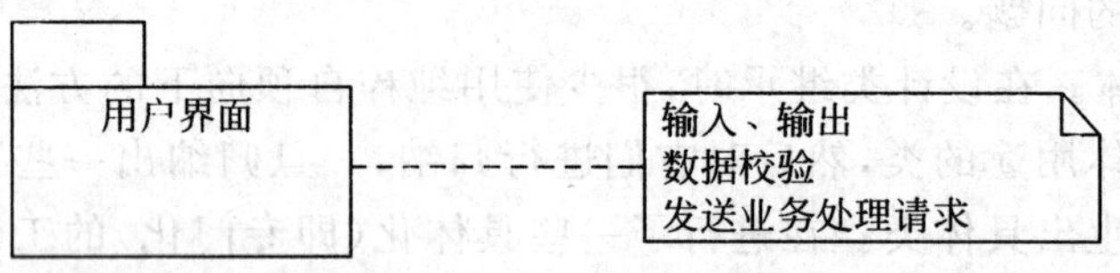

图 5-35 用户界面包

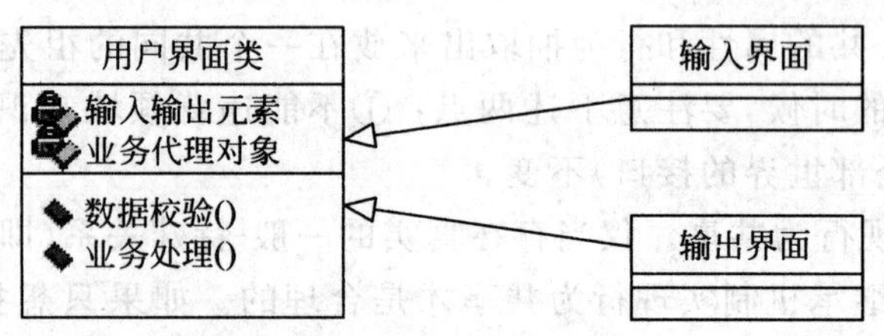

图 5-36 用户界面类

2. 业务处理包

业务处理层(图 5-37)的职责是：实现各种业务处理逻辑或处理算法；验证请求者的权限；向数据访问对象发送数据持久化操作的请求；向用户界面层返回处理结果。业务处理类见图 5-38。

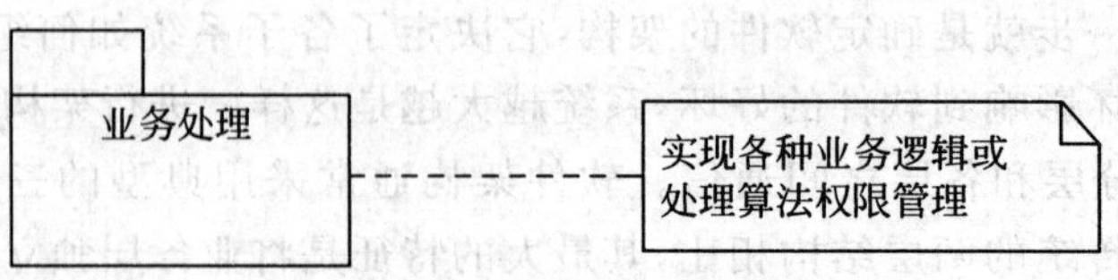

图 5-37 业务处理包

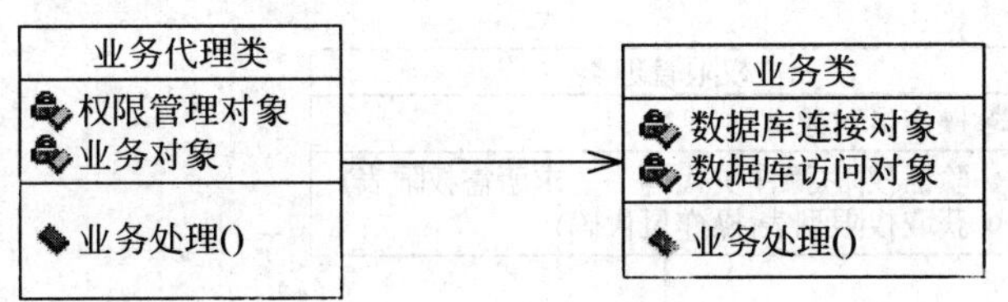

图 5-38　业务处理类

这里使用了代理(Proxy)模式，用户界面对象只能通过业务代理对象来向业务对象发送请求。业务代理对象首先判断请求者的权限，然后转发合法请求者的请求。

3. 数据访问包

数据访问层(图 5-39)的职责是：实现数据的持久化操作(假设数据的存储由关系数据库来完成)；实现事务处理。数据访问类见图 5-40。

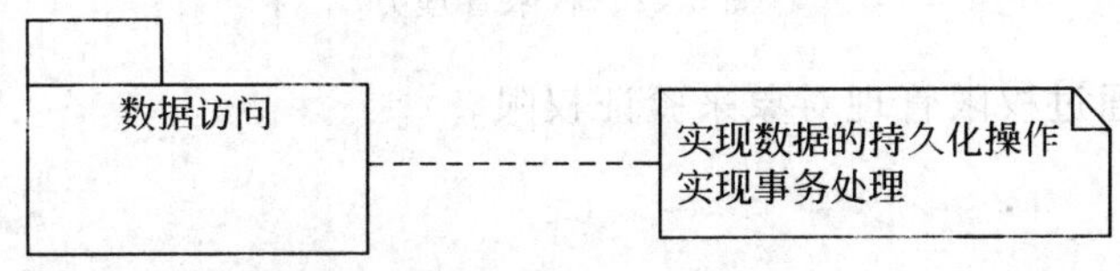

图 5-39　数据访问包

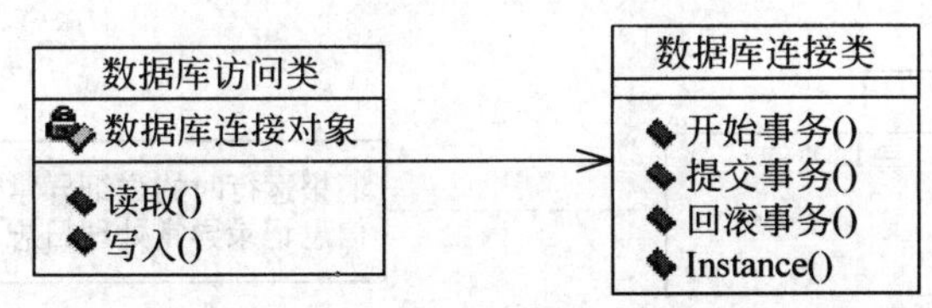

图 5-40　数据访问类

对于每一个业务处理中需要持久化操作的对象都可以对应为一个数据库访问对象，在很多业务处理中需要请求多个数据库访问对象来进行数据的读写操作，而这些操作又必须在同一个事务中，这时需要用同一个数据库连接对象来进行统一的事务处理。这里的数据库连接类的创建用到了单件(Singleton)模式，保证一个类仅有一个实例，一个客户在同一时刻只能用一个数据库连接对象。

4. 权限管理包

权限管理(图 5-41)的主要职责是：验证请求者的请求权限；提供请求者的权限列表。权限管理类见图 5-42。

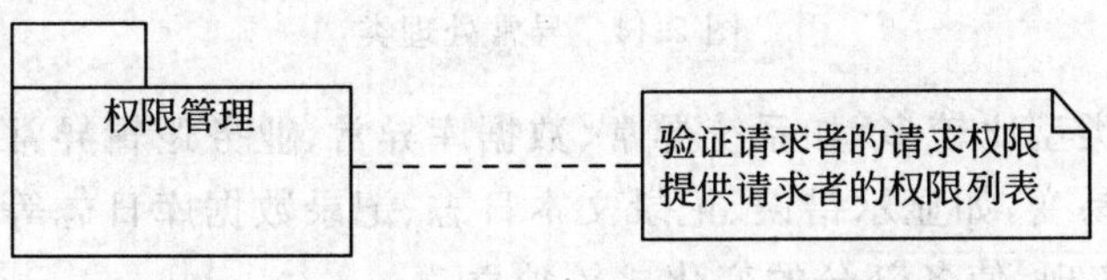

图 5-41　权限管理包

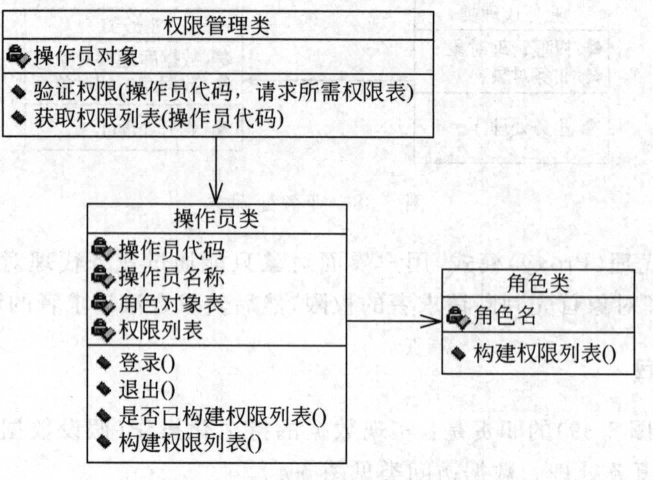

图 5-42 权限管理类

业务处理对象通过权限管理对象来验证权限。

5. 异常处理包

异常处理(图 5-43)的职责：汇报运行时的详细异常信息；记录异常处理日志。异常处理类见图 5-44。

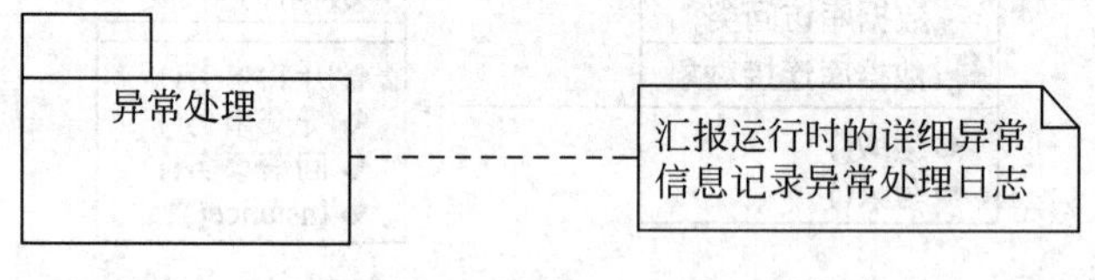

图 5-43 异常处理包

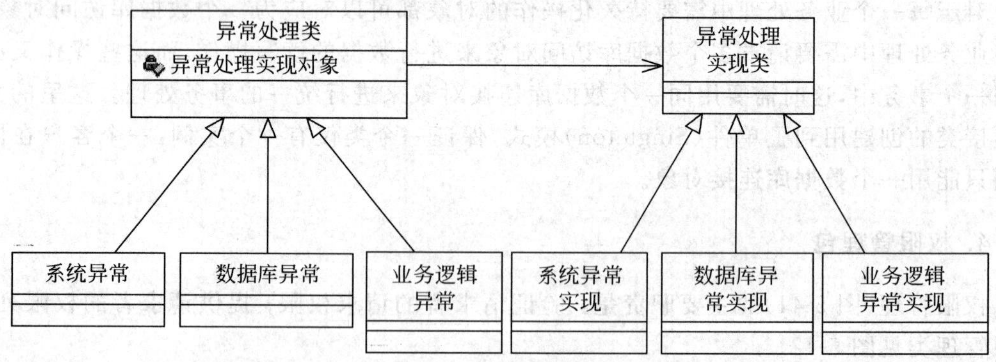

图 5-44 异常处理类

因为异常处理类型比较多，如系统异常、数据库异常、业务逻辑异常等，针对不同类型的异常处理方式也容易变，如显示错误、记录文本日志、记录数据库日志等，所以这里使用了桥接(Bridge)模式来实现，使各部分的变化比较独立。

6. 架构的类图

将包图展开，得到类图，见图 5-45，它是架构的静态结构图，表达了各个类之间的静态联系。

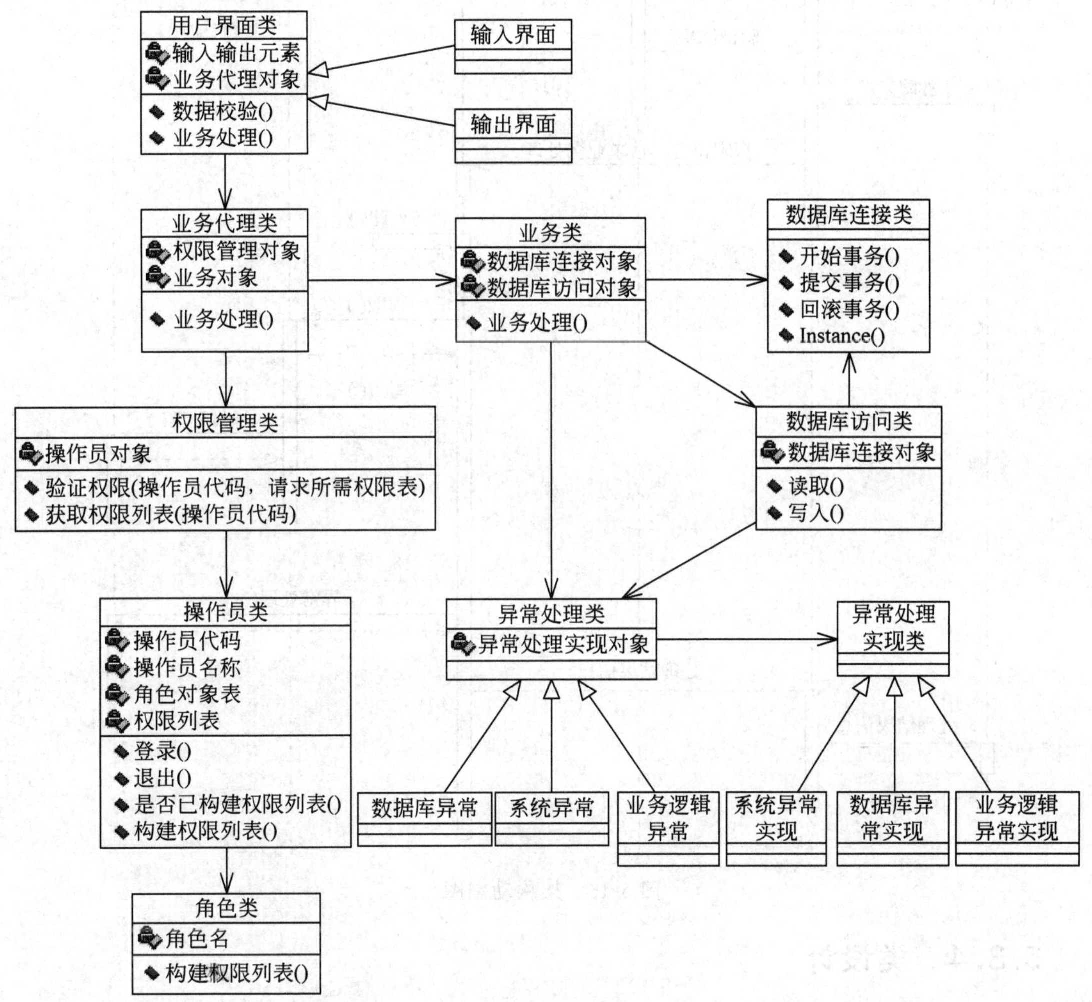

图 5-45 架构类图

7. 架构的动态图

架构的动态图是对象的动态结构图，表达了类对象之间的动态协助关系，见图 5-46。

对象动态流程：用户界面对象在接收了用户的输入请求后，向业务代理对象发送处理请求；业务代理对象接收到请求后，向权限管理对象发送验证权限请求；权限管理对象验证权限后，将验证结果返回给业务代理对象；业务代理对象根据验证结果进行以下处理：对于不符合权限的请求则返回提示信息；对于符合权限的请求，则将请求转发给业务对象；业务对象进行业务处理，对于业务处理中的数据持久化操作通过访问数据库访问对象进行操作，期间的任何异常都交给异常处理对象处理，最后返回处理结果信息给业务代理对象；业务代理对象将处理结果信息返回给用户界面。

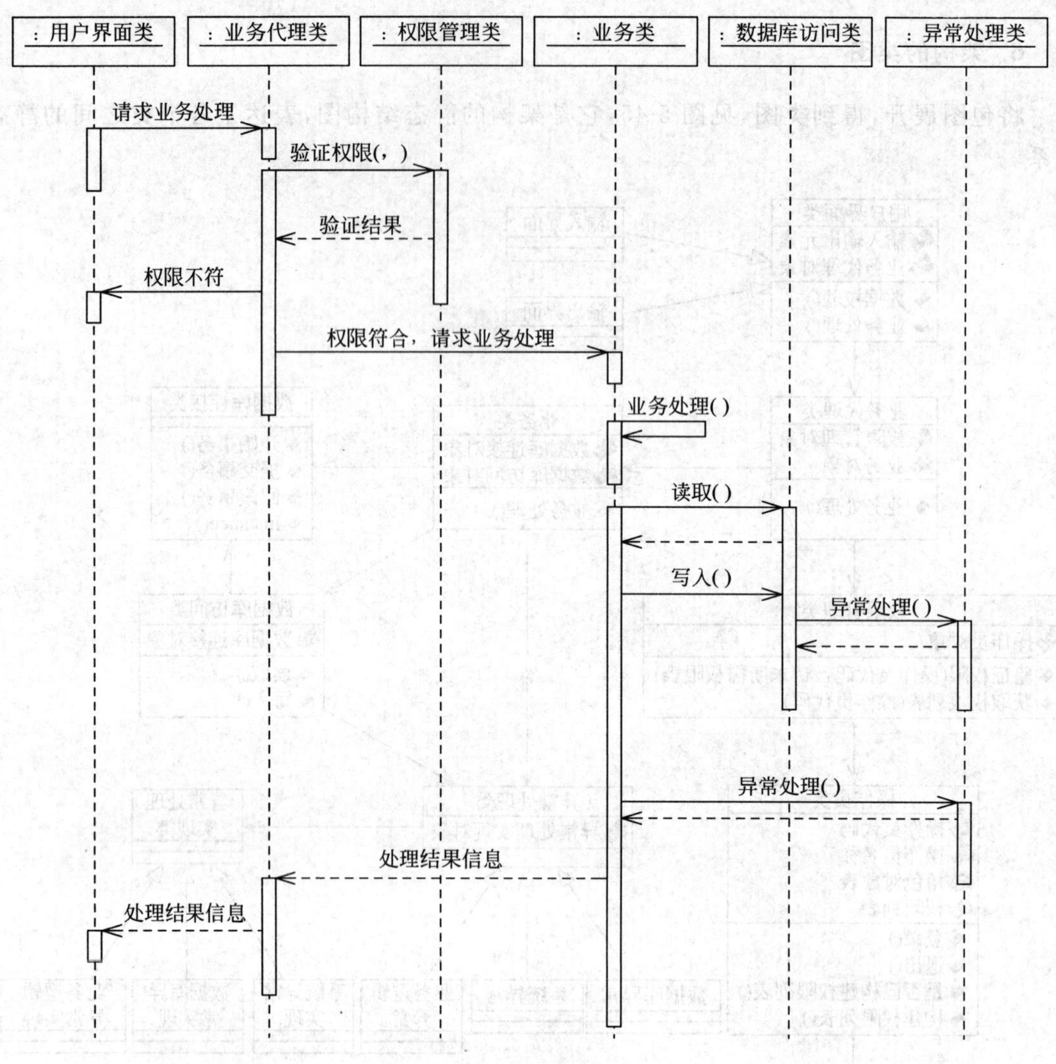

图 5-46 架构动态图

5.3.4 类设计

类设计的目的是在架构设计的基础上，将分析模型转换成程序设计语言可以实现的对象类和对象的静态、动态关系。本节将通过建立“通用日记账财务系统”来介绍类设计的过程和设计思路。

类设计思路：作为类设计的第一步是查找类，可以从分析模型中查找；优化类，对具有共同特征的类进行抽象，得出一个超类或接口；建立类之间的静态联系；建立类之间的动态联系；尽量符合设计原则，尽量使用设计模式。

1. 系统分析模型

1）用例图

活动者(或角色)包括会计、财务管理人员、系统管理员。用例包括账套管理、会计科目管理、系统管理、汇总原始凭证管理、日记账管理、分类账管理、往来户管理、报表，见图 5-47。

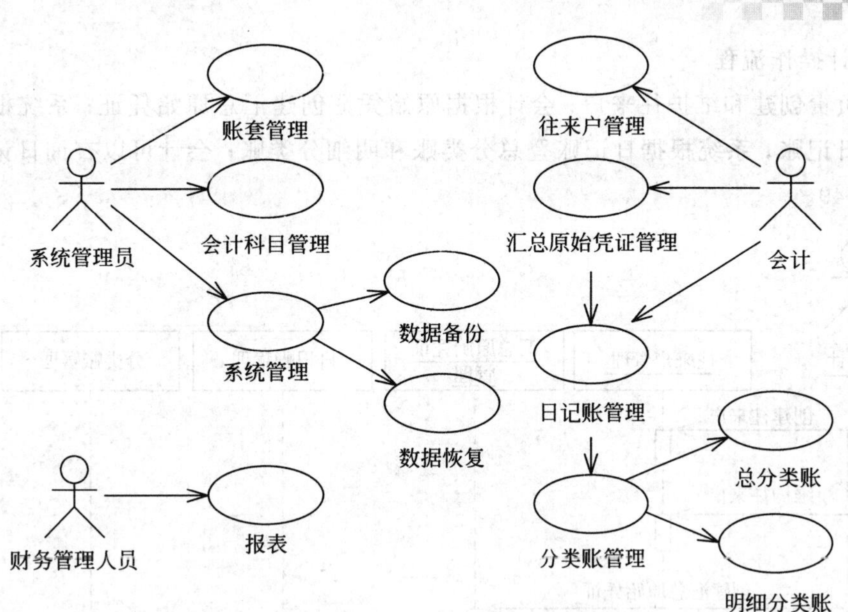

图 5-47 用例图

2）系统管理员操作流程

在系统开始时，系统管理员需要创建一个新的账套，然后设置好本账套的会计科目；系统管理员要负责日常的数据备份工作，当系统运行出现异常需要数据恢复时，要负责数据恢复工作，见图 5-48。

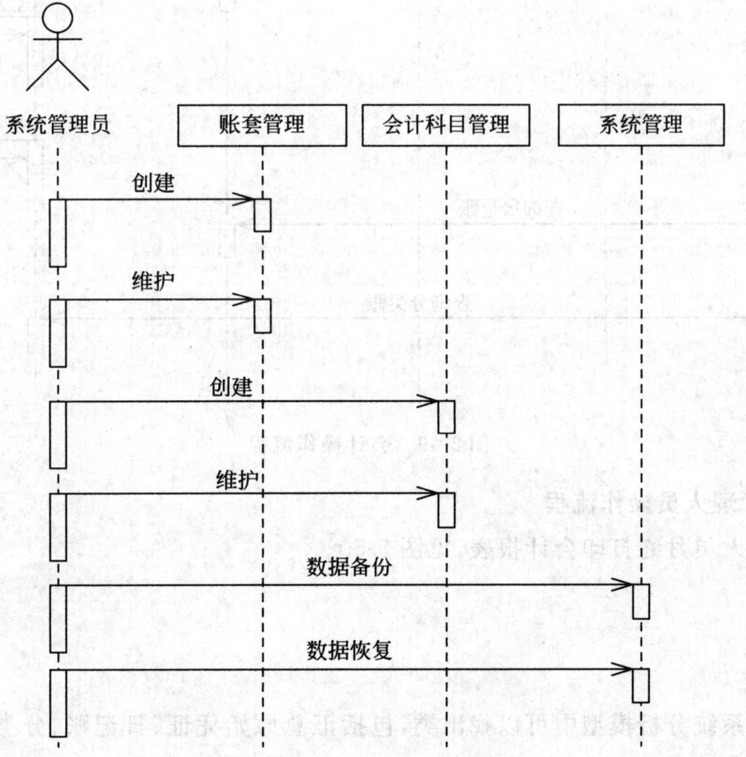

图 5-48 系统管理员操作流程

3）会计操作流程

会计负责创建和维护往来户；会计根据原始凭证创建汇总原始凭证；系统根据汇总原始凭证登日记账；系统根据日记账登总分类账和明细分类账；会计可以查询日记账和分类账，见图 5-49。

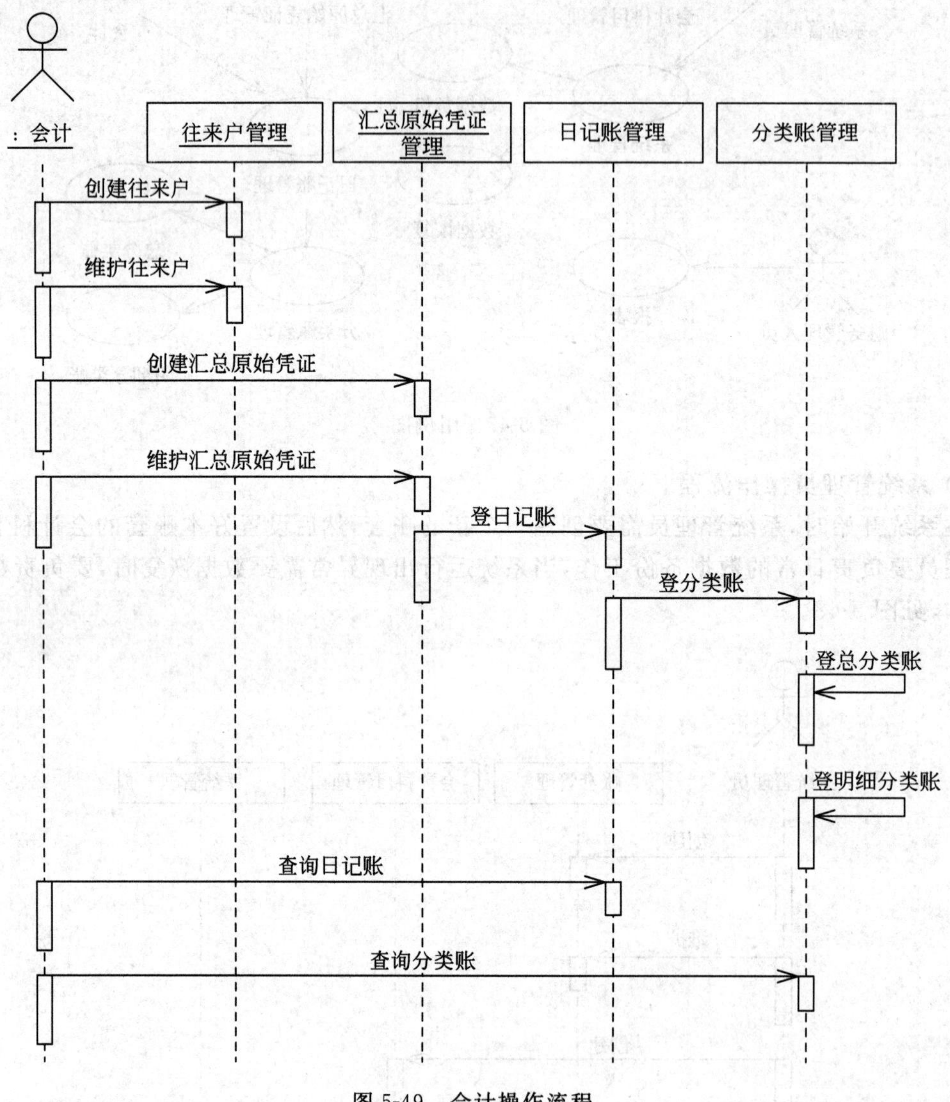

图 5-49　会计操作流程

4）财务管理人员操作流程

财务管理人员月终打印会计报表，见图 5-50。

2. 类图

1）查找类

从上面的系统分析模型中可以找出类，包括汇总原始凭证、日记账、分类账、会计科目、往来户。汇总原始凭证有子类：收款凭证、付款凭证、转账凭证。分类账有子类：总分类

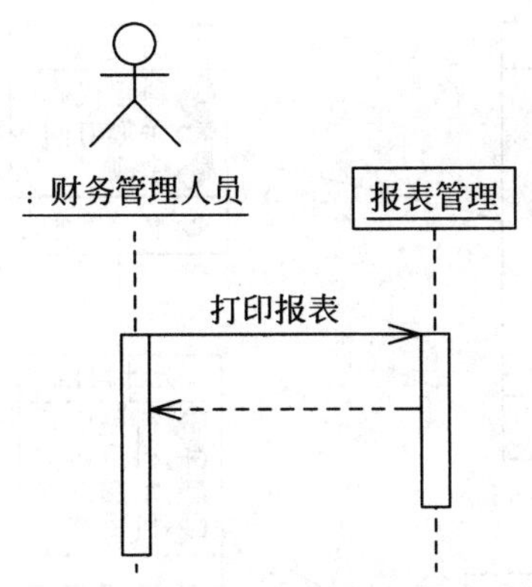

图 5-50 财务管理人员操作流程

账、明细分类账。往来户有了类：应收往来户、应付往来户。

2）查找各个类的方法

查找原始凭证的方法见图 5-51。

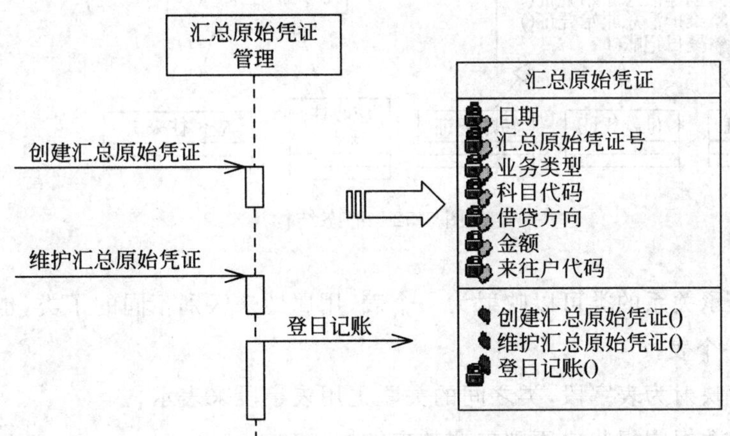

图 5-51 查找原始凭证的方法

逐步查找出各个类的方法后，将它们联系起来，静态结构见图 5-52。

5.3.5 数据库设计

关系型数据库是目前应用最广泛的数据库。既然是面向对象系统设计，数据库设计当然也要是面向对象的。现在要考虑如何对类进行持久化操作，即如何将对象类映射到关系数据库的二维表。

1. 映射原则

(1) 基础类可以采用一类一表制或一类多表制的映射原则；

(2) 当类之间有一对多关系时，一个表也可以对应多个类；

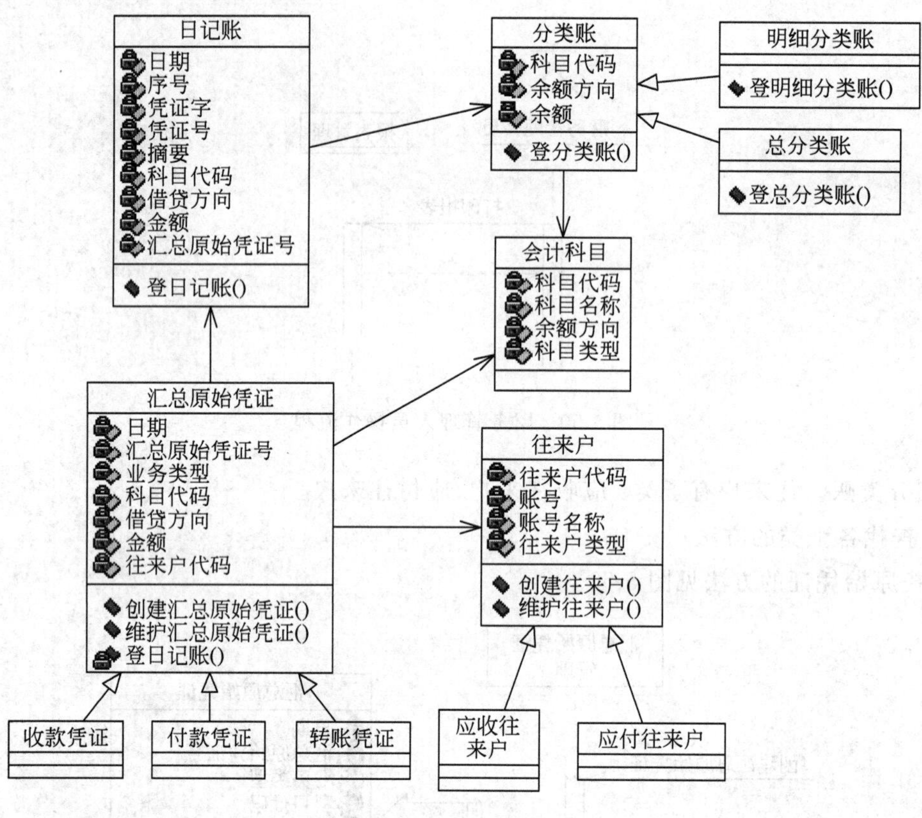

图 5-52 静态结构

(3) 存在继承关系的类可以映射为一个表,用属性来区别不同的子类,也可以是不同的子类分别映射一个表;

(4) 类属性映射为表字段,类之间的关联也用表字段来表示;

(5) 按关系数据库规范化原则来调整表结构。

2. 映射

(1) 会计科目是一个基础类,可以直接映射为一个表;

(2) 日记账是一个记录变化过程的类,它与通用记账凭证是一对一的关系,可以映射为一个表;

(3) 原始汇总凭证、分类账、往来户都存在着继承关系,可以分别对应一个表,也可以是它们和它们的子类分别对应一个表;

(4) 架构设计中需要进行持久化操作的是操作员类和角色类。

3. E-R 图

E-R 图见图 5-53。

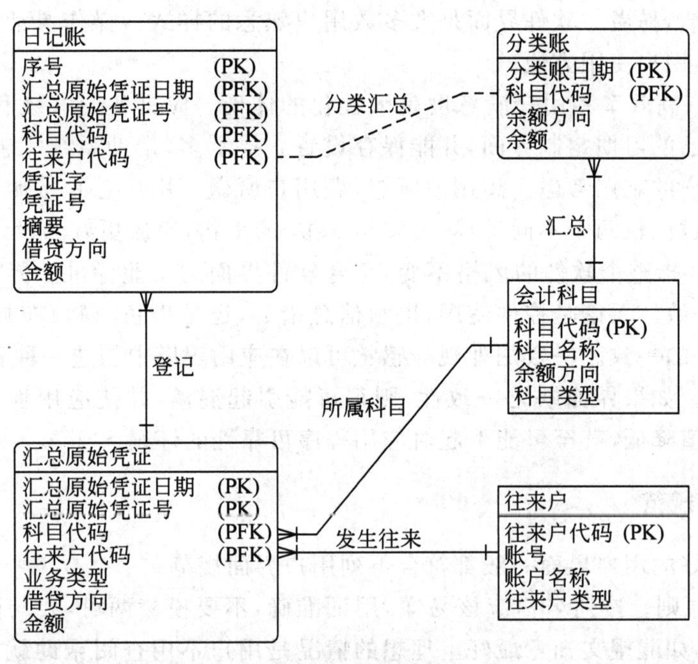

图 5-53 E-R 图

5.4 电子商务系统界面设计

本节重点介绍用户界面设计概述，软件界面设计，窗体设计，Web 页设计。

5.4.1 界面设计

1. 概述

用户界面设计是软件产品重要的组成部分。界面设计是一个复杂的有不同学科参与的工程，认知心理学、设计学、语言学等在此都扮演着重要的角色。用户界面是人与机之间交流、沟通的层面。从深度上分为两个层次：感觉的和情感的。感觉层次指人和机器之间的视觉、触觉、听觉层面；情感层次指人和机器之间由于沟通所达成的融洽关系。总之，用户界面设计是以人为中心，使产品达到简单使用和愉悦使用的设计。一个好的用户界面，可以大大提高工作效率，使用户从中获得乐趣，减少由于界面问题而造成用户的咨询与投诉，减轻客户服务的压力，减少售后服务的成本。因此，用户界面设计对于任何产品/服务都极其重要。

2. 界面设计的原则

用户界面设计的三大原则是：置界面于用户的控制之下；减少用户的记忆负担；保持界面的一致性，与之对应的有以下三个方面。

(1) 简易性。界面的简洁是要让用户便于使用、便于了解，并能减少用户发生错误选择的可能性。在视觉效果上简单、清楚，便于理解和使用。界面排列有序，符合用户的习惯，易于使用。语言简洁，易懂。软件界面是大多数用户熟悉的样式。操作灵活，鼠标、键盘或手柄等都可以操作，用户使用方便。

(2) 人性化。高效率和用户满意度是人性化的体现。应具备专家级和初级玩家系统，即用户可依据自己的习惯定制界面，并能保存设置。提示多，帮助系统完善，以减少用户的记忆负担。从用户的观点考虑。想用户所想，做用户所做。用户总是按照他们自己的方法理解和使用。通过比较两个不同世界(真实与虚拟)的事物，完成更好的设计。

(3) 一致性。指整个软件的风格不变，符合软件界面的工业标准。界面的结构清晰一致，风格与内容一致。无论是控件使用，提示信息措辞，还是颜色、窗口布局风格，遵循统一的标准，做到真正的一致。一致的外观与感觉可以在应用程序中创造一种和谐，任何东西看上去都那么协调。如果界面缺乏一致性，则很可能引起混淆，并使应用程序看起来非常混乱、没有条理、价值降低，甚至可能引起对应用程序可靠性的怀疑。

3. 界面设计规范

界面规范良好的用户界面一般都符合下列用户界面规范。

(1) 易用性原则。按钮名称应该易懂，用词准确，不要模棱两可，要与同一界面上的其他按钮易于区分，如能望文知意最好。理想的情况是用户不用查阅帮助就能知道该界面的功能并进行相关的正确操作。

(2) 规范性原则。通常界面设计都按 Windows 界面的规范来设计，即包含菜单条、工具栏、工具箱、状态栏、滚动条、右键快捷菜单的标准格式，可以说：界面遵循规范化的程度越高，则易用性就越好。

(3) 帮助设施原则。系统应该提供详尽而可靠的帮助文档，在用户使用产生迷惑时可以自己寻求解决方法。软件界面帮助包括“微帮助”、“过程提示”和 F1 系统帮助。

(4) 合理性原则。屏幕对角线相交的位置是用户直视的地方，正上方 1/4 处为易吸引用户注意力的位置，在放置窗体时要注意利用这两个位置。

(5) 美观与协调性原则。界面应该大小适合美学观点，感觉协调舒适，能在有效的范围内吸引用户的注意力。

(6) 菜单位置原则。菜单是界面上最重要的元素，菜单位置按照功能来组织。

(7) 独特性原则。如果一味地遵循业界的界面标准，则会丧失自己的个性。在框架符合以上规范的情况下，设计具有自己独特风格的界面尤为重要。尤其是在商业软件流通中有着很好的潜移默化的广告效用。

(8) 快捷方式的组合原则。在菜单及按钮中使用快捷键可以让喜欢使用键盘的用户操作得更快一些。在西文 Windows 及其应用软件中快捷键的使用大多是一致的。

(9) 排错性考虑原则。在界面上通过下列方式来控制出错几率，会大大减少系统因用户人为的错误引起的破坏。开发者应当尽量周全地考虑到各种可能发生的问题，使出错的可能降至最小。如应用出现保护性错误而退出系统，这种错误最容易使用户对软件失去信心。因为这意味着用户要中断思路，并费时费力地重新登录，而且已进行的操作也会因没有存盘而全部丢失。

(10) 多窗口的应用与系统资源原则。设计良好的软件不仅要有完备的功能，而且要尽可能地占用最低限度的资源。

4. 工作流程

用户界面设计在工作流程上分为结构设计、交互设计、视觉设计三个部分。

1）结构设计

结构设计，也称概念设计，是界面设计的骨架。通过对用户研究和任务分析，制定出产品的整体架构。基于纸质的低保真原型可提供用户测试并进行完善。在结构设计中，目录体系的逻辑分类和语词定义是用户易于理解和操作的重要前提。

2）交互设计

交互设计的目的是使产品让用户能简单使用。任何产品功能的实现都是通过人和机器的交互来完成的。因此，人的因素应作为设计的核心被体现出来。交互设计的原则如下：用户易于控制界面；可以鼠标和键盘兼用；软件方便退出，可随时中断工作；使用用户常用的语言；反馈速度快；有操作导航功能；让用户知道自己当前的位置；有错误提示。

3）视觉设计

在结构设计的基础上，参照目标群体的心理模型和任务达成进行视觉设计，包括色彩、字体、页面等。视觉设计要达到用户愉悦使用的目的。视觉设计的原则如下。

(1) 适应性。允许用户选择自己喜欢的界面，或设置自己喜欢的界面，或可以自己定制界面。计算机辅助记忆，减少短期记忆的负担。用户名、密码、IE 进入界面地址可以让机器记住。

(2) 直观和方便性。提供视觉线索，引导用户操作；应用图形界面设计，借助图标形象表示操作功能，如打印图标；保持界面的协调一致；提供默认、撤销、恢复功能；提供界面的快捷方式。

(3) 色彩、版式、图形与内容协调性。软件界面不超过 5 个色系，尽量少用亮色。近似的颜色表示近似的意思。视觉清晰，条理清晰，图片文字布局合理。

5. 界面设计关键

在设计的过程中有较多注意的关键问题，以下列出几点。

1）软件封面设计

应使软件封面最终为高清晰度的图像，如软件封面需在不同的平台、操作系统上使用需考虑转换不同的格式，并且对选用的色彩不宜超过 256 色，最好为 216 色安全色。软件封面大小多为主流显示器分辨率的 1/6 大。如果是系列软件将考虑整体设计的统一和延续性。在上面应该醒目的标注制作或支持的公司标志、产品商标、软件名称、版本号、网址、版权声明、序列号等信息，以树立软件形象，方便使用者或购买者得到提示。插图宜使用具有独立版权的、象征性强的、识别性高的、视觉传达效果好的图形，若使用摄影也应该进行数位处理，以形成该软件的个性化特征。

2）软件框架设计

软件框架设计就复杂得多，因为涉及软件的使用功能，应该对该软件产品的程序和使用比较了解，这就需要设计师有一定的软件跟进经验，能够快速地学习软件产品，并且和软件产品的程序开发员及程序使用对象进行共同沟通，以设计出友好的、独特的、符合程序开发原则的软件框架。软件框架设计应该简洁明快，尽量少用无谓的装饰，应该考虑节省屏幕空间、各种分辨率的大小、缩放时的状态和原则,并且为将来设计的按钮、菜单、标签、滚动条及状态栏预留位置。设计中将整体色彩组合进行合理搭配,将软件商标放在显著位置,主菜单应放在左边或上边,滚动条放在右边,状态栏放在下边,以符合视觉流程和用户使用心理。

3) 软件版式设计

软件面板设计应该具有缩放功能,面板应该对功能区间划分清晰,应该和对话框、弹出框等风格匹配,尽量节省空间,切换方便。

图标设计色彩不宜超过 64 色,大小为 16×16、32×32 两种,图标设计是方寸艺术,应该加以着重考虑视觉冲击力,它需要在很小的范围表现出软件的内涵,所以很多图标设计师在设计图标时使用简单的颜色,利用眼睛对色彩和网点的空间混合效果,制作出了许多精彩的图标。

4) 软件操作设计

菜单设计一般有选中状态和未选中状态,左边应为名称,右边应为快捷键,如果有下级菜单应该有下级箭头符号,不同功能区间应该用线条分割。

软件按钮设计应该具有交互性,即应该有 3～6 种状态效果: 单击时状态; 鼠标放在上面但未单击的状态; 单击前鼠标未放在上面时的状态; 单击后鼠标未放在上面时的状态; 不能单击时状态; 独立自动变化的状态。按钮应具备简洁的图示效果,应能够让使用者产生功能关联反应,群组内按钮应该风格统一,功能差异大的按钮应该有所区别。

滚动条主要是为了对区域性空间的固定大小中内容量的变换进行设计,应该有上下箭头、滚动标等,有些还有翻页标。状态栏是为了对软件当前状态的显示和提示。

5.4.2 窗体设计

从先前接触的程序可以看出,编写 VB 程序首先要创建一个良好的可视化界面。而每个程序界面是由窗体(Form)和一些必要的控件元素(Control)构成的。由于 VB 属于面向对象编程,所以一般将窗体与控件都称为对象,见图 5-54。

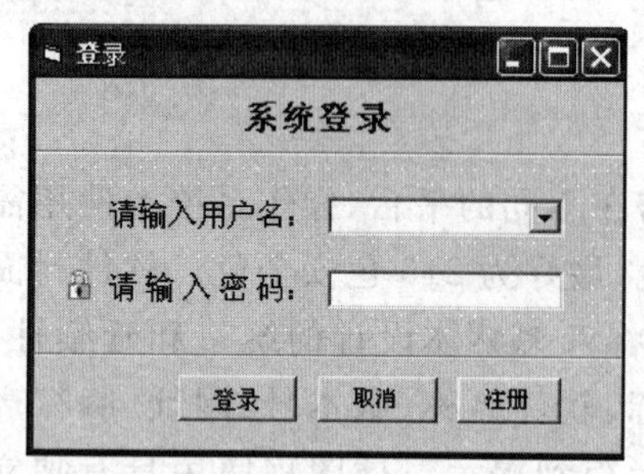

图 5-54 窗体和控件

在介绍 VB 界面设计知识之前,先了解以下三个基本概念: 对象的属性、方法和事件。属性: 指对象(窗体,控件)的大小、颜色、方位等一系列外观或内部构造的特征。方法: 指对象(窗体,控件)所进行的操作。事件: 指对象(窗体,控件)对外部条件的响应。

现今的 Windows 视窗操作系统,与以前 DOS 最显著的区别就是其拥有一个为用户所能接受的图形界面。在这个可视化的图形界面中,用户能方便地使用多个程序,而这一切就像在针对一个个窗口进行操作。

在 Windows 操作系统下,窗体几乎是每个程序的必要部分。所以用 VB 编程,设计程序的界面第一步要考虑的就是程序的窗体。

启动一个 VB 工程后,窗体设计器中会出现一个默认的窗体 Form1。可以发现,它的外观大致与记事本窗口一样,其窗体右上角有三个按钮,分别表示最大化、最小化、关闭,见图 5-55。

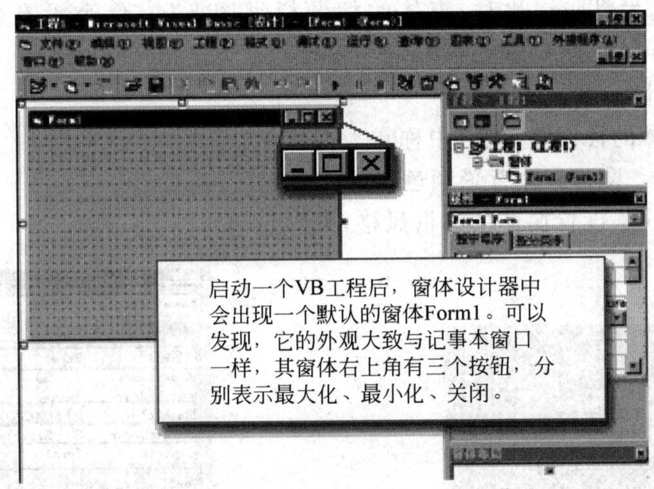

图 5-55　VB 窗口示例

在左上角有一个图标，单击它会弹出一个控制菜单。如图 5-56 所示这个窗体只有"关闭"按钮而没有"最大化"按钮、"最小化"按钮以及控制菜单。要制作这种窗体，只需将属性 BorderStyle 的值改为 4，见图 5-57。

图 5-56　只有标题栏的窗体

图 5-57　Form1 属性面板

BorderStyle 的作用是设置对象的边框样式。对于如图 5-56 所示的窗体，查看一下它的 ControlBox 属性，值为 False。这个 ControlBox 属性表示在程序运行时窗体是否显示控制菜单栏，见图 5-58。

图 5-58　将 ControlBox 属性值设为 False

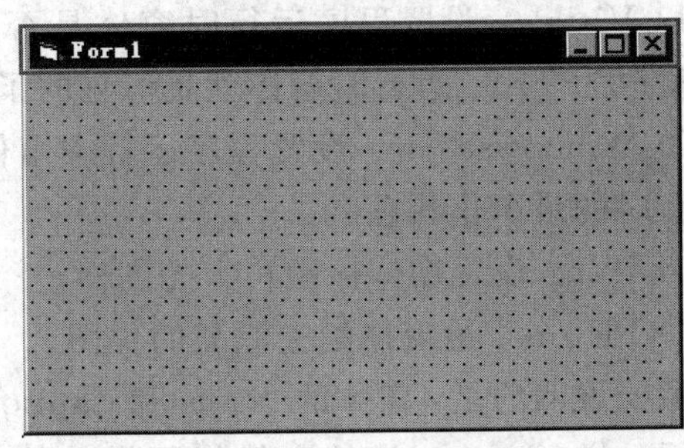

图 5-59　将 ControlBox 的属性改为 True

将它的属性改为 True，此时，窗体的标题栏见图 5-59，像个没有标题栏的窗体，其 BorderStyle 的值为 0，见图 5-60。

窗体的常用属性如下。

(1) 名称：窗体的标识名，代码中称它为 Name。

(2) BackColor：设置窗体背景颜色，见图 5-61。

(3) BorderStyle：设置窗体的边框风格，见图 5-61。

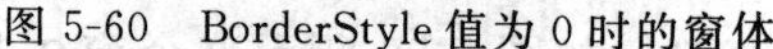

图 5-60 BorderStyle 值为 0 时的窗体

图 5-61 设置 BackColor 和 BorderStyle

要请注意的是，属性值为 1-Fixed Single 与 3-Fixed Dialog 时，窗体外观相同，但功能却不同。

当属性为 1-Fixed Single 时，MaxButton 与 MinButton 这两个属性可以起作用。MaxButton 为 True 时窗体上具有了“最大化”按钮。MinButton 为 True 时，“最小化”按钮也有效了。

而当属性为 3-FixedDialog 时，MaxButton 与 MinButton 属性不起作用。此时，MaxButton 与 MinButton 为 True，但“最大化”按钮、“最小化”按钮均未出现。

(4) Caption：设置窗体标题栏上的文字。

(5) ControlBox：设置窗体标题栏上是否具有控制菜单栏及按钮。

(6) Enabled：决定运行时窗体是否响应用户事件。在程序运行时可以看到改变 Enabled 属性的效果。此时 Enabled 已设为 False，所以单击按钮不会有反应。

(7) Height：设置窗体的高度。

(8) Width：设置窗体的宽度。

(9) Left：设置程序运行时窗体的水平位置。

(10) Top：设置程序运行时窗体的垂直位置。

(11) Visible：设置程序运行时窗体是否可见。当 Visible 为 False 时，窗体是不可见的。将值改为 True，运行时窗体就是可见的了。

(12) WindowsState：设置程序运行中窗体的最小化、最大化和原形这三种状态，以及程序运行时的最小化状态。

(13) Icon：设置窗体标题栏上的图标。

(14) Picture：给窗体配上漂亮的位图。

最后要说明的是：窗体的 Name 和 Caption 属性，虽然默认值相同，都是 Form1，但实际意义却不一样，Caption 指的窗体标题栏上的文字，Name 指这个窗体的对象名，千万不能混淆。

5.4.3 Web 页设计

1. 页面设计原则

Web 页面设计遵循三条原则：简洁性、一致性和对比度。简称 3C 原则(Concisness，Consistence，Contrast)。

1）简洁性

设计并不再现具体的物象和特征，它要表达的是一定的意图和要求，在适当的环境里为人们所理解和接受。它与绘画有内在联系，但又不同于绘画，它以满足人们的实用和需求为目标，因而它比绘画更单纯、清晰和精确。页面设计属于设计的一种，同样要求简练、准确。

保持简洁的通常做法是使用一个醒目的标题，这个标题常常采用图形来表示，但图形同样要求简洁。另一种保持简洁的做法是限制所用的字体和颜色的数目。一般每页使用的字体不超过三种，一个页面中使用的颜色少于 256 种。页面上所有的元素都应当有明确的含义和用途，不要试图用无关的图片把页面装点起来，初学者容易犯的一个错误是把页面搞得花里胡哨，却不能让别人明白他到底要突出表达的是什么内容、主题和意念。

2）一致性

要保持一致性，可以从页面的排版下手，各个页面使用相同的页边距。文本、图形之间保持相同的间距。主要图形、标题或符号旁边留下相同的空白。如果在第一页的顶部放置了公司标志，那么在其他各页面都放上这一标志。如果使用图标导航，则各个页面应当使用相同的图标。

一致性还包括：页面中的每个元素与整个页面以及站点的色彩和风格上的一致性。所有的图标都应当具有相同的设计风格，比如全部采用图像的线条剪辑画或全部使用写实的照片等。另一种保持一致性的办法是字体和颜色的使用。文字的颜色要同图像的颜色保持一致并注意色彩搭配的和谐。一个站点通常只使用一两种标准色，为了保持颜色上的一致性，标准色应一致或相近。比如，站点的主题色彩如果为红色，可能就需要将链接的色彩也改为红色。

3）对比度

使用对比是强调突出某些内容的最有效的办法之一。好的对比度使内容更易于辨认和接受。实现对比的方法很多，最常用的是使用颜色的对比。比如，内容提要和正文使用不同颜色的字体，内容提要使用蓝色，而正文采用黑色；也可以使用大的标题，也即是面积上的对比；还可以使用图像对比，题头的图像明确地向浏览者传达本页的主题，这里同样需要注意的是链接的色彩，在设计页面时人们常常会只注意到未被访问的链接的色彩，而容易忽视访问过的链接色彩将使得链接的文字难以辨认。

2. 案例分析

为了对 3C 原则有直观认识，可以先看看优秀站点，体会站点的简洁性，以及对一致性和对比度等原则的把握。图 5-62 的界面简洁性很好，图 5-63 的一致性很好。两张图的对比度都很好。

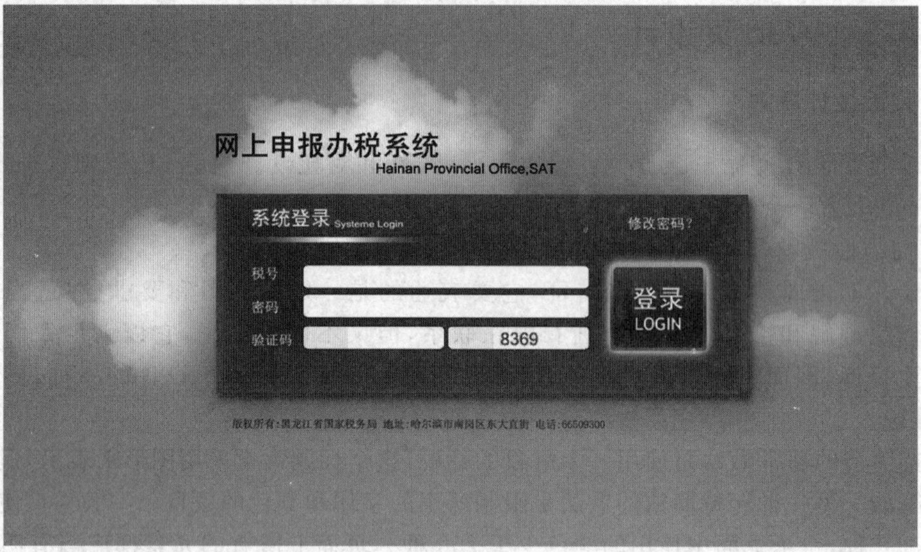

图 5-62 简洁界面

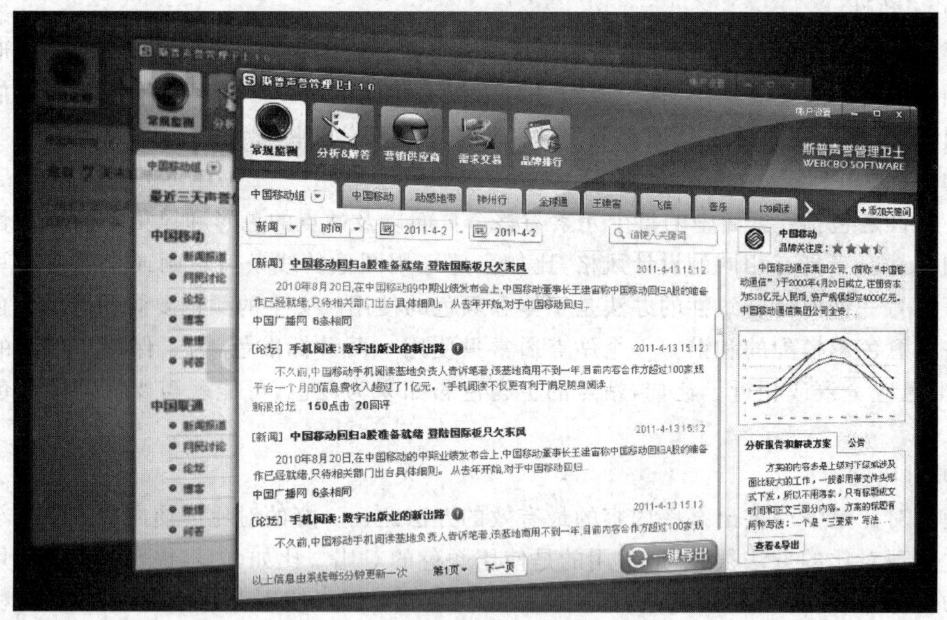

图 5-63 界面的一致性

习题

1. 名词解释

（1）软件模块；（2）内聚；（3）模块化；（4）结构化设计；（5）HIPO 图；（6）PDL。

2. 判断题

(1) 模块独立性指每个模块只完成系统要求的独立的子功能，并且与其他模块的联系最少且接口简单。 ( )

(2) 基于事件的隐式调用风格的思想是构件直接调用过程，或者触发或广播一个或多个事件。 ( )

(3) C/S结构也称客户/服务器模式，是一类按新的应用模式运行的集成式计算机系统。 ( )

(4) 概要设计的主要任务是把需求分析得到的数据流图 DFD 转换为软件结构和数据结构。 ( )

(5) 数据管理子系统是系统存储或检索对象的基本设施，它建立在某种数据存储管理系统之上，并且隔离了数据存储管理模式的影响。 ( )

(6) 用户界面设计是以人为中心，使产品达到简单使用和愉悦使用的设计。 ( )

(7) 详细设计的主要任务是完成软件的需求分析以及整体框架、局部算法。 ( )

3. 填空题

(1) 具体区分模块间耦合程度的强弱的标准包括：________、________、________、________。(填 4 个即可)

(2) 内聚按强度从低到高有以下几种类型：________、________、________、________。(填 4 个即可)

(3) 为了开发出高质量低成本的软件，在软件开发过程中必须遵循下列软件工程原则：________、________、________、________。(填 4 个即可)

(4) 传统软件开发方法的详细设计主要是用结构化程序设计法。详细设计工具有________、________和________。图形工具有业务流图、________、________、________。语言工具有________和________。

(5) 根据工作性质和内容的不同，软件设计分为概要设计和详细设计。概要设计实现软件的________、________、________、________；详细设计则根据概要设计所做的模块划分，实现各模块的________，实现________、数据结构设计的细化。

(6) 遵循下列准则有助于设计出让用户满意的人-机交互界面：________、________、________、________。(填 4 个即可)

(7) 常见的任务有事件驱动型任务，________、________、________和协调任务等。

(8) 界面规范良好的用户界面一般都符合下列用户界面规范：________，________，________，________。(填 4 个即可)

(9) Web 页面设计遵循三条原则：________、________、________。

4. 选择题

(1) 模块是模块化设计和制造的功能单元，具有以下哪些特征？( )

A. 耦合性　B. 互换性　C. 通用性　D. 相对独立性

(2) 编写概要设计文档包括哪几项？(　　)

A. 需求分析说明　B. 概要设计说明书

C. 数据库设计说明书　D. 集成测试计划

(3) 通常采用下面的哪些方法对初始化软件结构进行优化？(　　)

A. 优化软件结构　B. 扇出合适

C. 控制代码运行效率　D. 设计功能可预测的模块

(4) 详细设计的描述工具有哪几种？(　　)

A. 图形工具　B. 表格工具　C. 语言工具　D. 案例工具

(5) 大多数系统的面向对象设计模型，在逻辑上都由几部分组成。以下哪几个是对应于组成目标系统的子系统？(　　)

A. 问题域子系统　B. 人-机交互子系统

C. 任务管理子系统　D. 数据管理子系统

(6) 在面向对象设计过程中还应该进一步设计实现服务的方法，主要工作包括哪些？(　　)

A. 完成程序的代码量估算　B. 设计实现服务的算法

C. 定义外部类和外部操作　D. 选择数据结构

(7) 用户界面设计的几大原则包括哪些？(　　)

A. 置界面于用户的控制之下　B. 提高界面的调用效率

C. 减少用户的记忆负担　D. 保证界面程序的稳健性

E. 保持界面的一致性

(8) 用户界面设计在工作流程上分为哪几个部分？(　　)

A. 结构设计　B. 交互设计　C. 细节设计　D. 视觉设计

5. 简答题

(1) 简单介绍产品模块化以及模块化产品设计方法。

(2) 结构化设计的步骤是怎样的？

(3) 结构化设计的优缺点有哪些？

(4) 当数据流程图呈现"束状"结构时，应采用事务分析的设计方法，通常采用哪几步？

(5) 简述结构化程序设计步骤。

6. 论述题

(1) 软件体系风格有哪些？请分别介绍。

(2) 面向对象设计方法有哪几种？请分别介绍。

(3) 面向对象设计的准则有哪些？

第6章 实现、测试与维护

本章重点介绍软件开发工具的对比，程序编码，其他实现方式，电子商务系统集成。要求学生了解电子商务系统设计工具的编码与实现，掌握电子商务软件的开发方式与系统集成。

6.1 信息系统开发工具的对比

本节重点介绍语言工具的对比，数据库工具的对比，多媒体工具的对比。

6.1.1 语言工具的对比

电子商务系统的实现会用到相应语言。由于计算机语言的不同特点，在软件开发时，必须进行语言的比较和选择。

1. 汇编语言

汇编语言（Assembly Language）是面向机器的程序设计语言，也是利用计算机所有硬件特性并能直接控制硬件的语言。有人说，汇编语言是低级语言，有被“抛弃”的可能。其实相反，汇编语言仍然是计算机底层设计时必须用的一种语言。在物联网工程应用领域，涉及硬件底层的操作，因此，汇编是必不可少的。

1）工作原理

汇编语言是机器语言的助记符，相对于比较枯燥的机器代码易于读写、易于调试和修改。汇编语言中由于使用了助记符号，用汇编语言编制的程序输入计算机，计算机不能像用机器语言编写的程序一样直接识别和执行，必须通过预先放入计算机的“汇编程序”进行加工和翻译，才能变成能够被计算机直接识别和处理的二进制代码程序。用汇编语言等非机器语言书写好的符号程序称为源程序，运行时汇编程序要将源程序翻译成目标程序。目标程序是机器语言程序，当它被安置在内存的预定位置上，就能被计算机的 CPU 处理和执行。汇编语言需要一个“汇编器”来把汇编语言原文件汇编成机器可执行的代码。高级的汇编器如 MASM、TASM 等为用户编写汇编程序提供了很多类似于高级语言的特征，使全部用汇编语言来编写 Windows 的应用程序也是可行的。

2）直接控制硬件

汇编语言像机器指令一样，是硬件操作的控制信息，因而仍然是面向机器的语言，使用起来还是比较烦琐费时，通用性也差。但是，汇编语言用来编制系统软件和过程控制软件，其目标程序占用内存空间少，运行速度快，有着高级语言不可替代的用途。巧妙的程序设计可使汇编语言汇编后的代码比高级语言执行速度更快，所占内存空间少。

3）面向具体机型

汇编语言是面向具体机型的，不能通用，也不能在不同机型之间移植，它离不开具体计算机的指令系统，因此，对于不同型号的计算机，有着不同结构的汇编语言，而且，对于同一问题所编制的汇编语言程序在不同种类的计算机间是互不相通的。

4）语言特点

面向机器的低级语言，通常是为特定的计算机或系列计算机专门设计的；保持了机器语言的优点，具有直接和简洁的特点；可有效地访问、控制计算机的各种硬件设备，如磁盘、存储器、CPU、I/O端口等；目标代码简短，占用内存少，执行速度快，是高效的程序设计语言；经常与高级语言配合使用，应用十分广泛。

2. C语言

C语言是世界上流行、使用最广泛的高级程序设计语言之一。常用的编译软件有Microsoft Visual C++，Borland C++，Borland C++，Borland C++ Builder，Microsoft C，High C等。它既具有高级语言的特点，又具有汇编语言的特点，是介于高级语言与汇编语言之间的语言。这种性质也决定了C语言在物联网底层和中间层应用的可能。

1）应用

C语言可以作为工作系统设计语言，编写系统应用程序，也可以作为应用程序设计语言，编写不依赖计算机硬件的应用程序。C语言对操作系统和系统使用程序以及需要对硬件进行操作的场合，具体应用比如单片机以及嵌入式系统开发。用C语言明显优于其他高级语言，许多大型应用软件都是用C语言编写的。C语言具有绘图能力强，可移植性，并具备很强的数据处理能力，因此适于编写系统软件，三维、二维图形和动画。

2）优点与缺点

（1）优点：简洁紧凑、灵活方便；运算符丰富；数据类型丰富；C是结构式语言；语法限制不太严格，程序设计自由度大；允许直接访问物理地址，对硬件进行操作；生成目标代码质量高，程序执行效率高；适用范围大，可移植性好。

（2）缺点：C语言的缺点主要表现在数据的封装性上，这一点使得C在数据的安全性上有很大缺陷，这也是C和C++的一大区别。C语言的语法限制不太严格，对变量的类型约束不严格，影响程序的安全性，对数组下标越界不做检查等。从应用的角度，C语言比其他高级语言较难掌握。

3. Delphi 开发环境

Delphi是一种应用程序开发工具（Rapid Application Development，RAD）。其前身是DOS时代的Borland Turbo Pascal，最早的版本于1995年由Borland公司推出，主创者Anders Hejlsberg。Delphi是一个集成开发环境，其核心是由传统Pascal语言发展起来的，以图形用户界面为开发环境，透过IDE、VCL工具与编译器，配合连接数据库的功能，构成一个以面向对象程序设计为中心的应用程序开发工具。Delphi的特点决定了它可能应用于物联网的应用层的开发。

1）功能简介

Delphi 是可视化编程环境，提供了一种方便、快捷的 Windows 应用程序开发工具。它使用了 Microsoft Windows 图形用户界面的特性和设计思想，采用了弹性可重复利用的面向对象程序语言（Object-Oriented Language）。Delphi 可在 Windows 系列环境下使用。Delphi 也可以在 Linux 平台上开发应用，Delphi 采用面向对象的编程语言 Object Pascal 和基于部件的开发结构框架。Delphi 提供了五百多个可供使用的构件，利用这些部件，开发人员可以快速地构造出应用系统。Delphi 为第 4 代编程语言，具有简单、高效、功能强大的特点。和 VC 相比，Delphi 更简单、更易于掌握；和 VB 相比，Delphi 则功能更强大、更实用。

Delphi 采用基于窗体和面向对象的方法，有高速编译器、数据库支持和组件技术。它是在 Pascal 语言的基础上发展起来的，结构化好。Delphi 提供了各种开发工具，包括集成环境、图像编辑，以及各种开发数据库的应用程序，如 Desktop DataBase Expert 等。Delphi 支持多种数据库结构，从客户/服务机模式到多层数据结构模式；具有高效率的数据库管理系统和新一代更先进的数据库引擎；提供最新的数据分析手段和大量的企业组件。

2）特点

(1) 直接编译生成可执行代码，编译速度快；

(2) 支持将存取规则分别交给客户机或服务器处理的两种方案，而且允许开发人员建立一个简单的部件或部件集合，封装起所有的规则，并独立于服务器和客户机，所有的数据转移通过这些部件来完成；

(3) 提供了许多快速方便的开发方法，使开发人员能用尽可能少的重复性工作完成各种不同的应用；

(4) 具有可重用性和可扩展性；

(5) 具有强大的数据存取功能；

(6) 拥有强大的网络开发能力，能够快速开发 B/S 应用；

(7) Delphi 使用独特的 VCL 类库，使得编写出的程序显得条理清晰，VCL 是现在最优秀的类库；

(8) 从 Delphi 8 开始 Delphi 也支持.NET 框架下程序开发。

4. VB 开发环境

Visual Basic 是由微软公司开发的包含协助开发环境的事件驱动编程语言。它源于 BASIC 编程语言。VB 拥有图形用户界面和快速应用程序开发系统，可以使用 DAO、RDO、ADO 连接数据库，或者创建 ActiveX 控件。程序员可以使用 VB 组件建立一个应用程序。VB 的特点决定了它可能应用于物联网应用层的开发。

1）Visual Basic 语言特性

VB 使用了可以简单建立应用程序的 GUI（Graphical User Interface，图形用户界面）系统，是一种基于窗体的可视化组件安排的联合，并且增加代码来指定组件的属性和方法。VB 的程序可以包含一个或多个窗体，或者是一个主窗体和多个子窗体，类似于操作系统的样子。VB 的组件既可以拥有用户界面，也可以没有。这样一来服务器端程序就可以处理增加的模块。VB使用参数计算的方法来进行垃圾收集，这个方法中包含大量的对象，提供基本的面向对象支持。因为越来越多组件的出现，使得程序员可以选用自己需要的扩展库。

2）Visual Basic 局限性

VB也提供了建立、使用和重用这些控件的方法，但是由于语言问题，从一个应用程序创建另外一个应用程序存在一些局限。Visual Basic 语言具有不支持继承、无原生支持多线程、异常处理不完善三项明显缺点，使其有所局限性。

5. PowerBuilder 开发环境

PowerBuilder 是 Sybase 公司研制的一种快速开发工具，是客户/服务器结构下，基于 Windows 系列的一个集成化开发工具。它包含一个直观的图形界面和可扩展的面向对象的编程语言 PowerScript，提供与当前流行的大型数据库的接口，并通过 ODBC 与单机数据库相连。PowerBuilder 有 Desktop，Professional 和 Enterprise 三个不同版本。PB的特点决定了它可能应用于物联网应用层的开发。

1）基本功能简介

（1）可视化、多特性的开发工具。全面支持 Windows 所提供的控制、事件和函数。

（2）面向对象的技术功能。支持通过对类的定义来建立对象模型，同时支持所有面向对象编程技术，如继承、数据封装和函数多态性等。

（3）支持复杂应用程序。开发人员可以使用 PowerBuilder 内置的 Watcom C/C++来定义、编译和调试一个类。

（4）企业数据库的连接能力。PowerBuilder 的主要特色是 Data Window（数据窗口），通过 Data Window 可以方便地对数据库进行各种操作，也可以处理各种报表，而无须编写 SQL 语句，可以直接与 Sybase、SQL Server、Informix、Oracle 等大型数据库连接。

（5）查询、报表和图形功能。PowerBuilder 提供的可视化查询生成器和多个表的快速选择器可以建立查询对象，并把查询结果作为各种报表的数据来源。PowerBuilder 适用于物联网管理系统的开发，特别是客户/服务器结构。

2）数据库前台开发支持

PowerBuilder 是数据库应用开发工具，它按照客户/服务器体系结构研制设计，在客户/服务器结构中，它使用在客户机中，作为数据库应用程序的开发工具而存在。由于 PowerBuilder 采用了面向对象和可视化技术，提供可视化的应用开发环境，使用户利用 PowerBuilder 可以方便快捷地开发出利用后台服务器中的数据和数据库管理系统的数据库应用程序。PowerBuilder 提供了两种访问后台数据库的方式，第一种是通过 ODBC 标准接口的方式，第二种是通过专用的接口与后台的数据库相连。由于专用接口是针对特定的后台数据库管理系统而设计，因此这种方式存取数据的速度比 ODBC 方式存取数据的速度要快。

3）PowerBuilder 的特点

PowerBuilder 是一种面向对象的开发工具；采用事件驱动工作方式；具有良好的跨平台性；提供开放的数据库连接；具有功能强大的编程语言与函数，面向对象编程。

具体特点是：支持应用系统同时访问多种数据库；使用 PowerScript 结构化的编程语

言。PowerBuilder是一个用来进行客户/服务器开发的完全的可视化开发环境。在客户/服务器结构的应用中,PowerBuilder具有描述多个数据库连接与检索的能力。使用PowerBuilder,可以开发出图形界面的访问服务器数据库的应用程序,PowerBuilder提供了建立符合工业标准的应用程序所需的所有工具。PowerBuilder应用程序由窗口组成,这些窗口包含用户与之交互的控件。PowerBuilder已成为客户/服务器应用开发的标准。

6.1.2 数据库工具的对比

常用的DBMS主要面向关系型数据库,即RDBMS。RDBMS产品经历了从集中式到分布式、从单机环境到网络环境、从支持信息管理和辅助决策到联机事务处理的发展过程。目前,各种RDBMS产品的工具都已进入4GL及图、文、声、像并举的时代,快捷的应用开发工具和生成工具唾手可得,第三方数据库开发工具也是应有尽有。常用产品有Borland公司推出的dBASE 5.0 for Windows; Microsoft公司的Visual FoxPro 5.0、6.0、7.0等中小型应用数据库。有Oracle Ingres,Sybase,Informix等功能完善、结构先进的大型DBMS;还有UNIFACE,PowerBuilder等架构在前类DBMS产品之上的,能提供更丰富的开发环境的第三方数据库开发工具,这类产品还具有一定的互连各厂家数据库产品的功能。

1. dBASE 5.0 for Windows

dBASE 5.0 for Windows在原有强大的数据库操作及编程能力的基础上,加入面向对象的开发环境,提供Client/Server应用程序开发能力,处理的数据类型包括声音、图像等二进制数据及OLE数据类型,可开发多媒体应用程序。它与DOS版完全兼容,还提供工具将DOS应用程序转换为Windows应用程序。

2. Visual FoxPro

Visual FoxPro源于美国Fox Software公司推出的数据库产品FoxBase,在DOS上运行,与xBase系列相容。FoxPro原来是FoxBase的加强版。之后,Fox Software被微软收购,加以发展,使其可以在Windows上运行,并且更名为Visual FoxPro。在桌面型数据库应用中,Visual FoxPro处理速度极快,是日常工作中的得力助手。Visual Foxpro将可视化编程技术引入4GL编程环境,使数据库管理应用软件的开发更简捷。其面向对象编程技术的引入,增强了开发大型应用软件的能力,弥补了以前其他版本的缺陷。

3. Oracle数据库系统

Oracle数据库系统是Oracle公司提供的以分布式数据库为核心的一组软件产品,是目前最流行的客户/服务器(Client/Server)或B/S体系结构的数据库之一。比如SilverStream就是基于数据库的一种中间件。Oracle数据库是目前世界上使用最为广泛的数据库管理系统,作为一个通用的数据库系统,它具有完整的数据管理功能;作为一个关系数据库,它是一个完备关系的产品;作为分布式数据库,它实现了分布式处理功能。但只要在一种机型上学习了Oracle知识,便能在各种类型的机器上使用它。

4. Informix 数据库管理系统

Informix 是 IBM 公司出品的关系数据库管理系统(RDBMS)家族。作为一个集成解决方案,它被定位为作为 IBM 在线事务处理(OLTP)旗舰级数据服务系统。

5. Sybase 数据库管理系统

Sybase 是 UNIX 或 Windows NT 平台上客户/服务器环境下的大型关系型数据库系统。Sybase 提供了一套应用程序编程接口和库,可以与非 Sybase 数据源及服务器集成,允许在多个数据库之间复制数据,适于创建多层应用。系统具有完备的触发器、存储过程、规则以及完整性定义,支持优化查询,具有较好的数据安全性。Sybase 通常与 Sybase SQL Anywhere 用于客户/服务器环境,前者作为服务器数据库,后者为客户机数据库,采用该公司研制的 PowerBuilder 为开发工具,在我国大中型系统中具有广泛的应用。

6.1.3 多媒体工具的对比

1. Photoshop

Photoshop 是由 Adobe 公司开发的图形处理系列软件之一,主要应用于图像处理、广告设计等领域。Photoshop 是点阵设计软件,由像素构成,分辨率越大,图像越大,Photoshop 的优点是丰富的色彩及超强的功能;缺点是文件过大,放大后清晰度会降低,文字边缘不清晰。从功能上看,Photoshop 可分为图像编辑、图像合成、校色调色及特效制作几部分。

2. Dreamweaver

Dreamweaver 是一个网页设计软件,它包括可视化编辑、HTML 代码编辑的软件包,并支持 ActiveX、JavaScript、Java、Flash、ShockWave 等特性,而且它还能通过拖曳从头到尾制作动态的 HTML 动画,支持动态 HTML(Dynamic HTML)的设计,使得页面没有 plug-in 也能够在 Netscape 和 IE 4.0 浏览器中正确地显示页面的动画。同时它还提供了自动更新页面信息的功能。

Dreamweaver 采用了 Roundtrip HTML 技术。这项技术使得网页在 Dreamweaver 和 HTML 代码编辑器之间进行自由转换,HTML 句法及结构不变。这样,专业设计者可以在不改变原有编辑习惯的同时,充分享受到可视化编辑带来的益处。Dreamweaver 最具挑战性和生命力的是它的开放式设计,这项设计使任何人都可以轻易扩展它的功能。

3. Flash

Flash 是美国 Macromedia 公司所设计的一种二维动画软件。通常包括 Macromedia Flash,用于设计和编辑 Flash 文档,以及 Macromedia Flash Player,用于播放 Flash 文档。现在,Flash 已经被 Adobe 公司购买,最新版本为 Adobe Flash CS4。Flash 被大量应用于互联网网页的矢量动画文件格式。使用向量运算(Vector Graphics)的方式,产生出来的影片占用存储空间较小。使用 Flash 创作出的影片有自己的特殊档案格式(swf)。该公司声称全世界 97%的网络浏览器都内建 Flash 播放器(Flash Player)。

6.2 程序编码

本节重点介绍编程规范，程序运行效率，程序自动生成的相关知识。

6.2.1 编程规范

软件已逐渐大型化和巨型化，而一个软件需要众多人参与编写代码。现代软件的代码少则上万行，或几十万行，多则千万行，甚至上亿行（比如 Windows8），因此，软件编程必须规范才能使程序员的工作彼此协调。

1. 编程规范原则

通过建立代码编写规范，形成开发小组编码约定，提高程序的可靠性、可读性、可修改性、可维护性、一致性，保证程序代码的质量，继承软件开发成果，充分利用资源，使开发人员之间的工作成果可以共享。软件编码要遵循以下原则。

(1) 遵循开发流程，在详细设计说明书的指导下进行代码编写；

(2) 代码的编写以实现设计的功能和性能为目标，要求正确完成设计要求的功能，达到设计的性能，不要随意增加其他功能和性能；

(3) 程序要具有良好的程序结构，提高程序的封装性，减低程序的耦合程度；

(4) 程序结构应该清晰，可读性强，易于理解；

(5) 程序应该方便调试和测试，即可测试性好；

(6) 程序应该易于使用和维护；

(7) 程序应该有良好的修改性、扩充性；可重用性强/移植性好；

(8) 程序应该占用资源少，以低代价完成任务；

(9) 在不降低程序的可读性的情况下，编码要精简，尽量提高代码的执行效率；

(10) 单个函数的程序行数不得超过 100 行；

(11) 尽量使用标准库函数和公共函数；

(12) 不要随意定义全局变量（最好不用），尽量使用局部变量；

(13) 使用括号以避免二义性。

2. 注释的要求

初学者或未在大公司工作的人员，对程序的注释往往不太注意。实际上，程序的注释对其他人理解程序或后期的维护都非常有用。程序注释一般有以下要求：

(1) 保持注释与代码完全一致；

(2) 每个源程序文件，都有文件头说明；

(3) 每个函数，都有函数头说明；

(4) 主要变量（结构、联合、类或对象）定义或引用时，注释要能反映其含义；

(5) 常量定义应该有相应说明；

(6) 处理过程的每个阶段都有相关注释说明；

(7) 在典型算法前应该有注释；

(8) 利用缩进来显示程序的逻辑结构，缩进量一致并以 Tab 键为单位，定义 Tab 为 6 个字节；

(9) 循环、分支层次不要超过 5 层；

(10) 注释可以与语句在同一行，也可以在上行；

(11) 空行和空白字符也是一种特殊注释；

(12) 一目了然的语句不加注释；

(13) 注释的作用范围可以为：定义、引用、条件分支以及一段代码；

(14) 注释行数(不包括程序头和函数头说明部分)应占总行数的 1/5～1/3。

3. 规范的详细说明

编程规范是每个程序者应该遵守的原则。这些规范的执行有利于对程序的管理。下面是一些说明：

1) 源程序的文件管理

(1) 命名：原程序文件命名采用有意义的格式。

(2) 文件结构：每个程序文件由标题、内容和附加说明三部分组成。

2) 编辑风格

(1) 缩进。缩进以 4 个空格为单位。

(2) 格。变量、类、常量数据和函数在其类型、修饰名称之间适当空格并根据情况对齐。

(3) 对齐。原则上关系密切的行应对齐，对齐包括类型、修饰、名称、参数等各部分对齐。

(4) 空行。程序文件结构各部分之间空两行。各函数实现之间一般空两行。

(5) 注释。注释必须有意义，必须正确描述程序。

(6) 代码长度。对于每一个函数建议尽可能控制其代码长度为 53 行左右，超过 53 行的代码要重新考虑将其拆分为两个或两个以上的函数。

3) 符号名的命名

符号名的命名包括变量、函数、标号、模块名等。选用有实际意义的英文标识符号或缩写符号，名称中尽可能不使用阿拉伯数字。

4) 输入输出

输入输出方式和格式应尽可能方便用户。应根据不同用户的类型、特点和不同的要求来制定方案。格式力求简单，并应有完备的出错检查和出错恢复措施。

6.2.2 程序运行效率

从 1 加到 100，该怎么算？可以 1＋2＋3＋…＋100 算出结果 5050，也可以(0＋100)＋(1＋99)＋(2＋98)＋…得到结果 5050。显然第二种方法更适合人们计算，它的效率比顺序相加快得多，甚至口算就能迅速得到答案。但对于计算机来说，第二种方法并不比第一种快，如果程序编制不当，反而会降低计算速度。

对于程序运行效率的改进可以从以下几个方面入手：调整代码顺序以避免重复的复杂运算，改进算法和数据结构以降低计算复杂度，了解和掌握硬件的特性以便充分发挥硬件系统的性能，以及使用编译系统的优化选项对程序的可执行码进行优化。

1. 调整代码

代码调整应该作为一种优化的辅助手段，在对算法和数据结构优化的基础之上进行。代码调整包括提取公共表达式；将与循环无关的表达式移出循环语句；将与循环无关的条件判断移出循环语句；展开循环体中的代码；预先计算可能用到的数值；用低价操作替代高价操作；避免无效语句；避免不必要的重复操作。

2. 改进算法

改进算法的目的是从根本上降低计算过程的计算复杂度，提高计算的效率。在无法找到计算复杂度更低的算法时，也可以针对具体问题，改进对计算过程的组织和描述，化简计算过程，避免不必要的计算步骤，有效地减少计算过程的实际计算量，提高程序的计算效率。在对程序的算法进行改进前，首先需要分析计算过程的规律，找出计算的实质性目标。在此基础上，需要进一步分析影响当前算法效率的关键因素，提出新的思路和算法。对于一些非常规的计算问题，需要根据具体问题的性质和特点，进行具体的分析，设计相应的优化算法。

3. 空间换时间

一般而言，运行效率高的算法有可能需要较大的存储空间。因此，在目前硬件性能大幅提高和价格大幅降低的前提下，增加程序运行中所使用的存储空间，是提高程序运行效率的一种常用手段。

4. 改进数据结构

数据结构往往与程序关键部分的算法密切相关，对数据结构的改进往往会对程序的运行效率产生显著影响。例如，如果在程序中需要对数据项进行频繁的插入、检索和删除，而且数据项的数量又比较大，使用线性表的效率会很低，往往很难满足程序性能的要求。这时，改用排序二叉树或者 Hash 表作为数据项的存储结构，会显著提高程序的运行速度。

5. 了解和适应硬件的特性

任何程序都是运行在硬件平台上的，因此硬件平台的各种特性对程序的运行效率有着直接的影响。很多时候，有效地利用硬件平台的特性可以显著地改进程序的效率。

6. 编译优化选项

在使用了优化选项时，编译系统根据选项的规定，对所生成的代码进行各种类型的优化，以期获得时空效率方面的改进。对代码优化的侧重点和优化的程度随优化选项的不同而不同。一般来说，最基本的优化也会对诸如与循环无关的表达式的位置调整、尾递归的消除等进行处理。更高级的优化将会对更复杂的代码模式进行分析，使用更加有效的等价运算方式，以便减少程序可执行码的大小和所需要的运行时间。

6.2.3 程序自动生成

程序自动生成会大大减轻程序员的工作负担，不过，另一种趋势也应该引起注意，有些人以为，有了程序生成器，就可以万事大吉了，好像程序生成器可以为他们做一切。这是对程序自动生成概念的片面理解。

程序生成器是一种代码生成器，其任务是根据详细设计的要求，自动或者半自动地生成某种语言的程序。程序生成器的结构见图 6-1。

由图 6-1 可以看出，输入的信息包括：使用者输入的信息，详细设计说明书的内容和程序代码库的内容。程序生成器根据使用者输入的信息，确定程序的框架，根据输入的参数，确定程序的框架语句中未定的值，然后将程序代码生成输出。输出的结果可能有两种：一种是某种高级程序设计语言的源代码，另一种是某种机器环境下的可执行代码。

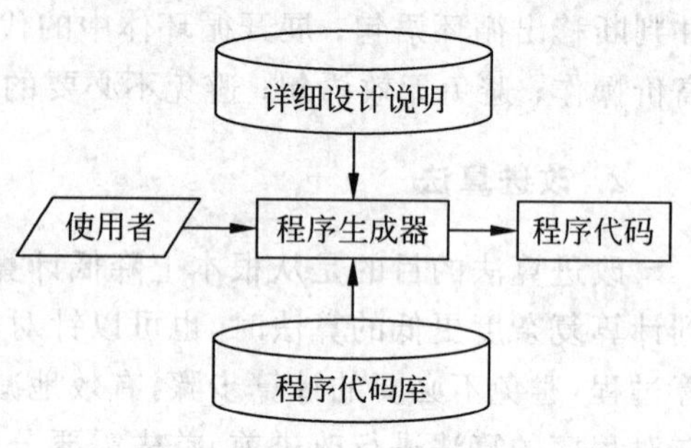

图 6-1 代码生成器的工作

两者各有优缺点。对于程序比较熟悉的程序员来说，第一种方式比较合适，因为他们可以根据自己的需要微调。第二种方式比较适合"傻瓜"用户，其付出的代价是机器产生的程序有很多不尽人意的地方。就目前的情况来看，100%的程序自动生成是不可能的，比较保守的估计是如果能节省编程时间 60%以上，可以认为是很不错的程序生成器。

即使是这 60%，在开始生成前也要做很多准备工作。比如，程序的结构和细节参数的确定，像数据的名称、类型、长度、结构等；程序生成器的准备，要么购买，要么自己开发，即使这样，也需要针对问题做一些准备性设置。

目前，程序自动生成器已经被广泛应用于实际工程中，有些第 4 代语言已经具备了某些程序自动生成的功能，比如菜单的自动生成、打印程序的生成、查询程序的生成等，软件开发工具为程序员带来了极大的方便。

6.3 系统测试

本节重点介绍软件故障与测试的重要性，软件测试，系统测试方法，系统测试的策略，测试模型，可靠性评价，纠错，测试案例。

6.3.1 系统测试概述

1. 测试的重要性

"千里之堤，溃于蚁穴"，成千上万工程技术人员、工人、管理干部的劳动成果，几千万甚至上亿元的投资就因为工作的一点疏漏，一个小小的元器件、零部件失效或一根导线的失效而毁于一旦；计算机在即将兴起并高速发展的现代信息化社会中的重要作用已受到了社会各界的公认，将形成社会经济、生产和生活全面依赖计算机的局面，将引起社会结构、经济结构和生活方式的巨大变革，大大提高社会生产力，是最具活力的生产力之一。计算机本身就全球来讲，现已是年产值高达 2500 亿美元的巨大产业，预计到 21 世纪末将可能发展成为世界第一大产业。在这种情况下，对计算机系统的质量和可靠性的要求也越来越高。这是因为一旦计算机系统发生故障,则其效益就会大幅度地削减,甚至完全丧失,从而使社会生产和经济活动陷入不可收拾的混乱状态。因此可以说,计算机系统的高可靠性是实现信息化社会的关键。

一般而言,如果在需求阶段修正一个错误的代价是1,那么,在设计阶段就是3～6倍,在编程阶段是10倍,在内部测试阶段是20～40倍,在外部测试阶段是30～70倍,而到了产品发布出去时,就是40～1000倍,修正错误的代价不是随时间线性增长,而几乎是呈指数增长的。

软件测试不仅成为软件开发的一个有机组成部分,而且在软件开发的系统工程中占据着相当大的比重。软件开发和生产的平均资金投入通常是:"需求分析"和"规划确定"各占3%,设计占5%,编程占7%,测试占15%,投产和维护占60%～70%。测试在软件开发中的地位不言而喻。

2. 测试的概念

软件测试就是利用测试工具按照测试方案和流程对产品进行功能和性能测试,甚至根据需要编写不同的测试工具,设计和维护测试系统,对测试方案可能出现的问题进行分析和评估。执行测试用例后,需要跟踪故障,以确保开发的产品适合需求。

系统测试的目的就是尽可能多地发现系统中的问题和错误。因此,系统测试是一个查找错误的过程。由于人性的弱点,系统设计人员负责测试工作是不可取的。一般地说,这部分工作应交给专门的人员来完成。对于一个大型信息系统来说,测试小组应该担当起这项任务,设计人员只是配合其工作。

应该指出,在系统测试中,主要是软件的测试。基于此,下面着重讨论软件测试。即使通过了系统测试也不能保证程序一定正确,因为测试只能找出程序中的"部分"错误,而不能证明整个程序无错。况且,没有问题的软件是不存在的。这就是系统交付给用户后也会发现问题的原因。关键是只要达到设计要求,测试就算"成功"完成。一般地说,所有发现问题和错误的活动都可以算是测试。因此,系统交付用户之后,将由用户继续扮演测试角色。另外,值得一提的是,测试工作不只是在编码之后才开始进行,其工作一般从系统可行性阶段就已经开始,而且一直延续到维护阶段。

如果说系统工程师致力的工作是"建设性",那么,系统测试人员的工作就是"破坏性"的,因为他们从事的工作是发现程序中的错误和毛病。发现问题,自然是不被某些人欢迎,特别是程序员和系统分析员,但是,其最后的结果却对软件质量的提高非常有益。发现错误是为了改正错误。测试阶段发现的错误越多,可能改正的问题也越多,交付的软件质量也会越高,相对维护性工作也越少。因此,从这个角度讲,测试又是"建设性"的。需要说明的是,并不是测试花费的时间或工作量越多就越好,这中间有一个质量、进度和费用的平衡问题。当然,测试的进度越慢,花费的时间越长,测试自然也越完全,但时间有要求,费用太大也是不能通过的。三者达到平衡,各方满意才是最佳选择。

3. 测试目标

Grenford J. Myers 曾在20世纪70年代对软件测试的目的提出过一些观点:测试是为了发现程序中的错误而执行程序的过程;好的测试方案是极可能发现迄今为止尚未发现的错误的测试方案;成功的测试是发现了至今为止尚未发现的错误的测试。

测试的目标是：发现一些可以通过测试避免的开发风险；实施测试来降低所发现的风险；确定测试何时可以结束；在开发项目的过程中将测试看作是一个标准项目。

4. 测试原则

(1) 测试应该尽早进行，最好在需求阶段就开始介入，因为最严重的错误是系统不能满足用户的需求。

(2) 程序员应该避免检查自己的程序，软件测试应该由测试人员负责。

(3) 设计测试用例时应考虑到合法的输入和不合法的输入以及各种边界条件，特殊情况下不要制造极端状态和意外状态。

(4) 应该充分注意测试中的群集现象。测试发现问题越多的地方，也是存在错误越多的地方。

(5) 测试的对策是对错误结果进行确认的过程。一般由A测试出来的错误，一定要由B来确认。严重的错误可以召开评审会议进行讨论和分析，对测试结果要进行严格的确认，是否真的存在这个问题以及严重程度等。

(6) 制订严格的测试计划。一定要制订测试计划，并且要有指导性。测试时间安排尽量宽松，不要希望在极短的时间内完成也有一个高水平的测试。

(7) 妥善保存测试计划、测试用例、出错统计和最终分析报告，为维护提供方便。

5. 测试过程

一般来说，开发过程与测试过程是一个相互对应的过程。测试一般从模块(单元)测试开始，然后是整体测试，确认测试，直到系统测试完结，其针对的是编码、设计、需求和系统及各部分。以下是系统开发的过程与系统测试的关系，见图6-2。

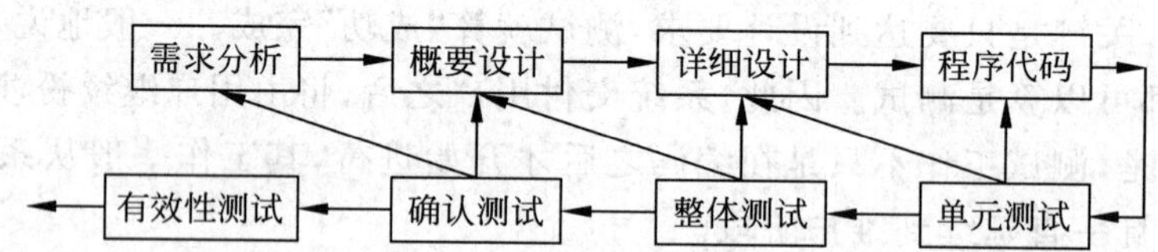

图6-2 系统测试与开发过程的关系

6. 测试数据流程

测试阶段数据流有别于测试的过程步骤，它是测试数据流动状况。一个完整的测试一般要经过测试，评价和纠错三个过程。其入口流是系统配置和测试配置。系统配置是指系统产品在不同阶段时期的组合，这种组合随着开发工作的进行而不断变化。测试配置则包括测试计划、测试工具、测试用例和测试结果期望值。一般测试配置包含在系统配置中。图6-3给出了测试数据。

当测试完成后，测试分析是对测试结果的评价，这个过程包括测试结果与测试结果期望值的比较，及时发现问题，为纠正错误提供依据。另外，评价还要对系统可靠性提供统计数据和分析意见，供可靠性预测。如果测试分析的结果很不满意，可能要重新进行设计、编码和测试。

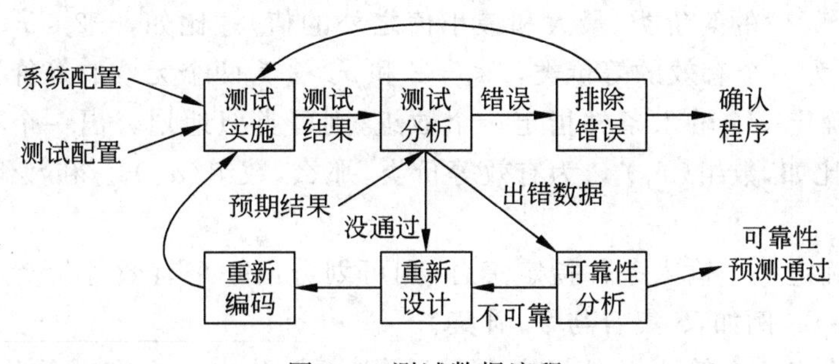

图 6-3 测试数据流程

6.3.2 系统测试方法

系统测试方法有很多，比如，黑盒测试、白盒测试、静态分析、人工测试等。由于其方法的侧重点不同，它们应用的方面也会有一些差距。

1. 黑盒测试

黑盒测试也称功能测试，它是通过测试来检测每个功能是否都能正常使用。在测试中，把程序看作一个不能打开的黑盒子，在完全不考虑程序内部结构和内部特性的情况下，在程序接口进行测试，它只检查程序功能是否按照需求规格说明书的规定正常使用，程序是否能适当地接收输入数据而产生正确的输出信息。黑盒测试着眼于程序外部结构，不考虑内部逻辑结构，主要针对软件界面和软件功能进行测试。黑盒测试的目的是测试系统是否满足功能设计的要求。与白盒测试相比，它只关心功能是否达到要求，接口（出口，入口）的数据是否正确，不关心程序的内部结构是什么，测试依据是需求说明书。黑盒测试主要检查下列几类错误：不正确或遗漏的功能；界面错误；数据结构或外部数据库访问错误；性能错误；初始化和终止条件错误。

理论上，黑盒测试只有采用穷举输入测试，把所有可能的输入都作为测试情况考虑，才能查出程序中所有的错误。实际上测试情况有无穷多个，不仅要测试所有合法的输入，而且还要对那些不合法但可能的输入进行测试。这样看来，完全测试是不可能的，所以要进行有针对性的测试，通过制定测试案例指导测试的实施，保证软件测试有组织、按步骤，以及有计划地进行。黑盒测试行为必须能够加以量化，才能真正保证软件质量，而测试用例就是将测试行为具体量化的方法之一。具体的黑盒测试用例设计方法包括等价类划分法、边界值分析法、错误推测法、因果图法、判定表驱动法、正交试验设计法、功能图法、场景法等。

一般来说，黑盒测试法与白盒测试法不能互换互代，原因是它们是针对不同侧面的两个方法，但两者可以相互补充，在测试的不同阶段为发现不同类型的错误而灵活选用。

下面介绍等价分类、边界值分析、因果图法和错误推测法 4 种黑盒测试技术。

1）等价分类法

等价分类法是把根据程序的输入数据集合，按输入条件，将其划分为若干个等价类，每一等价类设计一个测试用例，这样既可大大减少测试的次数又不会错过发现问题的机会。因此，等价分类法的关键是如何利用输入数据的类型和程序的功能说明划分等价类。下面是一些常用的规则。

（1）如果能确定一个输入条件指定范围，则可划分出一个有效的等价类（输入值落在这个范围内)和两个无效的等价类(最大和最小值之外的值)。比如,$-2\leqslant x\leqslant 2$ 的取值范围,那么,$-2\leqslant x\leqslant 2$ 为一个有效的等价类,$x<-2$ 和 $x>2$ 为两个无效的等价类。

(2) 如果能确定一个输入条件指定一个数组,则可类似地划分出一个有效等价类和两个无效等价类。比如,数组$(a_{ij})_{1\times 3}$为有效等价类,那么,数组$(a_{ij})_{1\times 2}$和数组$(a_{ij})_{1\times 4}$为两个无效等价类。

(3) 如果能确定一个输入条件指定集合,则可划分出一个有效等价类(此集合)和一个无效等价类(补集)。例如,S集合与$S_{补}$补集。

(4) 如果能确定一个输入条件指定布尔量,则可划分出一个有效等价类(此布尔量为真)和一个无效等价类(此布尔量为非)。例如,逻辑型 T 为真取为有效等价类,那么,非 T 既是无效等价类。

2) 边界值法

经验表明,边界值是软件最容易出错的地方。因此,边界值法就是有意选择边界值作为测试用例,在程序中运行,这样就很容易发现大量错误和问题。

该方法是对等价分类技术的补充,即在一个等价类中不是任选一个元素作为上等价类的代表进行测试,而是选择此等价类边界上的值。此外,采用该方法导出测试用例时,不仅要考虑输入条件,还要考虑输出的状态。采用该方法设计测试用例与等价分类法有许多相似之处。

(1) 如果输入条件为(a,b)开区间,那么可以取测试值用例 $x=a,b,x=a\pm\varepsilon,x=b\pm\varepsilon$,其中,$\varepsilon>0$,$\varepsilon$ 是一个非常非常小的值,如取 $\varepsilon=0.00\cdots01$,让 x 的取值非常靠近 a 或 b;

(2) 如果输入条件为一个指定的组数$(a_{ij})_{mn}$,那么可以取测试值用例$(a_{ij})_{mn}$,$(a_{ij})_{(m\pm 1)n}$,$(a_{ij})_{m(n\pm 1)}$;

(3) 如果输入条件为实数,那么可以取测试值用例实数和虚数;

(4) 如果输入条件为数字型,那么可以取测试值用例数字型、日期型,逻辑型,字符型等。

该方法的核心是在“临界值”附近取值进行测试用例设计,另外,也可以将以上两个方法结合起来使用。

3) 因果图法

与前面两个方法相比,这个方法侧重于输入条件之间的联系。由于不同的条件组合可能会产生不同的运行结果,因此,这个方法提供的是分析因果关系的方法。

这个方法的步骤如下。

(1) 找出程序中的原因(输入条件若干),结果(输出结果若干);

(2) 找出若干条件和结果之间的关系,画出因果图;

(3) 找出不可能的条件组合,将其去掉;

(4) 画出可能的条件组合因果图;

(5) 设计测试用例。

4) 错误推测法

错误推测法是基于经验和直觉推测程序中所有可能存在的各种错误,从而有针对性地设计测试用例的方法。错误推测方法的基本思想:列举出程序中所有可能有的错误和容易发生错误的特殊情况,根据它们选择测试用例。例如,在单元测试时曾列出的许多在模块中常见的错误。以前产品测试中曾经发现的错误等,这些就是经验的总结。还有,输入数据和输出数据为 0 的情况。输入表格为空格或输入表格只有一行。这些都是容易发生错误的情况。可选择这些情况下的例子作为测试用例。

2. 白盒测试

与黑盒测试相反，白盒测试重点侧重于程序的结构，即用解剖的方法、透视的方法了解程序的结构，从而发现程序存在的问题和错误所在。它是一种针对程序细节进行的测试和检查，通过测试不同逻辑路径来确定程序与需求设计期望值是否一致。

白盒测试又称结构测试、透明盒测试、逻辑驱动测试或基于代码的测试。它是按照程序内部的结构测试程序，通过测试来检测产品内部动作是否按照设计规格说明书的规定正常进行，检验程序中的每条通路是否都能按预定要求正确工作。这一方法是把测试对象看作一个打开的盒子，测试人员依据程序内部逻辑结构相关信息，设计或选择测试用例，对程序所有逻辑路径进行测试，通过在不同点检查程序的状态，确定实际的状态是否与预期的状态一致。白盒测试是一种测试用例设计方法，盒子指的是被测试的软件，白盒指的是盒子是可视的，清楚盒子内部的东西以及里面是如何运作的。"白盒"法全面了解程序内部逻辑结构，对所有逻辑路径进行测试。"白盒"法是穷举路径测试。在使用这一方案时，测试者必须检查程序的内部结构，从检查程序的逻辑着手，得出测试数据。贯穿程序的独立路径数是天文数字。

白盒测试的测试方法有代码检查法、静态结构分析法、静态质量度量法、逻辑覆盖法、基本路径测试法、域测试、符号测试、路径覆盖、程序变异。白盒测试法的覆盖标准有逻辑覆盖、循环覆盖和基本路径测试。其中，逻辑覆盖包括语句覆盖、判定覆盖、条件覆盖、判定/条件覆盖、条件组合覆盖和路径覆盖。6 种覆盖标准发现错误的能力由弱至强变化。语句覆盖每条语句至少执行一次。判定覆盖每个判定的每个分支至少执行一次。条件覆盖每个判定的每个条件应取到各种可能的值。判定/条件覆盖同时满足判定覆盖条件覆盖。条件组合覆盖每个判定中各条件的每一种组合至少出现一次。路径覆盖使程序中每一条可能的路径至少执行一次。

白盒测试应该根据程序的控制结构设计测试用例，原则是：使模块中每一独立的路径至少执行一次；使所有判断的每一分支至少执行一次；使每一循环都在边界条件和一般条件下至少各执行一次；测试所有内部数据结构的有效性。请注意，白盒测试应该适可而止，抓住主要矛盾，因为有些循环可能需要数年，乃至更长。

下面分别介绍几种主要的白盒测试技术。

1）基本路径测试

基本路径测试方法是根据软件过程性描述（详细设计或代码）中的控制流程来确定程序的复杂性度量，然后用此度量定义基本路径集合，再设计出一组测试用例，使每个语句至少执行一次。

为了使用图论的知识和术语，引入控制流图的概念，控制流图就是把流程图中结构化构件改用一般有向图的表示形式，如图 6-4 所示，其中代表条件判断的节点称为谓词节点。

2）逻辑覆盖测试

这种技术强调的是测试要覆盖程序内部的所有逻辑结构，其测试方法比基本路径测试法覆盖程度更大，它是提高白盒测试精度的另一种办法。在这种方法中条件覆盖是很重要的一种策略，条件测试主要考虑程序中的条件判断，以期发现条件判断内部的错误和程序中其他一些错误。程序中"条件"分为简单条件和复合条件。简单条件为一个布尔变量或一个

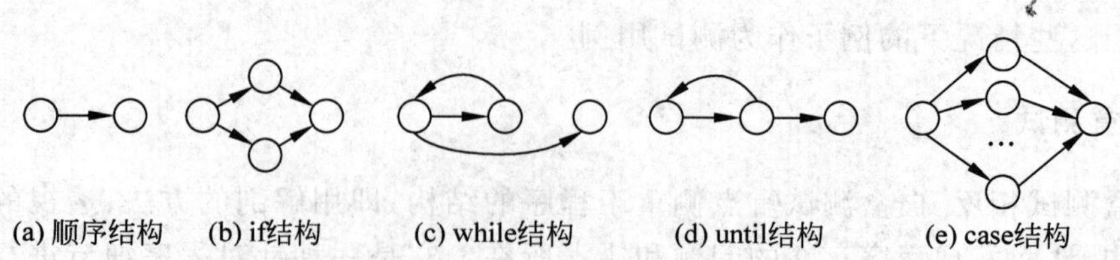

图 6-4 控制流图的各种符号

关系表达式(或加前缀逻辑非),复合条件由简单条件通过逻辑运算符(OR、AND、NOT)和括号连接而成。

例 6-1 现有包括以下算式的程序

$$z=\begin{cases}x+y, & \text{其中},x>0,y>0\\0, & \text{其中},x=0\text{ 或 }y=0\\1, & \text{其中},x<0,y<0\end{cases}$$

首先是分类全部覆盖逻辑条件:

条件 1: $x>0,y>0$;

条件 2: $x=0$;

条件 3: $y=0$;

条件 4: $x<0,y<0$。

其次是准备测试用例,有 4 组: $x=1,y=1$; $x=0,y=1$; $x=1,y=0$; $x=-1,y=-1$。

3. 灰盒测试

灰盒测试,是介于白盒测试与黑盒测试之间的测试。灰盒测试关注输出对于输入的正确性,同时也关注内部表现,但这种关注不像白盒那样详细、完整,只是通过一些表征性的现象、事件、标志来判断内部的运行状态,有时候输出是正确的,但内部其实已经错误了,这种情况非常多,如果每次都通过白盒测试来操作,效率会很低,因此需要采取这样一种灰盒的方法。

灰盒测试结合了白盒测试和黑盒测试的要素,它考虑了用户端、特定的系统知识和操作环境。它在系统组件的协同性环境中评价应用软件的设计。灰盒测试由方法和工具组成,这些方法和工具取材于应用程序的内部知识和与之交互的环境,能够用于黑盒测试以增强测试效率、错误发现和错误分析的效率。

有经验的测试工程师,多采用灰盒测试方法。因为白盒方法的不可穷尽性,以及黑盒方法的不完全性,因此,在具体的测试实施过程中,通常是主要功能采用黑盒测试,对比较重要的模块和单元,则进行一些白盒测试。

4. 静态分析

很多人认为,软件测试应该在计算机上进行,这是一种错误的理解。常用的软件测试方法有两大类: 静态测试方法和动态测试方法。其中软件的静态测试不要求在计算机上实际执行所测程序,主要以一些人工的方式和技术对软件进行分析和测试。应该指出,静态分析也包括对需求说明书、概要设计说明书、详细设计报告、测序代码、测试计划等进行的静态审查; 而软件的动态测试是通过输入一组预先按照一定的测试准则构造的实例数据来动态运行程序,而达到发现程序错误的过程。在动态分析技术中,最重要的技术是路径和分支测试。

其实，软件测试大多数工作是由人工完成的，静态分析就是这种情况，它不要求在计算机上实际执行所测程序，由一些人工去模拟或类似计算机动态分析程序，达到对软件进行测试的目的。程序的静态分析对象是源程序，通常采用以下一些方法进行源程序的静态分析。

1）生成各种引用表

为了对源程序进行静态分析，一般在程序编制完成后要生成各种类型的引用表，比如循环层次表、变量交叉引用表、标号交叉引用表、子程序（宏、函数）引用表、等价表、常数表、操作符操作数的统计表等，其目的就是通过对这些表格的制作，达到发现程序错误的目的。

2）静态错误分析

静态错误分析的方法就是用以下方法在源程序中发现是否有错误的结构。

（1）类型和单位分析：是为了强化对源程序中数据类型的检查，在程序设计语言中扩充一些新的数据类型。这样就可以静态预处理程序，分析程序中的类型错误。

（2）引用分析：发现引用异常错误。

（3）表达式分析：发现和纠正在表达式中出现的错误。

（4）接口分析：接口的一致性是程序的静态错误分析和设计分析共同研究的题目。接口一致性的设计分析检查模块之间接口的一致性和模块与外部数据库之间接口的一致性，程序关于接口的静态错误分析检查过程、函数过程之间接口的一致性。

5. 人工测试

人工测试是静态分析中主要方法之一，该方法能有效地发现30%～70%的逻辑设计和编码错误。人工测试包括桌面检查、代码审查和走查。

1）桌面检查

桌面检查工作通常由程序员完成，其主要方法是检查他们自己编制的程序是否有问题。这部分工作一般在程序通过编译之后，单元测试之前进行。测试的内容包括：检查变量的交叉引用表、检查标号的交叉引用表、验证所有标号的正确性、检查子程序（宏、函数）引用表、等价性检查、常量检查、实施标准的检查、程序设计风格检查、比较控制流、程序规格说明与程序的对照、补充文档等。这样安排的原因是程序员熟悉自己的程序及程序风格，可以节省很多的检查时间。

2）代码审查

然而，代码审查的工作却是由测试评审小组来完成，但需程序员的配合。其过程通过阅读、讨论和争议来完成对程序的静态分析。代码审查过程分为以下三步。

第一步，测试小组组长先将设计规格说明书、控制流程图、程序文本及有关要求、规范，还有错误分类表等发给测试小组成员，了解情况。

第二步，召开程序审查会。程序员先介绍程序逻辑结构。测试人员通过提问，讨论、审查程序中的错误。

第三步，测试人员填写错误分类表，分析、归类、精炼程序中存在的问题，以较为正式的方式转交给程序员。

3）走查

走查也叫走码，与代码评审基本相同，但也有些不同，其过程分为以下三步。

第一步，把材料先发给测试人员，让他们认真研究程序的结构。

第二步,开会。其程序过程与代码评审不同,它是把与会者"当作"计算机,将测试用例分发给测试成员走查程序。开会时,测试小组扮演计算机角色,按测试用例的要求将程序逻辑运行一遍,随时记录程序的情况。

第三步,测试成员将记录"运行"的情况进行分析,讨论得出相关的结论。

6.3.3 系统测试的策略

系统测试的策略主要任务是,如何把设计测试用例的技术组织成一个系统的、有计划的测试步骤。这部分工作通常在"测试计划"报告中设计规划。测试策略应包含测试计划、设计测试用例、测试实施和测试结果分析等。其中,测试计划包括：测试的步骤、工作量、进度和资源等。测试实施一般从模块(单元)测试开始,然后是整体测试,确认测试,直到有效性测试。而测试结果分析理应提交"测试分析报告"。在测试的各个阶段应选择适宜的白盒测试和黑盒测试方法,其工作由测试小组完成。

1. 单元测试

单元测试(Unit Testing),是指对软件中的最小可测试单元进行检查和验证。单元就是人为规定的最小的被测功能模块。单元测试是在软件开发过程中要进行的最低级别的测试活动,软件的独立单元将在与程序的其他部分相隔离的情况下进行测试。单元测试的对象是软件的最小单位模块。单元测试的依据是详细设计说明书,单元测试应对模块内所有重要的控制路径设计测试用例,以便发现模块内部的错误。单元测试一般采用白盒测试技术,而且多个模块可以并行测试。对于一个小的项目来说,这部分工作可以由程序员来完成；对于一个大的项目,这部分工作通常由测试人员完成。

1) 单元测试任务

单元测试任务主要包括：模块接口测试；模块局部数据结构测试；模块边界条件测试；模块中所有独立执行通路测试；模块各条错误处理通路测试。

(1) 模块接口测试是单元测试的基础。测试接口正确与否应该考虑下列因素：输入的实际参数与形式参数的个数是否相同；输入的实际参数与形式参数的属性是否匹配；输入的实际参数与形式参数的量纲是否一致；调用其他模块时所给实际参数的个数是否与被调模块的形参个数相同；调用其他模块时所给实际参数的属性是否与被调模块的形参属性匹配；调用其他模块时所给实际参数的量是否与被调模块的形参量一致；调用预定义函数时所用参数的个数、属性和次序是否正确；是否存在与当前入口点无关的参数引用；是否修改了只读型参数；对全程变量的定义各模块是否一致；是否把某些约束作为参数传递。

(2) 检查局部数据结构是为了保证临时存储在模块内的数据在程序执行过程中完整、正确。局部数据结构往往是错误的根源,其主要有下面几类错误：不合适或不相容的类型说明；变量无初值；变量初始化或默认值有错；不正确的变量名(拼错或不正确地截断)；出现上溢、下溢和地址异常。除此之外,如可能,还应查清全局数据对模块的影响。

(3) 边界条件测试是单元测试中很重要的一项任务。因为软件常常在边界上出问题,采用边界值分析技术,针对边界值及临近设计测试用例,极有可能发现错误。

(4) 在模块中应对每一条独立执行路径进行测试,其目的是为了发现因错误计算、不正确的比较和不适当的控制流造成的错误。计算中常见的错误包括：误解或用错了算符优先级；混合类型运算；变量初值错；精度不够；表达式符号错。而比较判断与控制流常常紧密相关，测试应注意发现下列错误：不同数据类型的对象之间进行比较；错误地使用逻辑运算符或优先级；因计算机表示的局限性，期望理论上相等而实际上不相等的两个量相等；比较运算或变量出错；循环终止条件不合适或不可能出现；迭代发散时不能退出；错误地修改了循环变量。

(5) 出错处理通路测试一般检查下列问题：输出的出错信息难以理解；记录的错误与实际遇到的错误不相符；在程序自定义的出错处理运行之前，系统已介入；异常处理不当；错误陈述中未能提供足够的定位出错信息。

2) 单元测试的步骤

编码之后一般紧接着进行单元测试。当源程序编制完成并通过复审和编译检查，便可开始单元测试。测试用例的设计应与复审工作相结合，根据设计信息选取测试数据，将增大发现上述各类错误的可能性。在确定测试用例的同时，应给出对应的期望结果。单元测试一般有以下三步。

第一步是构筑测试台（测试环境），它由一个测试驱动模块和（或）若干个桩模块，另外还有其他部分，见图6-5。驱动模块接收测试数据，驱动被测模块，并将这些数据传递给被测试模块，被测试模块被驱动后调用桩模块运行，并将处理结果返回驱动模块，驱动模块打印或存储测试结果。驱动模块和桩模块是测试过程中使用的程序，不是软件产品最终的组成部分，但它需要一定的开发费用。因为它们比较简单，实际开销相对低些。但正因为这一点，测试有时不能反映真实情况，最好的办法是实际进行整体测试。

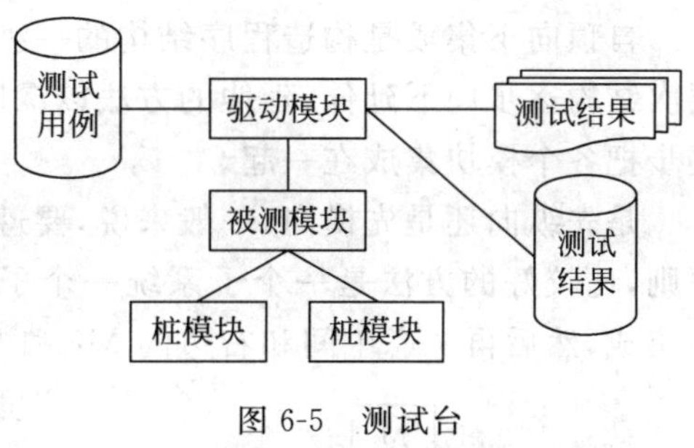

图6-5 测试台

第二步是准备测试用例。这部分工作在测试计划报告中可以看出，其任务就是精心准备测试数据，及对应的期望结果，以便尽可能多地发现软件中存在的问题。

第三步是测试实施和分析测试结果。根据测试用例执行测试后，会得到测试结果，测试工程师要比对期望值和测试结果，分析可能存在的错误，给出测试分析报告。

2. 整体测试

即使是非常有经验的程序员，在编制软件时也有可能出现这样的情况，每个模块都“通过了”，但是这些模块组合在一起却不能工作。为什么呢？这是整体测试即将讨论的问题。整体测试就是讨论组装软件的系统测试技术，按设计要求把通过单元测试的各个模块组装在一起之后，进行整体测试以便发现与接口有关的各种错误。

在此有一点需要强调，很多人容易将软件组装和整体测试的概念混淆。前者是把分散的、已经开放好的模块组装起来。但是这个工作被包括在整体测试的工作中，换句话说，这部分工作由测试工程师完成，而不是由高级程序员完成。测试工程师在组装软件的过程中，要发现问题，并进行调试，使整个软件系统能组装成一个整体。

一般来说，整体测试可能出现错误的几个原因是：模块相互调用时接口会引入许多新问题，例如，数据经过接口可能丢失；一个模块对另一模块可能造成的影响；几个子功能组合起来后不能实现主要的功能；误差不断积累达到不可接受的程度；全局数据结构出现错误等。

1）非增量式集成

有些程序设计人员喜欢把所有模块按设计要求一次全部组装起来，进行整体测试，这种测试称为非增量式集成，也叫莽撞测试。由于这种方法容易造成混乱，因此，很多软件专家不太赞成这种方法，尽管它有很多不足，但至少它是一种方法。

造成这种现象出现的原因是这种测试可能引发很多问题使人无法下手，而要为每个错误定位和纠正非常困难，并且在改正一个错误的同时又可能引入新的错误，并且新旧错误交错混杂，以至于更难断定出错的原因和位置。不过，如果软件的规模比较小，这种方法依然简单有效，它很容易让联调人员看到软件架构起来的“曙光”。

另一个是增量式集成方法，它强调的是程序一块一块地扩展，测试的范围一步一步地增大，因此，错误也容易定位和纠正，最后是程序顺利完成组合。下面介绍两种增量式集成方法。

2）自顶向下集成

自顶向下集成是构造程序结构的一种增量式方式，它从主控模块开始，按照软件的控制层次结构逐步向下延伸，延伸的方法以深度（更下一层）优先或广度（同级扩充）优先为策略，逐步把各个模块集成在一起。

是先纵向还是先横向，一般来说，要遵从少编制测试台驱动模块或桩模块，减少费用为原则，比较好的方法是一个子系统一个子系统集成，比如，首先将 M，M_1，M_{11}，M_{12}，M_{111} 逐步集成，然后再考虑中间和右边的 M_2 和 M_3 路径，如图 6-6 所示。

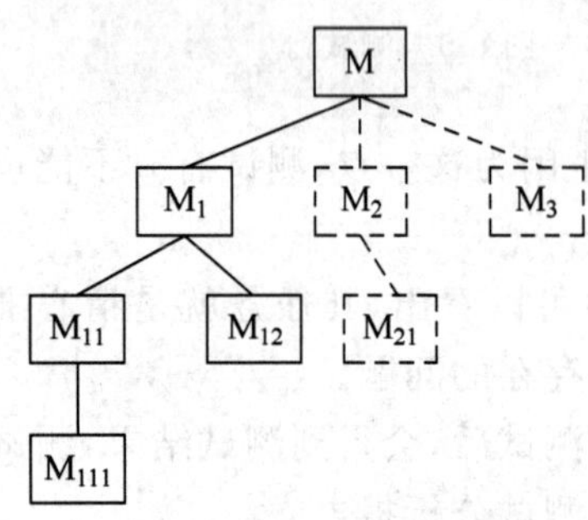

图 6-6 自顶向下集成

广度优先策略为第二优先级别，即低于纵向原则，根据人们的编程习惯，左边的子系统一般是输入部分，那么，集成时一般从左到右进行。

自顶向下集成方法的优点是能尽早地对程序的主要控制部分进行检验，缺点是在测试较高层模块时，低层处理采用桩模块替代，不能（或较晚）反映真实情况。

3）自底向上集成

自底向上测试是从底层模块开始组装和测试，因测试到较高层模块时，所需的下层模块功能均已具备，所以不再需要桩模块。

自底向上整体测试的步骤是：把底层几个能构成一个“比较完整”功能的模块先集成起来，实现某个功具体的功能；编制一个测试用驱动模块，控制测试数据的输入和测试结果的输出；对每个功能相对独立的小模块集合进行测试；去掉驱动模块，往较高层模块连接，形成新的模块集合单元，从而完成更大功能模块集合。

与自顶向下集成相似，一般来说，依然要遵从少编制测试台驱动模块或桩模块，减少费用为原则，结合时同样是一个子系统一个子系统集成，遵循先纵向后横向的原则。比如，首先将 M_{11}，M_{111}，M_{112} 逐步集成，然后再考虑向上与 M_{11} 结合；其次再考虑中间和右边的 M_2 和 M_3 路径，如图 6-7 所示。

自底向上集成方法不用桩模块，测试用例的设计也相对简单，但缺点是程序最后一个模块加入时才具有整体形象。它与自顶向下综合测试方法的优缺点正好相反。

4）综合方法

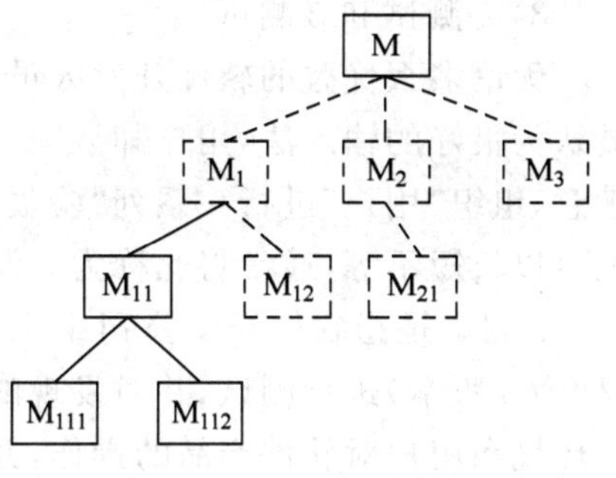

图 6-7 自底向上集成

在整体测试时，有经验的测试工程师往往采用两者结合的测试策略。即上层模块用自顶向下进行结合，下层模块用自底向上结合。实际上，这是一种并行处理的方法，可以加快组装速度。

根据笔者 30 年的经验，即使是综合方法，也不是全面开花。同样要遵循一个子系统一个子系统地完成。除非开发人员特别多，分成几个测试小组，多个子系统一起做。即使这样，往往要等到前面（左边）的子系统结合完成后。因为一旦有了输入部分，测试用例就比较容易输入。另外，包含输出的模块最好能尽早连上，这样便于输出测试结果，检查错误。

此外，在整体测试过程中尤其要注意关键模块，所谓关键模块一般都具有下述一个或多个特征：对应几条需求；具有高层控制功能；复杂、易出错；有特殊的性能要求。关键模块应尽早测试，并反复进行回归测试。

3. 确认测试

整体测试之后，软件已组装完成，接口方面的错误也已排除，软件测试的下一步工作是确认测试。确认测试的目的是向未来的用户表明系统能够像预定要求那样工作。经集成测试后，已经按照设计把所有的模块组装成一个完整的软件系统，接口错误也已经基本排除了，接着就应该进一步验证软件的有效性，这就是确认测试的任务，即软件的功能和性能如同用户所合理期待的那样。确认测试又称有效性测试。有效性测试是在模拟的环境下，运用黑盒测试的方法，验证被测软件是否满足需求规格说明书列出的需求。任务是验证软件的功能和性能及其他特性是否与用户的要求一致。对软件的功能和性能要求在软件需求规格说明书中已经明确规定，它包含的信息就是软件确认测试的基础。

1）确认测试标准

确认测试的任务是检查软件能否按合同要求进行工作，即是否满足软件需求说明书中的确认标准。确认测试采用的方法一般是一系列黑盒测试。确认测试同样需要制定测试计划和过程，测试计划应规定测试的种类和测试进度，测试过程则要定义一些特殊的测试用例，用以说明软件与需求是否一致。无论是计划还是过程，都应该着重考虑是否满足合同规定的所有功能、性能和其他方面是否让用户满意。确认测试的结果有两种可能，一种是功能和性能指标满足软件需求说明书的要求，用户可以接受；另一种是软件没有满足软件需求说明书的要求，用户不能接受。如果这时候发现的问题比较严重，开发方可能会遇到比较大的麻烦。这时，项目经理要认真对照合同，分析问题的难度。如果问题不大，应该迅速组织力量进行软件的修改，使其功能达到客户的要求。如果发现严重错误和偏差，一般很难在预定的工期内改正，因此必须与用户协商，寻求一个妥善解决问题的方法。

2）配置复审

确认测试的另一个重要环节是配置复审。复审的目的在于保证软件配置齐全、分类有序，并且包括软件维护所必需的细节。

3）α测试和β测试

无论多么优秀的软件开发人员，都不可能预见用户实际使用程序的情况。例如，开发人员认为很好的输入法，用户却认同，这也许是习惯所致。因此，软件能否让最终的用户真正满意，组织“用户”进行一系列“验收测试”是必需的。其方式可以是正式的或非正式的，时间也可以长短不等，通常将此称为α测试、β测试。

α测试是指软件开发公司组织内部人员模拟各类用户行为对其即将面市的软件产品（称为α版本）进行测试，并对发现的错误进行修正。其关键在于尽可能逼真地模拟实际运行环境和用户对软件产品的操作，并尽最大努力涵盖所有可能的用户操作方式。经过α测试调整的软件产品称为β版本。α测试是在开发现场执行，开发者在客户使用系统时检查是否存在错误。在软件开发周期中，根据功能性特征，所需的α测试的次数应在项目计划中规定。

β测试是指软件开发公司组织各方面的典型用户在日常工作中实际使用β版本，并要求用户报告异常情况、提出批评意见。它是一种现场测试，一般由多个客户在软件真实运行环境下实施，因此开发人员无法对其进行控制。β测试的主要目的是评价软件技术内容，发现任何隐藏的错误和边界效应。还要对软件是否易于使用以及用户文档初稿进行评价，发现错误并进行报告。β测试也是一种详细测试，需要覆盖产品的所有功能点，因此依赖于功能性测试。在测试阶段开始前应准备好测试计划，清楚列出测试目标、范围、执行的任务，以及描述测试安排的测试矩阵。客户对异常情况进行报告，并将错误在内部进行文档化以供测试人员和开发人员参考。然后软件开发公司再对β版本进行改错和完善。这部分工作有时需要较长一段时间。

4. 有效性测试

有效性测试的目的是通过测试，以及与需求的比较，发现软件与需求定义之间的差异和不同。有效性测试的依据是需求分析说明书，而不是合同的规定，这是有效性测试与确认测试的区别。

为了有效性测试能顺利进行，在此之前，软件工程师应做好准备工作：测试软件系统的输入信息设计出错处理通路；设计测试用例，模拟错误数据和软件界面可能发生的错误，记录测试结果，为系统测试提供经验和帮助；参与系统测试的规划和设计，保证软件测试的合理性。

5. 系统测试

系统测试与有效性测试与确认测试不同，它由若干个不同测试组成，目的是充分运行系统，验证系统各部件是否都能正常工作并完成所赋予的任务。下面简单讨论几类系统测试。

1）恢复测试

恢复测试主要检查系统的容错能力。当系统出错时，能否在指定时间间隔内修正错误并重新启动系统。恢复测试首先要采用各种办法强迫系统失败，然后验证系统是否能尽快恢复。对于自动恢复需验证重新初始化、检查点、数据恢复和重新启动等机制的正确性；对于人工干预的恢复系统，还需估测平均修复时间，确定其是否在可接受的范围内。

2）安全测试

安全测试检查系统对非法侵入的防范能力。安全测试期间，测试人员假扮非法入侵者，采用各种办法试图突破防线。例如：①想方设法截取或破译口令；②专门定做软件破坏系统的保护机制；③故意导致系统失败，企图趁恢复之机非法进入；④试图通过浏览非保密数据，推导所需信息；等等。理论上讲，只要有足够的时间和资源，没有不可进入的系统。因此系统安全设计的准则是，使非法侵入的代价超过被保护信息的价值。此时非法侵入者已无利可图。

3）强度测试

强度测试检查程序对异常情况的抵抗能力。强度测试总是迫使系统在异常的资源配置下运行。例如：①当中断的正常频率为每秒一或两个时，运行每秒产生10个中断的测试用例；②定量地增长数据输入率，检查输入子功能的反映能力；③运行需要最大存储空间（或其他资源）的测试用例；④运行可能导致操作系统崩溃或磁盘数据剧烈抖动的测试用例；等等。

4）性能测试

对于那些实时和嵌入式系统，软件部分即使满足功能要求，也未必能够满足性能要求，虽然从单元测试起，每一测试步骤都包含性能测试，但只有当系统真正集成之后，在真实环境中才能全面、可靠地测试运行性能，系统性能测试就是为了完成这一任务。性能测试有时与强度测试相结合，经常需要其他软硬件的配套支持。

5）启动/停止测试

它是测试系统启动或退出时能否正常。

6）配置测试

配置测试检查计算机系统内各设备或资源之间相互连接和功能分配中的问题。

7）可靠性测试

可靠性测试是为了保证软件产品在规定的寿命期间内，保持功能可靠性而进行的活动。

8）可使用性测试

可使用性测试是指，让一群有代表性的用户尝试对软件进行典型操作，同时开发人员在一旁观察，聆听，做记录。

9）压力测试

压力测试是指模拟巨大的工作负荷以查看应用程序在峰值使用情况下如何执行操作。

10）安装测试

安装测试的目的是为了确保该软件在正常情况和异常情况的不同条件下，例如，进行首次安装、升级、完整的或自定义的安装都能进行安装。异常情况包括磁盘空间不足、缺少目录创建权限等。核实软件在安装后可立即正常运行。安装测试包括测试安装代码以及安装手册。安装手册提供如何进行安装，安装代码提供安装一些程序能够运行的基础数据。

11）互联测试

互联测试主要针对联网软件进行测试，主要测试软件在不同网络环境条件下软件能否正常运行。

12）兼容性测试

一般来说，兼容性指能同时容纳多个方面，计算机的兼容指几个硬件之间、几个软件之间或是软硬件之间的相互配合程度。兼容性测试是指测试软件在特定的硬件平台上、不同的应用软件之间、不同的操纵系统平台上、不同的网络等环境中是否能够很友好地运行的测试。测试软件是否能在不同的操作系统平台上兼容，或测试软件是否能在同一操作平台的不同版本上兼容；软件本身能否向前或向后兼容；测试软件能否与其他相关的软件兼容；数据兼容性测试，主要是指数据能否共享等。

13）容量测试

如果找到了系统的极限或苛刻的环境中系统的性能表现，在一定的程度上，就完成了负载测试和容量测试。容量还可以看作系统性能指标中一个特定环境下的一个特定性能指标，即设定的界限或极限值。容量测试的目的是通过测试预先分析出反映软件系统应用特征的某项指标的极限值（如最大并发用户数、数据库记录数等），系统在其极限状态下没有出现任何软件故障或还能保持主要功能正常运行。容量测试还将确定测试对象在给定时间内能够持续处理的最大负载或工作量。知道了系统的实际容量，如不能满足设计要求，就应该寻求新的技术解决方案，以提高系统的容量。有了对软件负载的准确预测，不仅能对软件系统在实际使用中的性能状况充满信心，同时也可以帮助用户经济地规划应用系统，优化系统部署。

14）文档测试

文档测试检验样品用户文档的完整性、正确性、一致性、易理解性、易浏览性。仔细阅读，跟随每个步骤，检查每个图形，尝试每个示例。检查文档的编写是否满足文档编写的目的；内容是否齐全、正确、完善；标记是否正确。

15）回归测试

回归测试是指修改了旧代码后，重新进行测试以确认修改没有引入新的错误或导致其他代码产生错误。自动回归测试将大幅降低系统测试、维护升级等阶段的成本。回归测试作为软件生命周期的一个组成部分，在整个软件测试过程中占有很大的工作量比重，软件开发的各个阶段都会进行多次回归测试。在渐进和快速迭代开发中，新版本的连续发布使回归测试进行得更加频繁，而在极端编程方法中，更是要求每天都进行若干次回归测试。因此，通过选择正确的回归测试策略来改进回归测试的效率和有效性是非常有意义的。

6. 验收测试

验收测试是系统开发生命周期方法论的一个阶段，这时相关的用户和/或独立测试人员根据测试计划和结果对系统进行测试和接收，见图 6-8。它让系统用户决定是否接收系统，是一项确定产品是否能够满足合同或用户所规定需求的测试。

验收测试是部署软件之前的最后一个测试操作，是在软件产品完成了功能测试和系统测试之后、产品发布之前所进行的软件测试活动，是技术测试的最后一个阶段，也称为交付测试。验收测试的目的是确保软件准备就绪，并且可以让最终用户将其用于执行软件的既定功能和任务。验收测试是向未来的用户表明系统能够像预定要求那样工作。

正式验收测试是一项管理严格的过程，它通常是系统测试的延续。计划和设计这些测试的周密和详细程度不亚于系统测试。选择的测试用例应该是系统测试中所执行测试用例的子集。不要偏离所选择的测试用例方向。在很多组织中，正式验收测试是完全自动执行的。对于系统测试，活动和工件是一样的。在某些组织中，开发组织（或其独立的测试小组）与最终用户组织的代表一起执行验收测试。在其他组织中，验收测试则完全由最终用户组织执行，或者由最终用户组织选择人员组成一个客观公正的小组来执行。

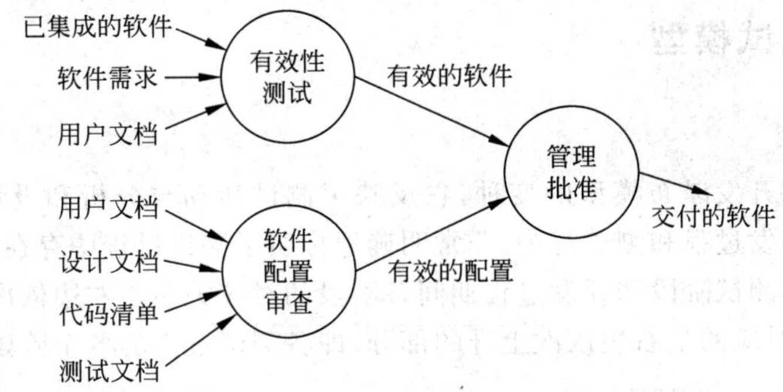

图 6-8 验收测试

7. 测试文档

《计算机软件产品开发文件编制指南》国家标准 GB 8567—1988,《计算机软件需求说明编制指南》国家标准 GB 9385—1988,《计算机软件测试文件编制规范》国家标准 GB 9386—1988,对软件开发过程中的 14 套文档进行了规定。“软件测试计划报告”和“软件测试分析报告”被包括在其中,其内容见表 6-1 和表 6-2。

表 6-1 软件测试计划报告

软件测试计划报告
1. 引言
1.1 编写目的
1.2 背景
1.3 定义
1.4 参考资料
2. 计划
2.1 软件说明
2.2 测试内容
2.3 测试 1(标识符)
2.3.1 进度安排
2.3.2 条件
2.3.3 测试资料
2.3.4 测试培训
2.4 测度 2(标识符)
⋮
3. 测试设计说明
3.1 测试 1(标识符)
3.1.1 控制
3.1.2 输入
3.1.3 输出
3.2 测试 2(标识符)
4. 评价准则
4.1 范围
4.2 数据整理
4.3 尺度

表 6-2 软件测试分析报告

软件测试分析报告
1. 引言
1.1 编写目的
1.2 背景
1.3 定义
1.4 参考资料
2. 测试概要
3. 测试结果及发现
3.1 测试 1(标识符)
3.2 测试 2(标识符)
⋮
4. 软件功能的结论
5. 功能
5.1(标识符)
5.1.1 能力
5.1.2 限制
5.2 功能 2(标识符)
⋮
6. 分析摘要
6.1 能力
6.2 缺陷和限制
6.3 建议
6.4 评价
7. 测试资源消耗

6.3.4 测试模型

1. V 模型

V 模型是软件开发瀑布模型的变种，它反映了测试活动与分析和设计的关系，从左到右描述了基本的开发过程和测试行为，非常明确地标明了测试过程中存在的不同级别，并且清楚地描述了这些测试阶段和开发过程期间各阶段的对应关系。左边依次下降的是开发过程各阶段，与此相对应的是右边依次上升的部分，即各测试过程的各个阶段，见图 6-9。

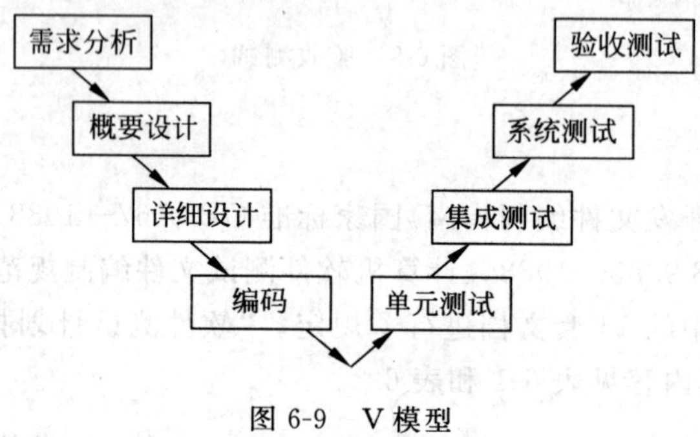

图 6-9 V 模型

2. W 模型

W 模型由 Evolutif 公司提出的，相对于 V 模型，W 模型增加了软件各开发阶段中应同步进行的验证和确认活动。W 模型由两个 V 字型模型组成，分别代表测试与开发过程，图 6-10 中明确表示出了测试与开发的并行关系。W 模型强调：测试伴随着整个软件开发

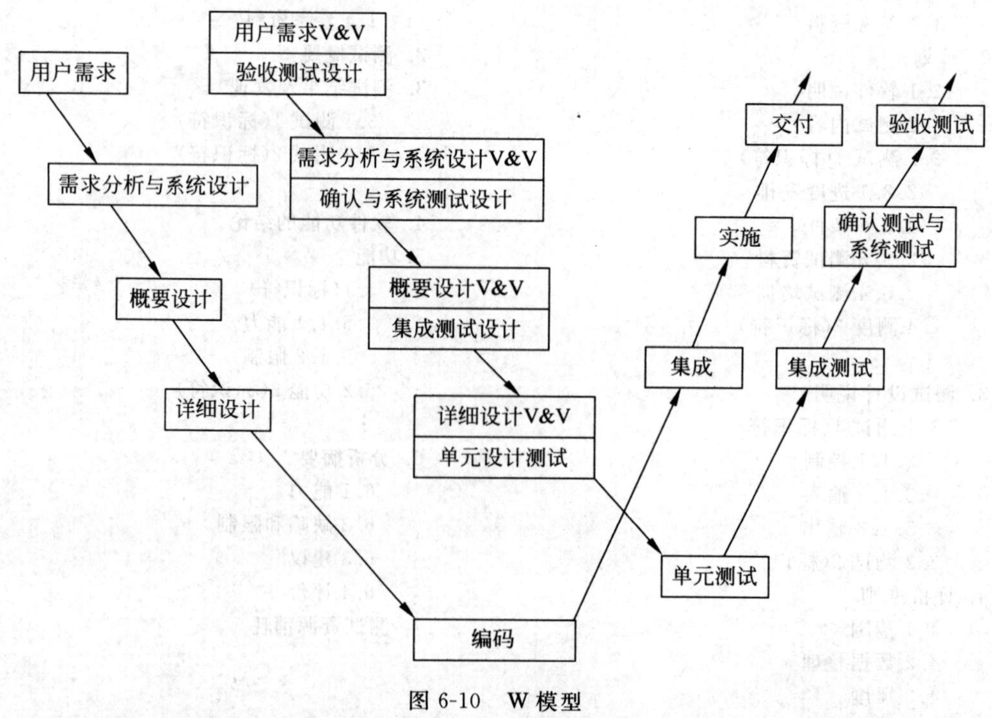

图 6-10 W 模型

周期，而且测试的对象不仅是程序，需求、设计等同样要测试，也就是说，测试与开发是同步进行的。W模型有利于尽早地全面地发现问题。例如，需求分析完成后，测试人员就应该参与到对需求的验证和确认活动中，以尽早地找出缺陷所在。同时，对需求的测试也有利于及时了解项目难度和测试风险，及早制定应对措施，这将显著减少了总体测试时间，加快了项目进度。但W模型也存在局限性。在W模型中，需求、设计、编码等活动被视为串行的，同时，测试和开发活动也保持着一种线性的前后关系，上一阶段完全结束，才可正式开始下一个阶段工作。这样就无法支持迭代的开发模型。对于当前软件开发复杂多变的情况，W模型并不能解除测试管理面临着的困惑。

3. H模型

H模型中，软件测试过程活动完全独立，贯穿于整个产品的周期，与其他流程并发地进行，某个测试点准备就绪时，就可以从测试准备阶段进行到测试执行阶段。软件测试可以尽早地进行，并且可以根据被测物的不同而分层次进行。

图6-11显示了在整个生产周期中某个层次上的一次测试"微循环"。图中标注的其他流程可以是任意的开发流程，例如设计流程或者编码流程。也就是说，只要测试条件成熟了，测试准备活动完成了，测试执行活动就可以进行了。

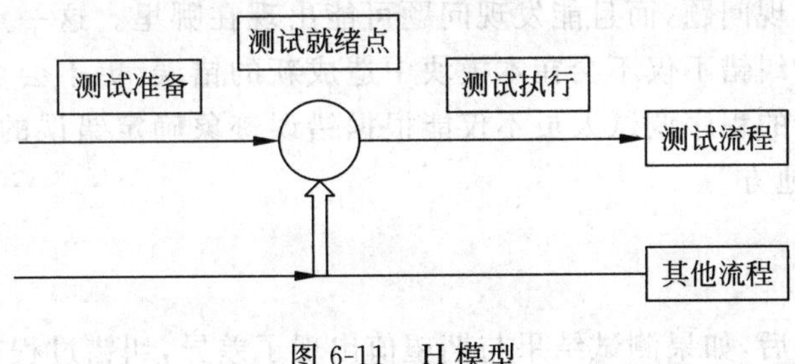

图6-11　H模型

H模型原理：软件测试是一个独立的流程，贯穿产品整个生命周期，与其他流程并发地进行。H模型指出软件测试要尽早准备，尽早执行。不同的测试活动可以是按照某个次序先后进行的，但也可能是反复的，只要某个测试达到准备就绪点，测试执行活动就可以开展。

4. X模型

X模型也是对V模型的改进，X模型提出针对单独的程序片段进行相互分离的编码和测试，此后通过频繁的交接，通过集成最终合成为可执行的程序。X模型的左边描述的是针对单独程序片段所进行的相互分离的编码和测试，此后将进行频繁的交接，通过集成最终成为可执行的程序，然后再对这些可执行程序进行测试。已通过集成测试的成品可以进行封装并提交给用户，也可以作为更大规模和范围内集成的一部分。多条并行的曲线表示变更可以在各个部分发生。由图6-12可见，X模型还定位了探索性测试，这是不进行事先计划的特殊类型的测试，这一方式往往能帮助有经验的测试人员在测试计划之外发现更多的软件错误。但这样可能对测试造成人力、物力和财力的浪费，对测试员的熟练程度要求比较高。

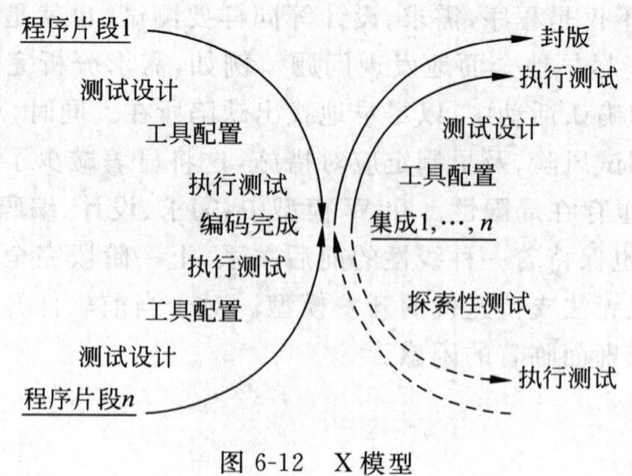

图 6-12 X 模型

6.3.5 纠错

1. 基本思想

纠错也称排错或调试。测试与纠错是一个自循环体，测试纠错过程要进行多次才有可能产生出“好”的软件。成功的测试只能说明发现了错误，而纠错必须以测试为前提。一个成功的测试不仅能发现问题，而且能发现问题可能出现在哪里。这一点理应归功于好的测试用例。一个成功的纠错不仅不会在本模块中造成新的错误，更不会在其他模块中引起新的错误出现。有经验的程序调试人员不仅能根据错误迹象确定错误的原因，而且可以准确地找出错误出现的“地方”。

2. 纠错的过程

测试用例执行之后，如果测试结果与期望值出现了差异，纠错过程首先要考虑的问题就是找出错误产生的原因，然后对错误进行定位，并修正。因此，纠错过程有两种可能，一是找到了错误原因并纠正了错误，另一种可能是错误原因不明，纠错人员只得做某种推测，然后再设计测试用例证实这种推测，若一次推测失败，再做第二次推测，直到发现并纠正了错误。

纠错是一个非常艰难的过程，除开发人员心理方面的障碍外，还因为隐藏在程序中的错误具有下列特殊的性质：①错误展现出的迹象不是引起错误的原因；②纠正一个错误的同时造成了另一错误现象消失；③某些错误迹象只是假象；④因操作人员一时疏忽造成的某些错误迹象不易追踪；⑤错误是由于分时而不是程序引起的；⑥输入条件难于精确地再构造；⑦错误迹象时有时无；⑧错误是由于把任务分布在若干台不同处理机上运行而造成的。

3. 纠错方法

纠错是非常难掌握的一门技术，它需要很强的个人经验和能力，不过有几种纠错方法值得学习。尽管纠错方法很多，但目标只有一个，即发现错误的原因并将错误排除。常用的纠错策略分为以下三类。

(1) 强行纠错是最常用也是最低效的方法，其主要思想是在程序中设置打印“断点”，从中找到出错的线索，但费时费力。

(2) 回溯法能成功地用于小程序的排错。其方法是从出现错误迹象处开始，人工根据控制流程往回追踪，直到发现出错的根源，然而，当程序很大时，回溯路线显著增加，人力无法完成这份工作。

(3) 排除法基于归纳和演绎原理，采用“分治”的概念，首先收集与错误出现有关的所有数据，整理和分析这些数据，设想错误产生的原因，再用这些数据证明或反驳它；或者一次列出所有可能的原因，通过测试一一排除。只要某次测试结果说明某种假设已呈现可能的迹象，则立即精化数据，乘胜追击，直到问题被发现。

上述每一类方法属于人工与机器结合的纠错方法，其手段比较原始，但有时候也很有效。不过目前出现的调试编译器、动态调度器、测试用例自动生成器、存储器映像及交叉访问示图等系列工具则大大减轻了人员的负担。

6.4 电子商务系统集成

本节重点介绍电子商务系统集成概述和系统集成。

6.4.1 系统集成的程度

软件集成就是将不同软件和信息等集成到相互关联的、统一和协调的系统之中，使资源达到充分共享，实现集中、高效、便利的管理。软件集成实现的关键在于解决系统之间的互连和互操作性问题，它是一个多厂商、多协议和面向各种应用的体系结构。

软件集成程度的高低标志着它的进化程度。它的进化经历了信息交换集成、公共界面集成、公共信息管理与信息共享集成和高度集成 4 个阶段。

1. 信息交换集成

实现中软件之间点对点信息交换迫使软件相互合作，提供了软件的信息交换机制，见图 6-13。这种集成方式的一个主要缺陷是信息格式转换太费时间。

2. 公共界面集成

在公共界面集成方式下，环境中各软件应该提供一致化的用户界面，它们往往被封装在统一的界面框架之下，这些软件之间的信息交换基本上采用点对点方式，但环境最外层的界面框架提供了菜单或工具自动实现信息交换，见图 6-14。

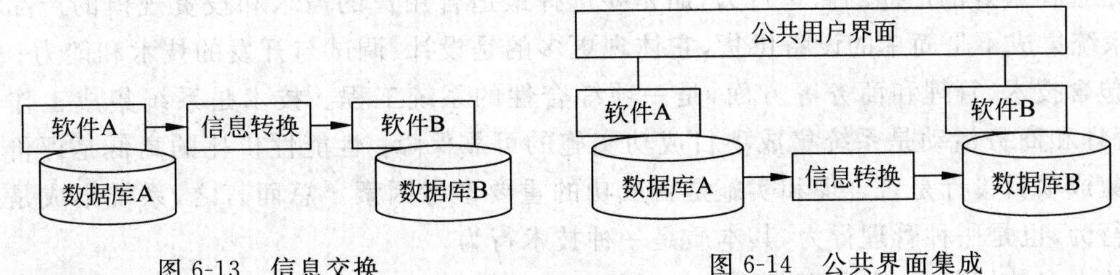

图 6-13 信息交换　　图 6-14 公共界面集成

3. 公共信息管理与信息共享集成

信息可以组织成单个逻辑数据库，它的物理组织形式既可以是集中式，也可以是分布式。尽管这种集成方式仍需要在各软件之间进行信息的转换，但转换过程将在环境内部进行，对用户完全透明，见图 6-15。公共信息管理集成方式对信息库的管理机制有严格的要求：必须根据软件功能信息进行划分和组织，提供数据集成机制，将不同软件的信息综合起来，并维持数据库的一致性和完整性。这种信息共享集成方式从根本上克服了信息交换方式的不足，提高了软件的集成度。

4. 高度集成

为了实现高度集成的电子商务系统，还必须增加元模型管理机制和软件的触发控制机制，见图 6-16。元模型是对各软件信息项的元级描述。通常，元模型中的规则和工作流程部分将组织为规则库，以便在软件使用过程中能够随时对它们进行修改。触发控制机制是指电子商务系统能够将某些软件开发事件通知其他软件，以便它们采取相应的行动。

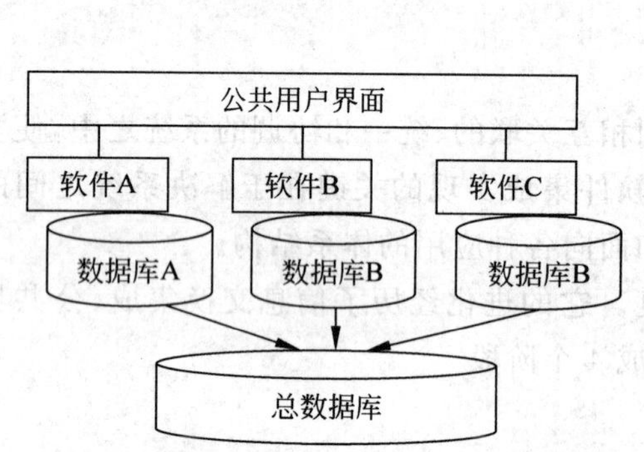

图 6-15 公共信息管理与信息共享集成

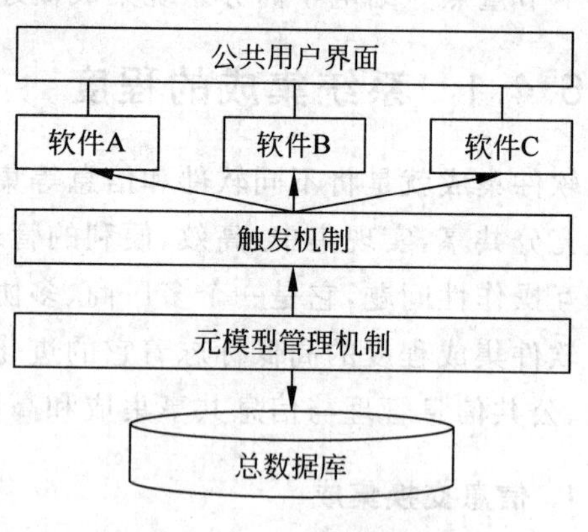

图 6-16 高度集成

6.4.2 系统集成技术

系统集成作为一种服务方式，通过综合统筹设计优化，使计算机软件、硬件、操作系统、数据库、网络通信等实现集成。所有部件和组成部分集成在一起后，要实现系统成本低、高效率、性能匀称、可扩充性和可维护好。

系统集成有以下几个显著特点：系统集成要以满足用户的需求为根本出发点；系统集成不是选择最好的产品的简单行为，而是要选择最适合用户的需求和投资规模的产品和技术；系统集成不是简单的设备供货，它体现更多的是设计、调试与开发的技术和能力；系统集成包含技术、管理和商务等方面，是一项综合性的系统工程。技术是系统集成工作的核心，管理和商务活动是系统集成项目成功实施的可靠保障；性能性价比的高低是评价一个系统集成项目设计是否合理和实施是否成功的重要参考因素。总而言之，系统集成是一种商业行为，也是一种管理行为，其本质是一种技术行为。

绝大多数情况下，电子商务系统都不是一个纯软件系统，而是一个硬件、软件、数据信息集成的系统。因此，这样的系统集成通常要考虑以下几个子系统的集成技术。

(1) 硬件集成。使用硬件设备将各个子系统连接起来。

(2) 软件集成。软件集成要解决的问题是异构软件的相互接口。

(3) 数据和信息集成。数据和信息集成建立在硬件集成和软件集成之上，是系统集成的核心，通常要解决的主要问题包括：合理规划数据和信息；减少数据冗余；更有效地实现信息共享；确保数据和信息的安全保密。

(4) 技术与管理集成。其核心是利用技术手段把各个部分集成在一起协调一致地运行，使集成的系统得到高效管理。

(5) 人与组织机构集成。系统的目标是为人服务，因此，系统集成的最高境界是提高人和组织机构的工作效率，通过系统集成来促进业务的管理和提高效率。

6.4.3 系统集成实现

电子商务系统不是一个孤立系统，它是企业信息系统的一个部分，因此，电子商务系统集成实际上是企业信息系统集成的一个组成部分。企业信息系统集成的实现是一项需要投入大量人、财、物资源且复杂的系统工程。除了需要塑造现代企业信息化、建立现代企业制度、规范企业基础管理、重视开发和应用队伍建设、加强对企业员工的培训、加快企业信息基础设施、选择合适的信息系统实施方式和注重对系统集成水平的评价以外，还要着重解决好以下几方面的问题。

1. 企业信息系统集成的周密规划

企业信息系统集成涉及的范围广、层次多、专业跨度大，因此需要综合考虑、统筹安排、科学规划。要在充分调查企业现有信息系统、网络基础设施、业务流程等情况的基础上，进行充分论证和可行性分析，成立具体的规划领导小组，收集相关信息，进行战略分析，定义约束条件，明确战略目标，提出集成信息系统的框架，选择科学的开发方案，确定具体的实施进度，并对影响规划的信息技术发展进行预测，确保集成信息系统规划方案的科学性、合理性和先进性。

2. 优化网络基础设施

网络基础设施是企业信息孤岛和流程孤岛集成的物理基础。可以采用数据总线技术实现自动化设备的互连，而通过工业以太网实现信息设备的互连。为了使网络基础设施具有良好的性能，网络要有足够的带宽；服务器、交换机要有强大的处理能力，预留能力扩展的余地。为避免网络瓶颈，网络布线必须精心选型。开放的环境下网络安全至关重要，建议建立“防卫为辅，主动为主”的一体化系统安全体系，也就是在以防火墙技术为代表的防卫型安全方案的基础上，实施以数据加密、用户授权认证为中心的主动型安全方案。主动型解决方案可以直接对源数据进行保护，而且只有指定的用户或网络设备才能解译加密的数据，保证端到端的安全。当然，在进行网络性基础设施建设的过程中，也必须考虑方案的先进性、资源继承性和实施成本方面，尽可能避免浪费。

3. 实现数据共享、访问和备份

采用分布式数据库或中央数据库解决企业数据分散在各部门的问题；采用数据库中间

件技术消除数据库异构、数据结构异构、数据格式差异和访问协议差异。为预防数据库崩溃、服务器毁坏，避免信息丢失，可以采用硬件和软件的容灾机制实现数据远程实时复制、本地应用服务和数据复制服务的切换保护、应用的远程容灾切换，保证信息通道的安全、可靠，从而保证生产系统运行的高效性。通过适当的数据采集和存储策略实现数据有序化。不同业务类型数据量和数据使用方式不同，数据所反映的业务角度不同，对应的信息层次也不同。为了既保持企业运营历史轨迹，又保证及时、高效的事务处理，需进行数据存储分工的规划，用实时数据库管理生产现场数据，用业务数据库管理业务数据，用数据仓库管理历史数据。

4. 加强信息分类编码等规范化工作

信息分类编码的规范是实现企业信息系统集成的基础，合理的编码结构是信息系统是否具有生命力的一个重要因素，因此在企业集成信息系统的建设过程中，必须要重视和做好信息分类编码工作，需要为有关物料、设备、人员以及各种票据、报表制定一套完整、简练的数据格式规范和信息分类编码系统。在制定规范和标准时，除了按照信息分类编码的规则进行操作外，还必须要考虑遵循国际标准、国家标准和行业标准，以便与国家、国际接轨。

5. 进行有效的企业流程重组

企业流程重组是企业信息系统集成过程中的一项非常重要的工作。集成化信息系统的数据共享高效，存储能力和处理能力强大，因此，企业的业务流程必然需要做适应性调整，以便充分发挥信息系统的效率。调整的主要技术是参照企业价值链，以并行和集成为指导原则，对逻辑关系尚可而执行迟缓、烦琐的流程实施流程优化；对本身逻辑混乱、环节繁杂，而又不创造什么价值的流程实施流程重组。

6. 严格集成信息系统实施过程的管理

建立由企业、软件供应商、咨询公司、信息监理机构参加的信息系统实施机构是集成化信息系统成功实施的前提。企业是参与方，软件供应商主要为实施过程提供技术支持，主要的工作应由企业配合咨询公司和监理公司完成。咨询公司的任务是帮助用户进行可行性分析、软件选型、业务流程重组、理顺和规范企业、标准化编码、软件客户化、初始化、对用户进行培训等，规范整个实施过程的进行。所谓信息项目监理是指在整个项目实施过程中，包括前期的可行性分析、项目软件选型和后期的项目评价，对项目实施中所涉及的各种资源和所达到的目标进行监督和控制。

在集成信息系统建设中，信息监理的主要作用是：监督、评价咨询公司的咨询质量，从这个意义上说咨询与监理的关系犹如建筑业中的建筑与监理的关系，是执行与监督的关系，目前信息监理机制也将逐渐引入到我国 ERP 项目实施中。信息系统战略管理不同于传统的信息系统建设过程，它除了信息系统建设的功能和过程外，更强调对整个建设过程的控制，其中包括系统实施前的可行性分析和论证，实施过程中的战略评价和战略调控以及实施后对实施效果的评价等。在信息系统战略管理中引入信息监理机制，由信息监理来执行战略管理中的上述任务，其实就是前述普通意义上监理工作的外延和细化。也就是说，监理一方面能起到监督咨询公司咨询质量的作用；另一方面站在公正的角度对整个项目的实施过程进行战略评价和控制，可以最大限度地降低咨询公司由其利益驱动和企业由于经验不足而导致的风险。

7. 系统演化

信息系统的演化过程表现为其随时间的变化过程，开发阶段信息系统以被组织的方式建立起来，是从无序到静态有序的演化过程。当信息系统建设完成，即处于静态有序的平衡结构状态。该静态结构的形成和存在需要特定的外界环境：既定的技术、组织以及业务需求环境等。如果信息系统与环境发生交换，环境变化信息通过交换传递进入组织，必然要求系统发生变化以匹配环境，就会破坏系统现有的静态结构。因此只有保证环境与信息系统不发生任何交换时，信息系统现有的静态有序结构才能保持下去。然而，现实中该静态结构很难持续保持，原因在于信息系统一旦投入使用，与环境的交换便无法阻止，必然会将环境变化信息引入系统，对信息系统现有的静态结构产生影响。因此，在信息系统运行阶段，静态有序的平衡结构是无法满足信息系统适应环境变化的要求，需要信息系统建立起耗散结构，处于动态有序状态，才可解决上述问题。传统观点认为组织所需的信息系统是静态的，通过精确合理地设计，可以一劳永逸地服务。复杂系统的观点正视信息系统动态演化特性，提出既要合理地设计系统结构，又要创造系统自主演化机制，通过健全内部机制提高系统自适应能力。在系统内部引入异源的基因，使系统获得新鲜血液，提高了自身的适应性，从而推动系统进化。

6.5 电子商务系统的切换和运行

6.5.1 系统切换的方案选择

电子商务系统开发完成后，经过调试与测试，可以准备投入运行。这时，必须将所有的业务从原有的老系统切换到新建立的电子商务系统。从旧系统到新系统的切换问题，即系统切换。系统进行切换时，不纯粹是信息技术的问题，项目管理方面的问题也是系统切换必须注意的。对于一个大系统，可以根据各个子系统的不同情况，采取不同的切换，通常有以下三种方法。

1. 直接切换

直接切换是在指定时刻，旧的信息系统停止使用，同时新的信息系统立即开始运行，没有过渡阶段，见图 6-17。这种方案的优点是转换简便，节约人力、物力、时间。但是，这种方案是三种切换方案中风险最大的。一方面，信息系统虽然经过调试和联调，但隐含的错误往往是不可避免的。因此，采用这种切换方案就是背水一战，没有退路可走，一旦切换不成功，将影响正常工作。另一方面，切换过程中数据准备、人员培训、技术更新等都可能造成切换失败。此外，任何一次新旧交替，都会面临来自多方面的阻力，许多人不愿抛弃已经得心应手的旧系统而去适应新系统。当新系统出现一些瑕疵，他们就会把抱怨、矛

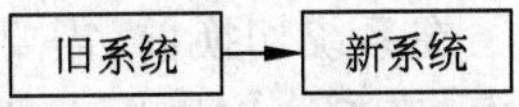

旧系统 → 新系统

图 6-17 直接切换

盾都转移到对新系统的使用上，这样，将大大降低系统切换成功的概率。

为了降低直接切换的风险，除了充分做足准备工作之外，还应采取加强维护和数据备份等措施，必须做好应急预案，以保证在新系统切换不成功时可迅速切换回老系统。这种方式一般适用于一些处理过程不太复杂、数据不很重要的情况。

2. 并行切换

并行切换是在一段时间内，新、旧系统各自独立运行，完成相应的工作，并可以在两个系统间比对、审核，以发现新系统问题进行纠正，直到新系统运行平稳了，再抛弃旧系统，见图6-18。并行切换的优点是转换安全，系统运行的可靠性最高，切换风险最小。但是该方式需要投入双倍的人力、设备，转换费用相应增加。另外，对于不愿抛弃旧系统的人来说，他们使用新系统的积极性、责任心不足，会延长新旧系统并行的时间，从而加大系统切换代价。这种方式比较适用于银行、财务和一些企业的核心系统。

3. 分段切换

分段切换是指分阶段、分系统地逐步实现新旧系统的交替，见图6-19。这样做既可避免直接方式的风险，又可避免并行运行的双倍代价，但这种逐步转换对系统的设计和实现都有一定的要求，否则是无法实现这种逐步转换的，同时，这种方式接口多，数据的保存也总是被分为两部分。

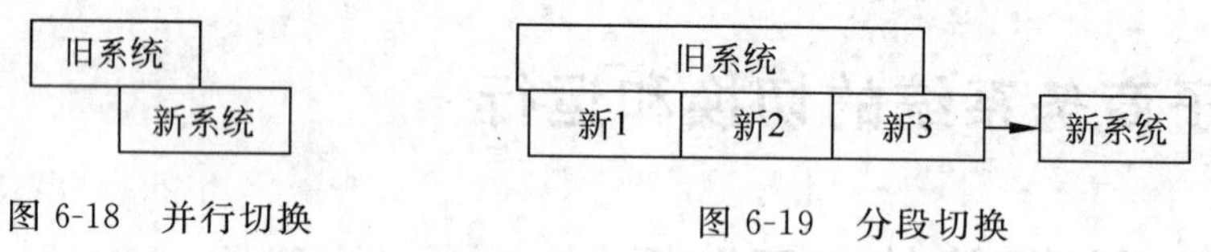

图 6-18 并行切换

图 6-19 分段切换

6.5.2 系统切换的准备工作

1. 管理部门制定切换计划书

管理部门制定详细的系统切换计划书，包括系统切换各个阶段的进展时间、参与人员、设备到位、资金配备等。电子商务系统的切换涉及整个企业的每一个角落，同样是“一把手”工程，不能只依赖于企业信息部门或者少数密切相关的部门。在切换过程中，各个业务部门必须对所涉及的业务流程进行审核、模拟、确认和协调，所以在整个过程中要有企业权威的管理部门和领导负责，并且相关业务部门都要有专人参与进来。

2. 切换人员培训

在系统切换前，需要对整个企业从上到下进行动员，让每个员工了解企业信息化的发展动向，及系统切换将会带来哪些变化和改善。新系统的使用人员中的大多数来自于原来的系统，他们熟悉原来的业务处理方式，但是缺乏有关计算机方面的知识和对新系统的了解。因此，为了保障新系统的顺利转换和运行，必须对有关人员进行培训，使他们了解计算机的基本原理和操作方法，明白新系统能为他们提供什么服务以及个人应当对系统负什么责任，要真正从技术、心理、习惯上完全适应新系统。

1）用户操作培训

可以把各系统的业务流程和用户操作手册打印成册并制作演示光盘，发放给各相关部门。同时，可以通过考试的形式督促各部门认真学习并掌握。另外，需要培训用户学会看微机的 IP 地址，以方便信息部门员工或者电子商务系统提供商使用远程控制进行操作指导；培训用户注意浏览网上发布的通知，以加大工作信息交流的广度和速度。

2）信息部门人员培训

一般情况下，企业信息部门人员都不会很多，特别是在系统上线时，系统运行现场指导、问题收集都会出现人手不足的情况，加之新系统上线肯定会有来自多方面的压力。所以，一方面要全面掌握新系统，另一方面要做好工作压力骤然增大的心理准备。

3. 数据准备

数据准备是系统切换工作中的一项基础工作，也是一项艰巨的任务。首先要对老系统的数据进行备份，然后对财务等重要部门的数据要找专人进行核对，以杜绝老系统中的错误数据的导入及在老系统中导出过程中可能发生的意外，同时也对一些细节的数据进行检查。

有的数据可能是旧系统没有的，需要手工录入；有的数据需要从旧系统经过合并、转换导入新系统。不管是哪种情况，都需要工作人员认真、细致地完成。否则，问题会在系统切换时集中爆发，后悔莫及。

4. 制定系统切换的应急预案

该应急预案主要是为了处理在系统切换过程中可能可能发生的各种问题，一方面保障系统平稳切换，另一方面在新系统无法正常运行时快速切回老系统，以保障各项业务正常开展。

6.5.3 系统的人员培训

电子商务系统是一个人机系统，需要有各类不同人员一起工作，互相配合，才能充分发挥系统的作用。这些人员主要承担电子商务系统中人工处理业务和计算机的操作工作，他们是否理解以及是否知道如何有效地使用系统，是系统实施成功与否的关键。一个技术上一流的电子商务系统，如果没有操作熟练的工作人员和用户的友好配合，同样会导致系统不能充分发挥作用甚至遭到非议。因而，对系统相关人员的培训工作显得十分重要，是系统投入应用的重要前提，也是系统实施阶段的一项重要内容。对于大、中企业或部门用户，人员培训工作应列入该企业或部门的教育计划中，在系统开发单位配合下共同实施。

1. 培训对象

在系统投入运行前，需要进行培训的人员包括：终端操作用户、系统操作与维护人员以及企业各个层次的管理决策人员。

1）终端操作用户

终端操作用户是电子商务系统的直接使用者，统计资料表明，电子商务系统在运行期间发生的故障，有相当一部分是由于使用方法错误而造成的，所以，终端用户的培训应该是人员培训工作的重点。终端操作用户主要指直接操作和使用计算机进行业务处理的业务人员。

2）系统操作与维护人员

系统操作、维护人员主要指计算机操作员、数据录入人员、计算机的硬件、软件维护人员。他们共同的职责是对计算机机房、计算机及其辅助设备、应用软件进行维护和管理，保持设备的正常运行，提供所需的支持性服务。对于这类工作人员来说，要求具有一定的计算机硬、软件知识，掌握设备的操作运行规则以及故障的检测、排除等维护工作，并对新系统的原理和维护知识有较深刻的理解。

3）管理决策人员

管理决策人员是指不直接操作系统的企业或部门的领导人员。新系统能否顺利运行并获得预期目标，在很大程度上与这些管理决策人员有关。大量事实说明，许多管理信息系统不能正常发挥预期作用，其原因之一就是没有注意对有关事务管理人员的培训，因而没有得到他们的理解和支持。因此，可以通过培训，向他们说明新系统的目标、功能，说明系统的结构及运行过程，以及对企业组织结构、工作方式等产生的影响。

2. 培训内容

对人员的培训，总体包括下列内容：系统的总体方案与系统分析设计思想；系统网络的操作与使用；统的功能结构；计算机的操作与使用；系统运行规则与管理制度；数据库系统、开发工具等系统软件知识；系统事务型业务功能的操作和使用方法；系统维护功能的操作和使用方法；系统统计分析功能的操作和使用方法；系统的参数设置；系统初始数据输入功能的操作和使用方法；可能出现的问题及解决方法；汉字的输入方法；系统的使用权限与责任。

当然，并不是系统所有使用人员都要进行上述全部内容的培训，毕竟不同岗位的人员所需的知识并不相同，因此，培训也应该有针对性地进行。在系统实施的过程中，在不同阶段对不同的培训对象进行不同层次、不同程度、不同领域的培训课程，帮助培训对象理解和使用系统，可以参考表 6-3 中的建议进行培训内容的选择。

表 6-3　工作岗位与培训内容

培训内容 \ 工作岗位	终端用户	操作与维护人员	管理决策人员
系统的总体方案与系统分析设计思想	√	√	√
系统网络的操作与使用		√	
系统的功能结构		√	√
计算机的操作与使用	√		√
系统运行规则与管理制度	√	√	√
数据库系统、开发工具等系统软件知识		√	
系统事务型业务功能的操作和使用方法	√	√	
系统维护型功能的操作和使用方法		√	
系统统计分析型功能的操作和使用方法		√	√
系统的参数设置		√	
系统初始数据输入功能的操作和使用方法	√	√	
可能出现的问题及解决方法		√	
汉字的输入方法	√		
系统的使用权限与责任	√	√	√

3. 培训方式

一般来说，人员培训的方式有如下几种。

1）直接引进与脱产进修

系统操作与维护人员应采取直接引进或者脱产进修的方式。小型的企业一般可以直接从外部引进系统操作与维护人员。但在较大的企业和部门中，系统操作与维护人员一般由计算机中心和计算机室的计算机专业技术人员担任。他们的培训多采用脱产进修的方式。

2）讲座与报告会

管理决策人员的培训可以通过讲座、报告会的形式普及管理信息系统的有关知识。对管理决策人员进行培训时，必须做到通俗、具体、尽量不采用与实际业务领域无关的计算机专业术语。

3）在职培训

对于系统操作人员一般采用在职培训的方式。针对具体的操作系统，对各岗位的工作人员开展有针对性的操作培训，保证每个人都能够熟练操作自己的系统。具体的培训方法可以根据实际需要灵活设置，通常采用如下4种方式：集中授课；模拟训练；机上帮助；在使用中进行指导。

6.6 电子商务系统维护

本节重点介绍系统维护的概述，系统维护实施。

6.6.1 系统维护概述

1. 必要性和目的

电子商务系统需要在使用中不断完善，系统维护的必要性有：①经过调试的系统难免有不尽如人意的地方，或有的地方效率可以提高，或有使用不够方便的地方；②管理环境的新变化，对信息系统提出了新的要求。

系统维护的目的是保证电子商务系统正常而可靠地运行，并能使系统不断得到改善和提高，以充分发挥作用。因此，系统维护就是为了保证系统中的各个要素随着环境的变化而始终处于最新的、正确的工作状态。

2. 系统维护的类型

按照每次进行维护的具体目标，维护可分为以下4类。图6-20给出了4种维护工作在系统维护中所占的比例。

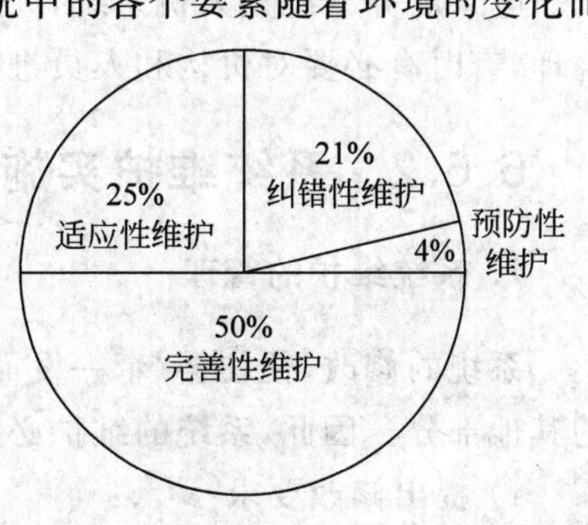

图6-20　维护比例

（1）完善性维护。完善性维护就是在应用软件系统使用期间为不断改善和加强系统的功能和性能，以满足用户日益增长的需求所进行的维护工作。在整个维护工作量中，完善性维护居第一位，约50%。

(2) 适应性维护。适应性维护是指为了让应用软件系统适应运行环境的变化而进行的维护活动。适应性维护工作量约占整个维护工作量的25%。

(3) 纠错性维护。纠错性维护的目的在于，纠正在开发期间未能发现的遗留错误。对这些错误的相继发现，并对它们进行诊断和改正的过程称为纠错性维护。这类维护约占总维护工作量的21%。

(4) 预防性维护。其主要思想是维护人员不应被动地等待用户提出要求才做维护工作。

3. 系统维护的内容

1) 程序的维护

程序的维护是指修改一部分或全部程序。在系统维护阶段，会有部分程序需要改动。根据运行记录，发现程序的错误，这时需要改正；或者是随着用户对系统的熟悉，用户有更高的要求，部分程序需要修改；或者是由于环境的变化，部分程序需要修改。

2) 数据文件的维护

数据是系统中最重要的资源，系统提供的数据全面、准确、及时的程度是评价系统优劣的决定性指标。因此，要对系统中的数据进行不断更新和补充，如业务发生了变化，从而需要建立新文件，或者对现有文件的结构进行修改。

3) 代码的维护

随着系统环境的变化，旧的代码不能适应新的要求，必须进行改造，制定新的代码或修改旧的代码体系。代码维护困难不在代码本身的变更，而在于新代码的贯彻使用。当有必要变更代码时，应由代码管理部门讨论新的代码方案。确定之后用书面形式写出交由相关部门专人负责实施。

4) 机器、设备的维护

系统正常运行的基本条件之一，就是保持计算机及其外部设备的良好运行状态，这是系统运行的物质基础。机器、设备的维护包括机器、设备的日常维护与管理。一旦机器发生故障，要有专门人员进行修理，保证系统的正常运行。有时根据业务需要，还需对硬件设备进行改进或开发。同时，应该做好检修记录和故障登记的工作。

5) 机构和人员的变动

电子商务系统是人机系统，人工处理也占有重要地位，为了使电子商务系统的流程更加合理，有时有必要对机构和人员进行重组和调整。

6.6.2 系统维护实施

1. 系统维护的管理

系统的修改，往往会“牵一发而动全身”。程序、文件、代码的局部修改，都可能影响系统的其他部分。因此，系统的维护必须有合理的组织与管理。

1) 提出修改要求

业务人员以书面形式向系统主管领导提出某项工作的维护要求。

2）领导批准

系统主管领导进行一定的调查后，根据系统情况，考虑维护要求是否必要、是否可行，做出是否修改和何时修改的批示。

3）分配任务

系统主管向有关维护人员下达任务，说明修改内容、要求及期限。

4）验收成果

系统主管对修改部分进行验收。验收通过后将修改的部分加入到系统中，取代原有部分。

5）登记修改情况

登记所做的修改，作为新的版本通报用户和操作人员，指明系统新的功能和修改的地方。

2. 系统使用与维护说明书

系统使用与维护说明书主要是面向用户服务的。其内容可分为使用说明部分和维护说明部分。使用说明部分通常是面向一般的业务人员，他们是计算机系统的最终用户。这些业务人员一般没有计算机专业知识，他们关心的是如何正确地使用该系统，从而解决自己的业务问题。维护说明部分面向具有一定计算机专业知识的技术人员，他们也是用户的一部分，其工作是维护计算机系统，使之正常运行，为业务人员提供计算机服务。系统使用和维护说明书具体包括以下5项内容。

（1）概述：系统使用和维护说明书的用途及有关专业术语、读者注意事项。

（2）系统简介：包括系统功能概要；运行环境；系统性能。

（3）系统安装与初始化：包括系统安装（硬件装配和软件装配）；系统启动与自动检测（附屏幕操作命令）；初始数据库的建立（附屏幕操作命令和样本）；系统结束处理和备份数据库的复制。

（4）运行说明：运行作业表；操作步骤。

（5）非常规过程：应急操作说明；故障恢复再启动过程。

习题

1. 名词解释

（1）汇编语言；（2）程序生成器；（3）联合开发；（4）软件外包；（5）软件集成；（6）软件缺陷；（7）软件测试；（8）单元测试；（9）非增量式集成；（10）错误推测法；（11）自顶向下集成；（12）软件可靠性；（13）直接切换；（14）并行切换；（15）分段切换；（16）完善性维护；（17）适应性维护。

2. 判断题

（1）在需求阶段修正一个错误的代价最小，随着设计、编程、内部测试、外部测试、产品发布，修正错误的代价将越来越大，其代价随时间线性增长。（　　）

(2) 测试应该尽早进行，最好在需求阶段就开始介入，因为最严重的错误是系统不能满足用户的需求。 ( )

(3) 软件测试必须在计算机上进行。 ( )

(4) 软件的静态测试不要求在计算机上实际执行所测程序，主要以一些人工的方式和技术对软件进行分析和测试。 ( )

(5) 黑盒测试完全测试是不可能的，所以要进行有针对性的测试，通过制定测试案例指导测试的实施，保证软件测试有组织、按步骤，以及有计划地进行。 ( )

(6) 边界值法就是有意选择边界值作为测试用例，在程序中运行，这样就很容易发现大量错误和问题。 ( )

(7) 确认测试的任务是检查软件能否正常运行，而不出现系统漏洞和错误。 ( )

3. 填空题

(1) 软件集成程度的高低标志着它的进化程度。它的进化经历了________、________、________与________和________4个阶段。

(2) 提高程序运行效率的方法包括：________，________，________，改进数据结构，了解和适应硬件的特性，编译优化选项。

(3) 软件组织根据对候选软件的评价结果决定选择哪一种软件。这一过程由4个子过程组成：________、________、________、选择过程。

(4) 系统集成作为一种服务方式，通过综合统筹设计优化，使计算机________、________、________、________、________等实现集成。

(5) 一个完整的测试一般要经过________，________和________ 3个过程。

(6) 静态错误分析的方法就是以下手段在源程序中发现是否有错误的结构：________、________、________、________。

(7) 系统测试策略的主要任务是，如何把设计测试用例的技术组织成一个系统的、有计划的测试步骤。这部分工作通常在"测试计划"报告中设计规划，测试策略应包含________、________、________和________等。

(8) 整体测试包括以下哪些方法：________，________，________，________。

(9) 软件的静态测试不要求在计算机上实际执行所测程序，主要以一些人工的方式和技术对软件进行分析和测试。静态分析包括对________、________、________、________、测试计划等进行的静态审查。

(10) 系统维护的目的是保证管理信息系统正常而可靠地运行，并能使系统不断得到改善和提高，以充分发挥作用。系统维护包括________，________，________和________。

(11) 信息管理系统正式投入运行前应该主要培训________、________以及________等人员。终端操作用户、系统操作与维护人员以及企业各个层次的管理决策人员。

(12) 信息管理系统的维护类型主要有：________、________、________、________。

(13) 信息管理系统的评价应该从________、________、________角度来建立。

4. 选择题(多选)

(1) PowerBuilder 的基本功能有哪些?( )

A. 可视化、多特性的开发工具

B. 面向对象的技术功能

C. 支持复杂应用程序,企业数据库的连接能力

D. 查询、报表和图形功能

(2) 对于程序运行效率的改进可以从以下几个方面入手?( )

A. 压缩代码长度,减少冗余部分

B. 改进算法和数据结构以降低计算复杂度

C. 了解和掌握硬件的特性以便充分发挥硬件系统的性能

D. 完成代码的可视化

(3) 系统集成有以下哪几个显著特点?( )

A. 以满足用户的需求为根本出发点

B. 选择最适合用户的需求和投资规模的产品和技术

C. 系统集成包含技术、管理和商务等方面

D. 兼顾软件与硬件集成的结合

(4) 物联网工程系统集成通常要考虑以下几个子系统的集成技术?( )

A. 硬件集成　　B. 结构集成

C. 数据和信息集成　　D. 技术与管理集成

E. 人与组织机构集成

(5) 在黑盒测试中,有哪些有效的方法?( )

A. 等价分类法　　B. 边界值法　　C. 甘特图法　　D. 逆推法

(6) 白盒测试包括哪些测试?( )

A. 整体测试　　B. 基本路径测试　　C. 模块测试　　D. 逻辑覆盖测试

(7) 做测试计划的时候,要考虑的因素包括( )

A. 测试的步骤　　B. 工作量　　C. 进度　　D. 资源

(8) 单元测试的任务主要包括哪些?( )

A. 模块接口测试　　B. 模块局部数据结构测试

C. 模块边界条件测试　　D. 模块图形界面测试

(9) 可靠性评价可以使用概率指标或时间指标,这些指标有( )。

A. 可信度　　B. 可靠度　　C. 失效率　　D. 有效度

(10) 尽管纠错方法很多,但目标只有一个,即发现错误的原因并将错误排除。常用的纠错策略分为以下几类:( )。

A. 强行纠错　　B. 黑盒法　　C. 白盒法　　D. 排除法

(11) 系统维护的内容包括哪些?( )

A. 程序的维护　　B. 数据文件的维护

C. 代码的维护　　D. 机器、设备的维护

E. 机构和人员的变动

(12) 系统使用和维护说明书具体包括以下哪些内容？（ ）

A. 系统简介　　B. 系统安装与初始化

C. 系统结束处理和备份数据库的复制　　D. 需求说明书

E. 常规过程简介

5. 简答题

(1) 简述软件外包的优势和不足。

(2) 软件测试的原则有哪些？

(3) 黑盒测试有哪些方法？请分别简单介绍。

(4) 请简述单元测试的步骤。

(5) 如何选择管理信息系统的切换方式？

(6) 系统维护要进行哪些方面的工作？

6. 论述题

(1) 比较几种语言工具的不同点。

(2) 简单介绍几种数据库工具的特点。

(3) 系统测试的策略有哪些？请简单介绍。

(4) 软件系统测试的模型包括哪些？请简述。

(5) 试述信息系统设计过程中存在哪些风险，如何规避这些风险？

第7章 电子商务系统采购与评价

7.1 电子商务系统采购

本节将介绍电子商务系统的采购,联合开发策略和软件外包。

7.1.1 采购方式

除了自行开发的电子商务系统外,还有以下方式实现电子商务系统。

1. 采购电子商务系统产品

采购电子商务系统是从市场获取资源的过程。采购是将电子商务系统产品从开发商的手中转移到用户手中的过程。采购过程实际上是商流过程与物流过程的统一。商流过程通过商品交易、等价交换来实现商品所有权的转移。物流过程通过运输、储存、包装、装卸、流通加工等手段来实现商品空间位置和时间位置的结合。采购流程包括收集信息,询价,比价,议价,评估,索样,决定,请购,订购,协调与沟通,催交,进货检收和付款。

采购电子商务系统产品的优点是电子商务企业可以直接获得电子商务平台,并运行其平台,专心其销售业务。其缺点是购买的电子商务系统无法满足电子商务企业对功能的特殊要求。

2. 联合开发电子商务系统

联合开发是指组织的 IT 人员和开发公司的技术人员一起工作,完成开发任务。该策略适合于企业有一定的信息技术人员,但可能对软件开发规律不太了解,或者是整体优化能力较弱,希望通过软件的开发完善和培养自己的技术队伍,便于后期的系统维护工作。

合作开发方式需要成立一个临时的项目开发小组,由企业业务骨干(甲方人员)与开发人员(乙方人员)共同组成,项目负责人可由甲方担任或由乙方担任,或者双方各出一位负责人,项目负责人直接对企业的"一把手"负责,紧紧围绕项目开发这一任务开展工作。该项目组是一个结构松散的组织,其人员与运作方式随着软件开发阶段的不同而不同,可根据需要随时增减人员与调整工作方式。

项目组应严格挑选与控制人员,经验表明,在软件开发这种特殊的项目中随意增加人员,并不能加快软件开发的进程。该方式强调在开发过程中通过共同工作,逐步培养企业自身的人才。项目开发任务完成后,项目组一般会自行解散,后期的系统维护工作将主要由企业自身的人员承担。

另外，该方式还强调合作双方关系的重要性，建立一种诚信的、友好的合作关系对完成项目是至关重要的。

由于合作开发方式具有很强的针对性与灵活性，在我国被广泛采用，曾经是我国软件项目开发的主流方式。它的优点是相对于委托开发方式比较节约资金，可以培养、增强企业的技术力量，便于系统维护工作。缺点是双方在合作中易出现扯皮现象，需要双方及时达成共识，进行协调和检查。

3. 外包电子商务系统

如果一个组织不想使用内部资源或者没有内部资源开发软件，它可以雇佣专门从事这些服务的组织来做这些工作，这种把软件开发转给外部供应商的过程叫做软件外包。

软件包策略是通过购买应用软件包的办法建设本组织的信息系统，这是目前广泛采用的方法。应用软件包(Application Software Package)是由软件供应商提供预先编写好的应用软件以及相应的系统建设服务的方法。应用软件包的提供的范围可以是一个简单的任务，也可以是复杂的大型系统的全部管理业务。

软件包之所以被广泛采用，一是因为对于很多组织来说，都有共同的特性，如都包括财务管理、人事管理和库存管理等职能。实际上，很多组织都具有标准、统一的工作程序。二是应用软件包策略减少开发时间和费用。当存在一个适合的软件包时，组织就可以直接使用，这样减少了很多开发过程的浪费。三是软件供应商在提供软件的时候，一般都提供大量的持续的系统维护和支持，可以满足用户不断适应市场变化的需要。四是软件供应商提供了先进的工作流程。很多大的软件公司，如德国的 SAP 公司，都有一些高级人才从事流程设计，因此，体现在软件中的管理流程往往是最先进的。五是对于组织的特殊要求，软件供应商还可以提供定制(Customization)服务。定制服务允许改变软件包来满足一个组织的特殊需求，而无须破坏该软件包的完整性。一些软件包采用组件开发思想，允许顾客从一组选项中仅选择他们所需要的处理功能的模块。

外包是目前比较流行的一种方式。主要是因为多数组织认为外包是一种低成本软件开发的策略。尤其是对于那些业务波动的组织，外包策略提供给他们的是先使用后付费方式，有效地降低了组织的成本。对于软件供应商来说，外包也使他们从规模经营中获得效益。通过提供具有竞争力的服务，外包软件的供应商获得稳定的收益。外包策略有很多优点：①降低成本；②获得标准流程的服务支持；③减少技术人员的需求；④降低信息系统建设的风险。

没有一个软件外包的方案是完美的。无论多么优秀的软件在解决具体企业的具体问题的时候，都会存在软件中找不到对应的功能部分的问题。因此，软件的二次开发是难免的。即都有定制的要求，大量的定制给项目建设带来风险和困难，因此，选择合适的软件是应用软件包策略首要考虑的问题。其次，如果定制要求很多，系统建设费用将成倍增长。而这些费用属于隐藏费用，软件包最初的购买价格往往具有欺骗性。另外，项目建设中的有效管理是控制过程成本的有效途径。

外包是组织资源外部化的一种方式，因此，外包常常引发一系列问题，如组织可能失去对信息系统的控制，甚至是组织关键资源的控制。当系统的控制转向外部的时候，往往意味着组织商业秘密的外部化。如果组织不限制外包供应商为其竞争对手提供服务或开发软件,可能会给组织带来危害。因此,组织需要对外包信息系统进行管理,还需要建立一套评价外包供应商的评鉴标准,并建立相应的约束机制,如在合同中写明提供给其他客户类似的服务要征得该组织的同意等条款。认真设计外购合同是减少风险的一种有效办法。

7.1.2 招标投标

电子商务系统采购中可以采取招标和投标的方式。招标和投标是一种竞价方式。既可以用于拍卖,也可以用于采购。其中用于采购时,也有人将其称为反向拍卖。招标投标通常采取公开的形式,有大量投标人参与,使得招标人能够选择比较,选取最优方案。整个过程也利于监督审计。

1. 招投标的理论基础

招标投标的理论基础可借鉴拍卖。拍卖方式有英格兰式拍卖、荷兰式拍卖、英格兰式与荷兰式相结合的拍卖方式。

1) 英格兰拍卖

英格兰式拍卖也称“增价拍卖”或“低估价拍卖”,是指在拍卖过程中,拍卖人宣布拍卖标的的起叫价及最低增幅,竞买人以起叫价为起点,由低至高竞相应价,最后以最高竞价者以三次报价无人应价后,响槌成交。但成交价不得低于保留价。

2) 荷兰式拍卖

荷兰式拍卖也称“降价拍卖”或“高估价拍卖”,是指在拍卖过程中,拍卖人宣布拍卖标的的起叫价及降幅,并依次叫价,第一位应价人响槌成交。但成交价不得低于保留价。

3) 混合拍卖

英格兰式与荷兰式相结合的拍卖方式,是指在拍卖过程中,拍卖人宣布起拍价后及最低增幅,由竞买人竞相应价,拍卖人依次升高叫价,以最高应价者竞得。若无人应价则转为拍卖人依次降低叫价及降幅,并依次叫价,以第一位应价者竞得。但成交价不得低于保留价。

4) 密封递价招投标

密封递价招投标,又称招标式拍卖,由竞价者在规定的时间内将密封的报价单(也称标书)递交拍卖人,由拍卖人选择买主。这种拍卖方式和上述两种方式相比较,有以下两个特点:一是除价格条件外,还可能有其他交易条件需要考虑;二是可以采取公开开标方式,也可以采取不公开开标方式。拍卖大型设施或数量较大的库存物资或政府罚没物资时,可能采用这种方式。

5) 标准增量式拍卖

标准增量式拍卖是一种拍卖标的数量远大于单个竞买人的需求量而采取的一种拍卖方式(此拍卖方式非常适合大宗积压物资的拍卖活动)。卖方为拍卖标的设计一个需求量与成交价格的关系曲线。竞买人提交所需标的的数量之后,如果接受卖方根据他的数量而报出的成交价即可成为买受人。

6) 速胜式拍卖

速胜式拍卖,是增价式拍卖的一种变体。拍卖标的物的竞价也是按照竞价阶梯由低到高、依次递增,不同的是,当某个竞买人的出价达到(大于或等于)保留价时,拍卖结束,此竞买人成为买受人。

7) 反向拍卖

反向拍卖也叫拍买,常用于政府采购、工程采购等。由采购方提供希望得到的产品的信息、需要服务的要求和可以承受的价格定位,由卖家之间以竞争方式决定最终产品提供商和服务供应商,从而使采购方以最优的性能价格比实现购买。

8) 定向拍卖

定向拍卖是一种为特定的拍卖标的物而设计的拍卖方式,有意竞买者必须符合卖家所提出的相关条件,才可成为竞买人参与竞价。

2. 招投标的法律

各国对招标投标这种广泛采用的交易方式均制定了法律法规。我国有已经颁布实施很久的《招标投标法》,此外还有《招标投标法实施条例》。自从 2000 年 1 月 1 日,我国《招标投标法》实施以来,工程建设项目包括所需的货物和服务,均可按照这部法律进行招标采购。近年来,除特殊原因外,我国平均每年政府投资都在两万亿元左右,腐败现象亟待通过完整的法律包括招投标法律法规来杜绝。企业也可以按照法律进行招标投标,利用这种交易方式,同时保护自己的权益。

一般来说,招标投标作为当事人之间达成协议的一种交易方式,必然包括两方主体,即招标人和投标人。某些情况下,还可能包括他们的代理人,即招标投标代理机构。这三者共同构成了招标投标活动的参加人和招标投标法律关系的基本主体。

1) 招标人

招标人,也叫招标采购人,是采用招标方式进行货物、工程或服务采购的法人和其他社会经济组织。

(1) 招标人享有的权利一般包括:①自行组织招标或者委托招标代理机构进行招标;②自由选定招标代理机构并核验其资质证明;③委托招标代理机构招标时,可以参与整个招标过程,其代表可以进入评标委员会;④要求投标人提供有关资质情况的资料;⑤根据评标委员会推荐的候选人确定中标人。

(2) 招标人应该履行下列义务:①不得侵犯投标人的合法权益;②委托招标代理机构进行招标时,应当向其提供招标所需的有关资料并支付委托费;③接受招标投标管理机构的监督管理;④与中标人签订并履行合同。

2) 投标人

投标人是按照招标文件的规定参加投标竞争的自然人、法人或其他社会经济组织。投标人参加投标,必须首先具备一定的圆满履行合同的能力和条件,包括与招标文件要求相适应的人力、物力和财力,以及招标文件要求的资质、工作经验与业绩等。

(1) 投标人享有的权利一般包括:①平等地获得招标信息;②要求招标人或招标代理机构对招标文件中的有关问题进行答疑;③控告、检举招标过程中的违法行为。

(2) 投标人应该履行下列义务:①保证所提供的投标文件的真实性;②按招标人或招标代理机构的要求对投标文件的有关问题进行答疑;③提供投标保证金或其他形式的担保;④中标后与招标人签订并履行合同,非经招标人同意不得转让或分包合同。

3）招标投标代理机构

招标投标代理机构，在我国是独立核算、自负盈亏的从事招标代理业务的社会中介组织。招标投标代理机构必须依法取得法定的招标投标代理资质等级证书，并依据其招标投标代理资质等级从事相应的招标代理业务。招标投标代理机构受招标人或投标人的委托开展招标投标代理活动，其行为对招标人或投标人产生效力。

（1）作为一种民事代理人，招标投标代理机构享有的权利包括：①组织和参与招标投标活动；②依据招标文件规定，审查投标人的资质；③按照规定标准收取招标代理费；④招标人或投标人授予的其他权利。

（2）招标代理机构也应该履行相应的义务：①维护招标人和投标人的合法权益；②组织编制、解释招标文件或投标文件；③接受招标投标管理机构和招标投标协会的指导、监督。

4）投标有效期

招标生效后到投标截止日期，是招标的有效期。这个期限也是投标准备期。在投标有效期内，招标人不得随意撤回、修改或变更招标文件。招标有效期的长短，一般视招标项目的大小和复杂程度而定，总的要求是，要保证投标人有足够的时间准备投标文件。如欧盟采购规则中规定，招标人应在招标公告中规定投标截止日期，从招标公告发布之日起至提交投标截止日期止，不得少于52天。如果在此期间有大量的招标文件需要提供，或者承包商有必要勘察工程现场或审查招标文件，招标人应当展延投标截止日期。

招标人确定有效期，基本要求是要能保证在开标后有足够的时间进行评标、上报审批、中标人收到中标通知。一般少则几天，多则几十天不等。投标生效后，遇有下列情形之一，投标失效，投标人不再受其约束：①投标人不符合招标文件的要求；②投标有效期届满；③投标人终止，如死亡、解散、被撤销或宣告破产等。

如何确定投标的有效期，一直有争议。由于我国有关法律无明文规定，因此在实践中便出现多种情况：有的到中标通知日止，有的到合同签订日止，有的到投标截止日后多少日止。有人认为，由于招标文件包含订立合同的主要条款、技术规格、投标须知等重要内容，因而，根据我国的到达主义原则，招标生效应从投标人收到或购买到招标文件时开始。

为了明确招标投标各方当事人的权利义务，应明确规定投标有效期应至招标文件规定的一个有效日期止。这样规定，有利于约束招标人在投标有效期内，抓紧时间，认真评标，择优选定中标人；防止在评标和审批中举棋不定，无休止地争论和拖延，以保护投标人的利益；也有利于约束投标人在投标有效期内，保证不随意变更或撤销投标。

5）中标与合同成立

民法学理论认为，合同成立的一般程序从法律上可以分为要约和承诺两个阶段。民法学界普遍认为，招标投标是当事人双方经过要约和承诺两阶段订立合同的一种竞争性程序。

招标是订立合同的一方当事人（招标人）通过一定方式，公布一定的标准和条件，向公众发出的以订立合同为目的的意思表示。招标人可以向相对的几个自然人、法人或其他经济组织发出招标的意思表示，通过投标邀请书的方式将自己的意思表达给相对的人；也可以向不特定的自然人、法人或其他经济组织发出招标的意思，通过招标公告的方式完成这种意思表达。前者为邀请招标或议标，招标人的选择范围有限；后者为公开招标，招标人的选择范围较大。

关于招标的法律性质，通常认为，由于招标只提出招标条件和要求，并不包括合同的全部主要内容，标底不能公开，因而招标一般属于要约引诱的性质，不具有要约的效力。但也有人认为不可一概而论，如果招标人在招标公告可投标邀请书中明确表示必与报价最优者签订合同，则招标人负有在投标后与其中条件最优者订立合同的义务，这种招标的意思表达可以视为要约。

投标是投标人按照招标人提出的要求，在规定期间内向招标人发出的以订立合同为目的的意思表示。就法律性质而言，通常认为投标属于要约，因此应具备要约的条件并发生要约的效力。所以，在投标文件送达招标人时生效，同时对招标人发生效力，使其取得承诺的资格。但招标人无须承担与某一投标人订约的义务，除在招标公告或投标邀请书中有明确相反表示外，招标人可以废除全部投标，不与投标人中的任何一人订约。发生这种情况的主要原因有：①最低评标价大大超过标底或合同估价，招标人无力接受投标；②所有投标人在实质上均未响应招标文件的要求；③投标人过少，没达到预期。

6）定标

定标是招标人从投标人中决定中标人。从法律性质上看，定标即招标人对投标人的承诺。但是，招标人的定标也可以不完全同意投标人的条件，需要与中标人就合同的主要内容进一步谈判、协商。此时，招标只是选定合同相对人的方式，定标不能视为承诺。一般认为：为了保证竞争的公平性，开标应公开进行。开标后，招标人须进行评标，从中评选出条件最优者，最终确定中标人。中标人之选定意味着招标人对该投标人的条件完全同意，双方当事人的意思表示完全一致，合同即告成立。

招标生效后，遇有下列情形之一的，招标失效，招标人不再受其约束：①招标文件发出后，在招标有效期内无任何人响应；②招标已圆满结束，招标人选定合适的中标人并与之签订合同；③招标人终止，如死亡、解散、被撤销或宣告破产等。

3. 招标中需注意的问题

招标的采购方式给人以客观、公平、透明的印象，很多管理者认为采取招标方式，可以引入竞争，降低成本，也就万事大吉了。但有时候招标也不是“一招就灵”。为什么要招标？什么情况下该招标？还有什么情况可以采用更合适的采购方式？这涉及采购方式选择的问题。目前，常用的采购方式有很多。常用的主要有：招标采购、竞争性谈判、询价采购、单一来源采购等。

1）招标采购

除了最终用户及相关法规要求必须实行招标的情况以外，在对采购内容的成本信息、技术信息掌握程度不够时，最好采用招标的方法，这样做的目的之一是获得成本信息、技术信息。

2）竞争性谈判

招标时，可能会遇到这样的情况：或者投标人数量不够，或者投标人价格、能力等不理想，有时反复招标还是不成，是否继续招标，很是让人苦恼——招也不是，不招也不是。其实，这时候没有必要非认准招标不可，大可以采取“竞争性谈判”的方式。竞争性谈判的方法与招标很接近，作用也相仿，但程序上更灵活，效率也更高一些，可以作为招标采购的补充。

3）询价采购

如果已经掌握采购商品（包括物资或服务）的成本信息和技术信息，有多家供应商竞争，就可以事先选定合格供方范围，再在合格供方范围内用“货比三家”的询价采购方式。

4）单一来源采购

如果已经完全掌握了采购商品的成本信息和技术信息，或者只有一两家供应商可以供应，公司就应该设法建立长期合作关系，争取稳定的合作、长期价格优惠和质量保证，在这个基础上可以采用单一来源采购的方式。合理运用多种采购方式，还可以实现对分包商队伍的动态管理和优化。比如，最初对采购内容的成本信息、技术信息不够了解，就可以通过招标来获得信息、扩大分包商备选范围。等到对成本、技术和分包商信息有了足够了解后，转用询价采购，不必再招标。再等到条件成熟，对这种采购商品就可以固定一两家长期合作厂家了。反过来，如果对长期合作厂家不满意，可以通过扩大询价范围或招标来调整、优化供应商或对合作厂家施加压力。

7.1.3 系统采购过程

1. 采购概述

采购是一个效益评价过程。只有预估自己收益大于付出时，才会去购买电子商务系统。而在采购时，有众多的系统及供应商可选择，甚至也可以自行开发。这时，不但要衡量效益，还要对这些效益进行比较，以取得利益最大化。

1）了解商情

企业对选中的电子商务系统进行采购时，可以采取招投标方式。首先要考察供应商情况。只有好的生产过程才能生产出好的产品。黑作坊做出的盒饭不能吃。在考察供应商时，要进行多次走访，到供应商那里看一看，转一转，尤其是不打招呼地转一转。

2）收集信息

供应商的信息很重要，收集起来也很费劲，所以企业建立供应商信息库是非常必要的。在了解供应商后，就可以从中进行比较选择候选供应商了。可以在同一时间选择一个供应商，也可以选择几个供应商组合供应一个系统的不同部分；还可以在不同时间选择不同的供应商。在选定供应商后，也要保持与其他供应商的良好关系，作为备份。有备份的供应商可以使我们与供应商后续合作中保持主动，也能促使当前供应商努力工作；此外，在必要时，也能换供应商。

3）过程管理

作为企业的高层管理人员，还要注意对企业采购过程和采购人员的管理。采购过程采用招投标方式能够使采购过程清晰、规范，能够使企业掌握主动权，在较低成本下找到最优方案。采购过程可以一个部门牵头，多部门参与。采购还宜制度化，重要文件存档，并不断检讨，改进采购制度。当然，对采购也要加强管理、控制并进行审计，防止出现吃回扣等腐败行为。

4）过程监理

在采购后期乃至采购完成后，要跟踪采购来的电子商务系统的效果是否如预期一样。

这时要进行效益评价，对于在建的电子商务系统要进行监理。

5）借助信息系统

在采购中可以借助采购信息系统。采购信息系统能够帮助我们进行电子商务系统采购。利用现有信息系统（可以是没有计算机的传统信息系统，也可以是包含计算机的现代信息系统），进行电子商务系统的升级换代，是电子商务系统交叉螺旋式上升的表现。

2. 采用过程

国际标准化组织和国际电工委员会于 1999 年发布了一项针对 CASE 工具采用的技术报告 ISO/IECTR 14471：1999《信息技术 CASE 工具的采用指南》，就上述问题给出了一个推荐的采用过程。它全面、综合地研究了采用工作可能会遇到的各方面问题，考查了电子商务系统的各种特性，将其采用工作划分为 4 个主要过程、4 个子过程和 13 个活动。这 4 个主要过程如图 7-1 所示。

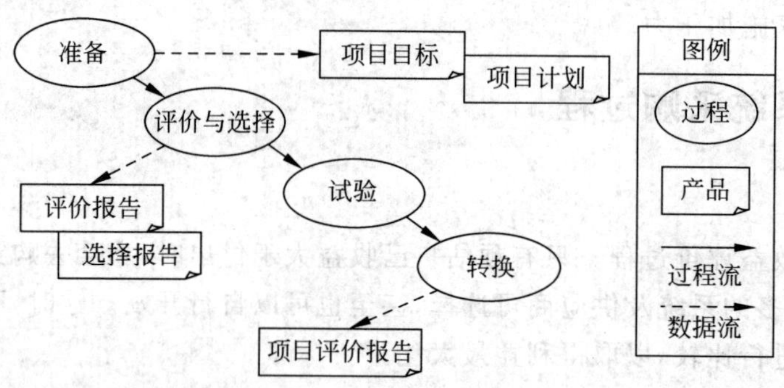

图 7-1 CASE 采用过程

1）准备过程

其主要工作是定义采用电子商务系统的目标，将诸如提高软件组织的竞争地位、提高生产率等高层的商业目标分解细化为改进软件过程、提高设计质量等具体的任务和目标，分析、确定经济和技术上的可行性和可测量性，制定一个具体的执行计划，包括有关里程碑、活动和任务的日程安排，对所需资源及成本的估算，以及监督控制的措施等内容。这一过程由下面 4 个活动组成：设定目标、验证可行性和可测量性、制定方针、制定计划。

在此过程中，需要考虑若干关键成功因素，比如采用过程的目标是否清晰并且是可测量的，管理层的支持程度，工具在什么范围内使用的策略，是否制定了在组织内推广使用工具的计划，工具的典型用法能否调整为与软件组织现行的工作流程或工作方法一致，是否制定了与采用过程有关的员工的培训内容，以及新旧两种工作方式转换时能否平稳进行，等等。制定方针时，组织可以剪裁这些关键成功因素，以满足自己的商业目标。

2）评价与选择过程

这是为了从众多的候选电子商务系统中确定最合适的软件，以确保推荐的工具满足组织的要求。这是一个非常重要的过程。其中最关键的是要将组织对电子商务系统的需求加以构造，列出属于电子商务系统的若干特性或子特性，并对其进行评价和测量，软件组织根据对候选电子商务系统的评价结果决定选择哪一种电子商务系统。这一过程由 4 个子过程组成：启始过程、构造过程、评价过程、选择过程。

3）试验项目过程

该过程是帮助软件组织在它所要求的环境中为电子商务系统提供一个真实的试验环境。在这个试验环境中运用选择的电子商务系统，确定其实际性能是否满足软件组织的要求，并且确定组织的管理规程、标准和约定等是否适当。它由4个活动组成：启始试验、试验的性能、评价试验、下一步决策。

4）转换过程

该过程是为了从当前的工作流程或工作习惯转为在整个组织内推广使用新的电子商务系统的过程。在此过程中，软件组织充分利用试验项目的经验，尽可能地减少工作秩序的混乱状况，以达到最大地获取电子商务系统技术的回报，最小地减少电子商务系统技术的投资风险的目的。这一过程由下述5个活动组成：始转换过程、培训、制度化、监控和持续支持、评价采用项目完成情况。

上述4个主要过程对大多数软件组织都是适用的，它覆盖了采用电子商务系统所要考虑的各种情况和要求，并且不限于使用特定的软件开发标准、开发方法或开发技术。在具体实践中，软件组织可以结合自己的要求以及环境和文化背景的特点，对采用过程的一些活动进行适当地剪裁，以适应组织的需要。

3. 系统选择与评价

该过程是对电子商务系统的质量特性进行测量和评级，以便为最终的选择提供客观的和可信赖的依据。

电子商务系统作为一种软件产品，不仅具有一般软件产品的特性，如功能性、可靠性、易用性、效率、可维护性和可移植性，而且还有其他特殊的性质进行考虑，所有这些特性与子特性都是电子商务系统的属性，是能用来评定等级的可量化的指标。

技术评价过程的目的是提供一个定量的结果，通过测量为工具的属性赋值，评价工作的主要活动是获取这些测量值，以此产生客观的和公平的选择结果。评价和选择过程由4个子过程和13个活动组成。

1）初始准备过程

这一过程的目的是定义总的评价和选择工作的目标和要求，以及一些管理方面的内容。它由以下三个活动组成。

(1) 设定目标。提出为什么需要电子商务系统？需要一个什么类型的电子商务系统？有哪些限制条件(如进度、资源、成本等方面)？是购买一个还是修改已有的，或者开发一个新的电子商务系统？

(2) 建立选择准则。将上述目标进行分解，确定做出选择的客观和量化的准则。这些准则的重要程度可用作工具特性和子特性的权重。

制定项目计划。制定包括小组成员、工作进度、工作成本及资源等内容的计划。

2）构造过程

构造过程的目的是根据电子商务系统的特性，将组织对工具的具体要求进行细化，寻找可能满足要求的电子商务系统，确定候选工具表。构造过程由以下三个活动组成。

(1) 需求分析。了解软件组织当前的电子商务系统情况，了解开发项目的类型、目标系统的特性和限制条件、组织对电子商务系统技术的期望，以及软件组织将如何获取电子商务系统的原则和可能的资金投入等。明确软件组织需要电子商务系统做什么？希望采用的开发方法，如面向对象还是面向过程？希望电子商务系统支持企业的哪一阶段？以及对电子商务系统的功能要求和质量要求，等等。根据上述分析，将组织的需求按照所剪裁的电子商务系统的特性与子特性进行分类，为这些特性加权。

(2) 收集电子商务系统信息。根据组织的要求和选择原则，寻找有希望被评价的电子商务系统，收集工具的相关信息，为评价提供依据。

(3) 确定候选的电子商务系统。将上述需求分析的结果与找到的电子商务系统具有的特性进行比较，确定要进行评价的候选工具。

3) 评价过程

评价过程的目的是产生技术评价报告。该报告将作为选择过程的主要输入信息，对每个被评价的工具都要产生一个关于其质量与特性的技术评价报告。这一过程由以下三个活动组成。

(1) 评价的准备。最终确定评价计划中的各种评价细节，如评价的场合、评价活动的进度安排、工具子特性用到的度量、等级等。

(2) 评价电子商务系统。将每个候选工具与选定的特性进行比较，依次完成测量、评级和评估工作。测量是检查工具本身特有的信息，如电子商务系统的功能、操作环境、使用和限制条件、使用范围等。可以通过检查工具所带的文档或源代码(如果可能)、观察演示、访问实际用户、执行测试用例、检查以前的评价等方法来进行。测量值可以是量化的或文本形式的。评级是将测量值与评价计划中定义的值进行比较，确定它的等级。评估是使用评级结果及评估准则对照组织选定的特性和子特性进行评估。

(3) 报告评价结果。评价活动的最终结果是产生评价报告。可以写出一份报告，涉及对多个电子商务系统的评价结果，也可以对每个所考虑的电子商务系统分别写出评价报告。报告内容应至少包括：关于工具本身的信息、关于评价过程的信息，以及评价结果的信息。

4) 选择过程

选择过程应该在完成评价报告之后开始。其目的是从候选电子商务系统中确定最合适的电子商务系统，确保所推荐的电子商务系统满足软件组织的最初要求。选择过程由以下4个活动组成。

(1) 选择准备。其主要内容是最终确定各项选择准则，定义一种选择算法。常用的选择算法有：基于成本的选择算法、基于得分的算法和基于排名的算法。

(2) 应用选择算法。把评价结果作为选择算法的输入，与候选电子商务系统相关的信息作为输出。每个电子商务系统的评价结果提供了该工具特性的一个技术总结，这个总结归纳为选择算法所规定的级别。选择算法将各个电子商务系统的评价结果汇总起来，给决策者提供了一个比较。

(3) 推荐一个选择决定。该决定推荐一个或一组最合适的电子商务系统。

(4) 确认选择决定。将推荐的选择决定与组织最初的目标进行比较。如果确认这一推荐结果，它将能满足组织的要求。如果没有一种合适的电子商务系统存在，也应能确定开发新的电子商务系统或修改一个现有的电子商务系统，以满足要求。

以上提出的这一评价和选择过程，概括了从技术和管理需求的角度对电子商务系统进行评价与选择时所要考虑的问题。在具体实践中，软件组织可以按照这一思路进行适当地剪裁，选择适合自己特点的过程、活动和任务。不仅如此，该标准还可仅用于评价一个或多个电子商务系统，而不进行选择。比如，开发商可用来进行自我评价；或者构造某些工具知识库时所做的技术评价等。

7.2　电子商务系统监理

7.2.1　系统监理概述

1. 系统监理的概念

监理就是由建设方授权依照国家法律法规以及合同、行业标准、规范等对信息系统工程实施的监督和管理。在法律上是独立的第三方。与建设方签订委托合同。监理费用由建设方来承担。

依据信息产业部《信息系统工程监理暂行规定》，信息系统工程监理是指依法设立且具备相应资质的信息系统工程监理单位，受业主单位委托，依据国家有关法律法规、技术标准和信息系统工程监理合同，对信息系统工程项目实施的监督管理。

信息系统监理师就是要借鉴建筑工程监理的管理模式，经过研究开始启动建立我国信息工程监理制度。作为一个制度的建立，首先要产生监理机构，就是有符合要求的监理公司，然后是确定监理的内容，明确监理究竟要干什么？再就是监理的从业人员，也就是监理工程师的业务知识培训。围绕信息系统工程监理制度，信息产业部首先制定公布了《信息系统工程监理暂行规定》，紧接着就发布《信息系统工程监理单位资质管理办法》、《信息系统工程监理工程师资格管理办法》等配套文件。信息产业部设有计算机信息系统集成资质认证工作办公室。

2. 监理的必要性

建立信息化建设的第三方监督对保证信息化建设的效益最大化至关重要。

我国信息化建设已经进入新的阶段。各级政府正在积极推进"电子政务"，许多城市及企业也已着手整合与升级其信息化应用系统。可以预计，全国将有更多、更大的信息系统建设项目展开。但是，在信息化推进过程中，存在不同程度上的一些问题，主要表现在规划制定不够科学，项目管理不够严格，监理机制不够健全，系统运行效益不够明显。致使相当一部分信息化项目失败或未能实现预期目标，浪费了大量资源。究其根源主要原因之一是信息化建设第三方监管机制的缺失和标准的不健全。

国内外的实践表明：信息化是有风险的，信息系统规模越大，功能越复杂，风险也就越大。英国公布的有关企业信息管理的调查结果显示，96%的企业对于本公司的信息管理系统感到不满。关于目前正在使用的信息系统，认为"所制作的报告缺乏一贯性"或者是"核对信息花费了太多时间"的企业约占 70%。特别引人深思的是该调查是以全球 500 强企业以及财富 1000 企业中的 171 家公司为对象通过问卷方式实施的。调查对象中，40%以上的企业年交易额超过 20 亿美元。其他主要调查结果如下：回答目前的信息系统不能灵活应对变化的企业约占60%；对于数据的精度表示担心的企业约占60%；60%以上的企业正在策划有关数据及信息的整合计划。这充分说明，信息系统的建设项目较之传统工业工程项目成功率更低，风险也更加突出。

目前，在国内的信息化项目工程建设中，绝大多数用户(业主)无法组织队伍对信息系统建设进行专业化管理，难以胜任从可行性分析、规划设计、招标、方案评审到工程监理和工程验收全过程的管理与组织协调工作，建设方和承建方在信息建设过程中存在严重的信息不对称问题。这表现为借助外援进行工程管理咨询的案例越来越多，一些省市的行业主管部门也开始在信息系统建设中推行由监理进行工程质量管理的做法。但是，监理介入信息系统在我国还处于一个探索的过程中。

我国加入 WTO 后，鉴于我国 IT 服务业未来巨大的增长空间，国际知名咨询顾问公司、专业技术服务提供商等纷纷抢占我国市场。在信息系统第三方鉴证业务方面，他们提供符合国际标准的信息系统审计服务。因此当前监理事业的发展面临新的形势，监理工作外部环境发生了深刻变化，势必将对我国监理企业形成严重冲击，本土监理企业面临前所未有的严峻挑战。监理事业往何处去？这是摆在每一个监理人面前的重大课题。每一个监理企业必须以发展的眼光、动态的观点、创新的思想和创新的理论正确认识和判断当前的监理形势，增强危机感和紧迫感，迎接新的挑战。

7.2.2 系统监理工作内容

电子商务系统监理的中心任务是科学地规划和控制工程项目的投资、进度和质量三大目标；监理的基本方法是目标规划、动态控制、组织协调和合同管理；监理工作贯穿规划、设计、实施和验收的全过程。信息工程监理正是通过投资控制、进度控制、质量控制以及合同管理和信息管理来对工程项目进行监督和管理，保证工程的顺利进行和工程质量。监理的工作可以概括为如下6个方面。

1. 成本控制

成本控制的任务，主要是在建设前期进行可行性研究，协助建设单位正确地进行投资决策；在设计阶段对设计方案、设计标准、总概(预)算进行审查；在建设准备阶段协助确定标底和合同造价；在实施阶段审核设计变更，核实已完成的工程量，进行工程进度款签证和索赔控制；在工程竣工阶段审核工程结算。

2. 进度控制

进度控制首先要在建设前期通过周密分析研究确定合理的工期目标，并在实施前将工期要求纳入承包合同；在建设实施期通过运筹学、网络计划技术等科学手段，审查、修改实施组织设计和进度计划，做好协调与监督，排除干扰，使单项工程及其分阶段目标工期逐步实现，最终保证项目建设总工期的实现。

3. 质量控制

质量控制要贯穿在项目建设从可行性研究、设计、建设准备、实施、竣工、启用及用后维护的全过程。主要包括组织设计方案评比，进行设计方案磋商及图纸审核，控制设计变更；

在施工前通过审查承建单位资质等；在施工中通过多种控制手段检查监督标准、规范的贯彻；以及通过阶段验收和竣工验收把好质量关等。

4. 合同管理

合同管理是进行投资控制、工期控制和质量控制的手段。因为合同是监理单位站在公正立场采取各种控制、协调与监督措施，履行纠纷调解职责的依据，也是实施三大目标控制的出发点和归宿。

5. 信息管理

信息管理包括投资控制管理、设备控制管理、实施管理及软件管理。

6. 协调

协调贯穿在整个信息系统工程从设计到实施再到验收的全过程。主要采用现场和会议方式进行协调。

总之，三控两管一协调，构成了监理工作的主要内容。为完满地完成监理基本任务，监理单位首先要协助建设单位确定合理、优化的三大目标，同时要充分估计项目实施过程中可能遇到的风险，进行细致的风险分析与评估，研究防止和排除干扰的措施以及风险补救对策，使三大目标及其实现过程建立在合理水平和科学预测基础之上。其次要将既定目标准确、完整、具体地体现在合同条款中，绝不能有含糊、笼统和有漏洞的表述。最后才是在信息工程建设实施中进行主动的、不间断的、动态的跟踪和纠偏管理。

7.3 电子商务系统的审计

7.3.1 系统审计的概念与特点

1. 系统审计的定义

信息系统审计最早称为计算机审计，是随着计算机在财务会计领域的应用而产生的。早期的计算机应用比较简单，相应地，计算机审计主要关注对被审计单位电子数据的取得，分析、计算等数据处理业务。随着计算机技术应用范围的不断扩展，计算机审计所关注的内容也从单纯的对电子数据的处理，延伸到对计算机系统的可靠性、安全性进行了解和评价。

事实上，还没有一个较为全面、具有权威性的、能够为大多数人接受的信息系统审计的定义。各种组织、政府、公司、学术团体等都在依据自己的需要和理解来为信息系统审计下定义。下面将其中一些较为系统和全面的定义整理出来供参考。

国际信息系统审计领域的权威专家 Ron Weber 给出了较为严格的定义：“收集并评价证据，以判断一个计算机系统（信息系统）是否有效做到保护资产、维护数据完整、完成组织目标，同时最经济地使用资源”。

日本通产省情报处理开发协会：“为了信息系统的安全、可靠与有效，由独立于审计对象的信息系统审计师，以第三方的客观立场对以计算机为核心的信息系统进行综合的检查与评价，向信息系统审计对象的最高领导层，提出问题与建议的一连串的活动”。

可将“信息系统审计”界定为：信息系统审计是指根据公认的标准和指导规范，对信息系统从规划、实施到运行维护各个环节进行审查评价，对信息系统及其业务应用的完整性、有效性、效率性、安全性等进行监测、评估和控制的过程，以确认预定的业务目标得以实现，并提出一系列改进建议的管理活动。

2. 系统审计的特点

1）审计的所有领域将全面运用现代信息技术

这就是在审计的理论研究、实务工作、管理模式、知识等方面都将运用现代信息技术，使技术与审计高度融通，大大提高审计的工作质量和效率。在实务工作方面，要使审计工作面向计算机内在审计和使用计算机审计转变；审计人员不再只依赖于纸张记录的会计数据而大部分或全部依赖于磁盘、光盘等介质记录的电子数据，或直接从网络下载的子数据，诸如电子商务之类；审计底稿和审计证据及有关审计档案也全部电子化；审计工作将从定期的现场审计转向实时或定时的在线网络审计，即通过网络分散和连续抽取证据进行审计。在管理模式上，要利用现代信息技术来管理责任与风险俱在的审计行业。知识结构上，审计人员除了掌握传统审计的基本知识外，还应掌握计算知识及其应用技术、数据处理和管理技术，掌握现代信息技术的应用等；不仅要会操作审计软件，而且要能根据需要编写出测试审查程序；使所审计人员都应成为完全意义上的IT审计人员。

2）信息数据安全性、可靠性

在会计信息化条件下，企业所提供的最主要的会计信息将是各种明细信息，因此，审计的工作重点是验证信息的真实可靠性，以及审核进入外网络的明细信息的安全性。企业内部形成的明细信息的真实可靠性如何，取决企业会计信息化系统内部控制的强弱程度，而审计人员主要工作将是证实从数据库存取信息的可靠性。为此，应当侧重于验证机内原始凭证数据是否真实可靠，会计凭证数据库的存取是否得当，以及这些数据被不留痕迹修改的风险有多大等问题。对于进入外部网的明细信息，必须通过对整个系统的网络进行安全控制以保证此信息的安全性。在会计信息化条件下，必须对会计信息进行连续审计，这种审计不仅应延伸到进入企业内部网络的明细信息，而且应延伸到进入外部网络系统的详细信息。

3）计算机专家参与审计工作

在会计信息化环境下，审计工作所面临的会计系统非常复杂，对审计人员的信息技术掌握程度要求非常高，审计人员必须充分利用计算机专家的专业能力进行审计工作。需要计算机专家参与的工作是深层次的、与技术高度融合的审计工作，如数据库的分析评价、网络系统的健全评价、实时监控和审计软件的开发、信息系统应用软件审计等。这些工作，单纯依靠审计人员是难以完成的。审计人员在开展实质性工作前，应与计算机专家交流并拟定专家工作的项目和收集、评价审计证据的索引，以便能充分利用计算机专家的工作结果进行审计判断。

4）审计的覆盖面将扩大

在会计信息化环境下，审计的对象是以计算机为手段的信息处理系统，这是信息系统审计区别于其他审计的标志，同时这也表明不仅会计信息是审计的对象，其他计算机信息处理系统如企业人力资源管理子系统等也是审计的对象。

5) 对审计人员的素质要求提高

在会计信息化条件下，由于审计线索的变化、内部控制的变化、审计对象和内容的扩大及审计方法的变化，决定了对审计人员要求的提高。审计人员必须从传统的审计时空观转换为信息化条件下的电子时空观，具体表现为审计人员进行审计时不再局限于传统纸张上的书面数据，也不局限于会计系统，而是部分或全部依赖于电子数据。同时，审计人员除了掌握传统审计的基本知识外，还应掌握计算机知识及其应用技术，掌握数据处理和管理技术，掌握现代信息技术的应用；不仅要会操作审计软件，而且要能根据需要编写出各种测试审查程序模块。

7.3.2 系统审计的内容

电子商务系统也是一种信息系统。电子商务系统审计业务的主要组成部分有以下几类。

(1) 硬件及环境审计：包括硬件安全、电源供应、空气调节装置和其他环境因素。

(2) 系统管理审计：包括对操作系统、数据库管理系统，所有系统过程及协调性的审计。

(3) 应用软件审计：商业应用软件可能是工资单、发票、基于网络的客户订单处理系统等。对这些软件的审计包括访问控制、授权、确认、错误和特例处理，应用软件中的商业处理流程和补充手册的控制和过程。另外，还要完成对系统开发生命周期的审计。

(4) 网络安全审计：内部和外部与系统的连接审计，周遍安全，防火墙审计，路由访问控制列表，端口扫描及指令检测是一些典型的检测内容。

(5) 商业连续性审计：包括容错和冗余硬件，备份程序和存储，存档并测试过的灾难恢复/商业连续计划的存在和维护。

(6) 数据完整性审计：目的是详细检查有效数据去核实对系统弱点的适当控制和效果，这些大量的测试可以通过通用的审计软件来完成。

7.3.3 系统审计的工作流程

电子商务系统审计过程与一般审计过程一样，分为准备阶段、实施阶段、报告阶段以及后续审计阶段。其中，准备阶段和报告阶段所涉及的技术方法与财务审计所运用的技术方法区别不大，而实施阶段所涉及的技术方法则具有信息技术的特色。各阶段的审计内容主要如下。

1. 准备阶段

准备阶段主要是初步调查被审计单位会计信息系统的基本情况，并拟订合理的计划。一般包括以下主要工作：①调查了解被审计单位会计信息系统的基本情况，如会计信息系统的硬件配置、系统软件的选用、应用软件的范围、网络结构、系统的管理结构和职能分工以及文档资料等。②与被审计单位明确会计责任和审计责任以及双方的权利、义务和职责等。③初步评价被审计单位的内部控制制度，以便确定符合性测试的范围和重点。④确定审计重要性、确定审计范围。⑤分析审计风险。⑥制定审计方案。

在审计计划阶段，除了对时间、人员、工作步骤以及任务分配等方面做出安排以外，还要合理确定符合性测试、实质性测试的时间和范围，以及测试的审计方法和测试数据。

2. 实施阶段

实施阶段是审计工作的核心，也是会计信息系统审计的核心。主要工作是根据准备阶段确定的范围、要点、步骤、方法，进行取证、评价、综合审计证据，形成审计结论，发表审计意见。实施阶段主要工作应包括以下两个方面。

1）符合性测试

符合性测试是以系统的安全可靠性的检查结果为前提。如果系统安全可靠性非常差，不能让审计人员信赖，则应当根据实际情况决定是否取消内部控制的符合性测试，而直接进行实质性测试并加大实质性测试的样本量。在会计信息系统的符合性测试项目中，主要内容应该是确认输入资料是否正确完整，计算机处理过程是否符合要求。如果系统安全可靠性比较高，则应对该系统给予较高的信赖，在实质性测试时，就可以相应地减少实质性测试的样本量。

2）实质性测试

实质性测试应该是对被审计单位会计信息系统的程序、数据、文件进行测试，并根据测试结果进行评价和鉴定。进行实质性测试时需要依赖符合性测试的结果。如果符合性测试结果得出的审计风险偏高，而且被审计单位有可能利用会计信息系统进行舞弊的动机与可能，且又不能提供完整的会计文字资料，此时应该发表保留意见或拒绝表达意见的审计报告。在实质性测试时，可考虑采用通过计算机进行审计的方法，具体包括：①数据测试法，即将测试数据或模拟数据分别由审计人员经手工核算和被审计单位会计信息系统进行处理比较处理结果，做出评价。②受控处理法即选择被审计单位一定时期的实际业务数据分别由审计人员和会计信息系统同时处理，比较结果，做出评价。③利用辅助审计软件直接在会计信息系统下进行数据转换，数据查询，抽样审计，查账，账务分析测试等，得出结论，做出评价。

3. 审计结论和执行阶段

审计人员对会计信息系统进行符合性测试和实质性测试后，整理审计工作底稿，编制审计报告时，除对被审计单位会计报表的合理性、公允性和一贯性发表审计意见，做出审计结论外，还要对被审计单位的会计信息系统的处理功能和内部控制进行评价，并提出改进意见。

审计报告完成后，先要征求被审计单位的意见。审计报告一经审定，所做的审计结论需通知并监督被审计单位执行。

4. 异议和复审阶段

被审计单位对审计结论如有异议，可提出复审要求。审计部门可组织复审结论和决定。特别是被审计单位会计信息系统有了新的改进时，还需要组织后续审计。

7.4 电子商务系统的评价

电子商务系统的评价是对一个电子商务系统的功能、性能和使用效果进行全面估计、检查、测试、分析和评审,包括:检查系统的目标、功能及各项指标是否达到了设计要求,满足程度如何,差距如何;检查系统中各种资源的利用程度,包括人、财、物,以及硬件、软件资源的利用情况。

7.4.1 系统的评价

1. 系统评价的意义

电子商务系统需要投资,也能够为企业带来效益。从这方面讲,电子商务系统也是企业的一项资产和资源。企业对于资产和资源的获得方式有很多,比如自行生产(投资建设)、采购、租用等。无论怎样,企业总要先投入,才能再产生效益。那么作为一项投资,电子商务系统也要考虑投资的效益问题。

1) 正确认识电子商务系统

任何以为软件将解决一切管理问题的观点将得到有效的控制。企业领导者的领导艺术以及战略眼光并不能被软件所替代。数据是客观的,但是领导者的眼光和胆识不同,对于辅助决策数据的机会判断也就不同。

2) 评价有利于企业客观地引进电子商务系统

只有有了客观的分析和评价,才能确立企业引进信息技术的目标,有目的地引进。从被动地被企业游说,转化为思考自身的特点和机遇,从而真正让电子商务系统发挥应有的作用。

3) 评价有利于电子商务系统实施的成功

一般外因都是通过内因起作用,哲学上的基本原理同样适用于电子商务系统对于企业管理的作用。要想实施电子商务系统成功,企业从评价效益开始,就要调整企业相应的流程、企业人员的观念,从而为达到效益做准备。

2. 系统评价体系

对于不同的项目,评价的目的和内容不尽相同。作为投资者来说,最关心投资效益;作为用户来说,主要关心新系统是否在功能上满足要求;而作为开发者,则希望通过系统评价来认可他们的工作。因此,电子商务系统的评价属于多目标评价问题。

从不同的角度可以建立不同的指标体系。下面列出了以建设运行维护、用户和对外部影响三个角度建立的指标体系。

1) 从电子商务系统建设、运行维护角度评价的指标

评价指标有:人员情况、领导支持、先进性、管理科学性、可维护性、资源利用情况、开发效率、投资情况、效益性、安全可靠。

2) 从电子商务系统用户角度考虑的指标

评价指标有:重要性、经济性、及时性、友好性、准确性、实用性、安全可靠性、信息量、效

益性、服务程度。

3）从电子商务系统对外部影响考虑的指标

评价指标有：共享性、引导性、重要性、效益性、信息量、服务程度。

3. 系统的评价方法

1）多因素加权平均法

多因素加权平均评价方法是以领域专家的主观判断为基础的一类评价方法。其中评分法就是通常所说的Delphi法，即组织专家根据预先拟定的评分标准及专家经验和主观认识各自对评价对象的各个指标进行打分，然后用一定的方法对分数进行综合。该方法具有操作简单、直观性强的特点，一般用多位专家评价等措施来克服主观性强及准确度不高的缺点。该方法具体步骤如下。

(1) 建立指标体系：根据系统的目标与功能要求提出若干评价指标，形成信息系统评价的多指标评价体系。

(2) 评审指标体系：组织专家对整个评价指标体系进行分析与评审。确定单项指标的权重，权重的确定要能反映出系统目标与功能的要求。

(3) 进行单项指标评价：确定系统在各个评价指标上的优劣程度的值。对于定性的指标可以利用效果来估算。

(4) 指标综合：进行单项评价指标的综合，得出某一类指标的价值。进行大类指标的综合，依次进行，直到得出系统的总价值。

2）层次分析法(AHP)评价方法

层次分析法是由美国运筹学家T. L. Saaty提出的一种实用的多准则决策方法，主要用于解决难以用其他定量方法进行决策的复杂系统的问题。该方法将定量与定性相结合，充分重视决策者和专家的经验和判断，将决策者的主观判断用数量形式表达和处理，能大大提高决策的有效性、可靠性和可行性。是针对现代管理中存在的许多复杂相关关系如何转化为定量分析进行评价的一种层次权重决策分析方法。

运用层次分析法解决实际问题时首先要对问题有明确的认识，弄清问题的范围、要达到的目标、所包括的因素、因素之间的相互关系等，据此进行层次设计，构建问题的阶层模型。其次要进行评估，这种评估是基于成对的比较，经过计算得到针对上一层某元素而言，本层与之有关联的各元素之间重要性次序的数值。最后得到最低层方案的所有元素相对于最高层的重要性的加权值，从而作为方案和措施选择的依据。该方法非常适合于信息系统的评价，尤其适合于多个信息系统的比较。

层次分析法分为5个步骤：①建立层次结构模型；②构造判断矩阵；③层次单排序及其一致性检验；④层次总排序；⑤层次总排序的一致性检验。

3）经济效果评价方法

评价企业应用电子商务系统的经济效果，可以从直接经济效果和间接经济效果两方面来分析。直接经济效果就是通过可直接计量的经济指标来衡量的企业经济效益，通常采用年收益增长额、投资效果系数、投资总额等指标来计算。间接经济效果是指企业应用电子商务系统以后，提高了管理水平，增长了企业效益。

成本-效益分析法是电子商务系统经济效果评价方法中的一种重要方法。该方法集中于电子商务系统的成本及效益的量化和度量，计算出表明成本效益的指标，并在各备选项之间进行比较权衡。一般而言，成本效益分析也应该包括那些不可量化的和非财务的效果，如对社会和制度等方面的无形效果。但是在多数情况下，重点放在可量化的成本和效益的权衡上。成本效益分析为决策者提供了一个量度，这个量度就是用系统所消耗的资源去衡量所获得的效益。典型的成本效益分析方法有4个主要步骤：①选出与一个项目相关的成本和效益；②把这些条目加以数量化，并确定其价值；③计算有用的指标；④权衡成本和效益，对项目的利弊得失和可行性做出最后结论。

7.4.2 系统评价的内容

电子商务系统评价方法主要有定量/定性方法和动态/静态方法。根据电子商务系统是一个社会的、发展的系统特点，要对系统有一个全面、正确、公正的评价，必须有一个科学的评价指标体系，其指标包含定量、定性、动态、静态指标。这种多指标评价体系根据各指标参数对系统的贡献，通过加权等方法组合成一个综合指标体系。这个指标体系是评价电子商务系统的依据。电子商务系统评价的内容可以从三方面考虑：系统的技术效果、系统的管理效果和系统的经济效果。

1. 系统的技术效果

对电子商务系统技术方面的评价主要是针对系统的性能，包括系统的可靠性、高效性、适应性、可维护性、易用性和可移植性等。①系统的可靠性取决于系统软/硬件可靠性和数据可靠性，以及系统的安全保密性。②系统的高效性涉及系统平均无故障时间、联机响应时间、数据处理速度和信息吞吐量等指标。③系统的适应性一方面是指系统适应运行环境的广泛性，能适应不同的硬件接口或操作系统；另一方面是系统能适应用户需求等客观因素变化的能力，以及系统的可扩充性，体现在性能和功能的可扩充性。④系统的可维护性要求整个系统的模块化程度要高，通过提高每个模块的内聚度，使系统设计和实施达到简明、高效、易于操作、易于修改。⑤系统的易用性遵循"用户是上帝"的原则，系统应该具有友好的界面和简便快速的输入方法。新用户能在短时间内学会操作；老用户能快速完成操作。系统的可移植性是指现有系统能通过很少的工作量就能移植到新的软/硬件环境中去。

2. 系统的管理效果

管理效果反映在企业管理水平的提高。主要表现在管理体制合理化，管理方法有效化，管理效果最优化，基础数据的完整和统一，管理人员摆脱烦琐的事务性工作，真正用主要精力从事信息的分析和决策等创造性工作，提高了企业管理现代化水平。同时，要考虑以下几个方面：①领导、管理人员对系统的态度；②电子商务系统的使用者对系统的态度；③外部环境对系统的评价。

3. 系统的经济效果

经济效果的评价可以从系统费用、系统收益和投资回收期等经济指标进行考核。对经济效果的评价是企业必然要考虑的内容，包括运用货币指标和消费货币指标来评价系统的投资额、运行费用、运行带来的新增效益、投资回收期等。

1）对企业经济效果的评价

(1) 成本和效益的比较分析。通过将系统成本与效益进行比较分析，确定电子商务系统给企业带来的货币指标下的经济效益，如降低供应成本、减少生产或服务成本、增加利润、扩大市场份额等，尽量对本系统的各分系统效益加以定量化。

(2) 投资回收期的计算。投资回收期为通过新增效益，逐步收回投入资金所需要的时间，是反映电子商务系统效益好坏的重要指标。投资回收期可以用一些标准的财务计算公式得来。比如，可以预计电子商务系统各周期（一般以年为单位）的支出和收益，然后进行折现，从而得出在多长时间内可以收回投资。

(3) 风险的估量。这会使企业在选择实施信息系统策略时，减少和避开风险，以保证系统达到预期的收益。

(4) 对无形资产影响力的评价。包括电子商务系统对企业形象的改观、员工素质的提高所起的作用；对企业的体制与组织结构的改革、管理流程的优化所起的作用；对企业各部门间、人员间协作精神的加强所起的作用。虽然计算机与通信网络也非常重要，但它们是工具，是信息系统的构件。评价信息管理系统要侧重信息方面，因为信息系统好坏的评价依据主要是信息开发与利用的深度，对企业的生存与发展起着性命攸关的作用。

2）对电子商务系统的经济效果的评价

主要包括经济方面和性能方面评价的内容。经济方面评价的内容主要是效果和产生的效益。电子商务系统的性能方面的评价主要有：数据一致性、准确性；操作方便性、灵活性；系统安全保密性；系统可扩充性。性能指标主要包括：①对电子商务系统总体水平的评价，如系统的总体结构、地域与网络的规模、所采用技术的先进性、系统的功能与层次、信息资源开发利用的程度等。②对电子商务系统实用性的评价，考察系统对实际管理工作流是否实用，如可使用性、正确性、扩展性、通用性和可维护性等。③对信息设备运行效率的评价。④对电子商务系统安全与保密性的评价。⑤对系统文档保存的完整性及备份状况的评价。⑥对现有硬件和软件使用情况的评价。

电子商务系统的经济评价和其他投资项目的评价从整体上来说是类似的，都涉及其投入、运行、效益之间的关系，继而从总体上计算投资回收期，但是管理信息系统又有其不同之处，这个不同之处在于其效益的评价。任何电子商务系统的评价都必须针对其应用对象的环境和业务。

3）效益评价的内容

(1) 对电子商务系统的直接效益评价。包括对其直接效益的评价和对其简洁效益的评价。电子商务系统的直接效益评价可以包含如下内容：系统的投资额；系统的运行费用；系统运行所带来的新增效益。

(2) 电子商务系统的间接经济效益评价。主要包含的内容有：对于提高员工素质、企业形象等所起的作用；对于改善企业体制与组织机构改革、管理流程的优化所起的作用；对于管理人员学习新知识，掌握新技术与新方法的作用，提高了他们的技能和素质，拓宽了思路；信息系统的共享与交互性使部门之间，管理人员之间的协作增加，提高了企业的凝聚力。

习题

1．名词解释

(1) 信息系统工程监理；(2) 投资回收期；(3) 英格兰拍卖；(4) 荷兰式拍卖；(5) 拍买。

2．选择题

(1) 信息系统监理师审查承建单位提交的技术方案时侧重于(　　)。

A. 该方案是否符合预定的质量标准

B. 技术经济的分析和比较

C. 使用功能和质量要求是否得到满足

D. 所采用的技术路线是否满足总体方案的要求

(2) 下列叙述正确的是(　　)。

A. 荷兰拍卖是从低价往高价拍，英式拍卖是从高价往低价拍

B. 反向拍卖也叫拍买，常用于政府采购、工程采购等

C. 任何拍卖中，若升高叫价无应价后，都不可再依次降低叫价

D. 荷兰拍卖成交价要明显低于英式拍卖

3．简答题

(1) 试回答信息系统为何难以进行效益评价？

(2) 信息系统的评价方法有哪些？

(3) 拍卖方式有哪几种？管理信息系统的招标是一种什么形式的竞价交易？

(4) 试说明供应商选择对于管理信息系统采购的重要性。

(5) 系统评价的主要内容是什么？系统评价的指标体系如何建立？系统评价的方法有哪些？

(6) 什么是管理信息系统审计？审计的主要内容是什么？

第8章 电子商务软件开发技术

本章重点介绍物联网软件技术,物联网中间件技术,构件开发技术,软件开发环境与工具,软件开发新技术。要求学生了解物联网软件开发技术,掌握物联网的硬件与软件开发技术。

8.1 电子商务软件技术概述

本节重点介绍电子商务软件技术发展,海量数据处理技术。

8.1.1 海量信息与商务智能

1. 海量信息处理对商业智能提出了要求

电子商务是一个智能的网络,面对传感器采集的海量数据,必须通过智能分析和处理才能实现智能化。海量数据对商务智能提出了以下新的要求。

(1) 要求实时商务智能。受内部和外部的、可预见的和突发事件的影响,电子商务任何一个应用均需要对瞬息万变的环境实时分析并做出决策。

(2) 要求分析速度更快。实时商务智能要求其分析速度更快。这就使商务智能不得不进行架构上的改变。以前的商业智能都是存储在硬盘上面,数据和硬盘通过接口交换,限制了速度的提高。现在,商业智能企业和硬件厂商合作,推出专门为分析而制定的软硬结合的工具,可以大幅提高分析速度。

(3) 要求数据质量更高。海量数据如果不能保证数据的真实性,那么就会产生错误的结果和判断,后果非常严重。因此,数据质量控制是获得真实结果的重要保证。

(4) 要求数据挖掘更强。关键绩效指标分析、即时查询、多维分析、预测功能以及易用的数据挖掘等也是商业智能必不可少并不断需要加强的地方。

2. 海量数据处理的难题

从感知层、传输层到应用层,电子商务技术的关键是应用。更准确地说是对感知器采集的数据的分析和应用。随着感知器的普及,从现实世界采集的数据越来越多。今日,大数据时代(海量数据)已经来临。海量数据蕴藏着极其丰富的商业价值。谁能更好地分析这些数据,及时发现商业异常、共性、捕捉市场变化,谁就把握了企业经营决策的命脉。然而,传统商业智能在面对海量数据时存在以下问题。

(1) 巨大的IT设备投入。传统商业智能解决方案寄希望于强大的服务器来进行海量数据存储和海量数据处理。这种大主机思路能够解决一时的问题,但在财力和人力上,意味着巨大的投入。然而,这种投入不是长期的、持续的。

(2) 无法应对海量数据的增长。不断增长的海量数据,有时候是指数级增长,这就意味着需要有比以前强大数倍甚至数十倍的服务器来支持这样的海量数据增长。

(3) 无法实现海量数据分析的需求。部署复杂的商业智能方案,往往需要半年到一年的周期,而其部署的数据模型复杂性,难以承受商业运作的变化。市场环境的变化,最需要敏捷商业智能平台的强力支撑。

如今,已经出现了很多成熟的分布式存储框架,可以很好地解决非结构化海量数据的存储和高效海量数据计算的问题,但是这些架构对于实时海量数据计算和分析的商业智能应用支持较差。实时海量数据分析,及时发现商业异常、共性、捕捉市场变化,是海量数据处理的关键。

3. 商务智能技术

商务智能(Business Intelligence,又称商业智能)是指对商务信息的搜集、管理、分析整理、展现的过程,目的是管理与决策者获得知识或洞察力,提供他们进行管理的必要信息,支持他们快速决策。商业智能是数据仓库(Data Warehouse)、联机分析处理(OLAP)和数据挖掘(Data Mining)等技术的综合运用。

商业智能定义为下列软件工具的集合终端用户查询和报告工具。这些软件工具包括:OLAP 工具(它提供多维数据管理环境,其典型的应用是对商业问题的建模与商业数据分析),数据挖掘软件(使用诸如神经网络、规则归纳等技术,用来发现数据之间的关系,做出基于数据的推断),数据仓库和数据集市(Data Mart)产品(包括数据转换、管理和存取等方面的预配置软件,通常还包括一些业务模型)。

8.1.2 商务智能软件架构

1. 商务智能决策平台的架构

从系统的观点来看,商务智能数据处理有如下过程。

(1) 数据转换与存储。从不同的数据源获取有用的数据,对数据进行清理以保证数据的正确性,将数据转换、重构后存入数据仓库或数据场(这时数据变为信息)。

(2) 信息整合与分析。信息可能来自传感器,也可能来自其他数据源,这时,需要进行信息的整合,然后,通过合适的查询和分析工具、数据挖掘工具,对信息进行处理(这时信息变为辅助决策的知识)。

(3) 知识管理与决策。智能决策系统不仅可以向管理者与决策者提供必要的知识和信息,也可以利用系统内的信息和知识进行推理,为管理者与决策者辅助决策服务(这时知识变为决策)。

由此可见,商务智能决策平台包括三个部分,它们是数据转换与存储子系统,信息整合与分析子系统和知识管理与决策子系统。

2. 数据转换与存储

(1) 把非结构数据转换为结构数据。商务智能只能处理结构性信息,但一般情况下,传感器采集的信息、文件、电子表格、电子邮件、互联网等多半是非结构性信息，所占比例其实远高于结构性信息。因此，必须进行非结构信息向结构信息的转换。

（2）数据仓库是一个很好的存储工具，也是商务智能系统的技术基础。通过数据仓库，商务智能系统可以存储原始信息，为Portal工具的使用提供信息源。信息源可能来源于内部应用系统，也可能来自外部。当载入异类系统信息时，通常需对信息进行格式转换，以合并入数据库。数据库本身需能管理大量数据，并使之能进行信息的处理和查询。数据库记录元数据信息（Metadata）于信息库中（Repository），以商业视角（Business View）方式将原始信息经过整理后解释成对管理者与决策者有意义的信息。

3. 信息整合与分析

（1）内外信息整合。除了企业内部信息之外，管理者与决策者往往还需要大量的外部信息。在单纯的商务智能环境中，高级主管只能看到商务智能工具存取企业内部信息，而产出的一般性报表，但在与Portal工具环境整合之后，高级主管可在经过个人化的单一工作环境中，集中得到进行决策所需的所有信息。

（2）数据分析技术。数据整合是数据分析的基础。数据分析不仅需要数据源，更需要数据分析的算法和模型，以及工具。

4. 知识管理与决策

（1）知识管理（Knowledge Management，KM）就是为企业实现显性知识和隐性知识共享提供新的途径，知识管理是利用集体的智慧提高企业的应变和创新能力。知识管理包括几个方面工作：建立知识库；促进员工的知识交流；建立尊重知识的内部环境；把知识作为资产来管理。

（2）商务智能着眼将企业信息化管理后所产生的营运数据，予以转化增值为辅助决策的信息，进而累积成为企业的知识资产。不同管理者与决策者进行管理与决策所需的信息不尽相同。智能决策支持系统是人工智能和决策支持系统相结合，应用专家系统技术，使决策支持系统能够更充分地应用已有的知识，通过逻辑推理来帮助解决复杂的决策问题的辅助决策系统。

5. 商务智能软件分类

商务智能的过程是企业的决策人员以数据仓库为基础，经由联机分析处理（OLAP）工具、数据挖掘工具加上决策规划人员的专业知识，从数据中获得有用的信息和知识，帮助企业获取利润。OLAP在商务智能中扮演着重要角色，是数据仓库系统中重要的一项应用技术。在OLAP技术发展过程中，由OLAP准则派生了两种主要的OLAP流派，即以关系型数据库为基础的ROLAP技术和以多维数据库为基础的MOLAP技术。

1）基于ROLAP的商务智能软件特点

ROLAP是依靠对传统关系数据库管理系统（RDBMS）进行扩展来提供OLAP。数据直接储存于RDBMS中，不事先做运算，相比于MOLAP预先汇总数据而带来的高效性，ROLAP以灵活性换来了效率上的差别。

2）基于 MOLAP 的商务智能软件特点

MOLAP 使用一个 n 维立方体（n-Cube）方法存储数据，这通常要求一系列预先计算好的立方体（Cube）或“超立方体”结构。Cube 存放在多维度数据库 Server 端，事先做汇总运算并把结果写入 Cube。

8.2 电子商务软件开发技术

本节重点介绍中间件，基于中间件的软件开发方法，RFID 中间件。

8.2.1 中间件开发技术

1. 中间件的定义

中间件是一种独立的系统软件或服务程序，分布式应用软件借助这种软件在不同的技术之间共享资源。中间件位于客户/服务器的操作系统之上，管理计算机资源和网络通信，是连接两个独立应用程序或独立系统的软件。相连接的系统，即使它们具有不同的接口，但通过中间件相互之间仍能交换信息。执行中间件的一个关键途径是信息传递。通过中间件，应用程序可以工作于多平台或 OS 环境。

中间件是一类连接软件组件和应用的计算机软件，它包括一组服务，以便于运行在一台或多台机器上的多个软件通过网络进行交互。该技术所提供的互操作性，推动了一致分布式体系架构的演进。该架构通常用于支持分布式应用程序并简化其复杂度，它包括 Web 服务器、事务监控器和消息队列软件。

为解决分布异构问题，提出了中间件（Middleware）的概念。中间件是位于平台（硬件和操作系统）和应用之间的通用服务，如图 8-1 所示，这些服务具有标准的程序接口和协议。针对不同的操作系统和硬件平台，它们可以有符合接口和协议规范的多种实现。

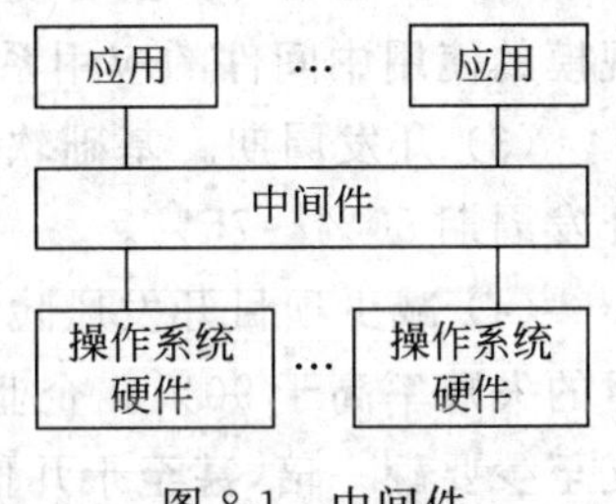

图 8-1 中间件

用户在使用中间件时，往往是一组中间件集成在一起，构成一个平台（包括开发平台和运行平台），但在这组中间件中必须有一个通信中间件，即“中间件＝平台＋通信”，这个定义也限定了只有用于分布式系统中才能称为中间件，同时还可以把它与支撑软件和实用软件区分开来。

具体地说，中间件屏蔽了底层操作系统的复杂性，使程序开发人员面对一个简单而统一的开发环境，减少程序设计的复杂性，将注意力集中在自己的业务上，不必再为程序在不同系统软件上的移植而重复工作，从而大大减少了技术上的负担。中间件带给应用系统的，不只是开发的简便、开发周期的缩短，也减少了系统的维护、运行和管理的工作量，还减少了计算机总体费用的投入。

2. 中间件的分类

按照 IDC 的定义，中间件是一类软件，而非一种软件；中间件不仅实现互连，还要实现应用之间的互操作；中间件是基于分布式处理的软件，最突出的特点是其网络通信功能。主要类型包括以下几种。

(1) 屏幕转换及仿真中间件。应用于早期的大型计算机系统，主要功能是将终端机的字符界面转换为图形界面，目前此类中间件在国内已没有应用市场。

(2) 数据库访问中间件。用于连接客户端到数据库的中间件产品。早期，由于用户使用的数据库产品单一，因此，该中间件一般由数据库厂商直接提供。目前其正在逐渐被为解决不同品牌数据库之间格式的差异而开发的多数据库访问中间件取代。

(3) 消息中间件。连接不同应用之间的通信，将不同的通信格式转换成同一格式。

(4) 交易中间件。为保持终端与后台服务器数据的一致性而开发的中间件，是应用集成的基础软件，目前正处于高速发展期。

(5) 应用服务器中间件。功能与交易中间件类似，但主要应用于互联网环境。随着互联网的快速发展，其市场开始逐渐启动并快速发展。

(6) 安全中间件。为网络安全而开发的一种软件产品。

3. 优点

咨询机构 Standish 研究小组在一份研究报告中归纳了中间件的 10 大优点。

(1) 应用开发。该机构分析了 100 个关键应用系统中的业务逻辑程序、应用逻辑程序及基础程序所占的比例；业务逻辑程序和应用逻辑程序仅占总程序量的 30%，而基础程序占了 70%，使用传统意义上的中间件一项就可以节省 25%～60%的应用开发费用。如是以新一代的中间件系列产品来组合应用，同时配合以可复用的商务对象构件，则应用开发费用可节省至 80%。

(2) 系统运行。没有使用中间件的应用系统，其初期的资金及运行费用的投入要比同规模的使用中间件的应用系统多一倍。

(3) 开发周期。基础软件的开发是一项耗时的工作，若使用标准商业中间件则可缩短开发周期 50%～75%。

(4) 减少项目开发风险。研究表明，没有使用标准商业中间件的关键应用系统开发项目的失败率高于 90%。企业自己开发内置的基础(中间件)软件是得不偿失的，项目总的开支至少要翻一倍，甚至十几倍。

(5) 合理运用资金。借助标准的商业中间件，企业可以很容易地在现有或遗留系统之上或之外增加新的功能模块，并将它们与原有系统无缝集合。依靠标准的中间件，可以将老的系统改头换面成新的 Internet/Intranet 应用系统。

(6) 应用集合。依靠标准的中间件可以将现有的应用、新的应用和购买的商务构件融合在一起进行应用集合。

(7) 系统维护。需要一提的是，基础(中间件)软件的自我开发是要付出很高代价的，此外，每年维护自我开发的基础(中间件)软件的开支则需要当初开发费用的 15%～25%，每年应用程序的维护开支也还需要当初项目总费用的 10%～20%左右。而在一般情况下，购买标准商业中间件每年只需付出产品价格的 15%～20%的维护费，当然，中间件产品的具体价格要依据产品购买数量及哪一家厂商而定。

(8) 质量。基于企业自我建造的基础(中间件)软件平台上的应用系统，每增加一个新的模块，就要相应地在基础（中间件）软件之上进行改动。而标准的中间件在接口方面都是清晰和规范的。标准中间件的规范化模块可以有效地保证应用系统质量及减少新旧系统维护开支。

(9) 技术革新。企业对自我建造的基础（中间件）软件平台的频繁革新是极不容易实现的（不实际的）。而购买标准的商业中间件，则对技术的发展与变化可以放心，中间件厂商会责无旁贷地把握技术方向和进行技术革新。

(10) 增加产品吸引力。不同的商业中间件提供不同的功能模型，合理使用，可以让应用更容易增添新的表现形式与新的服务项目。从另一个角度看，可靠的商业中间件也使得企业的应用系统更完善，更出众。

4. 基于构件的软件开发

软件体系结构代表了系统公共高层次的抽象，它是系统设计成功的关键。其设计的核心是能否使用重复的体系模式。传统的应用系统体系结构从基于主机的集中式框架，到在网络的客户端上通过网络访问服务器的框架，都不能适应目前企业所处的商业环境，原因是企业过分地依赖于某个供应商的软件和硬件产品。

如今，应用系统已经发展成为在 Intranet 和 Internet 上的各种客户端可远程访问的分布式、多层次异构系统。CBSD(Component-Based Software Development，基于构件的软件开发）为开发这样的应用系统提供了新的系统体系结构。它是标准定义的、分布式、模块化结构，使应用系统可分成几个独立部分开发，可用增量方式开发。

这样的体系结构实现了 CBSD 的以下几点目标：①能够通过内部开发的、第三方提供的或市场上购买的现有中间件，来集成和定制应用软件系统。②鼓励在各种应用系统中重用核心功能，努力实现分析、设计的重用。③系统都应具有灵活方便的升级和系统模块的更新维护能力。④封装最好的实践案例，并使其在商业条件改变的情况下，还能够被采用，并能保留已有资源。

由此看出，CBSD 从系统高层次的抽象上解决了复用性与异构互操作性，这正是分布式网络系统所希望解决的难题。

5. 基于构件的软件开发过程

传统的软件开发过程在重用元素、开发方法上都与 CBSD 有很大的不同。虽然面向对象技术促进了软件重用，但是，只实现了类和类继承的重用。在整个系统和类之间还存在很大的缺口。为填补这个缺口，很多方法被提出，如系统体系结构、框架、设计模式等。

自从中间件技术出现后，软件重用才得到了根本改变。CBSD 实现了分析、设计、类等多层次上的重用。图 8-2 是 CBSD 重用元素分层实现的示意图。在分析抽象层上，重用元素有子系统、类；在设计层上，重用元素有系统体系结构、子系统体系结构、设计模式、成语、框架、容器、中间件、类库、模板、抽象类等。

在软件开发方法上，CBSD 引导软件开发从应用系统开发转变为应用系统集成。建立一个应用系统需要重用很多已有的中间件模块，这些中间件模块可能是在不同的时间、由不同的人员开发的，并有各种不同的用途。在这种情况下，应用系统的开发过程就变成对中间件接口、中间件上下文以及框架环境一致性的逐渐探索过程。例如，在 J2EE

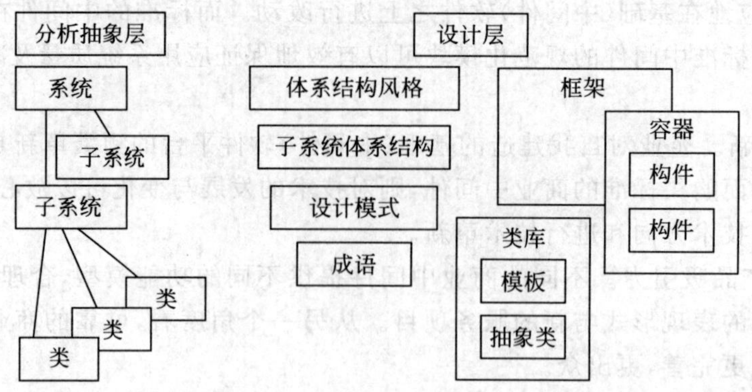

图 8-2 基于构件的软件开发

平台上，用 EJB 框架开发应用系统，主要工作是将应用逻辑，按 Session Bean、Entity Bean 设计开发，并利用 JTS 事务处理的服务实现应用系统。其主要难点是事务划分、中间件的部署与开发环境配置。概括地说，传统的软件开发过程是串行瀑布式、流水线的过程；而 CBSD 是并发进化式，不断升级完善的过程。图 8-3 显示了传统软件开发过程与 CBSD 过程的不同。

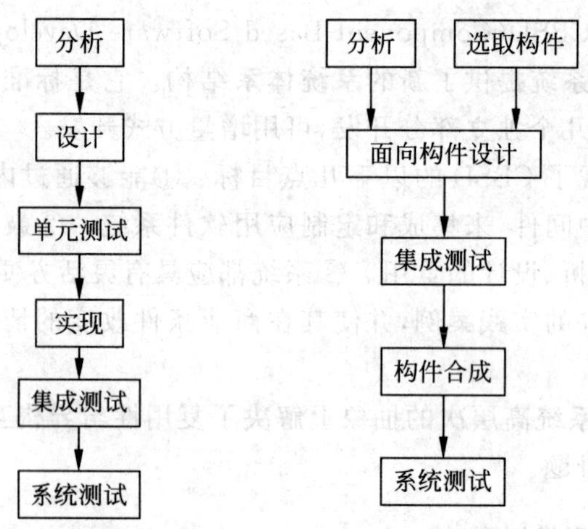

图 8-3 传统软件过程与 CBSD 过程

6. 基于构件的软件开发方法

软件方法学是从各种不同角度、不同思路去认识软件的本质。传统的软件方法学是从面向机器、面向数据、面向过程、面向功能、面向数据流、面向对象等不断创新的观点反映问题的本质。整个软件的发展历程使人们越来越认识到应按客观世界规律去解决软件方法学问题。直到面向对象方法的出现，才使软件方法学迈进了一大步。但是，高层次上的重用、分布式异构互操作的难点还没有解决。CBSD 发展到今天，才在软件方法学上为解决这个难题提供了机会。它把应用业务和实现分离，即逻辑与数据的分离，提供标准接口和框架，使软件开发方法变成中间件的组合。因此，软件方法学是以接口为中心，面向行为的设计。图 8-4 是其开发过程。

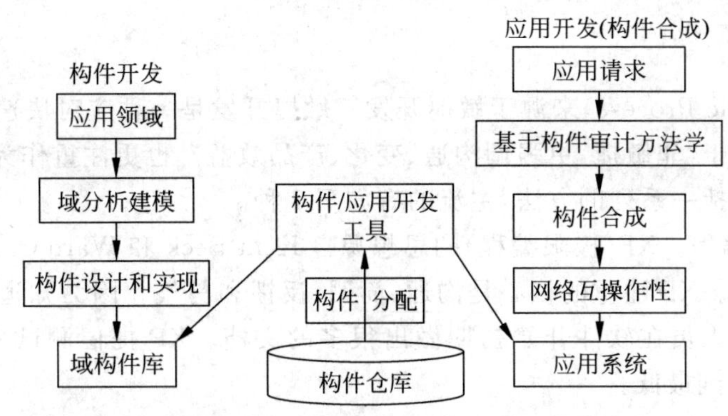

图 8-4　基于构件的软件开发方法

归纳起来，基于构件的软件开发方法学应包括下面 4 方面：①对中间件有明确的定义。②基于中间件的概念需要有中间件的描述技术和规范，如 UML、Java Bean、EJB、Servlet 规范等。③开发应用系统必须按中间件裁剪划分组织，包括分配不同的角色。④有支持检验中间件特性和生成文档的工具，确保中间件规范的实现和质量测试。

总之，传统的软件方法学从草稿自顶向下进行，对重用没有提供更多的辅助。CBSD 的软件方法学要丰富得多，它是即插即用，基于体系结构，以接口为中心，将中间件有机组合，它把自顶向下和自底向上方法结合起来进行开发。

7. 基于构件的软件构造方法

传统应用软件的构造是用白盒子方法，应用系统的实现全在代码中，应用逻辑和数据粘结在一起。而 CBSD 的构造是用白盒子和黑盒子相结合的方法。

基于中间件的框架是用两个概念来支持演变：第一个概念是中间件有很强的性能接口，使中间件逻辑功能和中间件模型的实现都隐藏起来。这样，只要接口相同，中间件就可以被替换。第二个概念是隐式调用，即在基于中间件的框架中，从来不直接给中间件的接口分配地址，只在识别中间件用户后才分配地址。因此，中间件用户只要了解接口要求和为中间件接口提供的引用后的返回信息。中间件接口的信息并不存入中间件内，而是存入中间件仓库或注册处。这样才能保证中间件替换灵活，并很容易利用隐式调用去重新部署中间件。由于中间件的实现对用户透明，因此也使中间件能适应各种不同的个性化要求。为此，中间件提供自检和规范化两个机制。自检保证在不了解中间件的具体实现时，就能获得中间件接口信息。规范化允许不访问中间件就可以修改它，复杂的修改由用户通过定制器设置参数完成。

8.2.2　敏捷设计

2001 年 2 月 8～13 日，在犹他州 Wasateh 山的滑雪胜地，17 个计算机专家在几天的聚会中，签署了“敏捷软件开发宣言”(The Manifesto for Agile Software Development)，宣告：“我们通过实践寻找开发软件的更好方法，并帮助其他人使用这些方法。通过这一工作，得到以下结论：‘个体和交流胜于过程和工具；工作软件胜于综合文档；客户协作胜于洽谈协议；回应变革胜于照计划行事。’”

1. 方法类型

敏捷过程(Agile Process)来源于敏捷开发。敏捷开发是一种应对快速变化的需求的软件开发能力。相对于"非敏捷"更强调沟通、变化、产品效益。也更注重作为软件开发中人的作用。敏捷开发包括一系列的方法,主流的有如下7种。

(1) XP极限编程。XP(极限编程)的思想源自Kent Beck和Ward Cunningham在软件项目中的合作经历。XP注重的核心是沟通、简明、反馈和勇气。因为知道计划永远赶不上变化,XP无须开发人员在软件开始初期做出很多的文档。XP提倡测试先行,为了将以后出现Bug的概率降到最低。

(2) SCRUM方法。SCRUM是一种迭代的增量化过程,用于产品开发或工作管理。它是一种可以集合各种开发实践的经验化过程框架。SCRUM中发布产品的重要性高于一切。该方法由Ken Schwaber和Jeff Sutherland提出,旨在寻求充分发挥面向对象和构件技术的开发方法,是对迭代式面向对象方法的改进。

(3) Crystal Methods水晶方法。Crystal Methods(水晶方法族)由Alistair Cockburn在20世纪90年代末提出。之所以是个系列,是因为他相信不同类型的项目需要不同的方法。虽然水晶系列不如XP那样的产出效率,但却有更多的人能够接受并遵循它。

(4) FDD特性驱动开发。FDD(Feature-Driven Development,特性驱动开发)由Peter Coad、Jeff de Luca、Eric Lefebvre共同开发,是一套针对中小型软件开发项目的开发模式。此外,FDD是一个模型驱动的快速迭代开发过程,它强调的是简化、实用、易于被开发团队接受,适用于需求经常变动的项目。

(5) ASD自适应软件开发。ASD(Adaptive Software Development,自适应软件开发)由Jim Highsmith在1999年正式提出。ASD强调开发方法的适应性(Adaptive),这一思想来源于复杂系统的混沌理论。ASD不像其他方法那样有很多具体的实践做法,它更侧重为ASD的重要性提供最根本的基础,并从更高的组织和管理层次来阐述开发方法为什么要具备适应性。

(6) DSDM动态系统开发方法。DSDM(动态系统开发方法)是众多敏捷开发方法中的一种,它倡导以业务为核心,快速而有效地进行系统开发。实践证明,DSDM是成功的敏捷开发方法之一。在英国,由于其在各种规模的软件组织中的成功,它已成为应用最为广泛的快速应用开发方法。

(7) 轻量型RUP框架。轻量型RUP其实是个过程的框架,它可以包容许多不同类型的过程,Craig Larman极力主张以敏捷型方式来使用RUP。他的观点是:目前如此众多的努力以推进敏捷型方法,只不过是在接受能被视为RUP的主流OO开发方法而已。

2. 敏捷开发的工作方式

前面提到的这4个核心价值观会导致高度迭代式的、增量式的软件开发过程,并在每次迭代结束时交付经过编码与测试的软件。敏捷开发小组的主要工作方式包括:增量与迭代式开发;作为一个整体工作;按短迭代周期工作;每次迭代交付一些成果;关注业务优先级;检查与调整。

(1) 增量与迭代。增量开发,意思是每次递增地添加软件功能。每一次增量都会添加更多的软件功能。迭代式开发允许在每次迭代过程中需求可能有变化，通过不断细化来加深对问题的理解。

(2) 敏捷小组的整体工作。项目取得成功的关键在于，所有的项目参与者都把自己看作朝向一个共同目标前进的团队的一员。一个成功的敏捷开发小组应该具有“我们一起参与其中”的思想。虽然敏捷开发小组是以小组整体进行工作，但是小组中仍然有一些特定的角色。有必要指出和阐明那些在敏捷估计和规划中承担一定任务的角色。

(3) 敏捷小组的短迭代周期。迭代是受时间框(Timebox)限制的，意味着即使放弃一些功能，也必须按时结束迭代。时间框一般很短。大部分敏捷开发小组采用2～4周的迭代，但也有一些小组采用长达三个月的迭代周期仍能维持敏捷性。大多数小组采用相对稳定的迭代周期长度，但是也有一些小组在每次迭代开始的时候选择合适的周期长度。

(4) 敏捷小组每次迭代交付。在每次迭代结束的时候让产品达到潜在可交付状态是很重要的。实际上，这并不是说小组必须全部完成发布所需的所有工作，因为他们通常并不会每次迭代都真的发布产品。由于单次迭代并不总能提供足够的时间来完成足够满足用户或客户需要的新功能，因此需要引入更广义的发布(Release)概念。一次发布由一次或以上(通常是以上)相互接续，完成一组相关功能的迭代组成。最常见的迭代一般是2～4周，一次发布通常是2～6个月。

(5) 敏捷小组的优先级。敏捷开发小组从两个方面显示出他们对业务优先级的关注。首先，他们按照产品所有者所制定的顺序交付功能，而产品所有者一般会按照使机构在项目上的投资回报最大化的方式来确定功能的优先级，并将它们组织到产品发布中。要达到这一目的，需要根据开发小组的能力和所需新功能的优先级建立一个发布计划。其次，敏捷开发小组关注完成和交付具有用户价值的功能，而不是完成孤立的任务(任务最终组合成具有用户价值的功能)。

(6) 敏捷小组的检查和调整。在每次新迭代开始的时候，敏捷开发小组都会结合在上一次迭代中获得的所有新知识做出相应的调整。如果小组认识到一些可能影响到计划的准确性或是价值的内容，他们就会调整计划。小组可能发现他们过高或过低地估计了自己的进展速度，或者发现某项工作比原来以为的更耗费时间，从而影响到计划的准确性。

8.3　构件开发技术

本节重点介绍CORBA构件技术，Java Bean技术，COM/DCOM技术，构件技术比较。

当前主流的分布计算技术平台，有OMG的CORBA、Sun的J2EE和Microsoft的COM/DCOM。它们都是支持服务器端中间件技术开发的主流平台，下面分别介绍。

8.3.1　CORBA构件技术

1. CORBA简介

CORBA是Common Object Request Broker Architecture的缩写，它是分布计算机技

术的发展结果。CORBA 技术是先进技术发展的结果,它将面向对象的概念糅合到分布计算中,使得 CORBA 规范成为开放的、基于客户/服务器模式的、面向对象的分布计算的工业标准。

CORBA 体系的主要内容包括以下 5 部分。

(1) 对象请求代理(Object Request Broker,ORB):负责对象在分布环境中透明地收发请求和响应,它是构建分布对象应用、在异构或同构环境下实现应用间互操作的基础。

(2) 对象服务(Object Services):为使用和实现对象而提供的基本对象集合,这些服务应独立于应用领域。主要的 CORBA 服务有:名录服务(Naming Service)、事件服务(Event Service)、生命周期服务(Life Cycle Service)、关系服务(Relationship Service)、事务服务(Transaction Service)等。这些服务几乎包括分布系统和面向对象系统的各个方面,每个组成部分都非常复杂。

(3) 公共设施(Common Facilities):向终端用户提供一组共享服务接口,例如系统管理、组合文档和电子邮件等。

(4) 应用接口(Application Interfaces):由销售商提供的可控制其接口的产品,相应于传统的应用层表示,处于参考模型的最高层。

(5) 领域接口(Domain Interfaces):为应用领域服务而提供的接口,如 OMG 组织为 PDM 系统制定的规范。

2. ORB 结构和工作原理

1) 通过 ORB 发送请求

客户端是希望对某对象执行操作的实体。对象的实现是一片代码和数据来实际实现对象。ORB 负责下面的必要的机制:对该请求找到对象的实现,让对象的实现准备好接受请求,和请求交换数据。客户端软件的接口必须是构件标准接口格式,对象的接口也是标准的构件接口格式,对象实现要通过客户端软件调用,这一过程与语言无关。

2) ORB 接口的结构

图 8-5 是一个独立的对象请求代理(ORB)的结构。

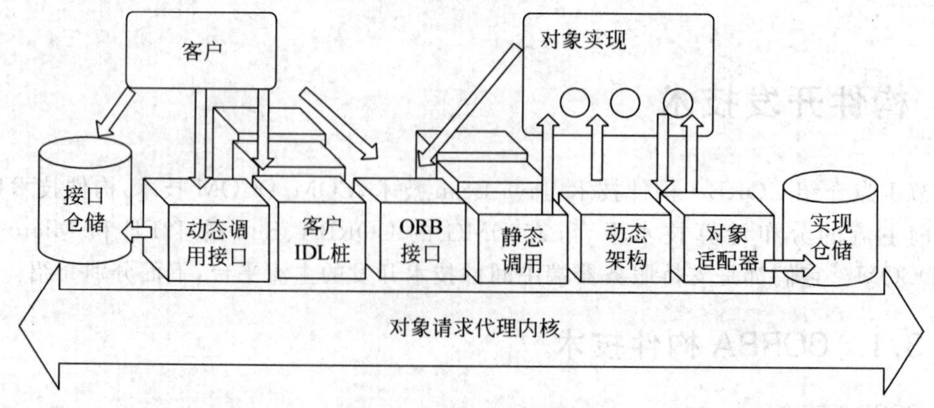

图 8-5 ORB 结构

为了提出一个请求，客户端可以使用动态调用接口(Dynamic Invocation Interface)(和目标对象的接口独立)或者一个OMG的IDL占位程序(具体的占位程序依赖于目标对象的接口)。客户端也可以直接和ORB在某些地方交互。

对象的实现通过OMG的IDL产生的骨架或者是一个动态骨架的调用来接受请求。对象的实现可能在处理请求或其他的时候调用ORB。

对象接口的定义可以有下面两种方式。接口可以通过接口定义语言静态地定义，这叫作OMG的IDL。该语言按照可以进行的操作和该操作的参数定义对象类型。或者(也可以作为补充)，接口可以加入到Interface Repository Service。该服务描述了该接口作为一个对象的组件，并允许运行时访问这些组件。在任何ORB实现中，IDL和Interface Repository有相同的表达能力。

3）客户端使用占位程序或者动态调用接口

客户端通过访问对象的对象引用和了解对象的类型及要求执行的操作来发布一个请求。客户调用占位程序例程来请求或者动态构造请求。

无论动态还是占位程序的接口都可以相同实现。接收方不可能知道请求是如何发布的。

4）对象的实现接受请求

ORB向对象实现定位适当的代码，传递参数，传输控制。这一切都通过IDL骨架或者动态骨架。骨架对于不同的接口和对象适配器是不同的。在执行该请求的时候，对象的实现可能由ORB通过对象适配器来获得一定的服务。当请求完成，控制和输出值返回给客户。对象的实现可能会选择使用的对象适配器。该决定基于对象的实现要求的服务。

5）接口和Implementation Repositories

接口用OMG的IDL和/或Interface Repository定义。该定义用于产生客户占位程序和对象的实现的骨架。对象的实现的信息在安装时就提供好了，储存在Implementation Repository中以便请求发布的时候使用。

3. CORBA特点

CORBA在基于网络的分布式应用环境下实现应用软件的集成，使得面向对象的软件在分布、异构环境下实现可重用、可移植和互操作。其特点可以总结为如下几个方面。

(1) 引入中间件(Middleware)作为事务代理，完成客户机(Client)向服务对象方(Server)提出的业务请求(引入中间件概念后分布计算模式如图8-6所示)。

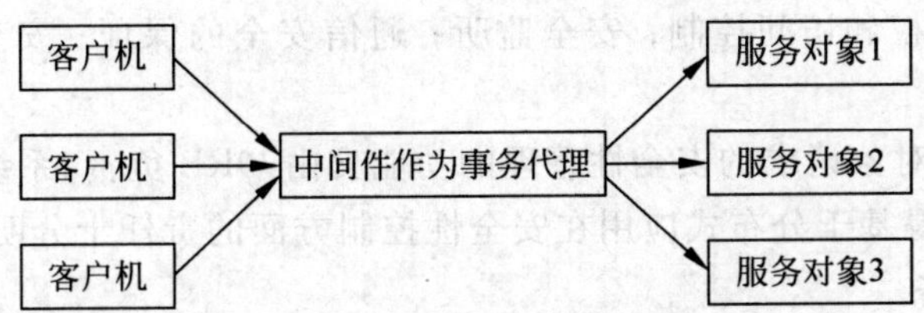

图8-6 引入中间件后客户机与服务器之间的关系

(2) 实现客户与服务对象的完全分开,客户不需要了解服务对象的实现过程以及具体位置(如图 8-7 所示为 CORBA 系统体系结构图)。

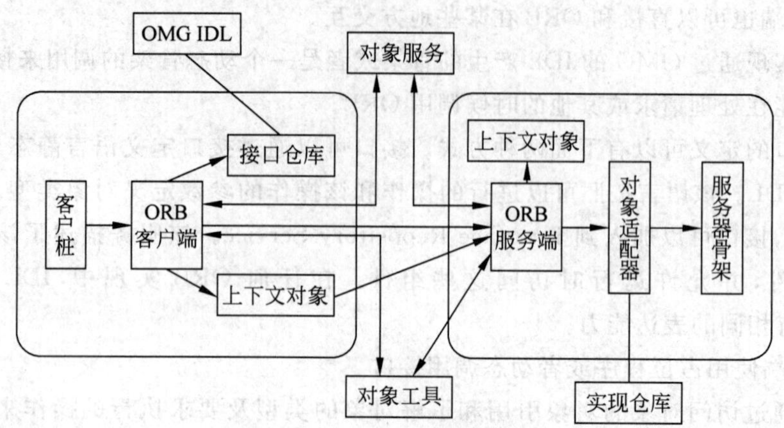

图 8-7 CORBA 系统体系结构图

(3) 提供软总线机制,使得在任何环境下、采用任何语言开发的软件只要符合接口规范的定义,均能够集成到分布式系统中。

(4) CORBA 规范软件系统采用面向对象的软件实现方法开发应用系统,实现对象内部细节的完整封装,保留对象方法的对外接口定义。

在以上特点中,最突出的是中间件的引入,在 CORBA 系统中称为对象请求代理(Object Request Broker,ORB)和采用面向对象的开发模式。

4. CORBA 服务内容

下面介绍与分布式应用程序设计和开发关系密切的 CORBA 服务内容。

1) 对象命名服务

在命名服务(Naming Service)中,通过将服务对象赋予一个在当前网络空间中的唯一标识来确定服务对象的实现。在客户端,通过指定服务对象的名字,利用绑定(Bind)方式,实现对服务对象实现的查找和定位,进而可以调用服务对象实现中的方法。

2) 对象安全性服务

在分布式系统中,服务对象的安全性和客户端应用的安全性(Security)一直是一个比较敏感的问题,安全性要求影响着分布式应用计算的每个方面。对于分布在互联网中的分布式应用来讲,为了防止恶意用户或未经授权的方法调用对象的服务功能,CORBA 提供了严格的安全策略,并制定了相应的对象安全服务。安全服务可以实现如下功能:服务请求对象的识别与认证;授权和访问控制;安全监听;通信安全的保证;安全信息的管理;行为确认。

CORBA 系统将对象请求的安全性管理的功能交由 ORB 负责,系统组件只需负责系统本身的安全管理,使得基于分布式应用在安全性控制方面的责任十分明确。

3) 并发控制服务

CORBA 规范中定义并发控制(Cocurrency Control)服务的目的在于实现多客户访问情况下的并发性控制和对共享资源的管理。

并发控制服务由多个接口构成，能够支持访问方法的事务模型和非事务模型。由于两种模型的引入，使得非事务型客户在访问共享资源时，如果该资源被拥有事务模型的方法锁定(Lock)，则该客户转入阻塞状态，直到事务型方法执行结束，将共享资源锁打开，非事务模型的客户才能够访问该共享资源。

并发控制服务使多个对象能够利用资源锁定(Lock)的方式来对共享资源进行访问。在访问共享资源之前，客户对象必须从并发控制服务中获得锁定。在确认资源目前正在空闲时，获得资源的使用权。每个锁定是一个资源-客户对，说明哪个客户正在访问何种类型的资源。

4) 对象生命期服务

CORBA 中的生命期(Life Cycle)服务定义和描述了创建、删除、复制和移动对象的方法。通过生命期服务，客户端应用可以实现对远程对象的控制。

8.3.2 Java Bean 技术

1. Java Bean 简介

为了推动基于 Java 的服务器端应用开发，Sun 公司于是在 1999 年年底推出了 Java 2 技术及相关的 J2EE 规范，J2EE 的目标是：提供平台无关的、可移植的、支持并发访问和安全的，完全基于 Java 的开发服务器端中间件的标准。

J2EE(Java 2 Platform Enterprise Edition)是一种利用 Java 2 平台来简化企业信息系统开发、部署和管理的体系结构。在 J2EE 中，Sun 给出了完整的基于 Java 语言开发面向企业分布应用规范，其中，在分布式互操作协议上，J2EE 同时支持 RMI 和 IIOP，而在服务器端分布式应用的构造形式，则包括 Java Servlet、JSP(Java Server Page)、EJB 等多种形式，以支持不同的业务需求，而且 Java 应用程序具有“Write Once，Run Anywhere”的特性，使得 J2EE 技术在发布计算领域得到了快速发展。

2. J2EE 的结构

基于组件、具有平台无关性的 J2EE 结构使得 J2EE 程序的编写变得简单，因为业务逻辑被封装成可复用的组件，并且 J2EE 服务器以容器的形式为所有类型的组件提供后台服务。

1) 容器和服务

容器设置定制了 J2EE 服务器所提供的内在支持，包括安全，事务管理，JNDI(Java Namingand Directory Interface)寻址，远程连接等服务。以下介绍最重要的几种服务。

(1) J2EE 安全模型。用于配置 Web 组件或 Enterprise Bean，这样只有被授权的用户才能访问系统资源。每一客户属于一个特别的角色，而每个角色只允许激活特定的方法。应在 Enterprise Bean 的布置描述中声明角色和可被激活的方法。由于有这种声明性的方法，因而不必编写加强安全性的规则。

(2) J2EE 事务管理模型。用于指定组成一个事务中所有方法间的关系，这样一个事务中的所有方法被当成一个单一的单元。当客户端激活一个 Enterprise Bean 中的方法，容器介入并管理事务。因有容器管理事务，在 Enterprise Bean 中不必对事务的边界进行编码，只需在布置描述文件中声明 Enterprise Bean 的事务属性，容器将读此文件并处理此 Enterprise Bean 的事务。

(3) JNDI 寻址服务。向企业内的多重名字和目录服务提供了一个统一的接口，这样应用程序组件可以访问名字和目录服务。

(4) J2EE 远程连接模型。用于管理客户端和 Enterprise Bean 间低层交互。当一个 Enterprise Bean 创建后，一个客户端可以调用它的方法，就像它和客户端位于同一虚拟机上一样。

(5) 生存周期管理模型。管理 Enterprise Bean 的创建和移除，一个 Enterprise Bean 在其生存周期中将会历经几种状态。容器创建 Enterprise Bean，并在可用实例池与活动状态中移动它，而最终将其从容器中移除。即使可以调用 Enterprise Bean 的 Create 及 Remove 方法，容器也将会在后台执行这些任务。

(6) 数据库连接池模型是一个有价值的资源。获取数据库连接是一项耗时的工作，而且连接数非常有限。容器通过管理连接池来缓和这些问题。Enterprise Bean 可从池中迅速获取连接。

2) 容器类型

J2EE 应用组件可安装部署到以下几种容器中。

(1) EJB 容器。EJB 容器管理所有 J2EE 应用程序中企业级 Bean 的执行，Enterprise Bean 和它们的容器运行在 J2EE 服务器上。

(2) Web 容器。Web 容器管理所有 J2EE 应用程序中 JSP 页面和 Servlet 组件的执行，Web 组件和它们的容器运行在 J2EE 服务器上。

(3) 应用程序客户端容器。应用程序客户端容器管理所有 J2EE 应用程序中应用程序客户端组件的执行。应用程序客户端容器运行在 J2EE 服务器上。

(4) Apple 容器。Apple 容器是运行在客户端机器上的 Web 浏览器和 Java 插件的结合。

3. J2EE 的各种组件

下面介绍 J2EE 的各种组件、服务和 API。在开发不同类型的企业级应用时，可根据各自需求和目标的不同，使用并组合不同的组件和服务。

(1) Servlet 是 Java 平台上的 CGI 技术。Servlet 在服务器端运行，动态地生成 Web 页面。与传统的 CGI 和许多其他类似 CGI 的技术相比，Java Servlet 具有更高的效率并更容易使用。对于 Servlet，重复的请求不会导致同一程序的多次转载，它是依靠线程的方式来支持并发访问的。

(2) JSP(Java Server Page)是一种实现普通静态 HTML 和动态页面输出混合编码的技术。从这一点来看，非常类似 Microsoft ASP、PHP 等技术。借助形式上的内容和外观表现的分离，Web 页面制作的任务可以比较方便地划分给页面设计人员和程序员，并方便地通过 JSP 来合成。在运行时态，JSP 将会被首先转换成 Servlet，并以 Servlet 的形态编译运行，因此它的效率和功能与 Servlet 相比没有差别，一样具有很高的效率。

(3) EJB 定义了一组可重用的组件：Enterprise Beans。开发人员可以利用这些组件，像搭积木一样建立分布式应用。在装配组件时，所有的 Enterprise Beans 都需要配置到

EJB 服务器(一般的 Weblogic、WebSphere 等 J2EE 应用服务器都是 EJB 服务器)中。EJB 服务器作为容器和低层平台的桥梁管理着 EJB 容器,并向该容器提供访问系统服务的能力。所有的 EJB 实例都运行在 EJB 容器中。EJB 容器提供了系统级的服务,控制了 EJB 的生命周期。EJB 容器为它的开发人员代管了诸如安全性、远程连接、生命周期管理及事务管理等技术环节,简化了商业逻辑的开发。EJB 中定义了三种 Enterprise Beans: Session Beans; Entity Beans; Message-driven Beans。

(4) JDBC(Java Database Connectivity,Java 数据库连接)API 是一个标准 SQL(Structured Query Language,结构化查询语言)数据库访问接口,它使数据库开发人员能够用标准 Java API 编写数据库应用程序。JDBC API 主要用来连接数据库和直接调用 SQL 命令执行各种 SQL 语句。利用 JDBC API 可以执行一般的 SQL 语句、动态 SQL 语句及带 IN 和 OUT 参数的存储过程。Java 中的 JDBC 相当于 Microsoft 平台中的 ODBC(Open Database Connectivity)。

(5) JMS(Java Message Service,Java 消息服务)是一组 Java 应用接口,它提供创建、发送、接收、读取消息的服务。JMS API 定义了一组公共的应用程序接口和相应语法,使得 Java 应用能够和各种消息中间件进行通信,这些消息中间件包括 IBM MQ-Series、Microsoft MSMQ 及纯 Java 的 SonicMQ。通过使用 JMS API,开发人员无须掌握不同消息产品的使用方法,也可以使用统一的 JMS API 来操纵各种消息中间件。通过使用 JMS,能够最大限度地提升消息应用的可移植性。JMS 既支持点对点的消息通信,也支持发布/订阅式的消息通信。

(6) JNDI。由于 J2EE 应用程序组件一般分布在不同的机器上,所以需要一种机制以便于组件客户使用者查找和引用组件及资源。在 J2EE 体系中,使用 JNDI(Java Naming and Directory Interface)定位各种对象,这些对象包括 EJB、数据库驱动、JDBC 数据源及消息连接等。JNDI API 为应用程序提供了一个统一的接口来完成标准的目录操作,如通过对象属性来查找和定位该对象。由于 JNDI 是独立于目录协议的,应用还可以使用 JNDI 访问各种特定的目录服务,如 LDAP、NDS 和 DNS 等。

(7) JTA(Java Transaction API)提供了 J2EE 中处理事务的标准接口,它支持事务的开始、回滚和提交。同时在一般的 J2EE 平台上,提供一个 JTS(Java Transaction Service)作为标准的事务处理服务,开发人员可以使用 JTA 来使用 JTS。

(8) JCA(J2EE Connector Architecture)是 J2EE 体系架构的一部分,为开发人员提供了一套连接各种企业信息系统(包括 ERP、SCM、CRM 等)的体系架构。对于 EIS(Enterprise Information System)开发商而言,它们只需要开发一套基于 JCA 的 EIS 连接适配器,开发人员就能够在任何的 J2EE 应用服务器中连接并使用它。基于 JCA 的连接适配器的实现,需要涉及 J2EE 中的事务管理、安全管理及连接管理等服务组件。

(9) JMX(Java Management Extensions)的前身是 JMAPI。JMX 致力于解决分布式系统管理的问题。JMX 是一种应用编程接口、可扩展对象和方法的集合体,可以跨越各种异构操作系统平台、系统体系结构和网络传输协议,开发无缝集成的面向系统、网络和服务的管理应用。JMX 是一个完整的网络管理应用程序开发环境,它同时提供了厂商需要收集的完整的特性清单、可生成资源清单表格、图形化的用户接口;访问 SNMP 的网络 API;主机间远程过程调用;数据库访问方法等。

(10) JAAS(Java Authentication and Authorization Service)实现了一个 Java 版本的标准 Pluggable Authentication Module(PAM)的框架。JAAS 可用来进行用户身份的鉴定，从而能够可靠并安全地确定谁在执行 Java 代码。同时 JAAS 还能通过对用户进行授权，实现基于用户的访问控制。

(11) JACC(Java Authorization Service Provider Contract for Containers)在 J2EE 应用服务器和特定的授权认证服务器之间定义了一个连接的协约，以便将各种授权认证服务器插入到 J2EE 产品中去。

(12) JAX-RPC。通过使用 JAX-RPC(Java API for XML-based RPC)，已有的 Java 类或 Java 应用都能够被重新包装，并以 Web Services 的形式发布。JAX-RPC 提供了将 RPC 参数(In/Out)编码和解码的 API，使开发人员可以方便地使用 SOAP 消息来完成 RPC 调用。同样，对于那些使用 EJB(Enterprise Java Beans)的商业应用而言，同样可以使用 JAX-RPC 来包装成 Web 服务，而这个 Web Service 的 WSDL 界面是与原先的 EJB 的方法是对应一致的。JAX-RPC 为用户包装了 Web 服务的部署和实现，对 Web 服务的开发人员而言，SOAP/WSDL 变得透明，这有利于加速 Web 服务的开发周期。

(13) JAXR(Java API for XML Registries)提供了与多种类型注册服务进行交互的 API。JAXR 运行客户端访问与 JAXR 规范相兼容的 Web Services，这里的 Web Services 即为注册服务。一般来说，注册服务总是以 Web Services 的形式运行的。JAXR 支持三种注册服务类型：JAXR Pluggable Provider、Registry-specific JAXR Provider、JAXR Bridge Provider(支持 UDDI Registry 和 ebXML Registry/Repository 等)。

(14) SAAJ(SOAP with Attachments API for Java)是 JAX-RPC 的一个增强，为进行低层次的 SOAP 消息操纵提供了支持。

8.3.3 COM/DCOM 技术

1. DCOM 的结构

DCOM(Distributed Component Object Model，分布式组件对象模型)是一系列微软的概念和程序接口，利用这个接口，客户端程序对象能够请求来自网络中另一台计算机上的服务器程序对象。DCOM 基于组件对象模型(Component Object Model，COM)，COM 提供了一套允许同一台计算机上的客户端和服务器之间进行通信的接口(运行在 Windows 95 或者其后的版本上)。Microsoft 的分布式 COM(DCOM)扩展了组件对象模型技术(COM)，使其能够支持在局域网、广域网甚至 Internet 上不同计算机的对象之间的通信。

(1) DCOM 是组件对象模型(COM)的进一步扩展。COM 定义组件和它们的客户之间互相作用的方式。它使得组件和客户端无须任何中介部件就能相互联系。客户进程直接调用组件中的方法。图 8-8 说明了组件对象模型的表示法。

(2) 在现在的操作系统中，各进程之间是相互屏蔽的。当一个客户进程需要和另一个进程中的组件通信时，它不能直接调用该进程，而需要遵循操作系统对进程间通信所做的规定。COM 使得这种通信能够以一种完全透明的方式进行：它截取从客户进程来的调用并将其传送给另一进程少的组件。图 8-9 表明了 COM/DCOM 运行库是怎样提

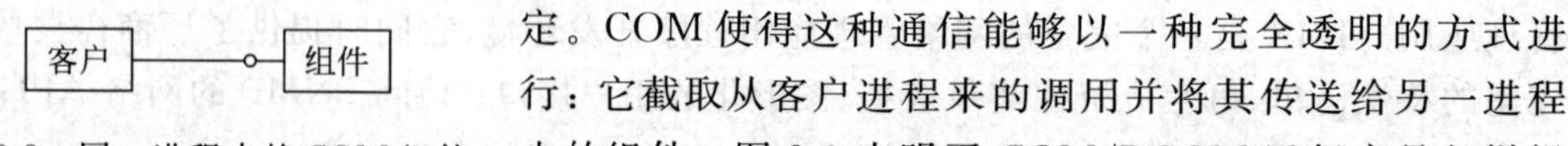

图 8-8 同一进程中的 COM 组件

供客户进程和组件之间的联系的。

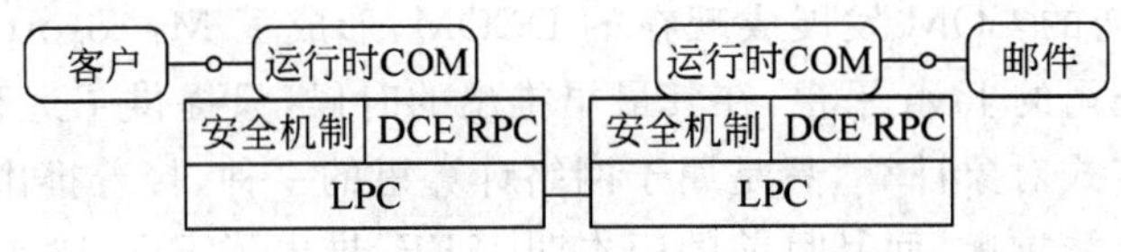

图 8-9 不同一进程中的 COM 组件

(3) 当客户进程和组件位于不同的机器时，DCOM 只是用网络协议来代替本地进程之间的通信。无论是客户还是组件都不会知道连接它们的线路比以前长了许多。图 8-10 显示了 DCOM 的整体结构：COM 运行库向客户和部件提供了面向对象的服务，并且使用 RPC 和安全机制产生符合 DCOM 线路协议标准的标准网络包。

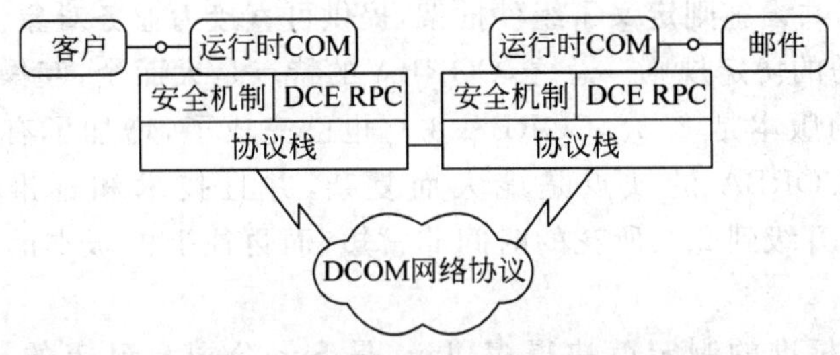

图 8-10 不同机器上的 COM 组件

2. Microsoft DNA 2000

Microsoft DNA(Distributed interNet Applications)2000 是 Microsoft 在推出 Windows 2000 系列操作系统平台基础上，在扩展了分布计算模型，以及改造 Back Office 系列服务器端分布计算产品后发布的新的分布计算体系结构和规范。在服务器端，DNA 2000 提供了 ASP、COM、Cluster 等的应用支持。

Microsoft DNA 2000 融合了分布计算理论和思想，如事务处理、可伸缩性、异步消息队列、集群等内容。DNA 使得开发可以基于 Microsoft 平台的服务器构件应用，其中，如数据库事务服务、异步通信服务和安全服务等，都由底层的分布对象系统提供。以 Microsoft 为首的 DCOM/COM/COM+阵营，从 DDE，OLE 到 ActiveX 等，提供了中间件开发的基础，如 VC，VB，Delphi 等都支持 DCOM，包括 OLE DB 在内新的数据库存取技术。在 Windows DNA 2000 中，DCOM/COM/COM+的构件仍然采用普通的 COM (Component Object Model)模型。COM 是 Microsoft 桌面系统的构件技术，主要为本地的 OLE 应用服务，COM 通过底层的远程支持使得构件技术延伸到了分布应用领域。DCOM/COM/COM+更将其扩充为面向服务器端分布应用的业务逻辑中间件。通过 COM+的相关服务设施，如负载均衡、内存数据库、对象池、构件管理与配置等，DCOM/COM/COM+将 COM、DCOM、MTS 的功能有机地统一在一起，形成了一个概念、功能强的构件应用体系结构。

8.3.4 构件技术比较

分布式对象技术有三大流派 COBRA、COM/DCOM 和 Java。CORBA 技术是最早出现的,1991 年 OMG 颁布了 COBRA 1.0 标准,在当时来说做得非常漂亮;再有就是 Microsoft 的 COM 系列,从最初的 COM 发展成现在的 DCOM,形成了 Microsoft 一套分布式对象的计算平台;而 Sun 公司的 Java 平台,在其最早推出的时候,只提供了远程的方法调用,在当时并不能被称为分布式对象计算,只是属于网络计算里的一种,接着推出的 Java Bean,也还不足以和上述两大流派抗衡,而其目前的版本叫 J2EE,推出了 EJB,除了语言外还有组件的标准以及组件之间协同工作通信的框架。于是,也就形成了目前的三大流派。

三者之中,COBRA 标准做得最好。COBRA 标准主要分为三个层次:对象请求代理、公共对象服务和公共设施。最底层是对象请求代理 ORB,规定了分布对象的定义(接口)和语言映射,实现对象间的通信和互操作,是分布对象系统中的“软总线”;在 ORB 之上定义了很多公共服务,可以提供诸如并发服务、名字服务、事务(交易)服务、安全服务等各种各样的服务;最上层的公共设施则定义了组件框架,提供可直接为业务对象使用的服务,规定业务对象有效协作所需的协定规则。总之,CORBA 的特点是大而全,互操作性和开放性非常好。目前 CORBA 的版本是 2.3。CORBA 3.0 也已完成了,增加了有关 Internet 集成和 QoS 控制等内容。CORBA 的缺点是庞大而复杂,并且技术和标准的更新相对较慢,COBRA 规范从 1.0 升级到 2.0 所花的时间非常短,而再往上的版本的发布就相对十分缓慢了。

相比之下,Java 标准的制定就快得多,Java 是 Sun 公司自己定的,演变的很快。Java 的优势是纯语言的,跨平台性非常好。Java 分布对象技术通常指远程方法调用(RMI)和企业级 Java Bean(EJB)。RMI 提供了一个 Java 对象远程调用另一 Java 对象的方法的能力,与传统 RPC 类似,只能支持初级的分布对象互操作。Sun 公司于是基于 RMI,提出了 EJB。基于 Java 服务器端组件模型,EJB 框架提供了像远程访问、安全、交易、持久和生命期管理等多种支持分布对象计算的服务。目前,Java 技术和 CORBA 技术有融合的趋势。

COM 技术是 Microsoft 独家做的,是在 Windows 3.1 中最初为支持复合文档而使用 OLE 技术上发展而来,经历了 OLE 2/COM、ActiveX、DCOM 和 COM+等几个阶段,目前 COM+把消息通信模块 MSMQ 和解决关键业务的交易模块 MTS 都加进去了,是分布对象计算的一个比较完整的平台。Microsoft 的 COM 平台效率比较高,同时它有一系列相应的开发工具支持,应用开发相对简单。但它有一个致命的弱点就是 COM 的跨平台性较差,如何实现与第三方厂商的互操作性始终是它的一大问题。从分布对象技术发展的角度来看,大多数人认为 COM 竞争不过 COBRA。

下面是三者在集成性和可用性方面的比较(见表 8-1)。

8.3.5 软件产品线

1. 软件产品线概念

目前,软件产品线没有一个统一的定义,常见的定义有以下几个。

定义 1 将利用了产品间公共方面,预期考虑了可变性等设计的产品族称为产品线(Weiss 和 Lai)。

表 8-1 COBRA、COM/DCOM 和 Java 比较

	COBRA	EJB	DCOM
集成性:			
支持跨语言操作	好	一般	好
支持跨平台操作	好	好	一般
网络通信	好	好	一般
公共服务构件	好	好	一般
可用性:			
事务处理	好	一般	一般
消息服务	一般	一般	一般
安全服务	好	好	一般
目录服务	好	一般	一般
容错性	一般	一般	一般
产品成熟性	一般	一般	好
软件开发商的支持度	一般	好	好
可扩展性	好	好	一般

定义 2 产品线就是由在系统的组成元素和功能方面具有共性和个性的相似的多个系统组成的一个系统族。

定义 3 软件产品线就是在一个公共的软件资源集合基础上建立起来的，共享同一个特性集合的系统集合(Bass、Clements 和 Kazman)。

定义 4 一个软件产品线由一个产品线体系结构、一个可重用构件集合和一个源自共享资源的产品集合组成，是组织一组相关软件产品开发的方式(Jan Bosch)。

相对而言，卡耐基梅隆大学软件工程研究所(CMU/SEI)对产品线和软件产品线的定义，更能体现软件产品线的特征："产品线是一个产品集合，这些产品共享一个公共的、可管理的特征集，这个特征集能满足选定的市场或任务领域的特定需求。这些系统遵循一个预描述的方式，在公共的核心资源基础上开发。"

根据 SEI 的定义，软件产品线主要由两部分组成：核心资源、产品集合。核心资源是领域工程的所有结果的集合，是产品线中产品构造的基础。也有组织将核心资源库称为"平台"。核心资源必定包含产品线中所有产品共享的产品线体系结构，新设计开发的或者通过对现有系统的再工程得到的、需要在整个产品线中系统化重用的软件构件；与软件构件相关的测试计划、测试实例以及所有设计文档，需求说明书，领域模型和领域范围的定义也是核心资源；采用 COTS 的构件也属于核心资源。产品线体系结构和构件是用于软件产品线中的产品的构建和核心资源最重要的部分。

软件产品线是一组具有共同体系构架和可复用组件的软件系统，它们共同构建支持特定领域内产品开发的软件平台。一个软件产品线由一个产品线体系结构、一个可重用构件集合和一个源自共享资源的产品集合组成，是组织一组相关软件产品开发的方式。软件产品线的产品则是根据基本用户需求对产品线架构进行定制，将可复用部分和系统独特部分集成而得到。软件产品线方法集中体现一种大规模、大粒度软件复用实践，是软件工程领域中软件体系结构和软件重用技术发展的结果。1997 年，由北京大学主持的国家重大科技攻关项目"青鸟工程"是软件产品线方法的原型平台。

2. 软件产品线流程

软件产品线的开发有4个技术特点：过程驱动、特定领域、技术支持和架构为中心。与其他软件开发方法相比，选择软件产品线的宏观原因有：对产品线及其实现所需的专家知识领域的清楚界定，对产品线的长期远景进行了策略性规划。软件生产线的概念和思想，将软件的生产过程放到三类不同的生产车间进行，即应用体系结构生产车间、构件生产车间和基于构件、体系结构复用的应用集成(组装)车间，从而形成软件产业内部的合理分厂，实现软件的产业化生产。软件生产线如图8-11所示。

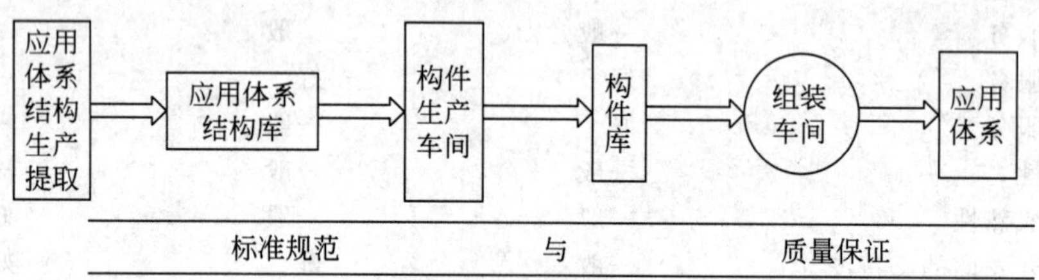

图8-11 软件生产线

1) 软件产品线工程

软件产品线是一种基于架构的软件复用技术，它的理论基础是：特定领域(产品线)内的相似产品具有大量的公共部分和特征，通过识别和描述这些公共部分和特征，可以开发需求规范、测试用例、软件组件等产品线的公共资源。而这些公共资源可以直接应用或适当调整后应用于产品线内产品的开发，从而不再从草图开始开发产品。因此典型的产品线开发过程包括两个关键过程：领域工程和应用工程。

2) 软件产品线的组织结构

软件产品线开发过程分为领域工程和应用工程，相应的软件开发的组织结构也有两个部分：负责核心资源的小组和负责产品的小组。在EMS开发过程中采用的产品线方法中，主要有三个关键小组：平台组、配置管理组和产品组。

3) 软件产品线构件

软件产品线构件是用于支持产品线中产品开发的可复用资源的统称。这些构件远不是一般意义上的软件构件，它们包括：领域模型、领域知识、产品线构件、测试计划及过程、通信协议描述、需求描述、用户界面描述、配置管理计划及工具、代码构件、性能模型与度量、工作流结构、预算与调度、应用程序生成器、原型系统、过程构件(方法、工具)、产品说明、设计标准、设计决策、测试脚本等。在产品线系统的每个开发周期都可以对这些构件进行精化。

3. 网构软件

进入21世纪，以Internet为代表的网络逐渐融入人类社会的方方面面，极大地促进了全球化的广度和深度，为信息技术与应用扩展了发展空间。另一方面，Internet正在成长为一台由数量巨大且日益增多的计算设备所组成的“统一的计算机”，与传统计算机系统相比，Internet为应用领域问题求解所能提供的支持在量与质上均有飞跃。为了适应这些应用领域及信息技术方面的重大变革，软件系统开始呈现出一种柔性可演化、连续反应式、多目标自适应的新系统形态。从技术的角度看，在面向对象、软件构件等技术支持下的软件实体以主体化的软件服务形式存在于 Internet 的各个节点之上，各个软件实体相互间通过协同机制进行跨网络的互连、互通、协作和联盟，从而形成一种与 WWW 相类似的软件 Web(Software Web)。将这样一种 Internet 环境下的新的软件形态称为网构软件(Internetware)。传统软件技术体系由于其本质上是一种静态和封闭的框架体系，难以适应 Internet 开放、动态和多变的特点。一种新的软件形态——网构软件适应 Internet 的基本特征，呈现出柔性、多目标和连续反应式的系统形态，将导致现有软件理论、方法、技术和平台的革命性进展。

网构软件包括一组分布于 Internet 环境下各个节点的、具有主体化特征的软件实体，以及一组用于支撑这些软件实体以各种交互方式进行协同的连接子。这些实体能够感知外部环境的变化，通过体系结构演化的方法(主要包括软件实体与连接子的增加、减少与演化，以及系统拓扑结构的变化等)来适应外部环境的变化，展示上下文适应的行为，从而使系统能够以足够满意度来满足用户的多样性目标。网构软件这种与传统软件迥异的形态，在微观上表现为实体之间按需协同的行为模式，在宏观上表现为实体自发形成应用领域的组织模式。相应地，网构软件的开发活动呈现为通过将原本“无序”的基础软件资源组合为“有序”的基本系统，随着时间推移，这些系统和资源在功能、质量、数量上的变化导致它们再次呈现出“无序”的状态，这种由“无序”到“有序”的过程往复循环，基本上是一种自底向上、由内向外的螺旋方式。

网构软件理论、方法、技术和平台的主要突破点在于实现如下转变，即从传统软件结构到网构软件结构的转变，从系统目标的确定性到多重不确定性的转变，从实体单元的被动性到主动自主性的转变，从协同方式的单一性到灵活多变性的转变，从系统演化的静态性到系统演化的动态性的转变，从基于实体的结构分解到基于协同的实体聚合的转变，从经验驱动的软件手工开发模式到知识驱动的软件自动生成模式的转变。建立这样一种新型的理论、方法、技术和平台体系具有两个方面的重要性，一方面，从计算机软件技术发展的角度，这种新型的理论、方法和技术将成为面向 Internet 计算环境的一套先进的软件工程方法学体系，为 21 世纪计算机软件的发展构造理论基础；另一方面，这种基于 Internet 计算环境上软件的核心理论、方法和技术，必将为我国在未来 5～10 年建立面向 Internet 的软件产业打下坚实的基础，为我国软件产业的跨越式发展提供核心技术的支持。

8.4 电子商务开发环境与工具

本节重点介绍软件开发工具，软件开发工具，软件开发工具分类。

8.4.1 开发环境

1. 软件开发环境

软件开发环境是指在计算机基本软件的基础上，为了支持软件开发而提供的一组工具软件系统。一个由 IEEE 和 ACM 支持的国际工作小组提出的关于“软件开发环境”的定义是：“软件开发环境是相关的一组软件工具集合，它支持一定的软件开发方法或按照一定的软件开发模型组织而成。”

美国国防部的定义：“软件工程环境是一组方法、过程及计算机程序(计算机化的工具)

的整体化构件，它支持从需求定义、程序生成直到维护的整个软件生存期。”

一些学者的定义：“可用来帮助和支持软件需求分析、软件开发、测试、维护、模拟、移植或管理而编制的计算机程序或软件。”

软件开发环境在欧洲又叫集成式项目支援环境(Integrated Project Support Environment，IPSE)。软件开发环境的主要组成成分是软件工具。人机界面是软件开发环境与用户之间的一个统一的交互式对话系统，它是软件开发环境的重要质量标志。存储各种软件工具加工所产生的软件产品或半成品(如源代码、测试数据和各种文档资料等)的软件环境数据库是软件开发环境的核心。工具间的联系和相互理解都通过存储在信息库中的共享数据得以实现。

软件开发环境数据库是面向软件工作者的知识型信息数据库，其数据对象是多元化、带有智能性质的。软件开发数据库用来支撑各种软件工具，尤其是自动设计工具、编译程序等的主动或被动的工作。

2. 软件开发工具

1) 定义

软件开发工具是用于辅助软件开发的工具。通常可以设计并实现工具来支持特定的软件工程方法，减少手工方式管理的负担。与软件工程方法一样，它们试图让软件工程更加系统化，工具的种类包括支持单个任务的工具及囊括整个生命周期的工具。

2) 软件开发工具的概念要点

(1) 它是在高级程序设计语言之后，软件技术进一步发展的产物；

(2) 它的目的是在开发软件过程中给予人们各种不同方面、不同程度的支持或帮助；

(3) 它支持软件开发的全过程，而不是仅限于编码或其他特定的工作阶段。

3) 分类

(1) 软件需求工具，包括需求建模工具和需求追踪工具。

(2) 软件设计工具，用于创建和检查软件设计，因为软件设计方法的多样性，这类工具的种类很多。

(3) 软件构造工具，包括程序编辑器、编译器和代码生成器、解释器和调试器等。

(4) 软件测试工具，包括测试生成器、测试执行框架、测试评价工具、测试管理工具和性能分析工具。

(5) 软件维护工具，包括理解工具(如可视化工具)和再造工具(如重构工具)。

(6) 软件配置管理工具，包括追踪工具、版本管理工具和发布工具。

(7) 软件工程管理工具，包括项目计划与追踪工具、风险管理工具和度量工具。

(8) 软件工程过程工具，包括建模工具、管理工具和软件开发环境。

(9) 软件质量工具，包括检查工具和分析工具。

3. CASE 的概念

计算机辅助软件工程(Computer Aided Software Engineering，CASE)帮助进行应用程序开发的软件，包括分析、设计和代码生成。CASE 工具为设计和文件编制传统结构编程技术，提供了自动的方法。CASE 是一组工具和方法集合，可以辅助软件开发生命周期几个阶段进行软件开发。

1) CASE的定义

CASE是一组工具和方法集合，可以辅助软件开发生命周期各阶段进行软件开发。使用CASE工具的目标一般是为了降低开发成本；达到软件的功能要求，取得较好的软件性能；开发的软件易于移植；降低维护费用；开发工作按时完成，及时交付使用。

CASE有如下三大作用，这些作用从根本上改变了软件系统的开发方式。

(1) 一个具有快速响应、专用资源和早期查错功能的交互式开发环境。

(2) 对软件的开发和维护过程中的许多环节实现了自动化。

(3) 通过一个强有力的图形接口，实现了直观的程序设计。

借助于CASE，计算机可以完成与软件开发有关的大部分繁重工作，包括创建并组织所有诸如计划、合同、规约、设计、源代码和管理信息等人工产品。另外，应用CASE还可以帮助软件工程师解决软件开发的复杂性并有助于小组成员之间的沟通，它包含计算机支持软件工程的所有方面。

2) CASE集成环境的定义

"集成"的概念首先用于术语IPSE(集成工程支持环境)，而后用于术语ICASE(集成计算机辅助软件工程)和ISEE(集成软件工程环境)。工具集成是指工具协作的程度。集成在一个环境下的工具的合作协议，包括数据格式、一致的用户界面、功能部件组合控制和过程模型。

(1) 界面集成。界面集成的目的是通过减轻用户的认知负担而提高用户使用环境的效率和效果。为达到这个目的，要求不同工具的屏幕表现与交互行为要相同或相似。表现与行为集成，反映了工具间的用户界面在词法水平上的相似(鼠标应用、菜单格式等)和语法水平上的相似(命令与参数的顺序、对话选择方式等)。更为广义的表现与行为定义，还包含两个工具在集成情况下交互作用时，应该有相似的反应时间。界面集成性的好坏还反映在不同工具在交互作用范式上是否相同或相似。也就是说，集成在一个环境下的工具，能否使用同样的比喻和思维模式。

(2) 数据集成。数据集成的目的是确认环境中的所有信息(特别是持久性信息)都必须作为一个整体数据能被各部分工具进行操作或转换。衡量数据的集成性，往往从通用性、非冗余性、一致性、同步性、交换性5个方面去考虑。

(3) 控制集成。控制集成是为了能让工具共享功能。我们给出了两个属性来定义两个工具之间的控制关系：①供给，标识一个工具的服务在多大程度上能被环境中另外的工具所使用；②使用，反映一个工具对环境中其他工具提供的服务能使用到什么程度。

(4) 过程集成。过程为开发软件所需要的阶段、任务和活动序列，许多工具都是服务于一定的过程和方法的。我们说的过程集成性，是指工具适应不同过程和方法的潜在能力有多大。很明显，那些极少做过程假设的工具(如大部分的文件编辑器和编译器)比起那些做过许多假设的工具(如按规定支持某一特定设计方法或过程的工具)要易于集成。在两个工具的过程关系上，具有三个过程集成属性：过程段、事件和约束。

3) 集成CASE的框架结构

这里给出的框架结构是基于美国国家标准技术局和欧洲计算机制造者协会开发的集成软件工程环境参照模型以及Anthony Wasserman CASE工具集成方面的工作。

(1) 技术框架结构。一个集成CASE环境必须如它所支持的企业、工程和人一样，有可适应性、灵活性以及充满活力。在这种环境里，用户能连贯一致地合成和匹配那些支持所选方法的最合适的工具，然后他们可以将这些工具插入环境并开始工作。采用了NIST/ECMA参考模型来作为描述集成CASE环境的技术基础。在参考模型里定义的服务有三种方式的集成：数据集成、控制集成和界面集成。数据集成由信息库和数据集成服务进行支持，具有共享设计信息的能力，是集成工具的关键因素。控制集成由过程管理和信息服务进行支持，包括信息传递、时间或途径触发开关、信息服务器等。工具要求信息服务器提供三种通信能力，即工具-工具、工具-服务、服务-服务。界面集成由用户界面服务进行支持，用户界面服务让CASE用户与工具连贯一致地相互作用，使新工具更易于学会和使用。

(2) 组织框架结构。工具在有组织的环境下是最有效的。上述技术框架结构没有考虑某些特定工具的功能，工具都嵌入一个工具层，调用框架结构服务来支持某一特殊的系统开发功能。组织框架结构就是把CASE工具放在一个开发和管理的环境中。该环境分成三个活动层次：①在企业层进行基本结构计划和设计；②在工程层进行系统工程管理和决策；③在单人和队组层进行软件开发过程管理。组织框架结构，能指导集成CASE环境的开发和使用，指导将来进一步的研究，帮助CASE用户在集成CASE环境中选择和配置工具，是对技术框架的实际执行和完善。

4) 集成CASE环境的策略

集成CASE环境的最终目的是支持与软件有关的所有过程和方法。一个环境由许多工具和工具的集成机制所组成。不同的环境解决集成问题的方法和策略是不同的。Susan Dart等给出了环境的4个广泛的分类。

(1) 以语言为中心的环境，用一个特定的语言全面支持编程。

(2) 面向结构的环境，通过提供的交互式机制全面地支持编程，使用户可以独立于特定语言而直接地对结构化对象进行加工。

(3) 基于方法的环境，由一组支持特定过程或方法的工具所组成。

(4) 工具箱式的环境，由一套通常独立于语言的工具所组成。

这几种环境的集成，多采用传统的基于知识的CASE技术，或采用一致的用户界面，或采用共同的数据交换格式，来支持软件开发的方法和过程模型。目前，一种基于概念模型和信息库的环境设计和集成方法比较盛行，也取得了可喜的成果。

8.4.2 开发工具

软件开发工具的种类繁多。有的工具只是对软件开发过程的某一方面或某一个环节提供支持，有的对软件开发提供比较全面的支持。功能不同，结构当然也不同。下面以具有综合支持能力的工具为背景，讨论它应具备的功能和结构。

1. 基本功能

软件开发工具的基本功能可以归纳为以下5个方面。

(1) 提供描述软件状况及其开发过程的概念模式，协助开发人员认识软件工作的环境与要求、管理软件开发的过程。

有人认为，软件开发工具只是帮助人们节省一些时间，少做一些枯燥、烦琐的重复性工作。它能引导使用者建立更正确的概念模型。因为人们使用某种软建开发工具时,就已经接受了这种工具中所包括的对软件和软件开发工作的基本看法。即使是比较简单的,只用于编码阶段的代码生成器,也包含着对某一类模块的一般理解。当用户给出几个参数而自动生成一段代码的时候,他已经默认了这个工具所依据的概念模式,即对于这一类程序模块来说,基本框架是什么样的,哪些部分是不变的,哪些部分是可变的。至于用于分析与计划的工具就更为明显了。这里所说的概念模式包括几个主要方面:对软件的应用环境的认识和理解,对预期产生的软件产品的认识与理解,对软件开发过程的认识与理解。任何软件开发工具都具备这种功能,尽管表现的方面不同。

(2) 提供存储和管理有关信息的机制与手段。软件开发过程中涉及众多信息,结构复杂,开发工具要提供方便、有效地处理这些信息的手段和相应的人机界面。由于这种信息结构复杂,数量众多,只靠人工管理是十分困难的,所以软件开发工具不仅需要提供思维框架,而且要提供方便有效的处理手段和相应的用户界面。

(3) 帮助使用者编制、生成和修改各种文档,包括文字材料和各种表格、图像等。开发过程中大量的文字材料、表格、图形常常使人望而却步,人们企望得到开发工具的帮助。

(4) 生成代码,即帮助使用者编写程序代码,使用户能在较短时间内半自动地生成所需要的代码段落,进行测试和修改。但这里的代码生成只能是局部的、半自动的,多数情况下还有待于程序员的整理与加工。

(5) 对历史信息进行跨生命周期的管理,即将项目运行与版本更新的有关信息联合管理。这是信息库的一个组成部分。对于大型软件开发来说,这一部分会成为信息处理的瓶颈。做好这一部分工作将有利于信息与资源的充分利用。

以上5个方面基本上包括目前软件开发工具的各种功能。完整的、一体化的开发工具应当具备上述功能。现有的多数工具往往只实现了其中的一部分。

2. 一般结构

软件开发工具的一般结构如图8-12所示。总控部分及人机界面、信息库(Repository)及其管理、代码生成及文档生成、项目管理及版本管理是构成软件开发工具的4大技术要素。

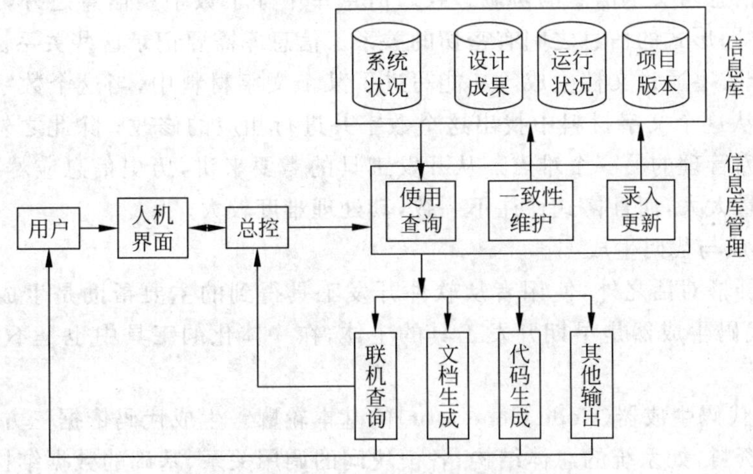

图8-12 软件开发工具的一般结构

1）总控部分及人机界面

总控部分及人机界面是使用者和工具之间交流信息的桥梁。一个好的开发工具，不仅能帮助使用者完成具体的开发任务，而且能引导使用者熟悉和掌握科学的开发方法。

人机界面的设计应遵循以下三条原则。

第一条是面向用户的原则。开发工具的用户主要是系统开发人员，必须充分考虑这些人员的使用要求和工作习惯。

第二条是保证各部分之间信息的准确传递。无论是由分散的软件工具集成为一体化的工具，还是有计划地统一开发的一体化工具，各部分之间信息的准确传递，都是正常工作的基础。实现信息的准确传递，在于信息的全面分析和统一规划。这与信息库的管理密切相关。

第三条是保证系统的开放性和灵活性。软件开发过程的复杂性决定了开发工具的多样性和可变性。因此，软件开发工具常常需要变更和组合，如果系统不具备足够的灵活性和开放性，就无法进行必要的剪裁和改造，它的使用也就有很大的局限性。

2）信息库及其管理

信息库也称为中心库、主库等。本意是用数据库技术存储和管理软件开发过程的信息。信息库是开发工具的基础。

信息库存储系统开发过程中涉及 4 类信息。第一类是关于软件应用领域与环境状况(系统状况)的；包括有关实体及相互关系的描述，软件要处理的信息种类、格式、数量、流向，对软件的要求，使用者的情况、背景、工作目标、工作习惯，等等。这类信息主要用于分析、设计阶段，是第二类信息的原始材料。第二类是设计成果，包括逻辑设计和物理设计的成果，如数据流程图、数据字典、系统结构图、模块设计要求等。第三类是运行状况的记录，包括运行效率、作用、用户反映、故障及其处理情况等。第四类是有关项目和版本管理的信息，这类信息是跨生命周期的，对于一次开发似乎作用不太大，但对于持续的、不断更新的系统则十分重要。

信息库的许多管理功能是一般数据库管理系统已经具备的，作为开发工具的基础，在以下两方面功能更强。一是信息之间逻辑联系识别与记录。例如，当数据字典中某一数据项发生变化时，相应的数据流程图也必须随之发生变化，为此，必须“记住”它们之间的逻辑联系。二是定量信息与文字信息的协调一致。信息库中除了数字型信息之外，还有大量的文字信息，这些不同形式的信息之间有密切的关系。信息库需要记录这些关系。

例如，某个数字通过文档生成等功能写进了某个文字材料中，当这个数字发生变化时，利用这种关系从这个文字材料中找出这个数字并进行相应的修改；除此之外，历史信息的处理也是信息库管理的另一个难点。从开发工具的需要来讲，历史信息应尽可能保留。由于这些信息数量太大，而且格式往往不一致，其处理难度较大。

3）文档生成与代码生成

除了通过屏幕对话之外，使用者从软件开发工具得到的主要帮助是生成代码和文档。文档生成器、代码生成器是早期开发工具的主体，在一体化的工具中也是不可缺少的组成部分。

图 8-13 是代码生成器(Code Generator)的基本轮廓。生成代码依据三方面的材料：一是信息库中的资料，如系统的总体结构、各模块间的调用关系、基础的数据结构、屏幕的设计要求等；二是各种标准模块的框架和构件，如报表由表名、表头、表体、表尾、附录组成，报表

生成器就预先设置了一个生成报表的框架；三是通过屏幕输入的信息，例如生成一个报表，需要通过屏幕输入有关的名称、表的行数等参数。

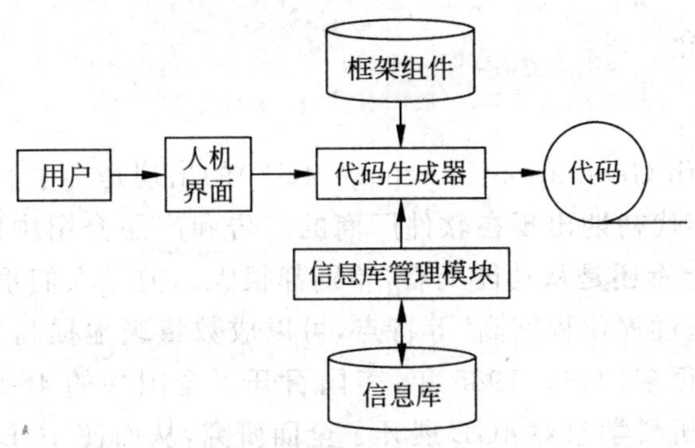

图 8-13　代码生成器

代码生成器输出的代码可以是某种高级程序设计语言的代码或某种机器语言环境下的代码。输出高级程序设计语言的代码，使用者可以进一步修改加工，形成自己需要的程序。输出机器语言代码可以直接运行，但不能修改，对计算机软硬件环境的依赖性很大，所以这种方式不如前一种方式使用得多。需要强调的是：工具只能发挥帮助和支持的作用，不能完全代替人的工作。

文档形成的功能比代码生成更复杂一些。文档是给人看的，必须符合人的工作习惯与要求，否则没有实用价值。文档有文章、表格、图形三大类。表格比较容易按信息库当前的内容输出。随着计算机绘图功能越来越强，画图也不是困难问题了。文章最难处理。目前的文档生成器，大多数只能提供一个标准的框架，提醒人们完整地、准确地表达设计思想。

4）项目管理与版本管理

项目管理与版本管理是跨生命周期的信息管理，关键是历史信息的处理。在大型软件开发过程中，各个阶段的信息要求不同。例如在系统分析时，重点是弄清系统的功能要求，对某些环境因素往往容易忽视。到了系统设计阶段，可能发现某个因素对设计影响很大，但信息库中的内容不能满足要求，需要补充调查，这样，不仅影响进度，还必须对文档进行修改。针对这些情况，一些研究者提出了以项目数据库为中心来解决问题的思路。

项目数据库记录项目进展的各种有关信息，如各阶段的预期进度、实际进展情况。项目负责人应随时掌握这些情况，发现问题，组织解决。

关于版本的信息，主要内容有各版本的编号、功能改变、模块组成、文档状况、产生时间、用户数量、用户反映等。它也可以作为项目数据库的一部分来处理。

8.4.3　第 4 代语言

1. 程序设计语言的历史

程序设计语言阶段的划代远比计算机发展阶段的划代复杂和困难。目前，对程序设计语言阶段的划代有多种观点，有代表性的是将其划分为 5 个阶段：第 1 代语言（1GL）机器语言；第 2 代语言（2GL）编程语言；第 3 代语言（3GL）高级程序设计语言，如 FORTRAN、ALGOL、Pascal、BASIC、LISP、C、C++、Java 等；第 4 代语言（4GL）更接近人类自然语言的高级程序设计语言，如 Ada、Modula-2、Smalltalk-80 等；第 5 代语言(5GL)用于人工智能、人工神经网络的语言。

2. 第 4 代语言简介

1) 历史与发展

第 4 代语言(Fourth-Generation Language,4GL)的出现是出于商业需要。4GL 这个词最早是在 20 世纪 80 年代初期出现在软件厂商的广告和产品介绍中的。因此，这些厂商的 4GL 产品不论从形式上看还是从功能上看，差别都很大。但是人们很快发现这一类语言由于具有“面向问题”、“非过程化程度高”等特点，可以成数量级地提高软件生产率，缩短软件开发周期，因此赢得了很多用户。1985 年，美国召开了全国性的 4GL 研讨会，也正是在这前后，许多著名的计算机科学家对 4GL 展开了全面研究，从而使 4GL 进入了计算机科学的研究范畴。

4GL 以数据库管理系统所提供的功能为核心，进一步构造了开发高层软件系统的开发环境，如报表生成、多窗口表格设计、菜单生成系统、图形图像处理系统和决策支持系统，为用户提供了一个良好的应用开发环境。它提供了功能强大的非过程化问题定义手段，用户只需告知系统做什么，而无须说明怎么做，因此可大大提高软件生产率。

进入 20 世纪 90 年代，随着计算机软硬件技术的发展和应用水平的提高，大量基于数据库管理系统的 4GL 商品化软件已在计算机应用开发领域中获得广泛应用，成为面向数据库应用开发的主流工具，如 Oracle 应用开发环境、Informix-4GL、SQL Windows、PowerBuilder 等。它们为缩短软件开发周期、提高软件质量发挥了巨大的作用，为软件开发注入了新的生机和活力。

第 4 代语言是一种编程语言或是为了某一目的的编程环境，比如为了商业软件开发的目的。在演化计算中，第 4 代语言是在第 3 代语言基础上发展的，且概括和表达能力更强。而第 5 代语言又是在第 4 代语言基础上发展的。

第 3 代语言的自然语言和块结构特点改善了软件开发过程。然而第 3 代语言的开发速度较慢，且易出错。第 4 代语言和第 5 代语言都是面向问题和系统工程的。所有的第 4 代语言设计都是为了减少开发软件的时间和费用。第 4 代语言常被与专门领域软件进行比较，因此，有些研究者认为第 4 代语言是专门领域软件的子集。

4GL 具有简单易学，用户界面良好，非过程化程度高，面向问题的特点。4GL 编程代码量少，可成倍提高软件生产率。4GL 为了提高对问题的表达能力和语言的使用效率，引入了过程化的语言成分，出现了过程化的语句与非过程化的语句交织并存的局面。

4GL 已成为目前应用开发的主流工具，但也存在着以下不足：①4GL 抽象级别提高以后，丧失了 3GL 的一些功能，许多 4GL 只面向专项应用。②4GL 抽象级别提高后不可避免地带来系统开销加大，对软硬件资源消耗加重。③4GL 产品花样繁多，缺乏统一的工业标准，可移植性较差。④目前 4GL 主要面向基于数据库应用的领域，不宜于科学计算、高速的实时系统和系统软件开发。

由于近代软件工程实践所提出的大部分技术和方法并未受到普遍的欢迎和采用，软件供求矛盾进一步恶化，软件的开发成本日益增长，导致了所谓“新软件危机”。这既暴露了传统开发模型的不足，又说明了单纯以劳动力密集的形式来支持软件生产，已不再适应社会信息化的要求，必须寻求更高效、自动化程度更高的软件开发工具来支持软件生产。4GL 就是在这种背景下应运而生并发展壮大的。

2）判断标准

确定一个语言是否是一个 4GL，主要应从以下标准来进行考察。

(1) 生产率标准。4GL 一出现，就是以大幅度提高软件生产率为己任的，4GL 应比 3GL 提高生产率一个数量级以上。

(2) 非过程化标准。4GL 基本上应该是面向问题的，即只需告知计算机"做什么"，而不必告知计算机"怎么做"。当然 4GL 为了适应复杂的应用，而这些应用是无法"非过程化"的，就允许保留过程化的语言成分，但非过程化应是 4GL 的主要特色。

(3) 用户界面标准：4GL 应具有良好的用户界面，应该简单、易学、易掌握，使用方便、灵活。

(4) 功能标准：4GL 要具有生命力，不能适用范围太窄，在某一范围内应具有通用性。

3. 第 4 代语言的分类

按照 4GL 的功能可以将它们划分为以下 4 类。

1）查询语言和报表生成器

查询语言是数据库管理系统的主要工具，它提供用户对数据库进行查询的功能。报表生成器为用户提供自动产生报表的工具，它提供非过程化的描述手段让用户很方便地根据数据库中的信息来生成报表。

2）图形语言

图形信息较之一维的字符串、二维的表格信息更为直观、鲜明。在软件开发过程中所使用的数据流图、结构图、框图等均是图形。人们自然要设想，是否可以用图形的方式来进行软件开发呢？可见视屏、光笔、鼠标的广泛使用为此提供了良好的硬件基础，Windows 和 X-Window 提供了良好的软件平台。目前较有代表性的是 Gupta 公司开发的 SQL Windows 系统。它以 SQL 为引擎，让用户在屏幕上以图形方式定义用户需求，系统自动生成相应的源程序(还具有面向对象的功能)，用户可修改或增加这些源程序，从而完成应用开发。

3）应用生成器

应用生成器是重要的一类综合的 4GL 工具，它用来生成完整的应用系统。应用生成器按其使用对象可以分为交互式和编程式两类。属于前者的有 FOCUS、RAMIS、MAPPER、UFO、NOMAD、SAS 等。它们服务于维护、准备和处理报表，允许用户以可见的交互方式在终端上创立文件、报表和进行其他的处理。目前较有代表性的有 PowerBuilder 和 Oracle 的应用开发环境。Oracle 提供的 SQL FORMS、SQL MENU、SQL REPORTWRITER 等工具建立在 SQL 基础之上，借助了数据库管理系统强大的功能，让用户交互式地定义需求，系统生成相应的屏幕格式、菜单和打印报表。编程式应用生成器是为建造复杂系统的专业程序人员设计的，如 NATURAL、FoxPro、Mantis、IDEAL、CSP、DMS、INFO、LINC、FORMAL、Application Factory 以及作者设计的 OO-HLL 等即属于这一类。这一类 4GL 中有许多是程序生成器(Program Generator)，如 LINC 生成 COBOL 程序，FORMAL 生成 Pascal 程序等。为了提供专业人员建造复杂的应用系统，有的语言具有很强的过程化描述能力。虽然语句的形式有差异，其实质与 3GL 的过程化语句相同，如 Informix-4GL 和

Oracle 的 Pro C。

4）形式规格说明语言

为避免自然语言的歧义性、不精确性引入软件规格说明中。形式的规格说明语言则很好地解决了上述问题，且是软件自动化的基础。从形式的需求规格说明和功能规格说明出发，可以自动或半自动地转换成某种可执行的语言。这一类语言有 Z、NPL、SPECint 以及作者设计的 JavaSpec。

4. 第 4 代语言的应用前景

在今后相当一段时期内，4GL 仍然是应用开发的主流工具。但其功能、表现形式、用户界面、所支持的开发方法将会发生一系列深刻的变化。主要表现在以下几个方面。

(1) 4GL 与面向对象技术将进一步结合。面向对象技术所追求的目标和 4GL 所追求的目标实际上是一致的。目前有代表性的 4GL 普遍具有面向对象的特征，随着面向对象数据库管理系统研究的深入，建立在其上的 4GL 将会以崭新的面貌出现在应用开发者面前。

(2) 4GL 将全面支持以 Internet 为代表的网络分布式应用开发。随着以 Internet 为代表的网络技术的广泛应用，4GL 又有了新的活动空间。出现类似于 Java，但比 Java 抽象级更高的 4GL 不仅是可能的，而且是完全必要的。

(3) 4GL 将出现事实上的工业标准。目前 4GL 产品很不统一，给软件的可移植性和应用范围带来了极大的影响。但基于 SQL 的 4GL 已成为主流产品。随着竞争和发展，有可能出现以 SQL 为引擎的事实上的工业标准。

(4) 4GL 将以受限的自然语言加图形作为用户界面。目前 4GL 基本上还是以传统的程序设计语言或交互方式为用户界面的。前者表达能力强，但难于学习使用；后者易于学习使用，但表达能力弱。在自然语言理解未能彻底解决之前，4GL 将以受限的自然语言加图形作为用户界面，以大大提高用户界面的友好性。

(5) 4GL 将进一步与人工智能相结合。目前 4GL 主流产品基本上与人工智能技术无关。随着 4GL 非过程化程度和语言抽象级的不断提高，将出现功能级的 4GL，必然要求人工智能技术的支持才能很好地实现，使 4GL 与人工智能广泛结合。

(6) 4GL 继续需要数据库管理系统的支持。4GL 的主要应用领域是商务。商务处理领域中需要大量的数据，没有数据库管理系统的支持是很难想象的。事实上，大多数 4GL 是数据库管理系统功能的扩展，它们建立在某种数据库管理系统的基础之上。

(7) 4GL 要求软件开发方法发生变革。由于传统的结构化方法已无法适应 4GL 的软件开发，工业界客观上又需要支持 4GL 的软件开发方法来指导他们的开发活动。预计面向对象的开发方法将居主导地位，再配之以一些辅助性的方法，如快速原型方法、并行式软件开发、协同式软件开发等，以加快软件的开发速度，提高软件的质量。

习题

1. 名词解释

(1) CPS；(2) 云计算；(3) 商务智能；(4) 知识管理；(5) 中间件；(6) CASE。

2. 判断题

(1) 电子商务技术中,RFID是基础应用的关键技术,CPS是物理世界和信息世界的集成,云计算是用户和产业的愿景,智慧地球是电子商务更高级的阶段。 ( )

(2) 商务智能只能处理结构性信息,不能处理非结构性信息。 ( )

(3) 数据仓库是一个很好的存储工具,也是商务智能系统的技术基础。通过数据仓库,商务智能系统可以存储原始信息,为Portal工具的使用提供信息源。 ( )

(4) 商务智能着眼将企业信息化管理后所产生的营运数据,予以转化增值为辅助决策的信息,进而累积成为企业的知识资产。 ( )

(5) 软件体系结构代表了系统公共的高层次的抽象,它是系统设计成功的关键。其设计的核心是能否使用结构性的体系模式。 ( )

3. 填空题

(1) 从产业发展阶段的角度预测,未来10年,中国电子商务产业将经历________、________、________三个发展阶段,形成________、________、________三大市场。

(2) 从系统的观点来看,商务智能数据处理有如下过程:________,________,________。

(3) 电子商务可划分成三个层面:________、________和________。

(4) 中间件是基于分布式处理的软件,最突出的特点是其网络通信功能。主要类型包括:屏幕转换及仿真中间件,数据库访问中间件,________,________,________,安全中间件。

(5) CORBA体系的主要内容包括以下几部分:________,________,________,________,领域接口。

4. 选择题

(1) 海量信息处理对商业智能提出了哪些要求?( )

A. 实时商务智能 B. 分析速度更快

C. 数据质量更高 D. 数据挖掘更强

(2) 传统商业智能在面对海量数据时存在哪些问题?( )

A. 资金供应不足 B. 巨大的IT设备投入

C. 无法应对海量数据的增长 D. 无法应对客户种种不同的要求

(3) 知识管理包括几个方面的工作?( )

A. 建立知识库 B. 知识的结构化储存

C. 建立尊重知识的内部环境 D. 把知识作为资产来管理

(4) 基于构件的软件开发方法学应包括下面哪几方面?( )

A. 对中间件有明确的定义

B. 基于中间件的概念需要有中间件的描述技术和规范

C. 开发应用系统必须按中间件裁剪划分组织

D. 有支持检验中间件特性和生成文档的工具

(5) RFID 中间件可以从架构上分为哪几种?(　　)

A. 以应用程序为中心　　B. 以架构为中心

C. 以客户需求为中心　　D. 以数据结构为中心

(6) RFID 中间件的发展阶段包括以下哪几个?(　　)

A. 应用程序中间件发展阶段　　B. 面向需求中间件发展阶段

C. 架构中间件发展阶段　　D. 解决方案中间件发展阶段

(7) CASE 有哪几大作用?这些作用从根本上改变了软件系统的开发方式。(　　)

A. 一个具有快速响应、专用资源和早期查错功能的交互式开发环境

B. 对软件的开发和维护过程中的许多环节实现了自动化

C. 通过一个强有力的图形接口,实现了直观的程序设计

D. 在使用的时候要注意与硬件的兼容性

5. 简答题

(1) 简述 RFID 中间件的特点。

(2) CORBA 服务内容有哪些?

(3) 软件开发工具的基本功能有哪些?

(4) 4GL 有哪些优点和不足?

(5) 分析 CASE 的采用过程和选择过程。

6. 论述题

(1) 简介第 4 代语言的应用前景。

(2) 敏捷开发的方法有哪些?

(3) 构件技术有哪几种?请比较它们的特点。

第9章 电子商务相关系统

9.1 智能决策系统

9.1.1 决策支持系统

决策支持系统(Decision Support System,DSS),是指能起到决策支持作用的计算机应用系统。它以支持半结构化和非结构化的决策问题为目的,其重心在于提高决策的有效性,而不是提高决策的效率。决策支持系统用于支持决策,不代替决策者制定决策。决策支持系统是一个多库集成的复合系统,结构可谓多种多样,主要根据要解决的具体问题来确定。但人机交互系统、数据库、模型库、知识库、推理机是必不可少的组成部件。

1. 人机交互界面

人机交互界面,是决策人员输入信息与系统输出信息,是进行信息交互的"纽带"和接口。人机交互系统,首先应当能够准确地理解用户的各种意图,并将其转换为系统中各种形式的命令;其次应当将系统的响应、决策过程中的信息和结果,按照用户希望的形式,组织成用户所需的图文信息进行显示。人机交互系统的开发,主要是针对系统的用户对计算机的熟悉程度和技术实现难度,来选取合适的人机交互方式。随着计算机硬件技术的不断发展,现代人机系统的交互方式已发展为字符、图形、图像、视频和音频相结合的多媒体的人机交互方式,并且还出现了光学字符识别、自然语言理解等人工智能的人机交互方式。一般常用的人机交互方式有:问答式对话、菜单界面、功能键、图符界面、填表界面、命令语言界面、查询语言界面和自然语言界面8种方式。

2. 数据库

数据库是整个决策支持系统的最基本的组成部分,是进行决策支持的信息载体,用于存储决策支持所需数据的集合。系统中主要有两类数据:第一类是基础静态数据,第二类是决策实施过程产生的中间与结果数据。

第一类数据按属性可以分成两种:一是说明性数据,具有描述属性;二是用于统计分析的数据,具有统计属性。考虑到决策支持数据的特点;采用三层数据结构:第一层是数据库字典,用于存储数据库的描述信息;第二层是数据字典,用于存储统计数据和决策数据的描述信息;第三层是统计和决策数据库,用于存储具体的数值。

3. 模型库

模型库是提供模型存储和表示模式的分系统，是 DSS 的共享资源，是 DSS 区别于其他信息系统的重要特征，也是 DSS 的核心。其有一些具有支持不同层次的决策活动的基本模型，其中有一些为支持频繁操作的单一模型，还有一些用于生成新模型的基本模块和基本要素。模型在计算机中主要有以下 3 种表示方式。

(1) 模型的程序表示。是一种传统的表示方法，每个模型对应于一个程序，输入格式、输出格式及算法均在程序中，使用模型实际上就是对该子程序的调用。

(2) 模型的数据表示。用数据来表示模型，就是把模型作为输入集到输出集的映射，其映射关系由参数集合确定。

(3) 模型的逻辑表示。又称为模型的知识表示，因为模型的逻辑表示方法目前主要有谓语逻辑、语义网络、逻辑树及关系框架等。

4. 知识库

知识库(Knowledge Base)是知识工程中结构化、易操作、易利用、全面有组织的知识集群，是针对某一(或某些)领域问题求解的需要，采用某种(或若干)知识表示方式在计算机存储器中存储、组织、管理和使用的互相联系的知识片集合。这些知识片包括与领域相关的理论知识、事实数据，由专家经验得到的启发式知识，如某领域内有关的定义、定理和运算法则以及常识性知识等。只有基于知识的系统才拥有知识库。

5. 推理机

推理机(Inference Engine)是专家系统中实现基于知识推理的部件，是基于知识的推理在计算机中的实现，主要包括推理和控制两个方面，是知识系统中不可缺少的重要组成部分。

推理机由执行器、调度器和一致性协调器等组成。调度器根据控制策略(用知识和算法描述)和黑板记录的信息从议程中选择一个动作供系统下一步执行。执行器应用知识库中的知识和黑板记录的信息，执行调度器选定的动作。一致性协调器的主要作用是当得到新数据或新假设时，对已得到的相关结果进行似然修正，以保证结果的前后一致性。

9.1.2 战略信息系统

战略信息系统是计算机和通信技术发展到一定阶段的产物，建立在信息技术的成熟和信息搜集、处理和传输成本不断下降的基础之上。人们对战略信息系统的认识是在信息技术的应用实践中产生的。从企业发展战略的高度来认识信息技术，并在应用中赢得竞争优势，应该说是社会经济发展的必然趋势。

1. 战略信息系统

把信息技术看作是辅助或服务性的工具已经成为过时的观念。管理者应该认识到信息技术的广泛影响和深刻含义，以及怎样利用信息技术来创造有力而持久的竞争优势。无疑，信息技术正在改变着人们习以为常的经营之道，一场关系到企业生死存亡的技术革命已经到来。信息技术已不再仅仅是企业信息部门的事情,越来越多的企业家和企业领导正把越来越多的时间和资金投入到信息技术之中。

信息技术已不再仅具有提供辅助或服务的参谋功能,它已经具有能够左右企业竞争战略和计划的作战功能。现代信息技术正改变着产品(服务)和生产过程,改变着企业和产业,甚至企业竞争本身。

以计算机和通信技术为基础的信息技术是企业获得竞争优势的有力手段。现代企业的发展使人们看到信息技术的潜力和信息技术战略应用的意义。进入20世纪80年代以来,发达国家的企业界和学术界一直在高度重视和研究信息技术的战略应用问题。日本的全面质量管理模式也在向战略信息系统模式转移。将信息技术运用于成本、差别化、发展、创新和联合等,创造企业竞争优势已经成为发达国家企业的有力竞争武器。信息技术的战略应用已经突破了传统的管理学理论和实践,造就了一个全新的多学科领域——战略信息系统。

2. 战略信息系统开发的特点

(1) 战略阶段划分具有模糊性

在企业实践中,上述各阶段的工作并不总是能在时间上和内容上明确区分开的。因为企业活动具有连续性,因而,企业战略也势必具有连续性,新战略往往是对原有战略的调整和补充,完全抛开原有战略而从头开始一个战略管理过程的情况是不常见的。

(2) 战略的判定和实施具有整体性

虽然战略和战略管理对企业的成功具有极其重要的作用,但战略制定和实施工作是不可能与企业的其他工作完全分开的。

(3) 战略的调整应坚持权变性

企业经营环境变化的时间和内容往往是不可预料的,人们不可能事先确定战略调整的时间。因此,虽然战略决策的时期一般在5年以内,但在环境发生突然的重大变化时,即使刚刚开始执行某项战略,也需要停止现有战略,转而确定和执行新的战略。而且,由于企业经营环境总是在变化,因此企业战略也会发生变化,这就使战略制定和执行工作具有很强的渐进性和动态性。

3. 战略信息系统开发过程中的信息分析

1) 环境信息分析

环境信息是各类企业赖以生存的共同空间,其影响着代表企业必须注视和做出反应的不可控的因素。所以通过对企业经济活动产生影响的环境信息分析,能够发现和确定战略信息系统的机会和威胁,从而确定企业的战略目标,并适时修正不合时宜的战略。环境信息一般包括外部环境信息和内部环境信息。外部环境信息包括政治环境、经济环境、技术环境、社会文化环境、人口、环境保护等信息。对企业的外部环境进行分析的方法称为PEST分析法。

(1) 政治法律环境,是指一个国家或地区的政治制度、体制、政治形势、方针政策、法律法规等方面。政治环境的变化,对企业战略信息系统的实施有很大的影响。

(2) 经济环境,是指企业经营过程中所面临的各种经济条件、经济特征、经济联系等客观因素。经济信息更是战略信息系统中要重点分析的一项内容，在众多衡量宏观经济的指标中，国民生产总值是最常用的指标之一。人均收入自变量与消费品购买力是正相关的经济指标，价格是经济环境中的一个敏感因素。对经济环境的不确定性，企业可以求助于专业机构以获取经济信息服务。

(3) 技术环境，是指一个国家和地区的技术水平、技术政策、新产品开发能力，以及技术发展的动向等。对于一个企业来讲，当然要特别关注所在行业的技术发展动态和竞争者技术开发、新产品开发方面的动向。

(4) 社会文化环境，其变化对战略信息系统有着潜移默化的影响。社会文化随时间的推移而可能发生变化，这就给每个时代的流行创造了机会，如 20 世纪 80 年代以来的读书热、旅游热、出国热等。不同群体有共同的社会态度、爱好和行为，从而表现出不同的市场需求和不同的消费行为。

对外部环境信息的有效信息分析，能大大减少因环境变化给企业带来的不确定性，使企业准确把握自己与环境的关系，可靠地估计未来的环境变化，保证决策的正确性，永远立于有利的竞争地位。所以企业在对其外部环境分析了之后，可以编制企业外部环境分析表，以便进一步分析外部环境对企业发生的影响。构成企业一般内部环境的信息可分成两大类，一类是资源信息，另一类是能力信息。资源信息包括有形资源和无形资源，例如，企业的形象、企业与外部某些关键人物的关系等。对现有资源进行分析是为了确定企业目前拥有的资源量，或是有可能获得的资源数量。对内部环境信息的分析，企业可以进一步进行资源评价，为战略的制定提供可靠性依据。

2) 供应商信息分析

供应商是向企业及竞争对手提供所需的各种资源的组织机构或个人。供应商对企业的生产经营有很大的影响力，特别是当企业所需资源的供应来源十分专有和稀少时，或当企业没有替代资源可以选择时，或企业所处行业对于供应商来讲并不重要、供应商对该行业所提供的未来商业机会不感兴趣或供应商提供的资源对于企业成败至关重要，或企业所需供应品差别化很大或更换供应商的成本很高、企业对供应商依赖性较强，在这些情况下，供应商就能以提价、限制供应、降低供货质量等条件来向企业施加压力，所以企业既要设法与一些主要供应商尽力建立长期合同关系，以获得稳定的供应渠道及某些优惠条件，同时也要避免对某个供应商的过分依赖。企业通过供应商信息的分析判断，发现供应商的强弱对比和信息技术战略机会。

3) 顾客信息分析

所有的顾客在购买企业产品的过程中都有可能拥有一种很强的限制力量，这是因为顾客的采购份额可能占了企业出产的很大一部分；或是因为采购成本占顾客再生产成本比例很高，使顾客倾向于多方询价；或者同类产品判别很小，顾客可以随意选择供货商；再者顾客购买力有限，对价格十分敏感，如此等等。于是顾客会对价格、服务、质量等方面提出更高的要求。企业是为满足顾客的需要而从事生产经营的，或者说企业依赖于顾客的存在而存在，所以企业必须认真研究顾客需要的特征、需要的差异，以及需要的变化趋势，从而面对压力而应付自如。信息技术的应用可以在许多方面大显身手，如计算机订货系统、计算机辅助设计系统等，利用这些先进的信息技术创造和维护企业竞争优势，不断发现和利用出现的市场机会。

4）竞争对手分析

在激烈的市场竞争中，企业会面临许多竞争的挑战，因而分析竞争来自何方、出于何种动机、哪个威胁最大、其随时间变化的趋势如何等，对于帮助企业在战略上做出相应反应是十分重要的。

知道了哪些方面构成了对企业的竞争后，要进一步判断谁对企业构成的威胁最大，则需从竞争对手的规模、增长能力、盈利能力、经营目标等方面入手，来认识和评价竞争者的优势与劣势。在这个过程中，结合竞争者对其自身业绩的评价以及是否由此决定调整其战略的考虑显然是极其重要的。

企业战略信息系统还必须收集竞争的信息技术应用情报，如竞争对手使用的信息系统、性能、型号、数据库能力、网络通信能力等。供应商、顾客、竞争对手等因素，也可构成竞争环境。

4. 战略信息系统中战略的制定与实施

1）战略制定

（1）目标整合。在对企业的外部环境和内部条件进行分析之后，就要根据分析结果和企业的经营宗旨确定或调整企业的战略目标。企业的战略目标，根据其作用期限和意义大小，可分为长期目标和短期目标。长期目标是指企业在追求其宗旨的过程中希望达到的结果，而其时间跨度，一般要超出企业的当前财务年度之外。短期目标是管理者用来达到长期目标的绩效目标，其时间跨度常常不到一年。不管是长期目标还是短期目标，其作用都是为战略信息系统实现其任务过程中指明方向。它们应当是动态的，若环境条件发生变化，它们也需被重新评价。任何企业的战略目标都不可能是单一的，企业的战略目标应该是企业宗旨和战略分析结果确定的、由长期目标和短期目标组成的目标体系。

（2）战略抉择。战略抉择是指做出选择某一特定战略方案的决策。要选择最富有吸引力的战略方案。在战略信息系统中，战略抉择是群体协作与决策的过程，需要计算机技术来支持，也就是需要 CSCW 技术来支持。在战略抉择时，经常产生一些战略误区，如利润误区、规模误区、购并误区、多样化经营误区，应引起企业战略决策者的注意。

2）战略实施

战略信息系统实施过程是将战略方针、目标、内外环境因素、竞争条件等要素融为一体的过程，并用以指导企业在一定时期内合理分配有限资源，以期达到目标的具体管理活动。战略实施是强调企业组织各方面的整体性和协调性。

3）战略控制与反馈

战略控制是指监督战略实施进程、及时纠正偏差、确保战略有效实施、确保战略信息系统基本上符合预期计划的必要手段。在战略信息系统的战略控制过程中，反馈是一个重要的环节。反馈对加强绩效责任制十分必要。即使反馈不能用于高速输入量，也表明整个过程的结果受到监控。在环境变化重复发生时，反馈可以根据对绩效的评价，指出创新的需要。如果要进一步保证反馈的效果，则需要有一个学习的过程。企业管理人员认真分析不同组合的输入所产生的结果，把握输入与结果的关系。这是一个比较复杂的反馈系统。管理人员如果很好地掌握了输入与结果的关系，他们的着眼点就会从绩效控制系统转向具体活动控制系统，从而有效地发挥整个控制系统的作用。

9.2 企业生产信息系统

9.2.1 企业资源计划

企业资源计划系统(Enterprise Resource Planning,ERP)首先由美国的 Gartner 公司提出,是建立在信息技术基础上,以系统化的管理思想,为企业决策层及员工提供决策运行手段的管理平台。作为企业管理思想,它是一种新型的管理模式;而作为一种管理工具,它同时又是一套先进的计算机管理系统。在不到10年的短暂时间内,它很快就被人们认同和接受,并为许多的企业带来了丰厚的收益。

ERP 系统集信息技术与先进的管理思想于一身,作为现代企业的运行模式,反映了信息时代对企业合理调配资源、最大化地创造社会财富的要求,成为企业在信息时代生存、发展的基石。以计算机网络为核心的企业级的 ERP 系统更为成熟,系统在企业管理信息系统的基础上增加了包括财务预测、生产能力预测、调整资源调度等方面的功能。配合企业实现资金管理、质量管理和生产资源调度管理及辅助决策的功能,成为企业进行生产管理及决策的平台工具。

1. ERP 的功能

ERP 是一个面向供需链管理的管理信息集成系统,采用各种计算机和网络通信技术的最新成就,实施以客户为中心的经营战略,综合考虑供应商、制造工厂、分销网络和客户等各方面的综合影响,实现企业资源的合理配置。因此,ERP 是新型的管理模式,它突破了单一企业的范围,可以说,它是企业管理模式的未来发展趋势。

ERP 实施的是以客户为中心的经营战略,ERP 的基本思想是将企业的业务流程看作是包括供应商、制造工厂、分销网络和客户等在内的紧密连接的供需链;将企业内部划分成几个相互协同作业的支持子系统,如财务、市场营销、生产制造、质量控制、服务维护、工程技术等,还包括对竞争对手的监视管理。ERP 是一种面向企业供需链的管理思想,可对供需链上的所有环节有效地进行管理,从管理范围的深度上为企业提供了更丰富的功能和工具,可以实施全球范围内的多工厂、多地点的跨国经营运作。ERP 的主要功能包括以下 4 个方面。

(1) 财务管理。ERP 中的财务模块与一般的财务软件不同,作为 ERP 系统中的一部分,它和系统的其他模块有相应的接口,能够相互集成。

(2) 生产控制管理。这一部分是 ERP 系统的核心所在,它将企业的整个生产过程有机地结合在一起,使得企业能够有效地降低库存,提高效率。一般包括主生产计划、物料需求计划、能力需求计划、车间控制、制造标准等管理功能。

(3) 物流管理。物流管理一般包括分销管理、库存控制和采购销售管理。分销是从产品的销售计划开始,对其销售产品、销售地区、销售客户各种信息的管理和统计,并可对销售数量、金额、利润、绩效、客户服务做出全面的分析。库存控制用来控制存储物料的数量,以保证稳定的物流支持正常的生产,但又最小限度地占用资本。采购管理用来确定合理的订货量、优秀的供应商和保持最佳的安全储备。

(4) 人力资源管理。人力资源管理，作为一个独立的功能，被加入到了ERP的系统中来，和ERP中的财务、生产系统组成了一个高效的、具有高度集成性的企业资源系统。它与传统方式下的人事管理有着根本的不同，一般包括人力资源规划的辅助决策、招聘管理、工资核算、工时管理、差旅核算等。

2. ERP的特点

(1) 计划的一贯性与可行性。ERP是一种计划主导型的管理模式，计划层次从宏观到微观，从战略到战术，由粗到细逐层细化，但始终保证与企业经营战略目标一致。

(2) 管理系统性。ERP是一种系统工程，它把企业所有与经营生产直接相关部门的工作联系成一个整体，每个部门都从系统总体出发做好本岗位工作，每个人员都清楚自己的工作质量同其他职能的关系。

(3) 数据共享性。ERP是一种管理信息系统，企业各部门都依据同一数据信息进行管理，任何一种数据变动都能实时地反映给所有部门，做到数据共享。

(4) 动态应变性。ERP把客户需求和企业内部的制造活动及供应商的制造资源整合在一起，体现了完全按用户需求制造的思想，这使得企业适应市场与客户需求快速变化的能力增强。

(5) 模拟预见性。ERP是经营生产管理规律的反映，按照规律建立的信息逻辑必然具有模拟功能。

(6) 物流、资金流的统一。ERP包含成本会计和财务功能，可以由生产活动直接产生财务数字，把实物形态的物料流动直接转换为价值形态的资金流动，保证生产和财会数据一致。

(7) ERP把制造企业的制造流程看作是一个在全社会范围内紧密连接的供应链，其中包括供应商、制造工厂、分销网络和客户等；同时将分布在各地所属企业的内部划分成几个相互协同作业的支持子系统，如财务、市场营销、生产制造、质量控制、工程技术等，还包括对竞争对手的监视管理。

3. ERP系统的管理思想

ERP的核心管理思想就是实现对整个供应链的有效管理，主要体现在以下三个方面。

1) 体现对整个供应链资源进行管理的思想

在知识经济时代仅靠自己企业的资源不可能有效地参与市场竞争，还必须把经营过程中的有关各方如供应商、制造工厂、分销网络、客户等纳入一个紧密的供应链中，才能有效地安排企业的产、供、销活动，满足企业利用全社会一切市场资源快速高效地进行生产经营的需求，以期进一步提高效率和在市场上获得竞争优势。ERP系统实现了对整个企业供应链的管理，适应了企业在知识经济时代市场竞争的需要。

2) 体现精益生产、同步工程和敏捷制造的思想

ERP系统支持对混合型生产方式的管理，其管理思想表现在两个方面：其一是“精益生产(Lean Production，LP)”的思想，它是由美国麻省理工学院(MIT)提出的一种企业经营战略体系。即企业按大批量生产方式组织生产时，把客户、销售代理商、供应商、协作单位纳入生产体系，企业同其销售代理、客户和供应商的关系，已不再简单地是业务往来关系，而是利

益共享的合作伙伴关系，这种合作伙伴关系组成了一个企业的供应链，这即是精益生产的核心思想。其二是“敏捷制造（Agile Manufacturing）”的思想。当市场发生变化，企业遇有特定的市场和产品需求时，企业的基本合作伙伴不一定能满足新产品开发生产的要求，这时，企业会组织一个由特定的供应商和销售渠道组成的短期或一次性供应链，形成“虚拟工厂”，把供应和协作单位看成是企业的一个组成部分，运用“同步工程”，组织生产，用最短的时间将新产品打入市场，时刻保持产品的质量、多样化和灵活性，这即是“敏捷制造”的核心思想。

3）体现事先计划与事中控制的思想

ERP系统中的计划体系主要包括：主生产计划、物料需求计划、能力计划、采购计划、销售执行计划、利润计划、财务预算和人力资源计划等，而且这些计划功能与价值控制功能已完全集成到整个供应链系统中。

ERP系统通过定义事务处理（Transaction）相关的会计核算科目与核算方式，以便在事务处理发生的同时自动生成会计核算分录，保证了资金流与流的同步记录和数据的一致性。从而实现了根据财务资金现状，可以追溯资金的来龙去脉，并进一步追溯所发生的相关业务活动，改变了资金信息滞后于物料信息的状况，便于实现事中控制和实时做出决策。

计划、事务处理、控制与决策功能都在整个供应链的业务处理流程中实现，要求在每个流程业务处理过程中最大限度地发挥每个人的工作潜能与责任心，流程与流程之间则强调人与人之间的合作精神，以便在有机组织中充分发挥每个人的主观能动性与潜能，实现企业管理从“高耸式”组织结构向“扁平式”组织机构的转变，提高企业对市场动态变化的响应速度。总之，借助IT技术的飞速发展与应用，ERP系统得以将很多先进的管理思想变成现实中可实施应用的计算机软件系统。

4. ERP系统的应用

ERP系统在Internet/Intranet环境下运行，分为财务管理、市场营销管理、生产制造管理、质量控制管理、库存管理、采购管理、设备管理和人事管理等模块。

在整个系统中，企业的经营和生产销售可划分为三个阶段，并通过该系统的协调完成对经营过程的调控。

第一阶段，生产合同签订阶段。

营销管理系统收集到市场（客户）需求，并向生产管理系统提出生产要求，生产管理系统根据以前生产情况的记载，判定该产品是否为新产品，如果是新产品，则向技术开发管理系统提出开发设计申请，技术开发部门根据要求和开发能力，制定开发计划和开发使用资金详细预算，技术开发管理系统向财务管理系统申请开发资金，与生产和营销系统协商开发周期。如果财务管理系统批准开发资金，营销和生产系统同意开发周期，则开始研究开发工作，营销管理部门与客户签订合同，待研制开发工作结束后，进入生产阶段；如果研制开发工作不能正常进行，则该项生产要求被废止。如果该项生产要求生产的产品不是新产品，营销管理部门与客户签订合同，进入生产阶段。

第二阶段，生产阶段。

生产系统在合同的指导下，制定生产计划、使用材料进度计划和人力需求计划，并向库存管理系统提出分时段的材料计划，向人事管理系统提出人力资源需求计划，开始组织生产。库存管理系统收到生产管理系统的材料使用计划后，检查库存，如果库存中没有所需要的材料，则向采购管理系统提出采购计划。采购管理系统向财务管理系统提出资金使用计划，并组织采购。生产车间生产出来的产品经质量管理部门进行质量检测合格后，交营销部门，投入市场。

第三阶段，销售阶段。

生产的产品被检验合格后，交市场营销部门，市场营销部门将产品销售给用户，并跟踪用户使用产品的信息，保证产品的售后服务。按 ERP 系统的要求，整个 ERP 系统除上面提到的企业内部运行模块外，还包括对企业外部信息的收集和发布，包括对供应商管理、市场需求管理、客户管理和分销商管理。对于企业内部管理模块，主要集中在营销管理系统和采购管理系统，营销管理系统要负责采集市场的需求信息、主要竞争对手的市场活动信息、客户信息和分销网络信息，采购管理系统要收集和管理主要原料的供应商信息，包括供应商能够提供的材料、价格、质量和服务情况等。

5. ERP 系统存在的风险

对于 ERP 项目而言，风险存在于项目的全过程，包括项目规划、项目预准备、实施过程和系统运行。归纳起来，ERP 项目的风险主要有以下 7 方面。

(1) 缺乏规划或规划不合理；

(2) 项目预准备不充分，表现为硬件选型及 ERP 软件选择错误；

(3) 实施过程控制不严格，阶段成果未达标；

(4) 设计流程缺乏有效的控制环节；

(5) 实施效果未做评估或评估不合理；

(6) 系统安全设计不完善，存在系统被非法入侵的隐患；

(7) 灾难防范措施不当或不完整，容易造成系统崩溃。

6. ERP 系统成功的标志

ERP 应用是否成功，原则地说，可以从以下 4 个方面加以衡量。

1) 系统运行集成化

这是 ERP 应用成功在技术解决方案方面最基本的表现。ERP 系统是对企业物流、资金流、信息流进行一体化管理的软件系统，其核心管理思想就是实现对“供应链(Supply Chain)”的管理。软件的应用将跨越多个部门甚至多个企业。为了达到预期设定的应用目标，最基本的要求是系统能够运行起来，实现集成化应用，建立企业决策完善的数据体系和信息共享机制。一般来说，如果 ERP 系统仅在财务部门应用，只能实现财务管理规范化、改善应收账款和资金管理；仅在销售部门应用，只能加强和改善营销管理；仅在库存管理部门应用，只能帮助掌握存货信息；仅在生产部门应用，只能辅助制定生产计划和物资需求计划。只有集成一体化运行起来，才有可能达到：①降低库存，提高资金利用率和控制经营风险；②控制产品生产成本，缩短产品生产周期；③提高产品质量和合格率；④减少财务坏账、呆账金额等。这些目标能否真正达到，还要取决于企业业务流程重组的实施效果。

2) 业务流程合理化

这是应用 ERP 在改善管理效率方面的成功体现。ERP 应用成功的前提是必须对企业实施业务流程重组。因此,ERP应用成功也即意味着企业业务处理流程趋于合理化,并实现了ERP应用的以下几个最终目标:①企业竞争力得到大幅度提升;②企业面对市场的响应速度大大加快;③客户满意度显著改善。

3)绩效监控动态化

ERP的应用,将为企业提供丰富的管理信息。如何用好这些信息并在企业管理和决策过程中真正起到作用,是衡量ERP应用成功的另一个标志。在ERP系统完全投入实际运行后,企业应根据管理需要,利用ERP系统提供的信息资源设计出一套动态监控管理绩效变化的报表体系,以期即时反馈和纠正管理中存在的问题。这项工作,一般是在ERP系统实施完成后由企业设计完成。企业如未能利用ERP系统提供的信息资源建立起自己的绩效监控系统,将意味着ERP系统应用没有完全成功。

4)管理改善持续化

随着ERP系统的应用和企业业务流程的合理化,企业管理水平将会明显提高。为了衡量企业管理水平的改善程度,可以依据管理咨询公司提供的企业管理评价指标体系对企业管理水平进行综合评价。评价过程本身并不是目的,为企业建立一个可以不断进行自我评价和不断改善管理的机制,才是真正目的。这也是ERP应用成功的一个经常不被人们重视的标志。

9.2.2 客户关系管理

客户关系管理产生于20世纪90年代初的美国,并于20世纪后期进入中国市场。CRM是现代企业的一种经营管理理念,是一套旨在健全、完善、发展企业与客户之间关系的新型应用技术系统,是企业的一种职能战略。CRM战略的实施,可以优化企业的运营价值链并提升企业核心竞争力。

1. CRM的发展

客户关系管理(Customer Relationship Management,CRM)产生于20世纪90年代初的美国,当时,许多美国企业为了满足市场日益竞争的需要,开始开发销售力量自动化系统(Sales Force Automation,SFA),随后又着力发展客户服务系统(Customer Service and Support,CSS)。1996年后,一些公司开始把SFA和CSS两个系统合并起来,再加上营销策划(Marketing)、现场服务(Field Service),在此基础上再整合CTI(计算机电话集成技术)形成集销售(Sales)和服务(Service)于一体的呼叫中心(Call Center)。这样就逐步形成了人们所熟知的客户关系管理(Customer Relationship Management,CRM)。特别是Gartner Group正式提出CRM的概念后,CRM的传播和应用都得到了极大发展,并于20世纪后期进入中国市场。CRM是一套旨在改善企业与客户之间关系的新型管理机制,同时也包括一个组织机构判断、选择、争取、发展和保持客户所要实施的全部商业过程。

CRM的理论基础主要有:20世纪80年代中期的关系营销理论、20世纪90年代的顾客忠诚理论和一对一营销理论等。经过二十多年的不断发展,客户关系管理已经发展形成一套完整的管理理论体系。它既是一种以市场为导向的营销理念,也是面向顾客优化市场、服务、销售的业务流程,同时也能增强企业部门之间的集成协同能力,加快顾客服务响应能力,提高客户忠诚度和满意度的一整套解决方案。

2. CRM 的含义

关于CRM的定义，业界一直以来存在不少争议。企业管理者认为，所谓的客户关系管理就是要赋予企业更充分的客户交流能力，使得客户收益率达到最大化；从商业经营角度来看，CRM就是改善与市场销售、客户服务和支持等领域的客户关系有关的商业流程；而从信息技术角度看，CRM应用系统的定义是利用最新的信息技术，针对企业销售、服务与营销三个客户交互业务领域的CRM需求而设计出的各种软件功能模块的组合。通过总结众多国外著名研究机构和跨国公司对CRM的诠释，认为在现实当中CRM的含义应该从以下三个层面来表述。

1) CRM是现代企业的一种经营管理理念

它的核心思想是"以客户的需求为中心"。CRM理念要求企业切实从客户的实际需求出发，通过对现代信息工具的使用，增强企业在服务客户、开发客户、发展客户等方面的执行力，从而为客户和企业创造更多价值，实现客户和企业的双赢。

2) CRM是一套技术工具

CRM是一套旨在健全、完善、发展企业与客户之间关系的新型应用技术系统，它集合了当今最新的信息技术，主要包括：Internet和电子商务、多媒体技术、数据仓库和数据挖掘、专家系统和人工智能、呼叫中心以及相应的硬件环境，同时还包括与CRM相关的专业咨询等。

3) CRM是企业的一种职能战略

它是企业高层领导对如何改善企业与客户之间关系的一种全方位的规划和部署，它的目标是通过赢得、发展、保持有价值的客户，优化盈利性，提高客户满意度并增加企业收入。客户关系管理战略的制定和实施需要企业在人力资源、企业文化、组织结构、管理方式等方面做出深刻变革，使企业与客户交流与沟通的方式能够从各个方面得到全面改善，从而重新发现企业核心竞争力。

在客户关系管理的三个层面中，CRM管理理念是基础，CRM技术系统是工具，而CRM职能战略则是关键。三者缺一不可。理念是企业正确对待客户的根本指导思想；工具为企业更好地服务、保持和发展客户提供了现实方法，是理念得以传播的一种物质载体；而战略保证了理念与工具的正确结合，是使用工具贯彻理念的具体规划和实践。

3. CRM 的功能

CRM是通过对客户关系的有效管理，从而鉴别、获得、留住和发展能为企业带来利润的客户。主要有以下功能。

(1) CRM理念为企业提供了一种"以客户的需求为中心"的经营哲学和价值观，引导企业充分重视客户资源，并努力为客户创造价值。CRM理念可以帮助企业认识到当今企业的竞争本质是围绕客户满意度的竞争。

(2) CRM技术系统通过改善企业与客户交流、沟通以及服务客户的方式，在降低营销、市场销售成本的同时，有效地获得并保持了有价值的客户。通过CRM技术系统建立的信息化平台，也能够有效地帮助企业传递"以客户的需求为中心"的管理理念，并改善营销环节的执行能力和管理能力。

(3) CRM 战略的实施可以优化企业的运营价值链并提升企业核心竞争力。CRM 战略能够整合企业的全部业务流程和资源体系，并对资源有效地、结构化地进行分配和重组，同时，CRM 战略通过不断改善客户关系、企业与客户之间的沟通互动方式、资源调配、业务流程和自动化程度等，降低运营成本、增加企业销售收入、提高客户满意度，增强企业的运营效益，并最终提升企业的核心竞争力。另外，从整体架构上来说，它包括三个层面的应用，分别是客户接入、业务流程处理、决策支持。

4. CRM 的实施流程

成功的客户关系管理离不开三个关键因素的支持：人、流程和技术。它需要公司内从 CEO 到每个客户服务代表的全员支持，实施客户关系管理战略需要重组企业工作流程，还必须选择正确的技术来推动工作流程的改进。这三个环节哪个出了问题就会使整个 CRM 项目崩溃。一个实施完全并有效的 CRM 系统一定依赖于企业真正实现了销售、营销和服务文化的转变，即以生产为中心转向以客户需求为中心，从以推销产品为目的转向为客户提供整体解决方案，从单纯的售后服务转为全面的售前、售中、售后服务；而企业内部则从各部门的单独作战转向团队合作。这种转变绝不是简单的靠一套系统的实施就可以完成的，必须依赖于全体员工的思想和意识转变，让"以客户为中心"的理念成为企业全体员工的共同价值观和企业文化的重要组成部分，这才是 CRM 实施真正的意义所在。CRM 系统在企业的实施涉及内容很多，它与企业文化、IT 应用环境、销售流程以及 CRM 所实现的功能模块都有一定的关联性。不同的行业、不同的企业、不同的软件供应商都具有不同的实施方法和实施步骤。CRM 系统实施的一般步骤如下。

1) 企业管理模式转变

企业管理模式上的转变包括如下 4 个方面。

(1) 确定企业的 CRM 战略，以客户为中心，强调服务。这需要企业高层的充分支持。

(2) 适当调整组织结构，进行业务流程的重组。当前业务流程调查与分析、从企业内外征求改进业务流程的好建议、目标业务流程的改进和目标业务流程的形成。所采取的方式是访谈和调查表。

(3) 建立相应的管理制度和激励机制。主要包括：理顺和优化业务处理流程、客观设置流程中的岗位、清晰描述了岗位的职责、完善保证职责有效完成的制度体系、建立考评岗位工作情况的定量指标体系。

(4) 持续改善，形成稳定的企业文化。

2) CRM 系统的实施

在完成企业管理模式上的转变以后，CRM 系统的实施方面，可以遵循以下流程。

(1) 成立 CRM 项目小组。项目小组是 CRM 系统实施的原动力，需对 CRM 的实施做出各种决策，给出建议，并与整个公司的员工进行沟通。一般来讲，项目小组应该包括高层领导、销售和营销部门的人员、企业 IT 部门的人员、财务人员、最终用户的代言人。

(2) 选择系统供应商。选择供应商时应考虑软件功能的齐全性、技术的先进性和供应商的经验和实力。

(3) 开发与部署。CRM 方案的设计，需要企业与供应商两个方面的共同努力。为使这一方案能迅速实现，企业应先部署那些当前最需要的功能，然后再分阶段不断向其中添加新功能。

(4) 系统的实施和安装。实施过程中要严格控制,不要偏离既定目标方案和超出预算。在该阶段应该就该系统对企业员工进行培训,培训计划中应包括管理人员、销售人员以及与实施 CRM 有关的所有人员。在培训工作中不仅要讲解软件和技术问题,而且不能忽视观念更新和行为规范方面的教育。

(5) 系统的运行、评估、调整。一个新系统,不可能一开始就完全满足企业的需求,肯定存在一些系统设计之初没有考虑到的问题或系统漏洞,需要进行阶段性的评估,并在系统运行过程中进行不断的改进、调整和完善。

9.2.3 供应链管理

随着全球竞争的加剧、经济的不确定性增大、信息技术的高速发展以及消费者需求的个性化增加等环境的变化,当今世界已经由以机器和原材料为特征的工业时代进入了以计算机和信息为特征的信息时代,原有的企业组织与管理模式越来越不能适应激烈的市场竞争,从而开始了探索能够提高企业竞争力的新型管理模式的艰苦历程。这种变化促使人们认识问题和解决问题的思维方法也发生了变化,逐渐从点的和线性空间的思考向面的和多维空间思考转化,管理思想也从纵向思维朝着横向思维方式转化。在经济全球化的背景下,横向思维正成为国际管理学界和企业界的热门话题和新的追求,供应链管理就是其中一个典型代表。

1. 供应链及供应链管理概述

1) 供应链及供应链管理

企业从原材料和零部件采购、运输、加工制造、分销直至产品最终送到顾客手中的这一过程被看成是一个环环相扣的链条,这就是供应链。供应链的概念是从扩大的生产概念发展来的,它将企业的生产活动进行了前伸和后延。譬如,日本丰田公司的精益协作方式中就将供应商的活动视为生产活动的有机组成部分而加以控制和协调,这就是向前延伸。后延是指将生产活动延伸至产品的销售和服务阶段。因此,供应链就是通过计划、获得、存储、分销、服务等这样一些活动而在顾客和供应商之间形成的一种衔接,从而使企业能满足内外部顾客的需求。供应链对上游的供应者(供应活动)、中间的生产者(制造活动)和运输商(储存运输活动),以及下游的消费者(分销活动)同样重视。

供应链管理就是指对整个供应链系统进行计划、协调、操作、控制和优化的各种活动和过程,其目标是要将顾客所需的正确的产品能够在正确的时间、按照正确的数量、正确的质量和正确的状态送到正确的地点,即“6R”,并使总成本最小。

2) 供应链管理的组成

SCM(供应链管理)通常由 5 部分组成,各部分轻重程度,视在不同应用领域情况有所不同。

(1) 制定 SCM 策略。看要管理哪些事,通过制定方法来监控。衡量运作是否有效,是否能满足顾客的需要,提供给顾客高质量的产品。

(2) 与上游供货商建立关系。制定一套定价、交货、付款的规则,同时制定监控方法。有了规则,就可以与自己的存货管理、付款系统连在一起。

(3) 制定企业产品生产程序。包括加工、生产、测试、包装、运送的计划安排,以及质量控制与生产管理。

(4) 交货。也就是与下游买主建立关系,对接单、仓储、运送、收款等进行管理。

(5) 问题处理。从上游买来的东西是否有坏的,卖给下游顾客的产品是否有不满意的需要退换等问题,都需要有一个流程来处理。

3) 供应链管理与传统管理模式的区别

供应链管理与传统的物料管理和控制有着明显的区别,主要体现在以下几个方面。

(1) 供应链管理把供应链中所有节点企业看作一个整体。供应链管理涵盖整个物流的、从供应商到最终用户的采购、制造、分销、零售等职能领域过程。

(2) 供应链管理强调和依赖战略管理。供应链是整个供应链中节点企业之间事实上共享的一个概念(任两节点之间都是供应与需求关系),同时它又是一个有重要战略意义的概念,因为它影响或者可以认为它决定了整个供应链的成本和市场占有份额。

(3) 供应链管理最关键的是需要采用集成的思想和方法,而不仅是节点企业技术方法等资源简单的连接。

(4) 供应链管理具有更高的目标,通过管理库存和合作关系去达到高水平的服务,而不是仅完成一定的市场目标。

2. 供应链管理的运营机制

供应链成长过程体现于企业在市场竞争中的成熟与发展之中,通过供应链管理的合作机制、决策机制、激励机制和自律机制等来实现满足顾客需求,使顾客满意以及留住顾客等功能目标,从而实现供应链管理的最终目标:社会目标(满足社会就业需求)、经济目标(创造最佳效益)和环境目标(保持生态与环境平衡)的合一,这可以说是对供应链管理思想的哲学概括。

1) 合作机制

供应链合作机制体现了战略伙伴关系和企业内外资源的集成与优化利用。基于这种企业环境的产品制造过程,从产品的研究开发到投放市场,周期大大地缩短,而且顾客导向化程度更高,模块化、简单化产品、标准化组件,使企业在多变的市场中柔性和敏捷性显著增强,虚拟制造与动态联盟提高了业务外包策略的利用程度。企业集成的范围扩展了,从原来的中低层次的内部业务流程重组上升到企业间的协作,这是一种更高级别的企业集成模式。在这种企业关系中,市场竞争的策略最明显的变化就是基于时间的竞争和价值链及价值链系统管理或基于价值的供应链管理。

2) 决策机制

由于供应链企业决策信息的来源不再仅限于一个企业内部,而是在开放的信息网络环境下,不断进行信息交换和共享,达到供应链企业同步化、集成化计划与控制的目的,而且随着 Internet/Intranet 发展成为新的企业决策支持系统,企业的决策模式将会产生很大的变化,因此处于供应链中的任何企业决策模式应该是基于 Internet/Intranet 的开放性信息环境下的群体决策模式。

3）激励机制

归根到底，供应链管理和任何其他的管理思想一样，都是要使企业在 21 世纪的竞争中在“TQCSF”上有上佳表现。

T 为时间，指反应快，如提前期短，交货迅速等。

Q 指质量，控制产品、工作及服务质量高。

C 为成本，企业要以更少的成本获取更大的收益。

S 为服务，企业要不断提高用户服务水平，提高用户满意度。

F 为柔性，企业要有较好的应变能力。

缺乏均衡一致的供应链管理业绩评价指标和评价方法是目前供应链管理研究的弱点和导致供应链管理实际效率不高的一个主要问题。为了掌握供应链管理的技术，必须建立、健全业绩评价和激励机制，使我们知道供应链管理思想在哪些方面、多大程度上给予企业改进和提高，以推动企业管理工作不断完善和提高，也使得供应链管理能够沿着正确的轨道与方向发展，真正成为企业管理者乐于接受和实践的新的管理模式。

4）自律机制

自律机制要求供应链企业向行业的领头企业或最具竞争力的竞争对手看齐，不断对产品、服务和供应链业绩进行评价，并不断地改进，以使企业能保持自己的竞争力和持续发展。自律机制主要包括企业内部的自律、对比竞争对手的自律、对比同行企业的自律和比较领头企业的自律。企业通过推行自律机制，可以降低成本，增加利润和销售量，更好地了解竞争对手，提高客户满意度，增加信誉。企业内部部门之间的业绩差距也可以得到缩小，提高企业的整体竞争力。

9.3 企业办公系统

9.3.1 办公自动化

1. 传统的办公模式

传统的办公模式是指，计算机还没有应用于办公领域，办公模式还处于纸质的形式；工作者之间各自独立工作，相互之间的协作极少，通信主要以电话形式，通信成本很高；管理者分身乏术，对各个部门的工作情况和进度不能及时了解和控制；文件数据的记录都采取手工记录方式，效率极低，而且容易出错；文件和数据等都是以纸质形式保存，文件文档占据了办公场所面积相当大的一部分；大量文件文档查询起来相当困难，常需要花费大量时间查找文件和文档；数据的修改也相当困难，很容易造成相关数据得不到相应的更新而造成数据的不一致，再加上纸质文件极易发霉变质，保存时间不长，容易造成数据丢失，对一些重要数据的保存每年开支相当大。

2. 现代化办公模式

随着科学技术的不断发展，在全球一体化的影响下，人们的联系日益紧密，同时工业自动化技术影响日益渗透到人们工作和生活的方方面面，传统的办公模式已经不能适应自动化时代的办公要求，新一代的办公模式呼之欲出。办公自动化是伴随着计算机的出现而出现的名词，英文全称为 Office Automation(OA)。从出现第一台计算机到现在，办公自动化的发展主要经历了以下三个阶段。

1）第一个阶段：单机办公自动化

第一个阶段办公方式主要是以复印机、个人计算机的出现和单独使用为主，还没有进入联网年代，电子文档代替了堆登如山的文件纸和报表，结合复印机的使用，大大提高了工作效率，也节省了大量的办公场所和开支依托数字技术，实现了包括对数字、文字、图像、声音和动画的综合处理。但此时的 OA 系统还是比较简单的，国外 OA 系统以微软公司的 Microsoft Office 和 IBM 公司的办公套件 Louts1-2-3 为代表，国内的 OA 系统以金山公司的 WPS、CCED 为代表。当时，这些 OA 系统的文档处理能力较差、协作型工作处理能力和企业级信息集成能力较差。由于计算机以个人办公为主，各部门的计算机之间缺乏信息沟通和共享的渠道，因此信息处于高度孤立状态。

2）第二个阶段：联机办公自动化

第二个阶段以个人计算机的大量普及和联网技术的成熟为依托，企业建立了 Intranet，以一些基于 C/S(Client/Server，客户/服务器)结构的公司内部信息管理软件为代表，但没有功能良好的应用系统支持协同工作，仍然是以个人办公为主，信息依旧比较孤立。

3）第三个阶段：联机高度办公自动化

第三个阶段互联网技术和协同办公技术趋于成熟，以网络为中心、以工作流为主要存储和处理对象，实现了工作流程自动化，让群体协同工作成为可能，打破了第一代 OA 系统中的信息孤立状态。除个人办公软件外，IBM 公司的 Lotus Domino 和微软公司的 Exchange 群件技术逐步被引入，以开通企业网站、实施 ERP 和 CRM 为主。该阶段难以实现异地办公，企业资源无法延展，系统开发和使用复杂，投资昂贵，推广困难。

3. 办公自动化发展趋势

随着全球一体化的影响日益深入，企业，单位的业务也迅速增加，办公的对象已不仅仅局限于某一企业或单位内部的员工，业务的关联对象扩大到全球任一企业、单位，甚至个人，再加上人员的流动频繁，第三代的办公模式已逐渐不能满足形势的发展需要，需要有一种更先进的技术来弥补这种不足。3G 技术广泛应用和人工智能的发展为这种设想提供了可能。

1）移动办公自动化

目前，3G 移动办公技术在我国已经开始普及。办公自动化 OA 系统与计算机网络、通信网络、互联网技术等终端设备结合，形成了无处不在的移动 OA 办公自动化系统。员工在家中、公司、出差旅途中都可以轻松接入企业的移动 OA 办公自动化系统进行网络办公，大大节约了时间，提高了工作效率。移动 OA 办公自动化系统也开始积极利用手机上网技术，使移动 OA 办公自动化系统发挥最大的作用。

2）办公智能化

由于业务繁多，企业、单位在进行业务处理时，往往会出现有心无力的情况。未来的 OA 办公自动化系统将强调更高的人工智能化。OA 办公自动化系统智能化帮助企业、单位员工解决日常烦琐和复杂的数据处理。例如，智能语音服务、自定义邮件、智能短信回复、自动数据库备份、自动还原等，将在未来的 OA 办公自动化发展中纷纷得到实现和应用。现在的OA办公自动化系统已经朝着这个趋势发展，OA办公自动化系统也会在以后发挥越来越重要的作用。

4. 办公自动化的组织实施

万丈高楼平地起，再复杂的系统也是由简单的子系统一个一个组合形成的。子系统的功能划分及完善程度决定了整个系统的性能及效率，其对办公自动化的组织实施尤为重要，是整个系统的基础，决定了整个系统的"高度"。

1）实施原则

(1) 实用性原则系统：本身能够产生积极的效果，并能提高生产效率。

(2) 先进性及成熟性原则：一般来说，越先进的技术，越能提高工作效率，智能化程度越高。但先进的技术往往具有不成熟的特性，一味采用先进的技术，在出现问题或漏洞时，往往会造成灾难性的事件，因此在采用新技术时，要考虑它的成熟性，在这两者之间取好平衡点。

(3) 可靠性原则：必须保证系统能够在较长时间内安全运行，在出现故障时能及时恢复。

(4) 开放性及安全性原则：能够容纳一定数的用户同时在线操作，并能保证数据的安全、有效，不被外泄和破坏。

(5) 标准化原则：文件格式、数据格式等应以特定的标准固定下来，既方便其他部门的数据共享，又方便对其进行修改和查阅。

(6) 可扩充性原则：事物总是处于发展之中，一个良好的系统是能够随着技术发展而不断地扩展、完善的，因此，在设计系统时应充分考虑其可扩展性。

(7) 可维护性、可管理性原则：在系统出现故障或需要更新时，能在不影响业务的情况下迅速恢复或更新系统。

(8) 节约性原则：节约成本和开支，与传统办公方式相比，能够简化操作程序。

2）实施步骤

(1) 以企业、单位的各个部门作为划分子系统的依据，每个部门设一个子系统。

(2) 每个子系统的功能以企业、单位的各个部门职能作为划分依据。每个部门针对自己的日常业务写出一份日常业务流程处理报告，作为本部门子系统功能划分标准。

(3) 有业务交叉的子系统应设立公共接口，每个部门的所有对外的业务均可通过公共接口进行处理。

(4) 有业务交叉的部门对公共数据进行协商，确定公共数据的格式、存储方式、文件格式等，以方便各个部门间数据共享和查询。

(5) 目前，办公自动化的构建技术主要有两大主流技术，分别是基于J2EE标准和基于Microsoft. NET框架的开发技术。J2EE以出色的执行效率和跨平台兼容性好著称，Microsoft. NET则以高效的开发效率和稳定性，以及与Windows的兼容性好而著称。在开发时可根据实际需要选择。

(6) 人员的培训。办公自动化平台构建起来后，可组织员工进行正式使用前的培训，一是可以发现平台存在的漏洞，以便及时修改，二是可以让员工熟悉平台的使用，还可以锻炼各个部门网络办公的协调能力。至此，网络办公自动化建设基本完成。

9.3.2 人力资源管理信息系统

1. 人力资源管理系统概述

人力资源管理系统(Human Resources Management System,HRMS)包括人事日常事务、薪酬、招聘、培训、考核以及人力资源的管理,也指组织或社会团体运用系统学理论方法,对企业的人力资源管理方方面面进行分析、规划、实施、调整,提高企业人力资源管理水平,使人力资源更有效地服务于组织或团体目标。

(1) 第一代人力资源管理系统,出现于 20 世纪 60 年代末期,除了能自动计算人员薪酬外,几乎没有更多如报表生成和数据分析等功能,也不保留任何历史信息。

(2) 第二代人力资源管理系统,出现于 20 世纪 70 年代末,对非财务人力资源信息和薪资的历史信息都进行设计,也有了初级的报表生成和数据分析功能。

(3) 第三代人力资源管理系统,出现于 20 世纪 90 年代末,这一代 HRMS 的数据库将几乎所有与人力资源相关的数据都进行了收集与管理,更有强力报表生成工具、数据分析工具和信息共享的实现。

企业采用人力资源管理系统最主要的原因是,希望借人力资源管理系统,将人力资源运用到最佳经济效益。由于知识经济的来临,人力资本的观念已经形成,人力资本的重要性更不亚于土地、厂房、设备和资金等,甚至超越。除此之外,人是知识的载体,为了有效运用知识,将知识的效用发挥至最大,便需要妥善的人力资源管理,这样才能够充分发挥人力资源的作用。

2. 人力资源管理系统的功能模块

以用友 T6-人力资源管理软件为例进行介绍,用友 T6-人力资源管理涵盖了企业人力资源管理中的组织管理、人事档案管理、异动管理、劳动合同、薪资管理、计件工资、考勤管理、招聘管理、培训管理、绩效管理等业务应用,适应于企业对人力资源管理不同层级的管理要求,同时提供了满足生产制造类型企业的计件工资管理。其中经理自助和员工自助管理功能丰富了人力资源管理的应用,使得企业全员参与到人力资源的管理当中来,使企业人力资源管理更加人性化。系统层次结构如图 9-1 所示。

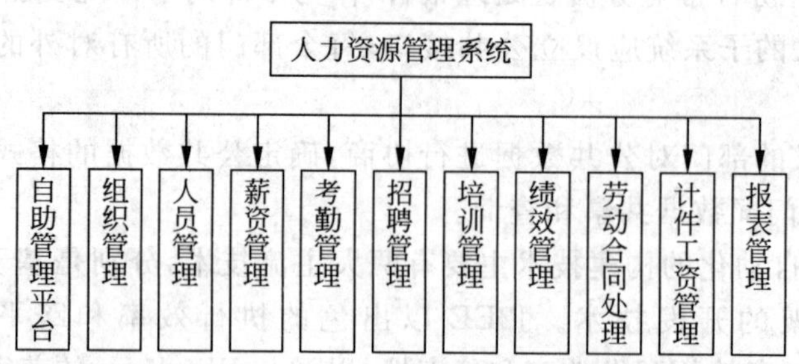

图 9-1 用友 T6-人力资源管理系统层次结构图

人力资源系统的具体功能如下。

1) 自助管理平台

按照企业中职能和权限不同提供员工自助平台和经理自助平台,使企业全员参与到人力资源管理中，建立起企业管理人员与员工之间的管理通道。

员工无须安装客户端软件，经过授权，可采用 Web 浏览器在企业内部网范围内实时访问人力资源信息或参与到人力资源管理流程中；允许员工在线查看企业规章制度、组织结构、重要人员信息、内部招聘信息、个人当月薪资及薪资历史情况、个人福利累计情况、个人考勤休假情况等；员工可利用系统平台，与 HR 部门进行电子方式的沟通，如提交个人培训需求、提交休假申请、更改个人基本信息、进行个人绩效管理等。

2) 组织管理

支持单组织单地点、单组织多地点等组织体系，并建立企业职位体系，展现行政关系。实现职位编制分析与控制，提供人力规划、职位分析等统计报表。

3) 人员管理

提供第二代身份证信息快速读取并检验真伪，对员工信息档案进行全生命周期管理，并可进行灵活的信息查询和统计分析。

可分类或在同一界面查看员工在企业工作期间的所有信息(包括各类基本信息，如姓名、年龄、联系方式、员工照等，以及记录员工的教育培训经历，奖惩、合同、休假、绩效考核、薪资福利、家庭情况等其他信息)；可根据企业实际需要自定义员工档案项目；试用期员工转正提示；跟踪管理员工从进入企业到离职全过程的历史记录，包括薪资变动、职位变动、奖惩情况等；可挂接与员工相关的各类文档，如 Word 文件、WPS 文件、Excel 文件、扫描文件等；提供多种不同形式的员工信息报表；系统自动提示员工生日、试用期满、合同期满，灵活处理人员的转正、离职、退休、返聘等；强大的定位查询及模糊查询功能，能快速方便地从众多数据中定位某一员工。

4) 薪资管理

提供方便全面的薪资计算，多样的薪资报表呈现。实现财务人事一体化管理，打通人事与财务的数据通道，可以通过邮件、短信进行薪资发放通知，方便快捷。

灵活设置不同类型员工的各类薪资项目及其计算方式；可自定义工资计算参数，分别计算每月工资表的每个项目；支持不同地区定义不同的计税方法，灵活管理上税方式；薪资调整批处理或指定个别计算员工薪资；能基于上月数据进行下月薪资计算，只需对变化部分进行调整；可对计算有误的薪资计算进行重算、纠错，薪资发放有误的可进行重设置并执行相应处理；与考勤系统连接，根据员工考勤情况调整员工的薪资福利；设置不同的员工和领导查询功能；员工网上查询个人当月薪资及薪资历史情况、个人福利累计情况等；与 Word、Excel、txt 格式文件实现数据完全互换；生成不同格式的薪资福利明细报表和统计报表；数据以与银行自动转账系统相容的数据格式输出，并储存于磁盘，方便向银行报盘；提供完善的薪资统计分析功能，为制定薪资制度与调整薪资结构提供依据。

5) 考勤管理

提供完整的考勤流程管理，实时掌握员工考勤情况；支持多种考勤规则和多班次的倒班设置，并出具多样化的考勤统计报表。

自定义上下班时间、休息日、设置倒班类型与加班类型；可单独或批量设置每个部门或每位员工的考勤方案；提供对不同考勤机的数据导入、读取接口；记录每位员工的出勤状况，根据方案设定自动判断迟到、早退或旷工；统计每位员工的月出勤结果与薪资系统连接进行计算；提供特定时间内个人/部门/公司的出勤数据统计图表，并进行分析比较。

6）招聘管理

支持招聘计划制定，计划审核，面试，人员甄选，人员录用到人事档案归集的全过程管理；提供人才库的导入，减少重复工作，提高人事招聘的效率和质量。

根据企业年度人力资源计划与部门人力资源需求计划，制定招聘计划；随时显示职位空缺信息，针对不同的职位空缺，提供基本信息、职位说明、对职位的具体要求、申请该职位必备条件等的管理；可根据不同的职位空缺查看应聘者的所有的详细简历，匹配职位与应聘者；分类建立应聘人员档案库，便于查询检索；可根据自定义规则批量安排面试时间，并在必要时自动进行时间调整；面试流程可通过网络自助服务的方式自动化处理，相关人员的评价自动存储并汇总到人力资源部门；可批量发送电子邮件或打印通知单将结果通知应聘人员；录用人员数据自动转入员工信息库，减少重复录入；未录用人员转入企业后备人才库，以备今后查询。

7）培训管理

可以针对不同岗位设置不同的培训课程和培训计划，加强培训的考勤管理和培训效果考核，使培训达到预期的效果。

进行培训需求的管理和评估，根据经营发展战略确定培训需求，从绩效管理系统导入培训需求，提供部门或个人培训需求的申请管理；根据培训需求制定培训规划与相应的培训实施计划，可对计划进行查询、统计；对实施的培训项目进行记录管理，对已实施培训项目情况进行查询和统计；可对内外师资、培训机构、培训课程、教材资料等进行管理；可对特殊类型的培训如学历教育、境外培训等进行特殊的管理；提供培训签到和培训协议管理，将培训与合同管理模块连接；可对培训课程、培训师资进行全面的评估，对培训效果进行跟踪管理，形成反馈结果；对培训费用进行控制管理，可根据费用预算自动预警；对培训结果进行各种统计分析，如成本、效果分析。

8）绩效管理

提供考核指标管理、考核模板管理、考核任务管理、人员考核、统计分析等功能。企业可以根据自身的管理需要自由设定考核指标和考核任务，构造出个性化的考核机制。

9）劳动合同管理

员工合同全生命周期管理，与法律条款相结合。预置各地标准的劳动合同范本，可以进行特殊的合同签订提醒。

建立劳动合同及岗位协议、保密协议、培训协议模板，确定各类合同的基本属性及内容；各类合同的签订管理，记录签订情况并对合同的变更、续签进行跟踪管理；记录员工解除或终止合同的情况；试用期到期、劳动合同到期自动提醒，提前天数自动定义；解除劳动合同经济补偿金及违约金的计算；提供各种劳动合同文书并可随意增删、打印；可批量打印一批员工的各类合同；提供合同台账管理，随合同情况变化自动更新，便于查询统计合同签订总体状况。

10）计件工资管理

适应于生产制造型企业的计件工资管理，支持基础信息设置，快速提取和计算。提高生产型企业对复杂的计件工资计算的效率和准确度。

11）报表管理

提供人事管理常用的报表，也可根据企业实际需要进行自定义报表。

灵活自定义各种查询和报表,所有报表的数据范围和查询条件可自由控制;可灵活定义报表显示格式,生成多种分析图表;提供报表自动校验功能;灵活输出报表并设置打印功能;包含树状查询、条件查询、统计报表等功能。树状查询可满足所有员工在工作中对于组织结构及相关工作人员信息的查询需求,条件查询可根据管理者的权限范围按其需要对员工所有信息进行查询;统计报表对企业人事信息进行汇总;本系统提供给用户自定义查询的功能可使用户根据自己的需要进行查询方案设定,并可保存查询方案。

9.3.3 财务管理信息系统

1. 财务管理系统的发展历程

传统的财务管理系统主要是以会计业务为基础,在此基础上扩充其他的一些财务操作,如总账管理、产生财务报表等。

现代的财务管理系统是在传统的财务管理系统基础之上,再扩充其他一些财务操作。大部分是关于理财方面的,比如:个人所得税计算器,财政预算。因为在这个经济蓬勃发展的社会,理财是必不可少的一个生活细节。

现代财务管理系统的特点:功能齐全;涉及的领域多;是公司企业运行的核心部件。

目前市面上有很多财务管理软件,有名的有以下这些:Oracle 电子商务套件、金碟、用友、易飞 ERP 系列等。

2. 财务管理系统

财务部门是企业重要的管理部门,它的主要职能是处理和分析各类财务数据,管理和监控财务活动并与投资方进行沟通,从而全面了解企业的运营效果和效率,促进企业经济活动的良性循环,并由此实现企业经济发展速度与效益相结合。财务部门与采购部门、生产部门、销售部门和库存部门有着密切的业务联系。

随着企业外部经营环境和内部管理模式的不断变化,企业不仅需要合理规划和运用自身各项资源,还需将经营环境的各方面,如客户、供应商、分销商和代理网络、各地制造工厂和库存等的经营资源紧密结合起来,形成供应链,准确及时地反映各方动态信息,监控经营成本和资金流向,提高企业对市场反应的灵活性和财务效率。财务管理系统的设计目的在于帮助企业财务管理人员快速反馈全球市场信息、在降低各类经营成本和缩短产品进入市场的周期间寻求平衡、提高对企业内部其他部门和外部组织的财务管理水平、提供更丰富的战略性财务信息、更强的财务分析和决策支持能力。

用友 ERP-U8 财务产品包括:总账、工资管理、固定资产管理、应收管理、应付管理、UFO 报表。供应链产品包括:采购管理、销售管理、库存管理、存货管理,如图 9-2 所示。

3. 用友 ERP-U8 普及版财务系统功能模块

用友 ERP-U8 财务系统功能模块如图 9-3 所示。

1) 总账

总账系统主要提供了基本核算功能和辅助管理功能。

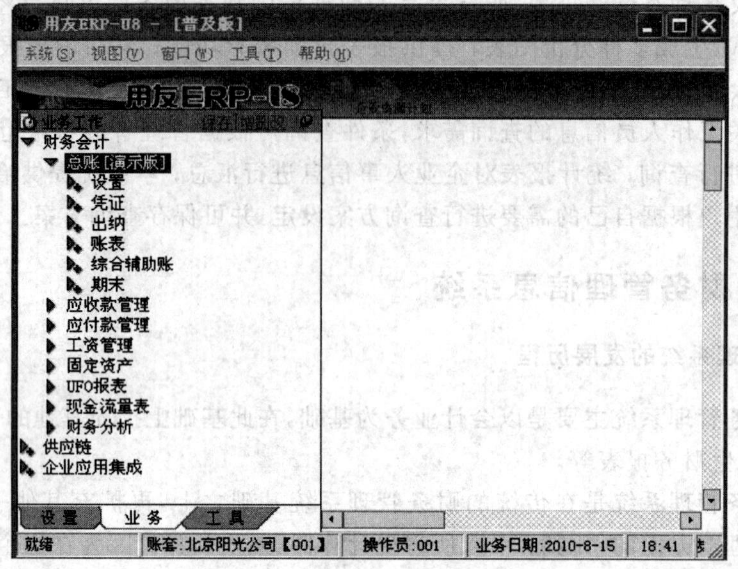

图 9-2 用友 ERP-U8 系统界面

2）工资管理

工作管理系统适用于各类企业、行政事业单位进行工资核算、工资发放、工资费用分摊、工资统计分析和个人所得税核算等。与总账系统联合使用，可以将工资凭证传输到总账系统中。

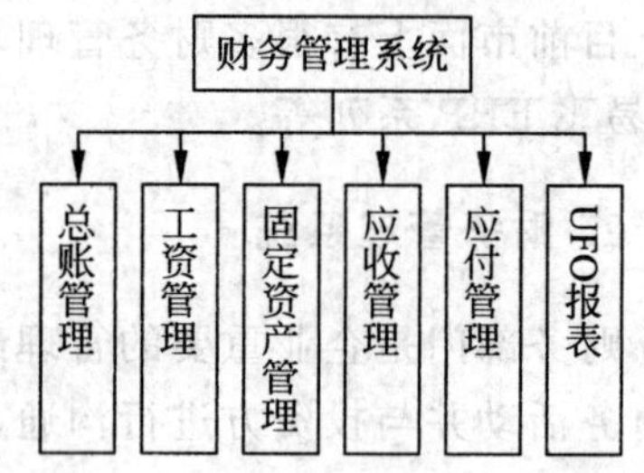

图 9-3 ERP-U8 财务系统功能模块

3）固定资产管理

固定资产管理系统主要提供了初始设置、业务处理、计提折旧、输出账表。

4）应收管理

应收管理系统主要提供了设置、日常处理、单据查询、账表管理、其他处理等功能。

5）UFO 报表

UFO 报表与其他电子表格的最大区别在于它是真正的三维立体表，在此基础上提供了丰富的使用功能，完全实现了三维立体表的四维处理能力。

习题

1. 名称解释

（1）决策支持系统；（2）ERP；（3）客户关系管理；（4）供应链管理；（5）电子商务；（6）电子政务。

2. 简答题

（1）简介 ERP 的功能。

(2) 简介 CRM 的功能。

(3) 简介供应链管理的营运机制。

(4) 简介电子商务的主要分类。

3. 论述题

如何做好一个企业的信息系统集成。

第10章 电子商务工程案例

本章重点介绍电子商务系统分析案例,电子商务系统设计案例,电子商务系统实现案例。要求学生了解电子商务系统的分析,设计和实现的具体方式。

10.1 可行性分析

10.1.1 新系统构想

1. 功能要求

本项目是作者带电子商务专业的学生开发的一个校园二手商品交易平台。学生可以在网上发布供求信息,查询和管理信息。该系统不参与商品间的具体交易,只有买家与卖家的当面交易,只提供供求信息服务。本系统将在校园网上运行,只限于在校学生使用进行二手商品交易,本系统的登录模式可以效仿本校教务网的学号登录模式,这样就能做到校园二手商品交易系统用户的封闭有效性。

功能:此系统分为前台管理和后台管理。前台管理是友好的操作界面,供用户浏览、登录、注册。包括:浏览商品、查看商品详细信息、发布商品等功能。后台管理是提供给管理员的,其中包括:商品管理、会员管理、系统管理等。

性能:效率高,速度快,算法规范,使管理员从烦琐的手工操作中解脱出来,提高办公效率。

2. 交易流程图

系统的交易流程见图10-1。

3. 系统功能框架图

系统的基本功能设想见图10-2。

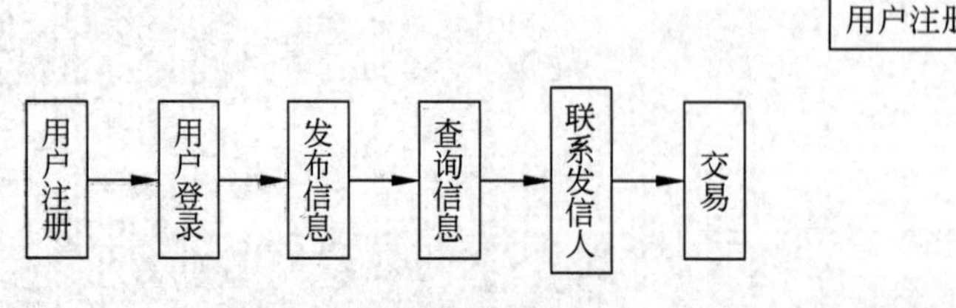

图10-1 交易流程图

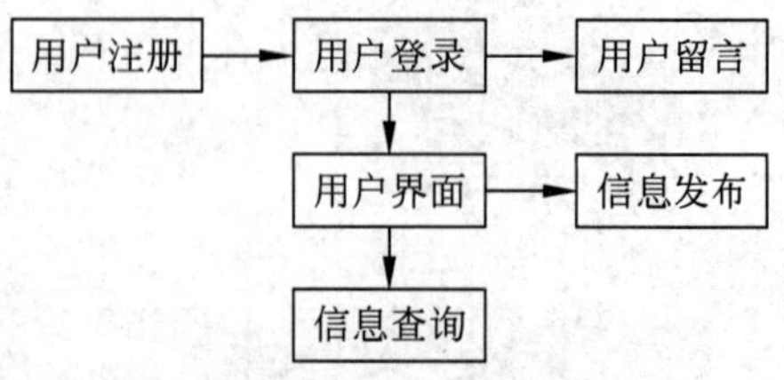

图10-2 系统功能框架图

10.1.2 可行性分析

1. 技术方面的可行性

本系统数据库拟采用 SQL Sever，相对大型数据库来说技术方面较易达到，界面使用 HTML 超文本标记语言编写，具体操作的编程语言选择面向对象编程的 Java 语言，简单易行。本系统的结构简单，只提供信息发布查询平台不涉及具体交易，没有复杂的网络控件和协议的要求。这保证了在技术方面可行。

2. 经济分析

本系统在校园网上运行，软件开发由系统分析与设计课程的学生作为练习开发，因此基本不需要费用，其经济上可行。

3. 社会管理可能性

法律因素：该网站属于学生自主开发，不涉及学校以外的利益，在法律上可行。

用户使用可行性：学生大四毕业离校前夕，将不用但还有实用价值的二手商品进行交易。校园二手商品交易系统可以满足这种需求。

4. 结论

经过经济、技术、社会三方面的分析，结论是：校园二手商品旧书交易系统在目前情况下基本可行，并且暂时只限于本校中使用。

10.2 需求分析

10.2.1 需求规定

系统目标是开发一个基于 J2EE 的校园二手商品信息管理系统，在网络环境下实现数据的录入、插入、删除、查询、统计、更新等功能。

1. 功能描述

本系统的主要功能分为前台管理和后台管理。前台管理是友好的操作界面，供用户浏览、登录、注册，包括：浏览商品、查看商品详细信息、发布商品等功能。后台管理是提供给管理员的，其中包括：商品管理、会员管理、系统管理等。

1）用户管理功能

用户注册后便可登录，系统用户分为两类：普通用户，管理员。

普通用户登录以后，可以查看搜索供求信息，发布供求信息，对自己所发布的供求信息进行管理，管理自己的信息，修改密码，找回密码，对供求信息发表评论，还可以对有兴趣的物品和其主人进行单一交流，即发送小纸条。

管理员登录以后，可以管理其他非管理员用户，管理所有用户发表的供求信息，管理所有用户发表的留言，管理二手商品的分类。

2）信息发布功能

用户登录后即可发布信息，信息发布包括供应信息发布和需求信息发布两个部分。用户可以选择发布信息的类型，选择交易物品的分类，添加信息的标题、价格，填写详细内容如几成新及交易方式、时间、联系方式等信息。用户也可以发布需求信息。

3）信息查询功能

用户可以查询二手商品信息。用户可以查询供应信息和需求信息。二手商品信息包括名称、具体内容、图片、联系人、联系方式等。

4）留言管理功能

用户登录以后，可以对网站内的二手商品信息发表看法，也可以对网站提出建议，用户所发表的留言将会被所有的用户看见。留言板是对二手商品的反馈意见，也是对网站服务的反馈，是用户之间、用户与管理员之间交流的一个平台。

2. 运行环境规定

(1) 操作系统：Windows 系列。

(2) 数据库服务器端：SQL Server。

(3) Web 服务器端：Internet 信息服务(IIS)6.0 管理器。

(4) 客户端：Internet Explorer 5.0 以上或 Netscape 4.0 以上。

(5) 软件接口：与操作系统和数据库的接口，以及局域网和互联网软件间的数据交换。

10.2.2 需求分析

1. 数据流程图

系统的数据流图见图 10-3～图 10-8。

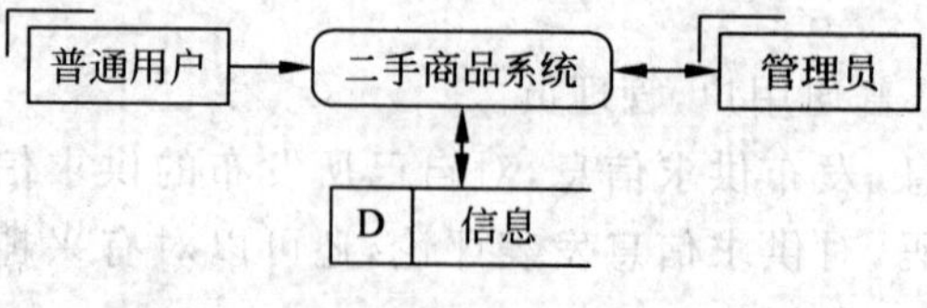

普通用户
二手商品系统
管理员
D 信息

图 10-3 顶层 DFD

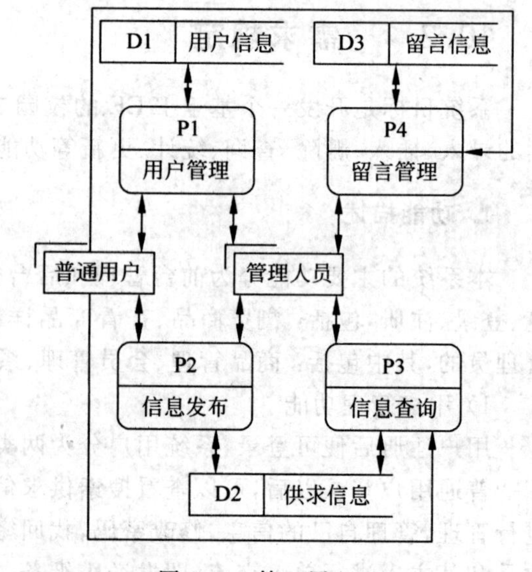

图 10-4 第一层 DFD

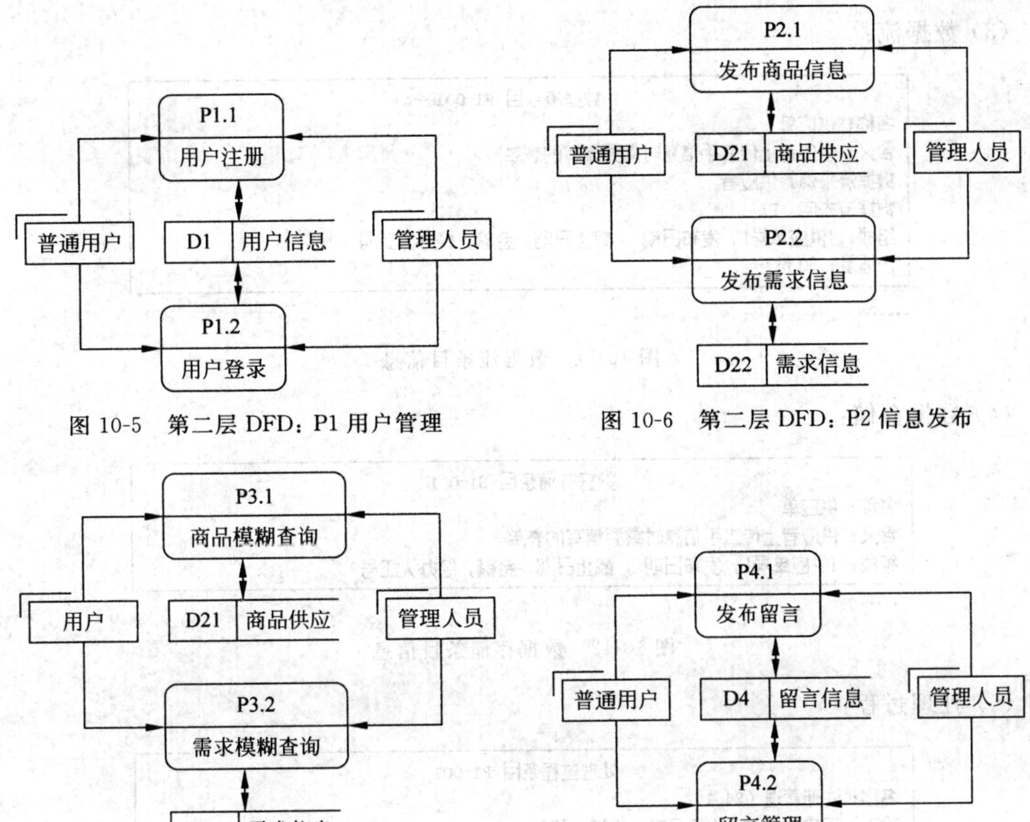

图 10-5 第二层 DFD：P1 用户管理

图 10-6 第二层 DFD：P2 信息发布

图 10-7 第二层 DFD：P3 信息查询

图 10-8 第二层 DFD：P4 留言管理

2. 数据字典(部分)

数据字典是需求分析中非常麻烦的一项工作，其工作量很大，在此不可能一一列出。部分数据字典见图 10-9～图 10-13。

(1) 数据项：

数据项条目 D1-001	数据项条目 D2-001
名称：供应者编号	名称：需求者编号
别名：Seller_id	别名：Buyer_id
类型：CHAR(6)	类型：CHAR(6)
描述：供应者信息的编号	描述：需求者信息的编号

……

图 10-9 数据项条目信息

(2) 数据结构：

数据结构条目 S1-001

数据结构名称：用户
含义：信息
组成：用户姓名，身份证号码，电话、邮箱

……

图 10-10 数据结构条目信息

(3) 数据流：

数据流条目 F1-001
名称：供应单 含义：供应者上传二手信息时需要填写的表单 数据流来源：供应者 数据流去向：P1 组成：{供应单号}，发布日期 ，截止日期，金额，经办人工号 流通量：50 份/天

……

图 10-11 数据流条目信息

(4) 数据存储：

数据存储条目 S1-001
名称：供应单 含义：供应者上传二手信息时需要填写的表单 组成：{供应单号}，发布日期 ，截止日期，金额，经办人工号

……

图 10-12 数据存储条目信息

(5) 处理过程：

处理过程条目 P1-001
名称：注册管理（P4.1） 输入：用户姓名，身份证号码，电话、邮箱 输出：注册是否成功的信息 处理：检测身份证号是否真实，验证电话或者邮箱；检验成功显示注册成功，否则提示重新填写

……

图 10-13 处理过程条目信息

10.3 概要设计

10.3.1 总体设计

1. 校园网

校园网络结构划分为 10 个“模块”单元，见图 10-14。

(1) 骨干核心交换机，由两台万兆核心交换机组成。

(2) 数据中心核心交换机，由两台万兆的核心虚拟交换机组成。

(3) 计算资源池，由虚拟化的多台刀片服务器组成。

(4) 存储资源池，由虚拟化的多个存储设备组成。

(5) 外网，包括 Internet 和校园外网。通过外网为师生提供教学资源服务。

(6) 内网，与教育部和同一地区兄弟院校连接，以便加强管理和教学资源共享。

(7) 局域网，为教学区、学生宿舍和家属区提供有线网络连接。

(8) 无线网,由多个无线网节点组成,覆盖教学区、学生宿舍和家属区。

(9) 物联网,通过感知网连接机房设备,并与核心交换机连接,实施统一管控。

(10) 运营管理与流量控制,包括多路链接均衡网关、流量控制设备和认证软件。

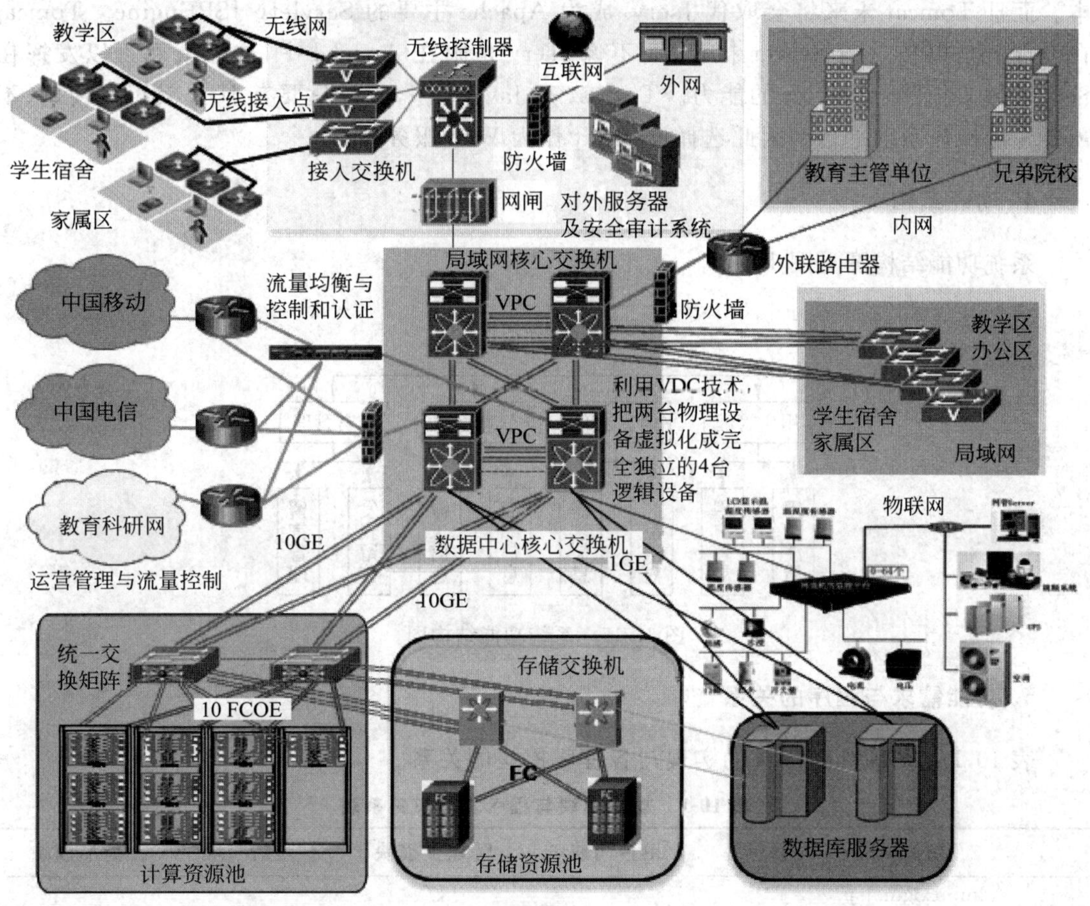

图 10-14 系统运行的网络结构图

2. 数据库及操作系统

选择一个合适的数据库系统对系统运行是很重要的,选择数据库的关键因素是要考虑预计会有多少人同时访问数据库;正常工作时间的级别;用来访问数据库的应用程序的类型;运行数据库的服务器的硬件和操作系统类型;以及管理人员的专业技术水平。考虑到安全性及对海量数据的处理,可采用 SQL Server 2008 作为后台数据库系统,服务器操作系统采用 Windows 2003 Server。

3. 技术设计

1) 基本设计概念

根据需求分析结果,该系统从结构上应满足:基于浏览器进行显示以方便用户使用;采用 MVC 的三层体系结构,分化各个功能组件;采用 JDBC 技术与数据库通信以便于数据库的转换;采用标签技术完成动态页面的简单逻辑。

2）Web 服务软件

目前的 Web 服务器软件有很多种，成熟而且稳定的有 Apache、Tomcat 和 Microsoft 的 IIS。Tomcat 是 Sun 和 Apache 合作做出来的 JSPServer，支持 Servlet 2.2 及 JSP 1.1 等版本。而且 Tomcat 未来将会取代 Jserv，成为 Apache 主要的 Servlet&JSPEngine。Tomcat 在设计上是以独立的 Server 执行，而不像 Jserv 是附在 Apache 中，这样就更可以发挥在 Servlet 中，非 HttpServlet 的能力。Tomcat 是 Java 程序，所以只要有 JDK 就可以使用，不需要考虑操作系统平台。因此选择 Tomcat 作为 Web 服务器。

4. 功能结构

系统功能结构图见图 10-15。

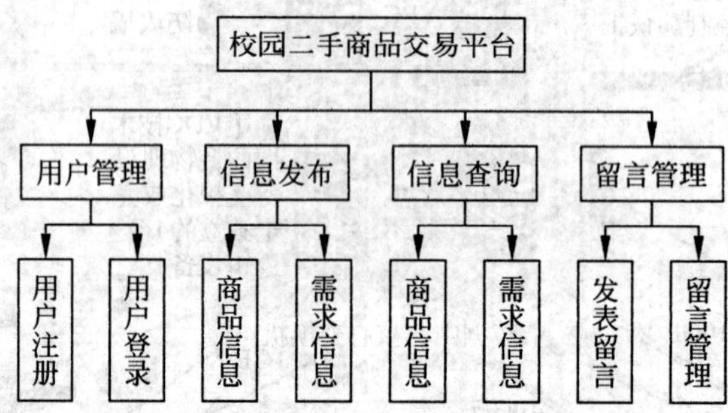

图 10-15 系统功能结构图

5. 功能需求与程序的关系

表 10-1 是各项功能需求的实现与各程序模块的关系。

表 10-1 功能模块与程序块对应关系表

功能模块	用户模块	管理员模块	类别模块	商品模块
AdminLogin.jsp		√		
Login.jsp	√			
CategoryList.jsp			√	
CategoryAdd.jsp			√	
CategoryModify.jsp			√	
ProductAdd.jsp				√
ProductDelect.jsp				√
ProductModify.jsp				√
ProductSearch.jsp				√
UserDelete.jsp	√			
UserList.jsp	√			

10.3.2 接口设计

1. 用户接口

用户接口也是用户界面。其设计工作主要是对软件在屏幕上的布局进行设计。其设计见图 10-16～图 10-23。

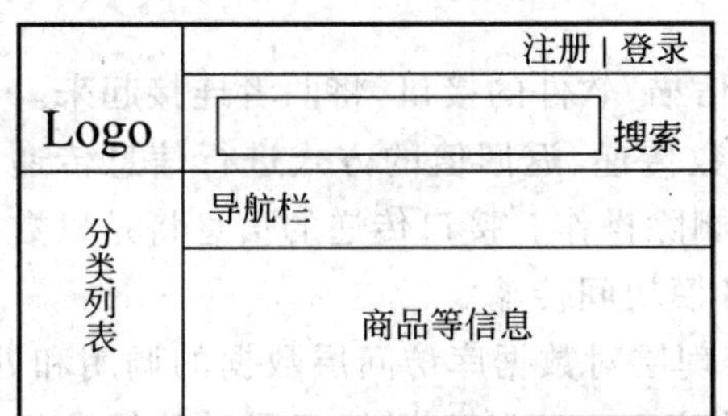

图 10-16　首页界面

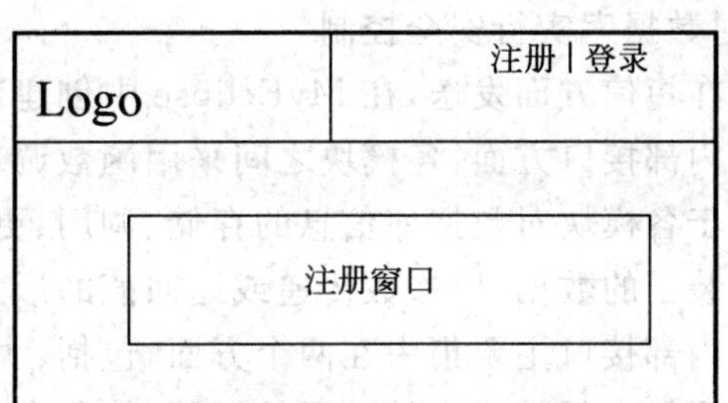

图 10-17　注册界面

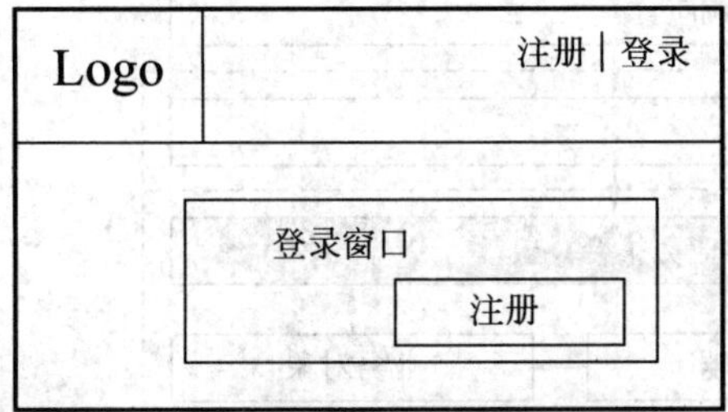

图 10-18　登录界面

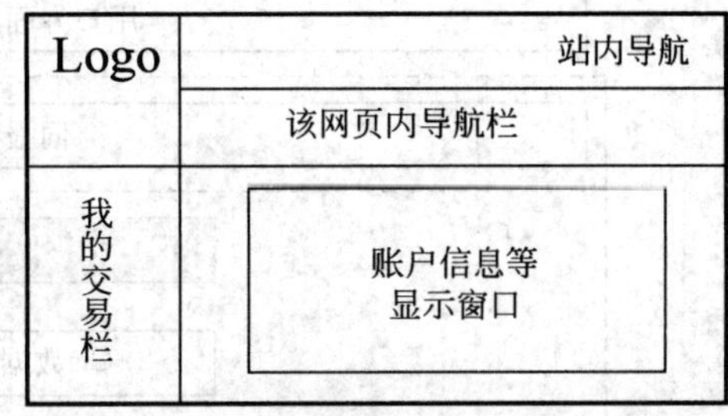

图 10-19　用户资料界面

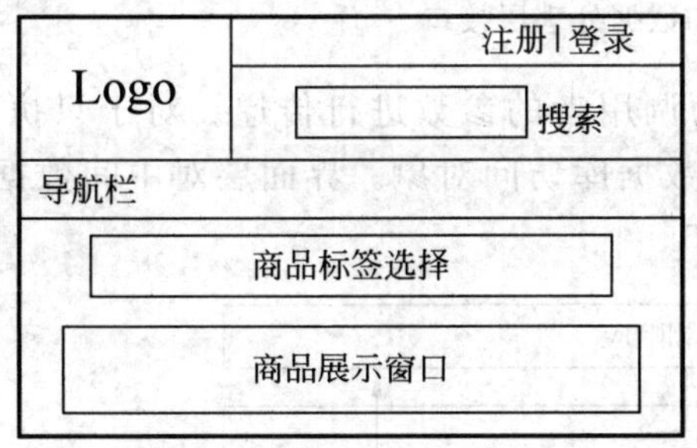

图 10-20　商品浏览界面

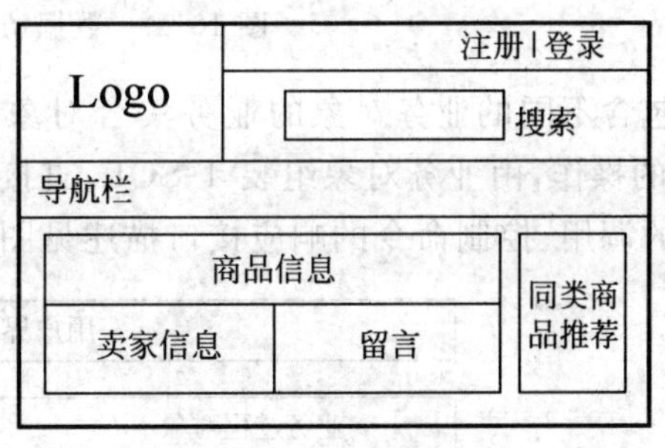

图 10-21　商品信息界面

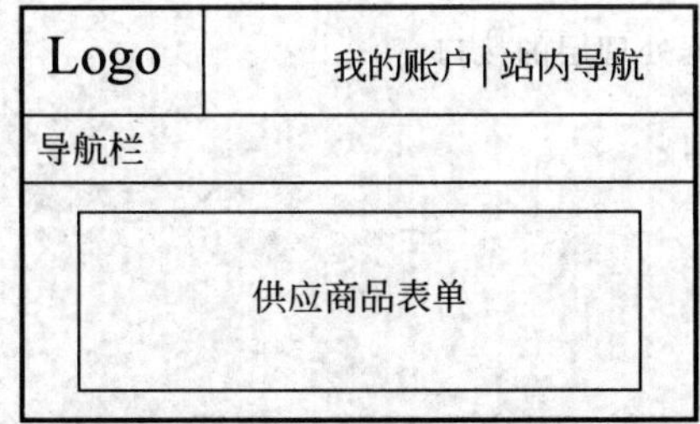

图 10-22　提交供应商品界面

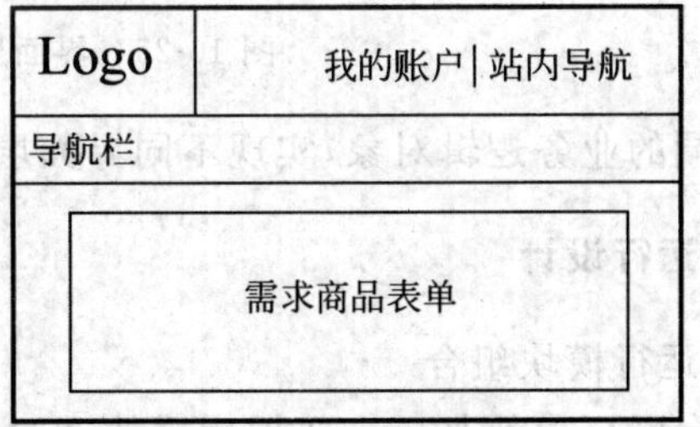

图 10-23　提交需求商品界面

2. 外部接口

服务器程序可使用 MyEclipse 提供的对 SQL Server 2008 的接口，进行对相应拥有操作权限的数据库中的数据进行访问控制。根据网站中不同用户的类型，在 SQL Server 中进行权限的赋值，并在登录提交数据的过程中，根据用户的类型连接到数据库中相应的角色权限，对数据库实行安全控制。

在短信方面发送，在 MyEclipse 中创建对“短信猫”软件的接口，将两者连接起来。

内部接口方面，各模块之间采用函数调用、参数传递、返回值的方式进行信息传递。重点在于各模块对数据库信息的存储、调用、更新和删除操作。接口传递的信息将是以数据结构封装了的数据，以参数传递或返回值的形式在各模块间传输。

内部接口主要集中在两个方面，包括：中间处理层对数据库访问层数据的调用和处理；界面层对中间数据库处理层的调用、控制命令的响应。中间的数据处理层对数据访问层的数据调用可以如图 10-24 所示来描述。

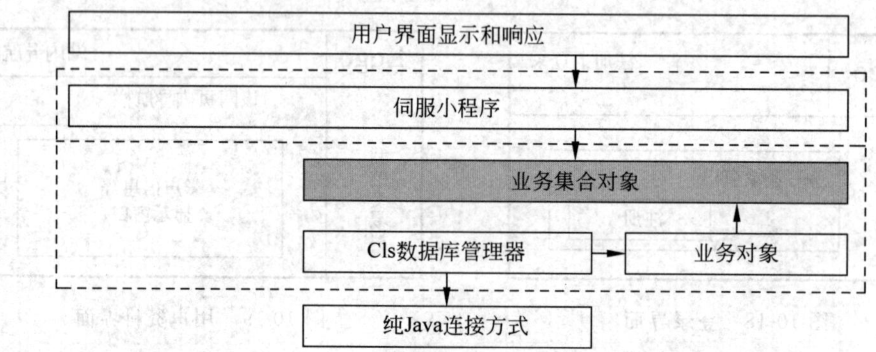

图 10-24　数据访问层和数据处理层接口

包含不同的业务对象的业务集合对象，作为调用者的参数进行传递。对于只执行 T-SQL 的操作，由业务对象组装 T-SQL，直接调用数据库访问对象。界面层对中间数据库处理层的调用、控制命令的响应接口描述见图 10-25。

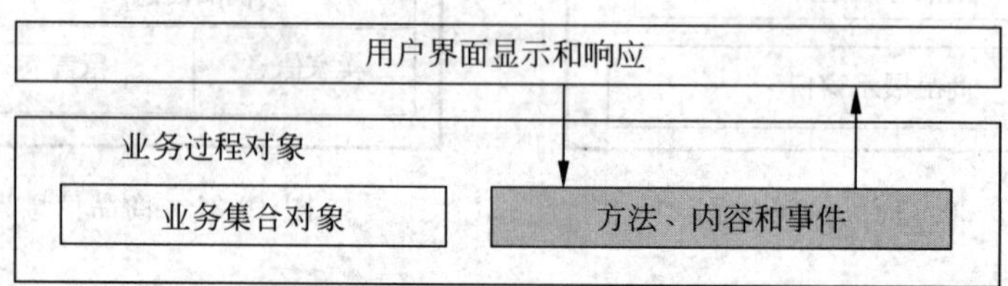

图 10-25　界面层与数据处理层的接口

不同的业务逻辑对象，实现不同界面层的接口。

3. 运行设计

1）运行模块组合

前台网页模块与后台数据库模块通过 JDBC 连接，用户在网页的注册、登录、输入信息等操作通过网页将调用网络传输模块，将数据通过网络送到服务器，并等待接收服务器返回的信息。接收到返回信息后随即调用数据输出模块，对信息进行处理，反馈到网页显示。

2）运行控制

运行控制将严格按照各模块间函数调用关系来实现。在各事务中心模块中，需对运行控制进行正确的判断，选择正确的运行控制路径。

在网络传输方面，用户在网页发送数据后，将等待服务器确认收到信号，收到后，再次等待服务器发送回答数据，然后对数据进行确认。服务器在接到数据后发送确认信号，在对数据处理、访问数据库后，将返回信息送回网页，并等待确认。

3）运行时间

在软体的需求分析中，对运行时间的要求为必须对做出的操作有较快的反应。网络硬件对运行时间有最大的影响，当网络负载量大时，对操作反应将受到很大的影响。其次是服务器的性能，这将影响对数据库访问时间即操作时间的长短，影响加大客户机操作的等待时间，所以必须使用高性能的服务器。硬件对本系统的速度影响将会大于软件的影响。

系统的运行时间应该能够基本达到用户要求，系统响应时间在 3～10s 内，超过 10s 将显示等待信息，超过 30s 未得到服务器响应，系统将自动提示操作失败、请重新执行。

10.3.3 数据库设计

本系统总共含有 10 个表：用户表、商品表、商品类别表、供应表、供应单表、供应明细表、需求者表、需求单表、需求明细表、留言表。具体如表 10-2～表 10-11 所示。

(1) 用户表：用于用户的相关信息。

表 10-2 用户表(Staff)

编号	字段名称	数据结构	说明	是否允许空值	默认值
1	Sid	Char(6)	用户编号(主键)	否	
2	S_name	Varchar(20)	用户姓名	是	
3	S_sex	Varchar(2)	用户性别	是	
4	S_phone	Varchar(11)	用户电话	是	
5	S_ID	VarChar(18)	身份证号	是	
6	P_id	VarChar(50)	电子邮件	是	

(2) 商品表：记录二手商品的信息。

表 10-3 商品表(Goods)

编号	字段名称	数据结构	说明	是否允许空值	默认值
1	G_id	Char(6)	商品编号(主键)	否	
2	T_id	Char(6)	类别编号(外键)	否	
3	G_name	Varchar(20)	商品名称	是	
4	New_Level	Char(2)	新旧程度	是	
5	G_remark	Varchar(Max)	备注	是	

(3) 商品类别表：对商品进行分录时使用的表。

表 10-4 商品类别表(Goods_Type)

编号	字段名称	数据结构	说明	是否允许空值	默认值
1	T_id	Char(6)	类别编号(主键)	否	
2	T_name	Varchar(20)	类别名称	是	

(4) 供应表：二手商品的供应者相关信息。

表 10-5 供应表(Supplier)

编号	字段名称	数据结构	说明	是否允许空值	默认值
1	S_id	Char(6)	编号(主键)	否	
2	S_name	Varchar(20)	姓名	是	
3	S_phone	Varchar(11)	电话	是	
4	SID	Char(18)	身份证号	是	
5	S_site	Varchar(50)	地址	是	
6	S_email	Varchar(50)	邮箱	是	
7	S_enroll	date	注册日期	是	
8	S_level	Varchar(2)	用户等级	是	

(5) 供应单表：记录供应者提供的供应信息。

表 10-6 供应单表(Supply_List)

编号	字段名称	数据结构	说明	是否允许空值	默认值
1	SL_id	Char(6)	编号(主键)	否	
2	SL_date	date	发布日期	是	
3	SL_deadline	date	截止日期	是	
4	SL_money	money	金额	是	
5	Sid	Char(6)	经办员工编号	否	

(6) 供应明细表。

表 10-7 供应明细表(Supply_detail)

编号	字段名称	数据结构	说明	是否允许空值	默认值
1	SD_num	Char(6)	序号(主键)	否	
2	SD_id	Char(6)	供应单号	否	
3	G_id	Char(6)	商品编号	否	
4	S_id	Char(6)	供应者编号	否	
5	Primary_Price	money	原价	是	
6	Now_Price	money	售价	是	
7	New_Level	Char(2)	新旧程度	是	
8	amount	Char(6)	数量	是	
9	Sid	Char(6)	经办员工编号	否	

(7) 需求者表。

表 10-8 需求者表(Need)

编号	字段名称	数据结构	说明	是否允许空值	默认值
1	N_id	Char(6)	编号(主键)	否	
2	N_name	Char(6)	姓名	是	
3	N_phone	Char(11)	电话	是	

续表

编号	字段名称	数据结构	说明	是否允许空值	默认值
4	NID	Char(18)	身份证号	是	
5	N_site	Varchar(50)	地址	是	
6	N_email	Varchar(50)	邮箱	是	
7	N_enroll	date	注册时间	是	
8	level	Char(2)	用户等级	是	

(8) 需求单表。

表 10-9　需求单表(Need_List)

编号	字段名称	数据结构	说明	是否允许空值	默认值
1	NL_id	Char(6)	编号(主键)	否	
2	Launch_Date	date	发布日期	是	
3	Off_Date	date	截止日期	是	
4	Sid	Char(6)	经办员工编号	否	

(9) 需求明细表。

表 10-10　需求明细表(Need_detail)

编号	字段名称	数据结构	说明	是否允许空值	默认值
1	ND_num	Char(6)	序号(主键)	否	
2	ND_id	Char(6)	供应单号(主键)	否	
3	G_id	Char(6)	商品编号	否	
4	S_id	Char(6)	供应者编号	否	
5	Wish_Price	money	期望价格	是	
6	New_Level	Char(2)	新旧程度	是	
7	amount	Char(6)	数量	是	
8	Sid	Char(6)	经办员工编号	否	

(10) 留言表。

表 10-11　留言表(Liuyan_List)

编号	字段名称	数据结构	说明	是否允许空值	默认值
1	NL_id	Char(6)	编号(主键)	否	
2	Launch_Date	date	发布日期	是	
3	Off_Date	date	截止日期	是	
4	Sid	Char(6)	经办员工编号	否	
5	liuy_email	Varchar(500)	留言	是	

10.4 测试计划与分析

10.4.1 测试设计

1. 测试进度总体安排

测试进度安排见表10-12。

表10-12 测试进度

工作内容	时间	测试人
测试小组的组建	2013年12月14日	秦思琪、孙欣、袁旭艳、周平、鹿赟璐
测试计划	2013年12月14日	童奎、赵俊、向志飞
执行测试	2013年12月15日	秦思琪,张亚茹,陈满娇
测试分析报告	2013年12月16日	秦思琪,张亚茹,陈满娇

2. 功能测试

1）功能测试设计目的

根据测试合同要求、测试标准规范,对"校园二手交易信息平台"进行功能测试。测试主要依据"校园二手交易信息平台"的功能、操作描述和相关说明进行,以便检查系统是否达到了所宣称的功能;是否达到设计要求,哪些功能与实际情况存在差距;哪些功能正常达标,哪些功能是校园二手交易信息平台的独特功能。为系统的正确评价提供可靠的测试数据。

2）测试具体项目

确认测试以需求说明书为依据,检查软件是否达到需求说明书中规定的要求,离功能说明书的要求还存在哪些差距。哪些功能超过了说明书的要求。在软件需求规约中描述了全部用户的合理期望,其中包含"确认标准"内容,这部分形成了确认测试方法的基础。软件确认通过一系列的证明软件功能和需求相一致的黑盒测试来达到。确认测试通过的条件:完成全部单元功能测试,并且通过。

3）测试案例

功能测试案例见表10-13～表10-16。

（1）登录管理功能测试案例

表10-13 登录管理功能测试

测试单元	包含功能	选择	期望结果
登录管理功能	会员注册	用户名已被使用	注册失败,重新输入用户名
		用户名可用	注册成功,可以登录网站
	会员登录	输入正确用户名和密码	登录成功,进入系统,正常使用
		输入错误用户名或密码	提示错误,重新输入,直至正确
	管理员添加	直接向数据库插入一条管理员信息	初始管理员已有,以后由初始管理员添加下级管理员
	管理员登录	输入管理员名和密码	管理员登录成功
	管理员信息管理	管理管理员信息	增加或删除下级管理员

(2) 发布信息功能测试案例

表 10-14 发布信息功能测试

测试单元	包含功能	选择	期望结果
发布信息	发布商品出售信息	商品编号、商品名称、商品分类、会员账号、商品说明、商品价格等符合规范	发布成功，在网站页面显示
		商品编号、商品名称、商品分类、会员账号、商品说明、商品价格等不符合规范	提示不符合规范，重新填写，直至规范发布成功
	发布商品求购信息	商品编号、商品名称、商品分类、会员账号、商品说明、商品价格等符合规范	发布成功，显示查询结果

(3) 信息查询功能测试案例

表 10-15 信息查询功能测试

测试单元	包含功能	选择	期望结果
管理求购商品信息	对所有出售商品信息进行浏览	查看出售商品信息	显示所有发布的出售商品信息
	对所有求购商品信息进行浏览	查看求购商品信息	显示所有发布的求购商品信息

(4) 留言功能测试案例

表 10-16 留言功能测试

测试单元	包含功能	选择	期望结果
留言功能	商品留言功能	商品信息留言	留言成功，向数据库留言信息表中增加留言信息
	网站留言功能	网站信息留言	进入网站留言界面进行留言操作，向数据库网站留言信息表中增加留言信息
	管理网站留言功能	对留言信息进行操作	查看或删除留言信息，在数据库中进行相应修改

3. 性能测试

1) 目的

在实际运行(使用)环境下，将待测试的软件作为整个基于计算机系统的一个元素，与计算机硬件、外设、某些支持软件、数据和人员等其他系统元素结合起来，按照非功能性需求进行的测试，检验完整的软件配置项能否和系统正确连接，发现缺陷并度量产品质量。

2) 测试内容

性能测试案例见表 10-17～表 10-20。

(1) 可用\易用性测试

表 10-17 可用\易用性测试项目

测试单元	包含内容	期望结果
可用/易用性	易操作性	任何使用软件的人群觉得软件易学易用
	个性化	能否提供多种皮肤，视觉效果，窗口等个性化的设置
	反馈性	程序对用户输入的响应在用户规定的时间范围内

(2) 效率测试

表 10-18 效率测试项目

测试单元	包含内容	期望结果
效率测试	软件开启速度	速度较快
	模块切换速度	模块之间切换较快
	商品信息查询速度	查询速度较快
	个人信息查询速度	查询速度较快
	商品信息浏览速度	浏览速度较快
	商品信息发布速度	发布方便,操作简单
	广告信息发布速度	发布方便,操作简单
	个人信息修改速度	个人信息修改速度较快
	在线升级速度	在线升级速度较快

(3) 可靠性测试

表 10-19 可靠性测试项目

测试单元	包含内容	期望结果
可靠性	正确性	软件能正确执行
	可靠性	软件能无故障、正常、连续执行
	健壮性	输入数据和操作不正确时,程序能正常运行

(4) 用户界面测试

表 10-20 用户界面测试项目

测试单元	包含内容	期望结果
界面测试	菜单栏	合理
	按钮	合理
	输入框	合理
	软件界面颜色	合理
	文字大小颜色	合理

4. 系统测试

1) 目的

在实际运行(使用)环境下,将待测试的软件作为整个基于计算机系统的一个元素,与计算机硬件、外设、某些支持软件、数据和人员等其他系统元素结合起来,按照非功能性需求进行测试,检验完整的软件配置项能否和系统正确连接,发现缺陷并度量产品质量。

2) 测试内容

系统测试案例见表 10-21～表 10-26。

(1) 安装测试

表 10-21 安装测试项目

测试单元	包含内容	期望结果
配置/安装	安装难易程度	无须安装，可直接使用
	安装速度	无须安装
	是否有插件	无不良捆绑和插件

(2) 启动\停止测试

表 10-22 启动\停止测试项目

测试单元	包含内容	期望结果
启动\停止	启动操作	正常
	退出操作	正常

(3) 配置测试

表 10-23 配置测试项目

测试单元	包含内容	期望结果
配置测试	占用系统内存	较少
	软件大小	较小

(4) 兼容性测试

表 10-24 兼容性测试项目

测试单元	包含内容	期望结果
兼容性	操作系统兼容性	兼容
	分辨率兼容性	兼容

(5) 联网测试

表 10-25 联网测试项目

测试单元	包含内容	期望结果
联网测试	有网络环境	正常工作
	无网络环境	部分功能无法实现

(6) 负载测试

表 10-26 负载测试项目

测试单元	包含内容	期望结果
负载性	无	能顺利转换，且使用的时间在可接受范围内

10.4.2 测试分析

1. 打分

(1) 打分准则：好记 4 分；较好记 3 分；一般记 2 分；较差记 1 分。

(2) 打分结果见表 10-27。

表 10-27 打分结果

项目	分数	项目	分数
功能性	3.5	维护性	3
可靠性	3.5	可移植性	3.4
易使用性	3.5	平均分	3.455
效率	4		

2. 软件能力综述

(1) 功能：本系统是一个基于 J2EE 的校园二手交易信息平台，在网络环境下实现数据的录入、插入、删除、查询、统计、更新等功能。

(2) 性能：软件功能齐全，可靠性高，易用性较好，效率性较高，以及兼容性较强，维护性较强等。在系统设计上，该软件无须安装，无捆绑插件，有部分微提示，有较详细的文档帮助，具有较好的负载性，界面设计较为合理。该软件能在各版本 Windows 系统中的网络环境下运行。

(3) 不足：该软件不能提供商品交易，仅提供信息服务，不支持窗口自定义大小；该软件不提供更换皮肤功能；该软件无法设置总是位于最顶层。兼容性：在 Linux 及 IOS 系统中，软件无法运行。启动\停止：该软件没有后台运行模式，只能完全退出。

(4) 限制：系统设计上的限制是只有部分微提示。软件只有在有网络支持的情况下，才能实现大部分功能。软件只有对 Windows 操作系统和 Android 手机系统有较好的支持，其中包括 Windows XP 以及 Windows 7 系统，对 IOS 操作系统以及 Mac 系统、UNIX 系统、Linux 系统都不具有兼容性。

3. 建议

(1) 功能建议：进一步完善模块功能的实现与运行效率；去除部分功能性不强的模块，避免不必要的缺陷。

(2) 性能建议：进一步完善软件的可靠性，保证数据实时更新。进一步完善软件的外观设计，增加部分个性化功能。

(3) 系统建议：进一步加强软件的兼容性，增加各操作系统的兼容。完善文档帮助信息，增强软件易使用性。

4. 综合评价

"校园二手交易信息平台"是针对大学生开发的一款网上信息发布软件，可实现供求数据的录入、插入、删除、查询、统计、更新等功能。系统可在 Windows 和 Android 网络环境下运行。软件功能齐全，可靠性高，易用性较好，效率性较高，以及兼容性和维护性较强等。软件无须安装捆绑插件，有微提示、过程提示和系统帮助，具有较好的负载性，界面设计合理，功能块清晰，结构化好，易学易操作。希望其功能和性能更强，能在更多的环境下运行。

第11章 综合实验

实验1 可行性分析说明书

1. 实验目的

通过对选定系统进行可行性分析和编写可行性分析说明书，掌握系统可行性分析的步骤和方法，明确可行性分析的内容和格式。

2. 实验内容

对选定系统进行可行性分析，然后按如下编写提示撰写可行性分析说明书。

1）项目概述

①项目名称。②项目建设单位及负责人、项目负责人。③编制单位。④编制依据。⑤项目建设目标、规模、内容、建设期。⑥项目总投资及资金来源。⑦经济与社会效益。⑧相对项目建议书批复的调整情况。⑨主要结论与建议。

2）项目建设单位概况

①项目建设单位与职能。②项目实施机构与职责。

3）项目建设的必要性

①项目提出的背景和依据。②业务功能、业务流程、业务量、信息量等分析与预测。③信息系统装备和应用现状及存在主要问题和差距。④项目建设的意义和必要性。

4）总体建设方案

①建设原则和策略。②总体目标与分期目标。③总体建设任务与分期建设内容。④总体设计方案。

5）本期项目建设方案

①本期项目建设目标、规模与内容。②标准规范建设内容。③信息资源规划和数据库建设方案。④应用支撑平台和应用系统建设方案。⑤数据处理和存储系统建设方案。⑥终端系统建设方案。⑦网络系统建设方案。⑧安全系统建设方案。⑨备份系统建设方案。⑩运行维护系统建设方案。⑪其他系统建设方案。⑫主要软硬件选型原则和详细软硬件配置清单。⑬机房及配套工程建设方案。⑭建设方案相对项目建议书批复变更调整情况的说明。

6）项目招标方案

①招标范围。②招标方式。③招标组织形式。

7）环保、消防、职业安全和卫生

①环境影响分析。②环保措施及方案。③消防措施。④职业安全和卫生措施。

8）节能分析

①用能标准及节能设计规范。②项目能源消耗种类和数量分析。③项目所在地能源供应状况分析。④能耗指标。⑤节能措施和节能效果分析等内容。

9）项目组织机构和人员培训

①领导和管理机构。②项目实施机构。③运行维护机构。④技术力量和人员配置。⑤人员培训方案。

10）项目实施进度

①项目建设期。②实施进度计划。

11）投资估算和资金来源

①投资估算的有关说明。②项目总投资估算。③资金来源与落实情况。④资金使用计划。⑤项目运行维护经费估算。

12）效益与评价指标分析

①经济效益分析。②社会效益分析。③项目评价指标分析。

13）项目风险与风险管理

①风险识别和分析。②风险对策和管理。

实验2 项目开发计划说明书

1. 实验目的

通过对待开发系统进行项目开发分析和编写项目开发计划说明书，掌握项目开发的步骤和方法，明确项目开发计划说明书的内容和格式。

2. 实验内容

1）引言

(1) 编写目的。说明编写这份项目计划的目的，并指出预期的读者。

(2) 背景。主要说明项目的来历，一些需要项目团队成员知道的相关情况。

(3) 定义。列出为正确理解本计划书所用到的专门术语的定义、外文缩写词的原词及中文解释。

(4) 参考资料。列出本计划书中所引用的及相关的文件资料和标准的作者、标题、编号、发表日期和出版单位，必要时说明得到这些文件资料和标准的途径。

(5) 标准、条约和约定。列出在本项目开发过程中必须遵守的标准、条约和约定。

2）项目概述

(1) 项目目标。设定项目目标就是把项目要完成的工作用清晰的语言描述出来，让项目团队每一个成员都有明确的概念。

(2) 产品目标与范围。根据项目输入（如合同、立项建议书、项目技术方案、标书等）说明此项目要实现的软件系统产品的目的与目标及简要的软件功能需求。

(3) 假设与约束。对于项目必须遵守的各种约束(时间、人员、预算、设备等)进行说明。

(4) 项目工作范围。说明为实现项目的目标需要进行哪些工作。在必要时,可描述与合作单位和用户的工作分工。

(5) 应交付成果。包括需完成的软件、需提交用户的文档、需提交内部的文档、应当提供的服务这些内容。

(6) 项目开发环境。说明开发本软件项目所需要的软硬件环境和版本,如操作系统、开发工具、数据库系统、配置管理工具、网络环境。

(7) 项目验收方式与依据。说明项目内部验收和用户验收的方式,如验收包括交付前验收、交付后验收、试运行(初步)验收、最终验收、第三方验收、专家参与验收等。

3) 项目团队组织

(1) 组织结构。说明项目团队的组织结构。项目的组织结构可以从所需角色和项目成员两个方面描述。

(2) 人员分工。确定项目团队的每个成员属于组织结构中的什么角色,他们的技术水平、项目中的分工与配置,可以用列表方式说明,具体编制时按照项目实际组织结构编写。

(3) 协作与沟通。项目的沟通与协作首先应当确定协作与沟通的对象,就是与谁协作、沟通。

4) 实施计划

(1) 风险评估及对策。识别或预估项目进行过程中可能出现的风险。应该分析风险出现的可能性(概率)、造成的影响,根据影响应该采取的对策、采取的措施。

(2) 工作流程。说明项目采用什么样的工作流程进行。

(3) 总体进度计划。这里所说的总体进度计划为高层计划。

(4) 项目控制计划。

5) 支持条件

说明为了支持本项目的完成所需要的各种条件和设施。

(1) 内部支持。逐项列出项目每阶段的支持需求(含人员、设备、软件、培训等)及其时间要求和用途。

(2) 客户支持。列出对项目而言需由客户承担的工作、完成期限和验收标准,包括需由客户提供的条件及提供时间。

(3) 外包。列出需由外单位分合同承包者承担的工作、完成时间,包括需要由外单位提供的条件和提供的时间。

6) 预算

(1) 人员成本。

(2) 设备成本。

(3) 其他经费预算。列出完成本项目所需要的各项经费,包括差旅费、资料费、通行费、会议费、交通费、办公费、培训费、外包费等。

(4) 项目合计经费预算。列出完成本项目需要的所有经费预算(上述各项费用之和)。

7) 关键问题

逐项列出能够影响整个项目成败的关键问题、技术难点和风险,指出这些问题对项目成败的影响。

8）专题计划要点

专题计划也就是因为项目的需要在本文档之外独立建立的计划，本节说明本项目开发中需要制定的各个专题计划的要点。

实验3 数据流图绘制

1. 实验目的

通过绘制系统流程图和数据流图，熟练掌握系统流程图和数据流图的基本原理，并能对简单问题进行系统流图和数据流图的分析，独立地完成数据流图设计。此外，学会使用 Case 工具完成数据流图和系统流程图的分析与实现。

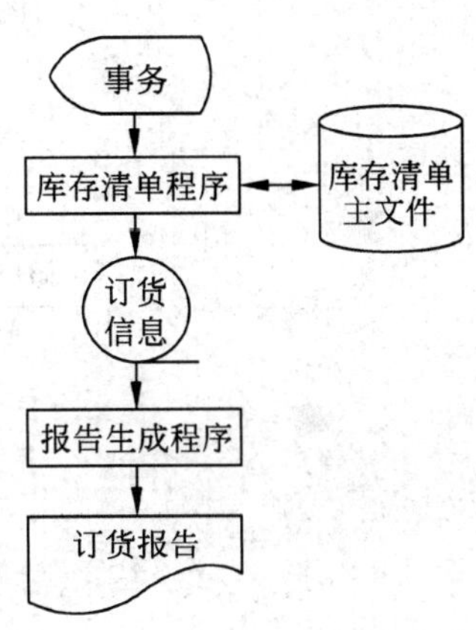

图 11-1 某订货系统 SFD

2. 实验内容

(1) 用 Microsoft Visio 绘制出如下订货系统的 SFD(系统流程图)的模型，见图 11-1。

(2) 用 Microsoft Visio 绘制教材中订货系统的 DFD 的顶层模型、第一层模型和第二层模型，见图 11-2～图 11-4。

(3) 用 Microsoft Visio 绘制如图 11-5 所示的取款手续的数据流图。

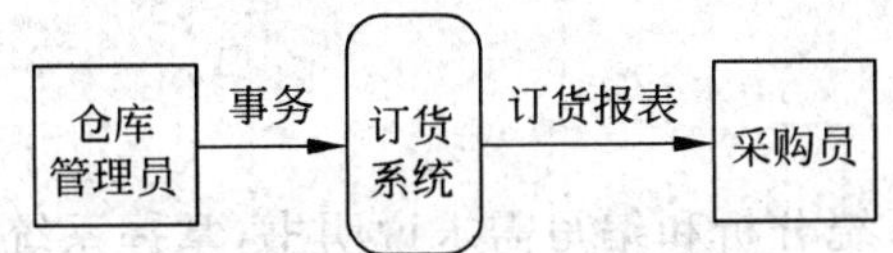

图 11-2 仓库订货系统的顶层数据流图描述

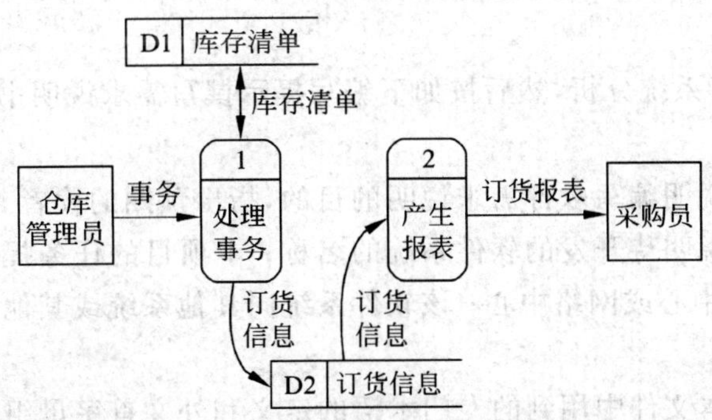

图 11-3 仓库订货系统的第一层数据流图描述

(4) 请结合目前的银行柜台取款手续，对图 11-5 的取款数据流图进行改进，绘制当前银行柜台取款手续的顶层数据流图和第一层数据流图。

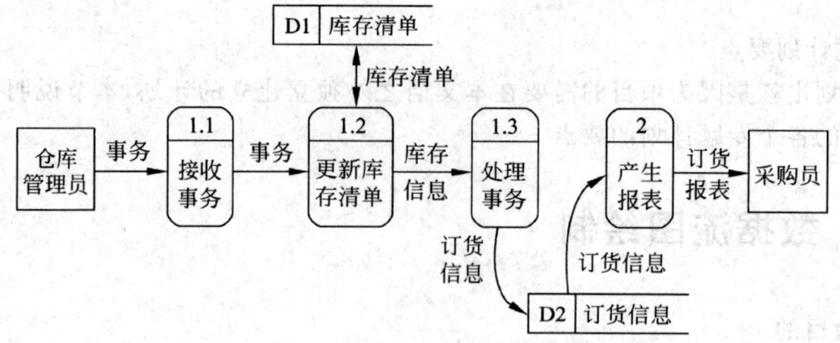

图 11-4 “处理事务”的第二层数据流图描述

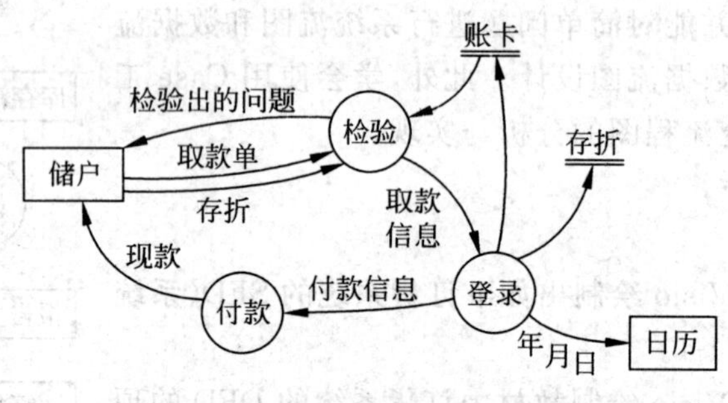

图 11-5 取款手续

实验 4 编写系统需求说明书

1. 实验目的

通过对选定系统进行系统分析和编写需求说明书，掌握系统需求分析的步骤和方法，明确需求说明书内容和格式。通过对 Visio 2003 的熟练应用，把系统的逻辑模型画出来。

2. 实验内容

选定系统后，进行系统分析，然后按如下编写提示撰写需求说明书。

1）引言

（1）编写目的。说明编写软件需求说明的目的，指出预期的读者。

（2）背景说明。说明待开发的软件系统的名称；本项目的任务提出者、开发者、用户及实现该软件的计算机中心或网络中心；该软件系统同其他系统或其他机构的基本的相互来往关系。

（3）定义。列出本文件中用到的专门术语的定义和外文首字母组词的原词组。

（4）参考资料。列出有关的参考资料及资料的来源。

2）任务概述

（1）目标。叙述该软件开发的意图、应用目标、作用范围以及其他应向读者说明的有关该软件开发的背景材料。解释被开发软件与其他有关软件之间的关系。如果本系统是一项独立的软件，而且全部内容自含，则说明这一点。如果所定义的系统是一个更大的系统的组成部分，则应说明本系统与该系统中其他各组成部分的关系，用方框图来说明该系统的组成和本系统同其他各个部分的联系和接口。

(2) 用户的特点。列出系统的最终用户特点，充分说明操作人员、维护人员的教育水平和技术特长，以及本系统的预期使用频度。

(3) 假定和约束。列出进行本系统开发工作的假定和约束，如经费限制、开发期限等。

3) 需求规定

(1) 对功能的规定。用列表方式(输入、处理、输出表的形式)，逐项定量和定性地叙述对系统所提出的功能要求，说明输入什么量，经怎样的处理，得到什么输出，说明系统应支持的终端数和应支持的并行操作的用户数。

(2) 对性能的规定。

精度：说明对该系统的输入、输出的数据精度的要求，包括传输过程中的精度。

时间特性要求：说明对于该系统的时间特征要求，如对响应时间、更新处理时间、转换和传送时间、解题时间等的要求。

灵活性：说明对该系统的灵活性的要求，即当需求变化时，系统的适应能力。

(3) 输入输出要求。解释各输入输出数据类型，并逐项说明其媒体、格式、数值范围、精度等。要求举例说明。

(4) 数据管理能力要求。说明需要管理的文卷和记录的个数、表和文卷的规模大小，要按可预见的增长对数据及其分量的存储要求做出估计。

(5) 故障处理要求。列出可能的软件、硬件故障以及对各项性能而言所产生的后果和对故障处理的要求。

(6) 其他专门要求。安全保密要求，可维护性、可扩充性、易读性、可靠性、运行环境和可转换性等要求。

4) 运行环境规定

(1) 设备。列出运行该系统所需要的硬设备。说明其中的新型设备及其专门功能，包括：处理器内存容量；外存容量、联机或脱机、媒体及其存储格式，设备的型号及数量；输入及输出设备的型号和数量，联机或脱机；数据通信设备的型号和数量；功能键及其他专用硬件。

(2) 支持软件。列出支持软件，包括操作系统、编译(或汇编)程序、测试支持软件等。

(3) 接口。说明该系统同其他软件之间的接口，数据通信协议等。

(4) 控制。说明控制该系统的运行的方法和控制信号，并说明这些控制信号的来源。

实验5 软件设计结构图绘制

1. 实验目的

学会使用Case工具完成描述软件结构的软件结构图和软件层次图的设计，并熟练地掌握几种常用的软件详细设计工具，如程序流程图、盒图、PAD和判定表，并能把给定的软件问题描述转化为过程设计结果，同时进行环路复杂度计算，判断结构化设计结果的复杂性。

2. 实验内容

(1) 软件结构设计：采用 Visio 绘制如下软件结构图，见图 11-6。

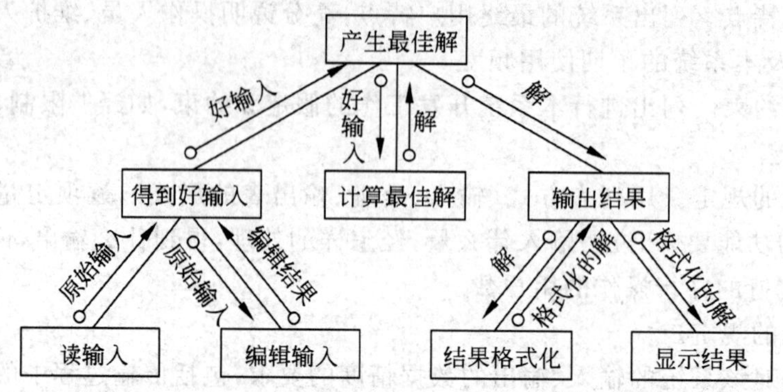

图 11-6 结构图

采用 Visio 或 Word 绘制如下软件层次图，见图 11-7。

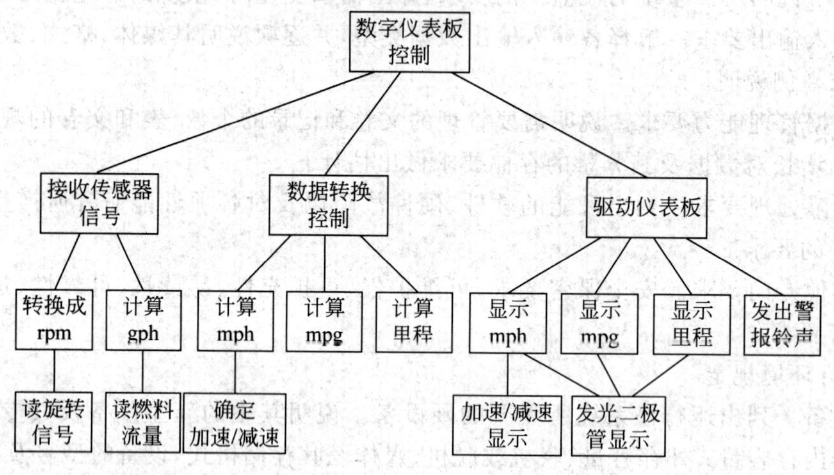

图 11-7 层次图

分析如图 11-8 所示的数据流图，并把它转换成合理的软件结构图，然后用 Visio 把结果画出来。(注意，请用结构图，而非层次图。)

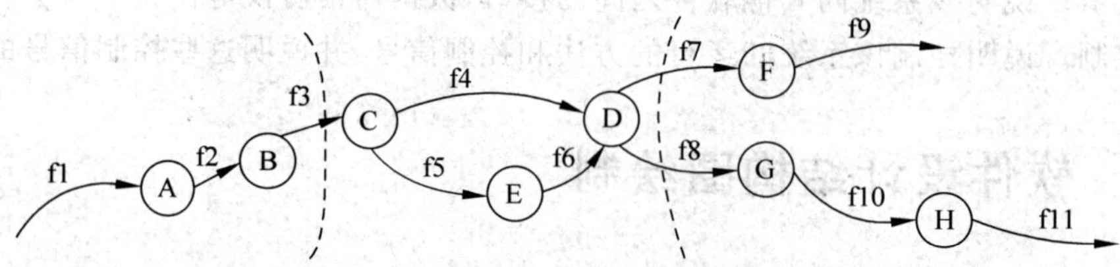

图 11-8 某系统的数据流图

(2) 软件的详细设计：某航空公司规定，乘客可以免费托运重量不超过 20kg 的行李，当行李重量超过 20kg，对头等舱的国内乘客超重部分每千克收费 6 元，对公务舱的国内乘客超重部分每千克收费 8 元，对经济舱的国内乘客超重部分每千克收费 10 元。对外国顾客超重部分每千克收费比国内乘客多1.5倍，对残疾乘客超重部分每千克收费比正常乘客少一半。

实验包含如下4个部分的内容。

① 用Word设计描述其详细设计结果的判定表。

② 用Visio画出它的程序流程图。

③ 用类C代码写出它的伪代码。

④ 将程序流程图转换为流图。

实验6　编写概要设计说明书

1. 实验目的

通过对选定系统进行概要设计和编写概要设计说明书，掌握系统概要设计的步骤和方法，明确需求说明书内容和格式。

2. 实验内容

对选定系统进行概要设计，然后按如下编写提示撰写概要设计说明书。

1）引言

(1) 编写目的。说明编写概要设计说明书的目的，指出预期的读者。

(2) 背景说明。说明待开发的软件系统的名称；本项目的任务提出者、开发者、用户及实现该软件的计算机中心或网络中心。

(3) 定义。列出本文件中用到的专门术语的定义和外文首字母组词的原词组。

(4) 参考资料。列出有关的参考资料及资料的来源。

2）总体设计

(1) 需求规定。说明对本系统的主要的输入输出项目、处理的功能性能要求，详细的说明参见需求说明的编写提示。

(2) 运行环境。简要地说明对本系统的运行环境（包括硬件环境和软件环境）的规定，详细参见需求说明书编写提示。

(3) 基本设计概念和处理流程。说明本设计的基本设计概念和处理流程，尽量使用图表的形式。

(4) 结构。用一览表及框图的形式说明本系统的系统元素（各层模块、子程序、公用程序等）的划分，扼要说明每个系统元素的标识符和功能，分层次地给出各元素之间的控制与被控制关系。

(5) 功能需求与程序的关系。用表格列出功能需求与各程序之间的对应关系。

(6) 人工处理过程。说明在系统工作过程中不得不包含的人工处理过程（如果有）。

(7) 尚未解决的问题。说明在概要设计过程中尚未解决而设计者认为在系统完成之前必须解决的各个问题。

3）接口设计

(1) 用户接口。说明将向用户提供的命令和它们的语法结构，以及软件的回答信息。

(2) 外部接口。说明系统同外界的所有接口的安排，包括软件与硬件之间的接口、系统与各支持软件之间的接口关系。

(3) 内部接口。说明系统之内的各个系统元素之间的接口的安排。

4) 运行设计

(1) 运行模块组合。说明对系统施加不同的外界运行控制时所引起的各种不同的运行模块组合运行所使用的模块和支持软件。

(2) 运行控制。说明每一种外界的运行控制的方式方法和操作步骤。

(3) 运行时间。说明每一种外界的运行模块组合占用各种资源的时间。

5) 系统数据结构设计

(1) 逻辑结构设计要点。给出系统内所使用的每个数据结构的名称、标识符以及它们中每个数据项、记录和文卷的标识、定义、长度及它们之间的层次的或规格的相互关系。

(2) 物理结构设计要点。给出系统内所使用的每个数据结构中的每个数据项的存储要求、访问方法、存取单位、存取的物理关系(索引)设备、存储区域、设计考虑和保密条件。

(3) 数据结构和程序关系。说明各个数据结构与访问这些数据结构的各个程序之间的对应关系,可采用矩阵图的形式。

6) 系统出错处理设计

(1) 出错信息。用一览表的方式说明每种可能的出错或故障情况出现时,系统输出信息的形式、含义及处理方法。

(2) 补救措施。说明故障出现后可能采取的变通措施,包括:

① 备份技术。如周期性地把磁盘记录到磁带上。

② 降效技术。如系统由自动降为手工操作。

③ 恢复及再启动技术。系统从故障点恢复执行或使系统从头开始运行的方法。

(3) 系统维护设计。说明为了系统维护的方便而在程序内部设计中做出的安排,包括在程序中专门安排用于系统的检查与维护的检测点和专用模块。

实验 7 数据库设计

1. 实验目的

通过对选定系统的数据库设计,掌握数据库设计步骤和方法。

2. 实验内容

对选定系统在需求分析的基础上进行数据库设计,然后把数据库设计结果加入到概要设计说明书中,并对数据库设计步骤进行记录和保存。

1) 概念设计图

(1) 局部 E-R 图设计。

(2) 局部 E-R 图汇总,即全局 E-R 图设计。

2) 逻辑设计

将 E-R 图转换成所选择的 DBMS 所支持的数据模型的数据结构,如选择是关系型数据库管理系统,则逻辑结构就是关系-表,并进行优化。

3）物理设计

（1）索引。给出索引的建立方案。

（2）聚簇。说明聚簇的建立方案。

实验8　编写详细设计说明书

1. 实验目的

通过对选定系统详细设计说明书的编写，掌握详细设计说明书的编写步骤和方法，明确详细设计说明书的内容和格式。

2. 实验内容

对选定系统在概要设计的基础上进行详细设计，然后按如下编写提示撰写详细设计说明书。

1）引言

（1）编写目的。说明编写详细设计说明书的目的，指出预期的读者。

（2）背景说明。所建议的软件系统的名称；本项目的任务提出者、开发者、用户及实现该软件的计算机中心或网络中心。

（3）定义。列出本文件中用到的专门术语的定义和外文首字母组词的原词组。

（4）参考资料。列出有关的参考资料及资料的来源。

2）程序系统的结构

用一系列图表列出本程序系统内的每个程序（包括每个模块和子程序）的名称、标识符和它们之间的层次结构关系。

3）程序1（标识符）设计说明

（1）程序描述。给出对该程序的简要描述，主要说明安排设计本程序的目的，并且说明本程序的特点（如常驻内存还是非常驻内存）。

（2）功能。说明该程序应具有的功能，可采用IPO图（即输入-处理-输出图）的形式。

（3）性能。说明对该程序的全部性能要求，包括对精度、灵活性和时间特性的要求。

（4）输入项。给出每个输入项的特征，包括名称、标识、数据的类型和格式、数据的有效范围、输入的方式、数量和频度、输出媒体、对输出图形及符号的说明、安全保密条件等。

（5）输出项。给出每个输入项的特征，包括名称、标识、数据的类型和格式、数据的有效范围、输出的形式、数量和频度、输出媒体、对输出图形及符号的说明、安全保密条件等。

（6）算法。详细说明本程序所选用的算法，具体的计算公式和步骤。

（7）流程逻辑。用图表（如流程图、判定表等）辅以必要的说明来表示本程序的逻辑流程。

（8）接口。用图的形式说明本程序所隶属的上一层模块及隶属于本程序的下一层模块、子程序，说明参数赋值和调用方式，说明与本程序直接关联的数据结构（数据库、数据文卷）。

(9) 存储分配。根据需要,说明本程序的存储分配。

(10) 注释设计。说明准备在本程序中安排的注释,如:加在模块首部的注释;各分支点的注释;各变量的功能、范围、缺省条件等所加的注释;使用的逻辑所加的注释等。

(11) 限制条件。说明本程序运行中所受到的限制条件。

(12) 测试计划。说明对本程序进行单元测试的计划,包括对测试的技术要求、输入数据、预期结果、进度安排、人员职责、设备条件、驱动程序及桩模块等的规定。

(13) 尚未解决的问题。说明在本程序中尚未解决而设计者认为在软件完成之前应解决的问题。

4) 程序 2(标识符)设计说明

用类似于程序 1 的方式,说明第二乃至第 n 个程序的设计考虑。

实验 9 编写用户操作手册

1. 实验目的

通过对所完成用户操作手册的编写,掌握用户手册编写的步骤和方法,明确内容和格式。

2. 实验内容

按如下编写提示撰写用户操作手册。

1) 引言

①编写目的。②背景。③定义。④参考资料。

2) 用途

①功能。②软件的结构。③程序表。④文卷表。

3) 运行环境

①硬环境。②支撑软件。③数据结构。

4) 使用过程

①安装与初始化。②运行步骤。③输入(输入数据的现实背景,输入格式,输入举例)。④输出(输出数据的现实背景,输出格式,输出举例)。⑤运行 1 说明(运行控制,操作信息,输入/输出文卷,输出文段,输出文段的复制,启动恢复过程)。⑥运行 2 说明……⑦出错处理与恢复。

实验 10 编写测试计划和分析报告

1. 实验目的

通过对所完成的系统进行测试分析和测试分析报告的编写,掌握测试分析报告编写的步骤和方法,明确测试分析报告内容和格式。

2. 实验内容

对所完成的系统进行测试分析后，按如下编写提示撰写测试分析报告。

1）引言

(1) 编写目的。说明编写本测试分析报告的目的，指出预期的读者。

(2) 背景说明。说明被测试系统的名称；本软件任务的提出者、开发者、用户及实现该软件的计算机中心或网络中心；指出测试环境与实际运行环境之间可能存在的差异以及这些差异对测试结果的影响。

(3) 定义。列出本文件中用到的专门术语的定义和外文首字母组词的原词组。

(4) 参考资料。列出有关的参考资料及资料的来源。

2）测试计划

用表格的形式列出每一项测试的标识符及其内容，并指明实际进行测试工作的内容与测试计划中预先设计的内容之间的差别，说明做出这种改变的原因。

①软件说明。②测试内容。③测试 1(进度安排，条件，测试资料，测试培训等)。④测试 2……

3）测试结果及发现

(1) 测试 1(标识符)。把本项测试中实际得到的动态输出(包括内部生成数据输出)结果同动态输出的要求进行比较，陈述其中的各项发现。

(2) 测试 2(标识符)。用类似测试 1 的方式给出第二项及其后各项测试内容的测试结果和发现。

4）对软件功能的结论

(1) 功能 1(标识符)。

能力：简述该项功能，说明为满足此项功能而设计的软件能力以及经过一项或多项测试已证实的能力。

限制：说明测试数据值的范围(包括动态数据和静态数据)，列出就这项功能而言，测试期间在该软件中查出的缺陷和局限性。

(2) 功能 2(标识符)。用类似功能 1 的方式给出第二项及其后各项功能的测试结论。

5）分析摘要

(1) 能力。陈述经测试证实了的软件能力。如果所进行的测试是为了验证一项或几项特定性能要求的实现，应提供这方面的测试结果与要求之间的比较，并测定测试环境与实际运行环境之间可能存在的差异对能力的测试所带来的影响。

(2) 缺陷和限制。陈述经测试证实了的软件缺陷和限制。说明每项缺陷和限制对软件性能的影响，并说明全部测得的性能缺陷的累积影响和总影响。

(3) 建议。对每项缺陷提出改进建议。如各项修改可采用的修改方法；各项修改的紧迫程度；各项修改预计的工作量；各项修改的负责人。

(4) 评价。说明该项软件的开发是否已经达到预定目标，能否交付使用。

6）测试资源消耗

总结测试工作的资源消耗数据，如不同级别工作人员的时间消耗、机时消耗等。

期末模拟试卷

期末考试模拟试卷(一)

题号	一	二	三	四	五	总分	总分人
分值	10	20	30	30	10	100	
得分							

得分	评阅人

一、选择题(本大题共 10 题,每题 1 分,共 10 分。在以下选择题中有单选题和多选题,请根据题目后面的提示,将正确选项前的字母填在题后的括号内。多选、少选、错选均无分)

1. 软件工程过程是指一套关于项目的阶段、状态、方法、技术和开发、维护软件的人员以及相关文档,它有哪几种方法?(多选)(　　)

A. 统一过程　　B. 开启过程

C. 结构化过程　　D. 面向对象的软件过程

2. 软件过程质量的基本度量元有哪些?(多选)(　　)

A. 设计工作量应大于编码工作量

B. 设计评审工作量在设计工作量当中要少于 1/4

C. 代码评审工作量应占一半以上的代码编制的工作量

D. 每万行源程序在编译阶段发现的差错不应超过 10 个

3. 软件需求分析所要做的工作包括以下哪些?(多选)(　　)

A. 深入描述软件的功能和性能　　B. 确定软件设计的限制

C. 软件的成本分析　　D. 定义软件的各种有效性需求

4. 模块是模块化设计和制造的功能单元,具有以下哪些特征?(多选)(　　)

A. 耦合性　　B. 互换性

C. 通用性　　D. 相对独立性

5. PowerBuilder 的基本功能有哪些?(多选)(　　)

A. 可视化、多特性的开发工具

B. 面向对象的技术功能

C. 支持复杂应用程序,企业数据库的连接能力

D. 查询、报表和图形功能

6. 在黑盒测试中,有哪些有效的方法?(多选)(　　)

A. 等价分类法　　B. 边界值法

C. 甘特图法　　D. 逆推法

7. 为提高软件测试的效率,应该怎样做?(单选)(　　)

A. 随机地选取测试数据

B. 取一切可能的输入数据作为测试数据

C. 在完成编码后制定软件测试计划

D. 选择发现错误可能性大的数据作为测试数据

8. 面向对象方法的步骤是以下哪项?(　　)

① 通过整合各模块,达到高内聚、低耦合的效果,从而满足客户要求

② 对需求进行合理分层,构建相对独立的业务模块

③ 根据客户需求抽象出业务对象

④ 设计业务逻辑,利用多态、继承、封装、抽象的编程思想,实现业务需求

A. ②①④③　　B. ③②④①

C. ①②④③　　D. ③①②④

9. 软件可移植性是用来衡量软件的(　　)的重要尺度之一。

A. 效率　　B. 质量

C. 人机关系　　D. 通用性

10. (　　)测试用例发现错误的能力较大。

A. 路径覆盖　　B. 条件覆盖

C. 判断覆盖　　D. 条件组合覆盖

得分	评阅人

二、名词解释题(本大题共 5 题,每题 4 分,共 20 分)

11. 内聚____

12. 软件外包____

13. 数据字典____

14. E-R 图____

15. UML ____

得分	评阅人

三、简答题(本大题共 6 小题,每题 5 分,共 30 分)

16. 简述 OOA 方法的基本步骤。

17. 简述软件复用的几个级别。

18. 需求调查的步骤是怎样的?

19. 当数据流程图呈现“束状”结构时,应采用事务分析的设计方法,通常采用哪几步?

20. 请简述单元测试的步骤。

21. 简述软件系统规划的任务和几个阶段。

得分	评阅人

四、论述题(本大题共 3 小题,每小题 10 分,共 30 分)

22. 解释面向对象方法里的对象、类、消息、封装、继承性、多态性这些基本概念。

23. 面向对象设计方法有哪几种？请分别介绍。

24. 敏捷开发的方法有哪些？

得分	评阅人

五、分析阐述题(本大题共 1 题,每小题 10 分,共 10 分)

25. 某图书出版公司希望每月定期向固定客户邮寄最近一个月的图书分类目录。客户可在其收到的目录上圈定自己要买的书。出版公司按照客户的反馈信息邮寄图书。要求为出版公司设计软件,以实现以下功能：①自动生成图书分类目录；②自动处理客户反馈信息。试用面向数据流的方法给出系统的数据流图,并设计出软件结构图。

期末考试模拟试卷(二)

题号	一	二	三	四	五	总分	总分人
分值	10	20	30	20	10	100	
得分							

得分	评阅人

一、选择题(本大题共 10 题,每题 1 分,共 10 分。在每小题列出的几个选项中有 1～5 个选项是符合题目要求的,请将正确选项前的字母填在题后的括号内。多选、少选、错选均无分)

1. 程序的三种基本结构是什么？(　　)

A. 过程、子程序、分程序

B. 顺序、条件、循环

C. 递归、堆栈、队列

2. 在以下哪个模型中是采用用例驱动和架构优先的策略,使用迭代增量建造方法,软件“逐渐”被开发出来的？(　　)

A. 快速原型　　B. 统一过程

C. 瀑布模型　　D. 螺旋模型

3. SD 方法衡量模块结构质量的目标是什么？(　　)

A. 模块间联系紧密,模块内联系紧密

B. 模块间联系紧密,模块内联系松散

C. 模块间联系松散,模块内联系紧密

D. 模块间联系松散,模块内联系松散

4. 下列各种图可用于动态建模的有(　　)。

A. 用例图　　B. 类图　　C. 序列图　　D. 包图

5. 软件开发流程(Software Development Process)即软件设计思路和方法的一般过程，包括以下哪几项？(　　)

A. 设计软件的功能和实现的算法和方法

B. 软件的总体结构设计和模块设计

C. 成本预算和效益分析

D. 编程和调试

E. 程序联调和测试以及编写

6. 项目组织机构的类型包括以下几种？(　　)

A. 集成团队组织　　B. 垂直团队组织

C. 水平团队组织　　D. 混合团队组织

7. 一个完整的 SRS 不仅要包括长长的功能性需求列表，还应包括外部接口描述和一些诸如质量属性、期望性等非功能性的需求。其特征包括以下哪些？(　　)

A. 结构性　　B. 完整性　　C. 正确性　　D. 一致性

E. 可修改性

8. 编写概要设计文档包括哪几项？(　　)

A. 需求分析说明　　B. 概要设计说明书

C. 数据库设计说明书　　D. 集成测试计划

9. 对于程序运行效率的改进可以从以下几个方面入手？(　　)

A. 压缩代码长度，减少冗余部分

B. 改进算法和数据结构以降低计算复杂度

C. 了解和掌握硬件的特性以便充分发挥硬件系统的性能

D. 完成代码的可视化

10. 白盒测试包括哪些测试？(　　)

A. 整体测试　　B. 基本路径测试

C. 模块测试　　D. 逻辑覆盖测试

得分	评阅人

二、名词解释题(本大题共 5 题，每题 4 分，共 20 分)

11. 喷泉模型____

12. TSP ____

13. SQA ____

14. 软件复用____

15. 联合开发____

得分	评阅人

三、简答题(本大题共 6 小题，每题 5 分，共 30 分)

16. 简述面向对象程序设计的基本步骤。

17. 简述快速原型模型原型法的三个层次。

18. 结构化设计的优缺点有哪些？

19. 黑盒测试有哪些方法？请分别简单介绍。

20. 简述无线传感器网络的特征。

21. 单元测试、集成测试和确认测试之间的不同有哪些？

得分	评阅人

四、论述题(本大题共2小题，每小题15分，共30分)

22. 画出螺旋模型图，并给出意义解释。

23. 比较几种语言工具的不同点。

得分	评阅人

五、分析题(本大题共1题，每小题10分，共10分)

24. 现为某银行开发一个计算机储蓄管理系统。要求系统能够完成：将储户填写的存款单或取款单输入系统，如果是存款，系统记录存款人姓名、住址、存款类型、存款日期、利率等信息，同时要求储户输入口令，并打印出存款单给储户；如果是取款，则系统首先要求储户输入口令，储户身份确认后，系统计算结算清单给储户，结算清单中的信息包括本息金额和利息金额。试根据要求画出该系统的数据流程图。

期末考试模拟试卷(三)

题号	一	二	三	四	五	总分	总分人
分值	15	20	25	30	10	100	
得分							

得分	评阅人

一、多项选择题(本大题共15题，每题1分，共15分。在每小题列出的几个选项中有1～5个选项是符合题目要求的，请将正确选项前的字母填在题后的括号内。多选、少选、错选均无分)

1. 结构化设计方法的设计原则遵循哪几条？(　　)

A. 以类和继承为构造机制

B. 使每个模块尽量只执行一个功能

C. 每个模块用过程语句调用其他模块

D. 模块间传送的参数作数据用

2. 成本管理的基本原则有哪些？(　　)

A. 合理化原则　　B. 全面管理的原则

C. 责任制原则　　D. 管理有效原则

3. 数据流图的基本图形元素有哪些？（　　）

A. 数据流　　B. 数据属性　　C. 加工处理　　D. 数据存储

4. 通常采用下面的哪些方法对初始化软件结构进行优化？（　　）

A. 优化软件结构　　B. 扇出合适

C. 控制代码运行效率　　D. 设计功能可预测的模块

5. 系统集成有以下哪几个显著特点？（　　）

A. 以满足用户的需求为根本出发点

B. 选择最适合用户的需求和投资规模的产品和技术

C. 系统集成包含技术、管理和商务等方面

D. 兼顾软件与硬件集成的结合

6. 做测试计划的时候，要考虑的因素包括？（　　）

A. 测试的步骤　　B. 工作量　　C. 进度　　D. 资源

7. 知识管理包括几个方面的工作？（　　）

A. 建立知识库　　B. 知识的结构化储存

C. 建立尊重知识的内部环境　　D. 把知识作为资产来管理

8. 在 OOD 的设计过程中，要展开的主要有如下哪几项？（　　）

A. 对象定义规格的求精过程　　B. 需求分析和详细设计

C. 数据模型和数据库设计　　D. 成本核算

9. 工程项目进度计划的实施中，控制循环过程包括几项？（　　）

A. 事前进度控制　　B. 项目进度控制　　C. 过程进度控制　　D. 事后进度控制

10. 软件构件的属性有哪些？（　　）

A. 有用性　　B. 可用性　　C. 质量　　D. 适应性

E. 可移植性

11. 详细设计的描述工具有哪几种？（　　）

A. 图形工具　　B. 表格工具　　C. 语言工具　　D. 案例工具

12. 电子商务系统集成通常要考虑以下哪几个子系统集成技术？（　　）

A. 硬件集成　　B. 结构集成

C. 数据与信息集成　　D. 技术与管理集成

E. 人与组织机构集成

13. 单元测试的任务主要包括哪些？（　　）

A. 模块接口测试　　B. 模块局部数据结构测试

C. 模块边界条件测试　　D. 模块图形界面测试

14. 基于构件的软件开发方法学应包括下面哪几方面？（　　）

A. 对中间件有明确的定义

B. 基于中间件的概念需要有中间件的描述技术和规范

C. 开发应用系统必须按中间件裁剪划分组织

D. 有支持检验中间件特性和生成文档的工具

15. CASE 有哪几大作用？这些作用从根本上改变了软件系统的开发方式。（　　）

A. 一个具有快速响应、专用资源和早期查错功能的交互式开发环境

B. 对软件的开发和维护过程中的许多环节实现了自动化

C. 通过一个强有力的图形接口,实现了直观的程序设计

D. 在使用的时候要注意与硬件的兼容性

得分	评阅人

二、名词解释题(本大题共 5 题,每题 4 分,共 20 分)

16. 通信网____
17. 软件工程过程____
18. 模块化____
19. 结构化设计____
20. HIPO 图____

得分	评阅人

三、简答题(本大题共 5 小题,每题 5 分,共 25 分)

21. CORBA 服务内容有哪些?
22. 简述结构化分析的步骤。
23. 简述软件外包的优势和不足。
24. 进度控制的图形方法有哪几种?
25. 请介绍 UML 模型工具 Rational Rose。

得分	评阅人

四、论述题(本大题共 3 小题,每小题 10 分,共 30 分)

22. 结构化分析的具体步骤是怎样的?
23. 系统测试的策略有哪些?请简单介绍。
24. 简介第 4 代语言的应用前景。

得分	评阅人

五、分析题(本大题共 1 题,每小题 10 分,共 10 分)

25. 企业物资采购业务系统

(1) 采购部门根据实际情况准备好采购单一式 4 份。

(2) 第一张采购单交给卖方;第二张交到收货部门,用来登记收货清单;第三张交给财会部门,登记应付账;第四张存档。

(3) 到货时,收货部门按待收清单校对货物是否齐全后填写收货单一式 4 份。

(4) 第一张收货单交财务部门,通知付款;第二张通知采购部门取货;第三张存档;第四张交给卖方。

根据要求画出该系统的数据流程图。

期末考试模拟试卷(四)

题号	一	二	三	四	五	总分	总分人
分值	10	20	30	30	10	100	
得分							

得分	评阅人

一、判断题(本大题共5小题,每题2分,共10分。判断下列各题,正确的在题后括号内打"√",错的打"×")

1. 构件代表系统中的一部分物理实施,包括软件构件框架或其等价物。 ( )
2. 进度计划是表示各项工程的实施方式、成本核算以及调度安排的计划。 ( )
3. 成本估算是项目成本管理的核心,通过成本估算,分析并确定项目的估算成本,并以此为基础进行项目成本预算,开展项目成本控制等管理活动。 ( )
4. 用户需求描述的是用户的目标,或用户要求系统必须能完成的任务。 ( )
5. C/S结构也称客户/服务器模式,是一类按新的应用模式运行的集成式计算机系统。 ( )

得分	评阅人

二、名词解释题(本大题共5题,每题4分,共20分)

6. 程序生成器____
7. 软件集成____
8. 需求分析____
9. 耦合性____
10. 黑盒测试____

得分	评阅人

三、简答题(本大题共5小题,每题6分,共30分)

11. 软件生命期各阶段的任务是什么?
12. 简述结构化程序设计步骤。
13. 简述软件复杂性的概念。
14. UML的基本特征有哪些?
15. 4GL有哪些优点和不足?

得分	评阅人

四、论述题(本大题共3小题,每小题10分,共30分)

16. 简单介绍几种数据库工具的特点。

17. 构件技术有哪几种？请比较它们的特点。

18. 进度控制的图形方法有哪几种？请简单介绍。

得分	评阅人

五、分析题(本大题共1题，每小题10分，共10分)

19. 某考务中心准备开发一个成人自学考试系统考务管理系统，经过调研，该系统有如下的功能。

(1) 对考生填写的报名单进行审查，对合格的考生，编好准考证发给考生，汇总后的报名单送给阅卷站；

(2) 给合格的考生制作考试通知单，将考试科目、时间、地点安排告诉考生；

(3) 对阅卷站送来的成绩进行登记，按当年标准审查单科合格者，并发成绩单，对所考专业各科成绩全部合格者发给大专毕业证书；

(4) 对成绩进行分类(按地区、年龄、职业、专业、科目等分类)产生相应统计表；

(5) 查询：考生可按准考证号随时查询自己的各科成绩。

试根据要求画出该系统的数据流程图。

参 考 答 案

第1章习题参考答案

1. 名称解释

(1) 信息。国际标准化组织ISO对信息的定义：信息是对人有用的数据，这些数据将可能影响到人们的行为与决策。

(2) 知识工程。知识工程是一门以知识为研究对象的新兴学科，它将具体智能系统研究中那些共同的基本问题抽出来，作为知识工程的核心内容，使之成为指导研制各类具体智能系统的一般方法和基本工具，成为一门具有方法论意义的科学。

(3) 系统。系统是由一些部件组成的，这些部件间存在着密切的联系，通过这些联系达到某种目的。从数学的角度讲，系统可以说是为了达到某种目的相互联系的事物的集合。从生物的角度讲，系统是一些部件为了某种目标而有机地结合的一个整体。从机电的角度讲，系统可以看成是设备单元有规律地连接在一起的整体。从软件的角度讲，系统可以看成是计算机软件硬件各个子系统有机组合的整体。

(4) 决策。决策是指组织或个人为了实现某种目标而对未来一定时期内有关活动的方向、内容及方式的选择或调整过程。主体可以是组织也可以是个人。

(5) 信息存储。信息存储是指将经过科学加工处理后的信息资源(包括文件、图像、数据、报表、档案等)，按照一定的规定记录在相应的信息载体上，并将这些载体按照一定特征和内容性质组织成系统化的检索体系。

(6) 信息系统。信息系统就是从系统的观点出发，以计算机和通信技术为手段，运用数学的方法，为管理决策提供服务的计算机系统。

(7) 管理信息系统。管理信息系统是一个由人、计算机等组成的能进行管理信息收集、传递、储存、加工、维护和使用的系统。

2. 判断改错题

(1) (×)信息的特性有普遍性、时效性、相对性、与物质不可分割性、可传递和干扰性、可加工性、可共享性等。

(2) (√)

(3) (×)系统按产生方式可分为：自然系统、人造系统。

(4) (×)三次信息是指根据二次信息提供的线索，查找和使用一次信息以及其他材料，进行浓缩、整合后产生的信息，如研究报告、综述、述评等。

(5) (√)

3. 填空题

(1) 管理信息系统的结构中，基于管理任务的系统层次结构可分为<u>战略管理</u>、<u>管理控</u>

制、运行控制和业务处理 4 层次结构。

(2) 工业企业按其劳动对象来分可分为采掘业、冶炼业和制造业三大类。

(3) 根据我国管理信息系统应用的实际情况和管理信息系统服务对象的不同，可将管理信息系统分为国家经济信息系统、企业管理信息系统、事务型管理信息系统、行政机关办公型管理信息系统和专业型管理信息系统 5 种。

(4) MRPII 是指制造资源规划；ERP 指企业资源规划；JIT 指准时制生产；OPT 指最优化生产技术；AGILE 指敏捷制造。

(5) 准时制生产追求的目标是零库存。

4. 简答题

(1) 简述信息的功能。

信息的主要功能：

经济功能：信息作为重要的经济资源，本身就具有经济功能。主要表现在它对社会生产力的作用功能。除此之外，信息还具有直接创造财富、实现经济效益放大的功能。

管理与协调功能：协调和控制企业的 5 种基本资源(人、财、物、设备和管理方法)，以实现企业的目标。

选择与决策功能：该功能作用于人类选择与决策活动的各个环节，并优化其选择与决策行为，实现预期目标。

(2) 什么是知识工程？

知识工程是一门以知识为研究对象的新兴学科，它将具体智能系统研究中那些共同的基本问题抽出来，作为知识工程的核心内容，使之成为指导研制各类具体智能系统的一般方法和基本工具，成为一门具有方法论意义的科学。知识工程可以看成是人工智能在知识信息处理方面的发展，研究如何由计算机表示知识，进行问题的自动求解。知识工程的研究使人工智能的研究从理论转向应用，从基于推理的模型转向基于知识的模型。

(3) 简述软件系统复杂性分类。

按复杂程度分为：物理系统、生物系统和人类社会。按产生的方式分为：自然系统与人造系统。按抽象程度分为：实体系统、概念系统和逻辑系统。按环境的关系分为：开放系统与封闭系统。

(4) 简述管理的基本原则和目的。

管理的基本原则是“用力少，见效多”，以较少的资源投入、耗费，取得较大的业绩、效果，为企业谋取长期的、稳定的、增长的利润。

(5) 决策按作用分为哪几类？各自的含义是什么？

① 战略决策。是指有关企业的发展方向的重大全局决策，由高层管理人员做出。

② 管理决策。为保证企业总体战略目标的实现而解决局部问题的重要决策，由中层管理人员做出。

③ 业务决策。是指基层管理人员为解决日常工作和作业任务中的问题所做的决策。

(6) 信息处理的过程有哪些？

信息处理的过程包括信息采集、信息组织加工、信息存储与检索和信息服务等。

(7) 信息采集过程的步骤有哪些?

信息采集的过程一般可以分为以下几个步骤：需求分析、确定采集途径和策略、采集实施、结果评价、整理数据和编写报告等。这几个步骤不是一成不变的，在实际生活中，根据实际情况可以有所取舍。

(8) 简述信息存储的意义与作用。

信息存储的意义：有利于增大信息资源的拥有量；有利于集中管理信息资源；有利于开发高层次的信息资源；有利于充分利用信息资源，提高管理工作效率。

信息存储的作用如下：方便检索；利于共享；延长寿命；方便管理。

(9) 请简述综合形成的管理信息系统概念结构。

管理信息系统是由各功能子系统组成的，每一个子系统又可以分为4个主要信息处理部分，即业务处理、运行控制、管理控制和战略管理。信息系统的每个功能子系统都有自己的文件，还有为各子系统公用的数据组成的数据库，由数据库系统进行管理。在系统中，除了为每个子系统专门设计的应用程序外，也有为多个职能部门服务的公用程序，有关的子系统都与这些公用程序连接。此外，还有为多个应用程序共用的分析与决策模型，这些公用软件构成了信息系统的模型库。

(10) 管理信息系统的层次结构是什么?

由于一般的组织管理均是分层次的，如战略管理、管理控制、作业管理等，为其服务的处理与决策支持相应地分为4个层次，构成管理信息系统的纵向结构。从横向来看，任何企业都可按照各个管理组织或机构的职能，组成管理信息系统的横向结构，如销售与市场、生产管理、物资管理、财务与会计、人事管理等。从处理的内容及决策的层次来看，信息处理所需资源的数量随管理层次而变化。一般基层管理的业务信息处理量大，层次越高，信息量越小，形成金字塔式管理信息系统结构。管理信息系统执照自下而上的层次结构，可以分为战略管理、管理控制(战术管理)、运行控制和业务处理4个层次。

(11) 管理信息系统的学科特点是什么?

管理信息系统是一门综合管理科学、信息科学、系统科学、行为科学、计算机科学和通信技术的新兴学科，是一门多学科融合和交叉的学科体系。但对管理信息系统影响最大的学科还是系统科学、数学和计算机科学。可以认为，管理信息系统学科的三要素是系统的观点、数学的方法和计算机的应用。信息论、控制论和系统论是MIS的理论基础。

(12) 简述管理信息系统的分类。

管理信息系统是一个广泛的概念，从不同的角度有不同的分类方法。从系统的功能和应用上可以分为如下5类：①国家经济信息系统；②企业管理信息系统；③事务型管理信息系统；④行政机关办公型管理信息系统；⑤专业型管理信息系统。

(13) 请指出管理信息系统和信息系统的区别。

信息系统是一组相互关联、相互作用、相互配合的部件，是一个为完成数据的收集、处理、存储和提供完成特定任务所需信息的部件构成的整体。管理信息系统是一个以人为主导，利用计算机硬件、软件、网络通信设备以及其他办公设备，进行信息的收集、传输、加工、存储、更新和维护，以企业战略竞优、提高效益和效率为目的，支持企业高层决策、中层控制、基层运作的集成化人机系统。管理信息系统也可以理解为一个以计算机为工具，具有数据处理、预测、控制和辅助决策功能的信息系统。管理信息系统首先是一个信息系统，应当具备信息系统的基本功能，同时，管理信息系统又具备它特有的预测、计划、控制和辅助决策功能。从学科范围的本质看，信息系统包含的范围要大于管理信息系统，管理信息系统服务的对象为中层管理监督和控制业务活动，其面对的任务也是结构化的。

5. 论述题

(1) 试述软件系统复杂性的特性。

软件复杂性包括：软件系统的复杂性，软件过程的复杂性，开发管理的复杂性，软件缺陷系统的复杂性，等等，都将是人们关注的内容。

本书讨论的是多体结构的软件系统，关注的内容是组分组成的系统内部的耦合关系。比如，由软件消费者和软件生产者形成的组织链；由多人组成的开发团队；由模块或子系统组成的软件系统，等等。

将相同类型的组分通过相同类型关系耦合在一起的多体系统，并不意味着所有的组分都是一样的，相互关系也是一样的。正如同样都是人，但每一个人都是独特的，以独特的方式与其他人发生关联。组分有其个体特征和关系，这些特征和关系可以很强烈地变化。进化取决于某一软件开发团队中个体的变异，用户需要软件的繁荣与多样化，个体的偏差和变异是满足用户多样化的源泉。组分的变异对系统构形的多样性有很大的贡献，更多的多样性来自于个体关系中的变异。

(2) 试述管理信息系统的特点。

① 目标性。管理信息系统的建立及发挥作用，都是围绕企业目标进行的。没有目标的管理信息系统是毫无意义的。

② 系统性。它是应用系统的理论与方法，从系统的角度去解决管理问题与信息问题，并注意把局部问题放在整体中处理，力求达到系统整体的最优化与信息化。

③ 先进性。它充分利用计算机及数学方法等现代工具的科学成就，尽量发挥它们的长处，去解决复杂的经营问题与管理问题，使企业的经营管理能达到不断提高质量，提高水平，提高经济效益的目的。

④ 科学性。人机系统的建立，使人和计算机的特点都能发挥最佳作用。机器作为辅助工具，使人从繁重的日常事务中解脱出来，这样人就可以集中精力，将其聪明才智，用于解决企业的各种决策性问题，并实行科学管理，使经营管理现代化。

第2章习题参考答案

1. 名词解释

(1) 可行性研究。可行性研究必须从系统总体出发，对技术、经济、财务、商业以至环境保护、法律等多个方面进行分析和论证，以确定建设项目是否可行，为正确进行投资决策提供科学依据。

(2) 信息系统规划。是从全局角度出发、合理地确定信息系统的建设目标和设计达到这些目标的一系列措施、方法和步骤。也可以说，信息系统规划是组织预测将来信息系统在组织中的角色和应用目标的描述，是信息系统开发需要遵循的纲领性文件。

2. 简答题

(1) 什么是管理信息系统的规划？管理信息系统规划的内容是什么？

信息系统规划是从全局角度出发、合理地确定信息系统的建设目标和设计达到这些目标的一系列措施、方法和步骤。信息系统规划主要包括以下 5 方面的内容：①信息系统的总目标、发展战略与总体结构的确定。②企业现有的信息系统状况分析。③可行性研究。④对业务流程现状、存在的问题和不足进行分析，使流程在新的技术条件下重组。⑤对影响规划的信息技术发展方向的预测。

(2) 管理信息系统规划的过程是什么？

进行管理信息系统的规划一般应包括以下一些步骤。

① 确定规划性质。

② 收集相关信息。

③ 进行战略分析。

④ 定义约束条件。

⑤ 明确信息系统规划的目标。

⑥ 提出信息系统框架。

⑦ 选择开发方案。

⑧ 提出实施进度。

⑨ 通过战略规划。

(3) 系统调查的内容是什么？

系统调查的内容如下。

① 系统界限和运行状态。

② 组织机构调查。

③ 管理功能的调查。

④ 业务流程调查。

⑤ 数据流程的调查。

⑥ 约束条件与薄弱环节。

(4) 可行性研究包括哪些内容？

① 管理上的可行性。

② 技术上的可行性。

③ 经济可行性。

(5) 什么是关键成功因素？应用关键成功因素的步骤是什么？

关键成功因素是指在一个组织中的若干能决定组织在竞争中能否获胜的因素，它们是企业最需要得到的决策信息，是值得管理者重点关注的活动因素。

关键成功因素的实施包括 4 个步骤：①了解组织目标。②识别关键成功因素。③识别性能的指标和标准。④识别测量性能的数据。

(6) U/C 矩阵有何作用？

U/C 矩阵的作用：①通过对 U/C 矩阵的正确性检验，发现调研工作的疏漏和错误；②通过对 U/C 矩阵的正确性检验来分析数据的正确性和完整性；③通过对 U/C 矩阵的求解过程，得到子系统的划分；④通过子系统之间的联系，可以确定子系统之间的共享数据。

(7) 诺兰阶段模型有何实用意义？它把信息系统的成长过程划分为哪几个阶段？

诺兰阶段模型的意义在于它在一定程度上较为简明地描述了信息技术作为组织的一种变革力量的发展路线以及企业在信息技术环境中的演变过程。

诺兰模型的6个阶段分别如下。

① 初装阶段。

② 蔓延阶段。

③ 控制阶段。

④ 集成阶段。

⑤ 数据管理阶段。

⑥ 成熟阶段。

第3章习题参考答案

1. 名词解释

(1) PSP。个人软件过程，是一种可用于控制、管理和改进个人工作方式的自我持续改进过程，是一个包括软件开发表格、指南和规程的结构化框架。

(2) 甘特图。以图示的方式通过活动列表和时间刻度形象地表示出任何特定项目的活动顺序与持续时间。

(3) 成本管理。在项目具体实施过程中，为了确保完成项目所花费的实际成本不超过预算成本而展开的项目成本估算、项目预算、项目成本控制等方面的管理活动。

(4) TSP。团队软件过程，是为开发软件产品的开发团队提供指导的活动。

(5) SQA。软件质量保证，指建立一套有计划、有系统的方法，来向管理层保证拟定出的标准、步骤、实践和方法能够正确地被所有项目所采用。

(6) FPA。功能点分析法，是一种相对抽象的方法，是一种“人为设计”出的度量方式，主要解决如何客观、公正、可重复地对软件规模进行度量。

(7) OO方法。即面向对象方法，是指把面向对象的思想应用于软件开发过程中，指导开发活动的系统方法。

(8) OOA方法。面向对象的分析方法，是在一个系统的开发过程中进行了系统业务调查以后，按照面向对象的思想来分析问题。

(9) 软件复用。将已有的软件成分用于构造新的软件系统，以缩减软件开发和维护的花费。

(10) 喷泉模型。是一种以用户需求为动力，以对象为驱动的模型，主要用于描述面向对象的软件开发过程。

2. 判断题

(1) (√) (2) (√) (3) (×) (4) (×) (5) (√) (6) (×) (7) (√)
(8) (×) (9) (√) (10) (×)

3. 填空题

(1) 进度控制的 4 个步骤包括：计划、执行、检查、行动。

(2) 软件项目工作量估算的方法包括：代码行估算法，功能点分析法，任务分解法，类比估算法，PERT 时间估计法，Putnam 模型，COCOMO 模型。(填 4 个即可)

(3) 软件工程涉及程序设计语言，数据库，软件开发工具，系统平台，标准，设计模式等方面。

(4) 结构化方法是一种传统的软件开发方法，它是由结构化分析、结构化设计和结构化程序设计三部分有机组合而成的。

(5) 结构化分析就是使用数据流程图、数据字典、结构化语言、判定表和判定树等工具，来建立一种新的、称为结构化说明书的目标文档，也就是需求规格说明书。

(6) 瀑布模型将软件生命周期划分为制定计划、需求分析、软件设计、程序编写、软件测试和运行维护 6 个基本活动，并且规定了它们自上而下、相互衔接的固定次序，如同瀑布流水，逐级下落。

4. 选择题(多选)

(1) A、C (2) B、C、D (3) A、B、C、D (4) A、C、D (5) A、B、D、E (6) B、C、D (7) A、C (8) A、B、C、D、E (9) A、C、D

5. 简答题

(1) 进度控制的目标和范围是什么？

总目标：通过各种有效措施保障工程项目在规定的时间内完成，即信息系统达到竣工验收、试运行及投入使用的计划时间。

总目标分解：按单项工程分解；按专业分解；按工程阶段分解；按年、季、月分解。

进度控制的范围如下。

纵向范围：在工程建设的各个阶段，对项目建设的全过程控制。

横向范围：在工程建设的各个组成部分，对分项目、子系统的控制。

(2) 简单介绍 COCOMO 模型。

COCOMO 模型是一种精确、易于使用的成本估算方法，是一种参数化的项目估算方法。参数建模是把某些特征作为参数，通过建立一个数字模型预测项目成本。

(3) 软件生命周期有哪几个阶段？

① 问题的定义及规划；②需求分析；③软件设计；④程序编码；⑤软件测试；⑥运行维护；⑦软件升级；⑧软件报废。

(4) 简述结构化分析的步骤。

① 分析当前的情况，做出反映当前物理模型的 DFD；②推导出等价的逻辑模型的 DFD；③设计新的逻辑系统，生成数据字典和基元描述；④建立人机接口，提出可供选择的目标系统物理模型的 DFD；⑤确定各种方案的成本和风险等级，据此对各种方案进行分析；⑥选择一种方案；⑦建立完整的需求规约。

(5) 简述面向对象程序设计基本步骤。

① 分析确定在问题空间和解空间出现的全部对象及其属性；

② 确定应施加于每个对象的操作，即对象固有的处理能力；

③ 分析对象间的联系，确定对象彼此间传递的消息；

④ 设计对象的消息模式，消息模式和处理能力共同构成对象的外部特性；

⑤ 分析各个对象的外部特性，将具有相同外部特性的对象归为一类，从而确定所需要的类；

⑥ 确定类间的继承关系，将各对象的公共性质放在较上层的类中描述，通过继承来共享对公共性质的描述；

⑦ 设计每个类关于对象外部特性的描述；

⑧ 设计每个类的内部实现(数据结构和方法)；

⑨ 创建所需的对象(类的实例)，实现对象间应有的联系(发消息)。

(6) 简述 OOA 方法的基本步骤。

第一步，确定对象和类。这里所说的对象是对数据及其处理方式的抽象，它反映了系统保存和处理现实世界中某些事物的信息的能力。

第二步，确定结构(Structure)。结构是指问题域的复杂性和连接关系。

第三步，确定主题(Subject)。主题是指事物的总体概貌和总体分析模型。

第四步，确定属性(Attribute)。属性就是数据元素，可用来描述对象或分类结构的实例，可在图中给出，并在对象的存储中指定。

第五步，确定方法(Method)。方法是在收到消息后必须进行的一些处理方法：方法要在图中定义，并在对象的存储中指定。

(7) 简述软件复用的几个级别。

① 代码的复用。②设计的复用。③分析的复用。④测试信息的复用。

(8) 简述快速原型模型原型法的三个层次。

第一层包括联机的屏幕活动，这一层的目的是确定屏幕及报表的版式和内容、屏幕活动的顺序及屏幕排版的方法。

第二层是第一层的扩展，引用了数据库的交互作用及数据操作，这一层的主要目的是论证系统关键区域的操作，用户可以输入成组的事务数据，执行这些数据的模拟过程，包括出错处理。

第三层是系统的工作模型，它是系统的一个子集，其中应用的逻辑事务及数据库的交互作用可以用实际数据来操作，这一层的目的是开发一个模型，使其发展成为最终的系统规模。

6. 论述题

(1) 进度控制的图形方法有哪几种？请简单介绍一下。

① 甘特图。

甘特图思想比较简单，即以图示的方式通过活动列表和时间刻度形象地表示出任何特定项目的活动顺序与持续时间。基本是一线条图，横轴表示时间，纵轴表示活动(项目)，线条表示在整个期间上计划和实际的活动完成情况。它直观地表明任务计划在什么时候进行,及实际进展与计划要求的对比。管理者由此可便利地弄清一项任务(项目)还剩下哪些工作要做,并可评估工作进度。

② 工程进度曲线("香蕉"曲线图)。

"香蕉"形曲线是两条S形曲线组合成的闭合曲线,从S形曲线比较法中得知,按某一时间开始的施工项目的进度计划,其计划实施过程中进行时间与累计完成任务量的关系都可以用一条S形曲线表示。对于一个施工项目的网络计划,在理论上总是分为最早和最迟两种开始与完成时间的。因此,一般情况下,任何一个施工项目的网络计划,都可以绘制出两条曲线:其一是计划以各项工作的最早开始时间安排进度而绘制的S形曲线,称为ES曲线。其二是计划以各项工作的最迟开始时间安排进度,而绘制的S形曲线,称为LS曲线。两条S形曲线都是从计划的开始时刻开始和完成时刻结束,因此两条曲线是闭合的。一般情况下,其余时刻ES曲线上的各点均落在LS曲线相应点的左侧,形成一个形如"香蕉"的曲线,故此称为"香蕉"形曲线。在项目的实施中,进度控制的理想状况是任一时刻按实际进度描绘的点,应落在该"香蕉"形曲线的区域内。

③ 网络图计划法。

单代号网络图:用一个圆圈代表一项活动,并将活动名称写在圆圈中。箭线符号仅用来表示相关活动之间的顺序,因其活动只用一个符号就可代表,故称为单代号网络图。

双代号网络图:应用较为广泛的一种网络计划形式。它是以箭线及其两端节点的编号表示工作的网络图。双代号网络图中,每一条箭线应表示一项工作。箭线的箭尾节点表示该工作的开始,箭线的箭头节点表示该工作的结束。

(2) 请介绍一下软件开发项目中常用的几种成本估算方法。

① 自上向下估算方法。自上而下估算,又称为类比估算法,是一种自上而下的估算形式。它使用以前的、相似项目的实际成本作为目前项目成本估算的根据,这是一种专家判断法。

② 自下而上估算方法。它包括估算个人工作项和汇总单个工作项成整体项目,单个工作项的大小和估算人员的经验决定估算的精度。

③ 混合估算。

混合估算就是将上述两种估算方法综合使用。

④ 参数方法。

参数估算法是一种使用项目特性参数建立数据模型来估算成本的方法,是一种统计技术,如回归分析和学习曲线。

(3) 软件开发流程的步骤。

第一步:需求调研分析。

第二步:概要设计。

第三步:详细设计。

第四步:编码。

第五步:测试。

第六步:软件交付准备。

第七步:验收。

(4) 解释面向对象方法里的对象、类、消息、封装、继承性、多态性这些基本概念。

① 对象,是要研究的任何事物。从程序设计者来看,对象是一个程序模块,从用户来

看，对象为他们提供所希望的行为。对象的操作通常称为方法。一个对象请求另一个对象为其服务的方式是通过发送消息。

② 类，是对象的模板。即类是对一组有相同数据和相同操作的对象的定义，一个类所包含的方法和数据描述一组对象的共同属性和行为。类是在对象之上的抽象，对象则是类的具体化，是类的实例。类可有其子类，也可有其他类，形成类层次结构。

③ 消息，是对象之间进行通信的一种规格说明。一般它由三部分组成：接收消息的对象、消息名及实际变元。

④ 封装，是一种信息隐蔽技术，它体现于类的说明，是对象的重要特性。封装使数据和加工该数据的方法(函数)封装为一个整体，以实现独立性很强的模块，使得用户只能见到对象的外特性，而对象的内特性对用户是隐蔽的。封装的目的在于把对象的设计者和对象的使用者分开，使用者不必知晓行为实现的细节，只须用设计者提供的消息来访问该对象。

⑤ 继承性，是子类自动共享父类之间数据和方法的机制。它由类的派生功能体现。一个类直接继承其他类的全部描述，同时可修改和扩充。继承具有传递性。继承分为单继承和多重继承。类的对象是各自封闭的，如果没有继承性机制，则类对象中数据、方法就会出现大量重复。继承不仅支持系统的可重用性，而且还促进系统的可扩充性。

⑥ 多态性。对象根据所接收的消息而做出动作。同一消息为不同的对象接收时可产生完全不同的行动，这种现象称为多态性。利用多态性用户可发送一个通用的信息，而将所有的实现细节都留给接收消息的对象自行决定，如是，同一消息即可调用不同的方法。

(5) 画出螺旋模型图，并给出意义解释。

见图 3-14。

螺旋模型沿着螺线进行若干次迭代，4 个象限分别代表了以下活动。①制定计划：确定软件目标，选定实施方案，弄清项目开发的限制条件。②风险分析：分析评估所选方案，考虑如何识别和消除风险。③实施工程：实施软件开发和验证。④客户评估：评价开发工作，提出修正建议，制订下一步计划。

第 4 章习题参考答案

1. 名词解释

(1) 需求分析。需求分析是指在建立一个新的或改变一个现存的计算机系统时描写新系统的目的、范围、定义和功能时所要做的所有工作。

(2) DFD。数据流图，它是结构化系统分析方法的主要表达工具及用于表示软件模型的一种图示方法。

(3) 数据字典。是数据流图中包含所有元素定义的集合，是对数据的数据项、数据结构、数据流、数据存储、处理逻辑、外部实体等进行定义和描述。

(4) E-R 图。实体-关系图，是表示数据对象及其之间关系的图形语言机制。

(5) UML。又称统一建模语言或标准建模语言，是一种支持模型化和软件系统开发的图形化语言。

2. 判断题

(1)(×) (2)(√) (3)(×) (4)(√)

3. 填空题

(1) 需求分析可分为需求提出、需求描述及需求评审三个阶段。

(2) 结构化方法按软件生命周期划分,它由结构化分析、结构化设计和结构化程序设计三部分组成。

(3) 结构化分析方法利用图形等半形式化的描述方法表达需求,简单易懂,用它们来形成需求说明书中的主要部分。这些描述工具包括数据流图、数据词典、加工逻辑描述工具。

(4) 数据字典也是数据库设计时要用到的一种工具,用来描述数据库中基本表的设计,主要包括字段名、数据类型、主键、外键等描述表的属性的内容。

(5) 数据字典包括数据项、数据结构、数据流、数据存储、处理过程。

4. 选择题

(1) A、B、D (2) B、C、D、E (3) A、C、D (4) B (5) A、B、C、D

5. 简答题

(1) 简述需求分析的过程。

需求分析的全过程主要包括:目标确认、需求调查、需求分析、效果分析等几个循环往复的过程。

(2) 需求调查的步骤是怎样的?

① 找出真正的用户。

② 把握系统的整体流程。

③ 掌握一手资料。

④ 正确理解需求列表。

(3) UML 的基本特征有哪些?

① 可扩展性机制。

② 线程和进程。

③ 活动图。

④ 精华。

⑤ 构件和接口。

⑥ 约束语言。

⑦ 动作语义。

(4) 标准建模语言 UML 的重要内容可以由哪几类图来定义?

第一类是用例图(Use Case Diagram)。

第二类是静态图(Static Diagram)。

第三类是行为图(Behavior Diagram)。

第四类是交互图(Interactive Diagram)。

第五类是实现图(Implementation Diagram)。

6. 论述题

(1) 结构化分析的具体步骤是怎样的?

① 建立当前系统的物理模型。

② 抽象出当前系统的逻辑模型。

③ 建立目标系统的逻辑模型。

④ 做进一步补充和优化。

⑤ 确定系统的成本和风险等级。

⑥ 建立完整的需求规约,完成需求说明书。

(2) UML 建模工具 Rational Rose、PowerDesigner 和 Vision 的比较。

Rational Rose 是 IBM 的产品,是一种基于 UML 的建模工具。可用 Rational Rose 进行大型项目的分析、建模与设计等。Rational Rose 易于使用,支持使用多种构件和多种语言的复杂系统建模;利用双向工程技术可以实现迭代式开发;团队管理特性支持大型、复杂的项目和大型而且通常队员分散在各个不同地方的开发团队。

PowerDesigner 原来是对数据库建模而发展起来的一种数据库建模工具。直到 7.0 版才开始对面向对象的开发的支持,后来又引入了对 UML 的支持。但是由于 PowerDesigner 侧重不一样,所以它对数据库建模的支持很好,支持了能够看到的 90%左右的数据库,对 UML 的建模使用到的各种图的支持比较滞后。但是在最近得到加强。所以使用它来进行 UML 开发的并不多,很多人都是用它来进行数据库的建模。如果使用 UML 分析,它的优点是生成代码时对 Sybase 的产品 PowerBuilder 的支持很好(其他 UML 建模工具则没有或者需要一定的插件),其他面向对象语言如 C++、Java、VB、C# 等支持也不错。但是它好像继承了 Sybase 公司的一贯传统,对中国的市场不是很看好,所以对中文的支持总是有这样或那样的问题。

UML 建模工具 Visio 原来仅仅是 Microsoft 的一种画图工具,能够用来描述各种图形(从电路图到房屋结构图),也是到 Visio 2000 才开始引进软件分析设计功能到代码生成的全部功能,它可以说是目前最能够用图形方式来表达各种商业图形用途的工具(对软件开发中的 UML 支持仅仅是其中很少的一部分)。它与微软的 Office 产品能够很好地兼容。能够把图形直接复制或者内嵌到 Word 的文档中。但是对于代码的生成更多是支持微软的产品如 VB、VC++、MS SQL Server 等,所以它可以说用于图形语义的描述比较方便,但是用于软件开发过程的迭代开发则有点牵强。

第 5 章习题参考答案

1. 名词解释

(1) 软件模块。是在程序设计中为完成某一功能所需的一段程序或子程序;或指能由编译程序、装配程序等处理的独立程序单位;或指大型软件系统的一部分。

(2) 内聚。指内部各元素之间联系的紧密程度,内聚度越低,模块的独立性越差。

(3) 模块化。是一种将复杂系统分解成为更好的可管理模块的方式。

(4) 结构化设计。是运用一组标准的准则和工具帮助系统设计员确定软件系统是由哪些模块组成的,这些模块用什么方法连接在一起,才能构成一个最优的软件系统结构。

(5) HIPO图。是表示软件结构的一种图形工具,它既可以描述软件总的模块层次结构,又可以描述每个模块输入/输出数据、处理功能及模块调用的详细情况。

(6) PDL。是一种用于描述功能部件的算法设计和处理细节的语言。

2. 判断题

(1)(√) (2)(×) (3)(×) (4)(√) (5)(√) (6)(√) (7)(×)

3. 填空题

(1) 具体区分模块间耦合程度的强弱的标准包括:非直接耦合、数据耦合、标记耦合、控制耦合、外部耦合、公共环境耦合、内容耦合。(填4个即可)

(2) 内聚按强度从低到高有以下几种类型:偶然内聚、逻辑内聚、时间内聚、通信内聚、顺序内聚、功能内聚、信息内聚。(填4个即可)

(3) 为了开发出高质量低成本的软件,在软件开发过程中必须遵循下列软件工程原则:抽象、信息隐藏、模块化、一致性、控制层次。(填4个即可)

(4) 传统软件开发方法的详细设计主要是用结构化程序设计法。详细设计工具有表格工具、图形工具和语言工具。图形工具有业务流图、程序流程图、PAD、N-S图。语言工具有伪码和PDL。

(5) 根据工作性质和内容的不同,软件设计分为概要设计和详细设计。概要设计实现软件的总体设计、模块划分、用户界面设计、数据库设计;详细设计则根据概要设计所做的模块划分,实现各模块的算法设计,实现用户界面设计、数据结构设计的细化。

(6) 遵循下列准则有助于设计出让用户满意的人-机交互界面:一致性、减少步骤、及时提供反馈信息、提供撤销命令、无须记忆、易学、富有吸引力。(填4个即可)

(7) 常见的任务有事件驱动型任务,时钟驱动型任务,优先任务,关键任务和协调任务等。

(8) 界面规范良好的用户界面一般都符合下列用户界面规范:易用性,规范性,帮助设施,合理性,美观与协调性,菜单位置,独特性,快捷方式的组合,排错性考虑,多窗口的应用与系统资源。(填4个即可)

(9) Web页面设计遵循三条原则:简洁性、一致性、好的对比度。

4. 选择题

(1) B、C、D (2) B、C (3) A、B、D (4) A、B、C (5) A、B、C、D (6) B、D
(7) A、C、E (8) A、B、D

5. 简答题

(1) 简单介绍产品模块化以及模块化产品设计方法。

模块化产品是实现以大批量的效益进行单件生产目标的一种有效方法。产品模块化也是支持用户自行设计产品的一种有效方法。产品模块是具有独立功能和输入、输出的标准部件。这里的部件，一般包括分部件、组合件和零件等。模块化产品设计方法的原理是，在对一定范围内的不同功能或相同功能、不同性能、不同规格的产品进行功能分析的基础上，划分并设计出一系列功能模块，通过模块的选择和组合构成不同的顾客定制的产品，以满足市场的不同需求。这是相似性原理在产品功能和结构上的应用，是一种实现标准化与多样化的有机结合及多品种、小批量与效率的有效统一的标准化方法。

(2) 结构化设计的步骤是怎样的？

① 评审和细化数据流图；②确定数据流图的类型；③把数据流图映射到软件模块结构，设计出模块结构的上层；④基于数据流图逐步分解高层模块，设计中下层模块；⑤对模块结构进行优化，得到更为合理的软件结构；⑥描述模块接口。

(3) 结构化设计的优缺点有哪些？

① 优点：由于模块相互独立，因此在设计其中一个模块时，不会受到其他模块的牵连，因而可将原来较为复杂的问题化简为一系列简单模块的设计。模块的独立性还为扩充已有的系统、建立新系统带来了不少的方便，因为可以充分利用现有的模块做积木式的扩展。它整体思路清楚，目标明确。设计工作中阶段性非常强，有利于系统开发的总体管理和控制。在系统分析时可以诊断出原系统中存在的问题和结构上的缺陷。

② 缺点：用户要求难以在系统分析阶段准确定义，致使系统在交付使用时产生许多问题；用系统开发每个阶段的成果来进行控制，不能适应事物变化的要求；系统的开发周期长。

(4) 当数据流程图呈现"束状"结构时，应采用事务分析的设计方法，通常采用哪几步？

① 确定以事务为中心的结构，包括找出事务中心和事务来源。

② 按功能划分事务，将具备相同功能的事务分为同一类，建立事务模块。

③ 为每个事务处理模块建立全部的操作层模块。其建立方法与变换分析方法类似，但事务处理模块可以共享某些操作模块。

④ 若有必要，则为操作层模块定义相应的细节模块，并尽可能使细节模块被多个操作模块共享。

(5) 简述结构化程序设计步骤。

完成一个程序设计任务，一般可以分为以下几个步骤进行。

① 提出和分析问题。

② 构造模型。

③ 选择计算方法。

④ 算法设计。

⑤ 画流程图。

⑥ 编写程序。

⑦ 输入程序。

⑧ 调试。

⑨ 正式运行。

⑩ 整理资料。

6. 论述题

(1) 软件体系风格有哪些？请分别介绍。

① 管道/过滤器风格。

在管道/过滤器风格的软件体系结构中，每个构件都有一组输入和输出，构件读输入的数据流，经过内部处理，然后产生输出数据流。这个过程通常通过对输入流的变换及增量计算来完成，所以在输入被完全消费之前，输出便产生了。因此，这里的构件被称为过滤器，这种风格的连接件就像是数据流传输的管道，将一个过滤器的输出传到另一过滤器的输入。此风格特别重要的过滤器必须是独立的实体，它不能与其他的过滤器共享数据，而且一个过滤器不知道它上游和下游的标识。一个管道/过滤器网络输出的正确性并不依赖于过滤器进行增量计算过程的顺序。

② C2 风格。

C2 体系结构风格可以概括为：通过连接件绑定在一起的按照一组规则运作的并行构件网络。C2 风格中的系统组织规则如下：系统中的构件和连接件都有一个顶部和一个底部；构件的顶部应连接到某连接件的底部，构件的底部则应连接到某连接件的顶部，而构件与构件之间的直接连接是不允许的；层次系统风格的体系结构；一个连接件可以和任意数目的其他构件和连接件连接；当两个连接件进行直接连接时，必须由其中一个的底部到另一个的顶部。

③ 数据抽象和面向对象。

抽象数据类型概念对软件系统有着重要作用，目前软件界已普遍转向使用面向对象系统。这种风格建立在数据抽象和面向对象的基础上，数据的表示方法和它们的相应操作封装在一个抽象数据类型或对象中。这种风格的构件是对象，或者说是抽象数据类型的实例。对象是一种被称作管理者的构件，因为它负责保持资源的完整性。对象是通过函数和过程的调用来交互的。

④ 基于事件的隐式调用。

基于事件的隐式调用风格的思想是构件不直接调用一个过程，而是触发或广播一个或多个事件。系统中的其他构件中的过程在一个或多个事件中注册，当一个事件被触发，系统自动调用在这个事件中注册的所有过程，这样，一个事件的触发就导致了另一模块中的过程的调用。从体系结构上说，这种风格的构件是一些模块，这些模块既可以是一些过程，又可以是一些事件的集合。过程可以用通用的方式调用，也可以在系统事件中注册一些过程，当发生这些事件时，过程被调用。

⑤ 层次系统风格。

层次系统组织成一个层次结构，每一层为上层服务，并作为下层客户。在一些层次系统中，除了一些精心挑选的输出函数外，内部的层只对相邻的层可见。这样的系统中构件在一些层实现了虚拟机(在另一些层次系统中层是部分不透明的)。连接件通过决定层间如何交互的协议来定义，拓扑约束包括对相邻层间交互的约束。这种风格支持基于可增加抽象层的设计。这样，允许将一个复杂问题分解成一个增量步骤序列的实现。由于每一层最多只影响两层，同时只要给相邻层提供相同的接口，允许每层用不同的方法实现，同样为软件重用提供了强大的支持。

⑥ 仓库风格。

在仓库风格中，有两种不同的构件：中央数据结构说明当前状态，独立构件在中央数据存储上执行，仓库与外构件间的相互作用在系统中会有大的变化。控制原则的选取产生两个主要的子类。若输入流中某类事件触发进程执行的选择，则仓库是一传统型数据库；另一方面，若中央数据结构的当前状态触发进程执行的选择，则仓库是一黑板系统。

⑦ 三层结构。

在软件体系架构设计中，分层结构很常见，也是最重要的一种结构。分层式结构一般分为三层，从下至上分别为：数据访问层、业务逻辑层、表示层。所谓三层体系结构，是在客户端与数据库之间加入了一个"中间层"，也叫组件层。三层体系的应用程序将业务规则、数据访问、合法性校验等工作放到了中间层进行处理。通常情况下，客户端不直接与数据库进行交互，而是通过中间层建立连接，再经由中间层与数据库进行交互。

⑧ C/S 结构。

也称客户/服务器模式，是一类按新的应用模式运行的分布式计算机系统。在 C/S 系统中，能为应用提供服务（如文件服务，打印服务，复制服务，图像服务，通信管理服务等）的计算机或处理器，当其被请求服务时就成为服务器。一台计算机可能提供多种服务，一个服务也可能要由多台计算机组合完成。与服务器相对，提出服务请求的计算机或处理器在当时就是客户机。从客户应用角度看，这个应用的一部分工作在客户机上完成，其他部分的工作则在（一个或多个）服务器上完成。

⑨ B/S 结构。

B/S 结构（Browser/Server，浏览/服务器模式），是 Web 兴起后的一种网络结构模式，Web 浏览器是客户端最主要的应用软件。这种模式统一了客户端，将系统功能实现的核心部分集中到服务器上，简化了系统的开发、维护和使用。客户机上只要安装一个浏览器，服务器安装 Oracle、Sybase、Informix 或 SQL Server 等数据库。浏览器通过 Web Server 同数据库进行数据交互，这样就大大简化了客户端计算机载荷，减轻了系统维护与升级的成本和工作量，降低了用户的总体成本。

(2) 面向对象设计方法有哪几种？请分别介绍。

① Booch 设计方法。

Booch 方法的 OOD 过程的简单描述如下。

体系结构设计：把相似对象聚集在单独的体系结构部分；由抽象级别对对象分层；标识相关情景；建立设计原型。

策略设计：定义域独立政策；为内存管理，错误处理和其他基础功能定义特定域政策；开发描述策略语义的情景；为每个策略建立原型；装备和细化原型；审核每个策略以保证它广泛适用于它的结构范围。

发布设计：优先组织在 OOA 期间开发的情景；把相应结构发布分配给情景；逐渐地设计和构造每个结构发布；随需要不断调整发布的目标和进度。

② Coad/Yourdon 设计方法。

Coad 和 Yourdon 方法的 OOD 过程的简单描述如下。

问题域部件：对确定类的所有域分组；为应用类设计一个适当的类层次；适当地工作以简化继承；细化设计以提高性能；与数据管理部件一起开发接口；细化和增加所需的低

级别对象；审查设计并提出分析面向外部的其他问题。

人员活动部件：定义人员参与者；开发任务情景；定义用户命令层次；细化用户活动顺序；设计相关类和类层次；适当集成 GUI 类。

任务管理部件：标识任务类型；建立优先级别；标识作为其他任务协调者的任务，为每个任务设计适当的对象。

数据管理部件：设计数据结构和分布；设计管理数据结构所需的服务；标识可辅助实现数据管理的工具；设计适当的类和类层次。

③ Jacobson 设计方法。

Jacobson 方法的 OOD 过程的简单轮廓如下。

考虑适当的配合以使理想的分析模型适合现实世界环境。

建立块作为主要设计对象；定义块以实现相关分析对象；标识接口块、实体块和控制块；描述在执行时块如何进行通信；标识在块之间传送的消息和通信顺序。

建立显示消息如何在块之间传送的交互作用图。

把块组织成子系统。

审核设计工作。

④ Rambaugh 设计方法。

Rambaugh 方法的 OOD 过程的简单描述如下。

进行系统设计：把分析模型分成子系统；标识由问题指示的并发，把子系统分配给处理器和任务；选择一个基本策略以实现数据管理；标识全局资源和存取它们所需的控制机制；为系统设计一个适当的控制机制；考虑边界条件如何处理；审核并考虑折中方案。

进行对象设计：从分析模型中选择操作；为每个操作定义算法；选择算法的适当数据结构；定义内部类；审核类组织以优化数据存取，提高计算效率；数据类属性的定义。

实现在系统设计中定义的控制机制。

调整类结构以加强继承。

设计消息机制以实现对象联系。

把类和联系打包成模块。

⑤ Wirfs-Brock 设计。

Wirfs-Brock 方法的 OOD 简单描述如下。

为每个类构造协议：把对象之间的约定细化成明确的协议；定义每个操作和协议。

为每个类建立一个设计说明：详细描述每个约定；定义私有职责；为每个操作说明算法；注意特殊考虑和约束、平台、环境，而在面向对象设计方法中必须将系统的有关平台、环境作为统一的内容予以考虑。

(3) 面向对象设计的准则有哪些？

① 模块的弱耦合。

交互耦合。如果对象之间的耦合通过消息连接来实现，则这种耦合就是交互耦合。为使交互耦合尽可能松散，应该遵守下述准则。尽量降低消息连接的复杂程度。应该尽量减少消息中包含的参数个数，降低参数的复杂程度。减少对象发送(或接收)的消息数。

继承耦合。与交互耦合相反，应该提高继承耦合程度。继承是一般化类与特殊类之间耦合的一种形式。从本质上看，通过继承关系结合起来的基类和派生类，构成了系统中粒度更大的模块。因此，它们彼此之间应该结合得越紧密越好。

为获得紧密的继承耦合，特殊类应该确实是对它的一般化类的一种具体化，也就是说，它们之间在逻辑上应该存在"ISA"的关系。因此，如果一个派生类摒弃了它基类的许多属性，则它们之间是松耦合的。在设计时应该使特殊类尽量多继承并使用其一般化类的属性和服务，从而更紧密地耦合到其一般化类。

② 模块的强内聚。

服务内聚。一个服务应该完成一个且仅完成一个功能。

类内聚。设计类的原则是，一个类应该只有一个用途，它的属性和服务应该是高内聚的。类的属性和服务应该全都是完成该类对象的任务所必需的，其中不包含无用的属性或服务。如果某个类有多个用途，通常应该把它分解成多个专用的类。

一般-特殊内聚。设计出的一般-特殊结构，应该符合多数人的概念，更准确地说，这种结构应该是对相应的领域知识的正确抽取。

③ 模块可重用性。

软件重用是提高软件开发生产率和目标系统质量的重要途径。重用基本上从设计阶段开始。重用有两方面的含义：一是尽量使用已有的类(包括开发环境提供的类库，及以往开发类似系统时创建的类)，二是如果确实需要创建新类，则在设计这些新类的协议时，应该考虑将来的可重复使用性。

第6章习题参考答案

1. 名词解释

(1) 汇编语言。面向机器的程序设计语言，也是利用计算机所有硬件特性并能直接控制硬件的语言。

(2) 程序生成器。一种代码生成器，其任务是根据详细设计的要求，自动或者半自动地生成某种语言的程序。

(3) 联合开发。指组织的IT人员和开发公司的技术人员一起工作，完成开发任务。

(4) 软件外包。一个组织不想使用内部资源或者没有内部资源开发软件，它可以雇佣专门从事这些服务的组织来做这些工作，这种把软件开发转给外部供应商的过程就称作软件外包。

(5) 软件集成。将不同软件和信息等集成到相互关联的、统一和协调的系统之中，使资源达到充分共享，实现集中、高效、便利的管理。

(6) 软件缺陷。从产品内部看，缺陷是软件产品开发或维护过程中存在的错误、毛病等各种问题；从产品外部看，缺陷是系统所需要实现的某种功能的失效或违背。

(7) 软件测试。利用测试工具按照测试方案和流程对产品进行功能和性能测试，甚至根据需要编写不同的测试工具，设计和维护测试系统，对测试方案可能出现的问题进行分析和评估。

(8) 单元测试。指对软件中的最小可测试单元进行检查和验证。

(9) 非增量式集成。也叫莽撞测试，程序设计人员把所有模块按设计要求一次全部组装起来，进行整体测试。

(10) 错误推测法。基于经验和直觉推测程序中所有可能存在的各种错误，从而有针对性地设计测试用例的方法。

(11) 自顶向下集成。构造程序结构的一种增量式方式，它从主控模块开始，按照软件的控制层次结构逐步向下延伸，延伸的方法以深度优先或广度优先为策略，逐步把各个模块集成在一起。

(12) 软件可靠性。狭义的"可靠性"是产品在使用期间没有发生故障的性质，广义的"可靠性"是指使用者对产品的满意程度或对企业的信赖程度。

(13) 直接切换。直接切换是在指定时刻，旧的信息系统停止使用，同时新的信息系统立即开始运行，没有过渡阶段。

(14) 并行切换。在一段时间内，新、旧系统各自独立运行，完成相应的工作，并可以在两个系统间比对、审核，以发现新系统问题进行纠正，直到新系统运行平稳了，再抛弃旧系统。

(15) 分段切换。分段切换是指分阶段、分系统地逐步实现新旧系统的交替。

(16) 完善性维护。完善性维护就是在应用软件系统使用期间为不断改善和加强系统的功能和性能，以满足用户日益增长的需求所进行的维护工作。

(17) 适应性维护。适应性维护是指为了让应用软件系统适应运行环境的变化而进行的维护活动。

2. 判断题

(1)(×) (2)(√) (3)(×) (4)(√) (5)(√) (6)(√) (7)(×)

3. 填空题

(1) 软件集成程度的高低标志着它的进化程度。它的进化经历了信息交换集成、公共界面集成、公共信息管理与信息共享集成和高度集成 4 个阶段

(2) 提高程序运行效率的方法包括：调整代码，改进算法，间换时间，改进数据结构，了解和适应硬件的特性，编译优化选项。

(3) 软件组织根据对候选软件的评价结果决定选择哪一种软件。这一过程由 4 个子过程组成：启始过程、构造过程、评价过程、选择过程。

(4) 系统集成作为一种服务方式，通过综合统筹设计优化，使计算机软件、硬件、操作系统、数据库、网络通信等实现集成。

(5) 一个完整的测试一般要经过测试，评价和纠错 3 个过程。

(6) 静态错误分析的方法就是以下手段在源程序中发现是否有错误的结构：类型和单位分析、引用分析、表达式分析、接口分析。

(7) 系统测试策略的主要任务是，如何把设计测试用例的技术组织成一个系统的、有计划的测试步骤。这部分工作通常在"测试计划"报告中设计规划，测试策略应包含测试计划、设计测试用例、测试实施和测试结果分析等。

(8) 整体测试包括以下哪些方法：非增量式集成，自顶向下集成，自底向上集成，综合方法。

(9) 软件的静态测试不要求在计算机上实际执行所测程序，主要以一些人工的方式和技术对软件进行分析和测试。静态分析包括对需求说明书、概要设计说明书、详细设计报告、测序代码、测试计划等进行的静态审查。

(10) 系统维护的目的是保证管理信息系统正常而可靠地运行，并能使系统不断得到改善和提高，以充分发挥作用。系统维护包括完善性维护，适应性维护，纠错性维护和预防性维护。

(11) 信息管理系统正式投入运行前应该主要培训终端操作用户、系统操作与维护人员以及企业各个层次的管理决策人员等。

(12) 信息管理系统的维护类型主要有：完善性维护、适应性维护、纠错性维护、预防性维护。

(13) 信息管理系统的评价应该从建设运行维护、用户、对外部影响角度来建立。

4. 选择题(多选)

(1) A、B、C、D (2) B、C (3) A、B、C (4) A、C、D、E (5) A、B (6) B、D (7) A、B、C、D (8) A、B、C (9) B、C、D (10) A、D (11) A、B、C、D、E (12) A、B、C

5. 简答题

(1) 简述软件外包的优势和不足。

优点：

①降低成本；②获得标准流程的服务支持；③减少技术人员的需求；④降低信息系统建设的风险。

不足：

没有一个软件包的方案是完美的。如果定制要求很多，系统建设费用将成倍增长。组织可能失去对信息系统的控制，甚至是组织关键资源的控制。当系统的控制转向外部的时候，往往意味着组织商业秘密的外部化。

(2) 软件测试的原则有哪些？

① 测试应该尽早进行，最好在需求阶段就开始介入，因为最严重的错误是系统不能满足用户的需求。

② 程序员应该避免检查自己的程序，软件测试应该由测试人员负责。

③ 设计测试用例时应考虑到合法的输入和不合法的输入以及各种边界条件，特殊情况下不要制造极端状态和意外状态。

④ 应该充分注意测试中的群集现象。测试发现问题越多的地方，也是存在错误越多的地方。

⑤ 测试的对策是对错误结果进行确认的过程。一般由 A 测试出来的错误，一定要由 B 来确认。严重的错误可以召开评审会议进行讨论和分析，对测试结果要进行严格的确认，是否真的存在这个问题以及严重程度等。

⑥ 制订严格的测试计划。一定要制订测试计划，并且要有指导性。测试时间安排尽量宽松，不要希望在极短的时间内完成也有一个高水平的测试。

⑦ 妥善保存测试计划、测试用例、出错统计和最终分析报告，为维护提供方便。

(3) 黑盒测试有哪些方法？请分别简单介绍。

① 等价分类法。等价分类法是把根据程序的输入数据集合，按输入条件，将其划分为若干个等价类，每一等价类设计一个测试用例，这样既可大大减少测试的次数又不会错过发现问题的机会。

② 边界值法。经验表明，边界值是软件最容易出错的地方。因此，边界值法就是有意选择边界值作为测试用例，在程序中运行，这样就很容易发现大量错误和问题。

③ 因果图法。与前面两个方法相比，这个方法侧重于输入条件之间的联系。由于不同的条件组合可能会产生不同的运行结果，因此，这个方法提供的是分析因果关系的方法。

④ 错误推测法。错误推测法是基于经验和直觉推测程序中所有可能存在的各种错误，从而有针对性地设计测试用例的方法。错误推测方法的基本思想：列举出程序中所有可能有的错误和容易发生错误的特殊情况，根据它们选择测试用例。

(4) 请简述单元测试的步骤。

第一步是构筑测试台。

第二步是准备测试用例。

第三步是测试实施和分析测试结果。

(5) 如何选择管理信息系统的切换方式？

管理信息系统的切换主要有直接切换、并行切换和分段切换。对于一个大系统，可以根据各个系统不同情况，采取不同的切换方法。

(6) 系统维护要进行哪些方面的工作？

① 程序的维护。

② 数据文件的维护。

③ 代码的维护。

④ 机器、设备的维护。

⑤ 机构和人员的变动。

6. 论述题

(1) 比较几种语言工具的不同点。

汇编语言是面向机器的程序设计语言，也是利用计算机所有硬件特性并能直接控制硬件的语言。汇编语言是机器语言的助记符，相对于比较枯燥的机器代码易于读写、易于调试和修改。汇编语言像机器指令一样，是硬件操作的控制信息，因而仍然是面向机器的语言，使用起来还是比较烦琐费时，通用性也差。汇编语言是面向具体机型的，不能通用，也不能在不同机型之间移植，它离不开具体计算机的指令系统。它是面向机器的低级语言，通常是为特定的计算机或系列计算机专门设计的；保持了机器语言的优点，具有直接和简洁的特点；可有效地访问、控制计算机的各种硬件设备，如磁盘、存储器、CPU、I/O 端口等；目标代码简短，占用内存少，执行速度快，是高效的程序设计语言；经常与高级语言配合使用，应用十分广泛。

C语言是世界上流行、使用最广泛的高级程序设计语言之一。常用的编译软件有 Microsoft Visual C++，Borland C++，Borland C++，Borland C++ Builder，Microsoft C，High

C 等。它既具有高级语言的特点，又具有汇编语言的特点，是介于高级语言与汇编语言之间的语言。C 语言可以作为工作系统设计语言，编写系统应用程序，也可以作为应用程序设计语言，编写不依赖计算机硬件的应用程序。C 语言对操作系统和系统使用程序以及需要对硬件进行操作的场合，具体应用比如单片机以及嵌入式系统开发。用 C 语言明显优于其他高级语言，许多大型应用软件都是用 C 语言编写的。C 语言具有绘图能力强，可移植性，并具备很强的数据处理能力，因此适于编写系统软件，三维、二维图形和动画。

Delphi 是一种应用程序开发工具，其核心是由传统 Pascal 语言发展起来的，以图形用户界面为开发环境，透过 IDE、VCL 工具与编译器，配合连接数据库的功能，构成一个以面向对象程序设计为中心的应用程序开发工具。Delphi 语言具有以下特点：①直接编译生成可执行代码，编译速度快；②支持将存取规则分别交给客户机或服务器处理的两种方案，而且允许开发人员建立一个简单的部件或部件集合，封装起所有的规则，并独立于服务器和客户机，所有的数据转移通过这些部件来完成；③提供了许多快速方便的开发方法，使开发人员能用尽可能少的重复性工作完成各种不同的应用；④具有可重用性和可扩展性；⑤具有强大的数据存取功能；⑥拥有强大的网络开发能力，能够快速开发 B/S 应用；⑦Delphi 使用独特的 VCL 类库，使得编写出的程序显得条理清晰，VCL 是现在最优秀的类库；⑧从 Delphi 8 开始 Delphi 也支持.NET 框架下程序开发。

Visual Basic 是由微软公司开发的包含协助开发环境的事件驱动编程语言。VB 拥有图形用户界面和快速应用程序开发系统，可以使用 DAO、RDO、ADO 连接数据库，或者创建 ActiveX 控件。程序员可以使用 VB 组件建立一个应用程序。VB 使用了可以简单建立应用程序的 GUI(图形用户界面)系统，其程序可以包含一个或多个窗体，或者是一个主窗体和多个子窗体，组件既可以拥有用户界面，也可以没有，使用参数计算的方法来进行垃圾收集。VB 也提供了建立、使用和重用这些控件的方法，但是由于语言问题，从一个应用程序创建另外一个应用程序存在一些局限。Visual Basic 语言具有不支持继承、无原生支持多线程、异常处理不完善等三项明显缺点，使其有所局限性。

PowerBuilder 是 Sybase 公司研制的一种快速开发工具，是客户/服务器结构下，基于 Windows 系列的一个集成化开发工具。它包含一个直观的图形界面和可扩展的面向对象的编程语言 PowerScript，提供与当前流行的大型数据库的接口，并通过 ODBC 与单机数据库相连。PowerBuilder 是一种面向对象的开发工具；采用事件驱动工作方式；具有良好的跨平台性；提供开放的数据库连接；具有功能强大的编程语言与函数，面向对象的编程。具体特点是：支持应用系统同时访问多种数据库；使用 PowerScript 结构化的编程语言。PowerBuilder 是一个用来进行客户/服务器开发的完全的可视化开发环境。在客户/服务器结构的应用中，PowerBuilder 具有描述多个数据库连接与检索的能力。使用 PowerBuilder，可以开发出图形界面的访问服务器数据库的应用程序，PowerBuilder 提供了建立符合工业标准的应用程序所需的所有工具。PowerBuilder 应用程序由窗口组成，这些窗口包含用户与之交互的控件。PowerBuilder 已成为客户/服务器应用开发的标准。

(2) 简单介绍几种数据库工具的特点。

dBASE 5.0 for Windows 在原有强大的数据库操作及编程能力的基础上，加入面向对象的开发环境，提供 Client/Server 应用程序开发能力，处理的数据类型包括声音、图像等二进制数据及 OLE 数据类型，可开发多媒体应用程序。它与 DOS 版完全兼容，还提供工具将

DOS 应用程序转换为 Windows 应用程序。

Visual FoxPro 源于美国 Fox Software 公司推出的数据库产品 FoxBase，在 DOS 上运行，与 xBase 系列相容。FoxPro 原来是 FoxBase 的加强版。之后，Fox Software 被微软收购，加以发展，使其可以在 Windows 上运行，并且更名为 Visual FoxPro。在桌面型数据库应用中，Visual FoxPro 处理速度极快，是日常工作中的得力助手。Visual Foxpro 将可视化编程技术引入 4GL 编程环境，使数据库管理应用软件的开发更简捷。其面向对象编程技术的引入，增强了开发大型应用软件的能力，弥补了以前其他版本的缺陷。

Oracle 数据库系统是 Oracle 公司提供的以分布式数据库为核心的一组软件产品，是目前最流行的客户/服务器（Client/Server）或 B/S 体系结构的数据库之一。比如 SilverStream 就是基于数据库的一种中间件。Oracle 数据库是目前世界上使用最为广泛的数据库管理系统，作为一个通用的数据库系统，它具有完整的数据管理功能；作为一个关系数据库，它是一个完备关系的产品；作为分布式数据库，它实现了分布式处理功能。但只要在一种机型上学习了 Oracle 知识，便能在各种类型的机器上使用它。

Informix 是 IBM 公司出品的关系数据库管理系统(RDBMS)家族。作为一个集成解决方案，它被定位为作为 IBM 在线事务处理(OLTP)旗舰级数据服务系统。

Sybase 是 UNIX 或 Windows NT 平台上客户/服务器环境下的大型关系型数据库系统。Sybase 提供了一套应用程序编程接口和库，可以与非 Sybase 数据源及服务器集成，允许在多个数据库之间复制数据，适于创建多层应用。系统具有完备的触发器、存储过程、规则以及完整性定义，支持优化查询，具有较好的数据安全性。Sybase 通常与 Sybase SQL Anywhere 用于客户/服务器环境，前者作为服务器数据库，后者为客户机数据库，采用该公司研制的 PowerBuilder 为开发工具，在我国大中型系统中具有广泛的应用。

(3) 系统测试的策略有哪些？请简单介绍。

① 单元测试。单元测试，是指对软件中的最小可测试单元进行检查和验证。

② 整体测试。整体测试就是讨论组装软件的系统测试技术，按设计要求把通过单元测试的各个模块组装在一起之后，进行整体测试以便发现与接口有关的各种错误。这部分工作由测试工程师完成，而不是由高级程序员完成。测试工程师在组装软件的过程中，要发现问题，并进行调试，使整个软件系统能组装成一个整体。

③ 确认测试。确认测试的目的是向未来的用户表明系统能够像预定要求那样工作。经集成测试后，已经按照设计把所有的模块组装成一个完整的软件系统，接口错误也已经基本排除了，接着就应该进一步验证软件的有效性，这就是确认测试的任务，即软件的功能和性能如同用户所合理期待的那样。确认测试又称有效性测试。

④ 有效性测试。有效性测试的目的是通过测试，以及与需求的比较，发现软件与需求定义之间的差异和不同。有效性测试的依据是需求分析说明书，而不是合同的规定，这是有效性测试与确认测试的区别。

⑤ 系统测试。系统测试与有效性测试与确认测试不同，它由若干个不同测试组成，目的是充分运行系统，验证系统各部件是否都能正常工作并完成所赋予的任务。

⑥ 验收测试。验收测试是系统开发生命周期方法论的一个阶段，这时相关的用户和独立测试人员根据测试计划和结果对系统进行测试和接收。它让系统用户决定是否接收系统，是一项确定产品是否能够满足合同或用户所规定需求的测试。

(4) 软件系统测试的模型包括哪些？请简述。

① V模型。V模型是软件开发瀑布模型的变种，它反映了测试活动与分析和设计的关系，从左到右描述了基本的开发过程和测试行为，非常明确地标明了测试过程中存在的不同级别，并且清楚地描述了这些测试阶段和开发过程期间各阶段的对应关系。左边依次下降的是开发过程各阶段，与此相对应的是右边依次上升的部分，即各测试过程的各个阶段。

② W模型。相对于V模型，W模型增加了软件各开发阶段中应同步进行的验证和确认活动。W模型由两个V字型模型组成，分别代表测试与开发过程。W模型强调：测试伴随着整个软件开发周期，而且测试的对象不仅是程序，需求、设计等同样要测试，也就是说，测试与开发是同步进行的。W模型有利于尽早地全面地发现问题。

③ H模型。H模型中，软件测试过程活动完全独立，贯穿于整个产品的周期，与其他流程并发地进行，某个测试点准备就绪时，就可以从测试准备阶段进行到测试执行阶段。软件测试可以尽早地进行，并且可以根据被测物的不同而分层次进行。

④ X模型。X模型也是对V模型的改进，X模型提出针对单独的程序片段进行相互分离的编码和测试，此后通过频繁的交接，通过集成最终合成为可执行的程序。X模型的左边描述的是针对单独程序片段所进行的相互分离的编码和测试，此后将进行频繁的交接，通过集成最终成为可执行的程序，然后再对这些可执行程序进行测试。已通过集成测试的成品可以进行封装并提交给用户，也可以作为更大规模和范围内集成的一部分。

(5) 试述信息系统设计过程中存在哪些风险，如何规避这些风险？

在信息系统审计条件下，审计面临着新的风险，主要有以下几个方面。

① 篡改数据，不留审计线索。

② 信息丢失。

③ 黑客侵入和数据失窃。

④ 职责分离不恰当引起内控失灵。

为了有效地降低网络审计风险，就必须采取相应的防范和控制措施，具体如下。

① 加强审计软件的开发。

② 提高审计风险的防范能力。

③ 加强审计专业人员的培养。

④ 加强对网络系统的安全性和保密性进行审计。

⑤ 建立审计服务信息库。

⑥ 合理保证审计的独立性。

第7章习题参考答案

1. 名词解释

(1) 信息系统工程监理。据信息产业部《信息系统工程监理暂行规定》，信息系统工程监理是指依法设立且具备相应资质的信息系统工程监理单位，受业主单位委托，依据国家有关法律法规、技术标准和信息系统工程监理合同，对信息系统工程项目实施的监督管理。

(2) 投资回收期。为通过新增效益，逐步收回投入资金所需要的时间，是反映信息系统效益好坏的重要指标。投资回收期可以用一些标准的财务计算公式得来。比如，可以预计管理信息系统各周期(一般以年为单位)的支出和收益，然后进行折现，从而得出在多长时间内可以收回投资。

(3) 英格兰拍卖。也称“增价拍卖”或“低估价拍卖”，是指在拍卖过程中，拍卖人宣布拍卖标的的起叫价及最低增幅，竞买人以起叫价为起点，由低至高竞相应价，最后以最高竞价者以三次报价无人应价后，响槌成交。但成交价不得低于保留价。

(4) 荷兰式拍卖。也称“降价拍卖”或“高估价拍卖”，是指在拍卖过程中，拍卖人宣布拍卖标的的起叫价及降幅，并依次叫价，第一位应价人响槌成交。但成交价不得低于保留价。

(5) 拍买。反向拍卖，常用于政府采购、工程采购等。由采购方提供希望得到的产品的信息、需要服务的要求和可以承受的价格定位，由卖家之间以竞争方式决定最终产品提供商和服务供应商，从而使采购方以最优的性能价格比实现购买。

2. 选择题

(1) C (2) B

3. 简答题

(1) 试回答信息系统为何难以进行效益评价?

这主要是由于这些方法存在以下问题。

① 缺乏可操作性。

② 没有统计数据。

③ 缺乏针对性。

(2) 信息系统的评价方法有哪些?

信息化项目的投资效益分析有很多理论、原则和方法，例如：总体拥有成本 TCO、经济增加值 EVA、总体经济影响 TEI、平衡记分卡 BSC 等。也有人开始采用经济效益分析模型来进行计算与评估。

(3) 拍卖方式有哪几种? 管理信息系统的招标是一种什么形式的竞价交易?

招标投标的理论基础可借鉴拍卖。拍卖方式有英格兰式拍卖、荷兰式拍卖、英格兰式与荷兰式相结合的拍卖方式。除了上述按竞价方式来分外，还有一些按其他属性来标示的拍卖或招投标形式，如密封递价招投标、标准增量式拍卖、速胜式拍卖、反向拍卖、定向拍卖等。

(4) 试说明供应商选择对于管理信息系统采购的重要性。

在采购时，有众多的系统及供应商可选择，甚至也可以自行开发。这时，不但要衡量效益，还要对这些效益进行比较，以取得利益最大化。

企业对选中的管理信息同进行采购时，可以采取招投标方式。首先要考察供应商情况。只有好的生产过程才能生产出好的产品。黑作坊做出的盒饭不能吃。在考察供应商时，要进行多次走访，到供应商那里看一看，转一转，尤其是不打招呼地转一转。

供应商的信息很重要，收集起来也很费劲，所以企业建立供应商信息库是非常必要的。

(5) 系统评价的主要内容是什么？系统评价的指标体系如何建立？系统评价的方法有哪些？

系统评价是对一个信息系统的功能、性能和使用效果进行全面估计、检查、测试、分析和评审，包括：检查系统的目标、功能及各项指标是否达到了设计要求，满足程度如何，差距如何；检查系统中各种资源的利用程度，包括人、财、物，以及硬件、软件资源的利用情况。

从不同的角度可以建立不同的指标体系。下面列出了以建设运行维护、用户和对外部影响三个角度建立的指标体系。

① 从信息系统建设、运行维护角度评价的指标。

评价指标有：人员情况、领导支持、先进性、管理科学性、可维护性、资源利用情况、开发效率、投资情况、效益性、安全可靠。

② 从信息系统用户角度考虑的指标。

评价指标有：重要性、经济性、及时性、友好性、准确性、实用性、安全可靠性、信息量、效益性、服务程度。

③ 从信息系统对外部影响考虑的指标。

评价指标有：共享性、引导性、重要性、效益性、信息量、服务程度。

系统评价的方法有多因素加权平均法、层次分析法(AHP)评价方法、经济效果评价方法等。

(6) 什么是管理信息系统审计？审计的主要内容是什么？

信息系统审计是指根据公认的标准和指导规范，对信息系统从规划、实施到运行维护各个环节进行审查评价，对信息系统及其业务应用的完整性、有效性、效率性、安全性等进行监测、评估和控制的过程，以确认预定的业务目标得以实现，并提出一系列改进建议的管理活动。

信息系统审计业务的主要组成部分有以下几类。

① 硬件及环境审计。

② 系统管理审计。

③ 应用软件审计。

④ 网络安全审计。

⑤ 商业连续性审计。

⑥ 数据完整性审计。

第8章习题参考答案

1. 名词解释

(1) CPS。信息-物理融合系统，是一个综合计算、网络和物理环境的多维复杂系统，其通过3C技术的有机融合与深度协作，实现大型工程系统的实时感知、动态控制和信息服务。

(2) 云计算。是一种网络应用模式。狭义云计算是指IT基础设施的交付和使用模式；

广义云计算是指服务的交付和使用模式。

(3) 商务智能。是指对商务信息的搜集、管理、分析整理、展现的过程。

(4) 知识管理。是指为企业实现显性知识和隐性知识共享提供新的途径,知识管理是利用集体的智慧提高企业的应变和创新能力。

(5) 中间件。是一种独立的系统软件或服务程序,分布式应用软件借助这种软件在不同的技术之间共享资源。

(6) CASE。是一组工具和方法集合,可以辅助软件开发生命周期各阶段进行软件开发。

2. 判断题

(1) (√) (2) (×) (3) (√) (4) (√) (5) (×)

3. 填空题

(1) 从产业发展阶段的角度预测,未来10年,中国电子商务产业将经历应用创新、技术创新、服务创新三个发展阶段,形成公共管理和服务、企业应用、个人和家庭应用三大市场。

(2) 从系统的观点来看,商务智能数据处理有如下过程:数据转换与存储,信息整合与分析,知识管理与决策。

(3) 电子商务可划分成三个层面:感知层、网络层和应用层。

(4) 中间件是基于分布式处理的软件,最突出的特点是其网络通信功能。主要类型包括:屏幕转换及仿真中间件,数据库访问中间件,消息中间件,交易中间件,应用服务器中间件,安全中间件。

(5) CORBA体系的主要内容包括以下几部分:对象请求代理,对象服务,公共设施,应用接口,领域接口。

4. 选择题

(1) A、B、C、D (2) B、C (3) A、C、D (4) A、B、C、D (5) A、B (6) A、C、D
(7) A、B、C

5. 简答题

(1) 简述RFID中间件的特点。

① 独立于架构。

② 数据流。

③ 处理流。

④ 标准。

(2) CORBA服务内容有哪些?

① 对象命名服务。

② 对象安全性服务。

③ 并发控制服务。

④ 对象生命期服务。

(3) 软件开发工具的基本功能有哪些?

① 提供描述软件状况及其开发过程的概念模式,协助开发人员认识软件工作的环境与要求、管理软件开发的过程。

② 提供存储和管理有关信息的机制与手段。软件开发过程中涉及众多信息,结构复杂,开发工具要提供方便、有效地处理这些信息的手段和相应的人机界面。由于这种信息结构复杂,数量众多,只靠人工管理是十分困难的,所以软件开发工具不仅需要提供思维框架,而且要提供方便有效的处理手段和相应的用户界面。

③ 帮助使用者编制、生成和修改各种文档,包括文字材料和各种表格、图像等。开发过程中大量的文字材料、表格、图形常常使人望而却步,人们企望得到开发工具的帮助。

④ 生成代码,即帮助使用者编写程序代码,使用户能在较短时间内半自动地生成所需要的代码段落,进行测试和修改。但这里的代码生成只能是局部的、半自动的,多数情况下还有待于程序员的整理与加工。

⑤ 对历史信息进行跨生命周期的管理,即将项目运行与版本更新的有关信息联合管理。这是信息库的一个组成部分。对于大型软件开发来说,这一部分会成为信息处理的瓶颈。做好这一部分工作将有利于信息与资源的充分利用。

(4) 4GL 有哪些优点和不足?

4GL 具有简单易学,用户界面良好,非过程化程度高,面向问题的特点。4GL 编程代码量少,可成倍提高软件生产率。4GL 为了提高对问题的表达能力和语言的使用效率,引入了过程化的语言成分,出现了过程化的语句与非过程化的语句交织并存的局面。

4GL 已成为目前应用开发的主流工具,但也存在着以下不足:①4GL 抽象级别提高以后,丧失了 3GL 的一些功能,许多 4GL 只面向专项应用。②4GL 抽象级别提高后不可避免地带来系统开销加大,对软硬件资源消耗加重。③4GL 产品花样繁多,缺乏统一的工业标准,可移植性较差。④目前 4GL 主要面向基于数据库应用的领域,不宜于科学计算、高速的实时系统和系统软件开发。

(5) 分析 CASE 的采用过程和选择过程。

为了规范 CASE 工具的采用工作,指导软件组织成功地选择适用的工具,国际标准化组织和国际电工委员会于 1999 年发布了一项针对 CASE 工具采用的技术报告 ISO/IECTR 14471: 1999《信息技术 CASE 工具的采用指南》,就上述问题给出了一个推荐的采用过程。它全面、综合地研究了采用工作可能会遇到的各方面问题,考查了 CASE 工具的各种特性,将采用工作划分为 4 个主要过程、4 个子过程和 13 个活动。

6. 论述题

(1) 简介第 4 代语言的应用前景。

主要表现在以下几个方面。

① 4GL 与面向对象技术将进一步结合。

② 4GL 将全面支持以 Internet 为代表的网络分布式应用开发。

③ 4GL 将出现事实上的工业标准。

④ 4GL 将以受限的自然语言加图形作为用户界面。

⑤ 4GL 将进一步与人工智能相结合。

⑥ 4GL 继续需要数据库管理系统的支持。

⑦ 4GL 要求软件开发方法发生变革。

(2) 敏捷开发的方法有哪些?

① XP 极限编程。

② SCRUM 方法。

③ Crystal Methods 水晶方法。

④ FDD 特性驱动开发。

⑤ ASD 自适应软件开发。

⑥ DSDM 动态系统开发方法。

⑦ 轻量型 RUP 框架。

(3) 构件技术有哪几种? 请比较它们的特点。

分布式对象技术有三大流派 COBRA、COM/DCOM 和 Java。CORBA 技术是最早出现的,1991 年 OMG 颁布了 COBRA 1.0 标准,在当时来说做得非常漂亮;再有就是 Microsoft 的 COM 系列,从最初的 COM 发展成现在的 DCOM,形成了 Microsoft 一套分布式对象的计算平台;而 Sun 公司的 Java 平台,在其最早推出的时候,只提供了远程的方法调用,在当时并不能被称为分布式对象计算,只是属于网络计算里的一种,接着推出的 Java Bean,也还不足以和上述两大流派抗衡,而其目前的版本叫 J2EE,推出了 EJB,除了语言外还有组件的标准以及组件之间协同工作通信的框架。于是,也就形成了目前的三大流派。

三者之中,COBRA 标准做得最好。COBRA 标准主要分为三个层次:对象请求代理、公共对象服务和公共设施。最底层是对象请求代理 ORB,规定了分布对象的定义(接口)和语言映射,实现对象间的通信和互操作,是分布对象系统中的"软总线";在 ORB 之上定义了很多公共服务,可以提供诸如并发服务、名字服务、事务(交易)服务、安全服务等各种各样的服务;最上层的公共设施则定义了组件框架,提供可直接为业务对象使用的服务,规定业务对象有效协作所需的协定规则。

相比之下,Java 标准的制定就快得多,Java 是 Sun 公司自己定的,演变得很快。Java 的优势是纯语言的,跨平台性非常好。Java 分布对象技术通常指远程方法调用(Remote Method Invocation,RMI)和企业级 JavaBean(Enterprise Java Bean,EJB)。RMI 提供了一个 Java 对象远程调用另一 Java 对象的方法的能力,与传统 RPC 类似,只能支持初级的分布对象互操作。Sun 公司于是基于 RMI,提出了 EJB。基于 Java 服务器端组件模型,EJB 框架提供了像远程访问、安全、交易、持久和生命期管理等多种支持分布对象计算的服务。目前,Java 技术和 CORBA 技术有融合的趋势。

COM 技术是 Microsoft 独家做的,是在 Windows 3.1 中最初为支持复合文档而使用 OLE 技术上发展而来,经历了 OLE 2/COM、ActiveX、DCOM 和 COM+等几个阶段,目前 COM+把消息通信模块 MSMQ 和解决关键业务的交易模块 MTS 都加进去了,是分布对象计算的一个比较完整的平台。Microsoft 的 COM 平台效率比较高,同时它有一系列相应的开发工具支持,应用开发相对简单。但它有一个致命的弱点就是 COM 的跨平台性较差,如何实现与第三方厂商的互操作性始终是它的一大问题。从分布对象技术发展的角度来看,大多数人认为COM竞争不过COBRA。

第9章习题参考答案

1. 名称解释

(1) 决策支持系统。决策支持系统(Decision Support System,DSS),是指能起到决策支持作用的计算机应用系统。

(2) ERP。ERP是一个面向供需链管理的管理信息集成系统。

(3) 客户关系管理。企业管理者认为,所谓的客户关系管理就是要赋予企业更充分的客户交流能力,使得客户收益率达到最大化;从商业经营角度来看,CRM就是改善与市场销售、客户服务和支持等领域的客户关系有关的商业流程;而从信息技术角度看,CRM应用系统的定义是利用最新的信息技术,针对企业销售、服务与营销三个客户交互业务领域的CRM需求而设计出的各种软件功能模块的组合。

(4) 供应链管理。供应链管理就是指对整个供应链系统进行计划、协调、操作、控制和优化的各种活动和过程,其目标是要将顾客所需的正确的产品能够在正确的时间、按照正确的数量、正确的质量和正确的状态送到正确的地点,即"6R",并使总成本最小。

(5) 电子商务。从狭义上看,电子商务也就是电子交易。主要指利用Web提供的通信手段在网上进行交易活动,包括通过Internet买卖产品和提供服务。产品可以是实体化的,如汽车、电视,也可以是数字化的,如新闻、录像、软件等。此外,还可以提供各类服务,如安排旅游、远程教育等。从广义上讲,电子商务还包括企业内部商务活动,如生产、管理、财务等以及企业间的商务活动。

(6) 电子政务。电子政务通常是指政府机构在其管理和服务职能中运用现代信息技术,实现政府组织结构和业务流程的重组优化,超越时间、空间和部门分隔的制约,建成一个精简、高效、廉洁、公平的政府运作模式。

2. 简答题

(1) 简介ERP的功能。

ERP的主要功能包括以下4个方面。

① 财务管理。

② 生产控制管理。

③ 物流管理。

④ 人力资源管理。

(2) 简介CRM的功能。

CRM是通过对客户关系的有效管理,从而鉴别、获得、留住和发展能为企业带来利润的客户。主要有以下功能:①CRM理念为企业提供了一种"以客户的需求为中心"的经营哲学和价值观,引导企业充分重视客户资源,并努力为客户创造价值。②CRM技术系统通过改善企业与客户交流、沟通以及服务客户的方式,在降低营销、市场销售成本的同时,有效地获得并保持了有价值的客户。③CRM战略的实施可以优化企业的运营价值链并提升企业核心竞争力。

(3) 简介供应链管理的营运机制。

供应链成长过程体现于企业在市场竞争中的成熟与发展之中，通过供应链管理的合作机制、决策机制、激励机制和自律机制等来实现满足顾客需求，使顾客满意以及留住顾客等功能目标，从而实现供应链管理的最终目标：社会目标（满足社会就业需求）、经济目标（创造最佳效益）和环境目标（保持生态与环境平衡）的合一，这可以说是对供应链管理思想的哲学概括。

(4) 简介电子商务的主要分类。

按电子商务应用服务的领域范围可分为 4 类：①企业对消费者（Business-to-Consumer）的电子商务；②企业对企业（Business-to-Business）的电子商务；③企业对政府机构（Business-to-Administrations）的电子商务；④消费者对政府机构（Consumer-to-Administrations）的电子商务。

3. 论述题

如何做好一个企业的信息系统集成。

现代企业信息系统需要解决的关键问题：一是企业内外部信息资源的集成管理；二是各部门的信息（知识）资源的共享；三是数据挖掘和知识发现；四是战略决策的支持。具体解决方案就是建立与企业扁平组织结构相适应的集成化信息系统。企业集成化信息系统应该是在企业现有的规模基础上，采用先进的管理思想、管理模式、管理方法与信息技术进行改造、完美与创新的结晶，既有实用性，又具有一定的超前性。企业集成化信息系统以用户（尤其是战略层用户）为主导，信息（知识）资源管理为基础，应用系统为核心，互联网为纽带，是一种网络化、集成化、基于对象的异构分布模式。

企业信息系统集成的实现是一项需要投入大量人、财、物资源且复杂的系统工程，除了需要塑造现代企业信息化、建立现代企业制度、规范企业基础管理、重视开发和应用队伍建设、加强对企业员工的培训、加快企业信息基础设施、选择合适的信息系统实施方式和注重对系统集成水平的评价以外，还要着重解决好以下几方面的问题：企业信息系统集成的周密规划；优化网络基础设施；实现数据共享、访问和备份；加强信息分类编码等规范化工作；进行有效的企业流程重组；严格集成信息系统实施过程的管理。

期末模拟试卷参考答案

期末考试模拟试卷(一)部分参考答案

一、选择题

1	2	3	4	5	6	7	8	9	10
ABD	AC	ABD	BCD	ABCD	AB	C	B	D	D

二、名词解释题

11. 内聚——指内部各元素之间联系的紧密程度，内聚度越低，模块的独立性越差。

12. 软件外包——如果一个组织不想使用内部资源或者没有内部资源开发软件，它可以雇佣专门从事这些服务的组织来做这些工作，这种把软件开发转给外部供应商的过程就称作软件外包。

13. 数据字典——是数据流图中包含所有元素定义的集合，是对数据的数据项、数据结构、数据流、数据存储、处理逻辑、外部实体等进行定义和描述

14. E-R 图——实体-关系图，是表示数据对象及其之间关系的图形语言机制。

15. UML——又称统一建模语言或标准建模语言，是一种支持模型化和软件系统开发的图形化语言。

三、简答题 略

四、论述题 略

五、分析阐述题

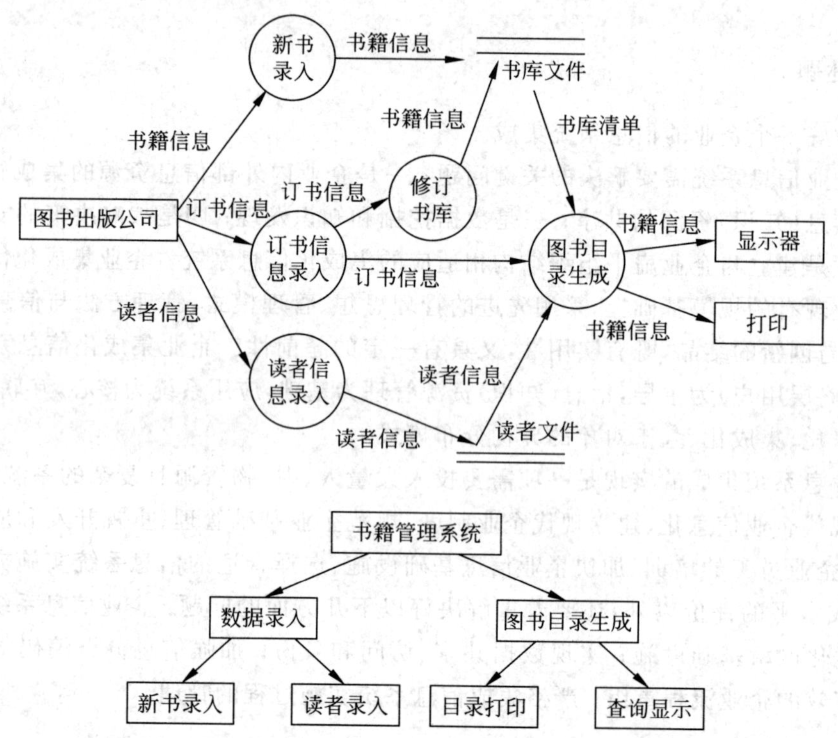

期末考试模拟试卷（二）部分参考答案

一、选择题

1	2	3	4	5	6	7	8	9	10
B	B	C	C	ABDE	BCD	BCDE	BC	BC	BD

三、名词解释题

11. 喷泉模型——是一种以用户需求为动力，以对象为驱动的模型，主要用于描述面向对象的软件开发过程。

12. TSP——团队软件过程，是为开发软件产品的开发团队提供指导的活动。

13. SQA——软件质量保证，指建立一套有计划、有系统的方法，来向管理层保证拟定出的标准、步骤、实践和方法能够正确地被所有项目所采用。

14. 软件复用——将已有的软件成分用于构造新的软件系统，以缩减软件开发和维护的花费。

15. 联合开发——指组织的 IT 人员和开发公司的技术人员一起工作，完成开发任务。

四、简答题 略

五、论述题 略

六、分析题

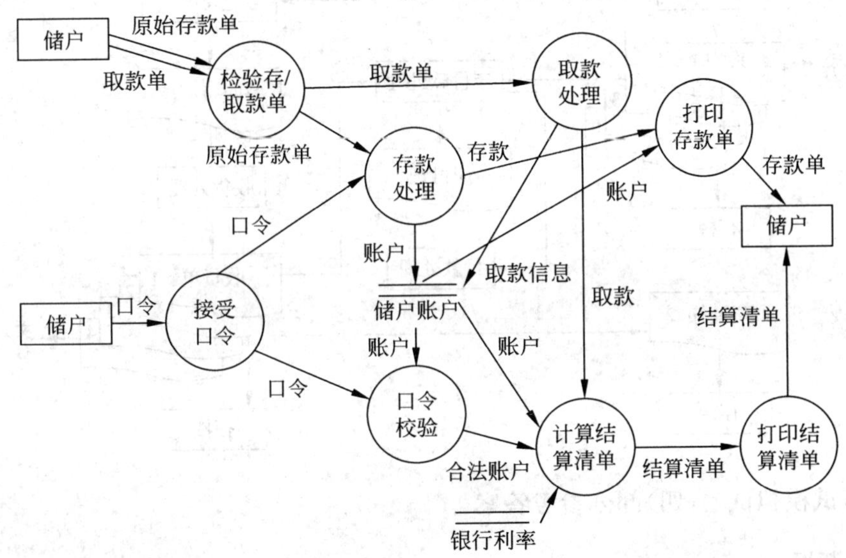

期末考试模拟试卷(三)部分参考答案

一、多项选择题

1	2	3	4	5	6	7	8	9	10
BCD	ABCD	ACD	ABD	ABC	ABCD	ACD	AC	ACD	ABCDE
11	12	13	14	15					
ABC	ACDE	ABC	ABCD	ABC					

二、名词解释题

16. 通信网——一种使用交换设备、传输设备，将地理上分散的用户终端设备互连起来实现通信和信息交换的系统。

17. 软件工程过程——生产一个最终能满足需求且达到工程目标的软件产品所需要的步骤，是将用户需求转化为软件所需的软件工程活动的总集。

18. 模块化——是一种处理复杂系统分解成为更好的可管理模块的方式。

19. 结构化设计——是运用一组标准的准则和工具帮助系统设计员确定软件系统是由哪些模块组成的，这些模块用什么方法连接在一起，才能构成一个最优的软件系统结构。

20. HIPO图——是表示软件结构的一种图形工具，可以描述软件总的模块层次结构。

三、简答题 略

四、论述题 略

五、分析题

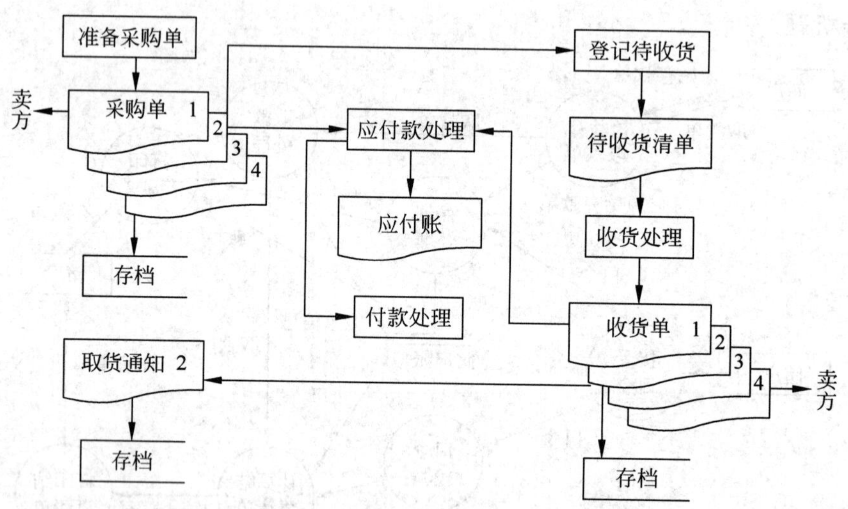

期末考试模拟试卷(四)部分参考答案

一、判断题

1	2	3	4	5
×	×	√	√	×

二、名词解释题

6. 程序生成器——一种代码生成器，其任务是根据详细设计的要求，自动或者半自动地生成某种语言的程序。

7. 软件集成——将不同软件和信息等集成到相互关联的、统一和协调的系统之中，使资源达到充分共享，实现集中、高效、便利的管理。

8. 需求分析——软件需求分析就是把软件计划期间建立的软件可行性分析求精和细化，分析各种可能的解法，并且分配给各个软件元素。

9. 耦合性——指软件系统结构中各模块间相互联系紧密程度的一种度量。

10. 黑盒测试——是通过测试来检测每个功能是否都能正常使用。

三、简答题 略

四、论述题 略

五、分析题

考生
报名单
审查
合格单
截止日期
是否新生
合格新生
汇总
总报名单
阅卷站
本次成绩
登录成绩
本次考试名单
考试安排
考场文件
通知单
考生
考生记录
查询
准考证号
成绩单
分类统计
统计表
考生
毕业证与成绩单
文凭审查
成绩标准
管理人员

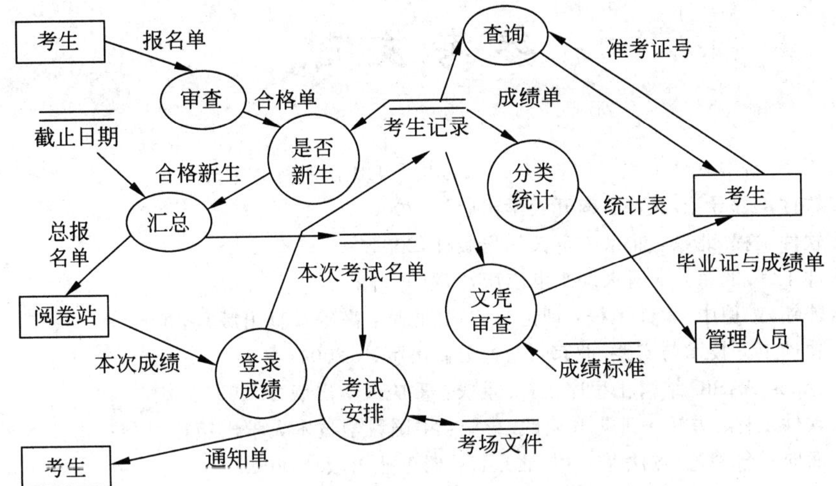

参考文献

[1] 周丽娟,王华.新编软件工程实用教程.北京:电子工业出版社,2008.

[2] 刁成嘉.软件工程导论.天津:南开大学出版社,2006.

[3] 任胜兵.软件工程.北京:北京邮电大学出版社,2004.

[4] 曹哲.软件工程.北京:中国水利水电出版社,2004.

[5] 许家珆,曾翎,彭德中.软件工程:理论与实践.北京:高等教育出版社,2004.

[6] 刘志峰.软件工程技术与实践.北京:电子工业出版社,2004.

[7] 刘秉刚.Quick BASIC结构化程序设计.重庆:重庆大学出版社,1997.

[8] 冯玉琳.软件工程:方法·工具和实践.合肥:中国科学技术大学出版社,1988.

[9] 申贵成.面向对象理论、方法及应用.北京:兵器工业出版社,2008.

[10] 徐洁磐.面向对象数据库系统及其应用.北京:科学出版社,2003.

[11] 袁淑君.计算机程序结构及其描述.上海:上海交通大学出版社,1988.

[12] 郑人杰.软件工程.北京:清华大学出版社,1999.

[13] 孙家广.软件工程.北京:高等教育出版社,2005.

[14] 郑人杰.实用软件工程.北京:清华大学出版社,2004.

[15] 张海藩.软件工程导论.北京:清华大学出版社,1987.

[16] 陈有祺.软件工程引论.天津:南开大学出版社,2000.

[17] 杨芙清.面向对象程序设计.北京:北京大学出版社,1992.

[18] 潘锦平.软件系统开发技术.西安:西安电子科技大学出版社,1997.

[19] 蔡希尧、陈平.面向对象技术.西安:西安科技大学出版社,1993.

[20] 罗晓沛、侯炳辉.系统分析员教程.北京:清华大学出版社,1992.

[21] 郑人杰,殷人昆,陶永雷.实用软件工程(第二版).北京:清华大学出版社,1997.

[22] 齐治昌,潭庆平,宁洪.软件工程(第二版).北京:高等教育出版社,2004.

[23] 张海藩.软件工程导论(第三版)北京:清华大学出版社,1998.

[24] 冯玉琳,黄涛,倪彬.对象技术导论.北京:科学出版社,1998.

[25] 邵维忠,杨芙清.面向对象系统分析.北京:清华大学出版社,1998.

[26] 周之英.现代软件工程.北京:科学出版社,2000.

[27] 刘超,张莉.可视化面向对象建模技术.北京:北京航空航天大学出版社,1999.

[28] 朱三元,钱乐秋,宿为民.软件工程技术概论.北京:科学出版社,2002.

[29] 冀振燕. UML系统分析设计与应用案例.北京:人民邮电出版社,2003.

[30] Ivar Jacobson,Grady Booch,James Rumbaugh.统一软件开发过程.周伯生,冯学民,樊东平译.北京:机械工业出版社,2002.

[31] Philippe Kruchten. Rational统一过程引论(第2版).周伯生,吴超英,王佳丽译.北京:机械工业出版社,2002.

[32] 毛莺池,程莉,王志坚.浅析个体软件过程(PSP).内蒙古师范大学学报(自然科学汉文版),2002,1.

[33] 吴菲菲,韩福荣.个体软件过程(PSP)的原理与实施.世界标准化与质量管理,2003,2.

[34] 高振平,杨柳青.个人软件过程.计算机工程与应用,2003,2.

[35] 孙博.论个体软件过程(PSP).连云港师范高等专科学校学报,2003,1.

[36] 文海英,梁小芝.个体软件过程(PSP)实施规范研究.湖南科技学院学报,2006,5.

[37] 杨雪,王志坚,朱菊.基于PSP的个人过程改进策略.计算机与现代化,2006,6.

[38] 吴丽.基于CMMI/TSP/PSP的软件过程改进框架探讨.软件工程师,2011,1.
[39] 展翔.基于TSP的气象信息系统的研究.电脑知识与技术,2010(1).
[40] 王晓霞.小组软件过程在教学中的应用.甘肃农业,2005(06).
[41] 王军红.CMMI在网络安全项目管理中的应用.沈阳师范大学学报(自然科学版),2011(2).
[42] 吴丽.基于CMMI/TSP/PSP的软件过程改进框架探讨.软件工程师,2011(1).
[43] 赵桂亮.软件项目开发团队的组建问题研究.北京工业大学,2006 .
[44] 丁文将.GD公司质量管理对策研究.电子科技大学,2008 .
[45] 盛幼为.团队软件过程的研究与实践.上海管理科学,2004(1).
[46] 李越.关于PSP、TSP和CMM(CMMI)相结合的探讨.铁路计算机应用,2006(9).
[47] 王新萍.如何编写软件需求说明书.山西煤炭管理干部学院学报,2005,2.
[48] (美)汉弗莱.个体软件过程.吴超英,车向东译.北京:人民邮电出版社,2001.
[49] (美)Watts S. Humphrey.团队软件过程.吴超英,师春泽,汪浩译.北京:人民邮电出版社,2011.
[50] 张凯.软件复杂性与质量控制.北京:中国财政经济出版社,2005.
[51] 张凯.计算机科学技术前沿选讲.北京:清华大学出版社,2010.
[52] 张凯.软件开发环境与工具教程.北京:清华大学出版社,2011.
[53] 张凯.管理信息系统教程.北京:清华大学出版社,2011.
[54] 张凯.物联网软件工程.北京:清华大学出版社,2014.

图书资源支持

感谢您一直以来对清华版图书的支持和爱护。为了配合本书的使用，本书提供配套的资源，有需求的读者请扫描下方的“书圈”微信公众号二维码，在图书专区下载，也可以拨打电话或发送电子邮件咨询。

如果您在使用本书的过程中遇到了什么问题，或者有相关图书出版计划，也请您发邮件告诉我们，以便我们更好地为您服务。

我们的联系方式：

地　　址：北京海淀区双清路学研大厦 A 座 707

邮　　编：100084

电　　话：010－62770175－4604

资源下载：http://www.tup.com.cn

电子邮件：weijj@tup.tsinghua.edu.cn

QQ：883604（请写明您的单位和姓名）

资源下载、样书申请

书圈

用微信扫一扫右边的二维码，即可关注清华大学出版社公众号“书圈”。